판문점의 협상가
정세현 회고록

판문점의 협상가
정세현 회고록

박인규 대담

북한과 마주한 40년

창비

통일의 미로에 서서

일흔 고개를 넘으면서 회고록을 쓰라는 말을 종종 들었다. 물론 처음에는 거절했다. '내가 아직 팔팔한데 무슨 회고록이냐, 그런 건 일선에서 완전히 물러나 활동을 접은 사람이나 쓰는 것이지' 하는 생각이었다. 그런데 출판사에서 찾아와 진지하게 제의를 해오니, 생각을 좀 달리 해보게 되었다.

일단 해보자며 대담을 시작했다. 그런데 횟수를 거듭하며 이야기를 풀어가다보니, 인생살이에 대해 조그마한 깨달음이 하나 생겼다. 사람의 운명은 이미 정해져 있다는 것, 자신은 깨닫지 못하고 거듭 다른 길을 가려 하지만 결국 운명에 이끌리게 된다는 것이다. 은사 박준규 교수님의 권유를 받고 1975년 초여름 공산주의 이론과 실제에 대해 공부를 시작하던 때가 새삼스레 떠오른다. 지금 와서 생각하니, 박사과정 첫 여름방학에 특별히 할 일도 없어 '노느니 염불한다'는 식으로 시작한 공산주의 공부가 남북관계와 통일 문제를 필생의 화두로 삼게 된 계기였다. 당시 6월 초부터 8월 말까지 만 3개월 동안, 아침 9시부터 저녁 6시까지 여러 강의를 들으며 공산주의 이론, 정치·경제 제도, 소련, 중국, 북한의 체제와 전략전술에 대해 강의를 듣고 닥치는 대로 책을 읽었다. 통일원에서 일하면서 주경야독으로 박사논문을 수월하게 쓸 수 있었던 것도 그 덕택이었다. 또 그 덕에 30대 초반부터 공산주의와 중국, 북한을 주제로 대학 강의도 출강하게 되었다.

젊은 나이에 틀에 박힌 공무원으로 산다는 게 너무 싫어 통일원을 떠나 민간 연구소로 간 적도 있다. 중국 문제를 전공하는 대학교수가 되려고 공을 들였지만 끝내 교수의 꿈은 이루지 못했다. 그래서 1986년 봄에는 대학에 가지 못할 바에야 연구소에라도 가서 읽고 싶은 책도 읽고 내 이름으로 글도 쓰면서 학자의 길을 걷자는 생각이었다. 그러나 그 길도 나의 길이 아니었던지 결국 연구소를 나와서 1991년 1월부터 국책 연구기관인 민족통일연구원 초대 부원장으로 일하게 되었다. 다시 공직에 들어서며 직무상 통일 문제를 다룰 수밖에 없게 된 것이다. 결국 지금까지 통일 문제의 최전선에서 일하게 되었다.

처음 대학에 들어갈 때는 국제정치학이 마냥 근사하다고만 생각해 진로로 정했지만, 실제로 공부를 하면서는 국제정치적 요소가 한반도의 분단에 크게 작용했고, 앞으로의 통일 과정에서도 중요한 변수가 되리라는 걸 깨닫게 되었다. "외교의 세계에서는 국가 이익이 무엇보다 중요하다. '내 나라 아니면 다 남의 나라'라는 점을 잊지 말라"던 은사 이용희 교수님의 말씀이 귓전을 맴돌곤 했다. 그런데 통일 문제를 연구하다보니, 한미관계가 통일을 촉진시키는 역할을 하기보다는 억제요인 또는 통일에 대한 원심력으로 작용하기도 한다는 생각이 들었다. 좌절감을 느끼지 않을 수 없었다. 정책을 결정하는 위치에 가까워

질수록 미국의 간섭은 때로는 노골적으로, 때로는 은밀하지만 강력한 압박으로 다가왔다. 돌파구는 없는지 고민을 참 많이 했다.

지도자의 카리스마에 기대를 걸어보기도 했다. 한반도 문제 해결의 주도권을 확립하기 위해 미국의 견제를 돌파하려는 시도가 지도자에 따라 없지는 않았으나, 결국 제자리를 맴도는 결과가 되기 일쑤였다. 보수정권 집권기에는 미국의 우산 아래 미리 알아서 주저앉았고, 진보 정권 집권기에는 미국에서 북핵, 미사일 등 대내외적 위협요소들을 핑계 대며 우리의 보폭을 자기네 속도에 끼워맞추려 하는 바람에 더 이상 앞으로 나아가지 못하곤 했다. 남북관계와 한미관계가 얽힌 불편한 현실에서 앞이 잘 보이지 않았다.

이렇게 막막한 지경이 된 데는 역사적 배경이 있다. 해방 직후 한반 도가 미국과 소련에 의해 남북으로 분단되면서 미군정과 협조 관계에 있던 사람들이 대한민국 정부 수립 과정에서 주류가 되었다. 또한 5·16 쿠데타로 군사정권이 들어서고, 이후 군사정권이 30년 가까이 남 북의 적대관계를 국내 정치를 위한 수단으로 활용하면서 분단체제가 고착되어갔다. 그 과정에서 한미동맹이 국내 정치까지 좌우하는 구조가 만들어지고 말았다. 점차 한반도를 둘러싼 모든 문제는 한미동맹 혹은 한미공조라는 '명분의 굴레'를 벗어나기 어려워졌고, 남북관계도 개선과 교착을 되풀이하면서 시간만 흘려보내고 있다. 그야말로 '끝도 시작도 없는 통일의 미로'다.

이제 기대를 거는 것은 국민의 힘이다. 우리 국민이 이런 불편한 진실에 대해 제대로 알게 되면, 국민여론의 힘으로 한미관계를 슬기롭게 발전시켜가면서 한미동맹과 한미공조가 '원칙의 굴레'가 되지 않도록 만드는 외교력을 만들어낼 수 있으리라 기대한다. 한 사람의 지도자,

당국자 몇 명의 힘으로 될 일은 애초에 아니었고 앞으로도 그럴 것이다. 한국과 미국이 도울 것은 서로 도와가며 북한과도 교류협력을 지속하는 것은 '나라를 들어다가 북쪽에 바치는 일'이 아니며, 대한민국의 공산화를 뜻하지도 않는다. 이런 주장은 냉전시대 분단체제하에서 구축된 기득권을 누려온 세력이 만들어낸 허구이자 선동에 불과하다.

탈냉전 시대로 규정되는 1990년대부터 한미동맹은 미국이 오히려 더 절실하게 필요로 하는 시스템이 되었다. 한반도 남쪽은 미국이 중국의 군사대국화를 견제하면서 동북아와 태평양에서 절대적 헤게모니를 유지할 수 있게 하는 전진기지이기 때문이다. 따라서 한국 때문에 한미동맹이 깨질 일도 없고, 주한미군이 철수할 일도 없다. 한반도 상황을 안정적이고 평화롭게 관리하기 위해서는 한반도 문제의 주인인 우리 정부와 국민들이 상황을 주도해야 하고, 그러기 위해서는 습관적으로 미국에 사사건건 허락받듯 물어보는 자세부터 지양해야 한다. '미국과 불편해지면 동맹이 깨질 것이고, 동맹이 깨지면 나라가 망한다'라는 프레임과 트라우마에서 이제는 벗어나야 한다.

이제 우리는 주변 국가들에 할 말은 해도 될 실력을 갖췄다. 한반도의 지정학적 엄중함은 태생적으로 불가피하다. 다만 대한민국의 실력은 어느새 이를 극복할 수 있을 정도가 되었다. 특히 코로나19 사태를 겪으며 대한민국이 놀라운 수준의 시민의식을 갖춘 선진국임이 증명되었다. 위기를 극복하는 국민들의 의식 수준은 그 자체로 국력을 증명해냈다. 그러니 이제는 우리도 '큰 나라'가 시키는 대로 따르던 관행에서 벗어나야 한다. '약소국 의식'이나 '민족패배주의'에서 벗어나야 한다. 통일 문제에 대해 실질적인 주도권을 행사하고 주변국의 협조를 끌어내며 진정한 평화를 만들어가는 한반도의 주인으로서의 자세가 필요하다.

　1970년대 중반부터 40년 넘게 북한과 통일 문제, 남북관계와 한미관계를 다루는 과정에서 느낀 점들을 회고록 이곳저곳에 녹여내려고 했지만, 그 뜻이 충분히 반영됐는지는 모르겠다. 반세기 가까운 시간 동안 북한 연구와 남북 협상의 현장에서 겪은 갈등과 고민, 공식적인 기록으로는 남아 있지 않은 경험들을 나 혼자만 간직하기는 아까웠다. 남북관계와 그것을 둘러싼 한미관계에 점철된 숱한 갈등과 협상 과정의 선례는 통일 문제를 해결하기 위해 연구하고 공부해나가야 할 역사이기 때문에, 이 책이 적게나마 쓸모가 있으리라 생각한다.

　『프레시안』의 박인규 대표와 이 작업을 진행한 것은 행운이었다. 2008년 7월 『프레시안』의 '정세현의 정세토크'라는 코너로 맺어진 인연이 10년도 더 되었다. '정세토크'를 격주로 진행하는 동안 10년을 하루같이 통일과 북한, 그리고 한반도를 둘러싼 국제정치에 대해 이야기를 나누었다. 나에게는 온갖 생각으로 복잡해진 머릿속이 정리되는 시간이었다. 타고난 기자인 박인규 대표는 이를 위해 취재도 꼼꼼히 해주었다. 그 덕분인지 대담 과정에서 내가 꼭 했어야 할 말을 하게 해주었다. 다른 사람이 맡았더라면 끌어내지 못했을 얘기들을 찾아내주어 회고록이 내실 있게 채워졌다. 그 점에서 박인규 대표에게 감사드린다. 회고록 출간을 제의해준 창비에도 다시 한번 감사드린다.

2020년 6월
정세현

평양의 추억

유년 시절

"당신 북쪽 출신이지?"

해방되던 해, 북만주에서 출생하셨더군요.

태어난 이야기를 본격적으로 하기 전에, 1991년 초에 있었던 얘기부터 하는 게 좋겠어요. 지금 통일연구원의 전신인 민족통일연구원이 1991년 1월에 출범했어요. 당시 초대 원장은 이병용(李秉龍) 씨였어요. 6년 동안 국토통일원 차관을 지냈고 안기부장 특보를 5년인가 했던 분이에요. 그 아래서 저는 부원장으로서 조직을 갖춰나가야 했어요.

우선 정책실이 있어야 하고, 통일 문제를 다루는 곳이니까 북한연구실, 국제연구실도 있어야 해요. 으레 다른 연구원들도 다 그렇듯 연구기획실도 있어야 했고요. 사무국은 뽑기가 쉬웠고, 국제연구실장도 후보가 있었어요. 그런데 북한연구실장을 맡을 사람이 없었어요. 북한에 대해서 오래 공부하고 전문성을 갖추고 있어야 그 일을 할 수 있잖아요. 그 북한연구실에서 북한을 제대로 분석해야 국제연구실에서 주변 정세를 잘 정리해서 넘겨주고, 그래야 정책실에서 대북정책이 나오는 것 아니겠어요? 그런데 제대로 공부하지 않은 사람들이 하겠다고 덤비는데, 제가 볼 때는 탐탁지 않더라고요. 그래서 고민하고 있던 때예요. 어디서 데려와야 하나… 어떻게 보면 그 자리가 핵심인데.

아마 2월 하순쯤 됐을 거예요. 토요일 늦게까지 사무실에 앉아 있는데 난데없이 사업하는 친구 하나가 불쑥 들어왔어요. "정 박사님, 바쁘세요?" 일이 좀 있다고 하니까 바람이나 쐬러 가자고 해요. 추운데 무슨 바람을 쐬느냐고 했더니, 자기가 차로 모실 테니 도력이 높은 스님을 만나러 가자는 거예요. 당시 법랍 106세, 여섯살에 스님이 됐으니 세수 111세인 스님이라면서요. 그분의 법명이 '탄공'(1881~1998)이었는데 만공선사와 함께 금강산에서 스님이 되었대요. 법명이 한 분은 만공이고 이 분은 탄공이에요. 찰 만(滿) 자, 삼킬 탄(呑) 자. 공 자는 불교에서 많이 쓰는 빌 공(空)이고요. 친구가 그 탄공을 만나러 가자고 해요. 아주 잘 맞는다고요. 점을 보러 다니는 건 좋아하지 않았지만 111세라는 그 스님의 풍모는 어떤지 궁금하고 관심이 생겼어요.

경부고속도로로 내려가다 보면 대전 들어가기 전에 청원IC가 나와요. 요금소를 지나서 청주 방향으로 가다 보면 버스가 다니는 길가에 작게 '탄공정사'라는 절이 있어요. 가면서 얘기를 들어보니 당시 (1991년)가 증권 붐이 일었던 때인데, 사람들이 그분에게 증권에 투자해도 되겠느냐고 물어보러 온다는 거예요. 어쨌든 절에 갔으니 대웅전에 들어가 절하고 복전도 내고 그랬죠. 그런데 20대 초반이나 될까 하는 젊은 비구니가 와서는 "큰스님께서 바로 방으로 들어오시랍니다"라고 해요. 그래서 따라갔더니 사람들이 쭉 앉아 있더라고요. 부동산 투자를 해서 돈을 벌고 싶어 했던 사람들이에요, 대부분.

그런 분들도 만나주나봐요?

불과 얼마 전에 새로 지어서 불사를 일으키는 중이었으니까요. 단청도 안 했더라고요. 다른 사람들한테는 나가라고 했어요. 말을 막 하는 분이었어요. "너희는 나가." 이런 식으로요. 돈이나 벌러 온 놈들은 나가라 이거죠. 지금 서울에서 온 사람들이랑 얘기 좀 해야겠다면서요. 저희는 셋이서 갔는데, 이야기를 시작하자마자 제 눈을 보고는 "당신, 지금 사람 찾지?"라고 하더라고요. "스님, 그걸 어떻게…"라고 하니까 "보면 알지, 우리야!" 하면서 반말을 해요. "예, 사람을 좀 찾고 있습니다"라고 했더니 "보름 안에 나타날 거야" 하세요. 그러더니 뭐하는 사람이냐고 물어요. "통일 문제 연구하는 사람입니다." "그렇지, 그런 것 같아"라시면서 일장연설을 하세요.

그때가 1991년 2월이니 아버지 부시(George H. W. Bush)가 이라크와 걸프전을 벌일 때죠. 그분은 우리나라를 고려라고 칭하셨는데, 지구상 어딘가에서 수십만 정도가 희생될 만큼 큰일이 터져야 고려에서 희생자가 나오지 않는다고 말씀하시더라고요. "부시라는 놈이 일을 저질러서 다행이지"라면서요. 상당히 국제 정세에 밝았는데, "나는 신문도 안 보고 텔레비전도 안 보는 사람이야. 그런데 세상 돌아가는 게 조금 보여서 얘기하는 거야"라고 하면서 이런저런 얘기를 길게 들려주셨어요.

그러다 갑자기 "당신 고향이 어디요?" 하시더라고요. "아버지의 고향은 전라북도 장수군이고, 저는 해방되던 해에 태어나서 임실군의 작은 면 소재지에서 자랐습니다." 그렇게 이야기했더니 "에이, 아닌데"

대담 중인 박인규(좌)와 정세현(우).

라고 해요. 111세나 되신 분이고 저는 그때 마흔일곱살이었어요. 60년 이상 차이가 나니까 무람없이 제 얼굴과 머리통, 몸통을 마구 만져보는 거예요. 그러더니 "아니야, 당신은 북쪽이야" 그러시더라고요. 북쪽 골상이다 이거죠. "그래요? 형제들과 비슷한데요." "그건 얼굴에 나타나는 거고, 골상은 다른 거니까." "사실은 제가 북만주에서 태어났습니다." 쑹화강(松花江)과 헤이룽강(黑龍江, 아무르강)이 만나는 지점에 자무쓰(佳木斯)라는 동네가 있어요. 현재 중국에서는 동북 3성이라고 해서 헤이룽장성, 지린성(吉林省), 랴오닝성(遼寧省)으로 나뉘어 있는데 일제시대 때는 만주국이라고 해서 성이 잘게 쪼개져 있었어요. 그때 강 세 줄기가 만나는 곳이라는 의미의 싼장성(三江省)이 있었는데, 그곳의 성도가 바로 자무쓰였어요. 러시아 하바롭스크가 더 가깝고 하얼빈(哈爾濱)보다 동북쪽에 치우쳐 있어요. 그쪽에서 태어났다고 하니 "그렇지? 찬바람 쐰 골상이야"라고 하세요.

북만주에서 출생한 사연

과연 도력이 높은 스님이셨군요.

제가 남북회담을 통해서 얼굴이 많이 알려졌는데, 저를 북쪽 대표로 오해하는 사람들이 많았습니다.(웃음) 이제, 제가 어째서 그곳에서 태어났는지를 얘기해야겠네요. 작고하신 저희 아버지가 대단히 용감한 분이셨던 것 같아요. 농촌 출신인데 일제 때 소학교만 나왔어요. 농촌에서는 공부를 여간 잘하지 않거나 재산이 많지 않으면 중학교를 보내지 않았죠. 집안 도움을 받지 못하면 중학교는 꿈도 못 꾸는 거예요. 아버지도 중학교에 갈 형편이 못 됐어요. 듣자 하니 증조할아버지가 '미두(米豆)'로 재산을 날렸다고 해요. 그리고 할아버지는 양반 행세를 한답시고 남의 소작도 부치지 않았어요. 해마다 흉년이 들면 동네 부자가 '기미(寄米)'라고 해서 쌀을 기부하듯 나눠주는 것으로 사람들을 먹여 살렸는데, 그걸 받지 않았어요. "상놈이 돈이 많다지만 그 놈들이 주는 쌀은 먹지 않겠다" 하셨대요. 제가 볼 땐 대단한 양반도 아닌데 그런 자존심을 갖고 계셨어요. 그러니 그 자식들, 즉 저희 아버지 형제들이 먹고살기 위해서 여기저기 객지로 나가야 했죠.

아버지는 전주 시내 한가운데의 풍남문 옆에 있던, '오세헌'이라는 유명한 한약방에 취직했어요. 제가 고등학교 다니던 시절까지는 그 한약방이 있었어요. 전주에서는 명의라고 소문난 곳이에요. 아버지가 영리하고 일을 잘한다는 소문이 나니까, 누군가 "한약을 배우면 좋겠다" 해서 연결해준 모양이에요. 건재 약국에서 약재를 가져오면 싹 정리해놓는 등의 일을 하는, 무보수지만 숙식은 보장되는 심부름꾼이었어요. 그러면서 약방 주인이 진맥하는 모습을 유심히 보고는 어깨 너머로 일을 배우는 거죠. 그런 식으로 일을 익힌 뒤, 1941년에 전주에서 기차를 타고 북만주까지 간 겁니다. 1919년생이니까 만 스물두살 때였어요.

지금도 중국에는 헤이룽장성과 남쪽 지린성의 접경 지역에 무단장(牡丹江)이라는 도시가 있는데, 그곳에서 식당을 크게 해서 돈을 벌었다는 사람이 부모님 보약을 지어주러 전주에 왔다가 자랑했대요. 만주로 가면 취직을 얼마든지 할 수 있다, 조선 사람은 일본으로 가는 것보다는 만주로 가면 좋다면서요. 그러면서 네가 일도 잘하는데 만주에 가서 한약방을 차려보면 어떻겠느냐고 했다는 거예요. 아버지는 부모님을 봉양해야 한다는 책임감을 지닌 아들이었으니까 돈 벌러 가야겠다고 마음먹었고요. 그래서 그 사람의 주소를 적어달라고 해서, 주소 하나만 들고 갔대요. 당시에는 경의선을 타고 신의주를 경유해 갔던 게 아니라, 동북쪽으로 갔어요. 1941년이니까 일본이 미국을 상대로 전쟁을 일으키기 전, 중국대륙을 침략하기 위해 여러 기간시설에 투자를 많이 했던 시절이라 교통 사정은 괜찮았을 거예요. 몇날 며칠을 기차 타고 무단장에 있는 그 사람을 찾아갔더니, 이 사람이 딴 소리를 하더라는 거예요. "여기는 이미 충청도 사람들이 자릴 전부 차지해서, 전라도 사람인 너는 좀 더 북쪽으로 올라가야겠다."

아니, 서로 같은 이민자인 마당에 텃세며 지역차별이 있었어요?

이민사를 보면, 국경 바로 건너편은 함경도 사람들이 많았습니다.

22

조선조 말에 어려울 때 바로 건너가면 됐으니까요. 간도는 외국이라는 개념도 별로 없었어요. 소설 『토지』에도 나오지만, 그 뒤로 경상도 사람들도 일부 넘어가는데 함경도 사람들이 먼저 차지한 곳으로는 들어가지 못하고 룽징(龍井) 쪽으로 올라갔어요. 소위 개척이민 내지는 취업이민으로 올라간 사람들은 순차적으로, 두만강을 사이에 두고 대칭적으로 자리를 잡았어요. 가까운 데서 온 사람들은 가까이에, 멀리서 온 사람들은 국경 북쪽 더 멀리로요. 자영농은 떠날 필요가 없었고, 소작농이나 날품팔이는 많이들 떠났어요. 당시에는 하루 벌어 먹고사는 날품팔이들이 많았어요. 여자들은 하루 종일 밭을 매면 쌀 한되 받는 식이었어요. 결국 자식들 먹이려고 가는 거예요. 호남 사람들은 자기 터에서 품이라도 팔 수 있는 여지가 상대적으로 있었기 때문에 다소 늦게 떠났습니다. 이주가 늦었던 탓에 북쪽 끝까지 가야 했어요. 지금도 하얼빈이나 자무쓰 쪽에는 호남 출신이 많대요.

아버지가 만났던 그분도 자무쓰로 가보라고 했다고 해요. 그때부터는 찾아갈 주소도 없고, 무턱대고 간 거죠. 여기저기 기웃기웃하다가 숯 배달하는 일을 얻었어요. 일본 사람들이 거기까지 진출했기 때문에 얻을 수 있던 일자리였죠. 일본은 우리나라처럼 아궁이에 불을 때서 구들장을 덥히고 밥을 하는 방식이 아니라, 풍로에 숯을 때는 방식으로 취사를 했거든요. 그리고 유단포(湯たんぽ)라는 일본식 난방기구가 있죠. 쇠로 된 얇은 통에 뜨거운 물을 부어서 다다미 방 이불 밑에 넣어놓고는 그걸로 발을 따뜻하게 하죠. 아버지는 일본식 취사에 필요한 숯을 배달한 건데, 말하자면 밑바닥부터 시작한 거였어요. 그러던 어느 날 싼장성 성장(省長)의 비서관 집에 납품을 하게 됐어요. 숯을 구운 뒤에 싸리나무를 노끈으로 엮어 발처럼 만들어 싸서 배달했는데,

아버지는 그걸 부려놓기만 하고 가는 게 아니라 묶인 걸 풀어서 숯을 따로 깨끗하게 담아두고 싸리나무는 잘라서 불쏘시개 같은 것으로 쓸 수 있게 해놨대요.

그래서 그 비서관의 마음에 들었던 참인데, 비서관의 부인이 각기병으로 고생하고 있다는 사실을 아버지가 알게 됐어요. 다리가 많이 부어서 절뚝이면서 걷더래요. 지나가는 말로 "제가 저 병을 고칠 수 있을 것 같은데 해봐도 되겠습니까?"라고 했는데, 비서관이 기특하게 봤던 터인지 한번 해보라 했대요. 전주에서 배운 실력으로 약재를 사다가 정성스럽게 달여서 갖고 갔다고 해요. 이렇게 달여서 몇첩만 먹으면 된다고 처방을 내리고 며칠이 지났더니 부르더래요. "며칠 후에 성정부에서 실시하는 한약사 시험이 있으니 시험을 봐라. 틀림없이 붙을 거다." 시험을 본 아버지가 합격했어요. 비서관이 봐줬던 건지는 잘 모르겠지만, 각기병을 한번에 낫게 해줄 정도로 6~7년 정도 실력을 익혀왔던 거니까요. 그렇게 해서 20대 초반에 한약방을 열었습니다.

장사는 잘 됐나요?

성장 비서관 부인의 각기병을 낫게 해준 사람이라는 소문이 나면 환자들이 몰리기 마련이잖아요. 돈을 벌고 기반을 잡은 뒤에, 할아버지에게 돈을 보내서 논을 사라고 했죠. 농촌에서는 무조건 논을 사야 하거든요. 돈도 벌고 아들 노릇도 하고 있다는 얘기가 도니 자연스럽게 중매가 들어왔어요. 저희 큰고모가 시집가서 사는 동네에서 사촌동서의 동생을 소개했어요. 그런데 우리 어머니가 키가 크셨어요. 어머니가 1924년생이신데, 일제 때 160센티미터 가까이 됐으면 그 당시 여자 키로는 굉장히 큰 편이었죠. 같은 시기에 학교 다녔던 친구 분들 말씀을 들어보면, 고무줄 놀이 할 때 고무줄에 발을 걸쳐 당기는 걸 가장 잘하는 사람이었대요. 그에 반해 아버지는 남자로서는 키가 별로 큰 편이 아니었어요. 162센티미터 정도밖에 안 됐으니까, 언뜻 보기에는 어머니보다 작아 보였죠. 남자가 키가 작다고 해서 어머니가 고민하셨던 모양인데, 그래도 외조부모님은 사윗감이 확실한 생업이 있다니까 보내고 싶어 했어요. 더구나 1942~43년 무렵이었으니, 빨리 결혼시키지 않으면 강제동원으로 끌려가던 시절이었죠. 저희 외가가 전주에 있던 터라, 아버지가 배운 한약방의 명성도 알고 있었어요. 거기서 배워서 만주에서 한약방을 차려 잘산다고 하니 외할머니나 외할아버지 입장에서는 '우리 큰딸은 그리로 보내면 된다. 이제 작은딸만 혼처를 알아보면 된다' 하셨겠죠. 어머니는 혼인을 치르고 신랑 따라서 생면부지의 땅으로 가서 저를 낳으신 거죠.

생후 **100**일 만의 피난길

해방 후에 바로 내려오신 건가요?

제 생일이 음력으로 1945년 5월 7일, 양력으로는 6월 16일이에요. 그날 저를 낳으셨고 곧이어 8월 15일에 해방이 됐죠. 제가 태어나고 두 달 뒤에 일본이 항복하고 전쟁이 끝난 거예요. 그 소식을 듣고는 조선이 해방되었으니 돌아가자는 사람이 있는가 하면, '떠날 때 소작 부칠 데도 없어서 여기까지 온 건데 지금 간들 우리에게 무슨 기회가 있겠느냐' 하면서 그나마 자리 잡고 먹고살 수 있는 땅에 남기로 한 사람들도 있었어요. 그런데 후자가 다수였고, 그래도 돌아가겠다고 하는 쪽은 극히 소수였다고 해요. 돌아가도 먹고살 수 있는 기술을 가진 사람들은 돌아가게 되어 있고, 고향의 생활 기반을 버리고 떠나왔기 때문에 돌아가도 대책이 없는 사람들은 돌아가지 못하는 거죠. 저희 가족은 떠나는 입장이 됐어요.

저희 아버지가 4형제 중 셋째였는데, 작은아버지가 셋째 형님이 만주에서 성공했다고 하니까 쫓아왔어요. 조선에 일자리도 없고 농사지을 데도 없었으니까. 동네가 집성촌인데 농토를 가진 사람들이 우리와는 성씨가 다르고, 또 우리 같은 양반이 아니라 중인들이니 거기서 소작은 하지 않으려고 했어요. 그렇다고 도시에 기웃거려봐야 일자리가 있나요? 그러니 형님 찾아서 만주로 왔고, 또 외삼촌도 매형이 잘사는 것 같으니 만주에 가서 취직해봐야겠다 하면서 올라왔어요. 저희 부모님을 중매해준 고모의 아들도 전주에서 중학교는 졸업했지만 조선 사람이 특별히 취직할 데도 없고, 시험을 본댔자 잘해봐야 면서기니까 만주로 가자 해서 찾아왔어요. 아버지의 동생과 처남, 누님의 아들인 생질까지 해서 네 식구를 밥해 먹이고 빨래해주는 것이 어머니 일이었으니 힘들었죠. 거기에 제가 태어나니까 여섯 식구가 됐어요. 결국 집으로 돌아가야 한다는 가족들의 주장이 강해져서 떠났어요. 피난민 행렬에 나선 거죠.

자무쓰를 떠나서 전주까지 오는 데 40일이 걸렸다고 해요. 전쟁으로 다리가 끊어진 데는 기차도 못 가고 자동차도 못 가요. 그때 금을 들고 나섰는지 어쨌는지 모르지만, 갖고 있 어봐야 일제 때 만주국 화폐밖에 없었 을 텐데 그 난리통에 통했는지 모르겠 어요. 어쨌든 아버지에게는 어려울 때 마다 교통수단을 해결하는 능력이 있 었나봐요. 궁즉통(窮卽通)이라고, 어 려운 형편일 때 극한에 몰리면 꾀가 생 각나고 문제를 해결하는 방법이 나오 는지 모르겠어요. 그때 아버지가 만으 로 스물여섯밖에 안 됐는데, 그 젊은

어린 시절의 정세현(우)과 동생

사람이 가장이 되어서 처남·동생·생질·아내·자식을 거느리고 고국으 로 돌아온 거예요.

제가 6월 16일에 태어나 9월 하순에 자무쓰를 나왔으니 백일은 지나 고 나온 거죠. 시베리아가 강 건너인 그 북만주가 그때 얼마나 추웠겠 어요. 비극적인 이야기지만 피난 행렬에서 수많은 아기들이 죽었답니 다. 그걸 다 보셨으니, 우리 어머니가 저를 두고 "얘는 오래 살 거다"라 고 하셨어요. 전쟁 끝나고 난 뒤에 소련군이 한반도 북쪽을 점령했잖 아요. 일설에 의하면 스탈린이 군복을 입혀서 그쪽에 내보낸 사람 대 부분이 죄수들이었대요. 전쟁은 이미 끝났고 질서를 유지해야 하는데, 긴급하게 모스크바에서 데려올 수도 없고 하니 훈련을 받지도 않은 사람들을 데려와 그저 겁을 주고 다닌 거죠.

한마디로 소련 군인들 질이 안 좋았어요. 피난민을 태운 열차가 보 이면 무조건 세우는 거예요. 기관사를 협박하면 차는 서게 되어 있으 니까요. 얼굴이 예쁜 여자는 무조건 끌고 내려갔대요. 애기를 안고 있

건 말건 관계없이 그랬기 때문에, 여자들은 머리를 풀고 얼굴에 흙칠을 했대요. 일본식 표현인데, 그 '로스께'들이 가장 싫어했던 게 아기 울음소리였대요. 웅성웅성하면 아기들이 놀라서 울고, 그러면 군인들이 소총에 꽂은 대검으로 찔러 죽였다는 거예요. 그러면 비명소리가 들리니까 다른 아기들이 덩달아 놀라서 또 울고, 그 아이를 또 죽이는 식이었다고요. 그런데 그때마다 어머니가 저를 좌석 아래쪽에 숨기면 찍소리 안 하고 조용히 있었대요. 지금까지 살려고 그랬던 거죠.

피난민 행렬이 있으면 으레 도는 게 전염병이죠. 물도 제대로 끓여 먹을 수가 없고 위생이 나쁘니까요. 장티푸스가 흔했고, 콜레라 같은 것도 돌죠. 40일 동안 내려오는데 아버지와 저만 장티푸스에 안 걸리고 다른 사람들은 다 장티푸스에 걸렸다고 해요. 사경을 헤매면서도 일단 조국으로 돌아와야 하니까, 상대적으로 괜찮은 사람이 부축해주면서 차 있는 곳까지 걸어서 가고, 차를 타고 다음 역까지 가서는 다시 걷는 식이었어요. 어머니는 두번이나 장티푸스에 걸렸기 때문에 저는 젖을 제대로 못 먹었어요. 장티푸스 환자인 데다 잘 먹지도 못하니까 젖이 나올 리가 없죠. 어떻게 저를 살렸느냐 하면, 일본 모리나가(森永)사의 연유를 데워서 먹였다고 해요. 만주국이 일본 문화권이었기 때문에 그걸 구할 수 있었죠. 모리나가 연유가 유명하잖아요. 1960년대까지도 우리나라 다방에서는 커피에 그걸 넣었어요. 아무튼 피난길 밤에 불을 켜면 폭격이 들어온다고 해서 불을 피우지 못하게 하니까, 연유를 양재기에다 부어서 이불 속에서 촛불로 데워서 먹였다고 해요. 아버지가 한약방 했던 사람이니까 피난 가는 와중에도 가족들이 아프면 약재를 구해와서 약을 먹여가며 어렵게 어렵게 안둥(지금의 단둥)까지 닿았어요. 그러고 보면 아버지가 문제 해결 능력이 정말 탁월했던 분이에요.

단둥(丹東)의 옛 이름은 원래 '안둥(安東)'이었어요. 중국 입장에서 '동쪽을 안정시키는 마지막 관문'이라는 의미였죠. 그렇게 안둥까지 왔는데 국경이 막혔어요. 그렇게 되면 으레 야간에 도강을 도와주는 브로커가 생기게 마련이에요. 브로커를 통해 배를 한척 사서 신의주까지 건너왔어요. 전쟁이 끝난 상태이기 때문에 국경은 닫혔지만 신의주부터는 조선 땅이라 평양까지 기차가 다녔으니까, 평양까지 그걸 타고 내려왔대요. 다만 평양에서 서울까지 가는 기차는 매일 있는 게 아닌데다 전쟁 뒤라 엉망이었을 것 아닙니까. 평양역 앞에서 이틀 동안 노숙하면서 서울까지 가는 기차를 기다렸다고 하니까, 아마 제가 평양역 앞에서 노숙한 최연소자일 겁니다.(웃음) 어쨌거나 1991년에 탄공 스님이 제 얼굴과 머리를 만져보면서 북쪽 골상이지 남쪽이 아니라고 했던 데에는 이런 사연이 숨어 있는 것 같아요.

오수에서의 초등학교 생활

북만주에서 9월 하순에 출발해서 평양까지 와서 서울로 가려니까 38선이 막혔죠. 밤에 38선을 건너게, 그러니까 예성강을 건너게 해주는 브로커들이 있었대요. 예성강이 개성 북쪽인데, 당시 해방 직후의 개성은 남한 땅이었어요. 한국전쟁 때 개성은 북이 가져가고 북한 땅이던 속초와 양양은 우리가 가져왔죠. 전략적으로 가치가 상대적으로 적은 땅을 우리가 갖고, 중요한 곳은 북한이 차지한 거예요. 아무튼 브로커들의 도움으로 월경을 해서 출발한 지 40일 만에 전주로 들어갔죠. 아버지는 그때서야 비로소 장티푸스가 터졌다고 합니다. 책임감 때문에 아프지도 못하셨던 거예요. 당신이 쓰러지면 가족들이 다 죽는다는 생각이었겠죠. 저는 끝까지 괜찮았어요. 몸을 추스른 뒤에, 아버지는 의술이 있으니까 바로 한약방을 시작했어요.

전주가 아니고 오수에서 시작하신 건가요?

전주에는 이미 명의들이 많이 자리 잡고 있었기 때문에, 20대 중반밖에 안 되는 신출내기가 명함을 내밀기 어려웠죠. 그래서 무의촌으로 가야 하는데, 아버지 고향인 장수군은 완전히 산골이었어요. 무주, 진안, 장수를 가리켜서 '무진장'이라고 하잖아요. 그 산골로 들어가면 약방을 차려봤자 환자들이 올 수가 없어요. 사람이 모이는 데로 가야 하는 거예요. 그래서 정한 곳이 바로 전라북도 동남쪽, 남원 바로 북쪽의 임실군 오수면입니다. 남원군 관내임에도 남원 읍내까지 가려면 산을 꼬박 넘어야 했던 지역이 많았는데, 장수군 일부 지역, 남원군의 일부, 순창군의 일부, 임실군의 동남부가 그랬어요. 이런 지역에서는 장을 보러 가려면 남원 읍내보다는 오수로 가는 게 빨랐죠. 거리도 짧고 길도 좋고요. 5일장이던 오수장은 남원장과 함께 전라북도에서 쌍벽을 이룰 정도로 큰 장이었어요. 그런데 땅에도 운명이라는 게 있는지 조선시대부터 약방 했던 자리가 마침 난 거예요. 100년의 전통을 갖고 있는 곳이에요. 곧장 거기에 한약방을 차렸어요. 아버지가 결단력이 있었어요. 그 내림이 저한테도 있었을 거예요.

아버지 실력이 소문이 나서 돈을 많이 벌었어요. 시골 농민들을 진료했는데, 농민들의 병이라는 게 딱한 경우가 많아요. 낫에 베인 걸 빨리 치료를 못해서 곪아터진 상처라든가, 못 먹고살던 시절이라 한참을 굶다가 먹을 게 생기면 폭식을 하니 소화기 계통의 병이 많았어요. 설사 같은 병도 많고요. 요즘처럼 암이 흔하다든가 MRI가 없으면 진단도 못한다든가 하는 게 아니라, 초급 질환들이 많았기 때문에 한약으로 얼마든지 치료할 수가 있었고 아버지가 돈을 많이 벌었죠. 그 덕분에 어릴 적 저는 호의호식했죠.

서울로 유학 가다

오수에서 초등학교를 마치고, 전주에서 제일 좋다던 전주북중에 진학하셨죠. 전주에서 공부깨나 하셨으니 서울 유학을 당연히 생각하셨을 것 같은데요.

제가 서울로 올라오게 된 계기가 있어요. 저는 대한민국에서 전주북중과 전주고등학교가 가장 좋은 학교고, 거기를 나오면 서울법대에 들어가서 고등고시를 패스해서 판검사가 될 수 있을 거라고 생각했어요. 쉽게 말하면 세상물정에 어두웠던 거죠. 그게 시골 부모들의 로망이기도 했고요. 자식이 공부 잘해서 법대에 진학해 판검사가 되어서 권력에 억눌려 살았던 자신들의 한을 좀 풀어줬으면 하는 거였죠. 당시 농촌 지역에서 면서기도 그렇고 요즘은 지구대라고 하는 파출소나 지서의 순경들이 굉장히 고압적이었거든요. 저는 전주고등학교는 따놓은 당상이라고 생각했으니, 뉘집 아들인가가 전주고등학교 출신인데 서울법대를 나와서 고등고시를 합격해서 어디서 판사로 있다는 말을 들으면 그 사람을 롤모델로 삼았어요. 그리고 아버지가 30대 중반에 주경야독으로 한의사 국가고시를 통과해 정식 한의사가 됐어요. 희미한 불을 켜놓고 책상과 의자가 붙은 중학생용 책상을 사서 공부하셨어요. 처음에는 촛불을 켜놓고 하시다가 나중에는 전기를 끌어다 공부하시는 걸 보고 '사람은 공부를 해야 하는구나'라는 생각을 강하게 품었죠.

그런데 1학년이 끝날 무렵이었어요. 제가 이모님 댁에서 지내고 있었는데, 이숙이 술을 좋아하셨어요. 아버지는 술을 전혀 안 하셨고요. 예전에는 책거리라는 것이 있었습니다. 시골 서당에서는 천자문이나 동몽선습, 소학 등을 떼면 책거리라고 해서 선생님께 떡을 해다드리고 잔치를 열었어요. 아버지가 책거리 차원에서 담임 선생님께 인사를 가라면서 돈을 주셨어요. 당시에는 계란 한줄이 대단한 선물이었습니다. 요즘은 계란이 판으로 되어 있지만, 그때는 날계란 열개를 꾸러미로 묶어서 들고 다녔어요. 그리고 정종 한병을 샀죠. 전라북도에서 나오는 술 중에, 일본식 이름인데 '월궁(月宮)'이라는 게 있었어요.

그렇게 이숙과 함께 선물을 들고 찾아갔는데, 마침 선생님도 술을 좋아한다고 하시더라고요. 수학을 가르치신 이동규 선생님이었어요. 제가 갖고 간 계란을 그 자리에서 바로 부쳐서 그걸 술안주로 정종을 데워서 마셨어요. 두분이 술이 세다고 해도 정종 한되를 홀짝홀짝 마시다 보니까 제법 취기가 올랐어요. 저는 가만히 앉아 있고요. 저희 이숙이 허풍이 좀 있었어요. "우리 형님이 오수에서 갑부입니다, 갑부."

농토가 많거나 유가증권이 많아야 갑부인 거지, 아버지는 한약방 해서 간신히 육남매와 일찍 돌아가신 백부와 중부의 조카들 다섯명을 건사하고 있던 참이었어요. 작은아버지는 한국전쟁 때 돌아가셨고, 큰 외숙은 월북을 하셨어요. 나중에 큰 외숙이 북쪽 과학원 원사로 TV에 나온 적이 있었어요. 어쨌거나 자식을 두고 20대 후반에 월북해버렸으니까 젊은 외숙모가 계속 혼자서 아이를 키우기가 어려우니 개가하셨죠. 그러면서 외사촌 동생을 어머니가 저희 집으로 데려왔어요. 그러니까 총 열두명을 학교에 보내고 있었던 거죠. 한의사가 매일 돈을 벌 수 있는 직업이었기 때문에 그렇게 할 수 있었던 것 같아요. 있는 돈을 파먹어가면서는 못할 일이죠. 그런데 이숙은 선생님한테 '우리 형님이 친정 조카까지 다 거두고 있다'라면서 갑부라고 자랑을 하는 거예요.

　그 얘기를 들은 선생님이 "그래요? 그러면 세현이는 경기고등학교에 보내세요"라고 하셨어요. 돈이 있으면 서울에서 하숙도 시킬 수 있고, 애 성적으로 봐서는 능히 갈 수 있다고요. 예전에는 교사들이 1학년을 맡아서 2학년, 3학년 때까지 쭉 가르친 다음에 그 애들을 졸업시키고 다시 순환하는 시스템이었어요. 그런 선생님이 "제가 경기고에 몇명 보내봤는데, 세현이 정도면 됩니다" 하셨던 거예요. 이숙은 "경기고가 어딥니까?" 그러시고요.(웃음) 선생님이 "대한민국에서 가장 좋은 고등학교죠. 경기·서울·경복 이렇게 세 학교를 꼽습니다"라고 하시는 얘기를 듣고 나니 어린 마음에 서울로 가고 싶어졌죠. 중학교 2학년까지는 공부를 잘했던 터였고요. 그런데 3학년 중반을 넘어서면서부터 성적이 약간 떨어지기 시작했어요. 원서를 쓰려고 하니, 저를 좋게 보셨던 담임 김동문 선생님도 "세현아, 네가 이 점수로는 경기고등학교는 못 간다. 네가 서울로 꼭 가고 싶다면 방법을 하나 알려줄게.

네가 현재 동급생보다 나이가 적어. 그러니까 전주고등학교에 갔다가 경기고에 가라" 하셨어요. 요즘 말로 반수를 하라는 거였죠.

그래서 실제로 반수를 하셨고요?

반수를 해서 경기고에 갔어요. 무작정 상경한 거죠. 그런데 저희 중모님이 좀 트이신 분이었어요. 양반 집에서는 청상과부도 개가할 수 없었던 시절이었으니까, 저희 아버지가 형수님의 생활을 책임지고 대책을 세워주고 계셨어요. 논을 사주면 머슴을 두고 여자도 얼마든지 영농할 수 있지 않습니까? 조카의 입학금이라든지 서울이나 전주 등으로 유학을 보낸다든가 해서 목돈이 나가는 건 아버지가 해주셨지만, 학비나 생활비 정도는 농사지은 걸로 중모님이 꾸려가실 수 있었죠. 그런 중모님이 저를 서울로 보내는 데 공을 세우고 저보다 한살 아래인 당신 아들을 서울로 데려올 생각을 하신 거예요. "세현이 이번에 시험 붙으면 서방님이 서울에 집 한채를 사세요. 제가 애들 뒷바라지할 테니까요." 그래서 중모님을 따라서 서울로 왔죠.

1장

고교 시절

최초의 저항과 그 후유증

5·16과 경기고 시절

　제가 1960년에 일단 전주고등학교에 들어갔다가 반수로 경기고등학교에 들어간 건 1961년이에요. 만약 1960년에 서울에서 고등학교에 다녔으면 4·19를 목격했을 텐데, 전주에 있었기 때문에 그러진 못했어요.

　4·19 때 전주는 조용했습니까?

　그때 전주는 상대적으로 조용했죠.

　마산·대구 쪽이 시위가 더 거셌던 건가요?

　그렇죠. 대구에서는 2·28 의거 때 경북고등학교 학생들이 많이 나왔어요. 3·15 선거를 부정으로 치르려 하니까 2월 말부터 저항이 일어났는데 그중에서 고등학생들이 가장 먼저 일어난 곳이 대구예요. 그다음에 마산에서 터졌어요. 마산상고로 유학 갔던 남원 출신 김주열(金朱烈)이 데모 중에 실종됐는데 4월 11일 최루탄이 눈에 박힌 시신으로 물 위로 떠올랐던 일이 4·19 혁명의 기폭제가 됐어요.

5·16 때는 서울에 계셨던 거잖아요?

5·16은 광화문 네거리까지 가서, 탱크가 쭉 들어오는 모습을 생생하게 봤어요. 1961년에 서울로 올라왔는데, 지금은 3월에 시작하지만 그때는 학년이 4월에 시작했어요. 겨울방학 후 3월 중에 짧은 봄방학이 있었고, 그러고 나서 4월 1일자로 입학했어요. 그런데 고교 입학한 지 한달 반 만에 난리가 난 거예요. 총소리가 나고, 라디오에서는 혁명공약이 흘러나오고요. 당시는 TV도 없던 시절이니까 라디오는 필수품이었죠. 학교는 어쨌건 나갔어요, 궁금하니까. 어느 날엔가 일부러 광화문 쪽으로 가봤더니 무장한 군인들이 탱크를 타고 들어오더라고요.

5·16 초에는 군사정권이 정치활동은 금지시켰지만 본격적으로 인권을 유린하고 야당을 탄압하진 않았어요. 1963년 초, 박정희(朴正熙) 국가재건최고회의 의장이 민정이양을 선언한 뒤에 자기도 선거에 나가겠다고 하면서 군복을 벗고 출마한 것 아닙니까. 국가재건최고회의 초기에는 대령들이 장관을 지냈고, 군 출신들이 대사로도 많이 나가고 했지만 일반 국민들을 탄압한다는 느낌은 못 받았어요. 어른들은 감이 있어서 알아서 숙이고 지냈는지 몰라도 학생들인 우리는 잘 몰랐죠. 그런데 1964년 한일회담이 언급되고 반대시위에 대한 단속이 강화되면서 '아, 이놈들 나쁜 놈들이구나'라고 비로소 깨달았어요.

당시에는 경기고 입시가 어땠나요? 최고 명문이었던 만큼 워낙에 치열했을 텐데요.

경기고등학교는 경기중학교 졸업생 480명이 그대로 올라가고, 나머지 60명만 전국의 비 경기중학생 중에서 뽑았어요. 그러다 보니 경쟁이 엄청나게 심했어요. 제 기억에 13.5 대 1 정도의 경쟁률이었던 것 같아요. 제가 국민학교 때부터 수학을 잘 못했고, 대학 입시 때도 수학 때문에 결국 사수(四修)를 하게 됐는데요. 고등학교 시험을 보러 왔는데 수학이 너무 어려워서 저는 떨어졌다고 생각했어요. 그런데 붙어버린 거예요. 예전에는 합격자를 등수대로 발표했기 때문에 수험번호가 들쑥날쑥이었어요. 제가 60명 중에 41~43번쯤이었던 것 같아요. 일단 합격했으니까 나쁘지 않았죠.

그런데 고등학교에 들어가고 나니, "야, 애 타교냐?" 하는 소리가 붙어요. 지금도 그렇게 말하는 친구들이 있어요. "세현이 걔는 원래 타교지?"라고요. 고등학교에 입학한 게 1961년이고 그 뒤로 50년 훨씬 넘게 지났지만, 평소 가까웠던 친구들은 안 그러는데 좀 먼 친구들은 "정세현? 아~ 타교"라고 말해요. 그런데 공교롭게도 제가 입학한 다음 해부터, 즉 1년 후배인 조영래(趙英來), 손학규(孫鶴圭)나 김근태(金槿泰) 때부터는 또 완전경쟁으로 바뀌었어요. 60명만 뽑지 않고 모든 자리를 열어두니까 경기중학교 학생들이 떨어진 자리를 타교생들이 많이 메꿨죠. 그러다 보니 타교라는 말을 못 했어요. 저야 3년 동안 '타교' 딱지 달고 그 학교에 다녔지만요.

학교장 축출 시위를 주도하다

'타교'라는 딱지가 붙어 있던 당시에 마이너리티로 대접받는 것에 대한 저항으로서 1962년에 드디어, 퇴학을 맞을 뻔한 일을 벌이고 맙니다. 1962년이면, 바로 전해에 쿠데타가 일어나서 계엄령이 아직 유효하던 때예요. 계엄령 밑에서는 옥외는 물론이고 옥내 집회도 허가를 잘 내주지 않았어요. 정치단체 등에서 합법적으로 여는 집회들도 계엄사령부의 허가를 받아야 했어요. 박정희가 아직 국가재건최고회의 의장이었고 대통령도 없었던 때예요. 그때 무슨 일이 있었느냐 하면… 당시 경기·서울·경복고등학교 교장은 문교부 국장급입니다. 그런데 난데없이 대구의 중학교 교장이었던 사람을 영등포의 한 중학교 교장으로 옮긴 뒤에 거기서 경기고등학교 교장으로 보냈어요.

낙하산 인사였군요.

그렇죠. 그야말로 직급이 수직 상승한 셈이었죠. 학생들은 비분강개했어요. "박정희가 아무리 기세등등하다지만 자기 대구사범 때 은사였다고 해서 경력도 모자란 사람을 여기 교장으로 보낼 수가 있느냐"라면서요. 저는 그때가 계엄령이라는 것도 깜빡 잊고 있었어요. 학생들은 대책도 없이 수군대기만 하고 있었죠.

그때 제가 동맹휴학을 주도하게 됩니다. 10월 3일은 개천절이면서, 1900년 대한제국 시절에 관립 한성중학교가 설립된 날이었어요. 경기고등학교의 전신이 관립 한성중학교였으니, 그날이 학교 개교기념일이었죠. 국경일이지만 학생들은 그날 나와서 개교기념식에 참석해야 했어요. 그리하여 1962년 10월 3일을 거사일로 정하고 9월 말부터 모의하기 시작해서 당시에 '스트라이크'라고 불렀던 동맹휴학을 감행해보자고 결의했죠. 함량 미달인 교장을 보내면 되느냐 하면서요. 이에 학생들을 조직해야 한다는 데 뜻이 모아졌어요. 그러려면 명목상 대표권을 갖고 있는 사람을 포섭해야 하잖아요. 그래서 포섭해온 게 당시 학생회장이었던 2학년 김동녕(金東寧)이에요. '예스24'의 창업자죠. 중학교 때부터 반장만 했다는 모범생이에요. 고등학교 때도 학생회장을 맡았어요. 김동녕에게 가서 계획을 이야기하니까, 옳은 말이라고, 자기도 같이하겠다고 해요.

그때는 박정희에 대한 비판이었지, 군사정권에 대한 비판은 아니었어요. 잘못된 인사에 대한 저항 정도였지, 군사정권을 반대한다는 뜻은 담을 생각을 못했던 때예요. 군사정권이 인권을 유린하며 국민들을 탄압하기 전이었으니까요. 그랬으니 저희도 교장만 쫓아내면 된다고 생각했던 거죠.

10월 3일 아침에 행동을 벌여야 했으니까 10월 2일 밤을 노렸어요. 마침 국화 철이어서 덕수궁이 야간에 개장했던 때였어요. 밤에 덕수궁으로 들어갈 수 있었으니까, 거기서 모이기로 했죠. 관광객처럼 행세하면 눈에 안 띌 거라고 생각했어요. 거사 모의는 차라리 시장 바닥에서 하라는 말도 있잖아요. 외딴 곳, 한적한 곳에서 하면 도리어 노출되니까요. 일단 모임 장소를 공유한 뒤에 저는 조퇴를 했어요. 사복을 입고 가야지, 눈에 띄는 교복을 입고 가면 안 되니까 집에 가서 교복 대신 잠바를 걸치고 바지도 교복이 아닌 코듀로이(골덴) 바지를 입었죠. 머리를 빡빡 깎았으니까 추워서 모자는 챙겨갖고 이동할 때 썼어요.

그런데 덕수궁에 갔더니 학교 선생님들이 보이는 거예요. '어떤 녀석 때문에 들통이 났구나' 싶었죠. 그래도 일단 갔어요. 모자는 잠바 속에 넣고요.

건너갔더니 배재고등학교 애들이 두어명 있더라고요. 걔네들한테 가서 무슨 일이냐고 물었더니 "경기고 놈들이 잡혀가는 중이야" 그래요. 그러는 와중인데 당시 이과 수학 선생님이 저한테 걸어오셨어요. 문과 수업에 들어오셨다면 절 잘 아셨을 텐데, 이미 문·이과가 나뉜 상태였죠. "너 우리 학교지?" "네? 우리 학교가 어딘데요?" 일단 이렇게 시치미를 뚝 뗐어요. 선생님이 "나는 경기고등학교 선생인데 교외 지도 나왔으니까 학생증 좀 보여줘라" 그러세요. 밤에 놀러 나와서 학생증은 안 갖고 왔다고 했죠. 근데 체육 선생님이 다가오셔서는 "많이 본 놈인데!" 하세요.(웃음) 체육은 그 선생님께 배웠으니까요. 그래도 60명씩 가르치시는데 얼굴을 자세하게 익히긴 어렵잖아요. 제가 경기고도 아니라고 하고 학생증도 없다고 하니 어느 학교냐고 물어요. 순간적으로 "중앙고입니다"라고 대답했어요. "아무리 봐도 우리 학교 학생인데… 뒤져도 돼?" 잠바만 열면 모자가 나올 테니 큰일이었죠. "뒤지십시오." 그 상황에서 만약 제가 쭈뼛댔다면 제 몸을 뒤졌을 거예요. "그래? 거참 이상하네… 정말 비슷한데."(웃음) 잠시 뒤에 보니 당시에 '쓰리쿼터'라고 불리던 군용차를 그 근방에 대놨는데 교복 입은 시커먼 녀석들이 다 거기에 타는 겁니다. 일망타진되어서 종로경찰서로 압송되는 상황이었어요.

아니, 대체 어디서 얘기가 샌 거예요?

나중에 알고 보니 모의에 참여했던 녀석 중 하나가 자기 외삼촌에게 일러바친 거였더라고요. 그 녀석이 반장인가 회장인가 그랬는데, 임원을 맡고 있으면 그런 계획에서 빠지긴 어렵죠. 근데 걔가 선도부 주임, 당시 말로는 훈육주임의 조카였어요. 그런 얘기를 들었으면 당연히 단속할 수밖에 없죠. 그래서 종로경찰서에 연락한 거죠.

다음 날 아침에 불안한 마음으로 학교에 갔어요. 개교기념식은 정상적으로 치르게 됐고요. 학교에 들어가 교실에 앉았어요. 담임선생님이 들어오시자마자 "정세현, 너 이따가 끝나고 교무실로 와" 그러세요. 따라갔더니 덕수궁에 갔던 놈들이 다 잡혀와 있더라고요.(웃음)

주모자는 퇴학이라고 했어요. 계엄령하에서 집회를 조직했기 때문에 계엄법 위반이었죠. 자퇴하면 다른 학교로 전학이라도 하지만 퇴학은 전학도 못 가요. 부모님이 이 사실을 알게 되면 어쩌나 하는 생각부터 들더라고요. 아버지 돌아가시게 만드는 건 아닌가, 덜컥 겁이 났어요.

그렇게 퇴학으로 굳어지고 있는데, 마지막에 학부모에게 통보해야 하니 부모님을 모시고 오라고 하는 거예요. 부모님께 연락을 드리면 올라오는 차 안에서 쓰러지시게 생긴 상황이었어요. 그렇게는 못하죠. 그래서 꾀를 내기를, "외사촌 형님과 같이 사는데 그 형님이 대학교 3학년이니 학부형 자격으로 오면 안 될까요?"라고 여쭤봤죠. 그때 제가 이문동 경희대 근처에서 살았는데, 상주 출신으로 경희대 법대에 다니는 옆집 자취생 이성우라는 형을 외사촌으로 속이려던 거였어요. 법대니까 이렇게 저렇게 말로 잘 둘러댈 수 있겠다 계산한 겁니다. 평소에 잘 어울리던 형이어서 그에게 부탁했어요. 이런 사정이 있는데 큰어머니도 모르게 하려고 하니, 형님이 학부모 소환해서 통보하는 부분만 어떻게든 때워달라고 했죠. 그 형이 학교에 가서 법대생답게 "당연히 처벌을 받아야죠" 하면서 처신을 그럭저럭 잘한 덕분에 학부모를 소환하는 부분은 통과가 됐어요.

그때 저는 동급생들이지만 머리 좋다고 하는 사람들, 부잣집 자식들이라는 사람들, 도시에서 자란 사람들이 갖고 있는 기회주의적인 태도에 굉장히 실망했어요. 그때 받았던 충격 때문에, 사회생활을 하는 동안에도 '그 반대편에 서는 것이 정의다'라는 생각을 계속 품고 살았어요. 저승 문 앞에까지 갔다가 살아 돌아왔던 경험이 훗날 사회생활에서 반면교사 역할을 해준 거죠.

그때 퇴학당한 사람은 없었던 거죠?

없었어요. 막판에 무기정학 처분을 받았어요. 저는 고향의 부모님은 물론이고 서울 와서 제 뒷바라지를 해주고 계신 큰어머니부터 속여야 하기 때문에 아침에 도시락을 싸들고 가방에 시간표대로 책도 넣고 일단 집을 나서는 겁니다. 학교는 못 들어가요. 근신 처분 정도면 교내 도서관에 가서 공부할 수 있었고 매일 반성문을 써서 제출하면 되지만, 무기정학 받은 사람은 학교 근처에도 오지 못하게 했으니까요. 대낮에 교복을 입고 가방까지 든 학생이 길거리를 돌아다녀야 하는 거예요. 괜히 배회할 수는 없으니 갈 데가 고궁뿐이었죠. 학교에 가야 하는 시간에 고궁에 와서 놀고 있으니 사람들이 수상하게 여기기도 했어요. 그야말로 갈데없는 '가짜 학생'이지요.

언제 풀릴지 모르는 게 무기정학이니까 시립도서관에 가서 공부하고 있었으면 좋았을 텐데요. 학교 간 것처럼 똑같이 시간표대로 공부해야 했는데, 그 생각을 못했어요. 그러다 무기정학이 15일 만에 풀렸는데, 그사이에 전전긍긍하기만 했지, 공부할 생각은 못했던 거예요. 그 15일 동안의 학습 결손이 무척 컸어요.

그게 사수로 이어졌군요.(웃음)

보름간 통째로 놀고 학교에 다시 가니까 수학은 도저히 못 따라잡겠더라고요. 영어도 진도를 놓치니 어려웠어요. 지금은 안 그러지만 내 나이 60대까지만 해도 제 꿈에 가끔 고등학교 교실에서 교복을 입고 앉아 있는데 수업 내용을 못 알아들어서 속상해하는 장면이 나왔어요.

'이것이 민족적 민주주의이드냐?'

마침 재수하실 때에 한일협정이 있었어요. 여러 학교에서 한일협정 반대 시위를 벌였지만, 경기고의 반대 시위도 유명한 사진을 통해 역사 속에서 기억되고 있잖아요?

첫 대입에서 떨어진 때가 1964년인데, 그해 6월에 6·3 시위가 일어났어요. 현재는 코리아나 호텔 옆이 서울시의회지만 그때는 국회의사당이었어요. 재수학원에 가느라 3월 25일 국회 건너편 길을 지나가는

데 고려대 학생 여러 명이 몰려와서 단상 앞에서 고함을 지르면서 한일협정 반대 시위를 하고 있었어요. 그때 그걸 보면서 '내가 대학에 갔으면 학생들을 데리고 나왔을 텐데' 싶었죠. 저도 고등학교 때 학생들을 조직해서 동맹휴학을 시도했던 전력이 있으니, "우리가 고대한테 밀리면 되겠냐? 우리도 나가자" 했으면 다들 나왔을 거라는 생각이 들었어요. 하지만 당시에는 대학생이 아니었고, 제가 동원할 수 있는 거라곤 고등학교 후배들뿐이었어요. 곧장 경기고등학교 교문 앞으로 가서 얼쩡거리면서 후배인 신동수와 조영래에게 학교 끝나고 회기동에서 만나자고 쪽지를 썼어요. 저희 집에서 만나면 큰어머니가 무슨 일을 저지르려고 저러나 싶어 불안해하실 테니까, 알고 지내던 대학생의 자취방에서 보자고 했죠. 그 형이 경희대학교 변론부 부장이었는데 웅변대회에서 만났던 인연으로 자주 놀러갔던 터였어요. 또 그 나름대로 자취방이 보안이 좀 되는 것 같더라고요.(웃음)

거기서 기다렸더니 저녁 때 후배들이 왔어요. "가만히 있으면 안 된다. 지난번 4·19 때는 대광고등학교만 나왔는데 일제 치하 3·1운동 때도 경성제일고보가 선두에 섰었다. 그런데 지금은 이게 뭐냐. 이렇게 중요한 상황에서는 경기고가 존재감을 드러내야 하는 것 아니냐. 내일 바로 나가자." 조영래는 의협심이 있어서 우리도 빨리 해야 한다고 바로 동의했고, 신동수는 걸음도 느리고 말이 느리니까 한참 만에 "뭐… 그렇게 하죠 뭐…" 그래요. 신동수는 지금도 운동권 후배들을 소리 없이 도와줍니다. 학교 구내식당을 몇곳 운영한 돈을 갖고, 민주화운동 하다가 취직 못한 사람들에게 생활비도 주고 용돈도 준다고 해요. 운동권에서는 신동수의 은혜를 입은 사람이 많은데, 그렇다고 그걸 절대로 생색도 안 내요. 늘 잠바나 걸치든지 양복을 입어도 넥타이 맨 것을 못 봤어요. 결혼도 안 했는데, 이미 그때부터 영감처럼 구부정하게 천천히 걸어 다녔죠. 그래도 할 말은 다했어요.

그다음 날 조회 시간에 일을 벌이기로 했어요. 조회가 끝나면 행진곡이 나오면서 학생들이 동쪽 서쪽으로 두 줄로 걸어 교실로 들어가게 되어 있었어요. 가운데 현관은 선생님들 출입구였고, 학생들은 동서 양쪽 현관을 이

정세현(우)의 고등학교 졸업 당시의 기념사진. 가운데는 1년 후배인 조영래 변호사.

용했죠. 그때 행진곡 대신 미리 녹음해둔 격문을 틀기로 한 거예요. 우리가 격문을 쓰고, 방송반과 관계가 있는 후배에게 연락을 빨리 취해서 방송반을 포섭하기로 했어요. 목소리가 좋아서 변론반과 방송반을 오가는 이준호(李俊浩, 전 KBS 기자, TBS 사장 역임)라는 2년 후배였어요. 게다가 당시 감사원 사무총장의 아들이었으니까 그 집에는 전화가 있었어요. 공중전화로라도 걸면 연락할 수 있었죠. 그 후배 집에 녹음기도 있다는 걸 알았어요. 5·16 직후 감사원 사무총장이면 어마어마했죠. 지금은 고위 공직자가 호화롭게 살면 눈치가 보이지만, 그때는 문제가 안 됐어요. 이준호에게 연락해서, 우리가 격문을 완성하는 대로 새벽에 갈 테니 녹음할 수 있도록 준비해달라고 했어요. 그러니 밤새 토론해가며 격문과 구호를 만들어야죠. 변론반 사람들은 가끔씩은 그

런 비슷한 경험을 겪었기 때문에, 격문이 길어지면 안 되고 1~2분 이내가 되도록 구성해서 같은 내용을 반복해서 트는 게 좋겠다는 판단이 있었어요. 듣는 사람을 부추겨야 하니 '자존심' '명예' 같은 단어를 써가며 '경기여 일어서라' '나가자'라는 식으로 선동하기로 했죠. 학생들이 들고 나갈 플래카드 같은 것도 필요했지만 그 문제는 생각할 겨를이 없었기 때문에 준비물을 마련하지 못했죠.

어쨌든 그 이튿날 새벽에 녹음하러 갔는데, 그 가족 분들이 정말 고마웠어요. 아무리 아들의 선배라지만 교복도 안 입고, 생면부지의 사람이 잠바 차림으로 새벽에 들어오는데 아무 말 없이 출근해주시더라고요. 이준호의 형은 학교는 서울고등학교로 달랐지만 나이가 저와 같았는데, 와서 기웃거리지도 않고 저흴 보호해주고 그랬어요. 그 덕분에 녹음을 마치고 이준호에게 들려 보내면서 방송반에서 틀도록 조치하라고 했죠. 조영래와 신동수는 정상적으로 학교에 가서 앉아 있어야 했고요. 저는 새벽을 그렇게 보내고는 플래카드를 만들기 위해서 광장시장으로 가서 광목을 길게 끊었어요. 플래카드를 세장 정도 만들 수 있는 길이로요.

광목은 사비로 사신 건가요?

당연히 사비죠. 그걸 사놓고는 어디서 작업해야 할까 고민했는데, 경기고 앞에 있는 매점의 주인아주머니가 학생 때 광주 항일학생운동에 가담했던 분입니다. 그 사실을 굉장히 자랑했던 터였어요. 아들은 그때 경기고 2학년 정세종이었고요. 그때는 매점에 가는 게 주로 간식 먹으러 가는 거였어요. 빵 사먹고, 우유도 흔치 않았던 때니 물 한 컵

마시고 다시 수업 들어가고요. 도시락은 싸와봤자 점심 때까지 기다리는 '비정상적인' 녀석들은 없었어요.(웃음) 첫 시간 끝나면 대부분 다 먹어버려요. 그다음부터는 수시로 나가서 빵을 사먹었죠. 그렇게 자주 드나들었기 때문에 그분이 광주학생운동 경력을 매우 자랑스럽게 여기신다는 것도, 매점에 골방이 있다는 것도 알았어요.

"아주머니, 경기고가 이번에 한일협정 반대 시위에 나가려고 하는데 플래카드에 글씨 좀 쓰게 도와주세요." "해야지, 해야지." 방을 치워주신 뒤에는 어디서 구하셨는지 먹물과 큰 붓을 가져다주고는 문을 걸어 잠그시더라고요. 점원한테는 절대 아무도 접근시키지 말라고 당부하시고요. 그때부터 앉아서 문구를 썼죠. '한일회담 결사반대' 등의 문구를 쓰고 나니 마지막 한장이 남았어요. 그때 쓴 게 이 시위의 대표 사진으로 남은 "이것이 민족적 민주주의이드냐?"예요. 그런데 맞춤법이 틀렸어요. 과거 경험을 이야기할 때 쓰는 표현인 '더냐'가 아니라, 이제는 방언이 되어버린 '드냐'를 써버린 거예요. 그러니 대학에 떨어졌죠.(웃음)

어쨌든, 그러고는 매점에 숨어 있었는데 방송이 나오더라고요. 약간 탁한 목소리로요. 제가 녹음했는데, 그때부터도 제 목소리는 청량하지 못했어요. 그래도 그런 상황에선 약간 탁한 목소리가 선동성은 있었나봐요. 그 방송을 듣자 잠시 후에 "와아" 하면서 쏟아져 나오더라고요. 운동장에서 교문까지 내려오는 길이 비탈길이에요. 아 됐구나, 하고 매점 문을 열고 바로 플래카드를 던졌어요. 학생들이 플래카드를 들고 가는데 그 뒤로 경찰 오토바이가 따라붙었어요.

어디서 말이 샌 건가요?

'이것이 민족적 민주주의이드냐' 플래카드를 들고 시위하는 경기고 학생들. ⓒ경향신문

　아뇨, 낯선 방송이 들리니까 무전을 받고 왔겠죠. 시위대 양쪽을 호위하고 가더라고요. 맨 앞에 선 학생들이 플래카드를 들고요. 제가 궁금해하고 있으니까 주인아주머니가 매점 물건을 실어 나르는 자전거를 타고 따라가라고 하셨어요. 자전거를 타고 가니까 금방 따라잡았죠. 옆에서 따라가니 누가 봐도 '저놈이 배후조종자구나' 하는 걸 알 수밖에 없었죠. 게다가 변론반에 조영래, 신동수만 있었던 게 아니라 몇 명이 더 있었으니까 "형, 형" 하고 부르고 그랬거든요. 그렇게 시청 앞까지 갔어요. 지금 프레지던트 호텔과 웨스턴조선 호텔 사이 자리에, 대한제국 시절에 세웠던 3층짜리 누각이 하나 있었어요. 그때 그 앞에 있던 일본 자본으로 지었다는 뉴코리아 호텔이 소위 '매판자본'의 상징이라고 해서 거기서 데모를 많이 했죠. 바로 그 앞에서 '이것이

민족적 민주주의이드냐?' '한일회담 결사반대' 등의 현수막을 든 시위대 사진이 찍힌 거예요.

　모의에서 거사까지 만 하루도 안 걸렸으니 대단한 추진력이었네요. 그나저나 '이것이 민족적 민주주의이드냐?'라는 메시지는 정말 강렬했어요.

　그때가 1964년 3월 26일이었어요. 대학생들의 시위는 그 이틀 전부터 시작되었고, 저는 그 전날인 25일 학생들의 시위 모습을 보고 바로 행동에 나섰으니까요. 그런데 갑자기 조영래가 지프차 같은 차량 위로 휙 올라가더라고요. 거기서 마이크도 없이 자기 목청을 최대한 돋워서, 이것을 그냥 놔두어선 안 된다, 앞으로 우리 고등학생들도 궐기해야 한다고 선동적으로 연설했어요.

　이후에 보도 사진을 보니, 플래카드를 세장 만들었는데 '이것이 민족적 민주주의이드냐?'만 크게 나왔어요. 당시 김종필(金鍾泌)이 추진하고 있던 정치 시스템에 '민족적 민주주의'라는 표현을 붙였기 때문에 그 구호가 더욱 주목받았을 거예요. 한일회담 추진도 김종필이 했거든요. 나중에 제가 공산주의 이론을 공부하면서 배운 것인데, 동유럽이 공산화된 뒤에 사회주의 경험이 전혀 없는 국가를 강제로 공산화시켜놓고는 그곳을 공산화하는 과정, 즉 자본주의에서 공산주의로 넘어가는 단계를 이론적으로 설명해야겠는데 그 성격을 어떻게 규정하느냐를 놓고 고민하다가 처음에는 '내셔널 데모크라시'(National Democracy), 즉 민족적 민주주의라고 했어요. 공산주의를 각국의 특성에 맞게 '데모크라시'라고 불렀던 거죠. 그런 식으로 정당화하려다가 신통치 않으니까 나온 것이 '피플스 데모크라시'(People's Democracy), 즉 인민민주주의예요.

그 민족적 민주주의라는 아이디어를 성균관대 정치학과 김규택(金圭澤) 교수가 만들었어요. 그걸 김종필이 혁명이념으로 채택했고, 그때부터 5·16 군사정부는 본인들이 달성하려는 민주주의가 바로 민족적 민주주의라고 규정했다고 해요. 자유민주주의 원본은 우리 형편에 맞지 않으니 우리에게 맞는 민주주의를 펼친다는 거였죠. 나중에 그게 고려대 한승조(韓昇助, 한기식) 교수를 거치면서는 한국적 민주주의라는 표현으로까지 쓰이게 됩니다. 그러니까 우리가 썼던 '이것이 민족적 민주주의이드냐?'는 한일회담 추진 실권자였던 김종필에 대한 반발이자 도전이었기 때문에, 한일협정 반대라는 밋밋한 구호보다 기자들에게는 매력적으로 보였던 거죠.

2장

학자의 길과
관료의 길 사이

좌절된 교수의 꿈

학과 선택의 갈림길에서

대개 삼수까지는 많이 하지만 사수는 웬만해서는 안 하거든요. 독한 면모를 좀 갖고 계셨던 거 아닌가요?(웃음) 내내 외교학과로 시험을 치르셨나요?

아뇨, 삼수째에는 경제학과에 냈어요. 원래는 정치학과에 가려고 했는데, 아버지가 불안해지신 거예요. 저 녀석이 웅변대회에도 나가고 그러는 걸 보면 틀림없이 출마한다고 할 텐데, 정치 한답시고 집안 말아먹는 게 아닌가 싶으셨던 거죠. 농촌 출신이셨으니까요.

그렇죠. 정치를 하다 보면 논밭 다 팔아먹고.(웃음)

당시는 편지 쓰던 시절이었으니까, 장문의 편지를 수시로 아버지께 보냈죠. 그랬더니 나중에는 협박까지 하시더라고요. 정치학과에 가면 등록금을 대주지 않겠다고요. 아버지가 세상 물정을 몰라서 그러신 거예요. 대학생쯤 되면 입주 가정교사로 돈을 벌어서 동생까지 가르치는 사람도 있었어요. 입주 가정교사로 들어가고 파트타임으로 두어개 정도 과외를 하면 등록금 버는 건 가능했죠.

그때 대학 등록금이 2만원 정도 하지 않았나요?

사립대가 그 정도였고, 서울대는 6,500원 정도였어요. 어쨌든, 정치학과에 못 가게 하던 아버지와 타협을 한 게 외교학과였어요. 보통은 정치외교학과인데 서울대학교는 정치학과와 외교학과로 쪼개져 있었고요. 외교관이 되는 건 나쁘지 않다고 생각하셨거든요. 외교관은 근사하게 들리잖아요. 본래는 정치학이 매력이 있다고 생각해서 정치학과에 진학하려다가, 아버지를 속이느라고 외교학과에 간다고 해서 지원했다가 떨어졌어요. 첫번째도 떨어지고, 두번째도요. 그런데 집안에 서울대 정치학과를 나와서 그리 성공하지 못한 분이 계셨어요. 고종형님, 즉 고모의 둘째아들이었죠.

나이가 훨씬 위인가요?

저보다 열서너살 많은 분이었어요. 아버지에게는 생질이죠. 그분이 서울대 정치학과를 나와서 잘 못 풀린 케이스였는데, 고시 공부를 하다가 계속 낙방하고 요즘으로 말하면 6급 공무원 정도가 되어서 전매청에 다니고 있었어요. 계속 제가 정치학과를 고집하니까 형님이 "정치학과 나오면 나처럼 된다"면서 "경제학과를 나온 친구들은 승승장구하더라. 그리고 세현이 네가 정치를 하고 싶을수록 경제를 알아야 한다"그러셨어요. 아버지가 하지 말라는 일을 해서 떨어졌나 하는 생각도 들던 참이었고, 경제학과를 가는 것도 나쁘지 않겠다 싶었어요. 최종적으로 정치를 하고 싶으면 경제를 알아야 된다는 것도 말이 되니까요. 그래서 세번째에는 경제학과를 썼는데, 그때에도 떨어졌어요. (웃음)

대학 시절 이야기

사수 만에 들어간 대학생활은 어떠셨나요?

재미있는 것은, 첫해 면접 때 제 학적부를 보고 "자네 정학 맞았나?"라고 물어봤던 교수님이 네번째 면접에 갔더니 또 거기에 앉아 계셨다는 거예요. "자네 또 왔나?"그러세요. "예, 제가 재작년에도 떨어지고 작년에는 상대에 넣었다가 떨어졌습니다.""상대는 어디를 넣었나?""경제학과에 넣었습니다."그분이 경성고보 출신으로, 해방 후에는 서울경제전문학교를 다니다가 서울대 정치학과 교수가 된 박준규(朴浚圭) 선생님이었어요. 서울경제전문학교는 서울상대의 전신이죠. 의학전문학교는 서울의대의 전신이었고요. 그런 분이었으니 제가 경제학과 시험을 봤다고 하니 반가웠던 거죠. 결국 제가 합격하니까, 그분이 저를 1학년 때부터 굉장히 총애하셨어요. 보기만 하면 "정군, 점심 먹었나? 따라오게" 해서 짬뽕을 시켜주시면서 술을 권하시고 그랬어요.

재수하던 때에 저희 어머니께서 저 몰래 점을 보러 가셨대요. 그때 점쟁이가 '펜사끼(펜촉)가 딱 휘어져버렸네, 펴지려면 3년은 걸리겠는데… 펜사끼가 펴지고 나면 글씨를 더 잘 쓰게 된다'고 했대요. 그런데 그 말이 일리가 있었던 게, 제가 느지막이 들어가긴 했지만 대학교 학점이 좋았어요. 이유는 간단했습니다. 그때는 전부 다 주관식 문제였는데, 8절지 백지를 주고 어떤 주제에 대해 논하라는 식이었어요. 당시는 국한문 혼용이어서, 한글로만 쓰면 채점자들이 좋아하질 않았어요. 한자로 쓰면 필요한 단어가 다 들어가 있는지 금방 보였죠. 그런 걸 다른 학생들은 마치 글자를 조립해나가듯이 쓰는데, 저는 서예를 배웠던 경험을 이용해서 파카 만년필로 내리닫이로 써나갔으니까 채점자가 읽기도 전에 점수가 나왔죠.(웃음)

3학년 때 일이에요. 나중에 서울대 외교학과 교수가 된 하영선(河英善)이라고 있는데 저보다는 두살 어린 동기였어요. 공부를 꼼꼼하게 열심히 하던 학생이어서, 당시 교수들이 장차 교수감으로 찍어났죠. 그 친구가 그때부터 원서를 열심히 읽었어요. 걔 때문에 폼 잡느라고 저도 원서로 산 게 많았어요.(웃음) 어느 날은 다 같이 시험을 봤는데, 그 친구는 원서들을 검토한 바에 근거해서 비판적으로 답안을 썼죠. 저는 책 근처에는 전혀 가지도 않고 일간지 논설위원들이 칼럼 쓰듯이 썼어요. 그 대신 하영선은 글씨를 좀 답답하리만치 또박또박 썼고, 저는 붓글씨 쓰듯이 썼죠. 그런데 하영선은 C가 나오고 저는 A가 나온 거예요. 그랬더니 하영선이 "손제석 선생은 이상한 사람이야. 나는 선생님이 추천한 책 다 읽고 답안 썼는데 C를 주고, 세현이 형은 공부도 안 하고 술만 먹었는데 A가 나오고…"(웃음) 글씨로 때운 거예요. 어쨌든 학점이 나쁘지 않았기 때문에 대학원에 가서 과 조교로 일할 수 있었어요. 학점이 나쁘면 못해요.

대학에 입학한 때가 1967년이니 대통령 선거를 하던 때고, 여러 정치 이슈가 있었는데 학생운동은 안 하셨나요?

학생운동은 못했어요. 대학에 들어갔더니 형 대접을 하더라고요. 고등학교 족보가 너무 확실하고 강해서, 저 1학년 때 당시 3학년도 나이로는 1년 후배니까 저를 형이라고 불렀어요. 나중에 국회의장이 된 김형오(金炯旿)도 일년 재수해서 들어왔는데 처음에는 '세현이 형'이라고 부르더라고요. 다른 대학은 재수생이나 삼수생이 학생회장에 출마할 수 있었는데, 서울대는 그럴 수가 없었어요. 재수생부터도 자격이 없었어요. 당해년도 졸업생들이 학생운동의 주도권을 잡고 있었죠. 나이가 많은 사람들은 지휘가 안 되고 그저 모셔야 하는 대상이었던 거예요. 귀찮은 거죠. 나이가 많아서 학생운동에 낄 수가 없었어요.

생각은 있었는데 못하신 건가요?

그렇죠. 고등학교 때부터 기질이 있던 사람인데 가만히 있을 수 있나요. 처음에는, 내가 입학은 늦었지만 문리대 학생회장과 총학생회장까지 해야겠다고 생각했는데, 2학년 3학년 되는 친구들이 "형은 안 돼" 하더라고요.(웃음) 학생들이 시위하러 몰려나갈 때 "다치지 말고 잘하고 와라"라는 말이나 건넬 뿐이었어요. 무지막지하게 최루탄을 쏘던 시절이었으니까요. 물론 공중에 쏴서 호를 그리며 떨어지게 했지만 잘못하면 그걸 맞고 크게 다칠 수도 있었죠. 최루탄 가스 자욱한 캠퍼스에서 밖으로 나가지도 못하고 대열로 들어가지도 못하고, 그렇다고 집에 갈 수도 없고요. 그렇게 엉거주춤하게 보냈어요. 어떻게 보면 끝까지 마이너리티로 지냈던 것 같아요. 지금도 통일 문제에 매달리고 있지만, 주류 의견은 반북이죠.

당시 문리대에 신진회, 법대에 신조회, 사회법연구회 등 이념서클이 많았는데 그런 학회 활동은 안 하셨나요?

법과대학 쪽에 서클이 많이 있었죠. 문리대 쪽에는 별로 없었어요.

그러면 학생운동이든 서클이든 무리 지어 다니는 건 안 하신 거네요?

끼워주질 않았으니까요.(웃음)

대학원 시절에도 유신이니 민청학련 사건이니 시끄러웠잖아요.

민청학련 사건은 1974년에 터졌는데, 제가 석사학위를 받고 대만에 박사과정으로 유학 가 있던 시기와 맞물려 있어요. 1973년 2월 석사를 마치고 9월 학기에 대만 국립정치대학 정치학과 박사과정에 들어갈 예정이었어요. 물론 시험은 1972년에 이미 합격했고 대만 국비장학금도 확보해둔 상황이었어요. 1973년 8월 26일에 결혼식을 올리고 아내와 함께 신혼여행을 겸해서 대만으로 떠났어요. 아내가 그때 사실 교수님 추천으로 미국 대학에 박사과정을 밟기 위한 준비를 하다가, 나하고 결혼하는 바람에 미국행을 포기하고 대만으로 길을 틀었지요. 그대로 놔뒀으면 박사학위 받고 돌아와서 교수가 되었을 텐데, 당시 한국사회가 여자들에게 너무 불합리하고 불공평했죠. 지금도 그 점은 참 미안하게 생각하고 있어요. 그런데 그렇게까지 해서 간 대만에서 한 학기를 다녀보니 희망이 없어 돌아왔어요. 1974년 3월 중하순에 돌아왔는데, 4월에 갑자기 민청학련 사건이 터지더라고요. 신문에 난 도표를 보니 유인태(柳寅泰)보다 이철(李哲)이 위에 있고, 김근태는 총 수괴로 되어 있었어요. 김근태가 고등학교에 다닐 때까지는 존재감이 없었어요. 같은 동네에 살았으니 가끔 길에서도 보면 대학 때도 항상 얌전하게 교복을 입고 배지까지 달고 다녔던 기억이 있어요.

김근태는 아마 1970년 전태일(全泰壹) 분신 사건 이후로 이름이 알려졌을 거예요. 그나저나 외교학과 70학번인 임진택(林賑澤) 씨가 정세현 장관님 조교 시절에 시험 답안을 고작 두줄 썼는데 이를 정 장관님이 낚아채갔다고 하는 얘기를 들은 적 있어요.(웃음)

그러면 1학년 때 교양학부에서 강의를 듣고 제가 조교가 됐을 때 2학년 전공 수업을 들었을 거예요. 그런데 임진택은 외교학과 들어온 사람 같지가 않았어요. 남사당패를 따라다니고, 북을 들고 다니고요. 신동수도 그랬어요. 시험 때 제가 시험지를 빼앗아갔는지는 모르겠지만, 아무리 고등학교 후배라고 해도 시험이 끝나면 공평하게 걷어야 하니까 가져갔겠죠. 어딘가에서 제가 듣기로 그때 임진택이 답안을 채운 두줄이 "큰일 났다"로 끝났는데 그게 정답에 가까웠는지 학점은 잘 나왔다고 해요. 당시 시험 출제자가 이용희(李用熙) 교수였어요. 어쨌든 저는 무서운 조교였어요. 불량한 짓 하다가 걸리면 몽둥이찜질 하고요.

학부 때 북 치고 탈춤 춘다고 다니던 임진택이 졸업 후에 판소리를 하겠다고 했는데, 임진택 이전의 판소리는 시사 문제와는 동떨어져 있고 사랑 노래나 노동요 정도였어요. 그런데 임진택이 판소리를 하면서 거기에 사회 풍자가 가미되고 정치성이 배기 시작했죠.

김지하(金芝河)의 담시 「오적」을 판소리로 부른 게 임진택이었죠.

출신 지역이 김제였거든요. 판소리의 시조라고 불리는 신재효(申在孝)가 그쪽 사람이죠. 지역 분위기 영향도 많이 받았을 거예요.

홍세화와의 인연

홍세화(洪世和) 씨와도 알고 지내셨나요?

알았죠. 그 친구가 66학번인데, 공대 3년을 다니고 나서 외교학과 69학번으로 다시 들어왔어요. 홍세화가 경기고 2년 후배라는 것도 알았죠. 외교학과로 와서 신고를 했으니까요.(웃음) 무슨 얘길 해도 그저 싱긋이 웃기만 하던 게 기억나요. 그런데 공대를 다니다가 외교학과로 다시 들어온 녀석이 북이나 들고 다니고…

홍세화 씨가 1979년에 한 무역회사의 파리 주재원으로 나갈 때 장관님이 신원 보증을 섰다고 들었습니다. 그는 출국 직후 남민전 사건에 연루돼 2002년까지 망명생활을 했죠. 혹시 공무원 신분으로 신원보증을 선 것 때문에 불이익을 겪거나 하진 않으셨나요?

그런 건 없었어요. 남민전 사건이 발표되었을 때예요. 춘천에 아내와 놀러 갔다가 11시가 넘어 들어왔는데, 파출부 아주머니께서 중부경찰서에서 전화가 왔었다는 얘길 전해줬어요. 빨리 전화를 해달라고 하더라고요. 그래서 전화했더니 정보과장이 급히 나와달라고 해요. 정보과에서 나오라고 하니까 기분이 찜찜하잖아요. 지금이 몇신데 나오라고 하는 거냐, 돌아올 때 통행금지도 걸릴 텐데 어쩌느냐 했더니 통행금지는 자기들이 책임지고 택시비도 드리겠대요. 갔더니 "홍세화, 이 사람을 잘 아느냐"고 물어요. 무슨 관계냐고 해서 고등학교와 대학교 후배라고 했죠. "파리 갈 때 보증 서셨죠?" "섰죠." "왜 섰습니까?" 이유가 이래요. 홍세화가 어렵게 공과대학 3년을 다니다가 다시 시험 봐서 외교학과에 들어왔어요. 그렇게 늦깎이로 대학을 졸업하고 회사에 호구지책으로 취직했고 마침 파리 지사에 자리가 났다고 하는데, 과거 시위 경력 때문에 부이사관 이상 두명의 신원보증이 있어야 갈 수 있다고 제게 사정을 했어요. 그래서 보증인 란 아래 칸에 제 이름을 적으면서, 그 위 칸에는 박준규 교수님께 서명을 받으라고 보냈어요.
신원보증은 공무원은 부이사관 이상에게, 대학은 국립대학의 정교수 이상에게 받아야 했어요. 사립대학은 안 되고요. 박준규 교수님은 저를 워낙 신뢰하시니까 제 말만 듣고 홍세화의 보증을 서주셨죠. 교수님께 미리 말씀은 드렸어요. "해줘도 되는 거야?"라고 물으셨어요. "해주십시오. 저한테만 후배가 아니라, 선생님한테도 고등학교 후배고 대학교 후배인데 그야말로 어렵게 자수성가한 녀석이 파리 지사까지 가게 됐으니 도와줘야 하는 것 아닙니까." "그러면 자네만 믿고 내가 해주겠네." 그 이야기를 다 설명했더니 정보과장이 "그러면 남민전과 관련된 건 모르셨다 이거죠?"라고 해요. "몰랐죠. 탈춤 춘다고 북들고 다니는 건 봤지만 남민전인지는 몰랐죠." 그 말의 진정성을 이해한 건지 "됐습니다. 가십시오"라고 해서 별일없이 왔어요. 신분이 확실한 통일부 공무원이었기 때문에 괜찮았던 것 같아요. 어디 교수였으면 의심을 받았을지도 모르죠.

그것과 관련해서 홍세화 씨가 나중에라도 무슨 말씀 하신 적 있나요?

홍세화가 1979년에 파리로 나갔는데요. 제가 1983년 제네바로 출장 간 김에 파리에 가서 만나려고 했더니 그쪽 정부에서 홍세화를 보호하고 있다고 해서 그때는 만날 수가 없었어요. 한참 뒤인 1995년 홍세화가 『나는 빠리의 택시운전사』라는 책을 펴내면서, 서문에 그동안 자길 도와준 사람들 이름을 적었어요. 그런데 거기에 내 이름이 없더라고요. 약간 괘씸하게 생각하고 있었는데, 제 여동생이 고려대 불문과에서 공부하고 있을 때라 프랑스에 갔어요. 제 동생도 운동권 기질이 있는 관계로 홍세화를 만났대요. 이런저런 얘기를 하면서 "우리 큰

오빠가 정세현이다"라고 했더니, 그 얘길 하더래요. 사실 자기가 세현이 형 덕분에 나올 수 있었는데, 지금 공직에 계시기 때문에 그 사실을 밝히면 곤란해질까봐 뺐다고요. 그 뒤에 귀국했을 때 그 얘길 했더니, 홍세화가 또 빙긋이 웃더라고요. 그 사람 특징이 빙긋이 웃는 거잖아요.(웃음)

외교학도로서의 진로 고민

학부생 때는 외무고시를 볼 생각이셨나요, 아니면 대학원 진학을 생각하셨나요?

원래는 외무고시를 봐서 외교관이 되려고 했죠. 바로 정치계로 가느니 외교관으로 지내다가 가는 것도 나쁘지 않다고 생각해서 아버지와도 그렇게 약속했고요. 외교관의 길을 찾으려던 차에 충격적인 이야기를 듣게 되어서 외무고시를 포기했어요. 신입생 오리엔테이션 때 교수님 한분이 들어오셔서 이렇게 말씀하셨어요. "제군들 중에는 외교관이 되기 위해서 여기 온 사람들이 있을 텐데, 여기는 외교관시험 공부를 시켜주는 곳이 아니다. 국제정치학을 가르치는 곳이다. 외교관 될 사람들은 별도로 도서관에 가서 고시 공부를 하면 된다. 분단국에서 국제정치학을 배우고 가르치는 이유는 하나다. 통일 문제 때문이다. 분단이 국제정치적 원인에 의해서 이뤄졌기 때문에 그것을 극복하는

데서도 국제정치적인 요소를 배제할 수가 없다. 그런 점에서 제군들은 국제정치학을 공부하며 항상 통일 문제와 연계하여 생각하는 습관을 가질 필요가 있다." 멋있는 말이었죠.

그 말씀을 하신 게 동주(東洲) 이용희 선생님이었나요?

네. 국제정치학을 공부하는 이유가 통일 문제 때문이라는 이야기, 외교관이 되고 싶으면 별도로 공부하라는 이야기를 1학년 때 들은 거예요. 사수까지 하면서 입시 공부를 해온 저로서는 따로 또 공부해서 고시를 치른다는 게 지겹게 느껴지기도 했어요. 그때 교수님이 덧붙이신 말씀이 있었어요. "국제정치의 세계에서 내 나라가 아니면 다 남의 나라다. 절대로 한국은 미국이 될 수 없고, 미국도 절대 한국이 되어주지 않는다. 착각하지 마라. 외교관이 되어서 그걸 잊으면 혼이 없는 외교를 하게 된다."

4년 내내, 그리고 이후 석사 시절에도 이용희 선생님한테서 귀에 못이 박히도록 들은 이야기는 "내 나라가 아니면 남의 나라고, 언제든지 안과 밖을 구분할 줄 알아야 한다. 섞지 마라. 그걸 잊으면 안 된다. 외무부에 가고 외교관이 되더라도 그건 반드시 지켜야 한다"라는 것이었어요. 저는 그쪽으로 가려는 건 아니었지만 외교에서 우리의 독자성을 지켜야 한다는 걸 강하게 인식하게 됐죠. 세월이 흘러서 나중에 외무부에 간 친구들을 만나보니까, 그때 나와 똑같은 얘길 들었는데 정작 기억하는 사람들이 없는 거예요. 사람의 기억이라는 게 그 순간을 지나면 급격히 엷어진다고 하지만, 같은 이야기를 들었는데 그 말을 기억하는 사람이 없다는 게 의아했어요. "동주(이용희 교수)가 한국과 미국을 혼동하지 말라고 했잖아." 이렇게 말하면 "동주가 언제 그랬지?"라는 식이었죠.

듣고 싶은 것만 듣는 거죠.

저는 국제정치학과 통일을 공부하는 교수들이 참 부러웠어요. 일단 느지막이 나와도 되고, 정장 차림의 '인텔리'고요. 가르치는 건 똑같은데 중고등학교 교사들보다 대학교수가 높은 사람인 것처럼 보인다는 점도 좋았어요. 또 우리 과 교수들이 정부 일을 많이 맡기도 했어요. 외교학과에 교수로 들어와 교수로 경력을 마친 사람이 흔치 않았어요. 우리한테 통일 문제 때문에 국제정치학을 공부한다고 말씀해주셨던 이용희 교수는 박정희 정부 때 외교 특보로 갔다가 통일부 장관을 하셨죠. 저에게 "자네 또 왔나?" 했던 박준규 교수는 박정희 정부 시절에 유신정우회 쪽으로 국회의원이 되셨고요. 그 유정회가 10·26과 12·12로 신군부가 권력을 잡은 후에 국회가 해산되면서 같이 해체되고, 그러면서 학교로도 돌아오지 못하고 결국 병환으로 돌아가셨어요.

신군부 시절에는 손제석(孫製錫) 교수가 교육부 장관으로 갔고요. 박봉식(朴奉植) 교수는 서울대 총장을 지냈지만 신군부에 협조했다는 점이 낙인처럼 따라다녔죠. 또 노재봉(盧在鳳) 교수는 노태우 정부 때 청와대 비서실장으로 갔다가 총리가 됐고, 그다음 정종욱(鄭鍾旭) 교수가 김영삼 정부 당시 외교안보수석이었죠. 그렇게 교수들이 정부 일을 도맡아하는 것이 당시 저에겐 그럴듯해 보였어요. 정치를 하려는 것도 권력에 대한 지향성이 있어서 하려는 건데, 교수는 학생들에게 존경과 대접을 받고 국가적으로도 영예로운 일을 하는 것 같았어요.

그래서 대학원에 간 거예요. 아는 사람들끼리의 시험이기 때문에, 어지간하면 교수들이 떨어뜨릴 수가 없잖아요. 또, 저는 입학 때부터 눈에 띄는 학생이어서 수월하게 들어갔어요.

그때 박준규 교수님이 "석사는 여기서 하고, 박사는 미국에서 해라. 내가 자리를 다 마련해놨다"라고 해주셨어요. 미국 대학에서 교수로 있는 본인 친구를 통해서 학비는 면제받고 조교로 지내면서 생활비도 벌 수 있는 자리를 마련해줄 수 있으니 공부하기는 편할 거라고 하시면서요. 칼 도이치(Karl Deutsch)의 커뮤니케이션 이론을 공부하고 오면 서울대 교수는 따놓은 당상이라고도 하셨죠. 앞서도 말했지만, 처음부터 저를 유학 보내려고 작심하고 짬뽕과 술을 사 먹이셨던 분이에요. 1972년에 박 교수님이 『분단과 통일』이라는 책을 출간하셨는데 그 책의 교정을 제가 봤어요. 이런 일을 시켜보니, 일을 곧잘 하니까 교수로 만들 수 있다고 생각하신 거겠죠.

이용희 선생과의 인연

그랬는데, 이용희 교수님께서 "정군, 석사논문 지도 교수는 정했나?" 묻더니 제 답변도 듣기 전에 당신이 지도를 하겠다고 말씀하셨어요. 당시 외교학과에서 그분께 석사논문 지도를 받으면 가문의 영광인 정도였어요. 그 정도로 권위 있는 분이었고 함부로 논문지도를 맡아주시지도 않았죠. 그 대신 너무 미국 이론에만 의존하지 말고 동양 것으로 쓰라고 하셨어요. 국제정치학이라는 게 미국의 학문이기 때문에 미국식으로 사고하고 미국을 추종하는 사람들을 양산해 학생들이 전부 미국에 빠져서 독자적인 생각을 못하는데, 동양 이론으로 논문을 쓴다면 지도하겠다고 하셨죠. 그래서 제가 중국 이론으로 쓰겠다고 했어요. 결과적으로는, 석사논문을 지도해주고 미국 유학도 보내줄 테니까 공부하고 돌아오라고, 그러면 서울대 외교

정세현의 결혼식. 주례는 이용희 교수.

학과 교수는 따놓은 당상이라며 저를 끌어주려고 하셨던 박준규 교수를 섭섭하게 만드는 상황이 되었죠.

길이 꼬여버렸군요.

그런 셈이었죠. 그런데 어느 정도는 운명이라고 생각해요. 대학교에서 학점 따기 좋으니까 중문과와 국문과의 한문강독 수업에 많이 들어가서 한문도 제법 알고 있었거든요. 처음에는 맹자의 정치사상을 분석하기 시작했는데, 한 학기가 끝나고 석사논문을 본격적으로 쓰려고 보니까 맹자가 좀 싱겁게 여겨지더라고요. 그래서 선생님께 말씀드렸죠. "제가 틈틈이 한비자를 읽었는데, 그 논지가 『군주론』과 비슷하다지만 제가 보기에 마키아벨리 같은 권모술수가는 아닌 듯해서 그것에 대해 정리해보려 합니다." 그러니까 선생님이 "좋지, 괜찮구먼" 하

시더라고요.

이용희 선생님이 책을 빌려주지 않기로 유명한 분이었어요. 제자들에게 책을 빌려주면 반납하지 않은 경우가 많았다고 해요. 그래서 희귀본들이 많이 없어졌대요. 장서가 굉장히 많았는데, 루소의 『사회계약론』 같은 책은 프랑스 헌책방 골목에 가서 가죽 장정의 초간본을 구해서 소장하고 계실 정도였어요. 그만큼 책에 대한 욕심이 많은 분이었죠. 그런데 저한테 "정군, 한비자에 대해서는 국내에서 제대로 연구한 사람도 없을 것이고 전국시대를 연구하려면 내가 갖고 있는 책을 빌려줄 테니까 논문을 쓰고 반드시 가져와" 하면서 책을 빌려주셨어요. 당시에 대만에서 들어온 책은 많았는데 '중공' 책은 들어오는 것 자체가 어려웠어요. 그런데 선생님이 홍콩에서 구입한 본토의 책을 요령껏 들여오셨던 것 같아요. 말하자면 적성국가에서 출판된 금서였어요.

당시에는 갖고만 있어도 국가보안법 위반이었죠.

아마도 5·16 후에 박정희 정권 쪽에서 이용희 선생을 모셔가려고 안달이었기 때문에 약간 혜택을 받았는지도 몰라요. 그런 귀한 책을 빌려주시면서 석사논문을 지도해주셨어요. 그렇게 해서 내놓은 석사논문 제목이 '한비자 연구: 전국 말기 정치 명분의 몰락과 관련하여'였어요. 정치란 명분을 갖고 통치하는 건데, '네이키드 파워'(naked power, 동의에 바탕을 두지 않은 권력을 이르는 말로, 권력론에서 자주 사용되는 개념)만 갖고 끌고 갔던 게 전국 말기였거든요. 한비자는 권력을 유지하기 위해서는 명분 같은 것은 필요 없고 일단 권력투쟁에서 이겨야 한다고 주장한 인물이었죠.

이 교수님이, 논문을 쓸 때는 정말로 꼼꼼하게 지도해주시더라고요. 처음에 저에게 선생님이 주신 제목이 '전국시대 말기의 정치 명분의 몰락에 관한 연구: 한비자를 중심으로'였어요. 그렇다면 정치 명분이 무엇인지를 설명하고 명분과 권력의 관계를 밝히는 정치학 이론으로 들어가야 하는데 정작 제 글이 한비자 분석처럼 진행되니, 제목을 바꾸라고 하시면서 불필요한 한비자 생애니 뭐니 하는 부분은 다 빼라고 하셨어요. "석사논문은 200자 원고지 200매면 충분해. 지금 몇매나 되나?" "250매쯤 될 겁니다." "각주 포함해서 200매로 줄여. 무조건 그렇게 해. 석사논문이란 것은 논문 쓰는 법, 길지 않은 분량 속에서도 할 말을 다 하는 법을 훈련하는 거야." 그래서 분량을 줄여서 갔더니 제 논문을 전부 읽고 첨삭까지 해주셨어요. 요즈음에는 그런 식으로 석사논문을 지도해주는 교수를 찾기 어렵죠.

학생 때 정 장관님을 관심 있게 본 분들이 이용희 교수와 박준규 교수 두 분이었는데, 두 분의 특성이랄지 차이가 있다면 말씀해주세요.

박준규 교수는 아마도 제가 고등학교 후배였다는 것 때문에 저를 챙겨주셨던 것 같아요. 이용희 교수는 1917년생이니까 저희 아버지보다도 두 살 연상이셨어요. 그분 아들이 고등학교 2년 후배였어요. 서울대 정치학과에 다녔고요. 사실 굉장히 냉정하고 호오가 분명한 분이었는데, 그분 아들과 제가 유난히 가까운 사이였다는 점도 영향이 있었을 거예요. 누구나 서양 이론을 갖고 논문을 쓰려는 분위기에서 제가 동양 사상을 공부하겠다고 하니까 그것을 갖고도 호감을 가지셨던 것 같고요.

서울대 외교학과 조교 시절 박준규(우측 열 오른쪽 다섯번째), 손제석(우측 열 오른쪽 네번째) 교수 등과 함께한 사은회. 맨 뒷줄 왼쪽 첫번째가 정세현.

제가 듣기론 이용희 교수가 연희전문을 나와서 한때 만철(남만주철도주식회사) 조사부에 있었다고 하는데, 얼마나 계셨나요? 만철은 일제의 만주 경영을 위한 싱크탱크로 당시엔 그 위세가 대단했다고 하던데요.

몇년이나 거기에 계셨는지는 잘 모르겠고, 다만 만철 조사부 연구소에 있을 때 상사가 진단학회의 이선근(李瑄根) 선생이었어요. 역사학자였지만 국립 서울대학교가 문을 열고 최초로 정치학과를 만들었을 때 그 학과장을 맡기도 했죠. 사학자는 정치사를 할 수 있었으니까요. 이선근 교수가 학과장이 되면서 만철 조사부 시절에 열심히 공부한 걸로 유명했던 이용희를 교수로 데려왔어요. 당시 서울대 교수들이 게이오기주쿠대학이니, 도쿄제국대학이니, 교토제국대학이니 하는 곳 출신이었는데, 그분들이 그 소식을 듣고는 '어떻게 전문학교를 나온 사람을 교수를 시켜주느냐, 자존심이 상한다'며 반발했다고 해요. 그때부터 이용희 교수가 '내 앞에서 논문으로 찍소리 하지 못하게 만들겠다'는 다짐으로 공부를 열심히 하셨다고 해요. 30~40대 때 많은 책을 쓰셨고, 국제정치학이라는 학문 영역을 독립시키기 위해서 정치학과로부터 외교학과를 분리하는 일도 하셨죠. 그때 이용희 교수가 학벌이 모자란다며 자존심 운운했던 신도성(愼道晟)이나 민병태(閔丙太) 교수 등은 오히려 학문적으로 이름을 못 남겼고, 이용희 교수는 많은 저작을 남기며 이름을 떨쳤죠.

한 학기 만에 끝난 대만 유학

다시 석사논문 이야기로 돌아와서, 당시에 동양 정치사상을 주제로 논문을 쓴 게 정 장관님이 처음입니까?

다른 학교는 모르겠지만 서울대에서는 그 시기에 전무후무했죠. 이용희 선생님이, 이쪽으로 공부하는 사람이 없으니 계속 해보라고 권하셨어요. 동양의 정치사상을 전공하면 교수는 틀림없이 따 놓은 당상이라면서요. 저는 교수가 되고 싶었어요. 교수가 된 뒤에 정치판에 기웃거리는 교수들도 많이 봤으니까요.(웃음) 결국 요즘 말로 '폴리페서'가 되려고 했던 거죠. 그래서 1973년 가을에 대만 유학을 갔던 거고요.

중국으로는 갈 수가 없어서 대만으로 가신 거죠?

그렇죠. 당시에 중국은 적국이었으니까요. 공부해야 할 것과 방법론, 논문 주제까지 정해서 간 유학길이었어요. 전국시대 정치가 중에 소진(蘇秦)과 장의(張儀)가 있습니다. 전국시대 최강국이었던 진(秦)나라에 맞서 나머지 국가들이 연합해야 한다고 주장했던 것이 소진의 '합종론'이고, 빨리 진나라 쪽에 줄을 대서 그 아래에서 보호를 받는 게 사는 길이라고 주장했던 것이 장의의 '연횡론'이었어요. 이것을 현대 국제정치학에서의 권력정치(power politics) 개념과 세력균형(balance of power) 개념으로 분석하면 상당히 설득력 있으면서도 신선해서 주목받을 수 있을 거라면서 이용희 교수님이 그걸 공부해오라 하셨죠. 논문 제목에다 방법론까지 미리 챙긴 셈이었으니 신나서 유학을 갔죠. 그랬는데 대만에 가서 보니 미국에서 들여온 정치학, 방법론만 가르치더라고요. 정치사상을 가르치지를 않았어요.

당시는 박정희 대통령이 대만의 총통제를 연구하던 시절이었어요. 소위 행정권과 군권, 입법권과 사법권에 감찰권까지 전부 장악하고 있던 게 총통이었죠. 장 제스(蔣介石)는 5권 분립을 표방하면서도 입법부·사법부·행정부를 모두 장악하고 있었어요. 그런 장 제스가 대륙에서 쫓겨나서 총통제를 실시하고 있었는데 그 나라 대학에서 정치사상을 가르칠 리가 만무했죠. 정치사상은 저항의 학문이잖아요. 그걸 배워서 저항하는 학생이 나오는 걸 두려워했겠죠. 총통제 아래에서 정치

사상을 가르칠 리 없다는 생각을 그때엔 못했던 거예요. 일단 가을 학기를 마치고는 그다음 학기 수강신청을 할 생각으로 커리큘럼을 봤는데, 서양 정치사상사도 없고 동양 사상사도 없어요. 고대 사상사는 더더욱 없고요. 조교에게 물어봤더니 이 학교에는 정치사상 강의가 없고, 대만대학 중문과에 가면 첸 무(錢穆)라는 학자의 제자백가론 강의가 있다는 거예요. 그런데 문학가와 정치학자가 보는 제자백가론이 같을 수가 없잖아요. 그건 의미가 없다고 생각했죠. 그래서 고민에 빠졌어요.

이러느니 다시 미국행을 고려하는 게 낫지 않을까 하고 생각했죠. 신시내티대학으로 가자면 토플과 GRE를 다시 공부해야 했어요. 당시 타이베이역 앞에 굉장히 큰 유학원이 있었어요. 가서 기웃거려봤죠. '어떤 코스를 들어야 여기서 바로 미국으로 갈 수 있을까. 한국에 들어갔다가 나가는 것보다는 대만에서 준비해서 바로 건너가는 게 낫겠다' 생각했는데, 신시내티대학의 자리는 이미 다른 사람에게로 넘어가버렸더라고요. 대만 유학도 장학생으로 간 거여서 돈은 들지 않는 상황이었지만, 제가 배울 만한 강의가 없으니 새 학기에 등록하기가 망설여졌죠. 이용희 교수에게 장문의 편지를 썼어요. "선생님, 여기서는 정치사상을 안 가르칩니다. 총통제 아래에서 저항의 학문인 정치사상을 가르칠 리가 없다는 사실을 꿈에도 생각을 못해서 낭패를 봤습니다." 답장이 왔어요. "돌아오게. 내가 직접 지도할 테니." 그분이 중국 고대 정치사상에 관해서도 조예가 깊은 분이었으니까, 선생님을 믿고 돌아왔죠.

돌아와서 1975년에 서울대 박사과정에 입학했더니, 저를 다시 입학시켜놓고는 이용희 선생님이 박정희 대통령의 통일외교안보 특보로 바로 가버리셨어요.(웃음) 4월 30일 사이공이 함락되고 5월 초에 '제2의 월남화 전략', 즉 북한이 남한을 남베트남처럼 만들려고 한다는 프레임으로 반공몰이를 시작하면서 서울대 외교학과 이용희 교수, 고려대 정치외교학과 김경원(金瓊元) 교수, 그리고 당시 외교관이던 최규하(崔圭夏) 대사를 외교안보 특보로 임명했던 거예요.

특보인데도 당시에는 상근해야 했나 보죠? 현재의 대통령 특보는 상근이 아니지 않습니까.

박정희 정부 때는 상근이었어요. 비상근으로 청와대 바깥에 사무실을 주고 아이디어가 있으면 문서로 보고하는 식으로 바뀐 건 노무현 정부 시절부터예요. 박정희 정부 때는 수석 비서관을 통해서 대통령에게 보고하려면 특보의 검토를 거쳐야 했어요. 힘이 있는 자리였죠.

그럼 통일원에 들어가신 건 이용희 선생이 특보로 들어가신 뒤인 건가요?

아니죠. 박사논문까지 쓰려고 했던 종횡가(縱橫家) 연구는 이제 틀렸고 길잡이를 잃은 상태였는데, 박준규 교수님이 다시 불러주셨어요. 그때가 1975년 5월 하순쯤이었어요. "지금 중앙정보부에서 강인덕(康仁德) 국장이 공산주의 비판 이론가를 키우려고 해. 대통령에게도 허락을 받고 상당히 큰 규모로 시작하려고 하는데, 박사과정 재학생 20~30명 정도 모아서 가르쳐서 전문가로 양성하는 프로그램이야. 강국장이 나한테 연락해서 제자 중에서 괜찮은 사람이 있으면 보내달라고 했으니, 자네가 거기로 가지." 그때부터 제가 마오 쩌둥(毛澤東) 사상 쪽으로 방향을 잡은 거예요. 마오 쩌둥 사상을 공부하면 고대 중국사상 못지않게 희소가치가 있었죠. 이미 중국어는 조금 할 수 있었고요.

자유아카데미에서 공산주의 이론을 공부하다

박준규 교수가 1975년 5월쯤 공산주의 비판이론을 배울 것을 권했고 이를 위한 교육기관인 자유아카데미가 곧이어 6월에 문을 열었군요. 이게 남베트남의 패망과도 관련이 있는 거죠? 말하자면 남베트남이 공산화되면서 공산주의 비판을 강화해야겠다는 일환으로요.

그랬어요. 1975년 3월 서울대 박사과정에 입학했는데, 그해 4월 30일 사이공이 함락됐어요. 남베트남이 공산화된 거죠. 그 뒤로 5월부터 '제2의 월남화'라는 프레임이 나왔어요. '북베트남이 남베트남을 함락시킬 수 있었던 것은 남베트남의 사상적 기반을 두 동강 내서, 그리고 친북 세력을 양성해 그 세력과 조응하여 반쪽이 된 남베트남 정부를 흡수한 것이다'라는 거였어요. 북한이 이 같은 전략으로 남한을 공산화하려고 하니 박 대통령을 믿고 따라야만 한다는 것이 '제2의 월남화' 프레임이었습니다. 북한 평계를 대면서 독재권력을 강화하려는 거였죠.

남베트남의 내부 분열이 베트남 공산화로 이어졌다고 보고, 남한 내의 사상 무장을 강화해간 거군요.

공산주의자들의 선전선동에 국민들이 넘어가지 않도록 하기 위해서는 공산주의 이론에 밝은 전문가들을 키워야 한다는 생각으로 자유아카데미가 설립된 거예요. 경제발전으로 인해 빈부의 격차가 벌어지기 시작하면 공산주의 이념이 가난한 사람들에게 먼저 침투해서 체제에 대한 비판의식을 키우고 나중에는 그들을 체제전복 세력으로 만든다는 생각을 토대로 한 거였죠. 그런 걸 방지하자면 무턱대고 "북한 놈들은 나쁜 놈들이야"라고 하면 안 됐고, 그 이론에 밝아야 했죠. 말하자면 체제에 대한 충성심, 꼭 박정희 대통령에 대한 충성은 아니지만 공산주의자들의 선전에 넘어가지 않을 정도의 배경을 가진 사람들을 뽑아야 했는데 그러자면 대학원 박사과정생들이 제격이었죠. 박사과정을 밟는 것이 가난한 사람들에겐 불가능한 때였으니까요.

최소 3년에서 5년은 공부해야 하니까요.

대학 졸업하고 바로 취직해도 먹고살기가 힘든데, 2년 석사과정을 하면서 이미 돈을 썼고 계속 학비도 대야 했죠. 요즘은 직장에 다니면서 박사과정에 들어가는 사람도 많지만 그때는 대개 전업학생이거든요. '풀타임 스튜던트'였던 거니까 프롤레타리아는 다닐 수 없고, 최소한 프티부르주아 정도는 되어야 가능한 거예요. 당시 웬만한 대학에는 중앙정보부와 이야기가 통하는, 즉 정부 일을 맡는 교수님들이 있었으니까 박사과정 재학생 중에서 자유아카데미 학생을 뽑아간 거죠.

그렇게 해서 공산주의 이론 비판 교육기관인 자유아카데미 1기로 들어갔어요. 그 1기 가운데서 논문을 잘 써서 뽑히면 자유아카데미에 전임강사로 채용될 수 있다고 했죠. "자네 결혼도 했는데 생활비도 벌어야 하지 않겠나. 거기 월급이 적지 않을 거야. 자유아카데미에 가서 공부하되, 처음부터 논문을 준비해"라고 박준규 교수님이 말씀하셨어요.

강의도 들으셨던 건가요?

그럼요. 오전 9시부터 저녁 6시까지, 6월부터 8월까지 3개월간 강의를 들었죠.

집중 훈련이었네요. 중앙정보부 건물에서 교육을 받으셨나요?

시내에서 받았어요. 중구 주자동의 6층 정도 되는 자그마한 건물인데, 거기 꼭대기에 내외통신이 있었어요. 강인덕 국장 휘하의, 북쪽 방송을 듣는 곳이었죠. 북한연구소, 극동문제연구소라는 잡지사도 있었어요. 자유아카데미가 아마 1층에서 3층까지 사용했을 거예요. 1층은 자료실, 2층이 강의실, 3층이 교수실이었죠. 강의를 열심히 들었어요. 돈을 벌어야 했으니까요. 논문으로 1등을 해야 했죠. 참고문헌도 전에 없이 많이 찾아서 읽고요. 다른 수강생들은 별 생각 없이 다니는 것 같더라고요. '비밀'을 몰랐으니까요. 저는 처음부터 알았고요.(웃음) 중간에 논문을 내라고 과제를 냈어요. 하지만 거기서 1등을 뽑아 전임강사로 채용한다는 말은 안 하더라고요. 그러니 건성으로 내거나 안 내는 사람도 있었죠.

장관님이 쓰셨던 논문 주제는 어떤 거였나요?

그때 '공산주의의 아시아적 변용(變容)에 관한 연구: 소련과 중국의 경우 비교'라는 주제로 썼어요.

논문 주제를 준 게 아니라 각자 선택해서 쓰는 거였나요?

그렇죠. 맑스의 공산주의 이론이 소련에서 한번 변형됩니다. 말하자면 자본주의도 정착되지 않은 나라에서 사회주의 혁명을 해서 공산주의로 넘어간다고 했던 거잖아요. 그러면서도 제정 러시아의 전통을 토대로 통치 구조를 만들었고요. 그게 중국으로 들어와서 다시 한번 바뀌죠. 러시아도 완전한 서구라고 볼 수는 없었고 아시아적 전제정치의 전통을 갖고 있던 속에서 공산주의가 접합되니까 오늘날 공산주의가 전체주의로 가고 독재를 강화할 수 있는 여지가 생겼다, 맑스 이론은 본래 그런 게 아니었다는 식으로 전개해나갔죠. 또한 소련의 경우에는 노동자-농민이 혁명의 중심이 되었지만 중국의 경우에는 그 주체가 농민-노동자로 바뀌었는데, 이에 대해 중국은 공장이 없어서 노동자의 수가 상대적으로 적으니까 농민이 주가 될 수밖에 없었다고 비교의 관점에서 썼고요. 그러다 보니 논문 매수를 금방 채울 수 있었죠.(웃음) 비교공산주의적 방법을 사용하면 설명력이 높아집니다.

그 당시 1기 강사 중에 어떤 분들이 계셨나요?

이용필(李容弼) 박사, 김갑철(金甲喆) 박사가 전임교수였고, 나중에 자유아카데미에 정규 과정이 생기면서 마침 미국에서 박사를 마치고 단국대 정치학과에 계셨던 김유남(金裕南) 박사가 교수로 왔죠. 양호민(梁好民), 신일철(申一澈) 교수가 초기 강사로 맑스주의 유물론, 유물사관 등을 강의했고, 맑스 경제학 분야에서는 연세대의 최호진(崔虎鎭) 교수가 가장 유명했어요. 그분이 제자를 추천해서 숭실대에 있던 전응렬(全應烈) 교수도 왔고요. 러시아혁명사는 고려대 사학과의 이인호(李仁浩) 교수가 가르쳤고요. 또 미국에서 막 공부를 마치고 돌아온 서강대 이상우(李相禹) 교수, 중국 전문가였던 한양대 유세희(柳世熙) 교수가 있었고, 외대의 김덕(金悳) 교수가 소련의 정치제도론을 가르쳤죠. 당대의 저명한 여러 분야 학자 가운데 맑스에 관한 식견이 있는 분들을 모셔서 석달간 9시에서 6시까지 점심시간을 제외하고 강의를 들었던 거예요. 당시에 노트 필기를 많이 했는데, 나중에 보니 그게 막대한 분량으로 쌓였어요. 논문을 써야 하니까 필기를 열심히 했죠. 그분들이 심사하니까 그분들 말을 인용하는 게 좋을 것 아닙니까.

1기를 졸업한 뒤에 강사가 되신 거죠?

전임강사가 됐죠. 중앙정보부 소속도 아니고 그 외곽 단체에 불과했는데도 월급이 많았어요. 나중에 1977년 통일원에 갔을 때 받은 월급이 그때의 딱 절반이었어요. 요즘으로 치면 4급 공무원 월급의 두배를 받았던 거니까 많이 받은 거죠. 자유아카데미는 제가 있을 때는 외곽

단체였지만, 제가 국토통일원으로 간 뒤에는 중앙정보부 소속이 됐어요. 정보기관의 부속 학교가 된 셈이죠. 그런데 그 후에 '정규 과정'이라는 코스가 생기면서 그 과정을 졸업한 사람들을 서울대 국민윤리교육과 교수로 뽑아 가더군요. 저는 그 과정은 밟지 않았으니 교수가 되지 못했어요.

마오 쩌둥을 주제로 쓴 박사논문

장관님이 1975년에 자유아카데미에 들어가고 1977년에는 국토통일원에 들어가셨잖아요. 학위는 1982년 2월 마오 쩌둥 이론으로 받으셨고요. 마오 쩌둥을 박사학위 주제로 선택한 과정을 이야기해주실 수 있나요?

자유아카데미 때문이었죠. 박사과정을 지도해줄 테니 다시 서울대로 오라고 하셨던 이용희 교수를 박정희 대통령이 데려가버리는 바람에, 졸지에 눈 내리는 벌판에서 선생님은 가버리고 석양 아래에 나만혼자 서 있는 상황이었죠.(웃음) 그리고 있는데 박준규 교수가 저를 불러서 자유아카데미에 가라고 하신 거예요. "국제정치학을 공부하려면 공산주의를 알아야 해"라면서요. 왜냐하면 국제정치학이라는 게 미국과 소련이 경쟁하던 시기 미국에서 발전한 학문이거든요. 그래서 국제정치학은 '미국이 좋고 소련이 나쁘다'라는, 기본적으로 반공을 전제로 깔고 있는 측면이 있어요. 우리의 경쟁 상대랄지 적대국이라고 할 수 있는 북한을 알기 위해 공산주의를 공부하라는 게 박준규 교수의 뜻이었어요. 그리고 논문으로 1등을 하면 자유아카데미에서 강의할 수 있다는 사실을 저에게만 살짝 말씀해주셨기 때문에 공부를 열심히 했죠.

그러는 와중에 자유아카데미 자료실에 자주 드나들었는데, 거기에는 중앙정보부에서 갖고 있던 공산권 자료들이 대거 들어와 있었어요. 마오 쩌둥 선집, 김일성(金日成) 선집 등도 완질로 갖춰져 있었어요. 저는 중국어를 읽을 수 있었으니까 마오 쩌둥 선집을 읽으면서 그걸 인용해 논문을 쓰면 경쟁력이 있겠다 생각했죠. 중문학과에서도 마오 쩌둥을 읽고 인용하지만 거의 대부분 문예론적인 접근이었죠. 스탈린 (I. Stalin)이나 김일성·김정일도 자기만의 문예론이 있잖아요. 일례로 김정일(金正日)의 문예론은 '종자론'이라고 하죠.

저는 마오 쩌둥을 국제정치학적인 관점에서 들여다보려고 했던 거고 접근 방식이 완전히 달랐으니, 국내에서는 희귀한 사례가 될 수 있었어요. 수교 전이었지만 동아시아 국제정치에서 중국이 차지하는 비중이 미국만큼 클 수밖에 없었으니까, 마오 쩌둥을 국제정치적 측면에서 살펴보는 논문을 쓰면 언론보도로 치면 특종이 아니겠는가 생각했죠. 또 자유아카데미 논문은 논문대로 열심히 준비하고요. 돈을 벌어야 했으니까요.

1982년 박사논문 주제는 정확히 뭐였나요?

'모택동의 대외관 전개에 관한 연구: 우적(友敵) 개념을 중심으로'

였어요. 중국에겐 미국이 기본적으로 적이지만, 소련도 적이라는 식으로 전개한 글이었어요.

저는 1983년 경향신문사에 들어갔고 1986년 봄부터 국제부에서 일했어요. 대략 이 무렵 중국의 개혁개방에 대한 국내 언론보도가 늘어난 것으로 기억하는데, 우리나라에서 중국 문제를 주제로 박사학위 논문이 나온 것도 이때쯤부터인가요?

구제박사라고 하는 게 있었어요. 현직 교수로 있는 사람들 중에서 석사학위만 있고 박사학위는 없는 사람들은 박사과정을 마치지 않았어도 같은 분야의 논문 세편을 묶어서 제출하면 대학원에서 학위를 줬어요. 구식 제도라는 뜻의 구제인데, "구제해주는 박사학위"라고 놀리기도 했죠. 서울대, 연대, 고대에는 중국 관련해서 연구했던 구제박사가 몇분 계셨어요. 가령 정신문화연구원에 계셨던 이기홍(李基鴻) 교수는 국방대학원 시절에 중공의 군사전략에 관한 논문들을 묶어서 내셨어요. 서울대 박봉식 교수도 중공의 대외정책 연구들을 묶어서 내셨고요.

3년 동안 36학점 코스를 빠짐없이 마친 사람들은 '신제박사'라고 불렀어요. 영어, 제2외국어, 전공 필수와 선택 과목 등 네 과목으로 박사과정 입학시험을 치러야 했고, 또 박사논문 제출 자격시험도 통과해야 했죠. 서울대는 자기가 논문을 쓰는 분야에 관련된 언어를 제2외국어로 선택해야 했어요. 저는 박사과정에 들어갈 때는 제2외국어로 독일어를 선택했고, 논문 제출자격 시험 때에는 중국어를 선택했어요. 신제박사로 중국 문제를 다룬 박사논문으로는 서울대학교에서 제가 처음이었어요. 1979년 미중 수교가 이뤄진 뒤에야 미국으로 유학 가서 중국을 공부하는 사람이 등장했죠. 그전에 1972년 닉슨이 중국에 다녀오자 장차 미중 관계가 나아질 거라는 전망이 나오면서 각 대학의 중문과 커트라인이 확 올라가기도 했었고요.

학문에도 현실의 변화가 반영되는 거군요.

여름이 오면 아이스크림 팔 준비를 하고, 겨울이 오면 찹쌀떡 팔 준비를 해야 하는 거죠.(웃음)

3장

통일부 공무원 시절 1

대북정책의 일선에서

국토통일원에 들어가다

1977년 국토통일원은 어떻게 들어가시게 된 건가요?

자유아카데미에서 전임강사로 일하던 1977년 8월 무렵에 국토통일원 장관실에서 연락이 왔어요. 당시 통일원 장관이 이용희 선생이었어요. 1975년 5월 외교특보로 들어갔다가 1976년 12월 통일원 장관이 되셨죠. 장관 비서관은 제 고등학교 동기이자 외교학과 선배인 친구였어요. "동주가 너 퇴근하고 혜화동으로 오란다." 그 친구의 연락을 받고 찾아뵈었더니 저에게 이런 말씀을 하세요. "정군, 내가 통일원에 와서 보니까 엉망이야. 연구 능력도 없고 보고서 한장 제대로 쓸 수 있는 사람이 없어." 거기는 1급 실장, 2~3급 연구원들이 있고, 4~5급 보좌관들이 있는 체제였어요. 행정 쪽은 총무과장, 인사계장, 서무계장, 경리계장 등이 있었고요. 별정직으로는 조사연구실장, 정책연구실장, 교육공보실장이 있었고 그 아래로 분야별 연구관이 있고 그 아래가 보좌관이었어요. "연구관이니 보좌관이니 직함은 달고 있으면서 글은 쓰는데 그건 연구가 아니야. 연구관인데도 연구를 못해. 내가 각하에게 글 쓸 줄 아는 사람을 뽑아야겠다고 4~5급 서른아홉명 자리를 얻어냈어." 굉장한 거였죠. 연구직이지만 공무원 서른아홉명의 자리를 만들었다는 건 대단한 거예요. 인원 한명을 확충하는 것도 보통 어려운 게 아니에요. 통일원은 박정희 대통령이 1969년 3월 1일에 세운 거였으니까 파격적으로 조치를 해준 것 같아요.

"정군이 학교로 가고 싶어 하는 건 내가 아는데, 자유아카데미는 사단법인이라고 하지만 거기에 오래 있는 게 경력에 큰 도움이 안 될 거야. 내가 있을 때 이쪽으로 건너와. 그 대신 공채 시험은 봐야 하는데, 여기서 박사논문 써. 각하가 나 그만둘 때 국립대학교 총장 자리 하나 주시지 않겠나? 그때 내가 자네를 데리고 갈게. 여기 와서 준비를 해"라고 하시길래, "가겠습니다" 했죠. 그랬더니 "그런데 자네가 강인덕 국장 신세를 많이 졌지. 그러니 미리 가서 이야기를 하고 건너오라고. 그게 그동안 도와준 사람에 대한 도리야"라고 덧붙이셨어요. 스승으로서의 도리, 제자로서의 도리 등 도리론에 대해 평소에도 많이 말씀하셨던 분이죠. 그래서 강인덕 국장에게 가서 말씀드렸더니 "그래, 이용희 선생이 오라고 했으면 가야지. 스승이 오라는데 안 갈 수 있나. 연말쯤 되면 어차피 내가 이 자리를 내놔야 할 거야"라고 하셨어요. 그러고는 얼마 뒤인 1977년 말에 당시 중앙정보부장 김재규(金載圭)에 의해서 그분이 중앙정보부에서 잘려나갔어요. 뒤에서 모함 같은 것도 있었죠.

통일원 들어갈 때는 공채 시험을 보신 건가요?

그렇죠. 연구직 공채 시험을 봤어요. 북한 문제, 남북관계를 연구하는 곳이기 때문에 국제정치학이나 경제학 등 전공과목에, 영어와 제2외국어까지 봤죠. 전문직을 뽑는 거였기 때문에 행정법 등은 시험에 포함되어 있지 않았고, 지망자들의 출신 학과에 따라 국제정치학·사회학·경제학 등에서 선택해서 시험을 치를 수 있게 했죠. 난이도를 높이기 위해 제2외국어가 있었고요.

1977년 10월부터 근무했는데 신원조회가 늦게 끝나는 바람에 보좌관 발령은 11월 초에 났어요. 처음에 장관님이 저에게 '2급 을', 지금으로 치면 3급 직위를 주려고 하셨어요. 공무원 사회에서는 계급이 중요한데, 나쁘지 않았죠. 그렇게 약조하셨는데 어느 날 불러서 "내부에 저항이 좀 있네. 당장에는 어려울 것 같아. 같이 들어온 사람들 중에 나이가 비슷한 사람들도 있고 많은 사람들도 있는데 정군에게만 이 자리를 주기가 어렵다는 말이 일리가 있어. 일단 4급으로 시작하고, 내가 내년쯤 기회를 봐서 명분을 만들어 승진을 시켜줄게"라고 하셔서 그렇게 시작했습니다.

1978년이 되니까 '올해 논문 테스트가 있다. 각자 승진하고 싶은 사람은 논문 제목을 정해서 내고 그걸 1년 동안 써서 연말에 심사해서 최우수자는 현재 직위에서 1계급 승진을 시켜주겠다'는 요지의 발표가 났어요. 저는 미리 얘기를 들은 것도 있었으니 1년 동안 논문을 죽어라 썼어요. 제 승진 길을 정당하게 터주려고 이용희 선생이 애를 쓰신 거니까, 그 기대에 부응해야 하잖아요. 논문을 내는 사람이 많지는 않더라고요. 저는 열심히 쓴 덕분에 1등이 됐어요. 1977년 11월 4급 발령을 받았는데 1979년 1월 1일부로 3급, 부이사관으로 승진했어요. 서른다섯에 요즘으로 치면 3급 부이사관이면 굉장히 빠른 승진이었죠. 선거 캠프 출신도 그렇게는 못 줘요. 저는 사제관계였기 때문에 그렇게 될 수 있었죠.(웃음) 대학 때 잘 보였던 것이 거기까지 미쳤던 것 같아요. 저는 아부를 잘하는 타입은 아니지만 어른들 앞에서도 스스럼없이 재밌게 이야기하는 편이기는 했어요. 나중에 김대중(金大中) 대통령도 퇴임 후에 저를 자주 부르셨는데, 이야기하기 즐거워서 그러셨던 것 같아요.

그때 논문 제목은 뭐였나요?

'중국의 대외정책 전개 과정에 관한 연구'로 정하고 부제를 붙였어요. 시기별로 대외정책이 차이가 난다는 걸 비교해서 밝힌 거였죠. 그쪽으로 박사논문을 쓰려고 준비하는 과정이었어요. 이용희 선생도 그렇게 하라고 지도해주셨고요.

통일 문제에 대한 고민의 시작

앞서 언급하시길, 서울대 입학하자마자 이용희 교수가 국제정치학 공부는 결국 한반도 통일을 위해 하는 거라고 말씀하셨다고 했죠. 당시는 통일 문제를 갖고 박사논문을 쓸 수 있을 정도의 분위기는 아니었던 거죠?

안 됐죠. 통일 문제는 잘못 건드리면 빨갱이 취급을 받았는데.

장관님은 어떠셨나요? 통일 문제에 대해 고민하셨을 것 같은데요.

통일 문제에 학문적으로 접근한다는 생각은 감히 할 수가 없었지만, 어쨌건 이용희 선생의 말씀을 잘 새겨두고 있었어요. 분단이 국제정치적 원인에 의해 시작된 것이기 때문에 이것을 해결하기 위해서는 국제정치를 모르면 안 되고, 대한민국에서 국제정치를 배우는 사람은 최종적으로는 통일 문제에 기여해야 한다는 것 말이에요. 대학에 입학한 1967년에는 그 말이 멋지다고 생각했어요. 학부 시절에도 문리대 캠퍼스에는 삼삼오오 모여서 막걸리를 마시면서 비분강개하고 조악한 논리로 상대를 설득하려고 하는 무리가 많았는데 그런 분위기 속에서 저도 통일에 대해 어설프더라도 제 나름의 관점을 세워보려고 했죠. 그러다 1971년 석사과정에 들어갔는데 그해 4월 18일 장충단공원에서 김대중 후보의 유세 연설을 들은 거예요.

그 유세 때 30만 명이 운집했었다죠.

그때 저는 교수를 꿈꾸면서도 결국 정치권으로 넘어가겠다는 야심을 버리지 못하고 있었어요. 학부 때부터 정치 지망생들과 잘 어울렸고요. 1971년 4월 7대 대통령 선거 때였는데, 박정희 대통령 연설은 들을 필요가 없었던 것이 목소리는 카랑카랑하지만 선동적이지는 않았어요. 마치 사업계획을 발표하는 식의 연설이었기 때문에 재미가 없었죠. 그런데 김대중 대통령 연설은 굉장히 선동적이면서도 논리적이고 유식한 비유를 많이 썼어요. 김영삼(金泳三) 대통령도 그랬는데 연설이 좀 짧았어요. 김대중 연설이 명성이 높았으니까, 정치 지망생 몇몇이 그걸 보고 배우겠다고 장충단으로 갔어요. "안개 낀 장충단공원"이라는 노랫말도 있듯이, 거기 위치가 골짜기여서 안개가 끼면 밤에 운치가 있었죠. 연인들이 많이 가는 장소였어요. 저도 대학 다닐 때 종종 갔고요.(웃음)

잘 보이고 잘 들리는 곳에 자리를 잡으려고 일찌감치 갔어요. 공원이라는 게 계단식 강의실처럼 어디서든 잘 보이거나 하지 않잖아요. 좋은 자리를 잡으려면 나무 위로 올라가서 가지 사이에 걸터앉아야 했죠. 연설에 감탄하며 듣고 있는데, 드디어 남북관계 이야기가 나왔어요. 지금 미국과 소련이 화해를 하고 미국과 중국도 그런 방향으로 가고 있다면서 이참에 우리도 북과 교류해야 하는 것 아니겠느냐고요. 기자단을 서로 파견하고, 스포츠 교류와 이산가족 상봉 등을 추진해야 한다는 이야기였죠.

장충단 연설 8일 전인 1971년 4월 10일, 일본 나고야에서 열린 제31회 세계탁구선수권대회에 참석 중이던 미국 선수단 15명이 중국 베이징을 방문했죠. 1949년 10월 중화인민공화국 건국 이래 최초의 미국인 방문이었습니다. 이른바 '핑퐁 외교'죠. 베트남전쟁의 패배를 예감한 닉슨 행정부가 중국과의 화해를 추진했던 것이었는데요. 결국 닉슨 대통령은 다음 해 2월 중국을 방문해 역사적인 미중 화해를 이룹니다. 그때 나온 얘기가 결국 중국과 소련이 남한과, 미국과 일본이 북한과 수교하는 '4대국 교차승인론'이 됐죠? DJ는 미중 화해의 현실을 직시하면서 남북도 교류, 화해해야 한다고 주장한 것이고요.

그렇죠. 그 이야기를 나중에 미국 버클리대의 로버트 스칼라피노(Robert A. Scalapino)가 벤치마킹해서 4대국 보장론으로 발전시켰어요. 국제 정세의 흐름 속에서 남북관계를 개선해야 한다는 아이디어를 DJ가 내놓는 것을 보면서, 이용희 이하 선생들이 분단국가에서 통일 문제를 해결하기 위해 국제정치학을 공부해야 한다고 말씀하신 뜻이 바로 이런 거구나 깨달았죠. 국제정치학은 저렇게 쓰여야 하는 거구나 하고요.

김대중 연설은 처음으로 들으셨던 거죠?

처음 들었죠. 대단하다고, 우리 교수들보다 똑똑하다고 생각했어요. 그러고는 4대국 보장론이라든가 남북교류론 같은 개념에 눈을 뜨기 시작했죠.

말하자면 김대중 대통령과의 첫 인연이라고 할 수 있겠네요.

그렇죠. 그때를 계기로 통일 문제에 대해 깊은 관심을 갖게 됐고요. 그런데 박정희 쪽에서, 남북교류에 대해 이야기한 바로 그 연설을 계기로 김대중에게 빨갱이 딱지를 붙여버렸습니다. 박정희는 자기가 한국전쟁 때 전공을 세웠다는 식의 가짜 뉴스를 유포해가며 '빨갱이몰이'를 했죠. 결국 선거에서 90만표 차이로 박정희가 간신히 당선됐어요. 관권선거였는데도 90만표 차이였으니까, 제대로 붙었다면 뒤집혔겠죠. 그렇게 고전하고 나니 다시는 직접선거를 하지 않겠다고 들고 나온 것이 통일주체국민회의였고 거기서 대통령을 간접적으로 뽑는 것이었어요. 1972년 10월 17일 선포된 유신이 그것이죠.

1971년 8월 12일 최두선(崔斗善) 적십자 총재가 남북 이산가족 상봉 사업을 위한 적십자회담을 열자고 제안합니다. 사실 여기에는 속사정 이 있습니다. 이 얘기는 나중에 통일원에 들어와서 알게 된 거예요.

당시 이산가족이 많은 상황이었으니까 DJ가 4월 연설에서 제시한 남북교류론은 상당한 설득력을 가질 수밖에 없었어요. 박정희 대통령 입장에서는 그대로 놔두면 이슈를 빼앗길 뿐만 아니라 잘못하면 김대 중을 거물로 만들어줄 위험이 있었죠. 그래서 그 아이디어를 가져오기 로 하고 사실은 8·15 경축사에 남북교류에 대한 내용을 포함시키려고 했어요. 근데 이 내용을 미리 알고 있던 김종필 당시 국무총리가 일본 언론 측에 내용을 발설해버렸죠. 우리는 고위직일수록 보안 의식이 별 로 없어서 외신 기자들에게 중요한 얘기를 덜렁 털어놓곤 하는 게 참 문제예요. 어쨌든 남북교류 제안이 이미 알려졌으니 대통령 이름으로 발표하긴 곤란해졌고, 8월 12일쯤 적십자 총재가 제안하는 걸로 하자 고 무마된 거였어요. 그리고 북쪽에서 그 제안을 받아들였죠. 바로 9월 부터인가 실무접촉이 시작됐어요.

최초에 회담을 치렀던 게 1971년 가을이었던 걸로 기억해요. 그때 박준규 교수가 저를 부르셨어요. 대학원 조교 시절이었죠. "자네 신사 복 잘하는 데 아나?" "비싼 데가 있다고 하던데요. 각하가 양복을 맞추 는 데가 한영양복점이라고, 을지로 입구에 있습니다. 자그마하지만 거 기가 잘하는지 청와대에 가서 사이즈를 재고 양복을 맞춰 갖다드린다 고 합니다." "그래? 앞장서게." 교수님을 모시고 양복점에 갔어요. 그

근방은 전부 '○○테일러'니 '○○나사점'이니 하는 이름의 맞춤양복점이었죠. 사이즈를 잰 다음에 교수님이 가봉(假縫)을 좀 빨리 할 수 없느냐고 물으시는 거예요. 대개는 일주일 후에 오라고 하는데, 굉장히 서두르셨어요. 왜 그러시느냐고 했죠. "내가 이번에 적십자회담 자문위원이 돼서 평양에 가야 해. 평양 갈 때 입으라고 옷 두벌 값이 나왔는데 빨리 해달라고 자네가 양복점에 얘기 좀 하게." 당시는 체제경쟁이 있던 시절이었으니, 북측과 만날 때 더 나아 보여야 했으니까 회담이 있거나 하면 옷도 해줬어요. 제가 양복점 주인에게 가서 "평양에 가셔야 하는데, 거기 가서 꿀리면 안 되지 않습니까" 했더니 "그래요? 그러면 두 시간 뒤에 오세요"라고 해요.(웃음) 그때가 그랬어요.

두 시간 동안 대기해야 하는 상황이 됐죠. "정군, 냉면 먹어봤나? 여기서 길만 건너면 남포면옥이라고 있는데 따라오게." 그때 처음 냉면을 먹어봤는데 맛이 없더라고요.(웃음) 그때가 초가을 무렵이었는데, 동치미 담근 날짜를 적은 장독들을 빼곡하게 묻어두었던 모습은 인상적이었죠. 냉면을 먹으면서 "절대로 내가 평양에 간다는 말을 누구한테 하지 말게. 보안을 유지해야 하니까"라고 하셨어요.

두 시간 후에 가봉을 하고 며칠 후 찾아온 그 옷을 입고 평양에 다녀오셔서는 저에게 평양에 대해 소상하게 얘기해주셨어요. 후계자로 키우려던 제자였으니까요. 그 덕택에 북한 관련 정보가 많지 않았던 1971년부터 평양 얘기를 가까이에서 들으면서 통일 문제에서 현장감을 갖출 수 있었어요. 당시 강인덕 중앙정보부 국장이나 정홍진(鄭洪鎭) 국장도 자문위원이었는데, 오히려 대표보다 자문위원이 실세였어요. 회담 대표와 자문위원이 숫자도 같았고 회의할 때도 늘 같이 움직였죠. 자문위원 회의 때에는 북측도 통일전선부 사람들을 보냈어요.

북측 자문위원단에 교수는 없었을 거예요. 자문위원들이 실질적으로 전략을 세우고 거기에 따라 대표들이 행동하는 거였고, 또 자문위원들이 당국자였던 관계로 평양에서 보고 들은 게 훨씬 더 많았죠.

1971년은 정세현 장관님께서 의도했든 의도하지 않았든, 남북 문제나 통일 문제를 만나게 된 시점이라고 할 수 있었겠네요. 박준규 교수가 처음으로 평양에 다녀와서 해주신 이야기 가운데, 놀랍거나 새로운 것들이 있었나요?

전부 다 놀랍고 새로웠죠. 그 뒤로 순서대로 손제석 교수와 박봉식 교수도 자문위원이 됐어요. 학과 교수님들이 번갈아 회담의 자문위원이 됐고 회담에 다녀오면 자랑삼아 말씀을 많이 해주셨기 때문에, 저는 통일원에 가기 훨씬 전부터 적십자회담에 자문위원들이 다녀온 얘기, 북한 사람들의 사고 구조 등 사전 지식을 많이 갖고 있었죠.

다만 체제경쟁을 벌이던 시절이고, 적십자회담이라는 게 서로의 능력을 탐색하기 위한 만남이었기 때문에 보여주려는 것도, 숨기려는 것도 많았어요. 예를 들어 평양에 가면 절대 뒷골목을 보여주지 않았다고 해요. 우리도 마찬가지였죠.

우리도 그때 청계천 판자촌을 다 치웠다고 하죠.

우리는 어느 정도로 꾸몄느냐면, 지금은 북측에서 내려오면 자유로로 다니지만 예전에는 구파발을 거쳐 녹번동으로 들어오는 통일로로 다녔어요. 그 길옆의 응암동이나 현저동 모두 돌산이거든요. 산의 정상 쪽은 나무가 좀 자라고 있지만 모양이 얼기설기 좋지 않은 데가 많았어요. 그런데 거길 초록색으로 페인트칠을 하더라고요. 자동차로 휙 지나가니까 푸릇푸릇해 보이기만 하면 됐던 거예요.

1970년대에 북한 측 대표단이 오면 서울 시내 건물의 불을 다 켜라고도 했죠.

지금은 이름이 바뀐, 국립극장 건너편의 타워호텔을 지은 것도 서울을 조망할 수 있는 곳에 북측 대표단을 묵게 하기 위해서였어요. 거기로 숙소를 배정해놓고 서울 시민들에게는 불을 끄지 말라고 하고요. 전기료를 보전해주는 것도 아니면서요.(웃음) 그때는 가로수도 없던 시절이었으니까 소나무나 전나무 같은 것을 뽑아다가 길에 박아두기도 했어요.

사흘만 버티면 되니까요.(웃음)

북측도 마찬가지 일을 벌였어요. 박준규 교수가 말씀하시길, 뒷골목을 살짝 보려고 하면 잡아끌어서 자세히 보지는 못했지만 언뜻 보기에도 굉장히 허술하고 우리의 청계천 판자촌과 비슷하다고 했어요. 1960년대까지는 북한이 우리보다 잘살았지만 1970년대 체제경쟁이 본격화되면서부터 밀리기 시작했어요. 하지만 1971년이면 북한이 아직은 자신 있어 할 때였죠. 우리는 이제 발전하기 시작하던 때니까 자신은 있지만 숨기고 싶은 곳도 많았고요. 청계천이나 달동네는 절대 안 보여주려고 운전대를 휙 돌려서 워커힐로 들어가버리고 그랬죠.

그런 회담의 현실도 알게 됐고, 동시에 북측 자문위원장의 파워도 알게 됐어요. 후에 북한 외교부 부장까지 지낸 강석주(姜錫柱)의 형인 강석숭(姜錫崇)이 당시 자문위원장이었는데, 그 사람 말 한마디면 다른 자문위원이고 대표단이고 꼼짝 못했다고 해요. 그때 '당 중심' 사회의 특성에 대해 다시금 인지하게 됐죠. 중국 공산당이나 소련 공산당에 대해서는 어렴풋이 알고 있었는데, 북한 역시 당이 강하고 정보기관이 우리나라보다 세다는 걸 배웠어요.

국토통일원 연구관 시절

국토통일원이 1969년 3월에 생겼죠? 김신조 등 북한 특수부대원 31명이 청와대를 습격하려 했던 1968년 1·21 사태의 영향이 아니었을까요? 제가 듣기로는 당시 육군 장교였던 임동원(林東源) 전 장관이 쓴 『혁명전쟁과 대공전략: 게릴라전을 중심으로』라는 책이 1·21 사태 이후에 불티나게 팔렸다던데요. 그 인세로 집을 사셨다는 말씀을 들었습니다만.

김신조의 청와대 침투는 게릴라전이었던 것인데, 게릴라전에 대한 대비가 없었다는 데 대한 반성이 있었죠. 김일성이 게릴라전 방식으로 항일투쟁을 벌였던 걸 깜박했던 거죠. 공산주의자들이 이런 식으로까지 전쟁을 일으키려고 한다는 점에 대해 가르칠 필요가 있었던 거예요. 그 책은 애초에 육사 교재로 쓰였지만 나중에는 각급 군사학교의 필수 교양서가 됐대요. 또 당시는 군사정권 시절이었고, 그 책을 대통령이 중시한다고 하니 공무원 사회에서도 엄청나게 뿌려댔죠. 임동원 장관이 그때까지는 가난한 장교였는데, 인세가 많이 들어와서 살림이 폈다는군요.

1969년에 통일원이 생긴 것은 김신조 사건보다 북한경제를 따라잡을 수 있다는 자신감 때문이었다고 봐요. 1961년 정권을 잡아서 1962년부터 본격적으로 추진했던 1차 경제개발 5개년 계획이 성공적으로 끝나고 2차 개발기로 접어들면서 그런 자신감이 생겼죠. 그러면서 남북 간의 체제경쟁에 대비하기 시작했습니다. 북한을 경제적으로 앞지르는 것으로 공산주의에 대한 관심을 끊어내겠다는 거였죠. 1970년 8·15 경축사에 "'선의의 체제경쟁'을 제의한다"라는 말이 있었어요. 중앙정보부가 외국에서 북한 자료를 들여올 수 있는 것들은 다 들여오고 경제학자들을 동원해서 남북한의 경제력을 비교 연구해서 대통령에게 보고하던 시절이었어요. 남한 내에서 경제성장의 결과로 소득 격차가 생기면 그 틈새로 공산주의가 침투하니 거기에 흔들리지 않게끔 이론 전문가를 키워내자는 게 자유아카데미였고, 남북한의 체제경쟁에서 밀리지 않을 거라는 자신감에서 그동안의 '선 안보후 통일' '선 경제 후 통일'이라는 구호에서 탈피해 통일을 준비하는 모양새는 갖춰야 하지 않겠느냐는 생각으로 만든 기관이 국토통일원이었죠.

우리가 주도하는 통일을 이루기 위해서는 안보를 튼튼히 해야 하고, 그러자면 군인들이 통치해야 한다는 논리로 군사정권을 정당화했던 것 아닙니까? 게다가 북한에서는 늘 통일 얘기를 가장 앞세우고 있었으니, 그 분야에서도 지면 안 됐죠. 당시에는 북한의 그런 공세를 '대남 위장 평화통일 공세'라고 불렀는데, 이것을 막기 위해서라도 우리 정부 내에 통일과 관련된 조직이 하나 있어야 하지 않느냐 하는 의견이 모아졌고 그것이 국토통일원의 설립 배경이었던 걸로 알고 있습니다. 대북 대화나 교류 등은 1961년에 만든 중앙정보부가 맡고, 북한에 대한 심층 연구는 1969년에 만든 국토통일원이 맡았어요. 통일원의 각 파트별로 역할이 있었죠. 조사연구실은 북한을 연구했고, 정책기획실은 국민들에게 통일 문제와 관련해 설명할 논리를 개발하는 곳이었는데 한마디로 반공론을 개발한 거죠. 교육홍보실은 그런 논리를 정리해 홍보하는 곳이었고요. 반북에만 매진할 것이 아니라 우리가 통일을 주도할 수 있는 힘을 갖추고 있다는 것을 국민들 머릿속에 심어주는 기능을 부여받은 조직이었죠.

박정희 대통령은 연두 업무보고를 받으면서 마지막엔 으레 "국토통일원은 국론 통일에 주력하라"고 했어요. 국론통일? 통일에 대해서 한목소리만 나오게 하고 딴 소리는 못 나오게 하라는 말이잖아요. 북한의 통일 방안이나 대남 제의에 동조하는 사람이 아무도 없게 하라는 거였죠. 오직 박정희 대통령의 지침만이 옳은 것이니 국민들은 딴 생각하지 말라고 하는 게 '국론통일'의 의미였어요.

통일을 한다고 했지만, 어쨌든 그 당시에 북한은 적이었잖습니까? 북한이 통일의 상대라는 걸 실감하게 된 것은 1990년대인데, 1970~80년대의 통일 개념은 어떤 것이었는지 알고 싶어요.

그때 북한에서 말하는 평화통일은 Peaceful Unification이었어요.

내용상으로는 용공(容共)통일로 해석하기는 했지만요. 우리 쪽에서는 그 평화통일이라는 말이 상당히 부담스러운 거였어요. 그래서 Peace and Unification이라는 식으로 그 내용을 확장하게 됐죠. 말하자면 '선 평화 후 통일'이었어요. 평화로운 관계를 구축한 다음에 통일한다는 식으로 단계적으로 접근해가려고 했어요. 또한 군사정권이었기 때문에 대통령의 지도 노선을 따르고 안보를 튼튼히 한다는 '평화 지키기'(Peace keeping)가 평화인 것처럼 되어버렸어요. '평화 만들기'(Peace making)라는 개념은 아직 등장하지 않았고요.

그때 제가 갈등을 느꼈어요. 조사연구실 소속인 저와 동료들은 북한을 연구하는 사람들이었어요. 우리 업무는 홍보실의 그것과는 엄연히 달랐죠. 조사연구실에는 북한의 정치외교를 연구하는 방이 있고 경제과학, 또는 군사, 사회문화를 연구하는 방이 있고, 맨 끝에 공산권을 연구하는 방이 있었는데 저는 공산권연구관실 소속이었어요. 북한을 제외한 공산주의 국가 및 분단국, 즉 동·서독을 연구했죠. 그때 동·서독을 2~3년 연구했던 것이 나중에 큰 도움이 됐어요. 처음부터 북한만 파고들어가는 것보다는 훨씬 나은 길이었죠.

그런데 통일원 선배들이 하는 일이 뭐였느냐면, 북한에서 『로동신문』에 통일에 관한 어떤 내용이 실리거나 대남 제의가 나오거나 하면 일단 북한에서 저렇게 제안하는 저의가 무엇인지를 분석하는 거예요. '저의'를 영어로 바꾸자면 real intention, 즉 '속마음'이나 '속셈'으로 해석될 텐데, 속마음은 중립적 의미지만 속셈은 좀 부정적인 뜻을 담고 있잖아요. 그런데 선배들은 '북한의 이번 대남 제의의 저의 분석 및 대책'이라고 하면서 그 해석을 습관적으로 최악의 시나리오 쪽으로 내리는 거예요.

상상할 수 있는 최악의 시나리오를 만들어보는 거군요.

그렇죠. '그들의 속셈은 우리의 이러이러한 약점을 드러내는 것이
니까 거기에 절대로 넘어가서는 안 된다. 우리가 이를 방지하기 위해
적극적으로 홍보 활동을 벌여야 한다'라는 연구 결과를 내놓으면 홍
보실에서 비판 책자를 만들어서 5천부, 1만부씩 찍어서 배포하는 거예
요. 그러고는 통일원에서 이 같은 활동을 벌였다고 대통령에게 보고하
면 "음, 잘했구먼" 하면서 치하하고 이쪽은 점수를 따는 거예요. 그 숨
은 뜻은 결국 대통령 각하를 호위하고 따라야 한다는 거였어요.

장관님은 북한 전공자라기보다는 공산권 전공자로서 독일이나 중
국을 주로 연구하신 거군요.

그렇기는 한데, 서로 연계해서 공동 작업을 많이 했기 때문에 북한
에 대해 공부를 많이 할 수밖에 없었어요. 마오 쩌둥 사상으로 박사학
위 논문을 쓰느라고 선집을 전부 읽고 있었으니까, 김일성의 유명한
연설을 보면 마오 쩌둥의 말을 번역해놓은 것 같은 대목이 많다는 걸
직감할 수 있었어요. 김일성이 중국어를 무척 잘합니다. 그렇지만 출
처는 밝히지 않았으니까 "인류 최초로 위대한 수령님께서 이 훌륭한
진리를 우리에게 가르쳐주셨다"라는 식으로 포장되는 거죠.

자기 말인 것처럼 가져다 쓴 거네요.

약간씩 틀어서, 표현만 조선말로 바꿔놨지만 기본적인 발상이나 구도는 마오 쩌둥을 상당히 벤치마킹했다는 느낌을 받는 대목이 많았죠. 어차피 발전 단계나 경제 수준이 비슷했기 때문에 중국에서 대약진운동이 일어날 때 북한에서 천리마운동이 시작되고 그랬죠.

통일에 대한 정부 방침과 정 장관님 본인의 연구 지향이 갈등을 빚지는 않았나요? 남북관계에 대한 정부 방침 때문에 연구에 제약이 있다거나…

정식 명칭은 국토통일원인 곳이 영어로는 민족통일을 추구한다 하고, 실제로 하는 일은 국론통일에 힘쓰는 것이었으니 공자의 정명론에 입각해서 보면 말도 안 되는 짓을 하고 있는 거였잖아요. 명칭과 역할이 다르다는 것에서 오는 자괴감 같은 게 있었죠. 그래서도 빨리 박사 논문 쓰고 나가자고 생각했어요.

그나마 조사연구실 소속이었기 때문에 우리는 팩트를 정리하는 일을 맡았고, 견강부회하면서 억지 논리를 개발하는 역할을 맡진 않았죠. 정책기획실에서 논리를 만들어내고 홍보실에서 홍보 자료를 만들었으니까요. 우리는 남북관계에 영향을 미칠 수 있는 상대로서의 북한을 연구한 거고요. 그래서 내적 갈등은 상대적으로 적었다고 할 수 있지만 끊임없이 북한의 '저의'를 분석해야 하니까 거기에 계속 있다간 인성 망치겠더라고요. 저쪽이 어떤 나쁜 의도를 갖고 있나 의심하는 방향으로만 분석해나간다는 게 마뜩지 않았죠.

남북대화사무국 운영부장 시절

계속 조사연구관실에 계신 거였나요?

1977년 조사연구실에 들어가서 1983년 8월 남북대화사무국 운영부장을 맡았어요. 남북대화에 관한 업무의 실무 책임자였죠. 그런데 이 얘기도 굉장히 운명론적인 데가 있어요. 제가 대화사무국으로 간 게 정확히 1983년 7월 28일이었는데, 발령받기 전 어느 날 새벽 꿈에 누군가 나타나서 저한테 007가방을 주면서 "평양에 가시오"라고 말하더니 사라지는 거예요. 당시는 007가방이라 불리는 서류가방을 들고 다니면 중요한 일을 맡은 사람으로 봐주는 시대였어요. 꿈에서 깨자마자 든 생각은 '재수 없는 꿈을 꿨다'는 거였어요. 그 꿈에서 나온 사람이 중앙정보부 직원이라고 생각한 거죠. 저는 통일원에 있는 사람인데.(웃음)

꺼림칙한 기분으로 출근했더니 10시쯤에 장관실로 오라는 전화가 왔어요. 그때는 3급(부이사관) 연구관으로 일하고 있을 때예요. 1979년 1월 1일부로 승진됐으니까요. 공식적인 직명은 연구관이고 보통은 '담당관'이라고 불렀는데, 그때 저는 박사학위를 딴 직후여서 '박사님'이라고들 불렀어요. 통일원에 박사가 하나밖에 없는 관계로 학위를 받았다고 해서 장관님이 자개로 만든 기념패를 주고 사진도 찍고 그랬어요. 손재식(孫在植) 장관님은 점잖으셨던 데다가 내무부 차관 출신인데도 공무원이 갖기 쉬운 고압적인 풍모는 전혀 없었고, 저에게도 극진히 잘해주셨어요. 저를 불러서 "정 박사, 내가 여기에 와서 보니까 대화사무국의 운영부장이 굉장히 중요합디다"라고 하시더라고요. 그 사실은 저도 알고 있었죠. 다들 거기로 가고 싶어 했고요. 검찰의 꽃이 중앙지검장이라고 하듯이, 말하자면 통일원의 꽃은 그 자리였어요. 통일원의 2~3급 자리 중에서 실장들보다도 더 빛나는 자리였죠. 남북대화 업무가 1981년에 중앙정보부에서 통일원으로 넘어왔고, 그전까지 통일원에는 조사연구실, 정책기획실, 교육홍보실, 기획관리실, 통일연수원만 있었는데 남북대화 업무를 새로 맡게 되면서 위상이 올라가고 존재감도 확 살아난 거죠.

남북대화사무국의 운영부장이 그 핵심이니까 여러 사람이 그 자리를 탐냈어요. 그런데 손재식 장관님이 그날 저를 부르셔서는 "현재 운영부장이 별로 적합지 않은 것 같아서 본부로 발령을 내야 할 것 같아요. 그 자리에 정 박사가 좀 가시오"라고 하셨어요. "장관님, 솔직히 말씀드리면 저는 정말 교수가 되고 싶은 사람인데 학교에 갈 수 있을 때까지 연구관이라는 직함을 갖고 있는 게 자연스러울 것 같습니다. 제가 그동안 교수가 되려고, 어려운 가운데 주경야독으로 매년 두 편씩 학술논문을 써서 학술지에 싣고 그랬는데 대화사무국 운영부장으로 가면 그럴 수가 있겠습니까." 그렇게 말씀드렸더니 자신에게 찾아와서 운영부장으로 보내달라고 하는 사람이 무척 많다며, 연구보조비보다 대화사무국 활동비가 훨씬 많다는 말씀까지 하셨어요. "저는 돈 더 주는 것도 싫고, 교수가 되고 싶은 마음밖에 없으니 좀 봐주십시오"라고 간청을 드렸죠. "내가 정 박사를 좋게 봐서 미리 통보해주는 거예요. 이미 서류는 떠났어."(웃음) 그러면서 현재 있는 자리는 2~3급 자리가 아니고 3급에 해당하는 한정된 자리니까 운영부장으로 가면 승진도 시켜줄 수 있다고 회유하셨죠.

어차피 저항할 수도 없었어요. 인사 서류가 총무처로 떠나서 대통령 결재를 기다리고 있다고 하니까요. 그래서 7월 28일부로 운영부장으로 갔더니, 회의가 얼마나 많은지… 그때부터는 운동화를 신고 정신없이 뛰면서 회의에 들어갔고, 또 서울대와 이화여대에서 해오던 강의도 나가야 하는 상황이었어요. 삼청동에 있던 대화사무국에서 서울대를 가는 건 남산에서 가는 것보다 1.5배 정도 시간이 더 걸렸기 때문에 강의가 시작하는 9월이 되기 전에 서울대 측에 백배사죄하면서 강의를 못하게 됐으니 대타를 빨리 구하라고 말했죠.

서울대학교 강의를 포기하지 않고 있었던 건 그 학교 교수가 되어보려고 그랬던 건데요. 자유아카데미 출신들이 교편을 잡기 시작한 1979년에는 교수가 못 됐지만 인생에 기회가 세번은 온다는 생각으로 끈을 붙들고 있었거든요. 이화여대는 삼청동에서 다니기가 상대적으로 편했지만 그나마도 강의를 지속하기 어려웠던 것이, 80년대 초 한동안은 남북관계가 적막강산이었는데 제가 대화사무국으로 건너간 뒤로 북쪽으로부터 입질이 시작되고 회담이 다시 활성화됐기 때문이에요. 대화사무국은 일단 남북대화가 벌어져야 존재 이유가 있는 것 아닙니까? 국장님이 "정 부장이 일을 몰고 다니네, 우리 국에 복덩이가 왔네"라고 하셨어요. 제가 강의하러 이화여대에 가 있으면 강의 도중에 운영과장한테서 연락 오는 일이 잦았어요. 호출기도 휴대전화도 없던 시절이니까 이화여대 정외과 사무실로 전화가 왔죠. "부장님, 큰일 났습니다. 지금 판문점에서 연락이 왔습니다. 북쪽에서 곧 남쪽으로 편지를 보내겠다고 하는데 국장님이 회의 소집하고 부장님을 찾으시는데 빨리 들어오십시오." 그렇게 해서 열심히 뛰다 보니 논문 한편 못 쓰겠더라고요. 교수가 되려면 학술지에 논문을 내는 게 필수인데 말이죠.

박정희와 전두환의 통일정책 차이

10·26 당시 북한 쪽에서는 움직임이 없었나요? 1979년 10·26부터 이듬해 5·18 때까지 상황이 궁금합니다.

있었죠. 10·26이 일어나고 나서 한달 정도 만에 12·12로 넘어간 것 아닙니까? 정치인들 다 잡아들이고 정치활동을 금지시키면서요. 북한 측이 1970년대까지 하던 방식이라는 게 반(反) 군부 여론을 조성해서 권력층과 맞서는 세력이 형성되면 그 세력을 자기들 쪽으로 끌어들이려는 것이었으니까, 군부의 그런 움직임을 계속 비판했죠. "총칼로 흥한 자는 총칼로 망한다"면서 남측 민심이 군부 쪽으로 끌려가지 않도록 차단하려는 활동을 벌였죠. 그때 남쪽이 혼란기였기 때문에 북쪽의 '위장 평화공세'가 대단했어요. 우리는 또 열심히 '저의'를 분석했고요.(웃음) 물론 중앙정보부에서도 북측의 뜻을 분석해 보고했겠지만, 우리한테는 그게 주 업무였으니까 똑같은 일을 할 수밖에 없었죠.

북한 쪽에서 그 당시에 특별하게 공식적인 움직임을 보이진 않았던 거죠?

정세를 주시하면서 선전 선동을 열심히 했죠.

1981년 1월 1일부로 남북대화 업무가 중앙정보부에서 통일원으로 이전되었다고 하셨는데 그렇게 된 배경은 무엇이었나요?

5·16 후 박정희 소장이 그랬던 것처럼 전두환 소장도 스스로 별 네 개까지 달고 국보위 상임위원장 마치고 나와서 대통령 선거인단이라는 걸 뽑아서 체육관에서 대통령으로 당선됐잖아요. 1981년 그 무렵은 전두환의 서슬이 시퍼럴 때예요. "통일원으로 업무 넘겨"라고 한마디 하니까 아무도 토를 달지 못했죠. 박정희 정권 말기에 통일원 식구들이 대화 업무를 통일원에서 맡아야 한다는 말을 열심히 했지만 귀담아듣지 않았어요. 사실 박정희는 정권 유지의 명분으로 북측을 이용하면서 7·4 공동성명을 내고 유신헌법을 만들었기 때문에, 북한과의 대화 업무에서 실제적인 권력기반 강화의 책략이 나온다고 생각해서 그걸 중앙정보부에 맡겨두고 있었던 거죠. 박정희는 그렇게 생각했기 때문에 풀어주지 않았지만 전두환이 대통령이 되면서 대화사무국을 통일원으로 넘기라고 하니까 일사천리로 넘어왔어요. 통일원으로서는 나쁘지 않았고, 그때부터 통일원의 존재감이 좀 생겼죠.

전두환은 무슨 생각으로 그랬을까요?

그건 잘 모르겠어요. 물어볼 수 있는 처지도 아니었거니와 워낙 서슬이 퍼럴 때여서… 사실 저는 남북대화 업무에는 관심도 없었어요. 대학으로 가고 싶어 했으니까요.

1971년 남북대화도 중앙정보부에서 업무를 처리했던 거잖아요. 그러면 남북관계에서 중앙정보부의 역할과 통일원의 역할이 그 나름대로 균형을 이루고 있었나요?

통일원으로 가면서도 남북대화 업무에 대해 피상적으로만 관심이 있었어요. 다만 7·4 공동성명을 유신체제로 넘어가는 명분으로 만드는 것을 보면서, 박정희 정권은 정권 유지 차원에서 남북대화를 이용하는 것이기 때문에 통일원에서 그 업무를 맡는다고 한들 감당 못할 것이라고 생각했죠. 그러면서도 일부 적극적으로 사고하는 통일원 사람들은 박정희 정권 말기에 아무도 우리를 알아주지 않는다면서 "남북대화 업무를 우리가 가져오면 좋은데"라고 말하기도 했죠.

1979년 3월쯤, 그해 6월로 예정되어 있던 평양 세계탁구선수권대회를 앞두고 북측에서 갑자기 남북이 단일팀을 만들어서 대회에 출전하자는 취지의 대화를 제의해왔어요. 일단 우리는 그것을 위장 평화공세라고 봤고요. 그때 통일원 직원들도 그 회담을 참관할 수 있는 기회가 운 좋게 찾아왔어요. 기자 완장을 얻어서 그걸 차고 판문점에 들어갔죠.

판문점에서 했나요?

군사정전위원회 회의실이 있는, 판문점 내 건물에서 열렸을 거예요. 우리가 명색이 통일원 소속인데, 이 업무를 중앙정보부에서 독점하고 있으니 기자 완장을 차고 들어가서 참관이나 해야 한다는 사실에 자괴감을 느낄 수밖에 없었죠. 하지만 한편으로는 그때 '대화에 있어서 저런 술수를 쓸 수도 있구나' 배웠어요. 자괴감은 느꼈지만 북측의 협상 전략·전술에 대해 현장학습을 할 기회였어요. 대화 테이블에 앉자마자 북측 대표가 "유일팀이 몇월 며칠까지는 구성되어야 하니까 그

1979년 남북 탁구회담을 위해 방문했던 당시 판문점의 모습.

때까지는 팀을 반드시 구성한다는 원칙에 합의해야 한다"라면서 "민
족의 경사인 만큼 북남이 유일팀을 만들어야만 남쪽이 평양 탁구선수
권대회에 참가한다는 원칙부터 합의합시다"라고 해요. 당시 북한이
김일성 유일체제를 강조하던 때라서 단일팀이 아니라 유일팀이라는
표현을 사용했어요. 그때까지 틈틈이 읽었던 공산주의 협상 전략·전
술에서 말하는 '원칙의 굴레'가 바로 저런 것이구나 생각했죠. 말하자
면 '원칙의 굴레'와 '시한의 굴레'를 한꺼번에 둘러씌우려 한 거죠. 특
정한 시일 내에 단일팀을 반드시 구성한다는 원칙에 합의한다는 것을
전제로 단일팀이 구성되지 않으면 남쪽 개별 팀은 오지 말라는 거였
으니까요. 그날 우리 측은 그런 원칙부터 정하는 건 바람직하지 않다
고 버텼고, 결국 남쪽 탁구팀이 평양에 못 갔어요.

이미 그런 굴레를 경험한 적이 있었어요. 7·4 남북공동성명에 나오는 통일 3대 원칙인 자주, 평화통일, 민족대단결이 바로 원칙의 굴레였거든요. 북측은 "자주 원칙에 합의해놓고 왜 미국과 손잡고 우리를 공격하느냐" "평화통일 원칙을 따른다더니 왜 대북 군사적 적대행위를 하느냐" "민족대단결 원칙이 있는데 왜 국가보안법으로 반북 소동을 벌이느냐" 하면서 공격했죠. 공동성명 합의 당시 우리가 북의 '저의'를 알면서도 명분상 거부하기 어려웠던 건지, 아니면 나쁘지 않은 말이라고 생각해서 받아들였던 건지 저로서는 알 수 없지만, 아무튼 그 3원칙이 상당히 오랫동안 원칙의 굴레가 되어서 우리를 옥죄었어요.

그 회담이 한번에 끝나지는 않았고 결국은 북쪽에서 깨고 나가기 전까지 한두번 정도 더 진행이 됐죠. 통일원의 다른 동료들도 기자 완장을 차고 참관을 다녀왔어요. 다녀온 사람들끼리 모여서는, 기자 완장이나 차야 남북회담 구경이라도 할 수 있구나, 신세타령을 하기도 하고 그랬죠.

주도는 중앙정보부에서 하고 통일원은 견학하는 수준이었군요.

중앙정보부에 빌고 빌어서 이번에 완장 하나만 달라고 하는 거였죠. 그런 상황이었는데 1981년에 느닷없이 그 업무가 우리 쪽으로 넘어온 거예요. 그러니 그 자리에 앉아서 장·차관까지 올라가고 싶어 하는 사람들이 많았죠. 저는 학교로 갈 생각밖에 없었고요.

어쨌든 전두환 정권 들어서 통일원의 위상이 올라간 거네요.

결과적으로 그렇게 됐죠. 남북대화 업무를 가져왔으니까 서로 섞여야 한다는 생각으로 중앙정보부 출신 대화사무국 사람들이 통일원으로 오기도 했는데, 그쪽 출신들이 우리랑은 잘 못 어울리더라고요. 자기 소속이 통일원이 된 다음에 느낀 좌절감이 대단했어요.

그 사람들 입장에서는 좌천이었겠군요.

통합 차원에서 통일원 사람들을 대화사무국으로 보내면 그렇게 이방인 취급하고, 말하자면 왕따를 시켰으면서…

중앙정보부 사람들이 오기 시작한 게 1981년부터인가요?

1969년에 국토통일원이 생길 때는 여러 부류가 섞여 있었어요. 중앙정보부 쪽에 계속 있어봤자 승진 등이 잘 안 풀릴 것 같으니까 새로 생긴 통일원에 가서 잘해보자 했던 사람들, 때 되면 지방 전근을 다녀야하는 체신부나 교통부 등 다른 중앙 부처로 가기 싫은 사람들, 5·16 직후 공화당 사전 창당할 때 관여했던 정치 지망생들 가운데 그때까지자리가 변변치 않았던 사람들이 이쪽으로 넘어왔어요. 행정요원 비슷하게 온 거죠. 초기에는 그 사람들이 서로 섞여서 어울리는 데 별다른장벽이 없었어요.

정 장관님이 가셨을 때는 조직이 생긴 지 거의 10년 가까이 됐을때네요.

그렇죠. 8년 반쯤 됐을 때죠. 그런데 중앙정보부로부터 대화사무국이 넘어온 뒤에는 거기서 온 사람들이 '저쪽 이문동에 있을 때는 어땠느니' 하는 이야기만 늘어났어요. 일반 행정부처 직원들은 보직 수당이 뻔한데 중앙정보부는 정보활동비를 받던 사람들이라 월급도 확 줄어들었으니까 그것부터 불평의 사유가 됐죠. 그때는 중앙정보부 소속이면 신호위반 등으로 적발되거나 해도 남산에 있다고 하거나 '조절위'에 있다고 말하면 '프리패스' 되던 시절이었어요. 중앙정보부의 남북조절위원회가 대화사무국의 별칭이었는데 소위 '끗발'이 좋았거든요.

한가지 일화가 있는데, 1980년대 초에 대화사무국 국장 운전사가 세종문화회관 부근에서 주차하다가 잘못해서 경찰에 적발이 됐어요. 정부기관 차만 댈 수 있었던 곳이니 경찰이 소속을 물었겠죠. "어디요?" "저쪽 감사원 쪽에…" "감사원 어디?" "감사원 위에…" 감사원 위에 남북대화사무국이 있었거든요. 그 사람이 중앙정보부에서 운전기사를 시작한 사람이었는데, 이제 신분이 통일원 남북대화사무국 소속이 된 거였죠. 경찰이 신분증을 보자고 하더니 "에이, 통일원이구먼" 했다는 거예요.(웃음)

그런 식의 좌절감도 있었던 거죠. 그래서인지 우리가 그쪽으로 가면 왕따를 시키면서 자기들끼리만 수군거린다고 투덜댔죠. 그런 분위기를 아니 저는 그쪽으로 갈 생각도 없었는데 불가피하게 가게 된 거예요. 어쨌든 남북대화 사무국이 넘어오면서 통일원은 확실히 위상이 올라갔고 그때 제가 가면서 북측에서 우리 측에 회담을 제의해오는 등 '입질'이 시작됐어요. 1979년 10·26이 나고 난 다음에, 총리급 회담을 위한 실무접촉을 북측이 제안해서 수용할 수밖에 없었죠.

그게 1981년의 일인가요?

아니에요. 1980년 전두환이 대통령 되기 전 국보위 상임위원장 시절
에 그 일에 개입해서, 그전에 독일 대사를 지냈던 김영주(金永周) 대사
를 회담 수석대표로 지정해버렸어요. 그런데 그분은 그런 쪽으로 줄을
댈 사람이 아니에요. 30대 후반에 외무부 차관을 지냈을 정도로 고속
승진한 케이스였지만 장관으로 올라가지 못하고 계속 대사로만 빙빙
돌면서 독일 대사를 마지막으로 해서 물러났대요. 전두환 장군이 독일
에 갔을 때 대접을 잘 받았던 건지, 청렴결백하고 실력 있는 외교관이
라고 생각해왔던 김영주 대사가 회담 수석대표가 되니 통일원으로서
는 놀랐죠. 대통령들이 의전수석 등을 정할 때 외교관들 중에서 뽑혀
올라오는 경우에는, 자기가 그 나라에 갔을 때 잘해준 사람들이 생각
나서 불러오는 일이 많죠.

당시 남북회담이 북한에서 하자고 해서 성사된 건가요?

북한이 총리급 회담을 제안하면서 실무접촉부터 하자고 했어요. 권
력이 이양되는 상황에서는 험악한 상황을 조성해서 일을 벌여야 하잖
아요. 말하자면 남쪽의 어지러운 정세를 이용해서 북쪽은 '북풍'을 일
으켜보려고 했던 거죠. 군사적으로 도발하거나 일을 벌이기 전에 탐색
용으로 회담을 제안한 거예요. 남쪽에 정치 변동이 있을 때 으레 그런
회담을 제안했어요. 북한은 북한대로 탐색 차원에서 회담을 제안하고
우리는 우리대로 북측이 어떤 장난을 칠지 모른다는 위기감에서 응

했던 거죠. 그런데 1차 실무접촉이 1980년 2월 6일에 이뤄진 이후 8월 20일까지 열차례 이어지다가 슬그머니 유야무야됐어요. 북쪽 입장에서는 탐색의 목적은 달성했던 거고, 전두환은 바로 며칠 뒤인 8월 27일에 장충체육관 투표(통일주체국민회의 투표)를 통해 대통령이 됨으로써 완전히 권력을 장악한 셈이니까 회담을 이어갈 필요가 없어졌죠. 김영주 대사는 남북 총리회담 실무회담 수석대표라는 긴 직함을 갖고 근무하다가 나중에 연세가 들어서 은퇴하셨고요.

전두환 정부의 대북정책이 박정희 정부와 차이가 있다고 생각하시나요? 1981년에 서울올림픽을 유치하면서 정권의 모든 대외정책이 올림픽의 성공적 개최에 초점을 맞췄죠. 1983년 아웅산 사건에도 불구하고 1984년 가을 북한의 수해 지원 물자를 받아들인 것을, 서울올림픽의 성공적 개최를 위해 남북관계를 안정시키려고 한 것이라고 보는 시각도 있더라고요.

1980년 이후 우리가 확실한 경제적 우위를 점했고 북한은 제로 성장을 기록했기 때문에 대북 차원에서 수세로만 하지 않고 공세로도 할 수 있다고 하는 자신감이 생긴 상태였어요. 1981년에 올림픽을 유치했잖아요. 북한은 그건 엄두를 못 냈고 그 대신 86아시안게임은 유치하고 싶어서 사회주의 국가들과 긴밀하게 협력하면서 무척 애를 썼어요. 우리 통일원 젊은 사람들은 아시안게임을 북한 쪽으로 밀어줘야 북한이 국제 행사를 치르면서 폐쇄적인 사회가 자연스레 열릴 수 있다는 순진한 생각을 품었고요. 서생적인 아이디어였죠. 다른 통일원 사람들도 맞는다고 맞장구를 쳤죠. 남북이 화합하려면 그렇게 같이 나아가야 하는 것 아니냐는 생각이었어요. 그런데 전두환 대통령이 그것마저 유치해오라고 했어요. 당시 정주영(鄭周永) 회장이 대한체육회 회장도 맡고 있었는데 그야말로 적토마처럼 뛰어서 유치해왔죠. 그것마저 유치해야 했던 논리가 뭐였느냐면, 88올림픽을 성공적으로 개최하기 위해서는 예행연습을 치러야 한다는 거였어요. 당시에는 남한이 국제 체육대회를 개최, 운영해본 경험이 전무했잖아요. 이전에 1970년 아시안게임을 서울에서 유치해놓고도 상황이 여의치 않아 개최권을 반납하고, 그 대회가 결국 직전 대회 개최지였던 방콕에서 열렸던 자존심 상하는 기억도 있었죠. 이번에는 더 큰 대회를 바라보니, 그 준비를 위해서도 아시안게임을 같이 유치하는 편이 좋겠다는 게 당시 생각이었어요.

북한이 그렇게 아시안게임마저 유치하지 못한 이후에 눈을 돌린 것이 1989년 세계청년학생축전이었어요. 사회주의 청년학생축전이었으니까, 그 결정권을 가진 게 소련이었어요. 그래서 북한이 소련에 가서 사정을 해서 그 행사는 평양 개최를 확정지었어요.

1989년 평양 세계청년학생축전을 성대하게 치르기 위해 건설을 시작한 것이 지금까지도 공사가 덜 끝난 105층짜리 류경호텔입니다. 또한 당시에 여러 가지 시설물을 지었는데, 2018년 가을 문재인(文在寅) 대통령이 연설했던 '능라도 5월 1일 경기장'도 그중 하나예요. 개성-평양 고속도로도 그때 길을 넓히고 시멘트로 포장했고요. 그런 행사를 유치하고는 경제적인 확대 재생산 효과가 없는 대형 건조물을 짓기 시작하면서 국력을 더 낭비했던 것 같아요. 인민 생활수준 향상을 위해 쓴 것도 아니고, 그저 당시 후계자로서 입지를 다지던 김정일의 지휘로 '노동당 시대의 기념비적 건조물'을 짓는 데에 주력했으니까요. 평양의 개선문도 그때 세웠는데, 1932년 만주로 떠났던 김일성이 항일투쟁을 벌이다가 1945년 개선장군으로 들어왔다는 의미로 지은 거였어요. 대동강가에는 주체탑을 세웠고요. 그 세계청년학생축전을 준비했던 것이 오히려 경제가 마이너스로 들어선 원인이 됐을 거예요.

민주평화통일자문회의를 출범시키다

박정희 정부 시절에 자유아카데미를 만들거나, 국론통일을 국토통일원의 실제적인 업무 범위로 한정했던 것은 명백히 방어적인 태도였어요. 그에 반해 전두환 정부 시절부터는 경제적 우위 덕택에 공세적으로 나갔다고 말씀드렸죠. 그 대표적인 것이 민주평화통일자문회의(평통)였습니다. 1980년 늦여름이었던가 초가을이었던가, 어느 날 이범석(李範錫) 통일원 장관이 저를 장관실로 호출했어요. 청와대를 다녀왔다면서 "지금 북쪽 놈들이 계속 기회만 있으면 범민족대회를 하자느니 전민족회의를 열자느니 하고 떠드는데, 각하께서 그런 제의에 대응할 기구를 하나 만들라고 하시더라. 미스터 정이 그런 보고서 같은 걸 잘 쓰더구먼" 하시더니, 계획을 짜서 수시로 보고하라고 하셨어요. "알겠습니다" 하고 나왔죠. 그분은 업무를 직접 챙기는 스타일이었고 공무원 중에서는 상당히 부지런한 사람이었어요. 결론만 듣지 않고 중간보고를 자주 받았고요. 대통령 지시사항인 경우는 언제 전화해서 어떻게 됐느냐고 물을지 모르니까 항상 준비하고 있어야 했죠.

그래서 제가 평통을 어떻게 구상했느냐면… 북쪽의 조국통일민주주의전선이 그때는 대남 선전선동의 명의상 주체였어요. 조선노동당, 천도교 청우당, 조선사회민주당, 직업총동맹, 농업근로자동맹 등 각종 정당 및 사회단체의 연석회의로서, 중국의 중국인민정치협상회의에 해당했어요. 서독에도 통일운동 단체가 있었어요. '아인 운타일바레스 도이칠란트(Ein Unteilbares Deutschland)', 즉 '분단될 수 없는 독일'이라는 의미의 이름을 가진 조직이었죠. 대만에는 우리의 통일원과 똑같지는 않지만 그 비슷하게 정책을 개발하고 홍보를 겸하는 광복대륙설계연구위원회가 있었고요. 이처럼 벤치마킹해볼 수 있는 여러 조직의 구성 원리를 비교해가면서 틀을 짜보고 있었죠. 그런데 갑자기 정무수석 아래 정무비서관이었던 최창윤(崔昌潤) 박사가 허겁지겁 제 방으로 들어왔어요. 그때 제 휘하에는 공산권연구관실에 있던 기본 멤버들과 새로 시험을 봐서 합격한 신입들, 통일원으로 넘어오면 지방 전근 안 가니까 다른 부처에서 넘어온 사람들까지 모여서 작업하고 있었어요.

통일원으로 가면 달리 갈 데가 없죠.(웃음)

평양밖에 갈 데가 없죠.(웃음) 말하자면 신입생들을 데리고 일하고 있던 때였는데 최창윤 비서관이 "장관실에 갔더니 출타하고 안 계셔서 직접 왔습니다. 각하께서 직접 의장을 맡으시겠다고 하십니다"라고 해요. 그런데 애초에 평통의 규모를 얼마로 해야 하느냐고 장관님께 여쭤보았을 때 대통령이 "사단 병력이면 되지 않겠냐"라고 했거든요. 사단이면 기본이 만명이니, 조국통일민주주의전선보다 엄청나게 큰 조직이 된 거예요. 범민족대회도 북쪽에서 만명 정도 모이자고 할 수도 있겠지만 그렇게 끌려 다니지 말고 역으로 제의하고, 필요하면 우리가 먼저 나서서 밀어붙이고 숫자로 승부를 보자는 취지에서 사단 병력을 얘기했던 것 같아요. 그런데 대통령이 직접 의장을 맡을 테니 그것에 맞게 틀을 짜라는 전언이었어요. 나중에 장관님께 보고를 올리니까 "각하 지시면 그렇게 하라"고 하더군요.

그런데 이후에 장관이 받아온 지침이 뭐였느냐면 그중 5,000명은 대통령 선거인단으로 하고, 나머지를 각종 직능 대표로 뽑으라고 했어요. 박정희를 대통령으로 선출한 통일주체국민회의는 2,500명이었고, 전두환 때는 두배로 늘어났어요. 이름부터 대통령 선거인단이었고요. 일단 5,000명의 명단은 사무처에서 받으면 되는 거였고 나머지를 뽑는 게 문제였죠. 저는 각 부처에 등록되어 있는 사단법인들을 떠올렸어요. 가령 외무부에는 외교협회가 있고 재무부에는 증권협회가 있는 식이잖아요. 사실 정부 업무를 대행하지만 그 안에는 전문성을 갖춘 친정부 인사들이 포진해 있었죠. 가령 건설 문제가 대두되면, 그 문제에 전문성을 갖고 토론할 수 있는 사람들이 들어가야 했죠. 그래서 각종 사단법인 중에서 어느 단체를 포함시킬 것인가를 검토해서 리스트를 작성한 뒤에 각 부처에 공문을 띄웠죠. 통일 문제와 관련이 있는 단체로 한정하기는 했어요. 재향군인회나 과학기술총연합회, 재향경우회 같은 단체들도 포함했고요.

그렇게 만명을 만들어놓으니 다시 지시가 내려오기를 해외 동포를 포함시키라는 거예요. 그런데 여기에는 국적 문제가 있었어요. 타국 시민권을 가진 사람들이 모국 대통령이 수장인 조직의 구성원이 되는 경우 거주국의 법률 위반 가능성이 있다는 거예요. 외무부를 통해 재미 한국인 중에서 시민권을 가진 사람들이 한국의 이러이러한 성격을 가진 단체의 멤버가 될 수 있느냐는 문의를 넣었더니 불가하다는 답변이 왔어요. 그래서 영주권자 중에서 뽑았죠. 그때 해외 거주자 중에서는 300명이 안 되는 숫자의 해외 동포들이 뽑혔을 거예요. 그렇게 꾸려놓고 명부 인쇄까지 끝내니 평화통일자문회의 사무처가 생겨서 그쪽으로 명부를 넘기고 저는 손을 털었지요. 평통은 그 이듬해인 1981년 6월 5일에 출범했습니다. 그런데 그 일을 끝내자마자 또다른 지시가 내려왔어요.

최초의 통일방안 작성, 민족화합민주통일방안

"1980년 10월 10일 북한이 6차 노동당대회에서 내세운 고려민주연방공화국 창립 방안에 대응할 수 있는 우리 고유의 통일 방안을 만들라"는 지시였죠. 그게 박정희 정권과의 차이였어요. 그전까지는 "안 돼, 그쪽에 저의가 있어"라고만 했는데, 이제는 만나자고 하면 만나고, 또 만나기 위한 준비를 철저히 했죠. 인력을 양성하고 토론에서 밀리지 않도록 공부시키고, 북측이 고려민주연방공화국이라는 거창한 그림을 그려서 자기들만 통일에 관심이 있는 것처럼 선전하는데 거기에 홀리는 사람들이 있는 것 같으니 '우리 것도 있다'라고 내놓을 수 있는 통일 방안을 만들라는 거였어요. 이번에도 이범석 장관이 제게 일을 시켰어요.

1981년 6월 5일 평통이 출범했는데 그때 이범석 국토통일원 장관이 평통의 사무총장을 겸했고 의장은 대통령이 맡았어요. 그때 몇달 정도 정책기획실에 가 있었을 때예요. "미스터 정, 자네가 각하 지시 이행 보고서 작성 행정책임자가 되었으면 해. 그리고 남북대화사무국에 중앙정보부 시절 회담 경험이 있는 사람들이 자문위원으로 많이 넘어왔으니까 그중에서 이론에 밝은 사람들을 데리고 같이 작업해." 그때는 통일원이 남산에 있던 때였으니까 그런 작업을 수행하려면 호텔에서 먹고 자면서 해야 했어요. 통일원에서 걸어갈 수 있는 거리의 세종호텔에다 방을 빌렸죠. 당시만 해도 세종호텔이 국내 호텔 중에서 뷔페가 가장 훌륭하다고 했을 때예요. 세종호텔에서 지내면서 뷔페를 매일같이 먹어본다는 건 가문의 영광이었죠.(웃음) 처음 뷔페라는 걸 먹어봤는데 무척 신기하더라고요. 어쨌든 이처럼 비밀리에 수행하는 업무도 있고 그 작업에 동원되지 않는 직원들을 감독해야 할 책임도 있었으니까 사무실과 호텔을 오가면서 두가지 업무를 하는 셈이었죠. 이런 고생 끝에 만든 것이 민족화합민주통일방안입니다.

남한 최초의 통일방안인 민족화합민주통일방안이 1982년 1월에 나왔고, 이를 북측에 제시했지만 거부되었다는 기록이 있네요. 이 통일방안을 만드실 때 외부의 전문가들은 참여하지 않았나요?

외부의 학자는 없었어요. 제가 장관의 지명을 받아 행정책임자가 됐으니까 예산은 우리 방에서 써야 했어요. 예산집행 권한과 최종보고서 작성 책임도 갖고 있었으니, 연구관 급 중에서 글을 쓸 수 있는 사람들과 남북대화사무국에서 그런 업무를 맡을 수 있는 사람들을 초빙해와서 함께 일했죠.

민족화합민주통일방안의 골자가 무엇이었나요?

기본 개념은 초보적인 국가연합을 이루자는 거였어요. 남북조절위원회 개념을 확대한 거죠. 1972년 7·4 공동성명을 합의하고 남북이 같이 운영하기로 한 것이 남북조절위원회였거든요. 남북조절위원회가 나중에는 각자 기묘한 방향으로 쓰였지만, 기본 출발점은 남북이 서로 공존하면서 국가 차원에서 정책을 협의 조정해서 공동으로 할 수 있는 것들은 공동으로 해나가자는 것, 또 무엇보다 다투지 말자는 거였어요. 자주, 평화통일, 민족대단결의 정신에 입각해서 통일을 지향하며 남북이 각각 정책을 조율해가면서 서로 도울 수 있으면 돕자는 거였는데, 시간이 가면서 유야무야됐죠. 말하자면 남북조절위원회는 북쪽 입장에선 남쪽이 자신을 치지 못하도록 만들고, 우리는 우리대로 북쪽이 우리를 치지 못하도록 만드는 일종의 감시 초소였어요. 1971년 4월 7대 대선 때 야당 후보였던 DJ가 남북 이산가족 상봉 사업을 열자는 취지로 남북의 화해협력, 즉 데탕트를 제시했지만 1972년 남북대화를 열 때만 해도 박정희 대통령은 그 대화를 북한의 대남 공격 의지가 있는지 없는지를 살피는 도구로 썼죠.

상호탐색 목적이었군요.

그랬죠. 그래서 초기에 서울과 평양을 왕래했고요. 북한은 서울에 와서 곳곳을 다니면서 '이놈들이 우리를 앞지르기 시작하는데 너무 차이가 나면 우리가 밀리는 것 아닌가. 혹시라도 이놈들이 우리를 공격할 수 있는 군사시설을 갖추고 있는가' 하는 것들을 확인했죠. 우리는 평양에 가서 '북쪽이 우리를 상대로 6·25전쟁을 또 벌일 수 있을 것인가'를 체크했고요. 별로 그럴 가능성은 없다고 판명이 나자 적십자회담은 계속 이어가기로 하면서도 각자 상대가 받을 수 없는 조건을 제시하면서 슬슬 마무리해가는 수순을 밟았고, 남북관계 조절이라는 명분하에 서로를 감시하기 위해서 회의는 계속 치렀어요. 적십자회담은 시들해지고 조절위 회의는 짜임새 있게 진행된 거죠. 북측에서 조절위 위원장을 처음에 김일성 동생 김영주(金英柱)로 내세웠는데, 몸이 아프다는 핑계로 그 대신 조절위 위원장 직무대리로 나온 게 박성철(朴成哲)이었어요. 우리 쪽 조절위 위원장은 처음엔 이후락(李厚洛) 중앙정보부장이었고 막판에는 민관식(閔寬植) 국회부의장이었어요.

남북조절위원회 구상이 결국 민족화합민주통일방안의 출발점이 되는 거였죠. 그래서 제가 그림을 다이아몬드 형으로 그렸어요. 남북 정상회담, 남북 각료회의, 남북 국회회담, 공동사무국이 민족화합민주통일방안의 이행 기구였어요. 그 철학은 기본적으로 민족화합을 이뤄가자는 거였고, 그 구체적인 방안은 인구 비례로 선거를 통해 정부를 구성하자는 거였어요. 그러니 인구가 우리의 절반밖에 되지 않았던 북한은 이를 거부했죠. 북측에서 주장한 건 남북 동수로 대민족회의나 범민족회의를 구성해서 거기서 통일방안을 합의하자는 거였고요. 즉 우리 측의 민족화합민주통일방안에서 '민족화합'은 서론적인 의미밖에 없는 거였고, '민주통일'이 핵심이었죠. 민주적으로 해야 하니까 1인 1표의 총선 방식으로 정부를 구성하는 것으로 하고 그런 원칙하에서 정상회담이나 각료회담을 열고, 국회회담에는 통일국가의 헌법에 대해 논의하는 기능을 부여했죠. 각급 협의체에서 나온 합의사항 이행은

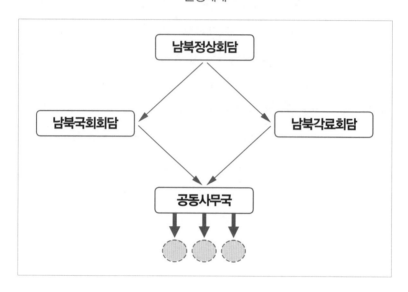

《민족화합민주통일방안》
운영체계

남북정상회담

남북국회회담

남북각료회담

공동사무국

사무국에 맡기기로 하고요.

민족화합민주통일방안을 북쪽이 받을 가능성은 없다고 생각했지만, 이로써 북쪽의 고려민주연방공화국 창립 방안에 끌려 다니지 않을 대응 논리는 마련됐죠. 연두 기자회견 형식으로 발표했는데, 아니나 다를까 북측에서 거부했어요.

통일방안을 만드는 것도, 북한이 1966년 런던 월드컵에서 8강에 들어가니까 중앙정보부에서 '양지'라는 축구팀을 만드는 한편 '박스컵(박정희배) 국제 축구대회'를 여는 등 축구 발전을 꾀하고, 북에서 지하철을 만드니까 여기도 만드는 식으로 대응한 거였군요.

그런 셈이었죠. 저를 최초의 통일 방안인 민족화합민주통일방안의 산파라고 불러야 할진 모르겠지만… 행정책임자, 보고서 작성 책임자로서 뷔페는 실컷 먹었죠. 호텔 방을 빌려뒀지만 나이 든 분들은 집에 들어가고 일을 마치고 함께 어울릴 수 있는 사람들만 남았으니까 술도 많이 마시면서 신나게 일했던 기억이에요.(웃음)

1989년 노태우 정권이 들어선 뒤에 이홍구(李洪九) 교수가 통일원 장관으로 와서 민족공동체통일방안을 만들기 전까지 우리 정부의 공식적인 통일 방안은 '민족화합민주통일방안'이었습니다. 1970년대 남북조절위원회 경험을 1980년대 남북의 초보적인 국가연합 개념으로 발전시킨 것이 토대가 되었고, 이로써 국가연합이 바로 1989년 민족공동체통일방안에서 공식적인 통일 과정으로 들어갈 수 있었어요.

그때는 공부가 짧아서 멋모르고 일했는데, 지금 와서 생각해보니 1981년 제가 담당했던 '민족화합민주통일방안'에서의 남북협력기구(정상회담-각료회의-국회회담-공동사무국)는 초보적인 국가연합이에요. 1970년대 초에 조절위에서 일했던 분들 말씀이 "남북조절위원회는 매우 초보적인 국가연합이다. 여기에 각료회의나 국회회담 등을 추가하면 한 단계 업그레이드된 국가연합 개념으로 볼 수 있다"라고 하셨어요. 그 단계가 있었기 때문에 1989년 이홍구 장관 때 '교류협력-남북연합-통일' 3단계로 통일에 접근한다는 민족공동체통일방안을 낼 수 있었던 거죠. 남북연합을 핵심 개념으로 하는 민족공동체통일방안은 북한의 연방제 제안을 사실상 제압하는 통일방안 제안이었어요.

1972년 만들어진 남북조절위원회의 개념을 확장해서 초보적인 남북연합 개념으로서 민족공동체통일방안의 그림을 그렸는데, 그것이 1989년 남북연합의 핵심 개념인 민족공동체통일방안으로 발전되고, 그 안이 나왔기 때문에 김일성이 1991년 신년사에서 이제 연방제도 '느슨한 연방제'로 가야 한다는 통일방안 수정론을 내놓게 되었으리라 봅니다. 그때쯤 되면 주거니 받거니 하는, 일종의 상호작용이 일어난 것이라고 볼 수 있죠.

조절위가 언제까지 존속했습니까?

조절위가 사실상 끝장난 건 1973년이라고 할 수 있어요. 1972년 10월에 남쪽에서 유신이 선포되고 11월에 대통령 간선제를 골자로 하는 유신헌법이 국민투표로 통과됐죠. 북쪽에서도 1972년 연말에 사회주의 헌법을 제정하고 국가주석 제도를 신설한 후 그 자리에 김일성을 추대했어요. 이렇게 남북이 동시에 1인 지배체제 확립을 추진하면서 탐색 차원의 남북대화도 필요 없어지니까 남북조절위 회의도 시들해지더라고요. 그런데다가 1973년 8월 8일 도쿄에서 김대중 납치 사건이 일어나고 그 배후가 중앙정보부라는 것이 밝혀지자 북한이 먼저 중앙정보부의 분신이라 할 수 있던 남북 조절위를 걷어찼죠. 우리 쪽 조절위원회 이름은 80년대 중반까지 남아 있었고요.

제가 대화사무국에 있던 1983년 8월부터 1984년 7월까지는 우리 측 조절위원장 직무대행이 국회부의장을 지냈던 민관식 씨였어요. 조절위 회담은 사실상 1973년에 끝났지만 조절위라는 이름은 남아 있었고 위원장의 활동비가 나왔어요. 남북대화사무국 운영부에서 나가는 거예요. 정기적으로 활동비를 보내드리니까 일년에 꼭 한번씩 민관식 조절위원장 대리가 저를 비롯한 대화사무국 사람들을 불러내서 거하게 밥을 샀어요. 요즘 같으면 '김영란법'에 걸리는 일이죠.(웃음)

대화사무국이 통일원으로 넘어온 다음에는 중앙정보부 출신들은 음식점 등에 예약할 때 대화사무국이라고 하지 않고 조절위라고 하는 경우가 많았어요. 조절위에 거물들이 많았으니까요. 중앙정보부에서 넘어온 사람들은 조절위 이름을 사용할 수 있는 것에서 자기들이 살아 있다는 느낌을 받았을 거예요. 앞서 말했듯이 운전기사가 경찰로부터 "에이, 통일원이구먼" 하는 이야기를 듣고 온 뒤로는 더했겠죠.

4장

통일부 공무원 시절 2

아웅산 테러 사건과 남북관계

아웅산 테러 당시 제네바에서

1980년대 남북관계에서 가장 중요한 사건 중 하나가 1983년 아웅산 테러라고 할 수 있습니다. 1968년 1·21사태에 이어 두번째로 남한 국가원수의 생명을 노린 사건이었죠. 하지만 이 사건에 따른 남북의 대치는 그리 오래 가지 않았습니다. 1984년 가을 남한의 수도권 홍수 피해에 대해 북한이 수해물자를 지원하고 1985년 적십자회담으로 남북이 다시 대화를 나서면서 최초의 이산가족 상봉까지 이뤄집니다. 당시 상황을 설명해주시죠.

아웅산 사건이 난 게 1983년 10월 9일인데, 그날 저는 제네바에 있었어요. 1983년 봄부터 KBS에서 이산가족 찾기 방송을 했는데, 그걸 종일 틀어줬단 말이에요. 그 방송은 이산가족 가운데 남쪽에 함께 내려오고도 헤어져서 서로 찾지 못하는 사람들을 만나도록 주선해주는 프로그램이었어요. 그때 가족을 찾는다고 KBS에 대자보 같은 '방'들이 덕지덕지 붙어 있었죠. 그 사연을 보고 서로 연락해서 만나는 장면을 방송에 내보내는 식이었어요. 그해 8월쯤인가, 홍콩의 영문 주간지인 『파 이스턴 이코노믹 리뷰』(*Far Eastern Economic Review*)의 심재훈 기자가 '한국정부에서 이산가족 문제를 KBS 방송을 통해 부각시키는 바람에 북한이 굉장히 긴장하고 있다. 그 연장선상에서 금년 10월 제네바에서 열리는 국제적십자사연맹 총회 때 북한으로부터 대대적인 역공이 예상된다'라는 내용의 기사를 냈어요.

마침 제가 1983년 대화사무국 운영부장으로 발령이 나서 근무하고 있었기 때문에, 그 기사를 보고 대책을 세워야겠다고 생각해서 사무국에서 논의했어요. 대한적십자사에 연락을 취해 10월 행사에 누가 가느냐고 물어보니, 유창순(劉彰順) 총재와 김후남 홍보부장, 또 국제부장 한명까지 총 세명이 간다고 해요. 원래 각국에서 네명씩 가는데 그 숫자를 다 채우지 않고 셋만 가기로 했다는 거예요. 그렇게 아무 계획도 없이 가면 북한에서 역습해올 수 있으니, 유창순 총재를 보좌하면서 북에 대응할 우리 쪽 사람이 한명 가야 하는 것 아니냐고 이야기했죠. 그때 대화사무국에 부장급이 세명이었는데, 국장이 "이런 일은 정부장이 잘하잖아?"라고 하셨어요. 당시 정책부장은 이론이 좀 강했고, 저는 짤막짤막하게 '단타를 잘 치는' 성향이었죠. 그게 잘 맞는다고 생각하셨는지, 국장이 저에게 가라고 하셨어요. 그래서 '홍보자문위원'이라는 직함을 달고 갔는데, 북한식으로 말하면 그게 '특무'예요. 특수한 임무를 띠고 당국자가 위장 신분으로 활동하는 것 말이에요.

아니나 다를까, 우리 쪽은 저까지 넷이 갔는데 북측은 열세명이 왔어요. 회의장에는 네명밖에 못 들어가니, 순수 적십자 직원들은 그리로 들어가고 제가 로비에서 왔다갔다 하는 북측 사람들과 1 대 9로 앉아서 이야길 나눴어요. 북측은 우리 쪽에서 공세를 취할 것에 대비해서 수로 제압하겠다는 마음으로 온 건데, 남측은 그러지 않았으니까 방심했는지 저보고 얘기나 나누자고 하더라고요. 과거 적십자회담의 실무회담 대표나 적십자회담의 수행원이었던 사람들이 다 왔던 거예요. 이산가족 문제와 관련해서 지나간 내력을 아는 남한 사람들이 있어야 "너희 때문에 못했던 거다"라는 식으로 대응할 수 있잖아요. 그런데 우리 쪽에서 적은 수가 갔으니 별일은 없었어요. 그 회의가 10월 4, 5일경에 시작해서 보름 동안 진행됐어요. 그러던 중 10월 9일이 일요일이어서 쉬었어요. 그날 저는 제네바 대표부에 고등학교 후배가 있어서 국제올림픽위원회(IOC) 본부가 있는 로잔으로 구경을 다녀왔어요. 제네바에서 경치 좋은 호숫가를 따라 차를 타고 달리면 로잔이 나오는데, 중세 도시여서 돌을 깎아서 바닥에 박아놓은, 포장된 비탈길이 많았죠. 로잔에서 점심을 먹고 숙소로 돌아왔는데, 제네바 대표부에서 큰일 났다고 연락이 왔어요. 가봤더니 그날 오전에 아웅산 사건이 터진 거예요. 뉴스가 계속 뜨더라고요. 사건 직후에 전두환 대통령이 "이 일은 북한 소행이다"라는 식으로 사건의 책임자를 특정했다는 내용의 기사도 나왔어요. 그러니 긴장이 되잖아요. 남북이 4 대 13으로 와 있는 상황이었으니까요. 서울의 외무부에서 '현장에서는 위험하니까 말싸움을 하지 말라'는 지시가 내려왔어요.

숙소로 쓰던 호텔로 돌아왔더니, 북한 대표단 서너명이 그 로비에서 어슬렁거리는 거예요. 우리 동태를 보면서 감시하려고 온 거죠. 왜왔느냐고 했더니 호텔이 얼마나 좋은지 보려고 왔다는 식으로 능청을부리다 가더라고요. 다음 날 회의 장소에서, 우리도 본부 지시 때문에 아웅산 사건에 대해 말을 꺼내지 않았는데 북쪽에서도 그 얘길 하지 않더라고요. 저는 그 사건을 보면서 '이것은 북한의 남한에 대한 보복성 행동이다'라고 생각했어요. 우리가 1981년 바덴바덴에서 88서울올림픽을 유치하고 나서 곧이어 86아시안게임까지 유치하고, 또 1983년에는 이산가족 상봉 방송을 내보내면서 반북몰이를 했죠. 그때 눈물을 흘리던 사람들이 북한 공산당을 저주했어요. '이게 다 북한 때문이니까 군인 대통령을 잘 모셔야 한다'라는 여론이 나올 수밖에 없었죠. 이런 일들이 쌓여왔으니, 아웅산 사건은 그 앙갚음일 거라고 생각했어요.

국가원수를 암살하려고 했던 거니까 사실상 침략의 수순을 밟은 것 아닌가요?

그렇게 혼란이 오면 자기들이 일을 벌일 수 있다고 판단했겠죠.

1968년 1·21 사태보다 더한 것 아닙니까?

1·21은 나중에 발이라도 뺄 수 있었죠. 그런데 이런 무시무시한 일을 저지르는 것을 보고, 북한이 전두환 정권에 대해 무척 꼬여 있구나 생각했어요. 북한의 좌절감이 대단했던 것 같아요.

이산가족 찾기 당시, 남한에서는 '가족들이 떨어져 살게 된 것은 다 6·25전쟁을 일으킨 김일성 책임이다'라는 식으로 몰고 갔던 건가요?

맞아요. 그에 따라 반북 정서가 강화되면 북한을 혼내줄 수 있는 사람은 '전두환 장군'밖에 없다는 논리로 이어지죠. 반(反) 전두환 정서는 사그라들 수밖에 없고요. 그렇게 계산했던 거죠. 남북관계에 관심이 없는 사람들은 구체적으로 인식하지 못했을지 모르지만, 남북관계 일선에서 일하는 사람으로서는 북한 평계를 대면서 군사독재를 정당화하려고 하는 고도의 전략이라고 생각할 수밖에 없었어요.

하지만 사건 당일 제네바에서는 중과부적이었기 때문에 아웅산 사건에 대해서는 일체 말할 수 없었어요. 그런데 가만 보니 북한 대표단에 한가지 특징이 있었어요. 운전사가 굉장히 힘이 세더군요. 고위 당직자 같아요. 대사관 공용차량 운전하는 사람이 '조국'에서 나온 고위 당직자들에게 "○○ 동무! 날래날래 타라!"라고 말하는 거예요. 그 사람들은 외국에 나가면 본국을 '조국'이라고 부르거든요. 틀림없이 그냥 운전만 하는 사람이 아니라, 대사를 감시하는 역할을 맡았던 것 같아요. 북에서는 대사도 감시 대상이잖아요.

또 하나, 거기서 보니까 그 사람들이 참 어렵게 산다는 게 느껴졌어요. 제가 커피를 산다고 했더니 우르르 따라와요. 회담에 몇번 왔다갔다 한 사람들은 커피를 마실 줄 아는데, 설탕을 무척 많이 넣어요. 그게 경제 상황이 안 좋다는 의미였어요. 우리도 예전에는 작은 커피 잔에 티스푼으로 수북하게 설탕을 서너 숟갈씩 타서 거의 시럽 수준으로 달게 만들어 먹고 그랬어요. 1970년대까지도 그런 시절이었죠. 일례로 제가 통일원에 들어간 이듬해 추석 선물이 설탕 5킬로그램이었어요. 당시에 그건 아무나 들고 다닐 수가 없는 물품이었어요. 그걸 들고 버스를 탄다는 건 굉장히 자부심을 느낄 만한 일이었죠.(웃음) 그런 경험이 있으니, 북한 사람들이 설탕을 많이 넣는 걸 보면서 우리 과거를 떠올리게 되더라고요.

커피를 마시면서 "남북관계 일선에서 일하는 사람들끼리" 이런저런 이야기를 나눴죠. 서성철(徐成哲)이라고, 1971년 적십자회담 최초 실무 접촉 때 대표로 나왔던 사람이 있어요. 저보다 나이는 대여섯살쯤 많을 거예요. 제가 자제분이 어떻게 되느냐고 물었더니, 대학생 아들이 하나 있고, 그 아래 딸이 하나 있다고 했어요. 1974년생인 제 아들은 그때 열살 정도밖에 안 됐을 때예요. 어느 대학에 다니느냐고 했더니 김책공대에 다닌다고 해요. 저는 김책공대가 김책시에 있는 줄 알았어요. 김책시는 원래 함경남도 성진시인데, 거기서 한국전쟁 당시 인민군 최전방 사령관이었던 김책(金策)이 태어났다고 해서 이름을 바꿔준 거예요. 김정일의 생모 김정숙(金正淑)의 투쟁활동지라고 해서 양강도 신파군을 김정숙군으로 개칭해줬던 것처럼 말이에요. 소련을 따른 명명법이었겠지만, 북한은 도시에 사람 이름 붙이는 걸 무척 좋아하죠.

어쨌든 제가 "학교를 멀리 다니네요"라고 했더니, "아니요, 평양 시내에 있는데?"라고 해요. 대동강가에 있대요. 무식이 들통난 거죠. 저한테는 어디에 소속되어 있느냐고 묻길래 대학에 있다고 했죠. "어느 대학입니까?" "여기저기에 강의를 나갑니다." "그래요? 전공 분야가 뭡니까?" "정치학입니다." 그랬더니 그 얘기를 듣고 그날 당장 조사해본 모양이에요. 정치학자라면 『신동아』에 글을 써야 하는데, 이름이 안 나온다는 거예요. 당시에 노재봉, 진덕규(陳德奎) 등 웬만한 정치학 교수들은 『신동아』에 글을 썼거든요. 거기에 글 쓰는 수준도 아닌 것 같은데 당신이 무슨 교수냐 하는 식으로 말하더라고요.(웃음) "저는 나이도 어리고 거기까지 안 됐다"라고 얼버무렸는데, 끝까지 이 사람들이 저에게서 정보를 얻으려고 탐문하더라고요. 예를 들어 그 직전에 김영삼 총재가 무슨 일 때문에 단식하고 있었느냐라든가…

1983년 5월에 정치활동 금지 해제를 요구하면서 23일간 단식을 했죠.

제가 그런 뒷이야기를 해주고 하니까 신기해서 보고하려고 열심히 적더라고요. 당시 홍콩에서 취득했다고 하는 북한 지도가 『동아일보』에 보도됐는데 백두산 천지가 중국령으로 되어 있는 지도였어요. 그래서 북한 사람들 만난 김에 제가 "백두산을 왜 중국한테 통째로 넘겨버렸어요?"라고 좀 따져 물었어요.

그랬더니 바로 반박하더라고요. "무슨 소리요? 1964년엔가 수령님(김일성)께서 중국의 저우 언라이와 반씩 나눴어요. 백두산 능선의 주봉과 그 주봉을 연결하는 선을 긋는 것에 대해 중국 총리(저우 언라이)와 담판을 해서 압록강, 두만강, 백두산 천지를 딱 선으로 가르다 보니 천지 수면은 우리 쪽이 더 넓어지기까지 했소. 좀 알고 말하시오. 사실 조선조 때는 청나라하고 협상해서 백두산 정계비를 천지 한참 남쪽에 세웠지 않았소? 그걸 수령님께서 국제법대로 하자고 해서 그렇게 만들어놓은 거요. 알지도 못하고 괜히 트집 잡지 말고 남쪽은 독도나 잘 지키시오." 그 사람들은 중국과 소련이 싸우던 시기를 틈타서 그랬다고 하지는 않았지만, 그때 당시는 중국이 북한이 소련 쪽으로 붙는 걸 방지하기 위해서 북한의 요구를 많이 들어줄 수밖에 없는 시기였죠. 북한이 타이밍을 잡는 데는 귀신같았어요. 남쪽에서는 「독도는 우리 땅」이라는 노래가 나와서 한참 대학가에서 불리던 시절이었죠. 한일 간 영토분쟁 이슈가 첨예했지만, 또 한편으로는 대학에 군인, 경찰이 막 밀고 들어오는 걸 반대하는 뜻이 더 컸죠.

1980년대 초 신군부 군사정권하에서는 반북이 시대정신 비슷해져 가고 있었으니까, 그때 백두산이 통째로 중국 것으로 표시된 지도는 어디선가 반북몰이를 위해 만든 게 아니었나 싶어요. 그 당시 생각 있는 통일원 출입 기자들 사이에서는 "북한은 만주 벌판이야. 뭐든지 갖다 붙였다가 떼었다가 하면 되니까"라는 비아냥이 유행했어요. 북한에 대한 가짜 뉴스가 횡행하는 데 대한 야유였죠.

북한이 남한의 언론보도에 대해 정정보도를 요구할 수는 없었으니까요. 제네바에서 아웅산 문제 이야기는 결국 못 꺼내신 건가요?

본부에서 하지 말라고 했으니까요. 만약 그 문제를 꺼냈으면 벌떼처럼 달려들었을 겁니다. 1 대 9로 싸워야 했을 거예요.

테러의 뒷이야기

제가 궁금한 건, 아웅산 테러라는 게 일국의 수반을 제거하려고 했던 어마어마한 사건인데 남한 측의 대응이 강경하지 않았잖아요. 1983년이라는 시기가 미소 관계가 굉장히 악화되던 무렵이었죠. 그해 3월 레이건이 소련을 '악마의 제국'이라고 비난하면서 '스타워즈', 즉 미사일 방어망 계획을 발표했고요. 9월에는 미국발 대한항공 007편이 소련 영공에서 격추된 사건이 있었죠. 그때 미소 관계가 전쟁이 날

위기였다고 해도 과언이 아닌데, 그런 북한의 엄중한 도발에도 불구하고 남측 정부가 유연하게 넘어간 것이 전쟁이 부담스러웠던 미국의 만류 때문이라고 보는 시각이 있었죠. 또 88올림픽을 성공적으로 개최하기 위해서는 북한과 대화해야 했기 때문이라고 보는 쪽도 있었고요. 어떻게 보시나요?

두가지 다죠. 1968년 1·21 사태 이후에 박정희 대통령이 북한을 치려고 했더니 미국에서 말렸다고들 하잖아요. 한대 맞고 끝내라고요. 만약 확전되면, 즉 두번째 한국전쟁이 발발하면 자기들은 책임 못 진다는 거였어요. 한국군의 전시작전통제권을 쥐고 있던 미국 입장에서는 확전되는 것을 막으려고 할 수밖에 없었죠. 아웅산 사건 때도 우리 쪽에서 원산상륙작전까지 계획하고 있다는 소문이 돌고 그랬어요. 그런데 아무런 공격 없이 지나가더라고요. 그래서 알아보니, 미국에서 또 개입하고 싶지 않다며 말렸다고 하더라고요. 그래서 우리는 북한 소행이라고 비난하는 것 외에는 달리 할 것이 없었죠. 북한에서는 우리 쪽에서 각본을 쓰고 연기까지 한 자작자연극(自作自演劇)이라고 발뺌했고요. 그런데 강민철이라는 북한 공작원이 랑군 앞바다에서 헤엄쳐서 배에 올라타려다가 바다에서 잡혔어요. 더 이상 발뺌할 수가 없는 상황이 됐지만 미국이 그렇게 나오고 또 1986년 아시안게임, 1988년 올림픽을 앞두고 있었으니 어쩔 도리가 없었죠.

아웅산 사건이 더 큰 위기로 확대되지 않은 건 미국의 전략 때문이라는 거죠?

초동 단계에서 미국에서 "No"를 표했고, 그럴 바에는 올림픽을 성공적으로 치르는 계기로 만들 수 있으면 그걸로 활용하자는 식으로 청와대가 결정했다고 봐요. 순차적으로 대응한 거지, 올림픽 때문에 눈을 감아주자는 건 아니었을 거예요. 아웅산 사건 직후에는 전두환 대통령이 그렇게 불같이 화를 냈지만 행동으로 옮기지는 못했고 1984년 초에 북한이 미국과 남한을 상대로 동시에 양변 회담(two way talks)을 제안해왔을 때에도 이를 거부하지 않고 일단 주거니 받거니 하는 과정을 밟도록 지시하더라고요. 1984년 초에 판을 깨지 않고 남북 간에 대화하는 모양새를 만들어서 끌고나가야만 아시안게임부터 올림픽까지 성공적으로 마무리할 수 있다고 생각한 거예요. 아시안게임은 더군다나 전 대통령 임기 중이고, 올림픽은 다음 정권하에서 치러지지만 그걸 따온 것 자체가 업적 아닙니까. 그런 계산이 서 있었던 것 같아요.

10월 9일 일요일이 테러가 터진 날이고, 10일은 쑨 원(孫文)의 신해혁명 기념일인데 대만에서는 '쌍십절'이라고 부르며 대대적으로 국경일 행사를 치러요. 쑨 원의 부인인 쑹 칭링(宋慶齡)이 중국의 국가 부주석으로 있었기 때문에 이를 중국에서도 존중하죠. 북한이 10월 7일인가 8일에 중국 측에 북미 회담을 주선해달라는 내용의 공문을 보냈다는 보고가 나중에 들어오더라고요. 아웅산 테러 사건 이후에 확인해본 내용이에요. 언제 전쟁이 터질지 모르는 상황이니 긴장을 완화할 수 있도록 중국이 가운데에서 북미 군사회담을 주선해달라고 했다는 건데, 북한은 자기들이 그런 노력까지 했는데 뭐 하러 미얀마까지 가서 그런 무자비한 일을 저질렀겠느냐고 했어요. 미리 알리바이를 만든 거였죠. 그런데 북한의 메시지를 전달받은 중국 외교부에서는 미국 대사관에 그 내용을 전달할 수 있는 시간 여유가 없었어요. 접수는 됐지만 미국에 도달은 못한 거죠. 그런 상황에서 북한은 그 일을 들먹이며 '우리가 이런 노력까지 기울였는데, 남측은 어째서 우리가 하지도 않은 일의 누명을 씌우느냐'고 반발했죠.

해를 넘겨 1984년 1월 1일이 되자, 당시 북한 총리였던 강성산(姜成山)이 우리 진의종(陳懿種) 총리에게 편지를 보내요. 미북 간에는 군사회담을 하고, 남북 간에는 통일회담을 하자는 거였죠. 미북 간 군사문제를 협의하자는 내용은 미국에 편지를 보냈고, 우리에게는 판문점을 통해서 진의종 총리에게 '전체적인 그림은 3자 회담이지만 미북 간에는 군사회담을 하고 남북 간에는 통일회담을 하자. 같이 시작하자'고 이야기해왔죠. 그런데 그 내용이 고약해요. 남쪽은 군사 문제에 대한 결정권이 없으니, 미북 간 군사회담 자리에 배석해서 그저 듣고만 있으라는 거였어요. 그 논의가 끝나면 바로 통일회담을 해야 하니, 와서 듣고 있으라고요. 그걸 우리가 받을 수 있겠습니까? 내용이 아무리 좋더라도요.

당시 북한은 두꺼운 종이에 인쇄한 편지를 고급스러운 사각 봉투에 넣어서 보내왔어요. 총리 앞으로 보낸 거지만, 우리에게는 청와대 보고가 우선이었죠. 대통령이 이 문제에 관심이 많았으니까요. 당시 차관급이었던 총리실 행정조정실장이 와서 대책회의에 참여했기 때문에, 돌아가는 사정 같은 것은 메모를 해서 총리에게 전달해줬고요. 이런 편지를 세번인가 주고받았어요. 북측에서 그런 회담을 제의해오는데 무턱대고 안 된다며 거절할 수 없으니까, 응대하기는 했지만 이러저러한 조건을 갖춰야 한다는 식으로 공을 상대방에게 넘겼어요. 그러면 저쪽에서 그에 대해 답을 보내오고요. 그렇게 탁구 치듯이 세번을 주고받았더니 청와대에서 그만하라는 지시가 내려왔어요. 그때는 대통령이 이 문제를 직접 진두지휘했어요.

편지 등을 주고받을 때 문안을 대통령이 직접 다 훑어봤어요. 그전에는 회담에서 '귀측' '아측'이라는 표현을 썼어요. 서로 '북한' '남한'이라고 말하진 않으니까요. 그런 식으로 적힌 문안을 대통령이 쓱 보더니 "아측? 뭐 이렇게 어려운 말을 써, 우리 측!"이라고 했어요. 그때부터는 '우리 측'이라고 쓰기 시작했죠. 바로 그다음 편지에서 '귀측이 그동안 수없이 되풀이했던 낡아빠진 넋두리 같은 이야기밖에 안된다'라는 식의 대목이 하나 있었어요. 그걸 보더니 "낡아빠진? 점잖지 못하게… '진부한'이라고 해"라고 했어요(웃음). 손재식 장관 시절이었는데, 장관이 운영부장을 불러서 "각하께서 직접 '아측'은 '우리 측'으로 쓰라고 하시고, '낡아빠진'은 '진부한'으로 쓰라고 하셨다"라고 말해주고 그랬죠.

어쨌든 청와대에서, 이 정도 했으면 우리가 북한의 변형된 남·북·미 3자회담 제안에 응하지 않아도 모양은 다 갖추어졌으니 그만 응대하라는 지시가 내려왔어요. 아마도 미국 측과 협의했던 모양이에요. 미국에서도 그런 식으로 한국 정부를 미국 아래에 '깔고 가는' 제안을 받아들일 수가 없었던 데다, 북한과 군사회담을 열어야 할 절박함도 없었죠. 군사회담 때 북한 측이 우리의 대북무기 체계 등에 대해서 시비를 걸거나 주한미군의 활동 영역이 줄어들어야 한다는 주장이 나오면 미군 측에도 득 될 것이 없었지만, 그럼에도 한국 정부가 다 같이 회담에 나서야 한다고 하면 미국도 따를 수밖에 없었던 것 아닙니까? 그러니 긴밀하게 한미 간에 협의했을 텐데, 그 대목은 국방부 및 외무부 소관이어서 잘 몰라요.

1984년 1월부터 시작된 서신 대화를 그만둔 후, 4월이 되자 북한에서 로스앤젤레스(LA)올림픽 단일팀 구성을 위한 남북 체육회담을 열자는 제안이 왔어요. 그 제안에 대응하느라고 집에도 못 가고 고생했죠. 당시 정부의 아웅산 사건에 대한 입장으로 보면 이 제안을 받지 말아야 했어요. 그 테러 사건의 주범으로 북한을 꼽고 있었으니까요. 우리 실무자들은 '이 회담 제안을 받아들이면 북한에 면죄부를 주는 셈이 된다. 그동안 북한 소행이라고 했던 한국정부의 입장이 옹색해질 수밖에 없다'고 생각했죠. 그런데 예상과 달리 청와대에서 회담 제안을 받아들이라고 지시가 내려왔어요. 88년 서울올림픽을 성대하게 치르려면 84년 LA올림픽에서 남북이 함께 가려고 했다는 모양새를 갖춰놔야 한다면서요. 그 핑계로 소련과 중국도 LA에 오라고 제안했어요. 미국을 도와준 거죠.

그때만 해도 올림픽에 대한 사회주의권의 보이콧이 있었죠?

그랬죠. 1979년 소련의 아프가니스탄 침공을 이유로 미국을 비롯한 서방국가들이 1980년 모스크바올림픽에 안 나갔으니까, 1984년 LA올림픽 때 사회주의권 국가들은 참가하지 않겠다고 공공연하게 이야기하고 있었어요.

결정은 안 되고요?

결정은 안 된 상태였죠. 미국은 84년 올림픽을 성대하게 치르고 싶어 했어요. 80년 모스크바올림픽은 자기들 영향권에 있던 국가들이 다

안 갔기 때문에 반쪽짜리가 되었지만, 자기 나라가 주최하는 올림픽은 그렇게 되도록 내버려둘 수 없었겠죠. 그런 상황에서 한국이 그런 식으로 판을 벌여주면 도움이 되겠다고 서로 협의가 된 건진 몰라도, 청와대에서 북측의 회담 제안을 받아들이라고 했어요. 그런 식으로 회담 개최가 정치적으로 결정됐습니다.

대통령은 단일팀을 만들라고 지시했는데, 진심이었는지 어쨌는지는 모르지만 일단 회담을 하기로 한 이상 그게 성사되면 좋은 거였어요. 통일원 장관과 대한체육회 회장까지는 열심히 뛰었어요. 회담 대표들까지도 '각하의 지시'니까 열심히 움직였고요. 그런데 슬슬 체육계 내부에서 불만이 나왔어요. 복싱이나 유도 등의 경기 단체장이나 선수들 입장에서는 그럴 수밖에 없었죠. 출전할 수 있는 엔트리 숫자는 정해져 있는데, 북측이 더 잘하는 종목의 경우는 우리 쪽에서 나갈 수가 없게 되니까요. 올림픽에 출전한 선수였다는 영광을 빼앗길 상황이 되니 이런저런 투덜거림이 들려오더라고요. 본인들이 싫어하는 걸 대통령이 원한다고 밀어붙일 수는 없으니까, 결국은 안 될 거라고 생각했어요.

북쪽으로서는 어떻게 아웅산 사건에 대한 면죄부를 받고 빠져나가는가를 살폈을 테고, 우리는 어떤 식으로 모양새가 나쁘지 않게 마무리하느냐가 관건이라고 보고 회담 전략을 고민했죠. 그렇게 4월에 시작한 체육회담이 세차례 열리고 6월에 끝났는데, 그러고 나서 미안했던지 1984년 9월 초에는 북측에서 수해물자를 준다고 했고, 그걸 안 받았으면 남북관계는 그대로 끝나는 거였지만 일단 받았어요. 북쪽에서는 그 물자를 보내느라 힘들고 아쉬웠겠지만 그것 때문에 적십자회담, 경제회담, 국회회담이 연달아 열린 끝에 마침내 1990년 가을부터는 마침내 남북 총리회담까지 할 수 있었고, 그 회담을 통해 북한은 체제를 보장 받은 겁니다. 1991년 남북 기본합의서가 북한 체제 보장을 담고 있다는 건 중요한 사실이에요.

책임자로서 운영을 이끌었던 남북 체육회담

체육회담은 전적으로 대화사무국 운영부장의 책임이었기 때문에 회담의 알파부터 오메가까지 몸으로 익힐 수 있는 좋은 기회였어요. 판문점에서 체육회담을 세차례 했는데, 그때는 남북이 전통문(전화통지문)으로 연락하지 않았기 때문에 편지를 인쇄해서 보내고 이삼일 후에 답이 오면 그 내용을 분석해서 청와대에 보고하고 대통령이 직접 문안 수정까지 하면 그걸 인쇄해서 보내는 작업을 했어요. 접촉 날짜를 정하고요. 그쪽에 제의하면 으레 역제의가 오고 곧이어 수정 제의를 주고받는 등 밀고 당기는 일이 많아집니다.

1984년 4월 하순부터 판문점에서 회담이 열렸는데, 우리 쪽 회담 대표들은 체육계 인사들이었고 저쪽은 회담 '꾼'들이 나왔어요. 체육 관련 회담이니까 통일부와 안기부에서 한명씩 들어오는 건 괜찮지만, 주도하는 건 체육회여야 한다고 해서 대한체육회 부회장 두명과 유니버시아드 조직위원회 위원장 한명까지 해서 총 다섯명이 회담 대표로 간 거예요. 북쪽에 대한 경험이 전혀 없는 사람들이었으니까, 회담 대표로서 제 역할을 수행하게 하려면 북한에 대한 사전 지식을 알려줘야 하잖아요. 회담에 가서 읽을 발언문들을 다 만들어줘놓고, 북쪽에서 뭐라고 하는지를 보고 우리가 모니터를 보고 있다가 '아무개 대표가 가-3번 카드를 꺼내서 읽으시오'라고 지시해줄 정도로 준비를 철저히 했어요.

남북회담에 대표로 나간다는 게 가문의 영광이잖아요. 오랜만에 회담이 열리면서 장관이 대통령에게 세세하게 보고를 올리다 보니, 회담 예산안까지 결재를 받으라고 했어요. 1970년대 남북대화를 할 때에는 회담 대표에게 최고급 맞춤 양복 두벌을 맞출 돈이 나왔어요. 1971년 적십자회담 때 박준규 교수님이 한영양복점에 가서 급하다고 하니까 두 시간 만에 가봉했다는 얘길 한 적 있었죠. 그런 전통이 있었기 때문에 거기에 맞춰서 예산안을 올렸어요. 전두환 대통령이 통이 클 것 같지만 실제론 그렇지가 않았어요. 이 항목이 뭐냐고 장관에게 물어서 선례를 들어 설명했더니 "무슨 소리야, 민족의 대표를 시켜줬으면 자기들 돈으로 하라 그래"라고 했대요. 그다음부터 제가 회담 대표를 숱하게 했지만 저는 한번도 양복을 얻어 입은 적이 없었어요.(웃음)

그런데 회담을 진행하면서 보니, 북한은 자기들이 회담에 나온 것이 곧 면죄부를 받은 거라고 생각했는지 회담을 깨는 방향으로 밑자리를 깔더라고요. 5·18 광주항쟁 얘기를 꺼내면서요. 그래서 체육회담에 나와서 왜 그런 정치적인 문제를 거론하느냐고 반박했지만, 그래도 꼭 짚고 넘어가야 할 문제라고 하면서 해괴한 논리로 어깃장을 놨어요.

장관님도 대표로 참석하셨나요?

저는 운영부장이니까, 회담을 총괄하는 실무책임자였고 회담 대표는 아니었어요. 카메라로 회담장을 찍으면서 모니터로 보고 있다가 지시를 내리죠. 북으로도 화면이 전송되고요. 북쪽 대표들을 보려면 우리 쪽에 카메라를 설치해서 상대방의 움직임을 보지만, 또 우리 쪽 대표들의 모습도 모니터링해서 지시를 내려야 하니까 북측 대표가 앉은 쪽에도 카메라를 설치해서 양쪽을 다 봅니다. 북쪽에서도 그렇게 하고요.

안기부에서 체육회 직함을 갖고 나온 사람이 성격이 세고 전투적으로 발언했어요. 북측에서 광주 얘기를 걸고넘어지면 버럭 화를 내고요. 성격이 급해서 수석대표의 허락도 안 받고 발언해버리고요. 원래는 회담 대표가 세명이건 다섯명이건 일곱명이건 회담장에서는 수석대표가 발언하도록 되어 있고 수석대표가 아닌 사람이 발언할 경우에는 수석대표의 허락을 얻어서 발언해야 해요. "제가 한 말씀 해도 되겠습니까?" 하고요. 이 규칙은 북이나 남이나 똑같아요. 그런데 안기부에서 나온 사람은 중앙정보부 기질이 남아 있어서인지 전부 다 자기 발아래 있다고 생각하니까 멋대로 행동하는 거죠.

가끔 카메라 각도를 돌리면 북측 대표들의 움직임을 선명하게 볼 수가 있는데, 어느 순간 북쪽 수석대표와 나머지 대표들 사이에서 쪽지가 쭉 돌아요. 그 쪽지에는 "방금 발언한 놈을 집중 공격하라"라고 적혀 있어요.(웃음) 그 쪽지를 받더니 벌떼처럼 일어나서 그 안기부 직원을 상대로 마구 삿대질을 하면서 공격하더라고요. 우리도 모니터로 보면서 몇번 카드를 꺼내서 읽으라고 지시를 내리는데, 우리 통일원 쪽 대표가 행동이나 말이 좀 느리고 무척 점잖은 사람이었어요. 점잖게 이야기하면 안 되는 내용이었는데, 톤이 계속 그러니까 결국 나중에는 쪽지를 다시 넣어서 딴 사람에게 읽도록 시키기도 하고 그랬죠.

그런 식으로 남북회담을 배웠어요. 첫 회담이 끝나고 나니까 대통령이 대한체육회 간부들을 포함해서 회담 대표단과 전략단 등을 청와대로 초청해서 격려 만찬을 열었어요. 현재의 청와대를 짓기 전에 조선총독부 총독 관저를 대통령 집무실 겸 관저로 쓰고 있을 때예요. 이승만 대통령 때는 경무대로 불렀다가 4·19 이후 윤보선(尹潽善) 대통령 때 청와대로 이름이 바뀌었고, 노태우 대통령 때에야 건물을 새로 지어서 들어갔죠. 김영삼 대통령은 처음부터 거기서 집무를 봤고요. 1984년 당시 청와대는 1층이 관저였고 2층에 집무실과 넓지는 않지만 만찬을 할 수 있을 정도의 공간이 하나 있었어요.

거기서 밥을 먹는데, 저는 운영부장이고 회담을 총괄하고 있으니 대통령 말을 받아 적을 일도 많았는데 그날은 수첩도 없이 덜렁 갔어요. 그런데 가보니 전부 다 엎드려서 대통령 말을 받아 적고 있는 거예요. 저는 기억을 해두면 되겠거니 하면서 멀뚱히 앉아 있었죠.(웃음) 대통령이 대화사무국의 국장에게 "다음번엔 저놈들이 어떻게 나올 것 같아?" 하고 반말로 물었어요. 육사 1년 후배여서 그러기도 했지만, 대장 기질이 있어서 반말을 많이 썼어요. 정주영 회장에게도 반쯤은 반말을 썼으니까요. 정 회장에게도 "다음번에는 어떻게 나올 것 같소?" 하니까 잘 모르겠다고 하면서 몸을 낮추더라고요. 사실 알 수 없는 문제죠. 그다음부터는 대통령 입에서 무불통지 생이지지(無不通知 生而知之, 모르는 것이 없으며 태어날 때부터 훤히 안다)로 회담 전략이 줄줄 쏟아져요. "저놈들이 5·18 얘기 꺼내면 나는 책임 없어. 그때 대통령은 최규하 아니야." 그리고 자기는 여자 문제도 없다고 하면서, 혹시 북측에서 그런 문제로 자기를 걸고넘어지면 북측의 북송 재일교포 딸인 "고영희인지 고용희인지 하는 무용수와 김정일 사이의 얘기를 거론하라"는 지침까지 쳤어요.

그런 지침까지 세부적으로 주니, 회담을 할 수가 있습니까? 회담은 상대의 의중을 사전에 대략이나마 예측하고 거기에 대해 우리가 어떻게 대응하겠다는 식으로, 또 우리가 이 회담을 통해 달성해야 할 목적을 위해 북한을 어떤 식으로 유도해 결론을 내야 한다는 식으로 전략을 짜야 하잖아요. 그런데 대통령이 그렇게 범위를 정해버리니까 기껏해야 회담의 행정적인 운영전략밖에 세울 수 없었죠. 결국에는 회담이 세번 만에 끝났어요. 서로 체제에 대해 발언하면서 고함을 지르고 삿대질하다가 끝났죠. 그렇게 올림픽 단일팀 구성을 위한 회담은 끝났지만 북한은 이것으로 아웅산 사건에 대한 면죄부를 받게 됩니다.

북측이 회담을 제안한 진짜 목적이 올림픽 단일팀 구성이 아니었던 건가요?

처음 왔을 때부터 회담을 두세번 하고 끝낼 것 같은 분위기를 풍겼어요. 과거 회담 기록을 보면, 계속 회담을 이어가려고 할 때의 말투와 대충 마무리하려고 할 때의 말투가 달라요.

남측이 그 회담에 응함으로써 결과적으로 아웅산 사건에 대한 면죄부를 준 거라는 말씀이죠?

그래도 여지가 좀 남아 있기는 했죠. 더구나 테러의 주범이었던 강민철이 잡혀서 미얀마에서 복역하고 있었으니까요. 어쨌든 6월 말엔가 회담이 끝나고 나서 장관님에게 가서 '저는 학교로 가야 하니 본부

연구관 자리로 되돌려달라'고 졸랐어요. 두번까지는 안 된다고 하시더니, 세번째에 댁으로 찾아가니까 허락해주셨어요. "돈도 더 주는데 왜 그래요?" "저는 돈은 필요 없습니다." 돈을 더 주기는 해요. 본원에 있을 때보다 더 주는데, 정보비가 많이 붙어서 그래요. 안기부에 있다가 떨어져나와 통일원으로 온 게 안 됐으니까 정보비를 책정해주는 거예요. 안기부, 국정원 같은 정보기관이 각 부처들에 대해서 힘을 쓰는 부분이 그 정보예산이에요. 정보예산 배정권을 갖고 있거든요.

북한의 수해물자 지원과 최초의 이산가족 상봉

1984년 8월 1일부로 남북대화사무국에서 통일원 본부 조사연구실 제2연구관으로 돌아왔어요. 북한 군사·외교 담당이었죠. 1983년 7월 28일 발령을 받아 대화사무국 운영부장으로 갔다가 다음 해에 온 거예요. 술을 많이 마시던 시절이라, 마음 맞고 집이 가까운 통일원 직원들과 제가 살던 선릉역 근처 카페에서 자주 만나 술을 마셨어요. 그런데 1984년 8월 31일 밤에 여느 때처럼 직원들과 술을 마시던 중에 비가 쏟아지기 시작했어요. 곧 그치겠지, 그치겠지 했는데, 빗줄기가 더 굵어져요. 앞이 안 보일 정도로 비가 억수로 쏟아지니 택시도 안 다니더라고요.

그때 9월 1일 아침까지 비가 어마어마하게 왔죠.

중랑천이 범람해서 외대 앞 휘경동이 물에 잠겼어요. 경춘선과 중앙선 사이에 있던 동네들이 다 잠겼죠. 한강 물이 바다로 빠져나가지 못하고 순차적으로 역류하고 지류까지 범람해서 천변 일대가 잠긴 거예요. 망원동도 그렇게 해서 잠겼고요. 지붕만 달랑달랑 나와 있는 집도 많았어요.

망원동은 1층이 전부 잠겼죠.

밤 열두시가 넘었는데 비는 그치지 않고, 차도 끊기고 인적도 없어져서 비를 쫄딱 맞으면서 선릉역 네거리를 건너 진선여고 앞에 있던 집으로 갔죠. 그런데 9월 4일쯤에 북측으로부터 제의가 왔어요. 수해물자를 지원하겠다고요. 저는 통일원 연구관으로 돌아와 있었으니까 그런가보다 했는데, 곧이어서 적십자 총재 이름으로 거절한다는 서한이 나갔어요.

일단은 거절했군요.

그랬죠. 북측이 조선적십자위원회 이름으로 수해물자를 지원하겠다는 성명서를 발표했는데, 대한적십자사에서 이를 거절하는 성명을 내서 신문에 났어요. 며칠인지는 정확히 기억이 안 나지만 그 무렵에 장관실에서 저를 찾는다고 연락이 왔어요. 손재식 장관님이 "북한에서 수해물자를 주겠다고 한 걸 거절한다는 방침을 세웠는데, 정 박사는 이거 어떻게 생각해요?"라고 물으셔서 대뜸 "글쎄요, 받았더라면 좋았을 텐데요"라고 대답했어요. "그동안 숱하게 위장평화공세를 펼쳐왔는데, 다시는 그런 장난을 못 치게 하려면 받아버려야 합니다." "그래요?" 그분은 내무부 출신이었으니까 그런 내력을 잘 모르죠. "그런 장난을 못 치게 만든 뒤에 연이어서 적십자회담을 하다 보면, 실무회담이지만 그걸 본회담으로 연결하면서 다시 이산가족 상봉 문제를 꺼낼 수도 있지 않겠습니까?" 장관님이 그 내용을 간단하게 정리해달라고 하셨어요. 안기부장과 협의해서 대통령의 허락을 받겠다고요. 거절한다는 방침을 뒤집는 허락을 받는 거였죠. 대통령한테 올라가는 보고이기 때문에 A4 용지 두장이 넘어가면 안 됐어요. 글자도 커야 하고요. 공타(공판타자孔版打字)를 치면 공타수가 그 내용을 알게 돼 정보가 새어나간다고 해서 육필로 쓰던 시절이었어요. 그때는 국한문 혼용체로 쓸 때니까 한자도 많이 써야 하고 글씨를 못 쓰면 안 됐어요. "정 박사가 글씨 좀 쓰잖아"라고 하면서 저에게 직접 쓰라고 하셨어요. 그래서 두 장짜리 보고서를 굵은 글씨로 써서 드렸어요.

그걸 보더니 대통령이 말이 된다고 생각했던지, 방침을 바꿔서 물자를 받겠다는 성명이 나갔어요. 그래서 수해물자를 인도하기 위한 회담이 판문점에서 다시 열립니다. 북한 측이 우리 보고 안 받겠다더니 왜 다시 받겠다고 하느냐고 할 수는 없는 터였죠. 본인들의 진정성을 입증하기 위해서라도 회담장에 나와야 했어요. 그러고 나서 수해물자가 오기 시작했어요. 회담이 끝난 뒤로는 그 연장선상에서 적십자회담이 시작됩니다. 1985년으로 넘어가면서 이산가족 고향 방문, 예술단 교환방문 프로그램을 만들기로 합의되어서 1985년 추석 무렵에는 이산가족과 예술단원 50명씩이 내려왔어요. 북측 사람들은 50명이 내려와서 가족을 두명 이상씩 만났는데, 그다음에 우리 쪽 사람들은 북에 가서 한명씩밖에 못 만났어요. 총 65명인가 만났다고 해요.

이산가족 상봉 행사를 하면 늘 그래요. 우리 쪽은 이때다 하고 가족들이 몰려가서 출입증 하나를 갖고 사촌에 육촌까지 다 들어가서 만나는데, 북측은 많이 나오질 않아요. 이쪽에서 한명이 간다고 치면 다섯명까지 북측 가족을 만날 수 있는데, 북측은 다섯명이 채 안 나오죠. 우리는 대표로 상봉하는 사람들에게 출입증 다섯장이 나오는데, 단장 격인 대표자는 본인 출입증만을 써야 해요. 나머지 네개는 동생도 쓰고 조카도 쓰면서 가족을 만나요. 그러니 남쪽에서 이산가족 상봉 행사를 하면 늘 만나게 되는 사람의 수가 많죠.

그때 한가지, 북한의 피바다 가극단이 올까봐 걱정했던 기억이 나요. 그쪽 체제를 선전하는 공연을 보고 북한을 좋아하게 되지는 않을까 염려했던 거예요. 지금 생각하면 별 것도 아닌데요. 그때 피바다 가극단의 「꽃 파는 처녀」가 가장 혁명적인 가극이라고 했는데, 꽃을 파는 처녀까지 항일투쟁을 한다는 내용이었어요. 그 가극을 공연하는 걸로 실랑이했는데, 결국 공연하고 갔어요.

국립극장에서 했나요?

네, 장충동 국립극장에서 했죠. 우리 쪽에서는 북쪽 출신인 코미디언 김희갑(金喜甲), 「눈물 젖은 두만강」을 부른 김정구(金貞九), 이미자(李美子) 등의 가수들, 그리고 나중에 북에 갈 때엔 이화여대 교수인 성악가 이규도(李揆道)가 가곡을 불렀어요. 「그리운 금강산」을 불렀는데, 사실 가사에 북한에 적대적인 내용이 조금 있어서 가사를 바꿨어요. 일례로 '더럽힌 지 몇몇 해'를 '못 가본 지 몇몇 해'로 바꿨죠. 그리고 마지막 부분에 "발 아래 산해 만리 보이지 마라 우리 다 맺힌 원한 풀릴 때까지"라는 대목이 있는데, 거기서도 '원한'을 '슬픔'으로 고쳐서 불렀어요. 잘못하면 자극이 될 수 있거든요.

이규도 본인이 바꾼 건 아니죠?

그렇죠. 오랜만에 만나는 자리에서 그 노래 때문에 판이 깨지면 안 되니까, 당국에서 그렇게 하라고 지시했던 거겠죠. 북한은 체육회담으로 어느정도 자기들의 목적을 달성했고, 수해물자를 전달하고 화해협력의 분위기로 몰고 가는 데 기여함으로써 더 확실하게 아웅산 사건의 면죄부를 받았죠. 그런 셈이 있었던 거예요. 처음에 우리가 수해물자를 받지 않으려고 했던 것은 으레 북한이 대남 선전 공세를 벌이면서 체제의 우월성을 부각하려는 의도가 있다고 생각해서였어요. 예전에도 비슷한 일이 있었어요.

북한 수해물자 지원이라는 게, 남북관계사에서 처음으로 북한이 약속을 실천한 것 아닙니까?

실천하게 만든 거죠.

북한이 약속을 이행하도록 만든 최초의 아이디어 제공자가 정 장관님이었습니까? 저는 전두환 대통령이 바로 "받아!"라고 했다는 이야기를 들었는데 아니었나봐요.

아니었어요. 처음에 거절한다는 성명서도 나왔었잖아요. 적십자사가 그렇게 이야기하는 배후에는 으레 안기부가 있다는 걸 다들 알고 있으니까요. 그걸 보고 통일원 장관으로서는 '안기부가 이렇게까지 할 필요가 있나?' 생각했던 거고 저에게 의견을 물어보셨던 거죠. "어차피 체육회담으로 면죄부는 줬고, 남북 간에는 저쪽에서 어떤 위협적인 행동을 할지 모르는 것을 탐색하고 감시하는 차원에서 회담을 계속 이어가는 게 좋습니다"라고 이야기했더니, 그걸 정리하라고 해서 보고서를 작성해 건네드린 거예요. 그때 안기부장이 노신영(盧信永)이었는데, 안기부장도 그게 말이 된다고 생각했던 것 같아요. 군인 출신이었으면 말도 안 된다고 했겠지만, 외무부 장관 출신이었으니까 이해한 거죠. 그래서 둘이 같이 대통령한테 올라가서 보고했는데, 대통령도 들어보니까 말이 되거든요.

수해물자 지원의 후폭풍

조갑제(趙甲濟)가 쓴 글을 보니까 '대남 수해 지원은 김정일의 아이디어였고, 사실은 남한이 당연히 안 받을 거라고 생각했다. 그런데 남측이 받는 바람에 쌀과 옷감을 마련하느라 죽을 고생을 했다'고 하던데 맞는 말인가요?

그때가 1984년이었으니까, 맞는 얘기예요. 김정일이 1972년에 후계자로 정해지고 1980년 6차 당대회에서는 서열 4위인 정치국 상무위원으로까지 진출합니다. 김일성, 김일(金一), 오진우(吳振宇), 김정일 순이었는데, 얼마 후에 '넘버 2'였던 김일이 죽었어요. 그랬더니 김정일이 바로 그 자리로 건너 뛰어올라가더라고요. 1992년에는 김일성이 김정일의 50세 생일 축하 및 본인의 팔순 기념으로 한시를 지었어요. '백두산상 정일봉 …' 이런 식으로 칠언율시를요. 백두산 밀영에서 김정일이 태어났고, 그 뒷산이 '정일봉'이라는 의미인 거죠. 백두산 정기를 받고 태어난 김정일을 믿고 따르라는 메시지를 담은 거예요. 나중에는 출생 당시의 밀영을 복원한 귀틀집도 세워줬어요. 실제로는 김일성이 소련군 장교이던 시절에 태어났으니까 김정일의 출생지가 연해주 쪽이었다고 하지만요. 어쨌건 김정일을 잘 따르라는 취지의 시를 남겼기 때문에 그때 우리는 1982년 이후를 2인 공동 통치 시대라고 규정했어요. 웬만한 것은 김정일이 결정했다고 하고요. 그러니 수해물자에 관한 것도 김정일이 직접 나섰을 수 있죠.

1989년 세종연구소에 있을 땐데, 중국이 해외 투자를 많이 유치할 때입니다. 한국에서도 중국에 투자해야 한다는 분위기가 조성되면서 트레이드타워에 국제 투자기관이 생겼어요. 그즈음에 대중국 투자 가능성을 검토하기 위한 중소기업 투자조사단이 중국에 가기로 되어 있었어요. 중국 전문가인 오진룡(吳鎭龍) 박사라는 분이 세종연구소 연구위원으로 있었어요. 대만에서 공부했는데 중국어를 무척 잘했습니다. 수교 전에 한국에서 중국에 계속 러브콜을 보낼 때 잘나갔죠. 중국에서도 데려가고, 한국에서도 투자조사 명목 등으로 중국에 갈 때에는 그 사람을 앞세웠어요. 전공도 경제학이었고요. 그때 그분이 "정 박사, 같이 갑시다"라고 하길래 같이 중국에 갔어요. 직함은 통역이지만 실질적인 결정권을 갖고 있는 거나 다름없었어요.

그때는 한중 수교 전이라 홍콩을 경유했어요. 홍콩에서도 여권에 출입국 도장을 찍어주는 게 아니라 손바닥보다 작은 종이에 도장을 찍어주고, 나갈 때는 그걸 다시 내놓고 나가게끔 했어요. 그걸 잃어버리면 못 나가는 거예요. 그래서 여권 케이스에 잘 끼워서 빠지지 않게 해두고 보름 동안 잘 다녔죠. 홍콩을 경유해 베이징으로 갔다가, 베이징 시내와 톈안먼도 다 보고 중국 공산당 간부들이 여름에 피서 겸 주요 정치회의를 여는 친황다오(秦皇島)에도 갔었어요. 친황다오가 누에를 많이 쳐서 비단 생산량이 많다고 하는데, 같이 갔던 사람들 중에 비단 수입업자가 있어서 들렀던 거예요. 만리장성의 시작점인 산하이관(山海關)도 구경했는데, 산과 바다가 만난다고 해서 제1관문이라는 의미로 '천하제일관'이라고 크게 써놨더라고요. 중국의 건축을 보면 정말 스케일이 커요. 천하제일관이라는 글자의 크기만 해도 한 글자의 폭이 1미터고 길이가 1.5미터라고 하더라고요.

그렇게 허베이성(河北省)을 먼저 돌고 베이징으로 왔다가 비행기로 선양(瀋陽)으로 갔어요. 선양에서 투자 조사를 한다고 하니, 랴오닝성(遼寧省) 공산당의 외사처에서 왕 민(王敏)이라는 직원이 나와서 저희를 극진히 대접했어요. 2015년에 우연히 텔레비전 뉴스에서 보니 그 사람이 중국 공산당 랴오닝성 당 서기가 되었더라고요. 나중에는 부패 혐의로 물러나고 말았지만요. 어쨌거나 그가 무척 높은 사람이 된 거죠. 호텔에 앉아서 이런저런 이야기를 나누다가 '당신네는 왜 이렇게 매연이 많이 나느냐'고 물었어요. 시커먼 연기가 하늘을 덮고 있고, 개울물도 까매요. '우리도 한때 이랬었지만 공해 문제가 심각하다. 이래서야 투자를 유치할 수 있을지 걱정되기도 한다'고 했더니 왕 민 씨가 이렇게 말해요. "공해 문제는 우리가 알아서 할 테니 당신네는 걱정 말고 투자나 해라."

그러더니 재미있는 얘기를 하나 들려주겠다더군요. "1984년에 북한이 남한에 수해물자를 주겠다고 호기롭게 얘기했다가 한국에서 정말로 받겠다고 하니까 그 물자를 마련하느라고 북한이 무척 애를 먹었다." 쌀을 7,000석 보냈는데, 1석이 144킬로그램 정도니까 다 합해 1,000톤 정도 돼요. 그게 지금 같으면 얼마 안 되는 것 같지만 당시 북한으로서는 막대한 양이었으니까 구멍이 뚫린 거죠. 이걸 보전해야 하니, 중국한테 '쌀을 줄 테니까 옥수수를 달라'고 했다고 해요. 당시 교환 비율이 쌀과 옥수수가 1 대 3이었어요. 쌀 값이 옥수수 값의 세배였죠. 랴오닝성이 북한과 가깝고 교통도 편리하니까 그쪽에 가서 얘기한 건데, 중국 측에서는 "우리도 옥수수가 넉넉지 않아서 세배까지는 못 쳐준다. 값도 올랐기 때문에 많이 쳐줘도 1 대 2.5 정도밖에 쳐줄 수가 없다"고 했는데 세배로 쳐줘야 한다고 떼를 쓰더래요. 그래서 "꼭 분량이 중요하면 일부는 햇옥수수를 주고 일부는 2~3년 묵은 옥수수를 줄 수밖에 없다. 그런데 3년 된 것은 곰팡이도 피고 해서 사람이 먹기는 어렵고 사료로나 쓸 수 있을 텐데 그래도 되겠느냐?" 했대요. 그랬더니 자기들도 그런 용도로 쓰려고 하는 거라면서 상관없다고 분량만 채워달라고 하기에 맞춰서 줬다고 해요. 이후에 북한인들의 친척들인 조선족을 통해 들려오는 소문이, "중국 놈들이 짐승이나 먹을 곰팡이 슨 옥수수를 사람 먹으라고 보내서 먹고 탈이 났다"라고 하더라는 거예요. 중국 사람들은 대만이나 대륙이나 당국에 보고하는 게 습관이 되어 있으니 그런 불평이 곧장 당국에 접수되죠. 이에 중국 당국에서 북한 측에 항의해서, 북한에서 백배 사죄하고 용서를 받았다는 이야기를 해주더라고요.

1984년이었으니 북한 경제가 제로 성장 중이었을 때예요. 그때가 제가 통일원에 있을 때였는데, 북한에서 물자를 받는다는 게 드문 일이었으니까 그들이 보내온 쌀의 샘플을 살펴봤어요. 방아를 찧어서 보냈는데, 색이 회색이에요. 오래된 쌀인 거죠. 정미한 쌀은 첫해에는 백색이지만 2~3년쯤 지나면 장마철에 습기를 머금었다가 가을에 건조해지면 부스러지는 등, 가마니 속에서도 풍화 작용을 겪으면서 회색빛으로 변해요. 쌀눈 떨어진 것도 많았고요. '이런 걸 먹으면서 사나?' 하고 북쪽 사람들의 어려움을 짐작했어요. 그 쌀로는 밥을 지어 먹기는 좋지 않아서 가루를 내서 백설기로 쪄서 먹고 그랬어요.

그때 받은 시멘트에도 문제가 있었어요. 시멘트도 밀가루처럼 강력, 중력, 박력으로 분류돼요. 그런데 북측에서 박력 시멘트를 보내왔어요. 벽에 바르면 주르륵 떨어져버려요. 도로 포장용으로밖에 쓸 수가 없었는데, 그나마도 그 시멘트로 포장한 길은 잘 깨졌어요. 옷감도 지원을 받았는데, 폭이 좁았어요. 꽃무늬는 들어가 있는데 천이 너무 얇기도 해서 어린아이들 여름용 옷이나 만들 수 있지 다른 데에 쓰기가 어려웠어요. 그리고 약도 받았어요. 수해물자였으니까 이질 및 설사 약 등을 보냈는데, 약이 정말 조악하게 생겼더라고요. 보내준 건 고맙지만요. 이런 걸 구하느라고 정말 애를 먹었겠다는 생각이 들면서도 갑갑하더라고요.

김영삼 정부 시절이던 1995년에 쌀회담을 하러 베이징에 갔는데, 인공기 게양 사건 때문에 여론이 나빠지면서 우리 쪽에서 15만톤만 주고 더 이상 못 주는 상황이 발생했어요. 그쪽은 계속 만나서 더 달라고, 처음에 100만톤 약속하지 않았느냐 하면서 졸랐어요. 그때 북측에서 "남쪽에서 수해를 당했을 때 요청이 없었음에도 불구하고 같은 민족으로서 물자를 보냈는데, 이게 뭡니까?"라면서 큰소리를 쳤던 기억이 나요.

맞는 말이네요.(웃음)

북측에서 '정 선생은 1984년에 우리가 수해물자 보낸 것을 기억하느냐' 해서 "압니다. 꼭 받은 만큼 줘야 하는 건 아니지만 쌀 1,000톤을 보내놓고 100만톤을 보내라는 게 말이 됩니까?" 했죠. 그래도 자기들은 요청이 없는데도 보내줬는데, 같은 민족끼리 이럴 수가 있느냐고 하더라고요.

앞서 말씀하신 1985년 북한 예술단 공연 때, 제가 과학기술처 출입기자였어요. 과기처 대변인이 연합뉴스 기자 출신이었는데 그로부터 들은 이야기가, 북한 혁명가극의 '위대한 선동성' 때문에 관객을 공무원 3급 이상으로 제한했다는 거였어요. 그때 '아, 이 정부가 체제에 대한 자신감이 없구나' 하는 생각이 들었습니다.

맞아요. 3급 이상 공무원들은 티켓을 두장씩 줘서 아내와 같이 가서 봤어요.

우리가 북한에 대해 자신감을 갖게 된 것은 1987년 민주화 항쟁 이후가 아닌가 싶어요.

박정희 정권 때 형성된 대북관에는 북한의 항일혁명 전통을 인정하기 싫다는 게 반영되었어요. 「꽃 파는 처녀」는 항일투쟁을 오페라로 만든 겁니다. 만주 벌판에서 항일투쟁을 벌여서 나라를 찾았다는 식의 내용이었는데, 박정희 때는 그걸 인정할 수가 없었죠. 북한의 항일투쟁에 대한 남한의 친일 콤플렉스였던 셈이에요. 그러다 보니 '항일투쟁을 한 진짜 김일성은 따로 있고, 북한의 김일성은 가짜다'라는 내용의 책을 쓴 사람까지 등장했죠.

이명영(李命英) 교수였죠. 박정희로부터 큰돈을 받았다는 얘기도 있었고요.

성균관대학교 정치학과 교수였는데, 그렇게 해서 그때 청와대에서 인정을 많이 받았죠, 돈 문제는 모르겠습니다만. 이명영 교수가 만든 '가짜 김일성론'이 박정희로서는 굉장히 고마운 거였죠. 자기의 친일, 즉 관동군 경력을 덮어주니까요. 그런 콤플렉스가 있기 때문에 항일투쟁의 역사가 녹아 있는 오페라는 전두환에게도 부담이 됐겠죠. 더구나 1985년이면 광주항쟁 이후였고, 항쟁 당시 전두환이 북한 핑계 대고 유혈 진압을 했으니까… 어쨌든 그때 항일투쟁의 내용을 담은 가극을 공연한다는 것에 대해 전두환 정권에서는 굉장히 불안해했어요. 막상 보니까 별것도 아니었는데요.(웃음) 3급 공무원 이상만 보게 했다는 것은 맞아요.

지금 북한이 저렇게 못 살아도 남한을 우습게 보는 데는 그런 배경이 있는 것 같아요. 항일투쟁을 기반으로 권력이 정통성을 갖고 있다는 자부심이 있는 거죠.

그쪽의 혁명가극이라고 하면 최고 지도자에 대한 우상화가 들어갈 수밖에 없잖아요. 저긴 김일성과 김정일을 저렇게 떠받드는데 우리는 그렇지 않다는 점이 비교가 된다는 점도 전두환으로선 싫었겠죠. 당시만 해도 안기부는 북한이 인민들을 사상교육 하는 걸 국민들에게 보여주면 거기에 물들지 모른다는 피해의식 같은 게 강했어요. 보는 것만으로도 물들 수 있다고 생각한 거죠.

자국민을 못 믿는 거죠.

북한이 자기네 주민들을 핵심계층, 기본계층, 적대계층으로 나눠놨는데, 이런 북한식의 용어를 빌리자면 '핵심계층'에게만 혁명가극을 보여준 셈인 거예요. 공무원 3급 이상이면 요즈음 중앙 정부에서는 부국장 내지는 선임과장이지만, 그때는 국장이 거기에 해당되었어요. 국장급 이상 공무원은 체제 옹호세력이 될 수밖에 없다, 북한 편이 될 수 없을 것이라고 본 거죠. 그 아래부터는 이래도 그만이고 저래도 그만이고, 새 세상이 오고 그동안 협조했던 사람들이 밀려나고 나면 나도 올라갈 수 있다는 기대를 품을 수도 있으니 꼭 정권 편은 아니라고 본 거죠. 4급 이하는 적대계층으로 돌아설 수 있다고 불안해했기 때문에 그런 식의 차별대우를 하지 않았나 싶습니다.

1985년 이산가족 상봉과 예술단 교환 방문을 치른 다음에는 남북 대화가 없었나요?

아니죠. 그때의 이산가족 상봉이나 예술단 공연 등은 큰 반향 없이 끝났지만 적십자회담이 계속 이어져서 나중에는 남북 경제회담이 열리게 됩니다. 그것이 결국 국회회담으로까지 이어졌고요. '새끼를 친다'고 표현하는데, 회담이 새끼 치듯이 계속 이어진 거예요. 수해물자를 냉큼 받아버려서 실무자 회담이 본회담으로 발전함에 따라 이산가족 상봉이 이뤄졌고, 그것이 경제회담으로 이어졌죠. 1980년대 후반은 북쪽이 경제적으로 어렵던 시기였고, 우리는 그때 경제에 자신이 있었으니까 북쪽을 도와줄 수 있다는 메시지를 보내서 이뤄진 거였어요.

이것도 1989년 3월 랴오닝성 외사처 직원 왕 민에게 들었던 얘기인데요. 1985년 이산가족 상봉과 예술단 공연이 이뤄지던 때에 북한에 갑자기 비가 내려서 우산이 100개가 필요해졌는데 급하게 생산할 수가 없으니까 중국 측에 지원을 요청했다고 해요. 중국 랴오닝성 당국은 조선족들로부터 우산을 징발해서 보내줬고요. 그래서 까만 우산, 파란 우산 등등 제각각인 우산을 쓰게 됐는데 나중에 조선족들은 '썼으면 돌려줘야 하는데 우산을 돌려주지를 않는다'고 불평했다고 해요. 1980년대 북한경제의 어려움을 보여주는 단적인 예인 거죠.

어쨌든 1984년 가을 수해물자 회담을 시작으로 적십자회담, 경제회담, 국회회담이 이어지더니 1988년 하반기부터는 총리급 회담을 위한 차관급 실무접촉이 시작됩니다.

1985년 이후에도 회담은 계속 이어졌던 거네요.

그렇죠. 1990년 9월부터는 남북 총리급 회담이 열렸고요.

그런데 1968년 1·21 사태나 1983년 아웅산 테러는 엄청난 도발이잖아요. 우리도 그 보복으로 북한에 들어가서 이런저런 사보타주나 테러를 벌였다는 이야기가 있는데 그것은 확인하기 어렵습니까?

그런 건 극비리에 하는 특수공작이기 때문에 제가 거기까진 몰라요. 다만 간접적으로 몇 다리 건너들은 얘기로는, 북측에서 온 간첩들은 남한을 마음대로 헤집고 다니는데 북은 감시망이 촘촘해서 특수 공작원들이라 할지라도 행동하기가 쉽지 않았다고 해요. 실미도 등의 특수 공작원들이, 영화에서는 '누구의 목을 떼어온다'는 식으로 표현됐지만 그렇게 하진 못했던 것 같고, 어느 지점에서 물건을 가져오는 식의 일은 했다고 들었어요.

1987년 대선 직전에 일어난 KAL기 폭파 사건은 어떻습니까?

그건 일종의 북풍이죠, 뭐. 북한에 대한 적대감이 일어나면 북한 평계를 대고 보수세력을 결집시킬 수 있잖아요. 보수 후보의 지지율을 높인다든가. 그래도 그 사건을 당시 우리 쪽에서 벌였다고 보지는 않습니다. 정치가 아무리 잔혹하다고 해도 그 많은 우리 국민들이 탄 비행기를 그럴 수는 없지요.

아직도 의혹이 많습니다. 북한이 KAL기를 폭파해서 얻을 수 있는 이익이 없었잖아요. 보수 세력을 결집시키는 게 북한한테 뭐가 좋은 거였겠어요? 최근 JTBC 보도에 따르면 미얀마 안다만 해상에 잔해가 남아 있다고 하잖아요. 그런데 그걸 정부에서는 확인하러 가지 않겠다고 하니까 대중들은 궁금해하죠. 이거야말로 자작자연극이 아닌가 하는 의구심도 갖게 되고요.

그럴 수도 있는데, 제가 근거 없이 말하기는 어렵고요. 하지만 1980년 5월 광주에서 그런 일을 저질렀던 걸 보면 능히 그런 일을 벌일 수 있다는 생각이 들긴 해요. 북한이 남측에 대한 앙갚음으로 일을 저질렀다고 보기 어려운 측면이 바로 그거예요. 보수 결집의 효과가 있지만, 그렇게 되면 북한으로서도 이게 적을 돕는 건데 그걸 왜 하겠어요? 그렇다고 이쪽에서 자작자연극이라고 하자면 물증이 있어야 하잖아요. 심증은 가지만 물증이 없으면 말할 수 없죠.

남북관계가 좋아지면 1·21 사태나 아웅산 테러, KAL기 폭파 사건 등에 대해서도 재조사해야 하는 것 아닌가요?

한일관계에서는 '위안부' 문제 등에 대해 계속 추궁하고 사과를 받아내야 하지만, 남북관계에서는 시인하지 않는다고 해서 내내 실랑이하는 것보다는 요즘 말로 '퉁 치고' 넘어가야죠. 그때 다 면죄부를 줘놓고 얘기를 또 어떻게 꺼냅니까. 박정희 대통령 시절 이미 1968년 1·21 사태 이후에 우리가 제안해서 1971년에 적십자회담을 시작했고, 서울과 평양을 왕래하면서 회담을 '교환 개최'도 해보고, 1972년에는 남북조절위원회까지 만들었잖아요. 아웅산 테러 이후인 1985년에는 이산가족 상봉도 했고요. 사실 따지려면 그때 따지고 넘어갔어야죠. 나중에 남북관계가 좋을 때 '그때 말이야, 왜 그랬어?'라고 하기는 어렵죠.

남북이 정상적인 관계가 되었을 때, 북한에 대한 원초적인 증오심을 가진 보수세력 쪽에서 이런 사건들의 진상을 밝히라고 하지 않을까요?

그런 목소리가 나오지 않을 수는 없겠죠. 한가지 기억나는 일이 있어요. 2009년 김대중 대통령 돌아가셨을 때 일이에요. 그때 저는 김대중평화센터 부이사장으로 있었기 때문에 세브란스병원 장례식장 빈소 옆에서 손님을 맞았죠. 그 자리에 DJ 때 총리를 지낸 이한동(李漢東) 씨가 왔었죠. 그때 소석 이철승(素石 李哲承) 선생도 들어왔어요. 문상을 마치고 앉아서 차를 마시면서 이야기를 나누는데, 저더러 "저놈들이 조문을 온대요?"라고 물으세요. "예, 온답니다" 했더니, "6·25부터 사과하고 오라 그래!" 하시더군요.(웃음)

5장

일해연구소와
통일연구원 시절

김일성 사망설

1986년 3월 국토통일원에서 일해연구소(현 세종연구소)로 옮기셨습니다. 대학교수의 꿈을 포기하고 공무원이라는 현실도 버리고, 앞으로 연구자의 길을 걷겠다는 생각에서였나요?

10년을 대학교에 시간강사로 나가면서 발버둥을 쳤건만, 그럼에도 학교로 못 가고 좌절해 있을 때였어요. 그런데 저는 선생님들을 잘 만났어요. 박준규 교수님은 저를 후계자로 삼아서 미국 유학까지 보내주려고 자리까지 만들어두시고, 제가 안 간다고 하니까 무척 서운해하셨죠. 나중에는 공산주의를 공부해놓으면 대학에 가서도 유용할 것이라고 하시면서 자유아카데미에 가라며 반쯤 명령조로 말씀하셨어요. 또 제 논문 지도교수였던 박봉식 교수님, 심사위원이었던 노재봉 교수님, 정종욱 교수님 등은 제가 박사학위를 받고 나서 학교로 가려고 한다는 걸 잘 아니까 제가 특별히 부탁드리지 않아도 여기저기 친분 있는 교수들에게 자리를 좀 마련해달라고 제 얘기를 하셨더라고요. 어딘가에 가보지 않겠느냐고 의향을 물으시는데, 솔직히 저는 먼 지방 대학으로는 안 갈 생각이었어요. 배가 불렀던 거죠. 얼마간 내려갔다가 올라오면 되는데요. 한때 인천대학에 김민하(金玟河) 교수가 총장으로 있었는데, 정종욱 교수가 제 얘길 했대요. 정치학과에 자리를 좀 마련해달라고요. 그런데 당시 인천대학교 정치학과에 무척 괴팍한 사람이 있었어요. 자기 마음에 안 들면 다른 교수들과 무조건 싸우는 사람이었어요. 외국에서 오래 생활해서 그런지도 모르겠어요. 그 사람과 잘 지낼 수 있으면 오라고 했다는데, 그 얘길 듣고 저는 못하겠다고 했어요.(웃음) 그 사람한테 이미 자유아카데미에서 덴 적이 있었거든요. 캐나다 맥길 대학에서 유학하고 들어와서 자기 박사논문 주제인 칼 맑스의 인간소외론을 굉장히 어렵게 강의했던 기억이 있어요.

1982년 박사학위를 받은 뒤에 여기저기 시간강사를 뛰고 있었어요. 그런데 1984년 신학기를 앞두고 노재봉 교수가 저를 부르더라고요. 이화여대 정외과에서 서울대학교 출신 한 사람을 추천하면 전임교수로 해주겠다고 했다는 거예요. 그런데 거기에는 배경이 있어요. 전통적으로 이화여대 정외과는 연대 정외과 출신들이 장악하고 있었어요. 그러다 보니 당시 국보위원도 하고 국회의원도 했던 김행자(金幸子) 교수 등 이화대학 졸업생들이 "우리가 연대 정외과 식민지냐?"라고 항의했던 적도 있다고 해요. 당시 이화여대는 대학원생들을 서울대에 위탁해서 서울대 외교학과·정치학과에 가서 강의를 들으면 그 학점을 그대로 인정해주는 식으로 대학원 과정을 운영했기 때문에 이대 학생들이 서울대에 가서 강의를 많이 들었습니다.

그때 노재봉 교수를 통해 저를 찾은 분이 이대 출신이었대요. 그런 유력한 사람이 "서울대학교에서 한명 추천해주면 한 학기 강의 뒤에 전임교수를 시켜주겠다"고 했다니, 가야죠. 그해부터 강의를 나갔어요. 그때 학과장이 노재봉 교수와 친했던 진덕규 교수였어요. 두 사람이 『신동아』에 글을 많이 썼고, 저는 거기에 왜 글을 못 쓰느냐고 1983년 10월 제네바 적십자총회 때 북측 사람들에게 한마디 듣고 그랬었죠.(웃음) 진덕규 교수와 인사했는데, 당시 단과대 학장이 저를 보자고 해요. 김대중 대통령 시절에 대통령 직속 여성위원회 위원장을 지냈던 윤후정(尹厚淨) 교수가 이화여대 법정대학 학장이었어요. "정외과 교수님들에게 말씀 많이 들었습니다. 우리 학교 학생들이 외무고시에 붙을 수 있게 잘 지도해주십시오. 우리도 외무고시 합격자를 배출하고 싶습니다." 이런 부탁까지 학장이 하는 것을 보니 다 됐다고 생각했죠.

열과 성을 다해서 강의를 준비했어요. 제가 대학에 다닐 때에도 선생님들이 "내가 한 시간 강의하기 위해서는 세 시간 준비해야 돼. 그러니까 정신 차리고 똑바로 들어"라고 하셨어요. 3학점짜리 강의를 하려면 아홉 시간을 준비해야 하는 거죠. 세배 공부해야 한다는 그 원칙을 철저하게 지켰어요. 3학점짜리니까 아홉 시간을 주경야독으로 공부했죠. 근무 중에는 못하니까요. 나중에 책으로 쓰려고 노트 정리도 열심히 했고요.

처음에 저에게 배당된 과목이 외교정책론이었어요. 풍부한 사례를 담아 강의안을 짜고 이론적으로 세련되게 설명하는 식으로 열심히 강의했죠. 강의 준비를 철저히 해갔기 때문에 학생 수도 많았고 집중도도 높았어요. 말을 또 재미없게 하지 않았으니까요. 교수들이 현학적으로 설명하는 것만 듣다가 쉬운 말로 외교정책론을 설명하는 것을 들으니까 학생들이 좋아했죠. 그런데 학기가 끝나고 곧바로 발령을 내줄 줄 알았더니, 신학년에 자리가 생기니 한 학기만 더 해달라고 해요. 제가 어쩌겠어요, 제도가 그렇다면 그런 줄 알고 하는 거죠. 그러고 나서 1985년에는 발령이 날 줄 알았는데, 1984년 연말에도 소식이 없었어요. 신학기가 시작될 때까지 또 기다려야 하나, 걱정이 많았죠. 그런데 개학하기 직전에 또 한 학기만 더 해달라고 해요. 그때부터는 '이 사람들이 무슨 장난을 치나' 싶었어요. 그런데 2학기가 되려고 할 때 마찬가지로 한 학기만 더 해달라고 해서, 네 학기를 그렇게 보냈어요. 그러더니 1985년 연말에 가서는 미리 와 있던 연대 정외과 출신 교수들이 여기는 재미도 없다며 에둘러 표현하면서, 자리를 못 내주겠다는 말을 꺼내더라고요.

그때 일해연구소 창립 멤버로 가 있던 친구가 제 외교학과 후배이자 후임 조교였습니다. 일해연구소 초대 소장이 나중에 체신부 장관이 된 최순달(崔順達) 박사였어요. 육군사관학교를 나와 미국 유학을 가서 공학 박사학위를 받았어요. 육군사관학교에서는 공부 잘하기로 소문이 났다고 해요. 그러니까 전두환이 자기 기억 속의 훌륭한 후배를 불러다가 소장을 시킨 거죠. 최순달 소장이 자기와 함께 일할 스태프를 꾸려야 하는데, 그분 누님의 아들이 외교학과 대학원을 졸업했고 제 후임 조교와 단짝 친구였어요. 조카에게 정치학, 경제학 전공자 중에 기획 능력이 있는 사람을 좀 추천해달라고 하니 자기 친구를 추천한 거죠. 당시 제 후배는 박사과정에 있었지만 논문은 아직 안 썼고, 본인 후배들이 치고 올라오는 상황이었는데 조교 월급의 두세배를 준다고 하니 간 거였어요.

그러고는 설립 준비단 책임자로 가서 아는 선배들을 끌어들인 거예요. 외교학과 선배인데 정종욱 교수와 동기인 분이 있어요. 미국에서 박사를 받고 외교안보연구원 교수를 하고 있었어요. 그분을 살살 꼬셔서 먼저 '미제 박사'를 한명 데려다났죠. 또 경제학 쪽에서도 산업연구원에 있던 오진룡 박사를 불러왔고요. 그리고 세번째로 저한테도 오라고 하더라고요. 저는 거기가 전두환의 은퇴 후 활동 거점이라는 생각은 못하고, 일해연구소 이름을 어디서 따온 거냐고 물었더니 전두환의 호라고 해요. 날 일(日)에 바다 해(海) 자여서 희한하다고만 생각했죠. 나중에 알고 보니 법명이라고 해요.

창립 멤버셨군요.

연구소는 1986년 1월 출범했고, 그 사람들은 1985년 말부터 준비했죠. 저는 1986년 3월에 그쪽으로 옮겼고요. 제가 박사 3호였어요. 그런데 제 후임 조교 입장에서 앞의 두 사람과 달리 저는 행정가 출신이니까 자기 일을 도와줄 수 있는 유용한 사람이었던 거죠. 제 입장에서는 공무원 생활은 재미없고 교수의 꿈은 접을 수밖에 없게 된 마당에, 연구소로 가면 공무원보다는 자유롭고 글도 마음대로 쓸 수 있다고 하니까 솔깃했죠. 저도 통일원에서 일해봤지만, 연간 연구계획을 세워서 보고서를 내면 공무원일 때는 작성 책임자일 뿐이지 저자로 이름을 올리지 못합니다. 교수들한테 용역을 줬던 걸 묶어서 편집해서 책을 내면 책이 아무리 잘 만들어져도 연구자는 교수들이고 저는 작성 책임자일 뿐이에요. 행정 일이나 처리하고 교정이나 보는 사람이 되는 거죠. 그런데 이제는 내 이름으로 책을 낼 수 있다니까 좋았죠. 연간 보고서를 두세편 쓰고, 나머지는 이것저것 묶어서 책을 내면 나도 다산 정약용(丁若鏞)처럼 될 수 있겠다고 생각했어요. 벼슬이 높아지는 것보다 책을 많이 내는 것이 학자로서 훨씬 더 의미있다고 생각했던 거죠. 그래서 일해연구소에 갔어요.

자유아카데미에 있다가 통일원으로 갔을 때는 월급이 반으로 줄었는데, 통일원에 있다가 일해연구소로 가니까 두배가 됐어요. 소문은 세배라고 났는데 사실은 두배였어요. 통일부에 있을 때는 박봉이라 아내가 힘들어했어요. 그때는 가계수표 제도가 있어서 월급 액수보다 약간 더 가계수표를 발행해줬어요. 서명해서 발급하면 자기앞수표처럼 유통이 됐죠. 말하자면 마이너스 통장 같은 거였어요. 아내가 자주 가계수표를 받아오라고 했는데, 경리과에 가서 가계수표를 받자면 참 구차해요. 경리과 사람들이 연구 쪽에 있는 사람들을 부러워하면서도 무시하고 싶어 한다는 걸 알기 때문에 수표를 달라고 말을 꺼내기가 창피했죠. 어디 가서 부업을 할 수도 없고, 시간강사로 번 것은 얼마 안 되고요. 그러니 월급을 많이 준다고 하니까 가자고 한 거죠. 게다가 법인카드를 갖고 있는 사람들이 있으니까, 나가서 밥을 먹을 때도 돈 걱정 없이 먹었고요.

내 돈 아니니까.(웃음) 그때는 그랬었죠.

그러니 술도 고기도 많이 먹으러 다녔어요. 40대 초반 나이에 그 재미를 느끼면서도 '책을 여러 권 반드시 쓴다'라고 계획하고 있었어요. 연구소에 처음 들어가서는 정치적으로 복잡한 데라는 걸 못 느꼈는데, 정치적으로 청와대와 직결되고 있다는 것을 느낀 게 김일성 사망설이 나왔을 때예요. 1986년 11월 16일 일요일에 집에서 쉬고 있는데, 집으로 전화가 왔어요. "박사님들, 두시까지 전부 연구소로 집결입니다."

당직하는 행정직원이 전화한 거죠. 갔더니 김일성이 죽었다고 해요. 청와대에서 지시가 내려왔는데, 김일성이 죽었다면 우리가 어떻게 할 것인지 대책을 세워서 당장 내일까지 경호실장 앞으로 보내라고 했대요. 그때 경호실장이 안현태(安賢泰)였어요.

정치 사태라기보다는 군사 사태로 본 거군요.

연구소 시작을 장세동(張世東) 경호실장이 했다더군요. 장세동 후임이 안현태 아닙니까. 장세동 실장이 최순달 박사도 뽑은 거고요. 최순달 박사는 자기 조카에게 부탁해서 조카의 친구를 실무 책임자로 뽑은 거고, 그 사람은 또 자기의 협조자 내지는 사실상의 수하로 선배들을 데려간 거고요. 김일성 사망설이 나온 그때는 아마 연구소 소장이 김기환(金基桓) 씨로 바뀌었던 때였을 거예요.

김기환 소장은 경제 쪽이죠?

버클리 경제학 박사를 하고 들어와서 KDI와 경제기획원 쪽에서 일하다가 옮겨왔어요. 그런데 소장이 경호실에서 갑자기 연락이 왔다면서 대책을 세워야 한다고 하는 걸 보면서, 우리의 위상에 대해 비로소 알게 된 거죠. 청와대, 심지어 비서실도 아니고 경호실 직속이구나 하고요. 비상이 걸려서 경호실장이 빨리 가져와야 한다고 난리가 났는데, 당시 연구소에 안기부 북한국장을 거치고 차장보까지 했던 김태서(金泰瑞)라는 북한 전문가가 있었어요. 10·26 직후에 서빙고로 잡혀가서 고초를 겪고 안기부는 그만뒀지만요. 그런데 전두환이 보니 깨끗하고 강직한 사람이어서, 공직에서 내보내면서 일해연구소에 가 있으라고 했던 거예요. 방도 주고 월급도 많이 줘가면서 특임연구위원 보직을 준 거죠. 1987년엔가 감사원 사무총장으로 뽑혀 올라가더라고요. 한마디로 일해연구소는 전두환 정권이 이어지는 경우를 대비한 인재 풀이었던 것 같아요. 많이들 왔어요. 육군 소장 출신 등 군인 출신들이 많았어요. 정호용 장군도 일해연구소에 있다가 국방부 장관으로 갔죠. 아무튼 그때 이상한 곳이라는 걸 눈치챘지만 빠져나가긴 어렵고, 통일원으로 돌아갈 수는 없으니 학교로 다시 가보려고 발버둥을 쳤죠.

1986년 '김일성 사망설' 사건은 기록으로 남겨야 해요. 불상사였어요. 스캔들 정도가 아니었어요. 판문점 북쪽에 기정동이라는 동네가 있어요. 북한의 선전촌이어서 밖에서 보기에는 근사하게 지어놓은 집들이 일렬로 쭉 서 있었어요. 그 마을에 철탑을 쌓아서 인공기를 게양해놨는데 그때 걸려 있던 인공기가 가로 27미터, 세로가 18미터였대요. 그러니 철탑이 얼마나 높았겠어요? 에펠탑 정도는 아니지만 송전탑처럼 굉장히 높았죠. 그런데 우리 관측병이 그날 북쪽을 관측하다가 바람이 세게 부는 바람에 인공기가 몇 바퀴 돌다가 깃발 모양이 마치 상단이 비어 있는 것처럼 보여 그 내용대로 보고했더니, 그걸 이제 우리 군이 조기(弔旗)로 착각한 거예요. 그 내용을 군 계통을 밟아 보고했는데, 그때 이기백(李基百) 국방장관이 "김일성이 죽었다"라고 청와대에 보고한 거죠. 그 내용이 안기부로도 공유된 거고요. 그때 '김일성 사망'이라고 호외도 나왔었어요.

그때 김일성 사망이라고 직접적으로 쓰지 않고 유일하게 '사망설'이라고 보도했던 게 『중앙일보』여서, 지금도 자랑을 하죠. 어쨌든 그런 호외가 나오니까 북쪽에서 장송곡 비슷한 곡이 장중하게 흘러나왔어요. 완전히 우릴 갖고 논 거죠. 그러니까 이쪽에서는 그게 기정사실화되면서 연구소에서도 대책을 세우게 됐어요. 김태서 국장이나 저나 북한 관련 보고서를 썼던 경험이 있으니까, 자꾸 소용없는 말들을 넣자고 하는 학자들과 다투기도 했고요. 그때 김태서 국장이 안기부의 후임 북한국장에게 전화를 하더라고요. "국방부에서 너무 나가는데, 우리가 보기에는 김일성이 죽었다는 증거가 없습니다. 18일에 몽골 대통령이 평양에 오기로 되어 있는데, 그때 김일성이 환영하러 나오는지를 보고 죽었는지 판단해도 늦지 않습니다." 하지만 당시 경호실 주변에 있던 사람들은 김일성이 죽기를 바랐던 건지, '각하 재임 중에 통일이 될 수 있다'는 착각에 빠져서 움직인 거죠.(웃음) 김일성이 죽는다고 통일이 됩니까? 너무 단순하게 생각했던 거죠.

우리는 여러 상황에 맞게 다양한 조치를 제시하고, 비상경계령을 내려야 한다는 내용을 보고서에 쓰면서도, 다만 18일에 몽골 대통령이 오도록 되어 있으므로 평양역 앞 환영행사에 김일성이 나오는지를 지켜볼 필요가 있다는 단서를 붙여뒀어요. 그때는 몽골 대통령이 기차로 올 줄 알았거든요. 그렇게 보고서를 올려놨더니 계속 대기하라고 해요. 청와대로부터 어떤 지시가 떨어질지 모르니까요. 17, 18일까지 꼼짝 못하고 야근하면서 치킨을 시켜서 맥주랑 같이 먹고 그랬죠. 그랬는데 18일에 몽골 대통령이 비행기로 왔어요. '위대한 수령 김일성 동지께서 몽골 대통령을 환영하기 위하여 순안 공항에 직접 나오셨다'는 식으로 대대적으로 방송이 나왔어요.(웃음) 한국 국방부의 정보 수집 및 판단 능력에 관한 문제였으니까 심각한 일이었죠.

일본에서 먼저 보도가 나왔잖아요.

우리가 먼저 호외로 뿌렸어요. 일본은 그걸 받아서 대서특필했겠죠. 보도를 먼저 한 건 우리예요. 국방부가 흥분했었어요.

정보사령부의 정보 미스였군요.

일해연구소에서 나오게 된 배경

1990년 2월 일해연구소를 나오게 된 배경은 뭔가요?

제가 있을 당시는 일해연구소였는데, 전두환 시대가 끝나고 나서 이름이 바뀌었어요. 저는 거기서 1986년 3월부터 1990년 2월까지 근무했죠. 운이 좋아 승진을 빨리 했기 때문에, 통일원을 떠날 때쯤에는 2급이었어요. 1984년에 2급 공무원이 됐죠. 거기서부터 한 단계 올라가면 차관보가 되고, 그다음은 차관과 장관이 된다고 생각하지만 저는 전혀 공무원으로 출세할 수 있을 것 같지 않은 성격이었어요. 정치판으로 갔으면 혹시 모르지만 공무원은 아니라고 생각했죠. 지금도 그렇지만 거침없이 말하는 습관 때문에 사고 나기 십상이라는 생각이 들어서요. 차라리 교수가 되어서 전문가로 이름을 날리다가 기회가 오면 그쪽에서 정치판으로 넘어가볼까 하는 생각으로 대학에 갈 작정이었죠. 이화여대 정외과에서 전임교수를 시켜준다고 해서 네 학기나 열심히 공들여 강의했는데도 결국 임용해주지 않는 바람에 연구소에 들어간 거였어요. 자기 이름으로 활동할 수 있다는 이점이 있었거든요. 공무원은 글을 한편 쓰더라도 허가를 받아야 하니까요. 결국 '20세기의 정약용(丁若鏞)'이 되어보자는 생각으로 일해연구소에 갔는데, 가보니 대통령 경호실 직속기관이더라고요.

일해재단을 만들 때 아웅산 사건에 의해 희생된 외교사절들의 자녀들을 보호한다는 명목으로 기업들로부터 돈을 걷었어요. 그 사건은 1983년 10월에 터졌고 연구소는 1986년 1월에 출범했으니까, 재단을 만들어놓고 2년여 만에 생각이 달라진 거예요. 전두환은 그 돈을 갖고 연구소를 만들어서 퇴임 후에도 자신을 '상왕'으로 군림하게 해줄 싱크탱크로 운영하려고 생각했던 것 같아요. 그런 '원대한 계획'이 있었던 것은 모르고 월급을 좀 많이 준다고 하니까 간 거죠. 통일원 공무원 시절에 박봉으로 아내가 고생을 많이 했거든요. 무슨 재주가 있는지는 모르지만, 같은 나이더라도 검사들은 굉장히 화려하게 살더군요.

스폰서가 있으니까요.

제가 젊은 시절에는 술을 좀 많이 마셨어요. 노래 부르기 좋아하고요. 그 술값을 벌려면 잡지에 원고를 써야 했어요. 요즘에 와선 그때 술값 버느라 잡문을 썼던 게 지금 말하는 것의 자양분이 되지 않았나 싶어요.(웃음) 전두환 정부가 끝나고 노태우 정부가 들어서면서 일해 청문회가 시작됐어요. 그러면서 소장이 바뀌고 이름도 세종연구소로 개명됐죠. 전두환 정권에서 임명했던 김기환 소장이 물러나고 노태우 정권에 들어와서는 청와대 비서실에서 직영하는 형태가 됐어요.

그러면서 당시 비서실장으로 있던 노재봉 교수가 자기의 은사인 이용희 교수를 소장으로 모십니다. 이사장 겸 소장이었죠. 인생에서 한번 만난 사람은 이후에도 두번은 더 만나는 수가 있다고 하잖아요? 꼭 좋은 걸로만 만나는 건 아니라는 생각이 드는데, 이분이 세종연구소 소장으로 오신 건 결과적으로 좀 악연 비슷하게 되었어요. 공직에 있는 동안 어느 기관의 책임자가 쓸 수 있는 돈은 월급 그리고 판공비밖에 없어요. 그 외에는 손을 대면 안 되는데, 이분이 그런 개념이 좀 약했어요. 그래서 책도 마음대로 산 뒤에 원본은 당신 집에 가져다놓고 자료실에는 복사본을 갖다두고 그랬어요. 그런 식으로 하니 내부에서 불만이 터져나왔죠. 연구원들이 이사장 겸 소장 퇴진을 요구하면서 시위했어요.

민주화의 여파였군요.

그때 연구소에 박사학위 소지자들이 이미 열명 이상 있었는데, 그중 이용희 소장의 제자가 세명이었어요. 당시 민간 싱크탱크에 박사가 열명 이상이었다는 건 대단한 거였죠. 박사급 대우 전문가들은 더 많았고요. 그때 소문이 '외교학과 3인방이 실세다'라고 났어요. 우리는 실세도 아니었는데, 실세라는 누명을 쓰고 소장을 잘못 모신 죄로 사표를 낼 수밖에 없었어요.

그러면 그때 같이 나오신 건가요?

1990년 2월 사표를 냈는데, 그전에 반년 이상을 시달리다 보니 이분이 점점 우리한테 책임을 미루는 거예요. 은사님께 "왜 이런 짓을 하십니까?"라고 추궁할 수도 없고 대놓고 비판할 수도 없고요. 그리고 '외교학과 3인방'이라고 하지만 나머지 두 사람은 선생님의 은혜를 별로 못 입었어요. 저는 유난히 은혜를 입었죠. 석사논문을 직접 지도해주시겠다고 먼저 제안하시면서 논문을 쓰는 데 필요한 희귀본 책도 빌려주시고, 주례도 서주셨죠. 미국 유학도 보내주고 주례도 봐주겠다고 하셨던 박준규 교수님이 밀렸을 정도잖아요. 대만에 가 있을 때도 무척 상세하게 우편엽서에 가정 사정까지 적어 보내주셨을 정도로 가까웠던 분인데, 사정이 곤란해지니까 우리한테 핑계를 대시더라고요. "제자들이 하라는 대로 했을 뿐인데?" 그러니 다른 연구원들이 우리더러 나가라고 하죠.

당시 직함이 기획조정실장으로 되어 있던데, 언제부터 하신 건가요?

김기환 소장 때부터 했어요. 박사들이 많이 있었는데, 다들 책상물림이지 행정 경험이 없는 사람들이었으니까 그런 경험을 갖고 있다는 이유로 해서 행정 책임자가 됐어요.

연구소에 가자마자 기획조정실장이 되신 건가요?

1986년에 들어갔는데, 김기환 소장이 저를 불러 이야기를 나눠보니 행정 능력이 있어서 지시하면 바로바로 처리되고 하니까, 그다음 해인 1987년에 기획조정실장으로 임명했어요. 다른 박사들은 말을 꺼내놓고도 그것이 지시였는지, 합의였는지, 결정이 된 건지 아무런 생각 없이 있다가 "아, 그거 했어야 하는 겁니까?" 하고 나오니까 답답하죠.(웃음) 그런데 저는 바로 행동에 옮기고 수시로 중간보고를 올리는 식이니까 김기환 소장에게 편했던 거죠. 그랬는데 아무튼 세종연구소를 그만두고 나니 갈 데가 없는 거예요.

이용희 소장도 같이 그만두셨나요?

아니죠. 책임을 좀 대신 져줬으면 하는 눈치였어요.

'외교학과 3인방'이 총알받이가 된 거군요.

그렇죠. 우리끼리 모여서 의논했어요. 나보다 5년 선배가 있었고, 1년 후배가 있었는데 제가 "사표 씁시다"라고 했어요. "그럼 우린 그 다음에 어떻게 해요?" "여기서 다음 자리를 생각합니까. 선생님을 살리려면 우리가 책임지고 나가는 모양새라도 만들어줘야죠." "그럽시다." 다들 착한 제자들이라 자기주장이 별로 없었어요. 사표를 들고 가서 "저희가 책임지고 물러나겠습니다"라고 했더니 "음, 미안하게 됐어"라고 하시면서 받아버리시더라고요.(웃음) 저는 반려하실 줄 알았어요.

여담이지만, 독일의 철혈 재상 비스마르크가 프로이센 왕국의 외무장관을 하고 총리까지 지냈는데, 재임 기간이 총 33년이에요. 프로이센의 왕이 마음이 약한 사람이었다고 해요. 툭하면, 무슨 일이 생기거나 여론만 조금 나빠지면 비스마르크가 "폐하, 제가 그만두겠습니다"라고 하고 왕이 그러면 안 된다며 반려하는 식으로 33년 동안이나 했다고 해요. 그런데 우리는 내니까 바로 받아버리더라고요.(웃음) 그렇게 나와서 실업자 생활을 시작했어요.

민족통일연구원 출범

1991년 1월에 민족통일연구원 부원장으로 가시게 됐어요.

중학교는 촌에서 왔대서, 고등학교 때는 540명 중 60명만 뽑는 타교생이라고 해서 마이너리티였죠. 사수를 해서 대학교에 들어가니까 후배들이 깍듯하게 대접해주긴 하는데 그 안에서는 마이너리티가 됐어요. 서울대 학생 정원이 3,000명이었는데 제가 나온 고등학교에서 재수생 포함해서 300명 가까이 들어왔어요. 숫자로만 보면 다수였지만, 저는 연배 차이가 나는 선배여서 또 마이너리티가 된 거예요. 끼워주질 않았어요. 다른 학교에서는 재수생이나 삼수생도 학생회장에 출마하거든요. 저는 못했어요. 그러고는 공무원이 되었는데도 일반직이 아니라 별정직이어서 마이너리티 취급을 받았죠. '2급 상당' '3급 상당'이라고 부르지 '이사관' '부이사관'이라고 부르지 않았어요.

적자가 아니라 서자였군요.

통일원 안에서는 별정직 숫자가 많은데, 총무과나 기획관리실 등 행정업무를 보는 곳에는 일반직들이 있어요. "별정직들은 행정을 몰라. 돈 쓸 줄도 모르고 영수증도 첨부할 줄 몰라"라면서 흉을 봐요. 우리는 우리대로 '보고서도 못 쓰는 일반직'이라고 수군수군하고요. 장관들은 일반직 직원들이 보고서를 못 쓰는 것 때문에 불만이 많았죠. 그 장관에게 받은 구박을 우리에게 푸는 거예요. 어쨌든 일해연구소를 그만두고 나와서는 동북아연구소라고 등록도 안 한 사설 단체를 만들어서 '외교학과 3인방'이 모여 있었어요. 여의도 지인의 사무실에 책상만 하나 가져다놓고요. 주로 한 일은 방송 출연이었어요. 그래야 차비라도 나오니까요. 집에는 돈을 전혀 못 갖다줬죠.

그게 일년이나 됐군요.

그러다 1990년 연말에 국회에서 법이 제정되고 1991년 1월 민족통일연구원이 생겨서 부원장으로 들어갔죠. 통일원 시절 제 직속상관이었던 이병용 씨가 원장으로 미리 부임해 있다가 저를 부원장으로 임명했어요. 제가 통일원에 처음 들어갔을 때 그분은 조사연구실장이었고, 나중에는 통일원 차관을 6년간 했어요.

오래 하셨네요. 통일원에서 알게 된 분인가요?

그렇죠. 통일원 차관을 6년 하고, 장관 승진을 못하고 그만둔 뒤에 한달쯤 있다가 역시 차관급인 안기부장 특보로 갔어요. 거기서 5년을 있었죠. 1990년 연말에 민족통일연구원 법이 통과되길래 내용을 읽어보니, 정부 출연 연구기관이고 특수 법인이라 괜찮아 보여서 그분을 만나서 "원장이나 한번 하십시오"라고 바람을 넣었죠. 부원장을 노리고 그랬던 건 아니었고, 거기 가서 연구하면서 책이나 써야겠다 했던 거였어요. 배운 게 도둑질이라고, 통일 문제는 연구할 능력이 있었으니까요. 공무원은 싫었고요. 그분께선 경력이 충분했기 때문에 원장이되었고, 그 뒤로 저를 부원장으로 임명했어요.

1991년 4월에 가신 걸로 되어 있는데요?

신원조회 등 준비 절차 때문에 발령이 서류상으로 그렇게 났죠. 일은 1월 초부터 했어요.

원장이랑 같이 가셨던 거군요.

네. 직원들을 먼저 뽑았죠. 통일원을 이런저런 일로 해서 그만두고 나온 사람들을 예비군 소집하듯이 몇명 모았어요.

수유리에 있는 건가요?

처음에는 장충동에 있는 자유센터에서 시작했어요. 거기서 수유리로 갔다가 현재 강남성모병원 건너편의 조달청 건물로 들어갔고요. 맨처음에 비서 역할을 할 직원을 뽑고, 통일원 출신 가운데서 행정 능력이 좀 있는 사람을 사무국장으로 데려다놓고 그 사람이 자기가 데리고 일할 수 있는 경리계장, 과장 등을 뽑아왔죠. 그리고 석사 연구원도 면접해서 뽑았죠. 그때 김연철(金鍊鐵, 현 통일부 장관)이 석사 연구원으로 들어온 거예요.

통일연구원의 설립 배경을 알려주세요.

1990년 가을에 총리급 회담이 열렸어요. 그 회담을 위한 차관급 실무접촉이 1989년 여름 무렵부터 시작됐고요. 밀고 당기다가 1990년 가을에 서울에서 1차 회담을 열게 됐는데, 남북의 해빙 무드라고 할까, 남북관계를 안정적으로 관리해야만 하는 상황이 됐던 것은 그때 북한이 체제 붕괴 위협을 느끼고 있었기 때문이에요. 1989년 1월 1일 신년사에서 김일성 주석이 "통일은 이제 누가 누굴 먹거나 누구에게 먹히는 식으로 되어서는 안 된다"라고 노골적으로 말했을 정도였으니, 이쪽에서는 북한이 흡수통일에 대한 공포를 느끼고 있다는 걸 눈치챘죠. 1989년 9월 11일에 바로 그걸 받아서 통일원이 '남북연합'을 핵심 개념으로 하는 '한민족공동체통일방안'을 내놨잖아요. 북한이 흡수통일 공포를 느끼면서 남북 간 당국회담을 통해서 체제의 안전을 보장받으려는 움직임이 시작되고 그 연장선상에서 총리급 회담도 성사가 됐죠. 이러니 우리 쪽에서는 이제 북한을 관리하기 위해서는 이미 행정부서가 된 통일원 말고도 심층연구가 가능한 통일연구원을 만들 필요를 느낀 거죠. 그래서 관련 법안인 '민족통일연구원법'이 그다음 해인 1990년에 통과됐고요.

또 재미있는 얘기가 있어요. 우리 셋이 1990년 2월 세종연구소에서 잘려서 여의도 사무실에 있을 때, 저는 방송 출연도 하고 그랬는데 나머지 사람들은 그런 게 없었어요. 용돈이라도 생기면 삼청동 수제비나 먹으러 가곤 했는데, 어느 날은 가는 길에 '백운철학관'인가 하는 간판이 붙어 있는 점집에 들어가봤어요. 사람이 답답하면 그렇게 되는 것 같아요.

원래 점이라는 게, 삶의 갈림길에서 어디로 가야 할지 모를 때 보게 되잖아요.

들어갔더니 철학관 도사님이 목침을 베고 누워 있다가 부시시 일어나서는 왜 왔느냐고 하기에 "지금 하는 일도 없고 어떤 일이 일어날지 좋은 말씀 들으려고 왔습니다" 했죠. 그때 셋 중에 둘만 갔는데, 사주를 대라고 해서 댔더니 귀신같이 알더라고요. 세종연구소에 같이 있다가 같은 날 실업자가 된 외교학과 선배 이정하(李正夏) 박사가 1940년생인데, "7~8월쯤 해서 어디선가 연락이 올 겁니다. 연락이 오면 가십시오"라고 해요. 어디냐고 물었더니 그건 모르겠대요. 그냥 그때쯤 새 운이 시작되니까 가라고요. 저한테는 9월쯤부터 연락이 올 텐데, 못할 건 없지만 조금 더 기다려보라고 해요. 확실히 맞는 것이 나올 거라면서요.

그 일을 잊어버리고 있었는데 어느 날 이정하 박사가 "노 선생이 오라는데?"라고 해요. 노재봉 교수가 대통령 비서실장을 하던 때예요. "노 선생이 취직 자리라도 주려는 건가? 낮 시간에 오라는 거면 술 먹자는 건 아닐 거고, 가보세요." 다녀오더니 대통령 통역 자리를 줬다는 거예요. 고등학교 때부터 영어를 잘하는 걸로 유명했거든요. 영어를 한승주(韓昇洲)가 잘하냐, 이정하가 잘하느냐 했을 정도였대요. 한승주는 경기고였고, 이정하는 경복고였는데 한승주가 1년 선배였죠. 대학은 외교학과에 같이 들어갔고요.

대통령 통역이면 홍보비서관인데, 그런 제의를 받고 왔는데 어떻게 하면 좋겠느냐고 묻더라고요. 홍보비서관 직급이 문제예요. 공무원은 직급이 중요하니까요. 수석비서관은 차관급이지만 1급이냐 2급이냐에 따라서 차이가 큽니다. 차관보급이냐 국장급이냐에 따라서요. 그래서 제가 그랬죠. "제가 이미 2급을 하다가 나온 지 오래됐으니 저도 1급을 달아도 될까 말까인데 형님이 2급을 해서 되겠습니까?" 하지만 놀고 있었으니 2급이라도 가야겠다고 생각했는지 청와대로 갔어요. 나중에 거기서 승진해서 1급이 됐죠. 노태우 정부 말에는 샌프란시스코 총영사 자리를 받아서 나갔으니 잘 풀린 셈이고요.

그해 9월쯤이 됐어요. 당시 국회의장 비서실장이 이정하 박사와는 대학 동기이고, 저한테는 고등학교 5년 선배였어요. 그분이 박준규(朴浚圭) 국회의장의 비서실장을 할 때였는데, 저한테 와서 국회의장 연설문 담당 비서관을 맡으라는 거예요. 지금 하는 사람이 마음에 안 차니 바꿔야겠다면서요. 그래서 물었죠. "몇 급입니까?" 국회는 비서실장이 차관급이고 수석 비서관이 1급, 비서관은 2급이었어요. 연설문 담당 공보비서관은 2급이라고 해서 "제가 2급을 하다 나온 지가 몇 년인데 또 2급을 달고 갑니까, 안 합니다"라고 했어요. 그 도사님의 말씀처럼 가을에 오라는 자리가 사실 못할 건 없는 거였는데, 더 기다려보라고 했던 자리가 통일연구원 부원장 자리였던 모양이에요.(웃음) 그 뒤 2~3개월 지난 뒤에 통일연구원 법이 통과됐고 1991년 새해 시작부터 연구원에서 일했죠. 행정 직원과 석사 연구원을 열다섯명 정도 뽑고, 박사 연구원들을 뽑기 전에 그 위의 실장급들을 먼저 뽑고요. 그러고는 박사들까지 해서 총 정원 50명 가운데 1차로 서른명 정도를 뽑아놨어요. 1991년 4월 23일에 현판식을 열었죠. '민족통일연구원'이라고

민족통일연구원 현판식 당시. 맨 왼쪽이 정세현.

노태우 대통령이 붓글씨로 써둔 것을 인사동에 가서 목각본을 받아 현판으로 내걸었고요.

그즈음에, 이 책 맨 처음에 이야기해드린 것처럼 탄공 스님을 만나게 된 거예요. 스님 말씀 덕택인지 꼭 필요한 인재를 보름 만에 실장으로 영입할 수 있었고 그 뒤로 박사들을 뽑기 시작했어요. 연구소 현판식까지 치른 뒤부터는, 수시로 정책보고서를 작성해서 청와대와 통일원에 보내기 시작했죠. 그런데 박사들이 박사논문 끝내고 시간강사 하면서 학술논문이나 썼던 사람들이기 때문에 정책보고서를 쓸 줄 모르는 거예요. 빨리 써오라고 하면 아직 서론도 못 썼다고 하고, 그나마 써온 걸 보면 서론만 해도 깨알 같은 글씨로 두장씩이나 됐어요. 다 지워버리고 문제제기만 간단하게 적고 분석과 대책 중심으로 써오라고 독촉하고 보고서 쓰는 법도 가르쳤죠. 그러다 보니 빨간 볼펜으로 시뻘겋게 고치기 일쑤였어요. 그걸 보고 사람들이 "또 앰뷸런스에 실려 나왔구먼. 아이구, 저 빨간 볼펜" 그랬다는 거예요.(웃음) 그래도 그때 친구들을 요즘 만나면, 제가 부원장이던 시절에 정책보고서 쓰는 법을 배운 덕에 감을 익혀서 남다른 이야기를 쓸 줄 알게 됐다고 해요. 그때야 싫은 소리를 들었지만요.

그렇게 1991년부터 꼬박 2년간 연구원을 끌고 나가다가 1993년 초에 김영삼 정부가 들어서고 정종욱 교수가 외교안보수석이 되면서 통일비서관으로 영입되었죠.

87년 민주화 전후 재야의 통일운동

일해연구소와 통일연구원에 계시던 시기는 87년 민주화, 89년 냉전 종식 등 국내외적으로 중대한 전환기였습니다. 청와대 통일비서관 시절에 들어가기에 앞서 1987년 민주화 전후 학생 및 재야 운동권의 통일운동과 당시 남북관계에 대해 여쭤보고 싶은 게 있습니다.

전두환 정권을 흔히 두 시기로 나누잖아요. 1985년 2·12 총선이 분수령이었죠. 그전까지는 철권통치가 가능했지만 2·12 총선에서 신민당이 약진하면서 그 후 미 문화원 점거 사건을 비롯해 민주화시위도 대대적으로 일어나고 정권이 흔들리게 되죠. 이른바 '주사파'의 등장, '북한 바로 알기 운동' 개시 등도 그 무렵이라고 생각되는데, 당시 정

장관님은 학생들 사이에서의 이런 운동에 대해 어떻게 생각하셨는지
궁금해요.

저는 공산주의 이론을 공부했던 사람이기 때문에, 마오 쩌둥의 외교
전략을 갖고 박사논문을 쓰면서 중국 공산당의 선전선동 기술이나 조
직 원리가 북한에 많이 스며들어 있다는 걸 알았어요. 1975년 자유아
카데미에 있을 땐데, 주체사상을 갖고 박사논문을 쓰시던 교수님의 조
수로 일을 거들면서 그 사상을 자연스럽게 공부하게 됐어요. 주체사상
은 '자력갱생'이니 '경제적 자립'이니 '국방에서의 자위' 등의 슬로건
을 내걸며 이를 멋지게 포장해놓긴 했지만, 그 내용을 보면 고육지계
인 것도 있고 중국이나 소련의 간섭을 배제하기 위해 억지로 만든 조
어도 있어요.

주체사상을 박사논문 차원에서 분석적으로 살펴보고 그 민낯을 알
고 나니까 그 사상이 그럴듯하다는 생각이 들지 않았어요. 통치술로서
절묘해 보일지언정, 개인 우상화 즉 김일성의 신격화에 동원되는 사상
일 뿐인데 왜 학생들이 거기에 이끌릴까 생각했죠. 그때 그 사상을 공
부하면서 '이 사람들 거짓말 정말 잘한다'고 생각했던 것이, 맑스나 엥
겔스가 정립한 유물론은 '물질적 조건이 인간의 의식을 결정한다'라
는 경제결정론이잖아요. 그런데 주체사상은 '모든 것의 주인은 사람
이다. 사람의 의식이 물질적 조건을 바꿀 수 있다'로 시작해요. 역사도
바꿀 수 있다고 하고요. '인류 역사상 이러한 위대한 진리를 위대한 수
령께서 처음으로 밝혀주셨다'라고 칭송하죠.

1975년 자유아카데미 시절은 책도 빨리 읽던 시절이고 그곳에서 논
문도 잘 써야 전임강사가 될 수 있다고 했으니까 공부를 열심히 했어

요. 그때 자유아카데미 교수로 있다가, 박사학위를 받고 건국대 정치학과 교수가 된 김갑철 교수님이 주체사상으로 논문을 쓰신다면서 "정 선생, 나 좀 도와줘. 가끔 짤막짤막한 글 쓴 걸 보면 쓸 줄 알던데"라고 하셔서 그 집에 가서 숙식하면서 도와드렸어요. 맑스와 엥겔스의 전집을 보면 유물론, 즉 물질결정론·경제결정론을 정립해놓고는 엥겔스가 친구에게 보낸 편지에서 '우리가 유물론을 갖고 사회주의 혁명을 완수한 뒤에 공산주의 사회로 넘어가야 하는데, 이기적인 동물인 인간이 국가에서 다 해준다고 할 때 그다음 단계인 공산주의로 넘어갈 수 있는 물질적 조건을 마련할 수 있을 것인지 의심스럽다'라고 썼어요.

사회주의는 능력만큼 일하고 일한 만큼 배급을 받는다는 거고, 공산주의는 능력만큼 일하고 필요에 따라 배급을 받는 사회라고 정리할 수 있잖아요. 결국 사람을 교육시켜서, 즉 반드시 공산주의 사회로 가야겠다는 의지가 생기도록 사상교육을 시켜서 열심히 일하도록 만들지 않으면 공산주의는 도래하지 않을지 모른다는 고민을 털어놓는 내용인 거예요. 그 대목을 골라내서 교수님에게 보여드렸더니, "야, 김일성 이 사람 거짓말쟁이네?"라고 하세요. 엥겔스 편지에서 알 수 있듯, 인류 역사상 최초로 의식이 물질세계에 역으로 작용할 수 있다는 것을 고민한 사람은 엥겔스였잖아요. 그걸 인정해야 사회주의에서 공산주의 단계로 넘어갈 수 있는 인간을 교육해낼 수 있는 거죠. 다만 유물론으로 시작한 상태에서 이를 어떻게 정당화할 수 있을지, 이 이론의 창시자로서 그 방안을 제시하지는 못한 거고요. 김일성은 그걸 자기가 최초로 생각했다고 한 거니 표절도 이런 표절이 없죠.

물질과 의식은 상호 작용한다는 거죠.

인간은 모든 것의 주인이라고 하고 의식이 결국 물질적 조건을 개변시킬 수 있다고 하면서 주체사상이 시작되죠. 그래야 사람들을 동원할 수 있고 경제를 발전시킬 수 있으니까요. 처음에는 인간이 주체였지만, 황장엽(黃長燁)이 사상비서였던 1980년대에 이미 '김일성 주체'로 사상이 변질되기 시작합니다. '수령께서 생각하는 대로 생각하고, 수령께서 즐거워하실 일을 우리가 주체적으로 알아서 해드리는 것이 진정한 의미의 주체다'라는 식으로요.

김일성만 주체인 거죠.(웃음)

그렇죠. 나중에 황장엽 비서가 남으로 망명해 와서, 자기가 책임지고 있을 때는 인간이 주체였는데, 자기가 나오고 나서는 김일성 주체로 변질됐다면서 거짓말을 하더라고요. 그런 부분을 알고 있었기 때문에 저는 주체사상에 대해 매력을 못 느꼈어요. 그러니까 주체사상에 열광하는 사람들도 이해가 안 됐죠.

북한에서는 주체사상을 확립하면서 맑스-레닌주의를 버렸고, 그 뒤로 자기들의 독특한 사상을 내세우는 것 아닙니까? 한국에서는 1980년대부터 주사파가 나오면서 진보 진영 내부에서 NL(민족해방)과 PD(계급해방) 세력이 그야말로 피터지게 싸웠죠.

기본적으로 주체사상이라는 건 집단주의예요. 김일성 주체로 변질

된 걸 갖고 뭘 좋다고 저러나 생각은 했지만, 정부 입장에서는 철저히 단속할 수밖에 없는 것이 '주체'라는 말이 갖고 있는 호소력 때문이었다고 봐요. 우리가 외교에서도 정치에서도 자주적이지 않고 미국에 종속되어 있는 약점이 있기 때문에 그 주체라는 단어 자체를 꺼렸던 거예요. '자주'라는 말도 싫어하고요. 북한은 외교에서의 '자주'와 경제에서의 '자립'과 국방에서의 '자위', 이 세가지를 묶어서 주체사상의 실천이라고 했는데, 각 부문별로 단어가 등장하는 시기가 달라요. 맨 처음에는 '경제에서의 자립'이 나오죠. 1950년대 중후반 중소분쟁이 있던 와중에 소련이나 중국이 잘 안 도와주는 데다가 조금 도와주고 나면 간섭하려고만 드니 그 간섭을 물리치기 위해 경제적으로 자립한다는 거였어요. 그것으로부터 자력갱생이라는 표어가 나오고 천리마 운동이 속도를 높였죠.

국방에서의 자위는 1960년대로 넘어와 1961년 5·16 쿠데타로 남쪽에 군사정권이 들어서서 북쪽을 칠지도 모른다는 불안감이 생기니 1961년 7월 초에 소련과 '조·소 우호협력 및 상호원조 조약'을 체결하고, 뒤이어 중국과도 '조·중 우호협력 및 상호원조 조약'을 체결했죠. 그때 소련과 체결한 조약의 효력 관련 조항을 보면, 최초 10년은 그대로 가고 그 후 5년마다 갱신하는 걸로 조건을 달았어요. 중국은 조건 없이 영원히 효력을 갖는 걸로 해줬고요. 또한 조소 조약은 조약체결 당사국이 제3의 세력으로부터 공격을 당하면 바로 협의한다는 식으로 되어 있는데, 조중 조약은 자동 개입이었어요. 1990년 한소 수교 이후 북한과 소련 간의 조약은 내용이 수정됐어요. 그 명칭도 바뀌었고요.

이렇게 중국·소련과 조약을 맺은 뒤, 1962년 말에는 '전국토 요새화, 전민 무장화, 전군 현대화, 전군 간부화'라는 4대 군사 노선을 등장

시키죠. 전군 간부화란 현역 군인들에게 장교 훈련을 시켜놓아서, 평시에는 말단으로 있지만 전쟁이 시작되면 전역한 사람들도 불러들이고 젊은 사람들도 징집해서 현역 군인이 장교가 되어 그들을 지휘하는 시스템을 말하는 거예요. 즉 계급장만 달면 바로 간부가 될 수 있는 교육을 미리 시켜두는 거죠. 이러한 노선들이 남쪽의 박정희 군사정권과 관련되어서 등장한 것이고, '국방에서의 자위'의 실질적인 내용이 된 거죠. 1960년대 초에는 북한이 남한보다 잘살았으니까 이를 실행할 수 있었어요.

그때는 북한이 일본에 이어 '아시아 제2의 공업국가'라는 말도 들었으니까요. 그럼 이제, 민주화와 탈냉전 이후의 남북한 상황에 대해서도 말씀해주셨으면 해요. 1989년 문익환(文益煥) 목사나 황석영(黃晳暎) 작가, 임수경(林琇卿) 전 의원 등이 북한으로 건너가 통일방안을 논의하는 등 민간 차원의 통일운동이 있었거든요.

1989년이면 노태우 정부 때니까 제가 세종연구소에 있던 시절이에요.

4·19 때 "가자 북으로, 오라 남으로" 구호가 일으킨 반향처럼, 문익환 같은 분들의 방북이 불법이라고 해서 역풍도 맞았지만 어쨌든 치고나간 거 아닙니까? 사실은 불법이라기보다는 미신고 또는 미승인 방북이었는데…

1989년은 체제 불안 때문에 북에서는 남쪽에서 누가 온다고 한들 환영할 수밖에 없는 상황이었어요. 남쪽이 북한을 이런 식으로 밀어붙이

면 안 된다는 식으로 이야기하는 사람들이 오는 거니까, 당연히 환영을 받죠. 그해 1월 1일 김일성 주석이 신년사에서 "통일은 누가 누구를 먹거나 누구에게 먹히는 방식으로 이뤄져서는 안 된다"라고 발언하는 것을 보고 우리는 북한의 불안을 이미 감지하고 있었어요. 그런데 남에서 사람들이 온다고 하니 얼마나 반가웠겠어요. 그러나 돌아와서가 문제였죠. 노태우 대통령이 아무리 스스로 '보통 사람'이라고 불렀지만 군인 출신이고 아직 군사정권 치하였으니, 모든 것을 보안법으로 처리하려고 하는 상황에서 과연 괜찮을까 싶었어요. 용기는 가상하지만 통일운동이 탄력을 잃어버리는, 즉 정부에서 그 밖의 화해협력 내지 교류협력을 추진하려는 것을 막아설 수밖에 없게 만드는 자충수가 되지 않겠는가 생각했죠.

그때 김대중 대통령과 문익환 목사의 관계가 틀어집니다. 김대중 대통령께서 돌아가시기 두어해 전 쯤 제게 직접 말씀하시더군요. 그때 얘기를 꺼내시면서 당신이 문익환 목사에게 '그렇게 하지 말라. 통일운동에 절대 도움이 안 된다. 역풍이 불 수 있다'라고 말씀하셨다고 해요. 한편, 임수경 씨가 남측 대표로 평양 세계청년학생축전에 참가해서 북측에 충격을 주었다는 점은 결과적으로 긍정적이었죠. 북한은 남한의 전대협이 '수령님을 흠모하는 학생들의 집단'이고, 이쪽에서 명령만 내리면 뭐든지 할 수 있다는 식으로 생각했을 거예요. 그랬는데 '통일의 꽃'으로 칭송 받던 임수경 씨가 김일성 주석이 하사한 소년단 스카프를 필요없다면서 벗어 던지지, 통제도 거부하고 마음대로 움직이지, 그러니 북측에서 애를 먹었다고 하더라고요. 그런 점은 좋았죠.

갈 때는 비행기로 들어갔지만 올 때는 육로로 해서 판문점으로 넘어가겠다고 했었는데, 그때 당시 남북관계가 판문점을 열어줄 수 있는 분위기는 아니었어요. 총리급 회담을 위한 실무접촉이 진행되고는 있었지만 그때도 서로 샅바 싸움을 하고 있을 때였기 때문에 사이좋게 판문점을 열어줄 상황은 아니었던 거죠. 그런데 임수경 씨가 판문점을 통해 귀환하겠다고 버티면서 개성에서 단식투쟁을 벌였어요. 나중에 들은 얘기지만, 북한에서는 굶다가 폭식해서 생긴 배탈은 치료해봤지만 굶어서 생긴 배탈은 치료해본 임상 경험이 없어서 애를 먹었다고 하더라고요. 단식이라는 게 자본주의식 항의법이죠. 식량이 부족한 곳에서 단식하지는 않잖아요. 아무런 항의도 안 되고요.

아까 말씀하신 게, 문익환 목사가 북으로 가기 전에 DJ와 미리 상의했다는 겁니까? 그때 상의했는데 말렸다는 건가요?

분명하게 말씀하시진 않았는데, 상의했다는 걸로 들었어요. 그래서 말리셨다고요.*

---

* 문익환 목사는 전국민족민주운동연합(전민련) 고문 자격으로 1989년 3월 20일 김포공항을 출발해 도쿄와 베이징을 거쳐 3월 25일 평양 순안공항에 도착, 4월 13일까지 방북했다. 방북 직전 자신의 동생인 문동환(文東煥) 평민당 부총재에게 요청해 3월 12일 서울 올림피아호텔 일식집 '청수'에서 김대중 평민당 총재와 만나 방북 계획을 설명했다.
김대중 총재는 "평양 방문은 문 목사 자신의 결심 사항이지만, 가능한 한 당국의 승인이나 양해를 얻어가는 것이 좋겠다"라고 권유한 뒤, 여비에 보태 쓰라며 300만원을 건넸다. 문익환 목사는 또 함께 방북한 민주당원 유원호(劉元琥) 씨를 3월 2일 민주당사로 보내 김영삼 총재에게 방북 계획을 알렸다. 김영삼 총재는 "지금 정부 승인도 받지 않고 가면 어찌하겠다는 건가. 하기야 각계 각층 사람이 가서 대화를 나눌 수만 있다면 좋겠지"라고 말했다.「'문익환 목사 등 방북' 수사 안기부 발표문 요지」,『한겨레』 1989. 5. 3, 3면.
아울러 문익환 목사는 방북 전날인 3월 19일 서울 힐튼호텔 커피숍에서 전민련 공동의장 이부영(李富榮), 통일분과위원장 이재오(李在五), 고문 백기완(白基院), 계훈제(桂勳梯) 등과 만나 방북 계획을 밝혔다. 이때 백기완은 문 목사의 방북 계획에 동의했지만, 이부영, 이재오, 계훈제는 정부의 탄압을 우려해 방북을 만류했다. 문익환『문익환 목사 전집』 5권,

저도 그때 문익환 목사가 방북하는 것을 보고 선배들과 비슷한 얘기를 나눴어요. 충정은 이해하지만 역풍을 맞을 가능성이 크다고요. 이때는 아직 냉전이 끝나기 전, 베를린장벽이 무너지기 전이었잖아요. 말하자면 독일 통일의 영향이 아니라 1987년 민주화에 따른 자신감 때문에 끓어오른 거였죠.

6월 민주항쟁의 자신감으로 간 거였다고 봐요. 모든 것을 북한 평계를 대면서 보안법으로 사람들을 옭죄던 시대는 가고 있으니까 이때 우리가 움직여서 통일을 앞당기자는 충정으로 간 거였죠.

1987년 6월 항쟁이 일어난 뒤, 뒤이어 일어난 게 7·8월의 노동계 대투쟁이잖아요. 1980년 4월의 사북 사태처럼, 가혹한 억압이 사라지면 그동안 억눌려 있던 요구가 터져나오는 거죠. 어떻게 보면 민간에서는 1988년을 기다린 것 아닙니까, 남북관계의 진전에 대해서요. 그런데 아무것도 나오질 않으니까 문익환 목사라든지 임수경 씨가 평양에 간 것 아닐까요?

그때는 분위기가 전부 올림픽 쪽에 쏠려 있어서, 평양에 가봐야 뉴스도 안 됐어요.

보기에 따라서는 문 목사가 너무 앞서갔다고도 할 수 있지만, 그

사계절 1999를 이제훈 「노태우 정부의 북방정책과 비대칭적 탈냉전: 남·북·미 3각 관계와 3당 합당의 영향을 중심으로」, 2016, 북한대학원대학교, 293면에서 재인용.

분들의 행적이 정부의 대북정책에 어느정도 영향을 미치지 않았을까요?

김일성 주석과 문익환 목사 둘이서 공동 합의문을 만들었잖아요.

낮은 단계의 연방제라는 게 그때 나온 얘기 아닙니까?

'낮은 단계의 연방제'라는 표현은 2000년 6·15 때 나온 거고, 1991년 1월 1일 북한의 신년사에서 '느슨한 연방제'라는 말이 나왔죠. 북쪽에서 '느슨한 연방제'를 내놓기 전인 1989년 9월 11일, 노태우 정부의 '한민족공동체통일방안'에 '남북연합'이 언급돼요. 중심 개념이 남북연합이었고, 그 순서는 교류협력-남북연합-통일이었죠. 이것이 나왔기 때문에 1991년 총리급 회담에서 합의서를 만들 때, 북쪽이 속도를 내고 싶어 했던 거예요. 원래는 남쪽을 한꺼번에 흡수하는 식으로 통일하고 싶었는데 힘이 없어졌으니까, 남쪽으로부터 체제 보장이나 받아야겠다고 생각하던 차에 '남북연합' 개념이 남쪽에서 나오니 "저쪽은 남북연합까지 왔다. 이게 바로 느슨한 연방제다"라고 생각하고 1991년 신년사에서 그 얘길 꺼낸 것 같아요. 또 1990년 10월에 동서독이 통일된 것도 영향을 주었다고 봐요.

민간에서의 통일운동이 노태우 정부의 대북정책에 어느 정도로 영향을 줬다고 보시나요?

정부의 통일정책을 유연하게 펼쳐갈 수 있도록 민간이 적절하게 끌어줬더라면 좋았을 텐데, 당시엔 오히려 역작용이 일어났죠.

민간과 정부가 대립하는 형태가 되었다고 보시는 겁니까?

대립이라기보다는, 문익환 복사의 방북이 보안법이라는 실정법을 위반한 것이기 때문에 그분을 구속하지 않을 수가 없었어요. 들어오자마자 검찰에서 압송해갔죠. 그런 식으로 일이 진행될 수밖에 없었기 때문에 그 뒤에 정부에서 적극적으로 나아가는 데는 현실적으로 한계가 있었어요. 더구나 노태우 정부는 우리가 북한을 흡수할 수 없다고 생각했기 때문에 1991년 기본합의서를 만들어주는 데서 끝내려고 했어요. 기본합의서는 북한의 체제를 보장하는 내용을 담고 있거든요. 체제를 보장하는 조건으로 각 분야별로 교류협력을 활성화하자는 거였죠. 군사적으로는 불가침을 약속하고요.

북쪽으로서도 이는 나쁘지 않은 조건이었죠. 그러니 문익환 목사, 황석영 작가, 임수경 전 의원의 방북이 1991년 기본합의서를 만드는 데 도움이 되었다고 보지는 않습니다. 노태우 정부의 북방정책 자체가 북한과 공존하려는 쪽으로 가고 있었거든요. 우리가 공존을 위해 소련 및 중국과 수교하겠다고 했고, 미국과 일본에도 북한과 수교해달라고 요청했는데 북한에 대한 이런 요구에 미국과 일본은 응하지 않았어요. 북미/북일 수교는 안 됐지만 1989~90년 그즈음 노태우 정부는 한중 수교부터 끌어내고 남북 교류협력 정도를 활성화해야겠다고 보고 있었어요. 그런데 이념적으로 쪼개져 있는 나라에서 민간이 성급하게 대북 접촉에 나섰으니 정부가 오히려 부담을 가졌을 거예요.

민간이 너무 앞서나갔다는 건가요?

당시에 제가 당국자가 아니었기 때문에 정확히는 모르지만, 노태우 정부의 입장에서는 그랬을 거예요. 더구나 문익환 목사님이 다녀오셔서는 "통일은 됐어!"라고 하셨거든요. 김일성 주석과 남쪽의 종교 지도자가 공동 보도문을 만들어서 '통일이 됐다'고 발표한다는 건 어불성설이죠. 통일이 그렇게 쉽게 될 수가 있나요? 그러면서 정부의 대북 정책에 오히려 속도 조절을 강제한 건 아닌가 싶어요.

6장

통일비서관 시절 1

김일성 주석과의 불발된 만남

청와대에 들어가다

1993년 3월 북핵 위기가 시작되면서 김영삼 정부의 청와대 통일비서관으로 가셨는데, 통일비서관이라는 직책이 원래 있었습니까?

노태우 정부 말기에 만들어진 직책이에요. 전임자가 있었어요. 그전에는 없었고요.

1988년 이후에 만들어진 거군요.

그렇죠. 노태우 정부가 들어서면서 총리급 회담도 치르고 하면서 통일 문제를 홍보 차원에서만이 아니라 본격적으로 연구해가면서 대책을 개발해야 한다는 취지에서 통일연구원법을 만들었죠. 1988년 7·7 선언('민족자존과 통일번영을 위한 특별선언': 남북의 동반자 관계와 주변 4강과의 교차 승인 천명. 이후 북방정책의 출발점)을 발표하고 그 이후에 총리급 회담을 치렀잖아요. 당시 외교안보수석이었던 김종휘(金宗輝) 씨가 처음에는 안보 보좌관이었어요. 그러다 그 직책의 명칭을 안보수석비서관으로 바꾸면서 자신의 휘하로 외교 쪽에서 일하던 비서관 하나를 데리고 들어왔어요. 민병석(閔炳錫) 박사라고 외교관 출신이에요. 통일비서관이라는 직함을 맨 처음에 만들면서 그걸 그 분에게 주고 방을 만들었죠.

민병석 박사가 초대 통일비서관이네요.

맞아요. 원래는 정무 소관이었던 외교안보가 독립해서 나왔고요. 그러면서 통일비서관이 생겼어요. 1991년쯤 시작된 거예요. 김영삼 정부에서도 그 틀을 물려받아서, 제가 김영삼 정부의 초대 통일비서관으로 갔죠.

북한이 김영삼 정부 출범 후 한달도 안 된 1993년 3월 12일에 핵확산방지조약(NPT) 탈퇴를 선언하자 청와대가 분주해진 거예요. 매일 매일 대책회의를 열고 보고서를 올려야 하는데 통일비서관을 임명도 못하고 있는 상황이었으니… 어느 날 정종욱 외교안보수석이 저를 보자고 하더라고요. 그전에 당선자 시절에도 한번 만난 적이 있어요. "각하한테 통일 문제 개념을 알려드려야 하는데 나무처럼 도식화해볼 수 없느냐"라고 물어보더라고요. 큰 줄기와 가지로 이미지화해서 통일 문제 개념도를 그려달라는 거였죠. 그분은 미국에서 그런 식으로 공부했으니 그쪽이 익숙했을 거예요. 당시 제 능력으로는 도저히 그림으로는 그리기 어려워서 두장 정도로 추려서 보고서를 작성했어요. 그걸로 대통령에게 보고했던 것 같아요. 정종욱 수석이 서울대 외교학과 교수

통일비서관 임명식 당시 김영삼 대통령(좌)과 정세현(우).

를 지내기는 했지만 통일 문제에는 관심이 없었거든요. 원래 전공도 중국 외교였고요. 그러니 정세현을 데려다 통일비서관 자리를 주면 역할을 하겠다 싶었던 모양이죠. 또 그 자리가 선임비서관이었어요. 통일비서관 다음으로 외교비서관, 국방비서관, 국제안보비서관 이렇게 내려갔어요. 통일-외교-안보 순이었죠.

　3월 12일 북한이 NPT를 탈퇴한 뒤에 3월 말쯤에 청와대로 들어오라는 연락이 왔어요. "정 박사, 여기 와서 근무 좀 해야겠는데? 통일비서관을 좀 맡아줘야겠어. 민병석 박사가 하던 일을 좀 물려받아서 해." "글쎄요… 공무원은 골치 아픈데. 새벽부터 나와야 하고." "아니야, 지금 큰일 났어. 빨리 와야 해." "그런데 신원 조회하려면 한달 반 이상 걸릴 텐데요." 신원조회가 경호실 소관인데, 일반 공무원 신원조회는 한달이면 끝나지만 중앙정보부나 청와대 직원은 한달 반이 걸렸어요. 철저하게 뒤집니다. 친가, 외가, 처가까지 삼족을 조사해요. 공무원이니까 당연히 청와대에서 근무할 수 있을 거라고 생각하고 갔다가 신원조회에서 무언가 발견되어서 돌아오는 사람도 간혹 있었어요.

대개 월북 관련 아닙니까?

처가 쪽으로 사유가 있는 경우들이에요. 결혼 전에 공무원 될 때는 괜찮았는데, 처가 쪽으로 결격 사유가 있어서 안 되는 거예요. 안기부도 그런 경우가 있더라고요. "지금 정 박사 데려오려고, 박관용(朴寬用) 비서실장하고 박상범(朴相範) 경호실장하고 나하고 셋이서 정세현은 사전 근무를 하고 특별한 하자가 없는 한 그대로 가기로 합의했어요. 됐으니까 빨리 사전 근무합시다." 그것도 발령은 5월 초로 났어요. 이미 일은 4월 초부터 했죠. 활동비도 받았고요.(웃음) 그렇게 들어가서 청와대 비서관으로 일했죠.

북한 핵 문제의 시작

장관님이 1990년 2월에 세종연구소를 그만두셨다고 하셨는데, 저는 바로 직전인 1989년 12월에 경향신문사에서 잘렸어요. 노동조합

활동을 벌였다는 이유로요. 2년 정도 나와 있다가 1992년 7월에 복직했는데 국제부로 갔어요.

중년에 잘리니까 당황스럽더라고요. 1990년이면 우리 아들이 고등학교에 입학할 때예요. 딸은 중학교 입학할 때고요. 돈이 한참 필요할 땐데, 다행히 우리 애들은 독학 체질이라 과외는 안 시켰지만 그래도 교복도 자율화된 때였고요. 그러니 제가 철학관에 가보게 생겼죠.(웃음)

국제부로 돌아온 이후에 보니, 북핵 사찰을 둘러싼 국제원자력기구(IAEA)와 북한의 샅바 싸움이 한창이었죠. 그때만 해도 북핵 문제의 의미를 제대로 몰랐던 것 같아요. 북핵 문제에 대한 최초의 북미 간 합의인 제네바 합의 이후 1995년 4월에 워싱턴 특파원으로 갔더니 선배들이 "제네바 합의가 단순한 핵 문제가 아니라 북미관계 정상화의 핵심이야"라고 하더군요.

따지고 보면 북한 핵 문제라는 게 1993년 3월 12일 북한이 NPT 탈퇴를 선언하면서 본격 시작됐죠. 1994년 10월 제네바 합의로 탈퇴를 철회했지만요. 북한이 탈퇴 의사를 접은 건 북핵 문제 해결을 고리로 미국과의 관계를 정상화할 수 있으리란 희망 때문이었죠. 그러나 2002년 불거진 고농축 우라늄 의혹으로 제네바 합의도 파기됐고, 결국 북한은 핵무기를 갖게 됩니다. 제네바 합의 이후 26년이 흘렀지만 북핵 문제 해결도, 북미 수교도 이뤄지지 않고 있는 셈입니다. 해방 이후 한반도 역사에서 분단을 제외하고 가장 오래 해결되지 않는 문제인지도 모르겠어요. 북한 핵 문제라는 게 북한 입장에서는 '핵을 포기하겠다. 그 대신 미국은 북한의 국제사회 진입을 허용해달라'는 거 아닙니까? 하지만 쉽게 풀리지 않고 있습니다.

북한이 수교해달라고 했을 때 미국이 해줬으면 끝났을 문제예요. 1992년 1월 열린 북미 간 최초의 고위급 회담에서 북한이 주한미군 계속 주둔 조건으로 수교를 맺자고 할 때 미국이 이를 수용했으면 북핵 문제는 안 생겼겠죠. 그런데 당시 미국은 북한이 붕괴될지도 모른다고 생각하고 있었기 때문에 "네까짓 것들이 무슨 수교?"라는 태도로 임한 거죠. 빨리 붕괴가 일어나도록 압박하려면 핑계를 잡아야 하잖아요. 그러니 IAEA를 시켜서 전부 뒤지라고 한 거고요. 사찰에는 일반 사찰이 있고 특별 사찰이 있어요. 일반 사찰은 IAEA 사찰관과 사찰 당하는 측이 합의하는 곳만 봅니다. 그런데 특별 사찰은 IAEA가 지명하는 곳 어디든 무조건 열어보라고 해요. 불심검문 같은 거죠. 전례도 없습니다. 주석궁 밑 지하실도 봐야겠으니 열라는 식으로요. 그렇게 주권도 무시하고 밀고 들어오겠다는 것이니, 북한 쪽에서는 'IAEA 사찰관을 몰아내려면 NPT에서 탈퇴해야겠다' 생각한 거죠.

북한은 NPT에 가입했다가 탈퇴한 상태에서 핵무기를 갖게 된 독특한 케이스거든요. 애초부터 NPT에 가입하지 않고 핵무기를 가진 이스라엘, 인도, 파키스탄과는 경우가 다르죠. 북핵 문제라는 걸 큰 맥락에서 이해하지 않으면 안 되는데, 장관님이 이 문제에서 굉장히 중요한 역할을 할 수 있는 자리에 갑자기 가게 된 거죠. 1993년 봄에 터진 핵 문제라는 게 대체 무엇인지부터 말씀해주셨으면 해요.

북한이 NPT에 가입한 게 1985년 12월입니다. 소련의 권유 때문이었죠. 1991년 12월 남북이 기본합의서 및 한반도 비핵화 공동선언에 합의했고, 북한은 다음 해 1월 IAEA와 안전협정을 체결합니다. 안전협정을 체결해야 북한이 핵무기를 개발했는지 여부를 IAEA가 점검할 수 있으니까요. 그 직후인 1월 21일 북한 김용순(金容淳) 노동당 국제비서가 뉴욕으로 가서 아놀드 캔터(Arnold Kantor) 미 국무차관을 만나 북미 수교를 논의했으나 받아들여지지 않았죠. 미국이 북한과 수교해주면 앞으로 주한미군 철수를 요구하지 않겠다고까지 했는데 미국은 북한의 그런 요구를 거절했습니다.

1992년 5월 북한은 핵시설에 대한 최초 보고서를 제출했고 IAEA가 첫번째 임시사찰을 합니다. 그런데 그해 7월 북한이 신고한 플루토늄 추출량이 실제와 일치하지 않는다는 게 드러납니다. 이 불일치를 밝혀낸 건 IAEA가 아니라 미국이라고 해요. 어쨌든 IAEA는 불일치를 규명해야겠다며 1993년 2월 9일 영변의 핵폐기물 저장소 두곳에 대한 특별사찰을 요구합니다. 북한은 이에 대해 전례 없는 "강도 같은" 요구라며 강력 반발했고 결국 3월 12일 NPT 탈퇴를 선언한 겁니다.

이렇게 핵 문제가 터지니까 청와대가 다급해서 저를 불러 사전 근무까지 시켰던 거예요. 외교안보 라인에서 올라오는 보고서들이 북한 분야, 외교 분야, 국방 분야, 국제안보 분야 보고서로 나뉘어요. 그걸 받아보는 정종욱 외교안보수석 비서관 입장에서는 국방비서관은 개인적으로 알지 못하는 사람이고 외교비서관은 아는 사람도 있고 모르는 사람도 있는데, 통일비서관으로 평소에 잘 알고 지내온 정세현을 데려다놓으면 되지 않겠나 생각했겠죠. 대학 후배였으니까요. 또 정종욱 교수는 제가 대학교수 하고 싶어 하는 걸 알고 여기저기 추천도 하면서 노력해주신 분인데, 그런 분이 도와달라고 하는 거에는 군말 없이 가는 게 도리죠. 그렇게 뽑혀가서 일했으니, 북핵 문제가 어떻게 생겼고 어떻게 풀릴 뻔하다가 어떻게 꼬였고, 그 책임을 외형적으로는 북한에 뒤집어씌워놓았지만 그런 일이 일어나도록 먼저 지뢰를 묻어놓은 것은 미국이었다는 말을 이제는 털어놓을 수 있죠.

NPT에서 탈퇴한 것은 IAEA가 특별사찰을 하겠다고 해서 한 것 아닙니까?

그렇죠.

샘플을 꺼냈는데 신고한 플루토늄 추출량과 미국에서 알고 있던 것과 달라서 이에 대해 추궁하니 탈퇴했던 거잖아요.

NPT에 가맹해 있더라도 국제사회에서 이를 양심적으로 신고하는 나라는 없을 거예요. 면전에서 협상하면서도 뒤통수 칠 준비를 하는 게 외교고 국제정치인데요. 압박이 들어올 수 있는 일을 자초하는 사람이 어디 있겠어요. 알고 있다가도 나중에 따지면 깜빡했다고 얼버무리고 넘어가는 것이 인지상정인데, 그걸 갖고 북한을 압박해오니까 'NPT에서 탈퇴하자. 간섭 받지 않고 일 좀 하자'고 생각했겠죠. 나가면 틀림없이 미국이 달래려 할 거라고 계산했을 거고요.

참고로 이스라엘과 인도, 파키스탄은 NPT에 아예 가입하지 않고 핵무기를 개발한 나라거든요.

아예 들어가질 않으니까 다른 나라에서 간섭할 수 없는 거예요. 북한이 처음에 NPT에 들어간 것은 소련이 들어가라고 해서였어요. 소련은 북한의 배후국가 역할을 하기도 했지만, 늘 북한을 의심했어요.

소련이 1955년부터 원자력 발전소도 지어주고 그랬잖아요.

의심하기 때문에 NPT에 들어가라고 한 거죠, 묶어놓으려고요. 미국이 1992년 수교 요청을 거절한 후에 세게 치고 들어오니까 북한은 반발하고, 미국은 북한이 이런 식으로 나오다 보면 군사적으로 어떤 행동을 할지 모르니 '내년(1993년)에 팀스피릿 훈련을 거행하는 걸로 결정해버리자' 했던 거죠. 이에 따라 총리급 회담이 김영삼 정권으로 넘어오면서 중지된 거예요. NPT 탈퇴 이후에 북한 핵이 대한민국 외교의 최고 우선과제가 되어버렸고요.

장관님이 청와대 통일비서관으로 들어갔을 당시에 북핵 사태를 보는 청와대 관리들이나 대통령의 인식 수준은 어땠습니까? 개인적으로는 당시 '우리 안에서 큰 위기의식이 있었나?' 싶거든요.

이 얘길 하려면 한반도 비핵화 공동선언 이야기까지 거슬러 올라갔다가 와야 해요. 김종휘 수석과 가까웠고 청와대 비서관으로 있던 고교 동기가 이야기해준 건데, 1991년 총리급 회담이 기본합의서를 만들어가는 쪽으로 방향이 잡혀서 긴밀하게 협의하는 모양새를 취하게 되니까, 그해 7월 미국이 김종휘 수석을 하와이로 불렀다고 해요. "당신네 지금 남북 간에 기본합의서 만든다고 좋아하지만 북한이 핵을 만들고 있어. 잘못하면 북한이 핵무기를 갖게 될지도 모르는데 그것도 모르고 기본합의서 만든다는 거야?"라면서 이참에 한반도 비핵화 공동선언을 덧붙이라고 했어요. 이른바 비핵 8원칙을 세우게 했죠. 핵무기의 시험·제조·생산·접수·보유·저장·배치·사용을 금지하는 원칙이에요. 이처럼 미국의 통보와 권고에 의해서 만들어진 것이 1991년 12월 31일 밤늦게 판문점에서 타결된 한반도 비핵화 공동선언입니다.

형식상은 권고지만 사실 지시였겠죠.

한미 간에 힘 있는 쪽이 권고하면 사실상 지시하는 거죠. 이처럼 미국의 권고와 요청을 반영해서 만든 것이 한반도 비핵화 공동선언인데, 이는 북한의 핵 활동을 원천적으로 차단하기 위한 측면도 있었지만 한국이 북한 핑계로 핵을 가지려고 할 우려도 없지 않았기 때문에 만들고자 했던 거예요. 박정희 정권 때 이미 그런 의심을 받았었죠. 북한의 비핵화를 위해서는 남한도 묶어야 했기 때문에 그 범위를 한반도로 잡은 거고요. 한반도 비핵화를 북한이 거부하지 못하게 만들기 위해서 1958년부터 주한미군 부대에 배치해놨던 전술 핵무기를 1991년에 모두 철수시킵니다. 1991년 12월 31일 밤늦게 공동선언문에 합의하는데, 임동원 통일원 차관과 이동복 안기부장 특보가 당시의 문서 작성 및 협상 책임자였죠. 성향과 대북관이 완전히 다른 두 사람이었기 때문에 자기들끼리 조정하는 데 힘들었겠지만 어쨌건 남북 간 '한반도 비핵화 공동선언'이 타결됐어요.

미국은 한반도 비핵화 공동선언으로 남과 북의 핵 개발을 봉쇄했다고 생각한 반면, 북한은 미국이 원하는 비핵화에 합의했으니까 수교도

해주리라고 생각하고 1992년 1월 미국에 김용순 비서를 보낸 거예요.
그런데 북미 수교는 거절당하지, 한반도 비핵화 공동선언에서 약속했
기 때문에 핵도 더 이상 가질 수가 없는 식으로 팔이 묶였는데 IAEA
를 시켜서 특별사찰을 하려 하니 '우리 손발을 묶어놓고 죽이려고 하
는구나' 생각했겠죠. 거기다 미국은 북한이 저항하는 게 두려웠는지,
1992년에 중단했던 팀스피릿 훈련까지 1993년 3월부터 재개한다고 했
고요.

　그러니 북한으로선 미국에 새 정권이 들어선 다음에 그들과 협상
하기로 마음먹었던 거죠. 클린턴(B. Clinton)이 1993년 1월 취임하고,
김영삼 정부가 2월 25일에 들어섰는데 불과 보름쯤 뒤인 3월 12일에
NPT 탈퇴 선언을 해버렸어요. 미국의 대통령이 민주당 소속이기 때
문에 아버지 부시, 즉 공화당 대통령보다는 나을 거라고 생각했을 거
예요. 딕 체니(Dick Cheney) 같은 강경파는 없을 거라고 기대했겠죠.
딕 체니는 정말 오만하고 못됐더라고요. 노무현 정부 때 미국 부통령
이었잖아요. 2004년 대통령 탄핵으로 고건(高建) 총리가 대통령 권한
대행으로 있을 때인데, 서울에 와서 고 총리를 완전히 자기 부하 대하
듯이 하더라고요. 저도 그 자리에 같이 있었어요.

김영삼 대통령의 대북관

　그런 일련의 흐름 속에서 북한은 3월 12일 NPT 탈퇴를 선택한 거

죠. 그즈음 한국에서는 비전향 장기수 이인모(李仁模) 송환 문제로 떠들썩했어요. 북으로 보내느냐 마느냐로 옥신각신하다가 결국 김영삼 정부 들어서 보내는 걸로 날짜를 잡았어요. 3월 13일이에요. 훈령조작 사건(노태우 정부 당시 안기부의 대통령 훈령 조작) 같은 불미스러운 일이 있었음에도 이인모 씨를 송환하기로 했어요. 새 정부가 들어설 때 대표적인 진보 성향 학자인 한완상(韓完相) 서울대 교수가 통일원 장관이 된 것도 이 결정에 큰 영향을 끼쳤다고 봅니다.

게다가 김영삼 대통령이 취임사에서 "어느 동맹국도 민족보다 나을 수는 없다"라고 했으니까요.

그 말이 무척 멋졌죠. 북한에서는 남쪽에 새로 들어선 정부는 적어도 미국을 잘 설득해서 북한이 바라는 바를 얻어낼 수 있도록 도와주지 않겠는가라고 계산했을 거예요. "어느 동맹국도 민족보다 나을 수 없다"라는 건 미국보다 북한에 잘해주겠다는 말이잖아요. YS는 자기가 그렇게까지 했는데 북한이 NPT에서 탈퇴하니까 화가 난 거고요. 자기가 한 말 때문에 더 화가 났을지도 모르죠.(웃음)
여하튼 이인모 씨를 3월 13일에 송환하기로 날까지 잡아놓고 발표까지 했는데 바로 전날 북한이 NPT 탈퇴 선언을 하고 나섰으니, 이런 상황에서 이인모 씨를 보내야 하느냐 말아야 하느냐 또다시 옥신각신하게 됐죠. 한완상 부총리는 보내야 한다고 하고, 박관용 대통령 비서실장은 안 된다고 하면서 내부 의견이 갈라지기 시작합니다. 저도 사실 한완상 교수가 갖고 있던 통일에 대한 감상적인 태도는 좋아하지 않았어요. 북핵 문제는 미국의 대북정책의 연장선상에서 일어났다고 봐야 하고, 한국 정부는 이를 잘 모르고 당한 거고요.

한국 정부는 북한이 NPT 탈퇴를 선언할 거라고는 예상 못한 거죠?

그렇죠. 청천벽력 같은 일이었죠. "어느 동맹국도 민족보다 나을 수는 없다"라고 했는데 그렇게 나오리라고 누가 생각했겠어요. 더구나 13일은 이인모 씨를 송환하기로 한 날이고요. 그래서 보내느냐 마느냐를 갖고 논쟁했지만 그런 결정은 오래 끌 필요가 없잖아요. 바로 강행했죠.

이인모 씨가 결국 북으로 갔죠?

갔죠. 한완상 부총리가 집요하거든요. 대통령께 직보할 수 있는 사이니까. 대통령으로서는 어찌 보면 박관용 실장보다 더 믿었을지 모르는데, 그런 사람이 체면에 관한 문제라는 식으로 이야기하니 이인모 씨를 보냈죠. 그러고 나서 분란이 일어나기 시작했어요.

두고두고 부담이 됐죠.

당시 한완상 부총리가 자꾸 북쪽과 접촉하려고 했어요. 자기가 북을 달래겠다는 식으로요. 그러면서 부총리급 회담을 열자고 제안했는데, 북에서는 할 수도 있다는 반응을 보였죠. 그즈음 어느 날 박관용 실장이 저를 방으로 불러서 갔더니, 한 부총리한테 전화하는 중이었어요. 제가 있는 자리에서 "한 부총리, 제발 그런 일 하지 마요. 각하한테 부담돼요”라고 하더군요. 결국 한 부총리는 남북회담을 못했지요.

본인이 해결할 수 있다고 생각한 거군요.

그렇죠. 자기가 북한을 설득할 수 있다는 자신감이 있었어요. 실제로 집념도 강하고 설득력도 갖춘 사람이니까요. 부총리급 회담을 열어야 한다는 쪽으로 바람을 잡고 북한에서도 호응해왔지만 결국 회담이 성사되지는 않았어요. 청와대 분위기가 반대하는 쪽이 강했거든요. 결국 한완상 부총리는 실력을 채 발휘하지 못하고 1993년 연말에 경질되고 맙니다.

북미 간에 북핵 문제로 옥신각신하는 와중에 남북 간에는 다음 해인 1994년 3월 19일 판문점에서 ‘서울 불바다’ 발언이 터졌습니다. 그 발언은 어쩌다가 나오게 된 건가요?

3월 19일은 남북 부총리급 회담을 위한 5차 실무회담 날이었어요. 한 부총리는 떠났지만 논의는 이어졌죠. 판문점 남측 ‘평화의 집’에서 회담을 치렀어요. 그날 북측 대표 박영수(朴英洙)가 그런 말을 내뱉은 건 맞는데, 사실 박영수가 난데없이 먼저 그 말을 던진 건 아니에요. 우리는 회담을 모니터링하고 있었기 때문에 사건의 순서를 알고 있어요. 우리 측 대표였던 송영대(宋榮大) 통일부 차관이 먼저 북쪽에 상당히 위협적인 말을 꺼냈어요. “그런 식으로 핵을 가지려고 하면 온전치 못할 거요”라고요. 그러자 박영수가 당장 발끈해서 “뭐야? 여기서 서울이 멀지 않아! 불바다가 될 수 있어”라고 했죠. 그런데 나중에 우리 방송에 나갈 때엔 그 앞부분은 안 나오더라고요. 북한을 '악마화'하려면 우리 쪽에서 먼저 꺼낸 말은 나오면 안 되니까요.

원래는 회담 도중에 그런 내용은 보도하지 말아야 하는 것 아닌가요?

김영삼 대통령의 대북관이 거기서 나오는 거예요. 저 놈들이 저런 식으로 나오는데 우리가 뭘 잘해주느냐는 식으로 반북으로 몰아가야 했던 거죠. 그러면서 '저렇게 나오는 놈들과 미국은 무슨 협상을 벌이겠다는 거냐. 미국은 북한을 거칠게 다뤄야 한다'라고 요구하는 거죠.

송영대 차관이 북에 대해서는 보수 강경파였어요. 그리고 원고 없이 이야기하는 법이 없고 반드시 원고를 썼죠. 그래서 송영대 차관이 회담 대표로 나설 때에는 대화사무국 직원들이 모든 경우의 발언을 써주느라 애를 먹었다고 해요. 김석우(金錫友) 차관 시절에는 회담이 한 번도 없었고, 제가 회담에 수석대표로 나설 때에는 발언문을 써주고 할 필요가 없었죠. 저는 그 자리에서 받아치거나 메모를 해뒀다가 "아까 했던 말이 과거에 당신들이 했던 말과는 다르네"라고 지적하는 식이었거든요. 직원들이 저한테는 "차관님 오시니까 쓸 데 없이 전략 카드 만들지 않아서 좋네요"라고 했어요. 앞서 체육회담 이야기할 때 잠시 언급했는데, 당시 남측에서는 A-1, B-1, B-3 등으로 카드를 만들어서 모니터링을 하고 있다가 운영부장과 대화사무국 간부들이 회담 대표들에게 '아무개 대표가 A-3을 꺼내서 읽도록 하라'라는 쪽지를 보내요. 그러면 그 카드 찾느라 시간이 다 가는 거예요.(웃음)

모양이 떨어지네요.(웃음)

북쪽에서는 분야나 주제에 관계없이 '회담꾼'들이 대표로 나오는데, 우리 쪽은 북한에 대해서나 회담에 대해서 잘 모르는 관련 단체에서 기를 쓰고 대표로 오니까 그런 거예요. 체육회담 할 때는 체육인들이 자기들이 한다고 우겨서 그런 식으로 진행됐죠. 그런데 송영대 차관은 전략 카드를 잘 찾아요. 자기가 고쳐 쓰기도 하고 그러니까요. 실력은 있어요. 그런데 보수 강경파니까 '이런 식으로 해서 좋을 거 없다'라는 식으로 겁을 좀 줘야겠다고 생각했나봐요. 그랬더니 박영수가 '뭐야? 서울이 여기서 멀지 않아' 하면서 세게 나온 거죠. 그러니 송영대 차관은 또 얼굴이 하얘지고요.(웃음)

그게 부총리 회담을 준비하기 위해서 만난 거였나요?

맞아요. 그러다 불바다 발언이 나오면서 끊어져버렸죠.

『한겨레』에 연재된 미 조지아대학 박한식(朴漢植) 교수의 회고록을 보니, 우리야 팀스피릿 훈련을 해도 어차피 매년 치르는 거니까 전쟁이 일어날 거라고 생각하지 않고 태평한데, 북한은 그 시기만 되면 그야말로 경기를 일으킨다는 거예요. 한 일주일 정도 아무것도 못한다고 해요, 대비하느라. 우리는 그걸 모르는 거죠.

그럼요. '나 아니면 남'이라고 하잖아요. 북측 병력이 115만명인데 장비가 신통치 않으니까 몸으로 때우려고 병력이 그만큼이나 되는 거예요. 그것도 이쪽에서는 '저렇게 무서운 놈들'이라고 말하게 만드는 요소가 되죠.

사실 경제력이나 군사력 측면에서 북한은 남한에 비교가 되지 않는데, 우리 머릿속에서는 북한이 더 강한 거죠. 박한식 교수가 북한에 50번 정도 다녀왔는데, 팀스피릿 훈련 때 가보면 언제나 초비상이라는 거예요.

이쪽에서는 비행기, 군함, 탱크와 장갑차 등이 어마어마하게 움직이잖아요. 그런 무기들은 다 석유로 움직이는 거죠. 우리는 원유를 연간 1억 300~400만 톤을 사다 쓰는데, 북한은 100만 톤이 안 돼요. 요즘은 송유 금지까지 되어서 80만 톤이 채 안 되는 것 같은데, 그렇게 보면 석유 사용량이 남한의 100분의 1도 안 되는 거죠. 그런 나라이니 이쪽에서 말로는 방어 훈련이고 공격적인 것이 아니라고 하지만, 공격과 방어가 종이 한장 차이인데 북으로서는 겁이 나겠죠. 여기서는 장난치듯이 때린 것인데 거기서는 코피 나고 큰일 난 거예요.

미국은 북한이 NPT를 탈퇴한 직후부터 협상하려고 했던 거잖아요?

협상을 바로 개시했죠. 그 얘기로 돌아갑시다. 1993년 6월 뉴욕에서 북미 고위급 회담이 열렸고 7월에는 제네바로 장소를 옮겼어요. 6월 뉴욕회담에서는 북한의 NPT 탈퇴 유보와 IAEA 사찰 지속, 그리고 7월에는 북한이 한국 및 IAEA와 논의를 시작하는 대신 미국은 북한의 핵 개발 포기 댓가로 경수로를 지원할 것을 원칙적으로 약속했습니다.

그런데 그 이전인 1993년 3월 북한이 NPT에서 탈퇴하니까 김영삼 대통령은 이를 괘씸하다고 생각했어요. 이인모 씨는 보내주는 걸로 일정이 잡혀 있던 터라 북송해줬지만요. 그러고 있는데 4월 말에서 5월 초쯤 됐을 거예요. 베를린에서 북미 간에 비공개 접촉이 시작된 것 같다는 소식이 들려왔어요.

그런 정보는 안기부에서 들어오는 겁니까, 대사관에서 들어오는 겁니까?

대개 정보기관을 통해서 들어온다고 봐야죠. 베를린 쪽에서도 당시 안기부 요원들이 헤집고 다니다 보니 뭐가 걸려도 걸리는 거죠. 외교관들은 점잖아서 정보기관 사람들만큼 치열하지는 않아요. 일일 동향이 보고되는데, 북미 간에 비밀 접촉이 있다는 움직임이 포착되었다는 보고가 안기부로부터 들어오니까 그 확인은 외교부에 시키는 수밖에 없죠. 독일 정부에서 우물우물하면 인정하는 거 아닙니까?

부인만 안 하면 인정하는 거죠.

대통령의 첫번째 지시가 북미 접촉을 말리라는 거였어요. "북한은 거칠게 다뤄야 한다. 그렇게 달래면 안 된다"라고요. 북한은 잘해주면 기고만장해진다는 생각이 김영삼 대통령에게 있었어요. "어느 동맹국도 민족보다 나을 수는 없다"라는 좋은 말은 해놨지만 뒤통수를 맞고 나니까 배신감 때문에라도 잘해주면 안 된다고 생각한 거죠. 그래서 회담을 말리라고 했지만, 우리가 말린다고 미국이 말려집니까?

실제로 YS가 북미 회담을 말리라고 지시한 겁니까?

그랬어요. 회담을 못하게 하라고요. 외교안보수석에게 지시를 내리니까 이를 외무부 장관에게 얘기해야 할 것 아닙니까. 실제로 미국에 그 이야기를 하는 역할은 외무부 일이었으니까요. 김영삼 대통령이 외교안보수석에게 매번 화를 내니까 마음 약한 정종욱 수석은 담배만 피워대는 거예요. 제가 가끔 수석실 문을 불쑥 열고 "왜 그러십니까?" 하면 "각하께서 회담 말리라고 역정을 내시는데…"라고 해요. 그렇게 했는데 못 말렸어요. 그해 6월 뉴욕에서 북미 간에 합의선언문을 만들어서 "우리는 제네바로 가서 본격적으로 협상하겠다"라는 식으로 발표를 해버려요.

대통령은 그 회담에 우리도 들어가게끔 하라고 역정을 냈지만 그런들 누가 넣어주나요? 미국에서도 그렇고, 북한에서도 핵 문제 결정권이 없는 남쪽이 뭐하러 들어오는가 했겠죠. 북핵 문제는 북미 수교 문제와 미국의 군사적 압박 때문에 일어난 거거든요. 핵 개발 의혹을 빙자하여 특별사찰을 해보려다가, 북한이 말을 잘 듣지 않을 것 같으니 팀스피릿 훈련을 재개하면서 군사적인 위협을 준 거잖아요. 북한으로서는 팀스피릿 훈련이 없었던 1992년 한해 동안 극락이었는데, 갑자기 재개한다고 하니 죽을 지경이죠. 없는 살림이지만 언제 어디로 포탄이 날아올지 모르니까 대비해야 하잖아요. 그런 상황에서 미국에서 바로 자기들의 의도를 알아채고 비밀 접촉을 해와서 양자 회담을 열어 해법을 찾자며 제네바로 가자고 하니 북한 입장에서는 잘됐죠. 그리고 우리가 회담을 못하게 하려 한다는 걸 미국에서도 북한에 얘기했을 거고, 우리 언론을 통해서도 조금씩 나왔으니까 북한은 다 알았겠죠. 그러니 회담에 끼워주지 않았어요. 회담이 차수를 거듭할 때마다 대통령은 "왜 못 들어가노?" 하면서 화를 내고요.

DJ의 활약과 지미 카터의 방북

통미봉남(通美封南)이었죠.

그때 통미봉남이라는 말을 쓴 게 노재봉 전 총리입니다. 1994년 11월 당시 국회 대정부 질문에서였어요. 나중에는 그것이 외교통상 용어집에 있는 것처럼 알려졌는데, 북한이 처음부터 전략적으로 우리를 빼고 미국과만 소통한 것은 아니에요. 미국과 북한이 대화하려고 할 때 그걸 말리다가 결과적으로 우리가 북핵 문제 대화에서 빠지게 된 겁니다. 우리가 자초한 일이었어요. 김영삼 정부가 북한과 협상으로 문제를 풀려고 하는 미국의 정책을 견제하려다가 그렇게 된 거죠.

그렇게 1993년 7월 제네바에서 회담이 본격적으로 시작돼요. 우리는 귀동냥만 할 수밖에 없었고요. 어떻게 되는지는 알아야 하잖아요. 제네바에서는 북한 대표부와 미국 대표부를 오가면서 회담이 진행됐는데, 우리 제네바 대표부 직원들이 그 회담 장소 앞에 서 있다가 미국 사람들로부터 이야기를 듣고는 우리 외교부에 보고했죠. 그때 제네바에 근무하던 외교관들 고생 많았어요. 자존심이 많이 상했을 거예요. 우리는 양측이 타협하는 쪽으로 가고 있다는 걸 감지만 하고 있었죠. 그러면서 1994년 5월 미국 쪽에서 북한과는 협상이 도저히 안 되겠다, 영변 핵단지를 폭격해야만 발본색원되겠다는 식의 이야기를 흘려요. 그게 진짜 의도였는지, 아니면 허세였는지 단정해 말할 수는 없지만 결과를 놓고 보면 후자라고 봐야 하지 않나 싶어요. 협상에 임하면서 장외압박 전술을 펴서 북한이 겁을 먹고 굽히고 나오도록 의도한 거죠.

그때 그 불을 끈 것이 DJ였어요. 북폭계획설이 슬슬 흘러나오던 중에 DJ가 그때 미국 NPC(National Press Club)의 초청을 받고 연설하러 워싱턴에 갔어요. 1994년 5월 24일이었어요. 1992년 14대 대선 낙선 후 1993년 한해 동안 영국 케임브리지 대학에 있다가 돌아와서 아직 정당(새정치국민회의)을 창당하기 전이었어요. 미국에는 아마 아태평화재단 이사장 자격으로 갔을 거예요. DJ가 5월 24일 NPC에서 이런 요지로 연설했어요. "이대로 봐두면 전쟁이 나겠다. 미국이 북한을 친다면 한반도는 그야말로 불바다가 되는 거고, 한국전쟁 때 3000만 인구 가운데 300만이 죽었는데 이번에는 훨씬 더 많은 인명 살상이 일어나게 생겼다. 미국이 그러지 못하게 하도록 막자면 북한도 움직여야 한다. 미국의 유력 정치인이 평양으로 들어가서 김일성 주석과 북핵 문제에 대해 담판을 지었으면 좋겠다. 내가 생각하기에는 현 정부에 영향력을 행사할 수 있는 전직 대통령이면 좋겠고 그중에는 지미 카터(Jimmy Carter)가 가장 좋을 것 같다."

DJ가 지미 카터와 가까웠어요. 제임스 레이니(James Laney)가 주한 미국대사로 와 있던 때였고요. DJ가 레이니와도 가까웠죠. 두 사람을 가깝게 만든 게 한완상 교수였을 거예요. 애틀랜타의 에머리대학에서 레이니는 학장이었고, 한완상은 거기서 박사 공부를 했거든요. 카터센터 역시 애틀랜타에 있죠. DJ가 카터가 김일성을 만나러 갔으면 좋겠다고 발언한 소식이 들려오자, 김영삼 대통령은 미국이 치려고 하면 치게 놔둬야 하는데 DJ가 쓸데없는 짓을 했다고, 저것도 말리라고 크게 역정을 냈어요. 말리라고 했지만 그게 또 말려지나요? 처음에는 미국에서 '우리는 카터에게 가라고 할 생각은 없다'라고 했어요. 이미 북폭계획설을 흘려놓은 참인데, DJ가 지미 카터가 북한에 갔으면 좋겠다고 말했다고 해서 대뜸 카터를 북한에 보내면 죽도 밥도 아닌 게 되잖아요. 그건 장외압박 전술이 아니죠.

하지만 얼마 지나지 않아 카터가 평양으로 가는 쪽으로 가닥이 잡히더라고요. 결국 카터가 북한에 갔어요. 1994년 6월 15일 들어갔는데, 미국 정부에서 비행기도 내줬어요. 정부의 의지가 실렸다고 봐야 하는 거죠. 그때 김일성 주석이 대동강에 호화 요트를 띄워놓고 회담하는 장면이 사진까지 나왔는데, 거기서 김일성 주석이 남북 정상회담을 주선해달라는 카드를 꺼냈어요. 수행 기자들까지 갔으니까 카터가 바로 그 얘기를 베이징으로 보냈고, 전 세계로 퍼졌어요. 김영삼 대통령은 또 외교안보수석을 불러다가 혼내고요.(웃음) 거기다 화풀이하는 거예요. 다 올라오라고 해서 외무부 장관이나 외교안보수석 등이 집단으로 기합 받는 그런 상황이 됐죠. 저야 일개 비서관이기 때문에 감히 배석도 못하고 수행도 못하고, 다녀오면 정종욱 수석이 얼굴이 벌개져서 담배를 피우는 것만 봤죠. "왜 그럽니까?" "각하가 또 DJ 때문에 역정을 내면서 막으라고 하시는데 막아지나."

한편, 갈 때는 공로로 들어갔던 카터가 올 때는 육로로 해서 판문점을 거쳐서 들어오겠다고 하는 바람에 어쩔 수 없이 그 안을 받을 수밖에 없었어요. 그때는 임수경 방북 당시와는 또 다른 상황이었죠. 평양에서 떠나서 판문점을 통해 서울까지 오는 데 네 시간 이상 걸립니다. 판문점을 통과해도 청와대까지 들어오는 시간이, 지금은 자유로가 있음에도 불구하고 한 시간 반씩 걸리니까 그때는 두 시간이 걸렸죠. 김영삼 대통령은 카터가 온다고 하니까 그를 맞이할 준비를 하고 있었어요. 기다리는 동안 김영삼 대통령은 마산의 멸치와 화이트와인을 들고 계셨대요. 많이 마시진 않았지만…

원래는 카터가 남북 정상회담 이야기를 전 세계에 내보낸 뒤에 김영삼 대통령이 안 한다고 이야기해서 그게 보도가 됐어요. 그런데 카터가 오는 동안 미국이 손을 쓴 것 같아요. 나중에 밝혀진 사실이지만 미국에서 북폭 계획을 세워놓고 한쪽으로 흘리면서도 북폭을 할 경우 돈이 얼마나 들어가고 희생은 얼마나 감수해야 하는지 검토해서 보고하라고 주한미군 사령부에 지시했다고 해요. 공식 문서를 보지는 못했기 때문에 숫자는 정확히 모르지만, 청와대 안에서 들은 얘기는 이랬어요. '6·25 때 3,000만 중에서 300만이 죽었는데, 영변을 치는 경우에 작전은 사흘 안에 끝날 수 있지만 북한이 절대로 가만히 있지 않을 거다. 장사정포, 방사포 같은 무기를 갖고 최전방에서 불을 뿜어대면 전면전으로 갈 수밖에 없다. 그래도 미국의 화력이 우위에 있기 때문에 이길 수는 있겠지만 전쟁 비용만 해도 1,000억 달러는 들 것이다. 복구하는 데는 30년이 걸리고 복구 비용은 3,000억 달러가 들 것이다.' 그때 우리나라의 GDP 총액이 복구 비용보다 약간 더 많은 정도였을 거예요. 지금은 1조 5,000억 달러쯤 되지만요. 복구를 남한이 책임진다손 치더라도, 전쟁 비용 등 미국이 써야 할 게 막대해 보였어요. 함부로 벌일 일이 아니구나 생각하고 있는 참이지만 자진해서 그만두겠다고 할 수는 없으니 미국도 퇴로를 찾을 수밖에 없었죠.

그런 상황에서 DJ가 이야기해서 카터가 움직인 거고요. 말은 못하지만 여기서 퇴로가 나왔으면 좋겠다고 생각했으니 카터에게 비행기를 내주는 등의 편의를 제공했을 거예요. 그러면서 마침 김일성이 정상회담 카드를 꺼내자 우리 보고 '불감청이지만 고소원이다, 받아라' 했던 거고요. 그런데 김영삼 대통령은 안 받겠다고 하니 미국이 달랬겠죠. 이 길밖에 없다고요. 불과 너덧 시간 전에 절대로 안 된다고 했던 김영삼 대통령이 카터를 만나고 나서는 "내 생각도 원래 그랬다"라면서 태도를 바꿨어요.(웃음) 김대중 대통령은 본인이 설명하고, 또 상대에게도 설명을 요구해요. 하지만 김영삼 대통령은 그러지 않았어요. 그런 분한테는 감히 묻지도 못하죠. 깊은 뜻이 있구나 하고 지나가는 거예요. 원래 내 생각이 그랬다는데요, 뭐.(웃음)

그렇게 해서 남북 정상회담이 합의가 되죠. 정상회담 준비를 위한 실무접촉이 부총리 급으로 시작됩니다. 6월 28일부터 판문점에서 개시했어요. 우리 쪽에서는 이홍구 통일부총리가 나갔어요. 한완상 부총리 후임으로 이영덕(李榮德) 부총리가 넉달쯤 있었고 5월 무렵부터는 이홍구 부총리가 일했죠. 북쪽에서는 노동당 대남 비서 김용순이 나왔어요. 모니터 화면으로 보니 자기가 부총리 급이라고 굉장히 젠 체를 하더라고요. "우리 부총리끼리 합의하면 됩니다." 그에 반해 이홍구 부총리는 목소리도 가늘고 먼저 나서는 스타일이 아니었어요. 정상회담 날짜는 7월 25~27일로 정하고, 이를 위한 실무 협상에는 안기부에서 윤여준(尹汝雋) 특보, 통일부에서 구본태(具本泰) 정책실장이 나갔어요. 북쪽에서는 누가 나왔는지 잘 기억이 안 나지만, 일정이나 방북 인원 같은 것을 합의했어요. 정상회담을 치르기 위해서는 경호 문제가 있으니까 경호회담도 따로 했습니다. 한달도 남지 않은 7월 25일에 회담을 열기로 정했으니 우리도 하루 빨리 전략을 세워야 했고요.

그때 회담을 평양에서 하기로 했나요?

그랬죠. 우리가 가는 게 편하거든요. 안 그러면 이철승 선생 같은 사람이 나와서 "6·25 사과하라!"라고 외치고 하니까요.(웃음)

정상회담 준비와 김일성의 사망

곧장 정상회담 준비에 착수했는데, 애를 많이 먹었어요. 합의한 날로부터 정상회담까지 한달이 채 안되니 시간이 짧잖아요. 윤여준 특보와 구본태 실장이 북측의 대표들과 세부적인 것들을 합의해가는 중이었고, 청와대에서는 우리 회담 전략을 별도로 세워야 했죠. 그런데 보안을 위해 참여 인원을 최소화하라는 대통령의 엄명 때문에 일은 산더미인데도 사람들을 적게 참여시킬 수밖에 없었어요. 외교안보수석은 대통령 지시가 그렇게 왔으니 그대로 따라야 한다고 하고요.

사실 대통령 앞에서는 "예" 해놓고 적당히 보안 잘 지키면서 융통성 있게 파견 인력들을 받아서 일을 시키면 대통령이 그것까지는 알수가 없잖아요. 통일부와 안기부에서 대책 계획서를 받고, 1970~80년대에 회담 경험이 있는 사람들에게 용역을 줘서 그들로부터 계획서를 받아서 취합하는 식으로 일해야 했는데… 그럴 수 있는 상황이 아니다 보니 도리 없이 청와대, 그것도 통일비서관인 제가 다 책임지고 준비해야만 했어요. 전략을 처음부터 만들려니 보름 이상 집에도 못 가고 그 안에서 살았어요. 아내가 갈아입을 옷가지들을 가져다주면 주차장에서 받아 차 안에서 갈아입고 그랬어요.

1994년 4월 7일자로 '통일안보정책조정회의'가 생겼는데, 그전까지 대북 및 북핵 정책 관련 조정기구가 없다 보니, 통일부총리, 외교안보수석, 외무부 장관 이야기가 다 다른 거예요. 특히 당시 한승주 외무부 장관은 또 독대를 해서 자기가 대통령을 설득하고 싶어 했던 것 같아요. 최고권력자의 참모가 되면 누구나 그러고 싶은 게 인지상정이죠. 요즘 말로 '문고리' 아녜요. 하지만 여러 부처가 관련되어 있는 문제에 대한 대책을 놓고 어느 한 부처 장관이 배석자 없이 대통령을 독대하는 건 바람직하지 않아요. 예전에도 정승판서가 왕을 만나면 반드시 승지가 배석해서 받아 적도록 하잖아요. 그보다 더 낮은 계급은 사초(史草)를 만들고요. 그런데 김영삼 정부 최대 난제가 된 북핵 문제를 놓고 외무부 장관이, 옛날로 치면 승지 격인 외교안보수석을 빼고 독대하게 해달라고 하면 안 되거든요. 그런데 당시 의전 수석은 외무부 출신이라 또 그렇게 해줬죠. 결국 외교안보수석을 완전히 배제하고 보고가 일어나는 거예요. 그걸 알게 된 정종욱 수석이 매우 괴로워했어요. 보기 딱하더라고요.

우리나라 외교관들 중에는 미국의 말이 절대적으로 옳다는 신념이 굉장히 강한 사람들이 적지 않아요. 고등학교 때부터 영어를 잘했다는 이정하 박사도 "정 박사는 양놈들을 자꾸 의심하고 별 거 아니라고 하지만 몰라서 그러는 거야. 실제로 겪으면 모르는 게 없고 다 생각하고 있어"라고 했죠. 말하자면 일대일의 관계로 보지 말라는 거였어요. 저는 "국제정치나 외교에서 '나 아니면 남'인데 어떻게 남의 나라하고 똑같이 생각하고 행동합니까? 우리의 이익이 있고 미국의 이익이 있는데 어떻게 미국이 하자는 대로 할 수 있나요?"라고 주장했지만, 소위 '친미파' 사람들은 동맹을 위해서는 그렇게 할 수밖에 없다고 말할 뿐인 거죠. 그들에게는 동맹이 수단이 아닌 목적이자 원칙이었어요.

한승주 장관도, 정종욱 수석도 서울대 외교학과에서 '외교에서는 내 나라 이익이 우선'임을 강조하셨던 이용희 교수 제자였는데, 미국 유학 후 두분의 입장이 좀 달라졌던 것 같아요. 서로 다른 한미관계관을 갖고 있으니, '미국한테 우리 이야기를 따로 해야 한다'는 입장인 정종욱 수석이 한승주 장관에게는 좀 불편했던 모양이에요. 일례로 한승주 장관이 다녀간 뒤에 외교안보수석이 불려가면 대통령이 "좀 전에 한 장관이 다녀갔는데, 나한테 얘기한 거 그대로 하지 말라고 해라"라고 하는데, 장관이 무슨 얘길 했는지는 외교안보수석이 모르는 거잖아요.(웃음) 그러면 정종욱 수석은 얼굴이 벌개져서 담배만 피우는 거예요.

정종욱 수석이 올린 걸 뒤집는 건가요?

아니죠. 외무부 장관이 대개 먼저 독대로 보고하고 난 뒤 외교안보수석이 뒤늦게 뒤처리를 하는 경우가 많았다는 거예요. 정종욱 수석만 해도 실장에게 보고하고 들어가야 하는데 장관은 직보로 들어가버리니까요. 대통령 귀를 잡는 싸움이 벌어지는 와중에 항상 한승주 장관이 선수를 친 거죠. 그러니 나중에 정종욱 수석은 들어갔다가 헛걸음만 하고요.

　그러면 한승주 장관과 정종욱 수석의 입장에 어떤 차이가 있었던 건가요?

　쉽게 이야기해서, 한승주 장관은 미국의 정책대로 하는 게 문제 해결에 도움이 된다는 입장이었고, 정종욱 수석은 우리 목소리를 좀 내야 한다는 거였죠. 각하의 입장도 있으니 우리가 각하의 체면도 좀 세워야 하는 것 아니냐고 하면, 한승주 쪽은 '그런 걸 따질 때냐. 빨리 문제를 해결해야 하고 힘 있는 미국이 하자는 대로 하는 것이 문제 해결을 앞당기는 거다'라는 식으로 말했죠. 그것 때문에 애를 많이 먹었어요.
　이런 혼선은 1994년 4월 6일, 통일외교안보정책 조정회의에서 협의한 뒤 보고하라는 김영삼 대통령 지시가 나오면서 가시게 됐어요. 아마도 박관용 비서실장의 작품이었던 것 같아요. 대통령 지시가 나온 이튿날인 4월 7일, 통일부총리를 의장으로 하고 외무부 장관, 국방부 장관, 안기부 부장, 대통령 비서실장, 외교안보수석을 멤버로 하는 첫 번째 통일외교안보정책 조정회의가 열렸어요.
　남북 정상회담 전략은 통일비서관실에서 통일부와 안기부의 회담 경험자 등을 통해 작성된 여러 보고서들을 취합해서 그 얼개를 짰어요. 그 최종보고서를 들고 가서 외교안보수석이 대통령께 보고했죠. 그런데 김영삼 대통령은 도통 글씨를 읽으려고 하질 않았어요. "내 귀가 좋으니까 말로 해, 말로." 그런데 말로 해서 그게 됩니까? 정종욱 수석이 말로 설명하느라 굉장히 애를 먹었어요. 본인도 잘 모르는 사안들이거든요. 예를 들어 고려연방제에 대해서 그분도 잘 모른단 말이에요. 고려연방제가 북한의 통일방안이라는 건 알지만, 그게 어떤 논리로 어떤 조건을 달고 있는지는 공부를 해야 알 수 있죠. 즉석에서 공부해서는 강의가 안 됩니다. 그걸로 박사학위는 받아야죠.(웃음) 어쨌거나, 김일성을 만났을 때 회담을 어떻게 해야 한다는, 회담 운영계획을 정종욱 수석이 보고하고 우리는 열심히 보고서를 작성했죠. 그러면서 수시로 통일안보정책 조정회의를 열고요.

조정회의는 일주일에 한번씩 정례적으로 열렸어요. 김영삼 대통령은 그 회의에서 논의되는 사안을 아무도 알면 안 된다, 차관도 모르게 하고 장관들만 알고 있으라고 했어요. 하지만 회의 내용을 대통령에게 보고해야 하니 기록은 남겨야 했죠. 그래서 선임비서관인 제가 혼자 서기로 들어가서 회의록을 작성했어요. 그런데 회의 내용을 장관에게만 팩스로 보내고 차관도 못 주게 했단 말이에요. 그래도 옛정이 있지, 친정인 통일원 차관한테도 안 줄 수는 없잖아요. "정 비서관, 어떻게 됐어요? 어떤 결론이 났어요? 우리가 준비할 건 알아야지" 하면, "예, 알겠습니다" 하고서 차관한테도 회의 내용을 보냈죠. 안기부에도 안 보낼 수가 없죠. 나중에 국정원 차장까지 하다가 2000년 정상회담 직전에 세상을 뜬 엄익준(嚴翼駿) 씨라고 있었어요. 대북전략 국장으로 차관보급이었죠. 중학교 3년 선배에 처남의 친구고 제 아내와도 잘 알았어요. "내가 알아야 할 것 아니야. 비밀 지킬 테니까 나만 좀 보내주지." 그러면 그쪽으로도 회의 기록을 보냈어요. 그리고 보면 나는 일종의 학벌 종파주의자야.(웃음) 그런데 이 내용이 새어나갈 경우에 대비해서 굉장히 압축하고 추상적인 표현을 많이 사용했기 때문에 그것만 봐서는 그 맥락을 알기가 어려웠어요. 그래서 회의 내용을 받아보는 두 사람이 수시로 전화해서 이게 무슨 뜻이냐고 물었어요. 문서로는 이렇게 표현했지만 실제로는 어떤 논의가 있었느냐고요. 그런 시절이 있었어요.

통일외교안보정책 조정회의에서는 그런 식으로 대책을 수시로 확인하고 다음 단계로는 무엇을 준비할 것인가 논의하고, 북한의 움직임에 대해 보고하고 새로운 방안을 세웠어요. 남북 정상회담이 합의된 후 그 회의가 자주 열렸는데, 정상회담을 보름 정도 앞둔 1994년 7월 9일 삼청동 남북대화사무국 남북회담장에서 조찬 회의로 조정회의가 시작되었어요. 8시에 시작해서 10시쯤 끝나려는데 밖에서 쪽지가 들어오는 거예요. 당시 안기부장이 김덕(金悳) 씨에게 수행비서가 쪽지를 전해줬어요. 그걸 보더니 의장인 이홍구 부총리에게 건네주더라고요. 이홍구 부총리가 약간 남 얘기하듯이, "북쪽에서 오늘 12시에 중대 발표를 한다네?"라고 해요. "그래요? 그러면 12시에 발표를 들어보고 헤어집시다." 이런저런 잡담을 나누면서 발표를 기다리고 있는데 12시 5분쯤에 또 쪽지가 들어와요. 이홍구 부총리가 보더니 또 남 얘기하듯이, "김일성이가 죽었대" 그래요.(웃음) 그러자 박관용 비서실장이 "다 같이 각하를 뵈러 갑시다"라고 해서 바로 대통령에게 김일성의 사망이 보고됐어요.

정종욱 수석이 다녀와서 말해주기를, 보고를 들은 김영삼 대통령의 첫 멘트가 "아쉽다"였대요. 정상회담을 못해서 아쉽다는 뜻으로 받아들여야겠지만, 노벨상이 날아간 것도 아쉬웠겠죠. 그 당시에 그런 상황에서 남북 정상회담을 하면 사실 김영삼, 김일성 두 사람에게 상을 같이 줘야 해요. 한참 뒤에야 김대중 대통령이 혼자서 받았지요. 하여간 김영삼 대통령은 노벨상 받을 기대를 품고 있었던 것 같아요.

감이 있었겠죠, 정상회담이 성사되면 받는다는.

그분은 감이 거의 동물적인 수준으로 탁월했어요. 기자들이 "YS는 허공에 점을 찍을 수 있는 사람이다"라고 했을 정도였죠. 정종욱 수석 통해서 김영삼 대통령에게 공부를 시켜드렸는데, 고려연방제, 주한미군 철수, 국가보안법 문제가 북한이 언필칭 들고 나오는 '3대 근본 문제'여서 그걸 위주로 설명했어요. 노태우 정부 때인 1992년 1월 21일 북한이 주한미군 철수를 요구하지 않는 조건으로 북미 수교를 제안했다가 성사되지 않았으니, 이번에는 주한미군 철수를 들고 나올 가능성이 있고 우리에게도 '당신네들도 미군 철수를 요구해라'라는 식으로 나올 수 있었죠. 그러니 주한미군 철수 주장의 배경이나 의도 같은 것을 설명해드려야 했어요. 당하더라도 알고 당해야죠.

이 '3대 근본 문제'가 7·4 공동성명의 자주·평화·민족대단결과도 연결됩니다. '자주'는 미국 없이, '평화'는 남북이 정치 협상을 통해 연방제 통일을 합의하는 방향으로 가는 것이고, '민족대단결'은 같은 민족끼리 적대하도록 만드는 국가보안법을 폐지해야 한다는 것이었죠. 북한은 이런 주장을 일관되게 펼쳤어요. 그런 저의를 깔고 7·4 공동성명에 그런 내용을 넣었는데 우리가 그런 복선까지는 생각을 못하고, 다만 명분상 거부할 수가 없으니까 받았다고 봐요. 그런 설명을 덧붙이면서 수석비서관에게 그랬어요. "말로는 각하가 김일성을 못 이깁니다. 각하는 말씀이 짧고 김일성은 장광설에 현하지변(懸河之辯)입니다. 그러니 일일이 대응할 필요가 없습니다." 회담에서는 상대의 주장에 일일이 대응하다 보면 말려들어갈 수밖에 없어요. 이런 건 안 되고, 저런 건 안 된다고 말하다보면 '그럼 다른 건 된다는 소리냐' 하고 치고 들어와서 어떻게든 자기 입장으로 끌고 가버려요.

회담에서는 일단 자기 얘기를 펼쳐야 해요. 접점을 만들고 거래하는 건 나중에 문안을 작성할 때 하면 될 일이지, 그 자리에서 반박하는 건 확실히 자신이 있지 않은 한 바람직하지 않아요. "절대로 말씀을 많이 하지 마시고요. 북한 경제가 이미 내리막길로 들어섰기 때문에 아마도 정상회담에서 대북 경제지원을 요청할 겁니다. 그건 우리가 해줄 필요가 있습니다. 경제적으로 도와주면 우리 말을 듣게 되어 있거든요. 경제를 도와줄 테니 휴전선 쪽에 전진 배치시켜놓은 장사정포와 방사포를 뒤로 물리라고 요구해서 그걸 합의하게 되면, 우리 경제력을 지렛대로 삼아서 군사적 긴장을 완화할 수 있는 틀을 짜나갈 수 있습니다. 그러면서 교류협력도 하면 되는 거고요." 제가 이렇게 정종욱 수석에게 말씀드리면 정 수석이 이를 보완해서 보고드리는 것이죠. 그랬더니 대통령이 이해가 빨라서 "그래, 돈 주면 안 되겠나"라고 하셨대요. 이해가 빠른 분이었죠.

그런 게 감인 거죠.

1994년 당시는 우리나라가 이미 외환보유고가 늘어나서 중고등학생의 해외 유학을 허용하기 시작할 때입니다. 1970년대에는 외국 유학을 가려는 사람이 소지할 수 있는 액수가 100달러밖에 안 됐어요. 그러니 현지 대학의 장학금을 받아야 갈 수 있었죠. 생활비 같은 것은 여기서 정기적으로 송금해주는 수밖에 없었고요. 처음 나갈 때 유학증명서를 내면 은행에서 100달러는 바꿔줬어요. 그렇지만 생면부지의 객지로 가면서 100달러만 가지면 불안하니까 200~300달러는 만들어가야죠. 명동의 외화 암시장에 가서 달러를 사서 숨겨야 했어요.

신발 밑창에 깔고 그러지 않았나요?

저는 넥타이의 꿰맨 부분을 풀어서 거기에 돈을 잘 접어서 집어넣
고 다리미로 다린 다음에 다시 꿰맸어요. 그러고 넥타이를 매면 신발
이나 바짓단에 넣을 필요가 없었죠.(웃음) 하여간 그때 만약에 7월 25일
부터 예정대로 정상회담을 치러서 7·27 남북공동성명이 나올 것을 대
비해 경제협력과 군사 긴장완화를 구조적으로 연결하는 합의를 도출
해내려고 미리 준비했어요. 그렇게 되었으면 1994년 '7·27 공동선언
(김영삼-김일성 정상회담 결과로 나왔을 선언)'이 2000년 6·15 공동선언과 크
게 다르지 않았을 겁니다. 여러 수사적인 표현은 앞뒤에 덧붙였겠지만
기본적으로 깔려 있는 것은 경제협력과 군사 긴장 완화, 두가지의 유
기적인 연계였어요. 그렇게 해서 우리가 주도적으로 한반도 상황을 안
정적으로 관리해나가려는 계획이었고, 평양에 가서 그 틀을 짜려고 했
죠. 그런데 김일성 주석이 죽어버린 거예요. 만감이 교차하더군요. '우
리 민족의 운명이 여기까지 밖에 안 되는구나. 정상회담을 치러서 남
북이 관계를 안정적으로 끌고 나갈 수 있는 팔자가 안 되는구나. 계속
적대하며 살아야 하는구나. 여기까지 왔는데 왜 죽어, 합의서나 만들
어놓고 죽지' 하는 원통한 마음이 들었어요. 다시는 그런 기회가 오지
않을 줄 알았어요. 그랬지만 만 6년이 못 되어서 2000년에 6·15 공동선
언이 나왔죠.

남북관계와 미국

장관님이 당시 통일비서관이었기 때문에 남북관계에 신경을 쓸 수밖에 없었지만, 북한의 핵과 미사일 개발 능력이라는 게 중요한 거였잖아요. 그 당시 YS 정부에서 군이나 청와대에서 북한의 이른바 비대칭무기 개발에 대해 어떻게 생각하고 있었나요? 기본적으로는 미국이 할 일이기는 했지만요.

기본적으로 미국이 할 일이었던 정도가 아니라, 북한의 군사 상황과 관련해서는 미국이 주는 정보가 '팩트'고, 미국이 하자는 대로 하는 것이 우리의 살 길이라는 인식이 마치 DNA처럼 심어져 있던 시절이에요. 6·25전쟁 이후 국민 절대 다수의 피 속에 그런 DNA가 생겼던 것 같아요.

북한의 군사 능력에 관한 사항은 미국을 추종한다는 기조였군요.

그럴 수밖에 없죠. 한국군에 대한 전시작전통제권도 미국이 갖고 있었고요. 과학장비도 신통치 않았고요. 미국은 에이왁스(AWACS, 공중조기경보통제기)니 U-2기 같은 정찰기를 보내서 화상 자료를 얻고, 오산 공군작전사령부 같은 곳에서는 전화 감청까지 했거든요. 감청하는 방에는 한국군 장교가 못 들어갑니다. 미군들만 들어가서 들을 수 있어요. 김영삼 정부 시절에 유종하(柳宗夏) 외교안보수석과 오산에 갔던 적이 있어요. 거기 화상 관측 담당자가 컴퓨터 앞에서 북한의 함정이

나 무기나 비행기 등의 궤적을 계속 추적해요. 화면을 보니, 점점이 움직이다가 군용기는 갑자기 사라져요. 민항기는 중국 쪽으로 들어가고요. 우리나라는 김포 쪽에서 수많은 선이 이리 가고 저리 가는데 북한은 한가해요. 그것까지는 그다지 인상적이지 않았는데, 그 옆을 보니 소리를 듣는 커다란 부스가 있었어요. 들어갈 수 있느냐고 물었더니 안 된다고 해요. 오직 미군 장교나 사병만 들어간다고요. 거기서 바로 핵심 정보가 나오는 거죠. 화상과 함께 소리까지 들어야 군사적인 동향 관련해서 가치 있는 정보가 되는 거니까요. "이 작전을 계속해라"든지 "별 것 아니니 통과시켜라" 같은 음성정보 없이 화면만 봐서는 소용이 없잖아요. 그나마 우리에게 흘리는 정보라곤 고작 우리를 부리기 좋은 정보들인 거죠. 겁줄 수 있는 것만 내놓는 거예요.

한미 군사협력 관계라는 게 여기까지구나 싶었죠. 동맹이라고는 하지만, 동맹이나 공조를 강조할수록 미국이 상황을 끌고 가려는 원칙의 굴레 속에 놓이는 것밖에 안 되는데, 그런 관계를 신성시하고 종교처럼 여기는 사람들을 볼 때마다 저는 좀 서글퍼져요. 오산 공군작전사령부 통신감청실에 한국군이 들어갈 수 없다는 현실을 보고, 북한의 군사 관련 동향이나 정보가 있는 그대로 우리에게 전달되지 않겠구나 깨달았어요. 그들이 가공한 정보만 볼 수 있는 거죠. 정보라는 것 자체가 '인포메이션'을 해석해서 '인텔리전스'로 만드는 과정까지를 가리킨다고 하는데, 그 현장을 또렷하게 보면서 과학장비가 왜 필요한지 전시작전통제권이 왜 필요한지 다시 한번 생각하게 됐어요.

우리가 미국에 의존하게 만드는 핵심 요인이 경제력이나 군사력보다는 정보력이라는 말씀이군요.

우리뿐만 아니라 미국이 세계를 지배하는 데서 군사 질서와 경제 질서가 양대 축이잖아요. 물론 이에 반발하는 나라도 있지만 요즘 트럼프(D. Trump) 대통령이 아무 나라나 상대로 해서 관세장벽을 세울 수 있는 게 미국이 경제 질서를 장악하고 있기 때문이죠. 여기에 미국 문화가 전 세계에 퍼져 있으니, 문화 질서까지도 장악한 거고요. 이 모든 것이 힘을 가질 수 있도록 만드는 것이 바로 정보 질서입니다. 국제 정보 질서를 장악하고 있기 때문에 미국 중심의 군사 질서도 유지가 되고, 경제 질서나 사회문화 질서도 유지될 수밖에 없는 거예요. 이중에서 가장 중요한 게 군사 정보고요. 미국이 그렇다면 그런 줄 알아야 하는 거죠.

특히 핵 문제로 들어가면, 미국이 우리한테 "북한이 지금 핵을 개발하는데 너희는 그런 것도 모르고 무슨 기본합의서를 만들려고 해?"라고 하면 한반도 비핵화 공동선언을 만들어야 하듯이요.

마지막으로, 남북관계에 대해서 남한이 1987년 민주화를 계기로 체제에 대한 자신감을 갖고 주도적으로 나왔다는 평가가 있는데요. 그런 면에서 보면 김영삼 정부가 민주화운동을 했던 사람들로 주로 구성된 정부란 말이에요. 그런데 노태우 정부 때에 비하면 김영삼 정부가 대북정책이나 대북방정책에서는 그다지 이렇다 할 것을 보여주지 못했는데, 왜 그랬던 겁니까?

대통령의 대북관 때문에 그랬던 거죠. 북한에 대한 김영삼 대통령의 적대의식, 반북의식이 강했으니까요. 처음부터 북미회담을 하지 말라고 한 걸 보세요. 북한은 거칠게 다뤄야지 달래면 안 된다고 생각했고요. 1988년의 7·7 선언도 87년 민주화 덕분에, 비록 군인 출신이기는 했지만 노태우 대통령이 당선된 후 발표했죠. 6공화국 시절에는 유럽에서 사회주의 체제가 빗장을 푸는 흐름을 타고 사회주의 진영과 자본주의 진영, 동쪽 진영과 서쪽 진영이 공존하는 시대로 가는 것이 아니냐고들 생각했어요. 그렇다면 우리도 중국이나 소련과 수교를 맺어보자 했죠. 또 미국이나 일본도 북한과 수교하게 했으면 좋겠다고 생각했고요. 그러면서 우리도 북한과 화해하고 협력해나가자 했던 게 노태우 정부의 북방정책이었어요.

북방과의 관계 개선은 사실 남북관계 개선을 위한 일종의 기초공사였어요. 당면해서는 88올림픽을 성공적으로 치르기 위한 계산도 들어있었지만, 어쨌건 총리급 회담을 통해서 북한의 체제를 보장했고 북한이 남북 간에 대결적인 행동을 벌이지 않게 만들기 위해 군사 분야의 회담도 이어갔고요. 당시 남북 군사회담 대표로 줄기차게 나왔던 이가 북한군 소장(별 한개)이었던 김영철(金英哲)입니다. 그때 김영철의 맞상대로 우리가 내보낸 사람은 박용옥(朴庸玉) 육군 준장이었고요. 김영철이 계급을 갖고 많이 놀렸다고 하더라고요. 저쪽은 별 하나지만 소장이었고, 우리 쪽에서 준장이라는 것은 장군에 준한 계급이라는 의미거든요. 김영철이 자기는 소장인데, 박용옥에게 "준장이 무슨 장군입니까" 하면서 놀려서 애를 먹었다고 해요. 그것 때문인지 박용옥 씨가 소장으로 빨리 승진했어요. 그다음부터는 거꾸로 김영철에게 "아직도 별 한개요?"라는 식으로 놀렸다고 하고요.(웃음)

7장

통일비서관 시절 2

대북 쌀 지원과 퍼주기 논란

김일성 주석 조문 파동

김일성이 사망했을 당시 이부영 의원이 국회 본회의에서 "김일성 주석의 사망에 조의를 표하고 7월 17일 예정된 추도대회에 조문사절단을 파견할 용의가 없느냐"고 발언하자 여당인 민자당 측에서 전쟁 범죄자를 어떻게 조문하느냐면서 난리를 쳤잖아요. 결국 조문도 못했을 뿐더러 남북관계에도 나쁜 영향을 미쳤는데, 당시 청와대 안에서는 조문 파동에 대해서 어떻게 움직이고 있었나요? 그저 '조문할 용의가 있느냐'라고 물어본 것뿐인데 이부영 의원이 완전히 악당이 되어버렸죠.

김일성 주석이 갑자기 사망하면서 정상회담이 무산되니까 김영삼 대통령은 바로 전군경계령을 내렸어요. 그게 북한 입장에서는 굉장히 적대적으로 느껴졌을 거예요.

우리는 방어적이라고 생각하고 내린 조치인데, 그쪽에서는 공격적 이라고 느꼈군요.

전군경계령이라는 것은 북한이 김일성 사망을 핑계 대고 남쪽을 상 대로 군사적으로 도발할지도 모른다는 전제로 내렸다고 봅니다. 당시 에는 그런 식으로 생각하는 사람들이 많았어요. 북한은 내부의 불안이 나 불만을 밖으로 배출하면서 대내 통합을 강화하려 한다고요.

우리도 그렇게 했으니까요.(웃음)

그랬죠. 우리도 북한 핑계를 대고 국내 정치 많이 했죠.(웃음) 아무튼 그때 전군경계령을 내리자 북한에서 비난의 목소리가 나왔어요.

성명을 냈나요?

성명까진 아니어도 코멘트가 나왔어요.

당시 클린턴 대통령은 조의 성명을 발표했고, 제네바에서 북한과 핵 협상 중이던 갈루치(R. Gallucci) 차관보를 보내 제네바 현지 북한 대사관에서 조문하게 했죠.

맞아요. 클린턴 대통령도 조문을 보내는데 한국 정부는 전군경계령 이나 내리고, 정상회담을 진행하려고 했던 인물에 대한 예의가 아니 라는 식으로 북한의 비난을 받았어요. 클린턴 대통령이 조문해버리는 바람에 대부분의 국가들이 조문했어요. 그런데 우리만 전군경계령을 내리니까 북쪽에서 가만히 있지 않았고, 그렇다고 뒤늦게나마 조문을 보내겠다고 할 수도 없는 상황이었는데 이부영 의원이 그런 얘길 꺼냈던 거예요.

그 상황에서 말했던 건가요? 타이밍이 안 좋았군요.

이부영 의원은 모든 걸 선의로만 생각하고 본인도 그렇게 처신해요. 그런데 북한에서 이미 그 사안을 갖고 각을 세우기 시작한 상황이니 타이밍이 좋진 않았죠. 그때 문익환 목사가 조문을 가겠다고 했어요. 이미 1989년 4월 김일성을 만난 적이 있었으니까요. 그것도 분란을 일으킬 수 있는 사안이었지만 북한에서 남측을 비난하는 와중이었고 이부영 의원이 국회에서 발언하는 바람에 크게 번지지는 않았어요.

대통령 입에서 북한붕괴론이 노골적으로 나오기 시작한 게 그때부터였어요. 의도한 바는 아니었겠지만, 조문 문제가 남쪽의 대북정책을 강경한 방향으로 선회하게 만드는 계기가 된 셈이죠. 이부영 의원의 제안은, 본인에게는 미안한 말이지만 타이밍이 맞지 않았어요. 클린턴도 조의 성명을 발표했는데, 그런 것도 못 보내게 되어버렸죠.

전군경계령은 대통령이 내리는 겁니까?

대통령이 내리는 거죠. 지시하면 되는 거예요. 국가안전보장회의(NSC)라는 게 박정희 정부 때부터 있었어요. 비상계획위원회는 국가안전보장회의 사무국 기능을 수행했고요. 보통은 회의를 개최해서 결의하는 식으로 전군경계령을 내리는 거지만, 긴급 상황에서는 대통령이 단독으로 경계령을 내리는 거라고 볼 수 있죠. 그렇게 해서 북한을 무척 자극했어요. 그때 북쪽으로부터 "인륜도 모르는 천치 바보"라는 말이 나오기 시작했습니다. 정상회담까지 하려고 했던 사람이 죽었는데 조전도 보내지 않고, 조문도 못 가게 했다는 거죠. 이부영 의원이 그런 얘길 하지 않았더라도 문익환 목사 같은 분은 가셨을 거예요. 물론 문 목사가 가도록 놔둘 수는 없었지만, 이부영 의원이 괜히 얘기를 하는 바람에 긁어 부스럼이 된 것은 사실이죠.

YS의 대북관이 형성된 계기

YS의 대북관을 어떻게 정의할 수 있을까요?

중요한 질문이에요. 김영삼 대통령의 대북관은 기본적으로 적대적이었습니다. 왜 그런 대북관이 형성되었는지는 잘 모르겠어요. 취임사에는 "어느 동맹국도 민족보다 나을 수 없다"라는 언급이 들어가 있지만 그건 본인의 작품은 아니고 한완상 통일부총리 내정자의 작품이라고 봐야 할 거예요. 대통령은 자기 생각과는 달랐음에도 불구하고 그 문장이 멋스러워 보이니까 읽었겠죠. 그런데 북한이 NPT를 탈퇴하면서 김영삼 대통령의 마음이 돌아섰다고 봐요. "북한을 거칠게 다뤄야지, 저렇게 미국처럼 달래고 협상해서는 절대로 안 된다. 말려라." 김영삼 대통령의 대북관이 적나라하게 반영된 말이죠.

북한은 제재의 대상이지 협상의 대상이 아니다?

제재까지는 아니고, 거칠게 다루라는 거였어요. 군사적으로 압박하라는 소리죠. 뭐 하러 협상하려고 하느냐면서요. 그리고 확인할 길은 없지만 그분 고향이 거제도잖아요. 6·25 당시 거제도에 포로수용소가 있었죠. 거기에 있던 반공포로들이 석방된 뒤에 국내 여기저기에 취업했습니다. 그 고향집에서도 머슴으로 포로 둘을 고용했다고 해요. 농사도 짓고 어장도 했거든요. 그 사람들과 가족들 사이에 좋지 않은 일이 있었던 것인지는 모르겠는데 그 일로 인해 '빨갱이는 빨갱이다' 라는 고정관념이 강하게 뱄다고들 해요. 김영삼 대통령의 어머니가 일찍 돌아가셨는데 그 사람들 때문이었다는, 확인할 길 없는 '설'도 있고요.

공비들한테 돌아가셨다는 말이 있지 않습니까?

공비가 아니고, 석방한 반공포로들이었대요. 반공포로들과 부대끼는 과정에서 그쪽 출신들에 대해 나쁘게 생각할 수밖에 없는 일이 있었고, 그것이 결국 북한에 대해 전반적으로 적대적인 태도를 갖게 되는 계기가 됐으리라는 추측이 있어요.

한가지 더, 김영삼 대통령이 정치를 처음 시작할 때 장택상(張澤相) 의원의 비서로 시작했습니다. 장택상이 이승만 대통령 때 총리도 했잖아요. 이승만 대통령이 반공주의자였고, 그 밑의 장택상 총리도 반공주의자였으니까 비서관이었던 김영삼도 영향을 좀 받지 않았겠어요?

장택상과 조병옥(趙炳玉)이 해방 공간에서 공안 책임자였죠.

장택상이 수도경찰청장, 조병옥이 미군정청 경무부장이었어요. YS가 해방 정국에서 반탁 대 찬탁으로 갈릴 때 이승만 쪽에 줄을 서서 대한민국 정부 초기 고관대작을 지냈던 사람의 비서관을 하다 보니 자연히 이승만 식의 대북관, 즉 반공이 몸에 밴 거죠. 장택상은 부르주아 출신이고 일본 유학도 다녀온 엘리트였는데, 해방 정국에서 부자들은 기본적으로 반공주의자들이었어요.

공산주의자들에게 다 빼앗기니까요.

직장에서도 그렇고 가정사적으로도 반공 포로와 얽힌 좋지 않은 일이 있었기 때문에 김영삼 대통령의 대북관은 강경했던 것 같아요. 특히 대통령이 된 후에 정상회담을 준비할 때까지만 해도 그렇지 않았는데, 회담이 깨지고 우리 쪽에서는 당연히 전군경계령을 내리는 걸로 생각한 것을 북측에서 "인륜도 모르는 망나니"라는 식으로 심하게 비난해오니까 김영삼 대통령의 대북관이 한뼘 더 반북 쪽으로 기울었다고 봐야 할 것 같아요.

북한 붕괴 대비 플랜

정상회담을 하기로 합의했고, 날짜까지 잡았는데 2주를 남기고 돌연 김일성이 사망했잖습니까. 우리 나름대로 김일성 사후의 대북정책이 어떻게 될 것인가 대비했어야 하는 것 아닌가요?

정상회담을 준비하면서 김일성 사후 대비책을 세울 수는 없었죠.

죽은 뒤에는 어떻게 대응할 것인지를 생각하지 않았나요?

솔직히 말하자면 그런 계획은 세워두지 못했어요. 김일성 사망 당시에는 그저 남북관계가 악화되는 쪽으로 가다 보니까 '북한을 어떻게 상대할까'보다는 '어떻게 관리할 것인가'를, 즉 북한이 잘못되어서 붕괴하면 어떻게 할 것인가를 걱정했어요.

김일성의 사망으로 북한 체제가 붕괴할 가능성이 높아졌다는 것이 당시 정부 내의 일반적인 합의였나요?

합의까지는 아니지만, 대통령 자신이 북한의 붕괴가 머지않았다는 식으로 생각했고 그런 말씀을 공개적으로 자주 꺼내셨지요. 그런데다가 1995년부터 탈북자가 나오기 시작했어요. 1995년 북한이 '고난의 행군'이라고 스스로 공표해가면서 1998년까지 어려운 시기를 지나게 되었죠. 탈북자가 나오기 시작하면서 우리 쪽에서는 북한 붕괴를 대비하기 시작한 거예요.

　그때 대통령이 북한 붕괴를 자꾸 말씀하시는데, 명색이 통일비서관인 제 판단에는 도저히 그게 일어날 가능성이 없었거든요. 그러니까 대통령한테 입력이 잘못됐다고 보고, 당시 유종하 외교안보수석에게 진지하게 얘기했어요. "각하께서 자꾸 북한 붕괴에 대해 말씀하시는데, 제가 볼 때는 김일성 사망이나 경제의 어려움 때문에 북한 체제가 붕괴한다는 건 말이 안 됩니다. 경제의 어려움 때문에 체제가 붕괴한다면, 문화대혁명 기간 동안 중국이 붕괴했어야 합니다." 문화대혁명 전 대약진운동 당시에 농사도 짓지 않고, 거기에 대기근도 겹쳐 4년간 굶어 죽은 사람만 4,000만명이 넘어요. 분명히 그건 이보다 경제가 나쁠 수는 없다는 증거인 거죠. 그런데 우리가 주목해야 할 점은 그것이 중국의 체제 붕괴로 이어지지 않았다는 거예요.

　'북한은 분명 경제가 어렵고, 이를 붕괴 요인이라고 볼 수 있다. 하지만 우리가 가장 싫어하는 독재체제로부터 붕괴 억제 요인이 나온다. 먹고살기 어렵다고 해서 주민들이 봉기해서 김정일을 쫓아내거나 할 수 있는 가능성은 전혀 없다.' 이런 식으로 유종하 외교안보수석에게 설명했어요. 그러면 유종하 수석이 이렇게 얘기해요. "정 비서관, 당신 뭐, 책 좀 읽고 그러는 모양인데, 각하는 지금 무척 고급 정보를 갖고 계신 분이야. 심층 정보를 갖고 북한이 곧 붕괴할 거니까 대비책을 세우라는 건데 무슨 쓸데없는 소리를 하고 그래. 통일원에 얘기해서 북한 붕괴 시 대비책이나 세우라고 해." 그런 정도였어요. 수석비서관이 그렇게 얘기할 정도가 되면 대통령이 굉장히 강한 신념을 갖고 있었다는 증거죠. 당시의 김영삼 대통령이 누구의 말을 듣고 그렇게 됐는지는 모르겠지만, 어쨌거나 그렇게 된 데는 북한 책임도 있습니다. 김영삼 대통령을 향해서 내내 심하게 욕했거든요. 인격모독적인 단어를 써가면서요.

한승수(韓昇洙) 비서실장이 저한테 "통일비서관은 저쪽 놈들이 각하 비난하는 것에 대해서 왜 보고하지 않습니까?"라고 물어요. "그걸 보고해서 뭘 합니까?" "얼마나 자주 욕하는지, 어떤 용어를 써가면서 욕하는지, 주 단위로 통계를 내서 보고자료를 보내시오." 그래서 안기부에서 파견 나와 있는 행정관들에게 지시해서 안기부로부터 통계자료를 받아 올렸어요. '김영삼 머저리 천치' 등등… 조문 문제 때문에 시작된 것인데, 그 뒤로는 시시때때로 악성 욕설이 김영삼 대통령 이름 뒤에 붙어 나왔어요. 박근혜 대통령 때 나온 것은 별로 세지 않다고 느꼈을 정도예요. 박근혜 대통령 본인은 기분 나빠했지만요. 이렇게 되니 점점 더 사이가 멀어지는 겁니다. 김영삼 대통령은 자길 욕하니까 대북 적대심이 더욱 강화되고, 우리에게 대책을 세우라고 했어요. 그런데 그런 일은 공개적으로 할 수가 없어요. 공개적으로 보여주면 컨틴전시 플랜(contingency plan)이라고 할 수 없죠. 그야말로 비밀 작업을 수행해야 해요. 그래서 티 나지 않게 몰래 일했죠.

북한 붕괴 대비 플랜이라는 게 YS 때 처음 나온 건가요?

그렇죠. 1995년 말에 만들었어요. 벌써 20년이 넘었으니까 이제는 말할 수 있죠.(웃음) 그때 탈북자들이 많이 나오면서, 그게 북한 붕괴의 신호라는 식으로 많은 사람들에게 입력되기 시작했어요. 그전에는 대통령의 대북 불쾌감이 적대감으로 표출됐는데, 실제로 탈북자들이 나오기 시작하니까 북한 체제 붕괴가 머지않았다고 생각하는 사람이 늘어났고요. '북한이탈주민의 보호 및 정착 지원에 관한 법률', 즉 북한이탈주민법도 그때 나왔죠. '하나원'이라는 탈북자 정착 시설도 설치하기로 했고요.

삼청동에 있는 총리 공관에서 대통령 지시로 이수성 총리 주재하에 유관 부처 장관들이 모여서 저녁에 회의를 치렀어요. 저는 통일비서관이었기 때문에 배석했고요. 거기서 나온 결론을 통일부 실무진에게 전달해야 했으니까요. 법률 만들 준비도, 정착 지원 시설 만들 준비도 해야 했죠. 일이 진전되면서 대통령의 지시를 받은 외교안보수석이 컨틴전시 플랜을 만들어야겠다고 생각해서 팀을 만들었어요. 외교부에서는 부국장급으로 한명을 파견했는데, 외교안보수석이 신임하는 외교부 후배를 데려온 거죠. 국방부에서도 글 잘 쓰는 대령을 한명 파견했고요. 여기에 안기부의 대북전략국장, 통일비서관인 저까지 총 다섯명이 모였어요. 그때는 토요일도 근무할 때니까 매주 토요일 오후부터 일요일 밤 늦게까지 연이어 토론하고 문서로 정리했어요.

언제부터 언제까지 했던 건지 정확히 기억이 나시나요?

1995년 겨울이었는데, 두어달 이상 했을 거예요. 선례가 없는 컨틴전시 플랜이기 때문에 그야말로 토론에 토론을 거듭했어요. 이게 동서독의 경우와는 다르단 말이에요. 동서독은 서로 왕래하다가 통일한 케이스였고, 우리는 3년 전쟁 후에 왕래도 없고 막혀 있던 데다 북쪽과 남쪽 모두 체제 유지를 위한 안보교육을 열심히 하는 바람에 적대감이 엄청나게 커져 있는 상태였죠. 북측 사람들이 남쪽으로 몰려온다고 했을 때 우리나라 사람들이 그들을 순순히 받아들이지 않고 배척할 것이 분명한데, 그렇다면 체류 시설을 어디에 설립해야 할 것인가 하는 문제가 있었어요. 사람들이 생활하는 근거지와 너무 가까워도 문제가 될 것이다, 휴전선과 가까이에 만들 것인가, 좀 더 남쪽에 세울 것인가 등 여러 경우의 수를 생각하면서 계획을 세웠죠.

이런 계획은 일본이 먼저 만들었다면서요?

1989년 베를린 장벽이 무너지고 난 뒤에 동독 사람들이 서독으로 밀려들어갔는데, 베를린이 동독 안에 있었기 때문에 베를린 장벽을 넘더라도 서베를린까지만 갈 수 있지, 서독으로는 갈 수가 없었어요. 그래서 동독 사람들이 오스트리아를 경유해 빙 둘러 독일 남부로 들어가기도 하고, 체코·헝가리 등을 거쳐 들어가기도 했죠. 그렇게 서독으로 난민들이 밀려들었는데, 그 모습을 보고 일본은 북한도 독일처럼 되면 틀림없이 난민이 되어 일본으로 들어올 거라고 생각한 거예요. '보트 피플'이 올 거라고요. 그러면 그 사람들을 어디에 살게 할 것인가, 체류 시설 건설 계획까지 다 세워뒀어요.

일본이 그 계획을 만든 게 언제였죠?

1989년 11월 베를린 장벽이 무너지고 난 뒤부터 바로 시작했어요. 1990년 초면 제가 세종연구소에 있을 땐데, 1989년 연말쯤 되어서 이용희 소장님이 "일본에서 이런 걸 하고 있다. 우리도 해야 하는데 우리 정부는 아무런 생각이 없다"라고 하면서 자료를 내밀었어요. 일본 사람들은 정부에서 시키지 않아도 각종 'NK 연구회'들을 조직해서 활동하고 있어요. NK는 '노스 코리아'죠. 무역회사 다니는 사람, 공무원, 자영업 하는 사람들이 모여서 자기 돈 내가면서 도시락 먹어가며 강사를 초청해서 공부해요. 그런 공부모임이 일본에는 많은데, 주한 일본 대사를 지냈던 스노베 료조(須之部量三)가 민간 연구단체들의 추대를 받는 식으로 총괄 책임자가 되어서 컨틴전시 플랜을 성안해둔 거예요.

1995년 말 플랜을 짤 때 그 자료를 구해다가 벤치마킹을 많이 했죠. 탈북자 체류 시설에 관한 것, 그 사람들의 후생이나 복지는 어떻게 챙길 것인가, 기존의 경찰 병력으로는 안 되니 별도로 경비병력을 늘려야 한다는 점에 대해서도 토론하고 계획을 세웠죠. 성안을 해놓고 1996년으로 넘어가서는 이제 더 이상 청와대가 직영할 일은 아니라는 생각에 통일원으로 넘겨줬죠. 통일원 소관이었으니까요. 해마다 늦여름이면 을지연습을 치르는데, 그때가 되면 일종의 시뮬레이션 방식으로 변화되는 상황에 맞게 훈련 내용을 현재화하는 작업을 연습 기간 내내 했어요. 지금에 와서는 그렇게 작업했다는 얘기를 꺼낼 수 있지만, 당시에는 그런 작업을 하느냐고 질문하는 것도 어리석은 거였고, 그에 대해 답하는 것도 마찬가지였어요. 컨틴전시 플랜은 답변하는 순간 그 의미가 사라지고 써먹을 수가 없어지니까요.

컨틴전시 플랜 관련해서 대량 난민을 예상하셨다고 하셨는데, 그보다 더 중요한 건 북한 정권의 붕괴를 대비한 것 아닙니까? 그러면 북한을 어떻게 안정화할 수 있다든지, 남한이 자동적으로 북한 영토를 접수할 수 없다든지 유엔 관할로 들어간다든지 하는 논의가 있었나요?

그때의 총 결론은 이거였어요. 북한에서 김정일이 축출되거나 살해되더라도 누군가 권력을 장악할 것 아닙니까? 그쪽의 최고 권력자가 죽으면 바로 우리 것이 된다고 생각하지만 그런 일은 절대로 일어나지 않죠. 대개 권력의 공백이 있으면 "권력은 총구에서 나온다"라는 마오 쩌둥의 명언처럼 총 가진 사람들이 권력을 잡게 되어 있습니다. 물론 그 과정에서 내전이 일어나면서 난민이 많이 나올 수 있기 때문에 우리는 그걸 대비한 거죠.

북한 자체가 처음부터 우리의 영토인 적이 없잖아요.

하지만 지금도 우리가 가서 접수하면 된다고 생각하는 사람 많아요.

그렇죠, 많은 사람들이 그렇게 생각하죠.

북한 붕괴에 대비하면서도 바로 우리가 관리할 수는 없으니까 일정 기간 동안 북한 지역을 특별관리 구역으로 설정하고 출입을 까다롭게 해야 한다는 방침도 세웠어요. 그 이유는 투기꾼들이 올라가면 북한 땅값이 천정부지로 뛰어버릴 것이고 북한의 소위 경제적 잠재력을 죽일 수 있다는 거였어요.

동서독의 경우를 벤치마킹한 것인데, 서독은 베를린 장벽이 무너질 때까지는 분단 상태 관리를 잘했어요. 다만 베를린 장벽이 무너진 뒤에 통일을 준비하는 과정에서 너무 서둘렀어요. 장벽이 무너진 게 1989년 11월 9일인데 1990년 7월에 화폐개혁을 끝내버렸단 말이에요. 동독 화폐와 서독 화폐의 명목 가치가 2 대 1이고 실질 가치는 4 대 1인데도 불구하고 1 대 1로 교환해주는 식으로 화폐를 통합했어요. 동독 사람들이 순간적으로는 큰돈을 받은 기분이고, 대접을 받은 기분이었을 거예요. 그런데 실제로 노동자로서 돈을 번다고 할 때, 임금을 똑같이 주어야 하는데 사회주의 노동자들의 노동 질이 높지 않거든요. 노동의 질은 떨어지는데 임금은 똑같이 주어야 하니까 아무도 동독 사람들을 채용하지 않는 거예요. 그러다 보니 동독 사람들에게는 결국 손해가 된 거죠.

둘째는 서독에 사는 동독 출신들의 동독 내 부동산에 대한 권리를 인정해줬어요. 화폐개혁은 동독 사람들의 표를 얻기 위해서, 부동산 권리 인정은 서독에 있는 동독 출신들의 표를 얻기 위해서 기민당(기독교민주연합)의 헬무트 콜 정부가 한 조치였어요. 그러면서 땅값이 올라갔죠. 그래서 우리는 그런 전철을 절대로 밟아서는 안 되고, 그러지 못하게 해야 한다고 생각했어요. 그러려면 북한 지역을 일정 기간 동안 특별관리 구역으로 지정하고 자유왕래를 못하게 해야 한다고 봤어요. 자유왕래가 가능해지면 틀림없이 투기꾼들이 올라가서 여기저기 땅을 사둔 뒤 나중에 권리를 주장할 테고요. 화폐통합에 대해서는 10년 이상 상황을 봐가면서 천천히 해도 늦지 않겠다고 생각했어요. 경제적으로는 그런 식의 계획을 세웠고, 바로 접수할 생각은 없었어요.

북한 통치는 유엔 등에 맡겨야 한다고 보셨나요?

아마도 친 남한 기조인 정권이 들어서지 않겠는가 생각했어요. 친남한 정권이 들어서도록 유도한 뒤에 그들이 그 지역을 잘 관리하면서 남북이 경제 공동체, 사회문화 공동체, 정치 공동체로 발전하도록 협조해나가면서 그때 가서 통일이 되어도 늦지 않다고 생각했어요. 독일처럼 서두르면 절대 안 된다고 봤죠. 그럼에도 불구하고 난민은 나올 거고요. 그런데 그 사람들을 어디에서 살게 할 것이냐가 중요했어요. 돌려보낼 것이냐, 여기서 살게 할 것이냐. 여기서 받아들여 살도록 해야 한다고 봤기 때문에 그에 맞춰서 준비했죠.

황장엽 비서의 망명

1995년 가을쯤 됐을 거예요. 탈북자들이 나오기 시작한 뒤예요. 제가 통일원에 들어간 1977년 당시 차관이었던 동훈이란 분이 청와대로 찾아와서 저에게 "나하고 베이징에 좀 갑시다"라고 해요. "북쪽에서 중요한 사람이 대통령 비서관인 정형을 만나자고 하니 갑시다." "누가 저를 보자고 해요?" "정말 중요한 사람이야." 저는 그게 황장엽인 줄 몰랐어요. 하지만 저를 보자고 하는 사람이 누가 됐건 제가 며칠 출근을 안 하고 자리를 비우면 기자들이 눈치를 채고 취재를 시작합니다. 그래서 "저는 위험해서 베이징 못 갑니다"그랬죠. 그때는 청와대 출입기자들이 수석비서관실이고 비서실장실이고 자유롭게 출입할 수 있었어요. 대통령 집무실만 빼고요. 노무현 정부 때부터는 그게 불가능해졌지만요. 그때 기자들은 자유로웠겠지만 저는 사실 귀찮았어요. 뭘 좀 하려고 하면 "정 선배!" 하면서 문 열고 들어와서는 회의용 탁자

에 앉아서 질문을 시작한다고요.(웃음)

그때 청와대 출입기자들이 굉장히 셌죠.

2018년 1월 주 헝가리 대사가 된 최규식(崔奎植) 씨가 당시『한국일보』정치부 기자로서 청와대에 출입했고,『조선일보』에서는 김창기(金昌基) 기자가 출입했어요. 1993~95년 무렵 청와대에 출입했던 언론사 정치부 기자들은 그 뒤로 편집국장까지 지내고 잘 풀렸어요.『한겨레』편집인을 지냈던 김종구(金鍾九) 기자도 그때 출입했고요. 어쨌든 그런 식으로 자주 와서 "비서관 어디 갔습니까?" 하면 행정관들이 우물우물할 것 아닙니까. 그러면 베이징을 뒤지라고 하면서 특파원에게 연락해요. 한국 사람이 투숙할 수 있는 호텔이라는 게 뻔하거든요. 멀리 외곽으로 나가서 만나지 않는 이상 비밀리에 미팅을 해도 몇 군데만 뒤지면 다 나오게 돼 있어요. 그런 이유로 저는 못 간다고 했죠. "아… 그쪽에서 꼭 보고 싶어 하는데." "누굽니까?" "황 선생이요." "황 선생이 누굽니까?" "황장엽 비서." 그 말을 듣고 '아, 도망가려고 하는구나' 하고 바로 눈치챘어요.

황장엽 비서가 김일성 시대에는 노동당 사상비서였습니다. 김정일 시대가 되면서 국제비서로 밀려났고요. 사상비서와 국제비서는 하늘과 땅 차이예요. 서열이 한참 아래죠. 국제비서는 미수교 국가들과의 당대당 외교를 맡아요. 아프리카 국가들에 주체사상 연구소가 많은데, 초가에 간판 걸어주고 물자와 활동비를 주면서 사진 찍고『로동신문』에 등장케 하는 일 등을 주선하는 게 국제비서가 하는 일이었죠. 말하자면 판공비 액수가 동그라미 한두개는 차이가 날 거예요. 사실상 강

등된 거죠.

"저는 위험해서 못 갑니다." 그때 이미 남북 교류협력에 관한 법률이 마련되어 있긴 했지만 신고하고 갈 수도 없었어요. 우연히 갔다가 만난 경우에는 일주일 이내에 보고하면 됐지만요. 그런데 대통령 비서관이 목적도 없이 우연히 베이징에 나타났다가 사후에 보고한다는 건 말이 안 되죠. 다만 민간인 자격의 사람들이 가서 호텔에서 우연히 만난다면 얘기가 돼요. 그래서 그때는 피했어요. 그 뒤로 1996년부터 탈북자가 쏟아지기 시작합니다. 그런데 1996년 동훈 차관이 또 와서 베이징에 가자는 거예요. "황 선생이 꼭 좀 보자고 하는데."

일단 청와대 쪽으로 줄을 대겠다는 심산이었군요.

그렇죠. 동훈 차관이 박정희 정부 때 청와대 사정비서관으로 일했는데, 예전에 청와대에서 일했던 사람들은 모든 것이 대통령한테만 보고되어야 한다고 생각하는 경우가 많았어요. 또 청와대에 청탁해 지시가 내려오도록 해서, 안 되는 일을 해달라고 했던 사람들도 많았고요. 법적으로 안 되는 일도 "대통령 비서실장한테 얘기해서 장관한테 전화하라고 해"라는 식으로 처리하려고 하는 경우가 있었죠. 군사정권에서 일했던 사람들은 지금도 그런 사고방식을 가진 경우가 왕왕 있어요.

그때는 그게 통했으니까 그랬겠죠.

통했죠. 동훈 차관은 박 대통령이 서거하고 난 뒤에 일본으로 가서 재일교포 신분으로 있으면서 중국에도 자주 갔고, 함경도 출신인 덕택에 줄이 닿아서 황장엽 비서를 알게 됐던 모양이에요. 중국에서는 북한 사람들을 만나기가 쉬우니까요. 1996년에 그분이 또 가자고 해서 그랬죠. "정말로 저는 못 갑니다. 황 선생이 이 시점에 자꾸 저를 보자고 하는 게 무슨 뜻인지는 알 것 같습니다. 그런데 저에게 은밀하게 도와달라고 이야기한다고 한들 제가 수석비서관이나 비서실장을 제치고 대통령에게 직보할 수도 없잖습니까."

일개 비서관이 대통령 독대는 못합니다. 상도동 출신의 '문고리'면 독대를 하지만 저는 그런 케이스가 아니고 그저 통일 분야 전문가라서 뽑혀간 거니까요. '문고리'들이 만약에 대통령 독대를 왜 하고 싶으냐고 물으면 얘기하지 않을 수가 없어요. "비서실장과 협의하고 올라오시죠"라고 하면 소문이 퍼지기 때문에 비밀리에 작업할 수가 없는 일이죠. 저는 그런 일에 개입하고 싶지 않다고 했어요. "차관님 주위에 대통령한테 직보할 수 있는 분이 있잖습니까. 현재는 민간인 신분이라고 할 수 있고요." 누구냐고 물어요. "차관님 대학 동기가 있는데 그러세요." "내 대학 동기 누구?" "이홍구 총리가 대학 동기 아니에요? 서울 법대." 당시는 이미 총리를 지내고 평통 수석부의장이었기 때문에 신분은 민간인이었습니다. 이회창, 동훈, 이홍구 등이 서울 법대 동기였거든요. "아, 그렇네." 그렇게 말해주고 저는 빠졌어요. 그 이후로 정말 이홍구 전 총리가 동훈 차관하고 같이 베이징에 갔는지까지는 모르고요.

그러고는 1997년 2월 황장엽 비서가 일본에 갔다가 베이징으로 돌아오면서 평양으로 들어가는 비행기를 타지 않고 우리 대사관 쪽으로 왔습니다. 즉 1996년에 이미 귀순 또는 탈북 의사가 대통령에게 전달됐을 거예요. 동훈 전 차관이 한번 일을 시작하면 놓지 않는 사람이거든요. 끝장을 봤죠. 박정희 대통령 밑에서 일했던 사람답게 일 추진력이 대단했어요. 그 밑에서 일했던 사람들은 대체로 그랬죠.

황장엽 망명의 최초 남측 접촉선이 동훈 차관이었다는 건가요?

중개 역할로는 그랬죠. 접촉 희망 대상자는 저였고요.

그러면 이홍구 전 총리가 갔던 건가요?

제가 확인할 길은 없지요. 1997년 황장엽 비서가 중국에서 남한으로 들어왔던 걸 보면 대통령에게 직보할 수 있는 사람이 만났다는 얘기예요. 황장엽 비서가 저를 지목하지는 않았을 거예요. 만약에 황 비서가 대통령 통일비서관을 특정해서 만나자고 했다면 대통령 비서관이 노동당 비서와 같은 급인 걸로 착각한 거죠.(웃음) 하지만 전혀 달라요. 그쪽은 당 비서가 내각의 장관 여러명을 거느리는 직책이니까요.

YS 정부를 사로잡은 북한붕괴론

제가 듣기로는 황장엽 비서가 남한보다는 미국으로 가길 원했다고 하던데요.

미국으로 가려고 했으면 저를 보자고 하면 안 됐죠. 대통령에게 직보할 수 있는 사람을 연결해달라는 말은 했을 거예요. 황장엽 비서도 이런 건 여러 사람이 알아선 안 되고, 정보기관이 알아서도 안 되고, 외교부에 얘기해봤자 되지도 않을 일이었으니 대통령에게 직보해서 그 지시를 받아서 은밀하게 처리해야 한다고 판단했을 거예요. 대통령 사정비서관을 지냈던 동훈 차관도 같은 생각을 품었을 거고요. 즉 황장엽은 1995년부터 도망치려고 했고 1996년에는 대통령에게도 그 뜻이 전달됐으니까, 대통령은 자기 임기 중에 황장엽 정도 되는 사람이 남쪽으로 넘어오려고 하는 걸 보니 북한이 붕괴하려는 것이라고 생각할 수밖에 없죠. 대통령이 그런 생각을 잠시만 품었던 게 아닌 까닭은, 이런저런 구체적인 증거가 발생한다고 보았기 때문이에요. 그때 통일비용 계산이 마구 횡행했는데, 대통령은 이 같은 정황을 종합해서 북한의 붕괴가 머지않았다고 생각한 거죠.

제가 그때 워싱턴 특파원이었는데 황장엽 망명 얘길 듣고 특파원들 전부 "북한도 이제 끝나나보다" 했거든요.

김영삼 대통령도 그랬어요. '사상비서로 일했던 사람이 넘어온다는 건 북한체제가 끝났다는 것 아니냐. 내 임기 중에 통일이 된다'라고 생각한 거죠. 황장엽 비서가 1997년 2월 망명을 신청하고 4월에 우리나라로 들어왔어요. 얼마 뒤인 6월 초에 안기부장실에서 연락이 왔어요. 그때는 제가 통일연구원장이 되어 있을 때예요. 1996년 말에 발령을 받았거든요. "부장님이 차나 한잔 하러 오시랍니다" 하길래 갔어요. 갔더니 저 말고도 서울대 외교학과의 하영선 교수, 연세대 북한경제

전공인 이영선(李榮善) 교수, 중앙대 북한경제 전공인 이상만(李相萬) 교수가 있더라고요. 국제정치 전공자 둘, 북한경제 전공자 둘을 부른 거죠. 부장실 옆방에서 대기하고 있는데, 부장이 먼저 나오더라고요.

그때 부장이 누구였죠?

권영해(權寧海)였어요. 권영해 부장 뒤로 사진에서만 보던 황장엽 비서가 나오는 거예요. 그 뒤로는 김덕홍(金德弘)이 나왔고요. 황장엽 비서가 가운데 앉고 그 옆으로 안기부장과 김덕홍이 앉은 뒤에 이야기가 시작됐어요. 황장엽 비서는 말을 별로 안 했어요. 김덕홍이 이야기를 주로 했고, 황 비서는 고개만 끄덕였죠. 김덕홍은 '우리가 여길 왜 왔느냐면 북쪽을 그대로 놔두면 인민들이 너무나 고생하기 때문이다. 김정일을 몰아내야 한다'라는 식으로 말했어요. "우리 형님(황장엽) 이름으로 인민군 장령(장성)들에게 편지를 보내서 봉기를 일으켜 김정일을 축출한 뒤에, 내가 우리 형님을 모시고 올라가 형님을 수반으로 하는 정부를 수립해서 북남이 협력하면 그만큼 통일이 빨라지지 않겠습니까? 그 일을 하러 왔수다."

그 순간 다른 사람들도 똑같이 생각했겠지만, '어디다 대고 헛소리를 하는가' 싶었어요. 당시는 그쪽에서 황장엽 비서가 도망친 뒤에 매일 『로동신문』에 "배신자여, 갈 테면 가라. 우리는 끝까지 지키리라 붉은 깃발을"이라고 쓰면서 황장엽 비서를 욕해대고 '절대로 이런 놈이 다시 나와서는 안 된다'는 식의 사상교육이 진행되던 때예요. 그런 시기에 남쪽으로 도주한 것으로 확인된 황장엽 비서의 편지가 인민군 장령들에게 어떻게 전달되겠습니까. 북한이 그렇게 허술한 곳이 아니에요. 세 갈래로 감시하는 사회라서 하나라도 잘못을 저지르면 꼼짝없이 잡혀가요. 그런 곳에서 어떻게 인민군 장성들이 황장엽의 편지를 받고 봉기해서 김정일 위원장을 몰아낸 뒤, '배신자'로 낙인찍힌 사람이 개선장군처럼 평양에 들어오도록 놔두겠어요? 거짓말을 하더라도 말이 되는 거짓말을 해야죠. 저는 콧방귀 뀌면서 가만히 있었는데, 다른 학자들은 학자답게 질문을 하더라고요. 저는 말이 안 되면 아예 질문을 안 하는데, 경제학자들은 관심이 많더라고요. 그쪽에서는 원론적으로만 대답해줬고요.

그러다 9월 초쯤 됐어요. 안기부가 내곡동으로 이사했는데, 현재 국가안보전략연구원의 전신인 국제문제조사연구소는 이문동에 그대로 있었던 때예요. "국제문제조사연구소 회의실로 오시랍니다." 어디서 연락이 왔느냐고 물었더니 안기부에서 왔다고 해요. 6월 초에는 제가 네 사람 가운데서 최고 연장자였는데, 9월 초에 가니까 한 20명 중에서 제가 최연소자더라고요. 오제도(吳制道) 변호사, 이철승 선생, 김창순(金昌順) 전 북한연구소 소장, 장경순(張坰淳) 장군 등이 있었어요. 김창순 소장은 평양 감옥에 있다가 한국전쟁 통에 내려온 월남자였지만 나중에는 극우화됐죠. 박정희 정권하에서 국회부의장을 지낸 장경순 장군은 지난번 촛불혁명 뒤 대선이 끝나고 소셜미디어에 "이로써 대한민국은 공산화되었다"라고 글을 쓴 분이에요.

그런데 김덕홍이 6월에 했던 그 얘기를 또 하는 거예요. 그 말도 안 되는 소리를요. 그랬더니 연세 많은 그분들이 맞는다고, 우리 정부가 황 선생을 도와서 일해야 한다고 하면서 박수를 치고 완전히 궐기대회 비슷하게 되더라고요. 저게 말이 된다고 생각하는 사람들이 있구나 했죠.

안기부에서 6월과 9월 황장엽과의 만남을 주선한 것은 어떤 의도였던 건가요?

대통령이 북한 붕괴가 임박했다고 믿고 있었으니까요. 권력에 가까울수록 대통령의 심기를 맞추려는 경향이 강해요. '그런 구상이 국민들 사이에서 상당히 지지 받고 있으니, 우리가 잘 관리하면 각하 재임 중에 좋은 일이 있을 수 있겠습니다'라는 얘기를 대통령에게 하고 싶어서가 아니었겠는가 생각해볼 따름이에요.

북한 붕괴를 적극적으로 도모한 것은 아니지만 가능성을 타진해봤다고는 할 수 있겠네요.

안기부장은 그런 건 아니었다고 반박할 수도 있겠지만요.

1994년 6월 카터 방북을 계기로 7월 25일부터 27일까지 정상회담을 개최하려 했다가 7월 8일 김일성이 사망하면서 이후 임기 내내 김영삼 대통령과 그 주변 고위 인사들은 북한붕괴론에 사로잡혔다고 할 수 있겠네요?

사로잡혔다기보다 확신했다고 봐요. 북한 붕괴 시의 대비책을 세우라고 했고 황장엽까지 넘어왔으니까요. 나머지 사람들은 '지록위마(指鹿爲馬)'를 행한 거죠. 권력의 주변부로 가면 그렇게 돼요. 사슴을 말이라고 하면서, '옳은 말씀'이라고 하는 사람들일수록 권력 가까이로 가고요. '무슨 소리냐, 그게 사슴이지 말이냐'라고 지적하는 사람은 도리어 역적으로 몰리고요. 6월 초에 모은 학자들에게 이야기해보며 테스트를 해봤지만 별로 반응이 없으니까, 보수 세력을 결집시킬 여론을 일으키는 데 적당한 사람들을 다시 모은 거죠.

김일성이 사망한 1994년 7월부터 1998년 2월 YS 퇴임 때까지 북한 붕괴론이라는 사고가 남한 정부를 지배했다…

그렇습니다. 대통령 머릿속을 지배했다고 보는 게 맞을 거예요.

제네바 합의

한편으로 남한 정부는 그랬지만, 미국은 북핵 협상을 계속한 끝에 1994년 10월 21일 제네바 합의를 이끌어냈죠. 사실 미국이 제네바 합의에 이른 배경에는 북한붕괴론도 있었지만 NPT 체제 유지에 대한 우려도 있었다고 해요. NPT 체제가 1970년에 25년 시한으로 시작돼 1995년에는 그 지속 여부를 결정해야 하는데, 만일 북한이 탈퇴하는 사태가 벌어지면 NPT 체제의 유효성에 대한 회의가 커질 테니까요. 제네바 합의가 나왔을 때 한국 정부의 입장은 어떤 거였습니까?

시간을 좀 거슬러 올라가야 하지만, 그것도 정리하고 넘어가야죠.

처음 베를린에서 북미 간에 비공개 협상을 시작했을 때 대통령이 그걸 말리라고 했다는 에피소드는 앞서 이야기했었죠.

사실 제네바 합의 내용은 우리가 덤터기를 쓴 것 아닙니까? 북한 경수로 건설비용의 70퍼센트를 우리가 부담해야 했으니까요. 회담에는 들어가보지도 못한 채로요.(웃음)

담벼락치기로라도 돌아가는 상황은 알고 있었죠. 그리고 결론을 짓기 전에 미국 측에서 우리에게 돈을 70퍼센트 내라고 한 거예요. 그때 결론이 '1) 1994년 10월 21일자로 북한의 영변 핵 활동 중단 2) 그로부터 3개월 이내에 수교 협상을 개시 3) 영변의 5000KW 원자로 가동을 중단하는 대신 그 400배에 해당하는 200만KW의 경수로 원자력발전소를 지어준다'는 거였어요. 그렇게 해놓고는 46억 달러나 되는 경수로 건설비용의 70퍼센트를 우리더러 내라고 하니까 당연히 김영삼 대통령 입장에서는 반발하죠. 우리는 회담장에 들어가보지도 못했는데 그런 요구를 하니까요. 그런데 미국 사람들이 어떻게 보면 참 영리해요. 사실 북한붕괴론은 미국이 만들어낸 신화 같은 건데, 이쪽에서 너무 많이 써먹다 보니까 그게 부메랑이 됐어요. "당신들이 북한 붕괴를 입에 달고 살지 않았느냐. 공사하는 중에 북한이 붕괴하면 원자력발전소를 북쪽 지역에 하나 더 짓는 것에 불과하다. 어차피 지을 건데, 돈을 내야 하지 않겠느냐"라고 했어요.

그런 말을 우리에게 실제로 했습니까?

그럼요.

누가 누구한테 했는지 말씀해주실 수 있나요?

그때 미국 측 협상 대표였던 갈루치가 우리 외교부에다 얘길 한 거죠. 그런 얘기가 들어오면 위에다 보고해야 하는 거고요. 김영삼 대통령은 붕괴론 때문에 '우리가 당하는구나' 한 게 아니라, '정말로 붕괴하면 우리 거니까'라고 생각했을 것 같아요. 그리고 20퍼센트를 일본에 떠넘겼는데, 일본은 계산이 빨랐어요. 공사비가 46억 달러 들어간다는 계산이 나와 있었는데, 20퍼센트를 내라고 하니 당시로선 9억 2,000만 달러였지만 환율 변동에 의해 더 늘어날 수도 있는 상황이었죠. 그러니 일본은 10억 달러로 금액을 정하더라고요. 나머지 10퍼센트는 미국이 낼 줄 알았는데 그것마저도 유럽연합(EU)에 뒤집어씌웠고요.

우리가 공사비 70퍼센트를 물게 된 데는, 북한붕괴론만 원인이 된 것은 아니고 당시에 협상하는 과정에서 한국형 경수로를 지원해야 한다는 내용이 있었기 때문이에요. 미국은 미국대로 자기들의 미국형 원자력발전소 건설 지원을 고집했어요. 그런데 한국형이라는 게 별것은 아니고 핵심 부품은 거의 미국 것이고 미국형에 가까운데, 몇가지만 한국 것으로 쓰고 한국이 건설한다는 의미였어요. 그 '코리안 스탠더드'를 통과시키기 위해서 무척 애를 쓰면서, 미국으로 하여금 북한을 설득하도록 했어요. 북한이 코리안 스탠더드를 받지 않으려고 했거든요. 자존심 상한다 이거죠. 북한은 '아메리칸 스탠더드'를 달라고 고집하고, 미국은 '코리안 스탠더드'를 받으라고 하는 형국이었죠. 우리는 멋모르고 미국 말을 따랐는데, 나중에는 공사비를 뒤집어쓰게 된 거예요.(웃음) '너희 것 납품해. 그리고 붕괴하면 어차피 너희 것이 될 텐데'라는 논리로요.

우리가 총 공사비의 70퍼센트, 일본이 20퍼센트에 상당하는 10억 달러, EU가 10퍼센트를 물었는데 그럼 미국은 무엇을 했느냐. 1994년부터 공사가 시작된다고 하면 공사 기간이 8년 소요된다는 계산이 나왔어요. 그 기간 동안 미국은 발전에 쓸 수 있는 중유 50만 톤을 매년 제공하는 것으로 자기들 역할을 정했어요. 그 사업을 시작할 때가 클린턴 땐데, 중유 톤당 가격이 50달러쯤 됐어요. 그런데 클린턴 정부 2기로 넘어가면서 유가 인상으로 중유 값이 톤당 100달러가 넘어가면서 재정 부담이 많아졌죠. 당시 공화당이 의회를 장악하고 있었기 때문에 그것에 돈을 못 쓰게 발목을 잡았지만 여러 군데에서 돈을 추렴해서 그 양을 맞춰서 중유를 보내주기는 했어요.

그런 뒤에 경수로 발전소 건설을 위한 협의기구로서 한반도에너지개발기구, 즉 KEDO(Korean Peninsula Energy Development Organization)를 만듭니다. 미국, 한국, 일본, EU가 이사회를 구성하고 북한은 협의 대상이었으니 다국적 기구였죠. KEDO가 북한에 들어가 작업하기 위해서는 몇가지 의정서가 필요했는데, 그걸 만드는 데 시간이 굉장히 오래 걸렸어요. 왜 그런가 보니, 의정서를 이렇게 만들겠다면서 자료를 건네주면 북한이 거기에 독소 조항은 없는지 찾아내느라고 연구하다시피 해서 오래 걸리는 거예요. 못 믿으니까요. 누구한테 물어볼 수도 없는 노릇이었고요. 미국이 그것 때문에 무척 짜증을 냈어요. 북한으로서는 미국이 짜증낸다고 서둘러서 아무렇게나 했다가는 나중에 코가 꿰어서 미국의 첩보수집이라든지 공작활동 같은 것을 허용하는 셈이 될 수 있으니까 꼼꼼해질 수밖에 없죠.

이런 탓에, 1994년 10월에 합의해놓고도 실질적으로 공사가 시작된 것은 1997년 말이었어요. 씁쓸했던 건, 본부가 뉴욕에 있던 KEDO가 경수로 건설 부지인 북한 남포로 들어와서 관리했는데, 돈도 하나도 안 낸 미국이 그 틀을 만들면서 자기들이 의장국을 해야겠다는 거였어요. 나머지 한국, 일본, EU는 이사국이고요. 자기들이 주도적인 위치를 가져가고, 돈을 많이 내는 한국과 일본은 또다른 주요 역할을 맡고, 그보다 적게 내는 EU는 상징적인 역할을 수행한다는 식으로 역할을 규정했어요. 돈도 안 낸 미국이 의장국으로서 멋대로 결정해버리고요. 한국에서 집행이사회 의장을 맡은 적이 있긴 해요. 장선섭(張宣燮) 대사가 경수로단장을 맡으면서 집행이사회 의장을 겸했었죠. 하지만 마음대로 휘젓는 미국 앞에서 무슨 소용이 있지는 않았지요.

KEDO가 공사를 시작하고 나서는 현지에 우리 요원도 파견 나갔어요. 현재 문재인 정부의 서훈(徐薰) 국정원장이 당시 KEDO의 파견직원 자격으로 공사 지역이었던 신포에서 2년인가 지내다 왔어요. 북한 사람들과 부대끼면서 살다 왔으니 북한에 대해 잘 알아요. 사람들과 완전히 어울려 살지는 않고 따로 살았지만, 그래도 일이 있을 때마다 만나면서 북한 사람들의 사고방식이나 화법 등에 대해서는 잘 익히게 됐어요. 그런데 KEDO 사업 과정을 지켜보니, 북한이 굉장히 방어적이더라고요. 괜히 트집을 잡는 정도까지는 아닌데, 일을 어렵게 만들어요. 외부의 간접 침략이 시작될지 모른다는 불안감이 그런 식으로 몸에 밴 거예요.

경수로 공사는 2003년 1월 미국 부시 정부 시절에 중단됐는데, 그때까지 총 공사가 35퍼센트 정도 진척됐을 거예요. 핵심 기술로는 넘어가지도 못했고, 시멘트로 원자로 외벽 공사를 하던 중에 부시 정부가 중단시켰죠. 우리가 내야 하는 돈이 46억 달러의 70퍼센트인 32억 2000만 달러 중에 약 11억 8700만 달러 정도 들어갔어요. 그게 다 현금으로 들어간 건 아니었고 물자로 들어간 겁니다. 우리가 코리언 스탠더드를 제공한다는 구실로 공사도 맡아서 했거든요. 대우중공업이 들어가서 공사했죠. 사실 그 돈은 우리나라 노동자들의 인건비로 되돌아오는 셈이었어요. 그리로는 물자가 가는 거였고요. 그 물자들도 실제로는 다 못 갔죠. 콘크리트 타설 공사를 하다가 공사가 중단됐으니까요. 이것도 북한붕괴론에 관련된 에피소드 가운데 하나예요.

제네바 합의 직후인 1994년 11월 미국 중간선거에서 공화당이 40여 년 만에 다수당이 되면서 미국의 합의 이행에 문제가 많이 생겼죠.

그것 때문에 클린턴 정부가 톤당 50달러 하는 중유 50만 톤 예산 2,500만 달러를 빼내질 못해서, 국방부에서 끌어내고 여기저기서 몇 달러씩 모아서 돈을 만들어서 보내면서도 약속은 지켰어요.

그 당시 미국이 대북 경제제재를 의미있게 해제한다고 하면서, 정작 그 해제라는 게 마그네사이트를 수출할 수 있게 해주고 북한을 여행하는 미국 국민의 신용카드 사용을 허용하는 정도여서 실망스러워하는 사람들이 있었죠.

태영호(太永浩)가 쓴 『3층 서기실의 암호』(2018)를 보면 미국도 제네바 합의 내용을 끝까지 지킬 의지가 없었지만 북한도 마찬가지였다고 해요. 그 당시 북한에서도 원전을 지어줄 거면 송전 등 제반 시설을 다 세워줘야 하는 것 아니냐는 논의가 있었지만 그냥 넘어갔다고 해요. 그 이유는 북한이 어떤 수로든 핵무기를 가지려 했기 때문이라고 썼더군요.

그건 최근에 숙청됐다고 하는, 주 UN 대표부 차석대사로 있었던 한성렬(韓成烈)이 한 말이에요. "경수로 발전소를 지어주기로 했으면 송배전 시설까지 같이 해줘야지, 전화기를 주면서 전홧줄을 안 주는 법이 어디 있는가?"라고 했어요. 명언이죠.(웃음)

태영호는 북한은 무슨 수가 있어도 핵무기를 가지려 했다, 제네바 합의는 핵무기 개발을 위해 시간을 끌고자 했던 거지 미국의 선의를 믿어서 합의한 것은 아니라고 하더라고요.

황장엽 비서도 남한에 오자마자 북한은 이미 핵무기를 갖고 있다고 했어요. 하지만 믿을 수 없는 얘기예요. 황 비서도 군수 담당 비서한테 들었다고 하면서 그런 허황된 이야기를 꺼냈어요. 상대방을 협상 테이블에 나오게 하려면 과장하고 겁을 주고 속이는 것도 필요하니까, 그렇게 할 수도 있다는 수준의 이야기를 마치 사실인 것처럼 내뱉더라고요. 3층 서기실에 훨씬 자주 출입했고 수뇌부와 가까웠던 사상비서 황장엽도 그럴진대, 태영호 공사가 3층 서기실에 얼마나 자주 출입했다고 핵에 대해서 정확하게 알 수 있었겠어요?

핵실험도 안하고 핵을 만들 수 있나요? 미국도 그 정도는 알지요. 실제로 북한이 핵무기를 만든 것은 2006년 10월 9일 1차 핵실험 이후에요. 사실 그때는 북한이 핵을 가졌다 해도 별 의미가 없었어요. 2017년

11월 29일, 미국 본토를 타격할 수 있는 1만 3,000킬로미터짜리 미사일을 확보한 다음에야 북한의 협상력이 커졌고 그러다 보니 트럼프 대통령이 수교를 해주고서라도 핵과 미사일을 빼앗겠다는 기조가 되었죠. 현재는 지지부진하지만 북미 정상회담도 두번이나 했잖아요. 김정은(金正恩) 시대에 와서는 핵을 내놓고서라도 경제발전을 이루겠다는 것이 북한의 공식적인 방침, 당의 입장으로 정했다는 것을 인정해야지, 이를 끝까지 무시하면 문제인 대통령만 바보가 되는 것이 아니라 트럼프 대통령도 똑같이 바보가 되는 거예요.

말씀처럼, 2018년부터 미국이 대북 협상에 진지하게 나서게 된 이유가 북한이 핵과 함께 미국을 타격할 수 있는 장거리 미사일을 개발했기 때문 아닙니까? 제네바 합의는 핵 개발만 동결시켰을 뿐이지 미사일 개발 제한에 대한 합의는 없었거든요.

그때는 그랬죠.

제네바 합의 이후 1995년부터 미사일 개발을 동결하기 위한 북미 협상이 시작됐는데 당시 MBC 이인용(李仁用) 기자가 특종을 터뜨렸던 걸로 기억해요. 그때 이스라엘에서 북한 미사일을 사려고 했다는 둥, 북한 쪽에서 '우리가 미사일 팔아서 연 10억 달러를 버니까 그만큼의 돈을 달라'는 둥 여러 보도가 있지 않았습니까. 제네바 합의 이후 북한의 미사일 개발과 관련된 북미 협상과 관련해서 혹시 남한 정부에서 역할을 수행했던 게 있습니까?

김영삼 정부 때는 없었죠.

김영삼 정부 때는 붕괴론 쪽에만 집중되어 있었던 거죠?

붕괴론도 붕괴론이지만, 미국이 북한과 협상하는 것 자체가 잘못된 거라고 봤으니까, 핵만 갖고 협상할 것이 아니라 미사일도 챙기라고 말할 계제가 아니었죠. 원칙적으로 그런 짓을 하면 안 된다는 입장이었으니까요. 그뿐만 아니라, 근본적으로 북한 군사 관련 정보 자체를 미국에 의존하는 한국 처지에서 미사일 관련 북미 간 협상에 끼어들 상황이 아니기도 했고요.

김영삼 정부 내내 북한의 핵이나 미사일 개발 능력에 관한 문제는 사실 남한 정부가 끼어들 틈 없이 북미 간에 이뤄진 거네요.

처음부터 반대했으니까요. 미국에서 북미 간에 논의한 내용도 우리에게 100퍼센트 얘기를 해주질 않았어요. 괜히 자세하게 얘기했다가 간섭이나 받을 수도 있으니까 대충만 말해주고 돈이나 내라고 했죠.(웃음)

김영삼 정부 시절에는 북한의 핵 개발 동결에 대해서만 북미 간 합의가 이뤄졌고, 김일성 사후에는 북한붕괴론으로 기울었다는 것으로 정리할 수 있겠네요.

대통령 자신이 그 부분을 거의 확신하다시피 했고, 그 대비책을 세우라고 지시했으니까요. 행정부 차원에서는 북한이탈주민 정착 지원에 관한 법률도 만들고 시설도 지을 준비를 했고요. 화해협력을 활성화하면서 북한이 더 이상 핵이나 미사일 등에 대해 관심을 갖지 않도록 유도하는 정책을 쓸 수가 없었죠.

대북 쌀 지원과 퍼주기 논란

강릉 지역 잠수함 무장공비 침투 사건이 1996년 9월에 일어나지 않았습니까? 그 사건이 남북관계를 더욱 악화시키지 않았나요?

1996년 9월 잠수함 침투 사건 전에 1995년 6월에 있었던 인공기 게양 사건부터 설명을 좀 할 필요가 있어요. 두 사건으로 국민들의 대북 정서가 아주 나빠졌거든요.

1995년 6월 25일, 북한에 보낼 쌀을 싣고 동해항을 떠난 첫 배가 27일 새벽에 청진항에 들어갈 때 북한군의 강압에 의해 인공기를 게양한 사건이 소위 '인공기 게양 사건'이죠. 원래 남북이 베이징에서 합의하기로는 쌀 싣고 가는 남한 배는 인공기를 달지 않고 북한 영해를 출입하기로 합의했는데, 청진항 주둔 군인들이 평양의 지시가 없었다면서 총을 들이대며 인공기를 달고 항구에 들어오라고 해서 문제가 된 겁니다.

이런 사건이 난 건 대북 쌀 지원이 애초에 투명하게 추진되지 않았기 때문이라고 봐요. 1995년 6월 25일이 한국전쟁 발발 50주년이었는데 그런 날에 쌀 수송선이 떠난 사정이 이랬어요. 6월 중순쯤 청와대 한승수(韓昇洙) 비서실장 주도로 재정경제원 이석채(李錫采) 차관을 수석대표로 한 남북 간 비밀회담이 베이징에서 치러졌어요. 통일비서관인 저도 쌀을 실은 배가 떠나기 며칠 전에야 그 사실을 알았어요. 그러니까 대북 쌀 지원용 1차 회담은 청와대 외교안보수석실은 물론 안기부도 몰랐던 거죠. 어쨌든 그 베이징 남북 비밀회담에서 쌀 15만 톤을 북한에 보내주기로 결정된 거예요.

그러기 전에 5월쯤 북한이 세계식량기구(WFP)에 식량 지원을 요청했다는 내용이 보도됐어요. 그러자 일본 측에서 50만 톤을 주겠다고 얼른 말을 흘렸죠. 그걸 우리가 앞질러 가려고 한 거고요. 김영삼 대통령이 일본 총리에게 전화해서 뒤로 물러서라고 했다는 얘기도 있었지만 그것까진 제가 정확히 확인은 못했고요. 우리가 일본보다 앞서서 줘야 한다는 명분으로 베이징에서 비밀리에 접촉한 거죠.

선박이 공해에서 남의 나라 영해로 들어갈 때는 배 앞쪽 깃대에 방문국의 깃발을 걸도록 되어 있어요. 공해로 나갈 때는 방문국의 깃발을 내리고, 배 뒷부분에 국적기를 달도록 되어 있고요. 그런데 북쪽에서는 남쪽으로부터 쌀을 받으면서도 그 사실이 주민들에게 알려지는 게 자존심이 상하니까 제공자 표시 없이 적십자 마크만 찍어서 쌀을 달라고 했어요. 결국 인공기와 태극기 모두 달지 않고 쌀을 수송하기로 합의했어요. 그런데 북한에 쌀 100만 톤을 보내기로 했다는 보도가 나오자, "무슨 돈이 있어서 그 쌀을 사 보내느냐"는 비판적 여론이 일어났어요. 그러자 정부가 우리 쌀의 7분의 1 가격이었던 안남미를 사서 보내면 된다고 해명했어요. 그랬더니 이제는 경상도 쪽에서 쌀농사를 짓던 농민들이 들고 일어났죠. 국산 쌀을 소비해야 그해 추곡수매가가 올라갈 텐데 왜 동남아 쌀을 사서 보내느냐고요. "쌀은 민족주의다"라는 거창한 구호를 내걸고요. 6·27 지방선거가 임박한 시기에 유권자들이 그렇게 움직이니까 정부는 긴장했죠. 1993년 2월 25일 출범한 정부가 1995년 6월 27일에 지방선거를 치르게 됐으니, 정확한 중간 평가인 셈이었거든요. 그래서 농민들 표를 의식해서 우리 쌀을 사서 보낼 수밖에 없다 보니 양이 15만 톤으로 확 줄어든 거예요. 우리 쌀값과 동남아 쌀값이 그때는 1 대 7이었기 때문에 그렇게 되었죠.

딱 7분의 1로 줄었네요. 그때는 무상 공여였습니까?

그렇죠. 그쪽에는 무상으로 주고 우리 내부적으로는 통일부가 남북협력기금으로 농림부에서 구매했고요.

비료는 차관 형식으로 주지 않았습니까?

그때 비료는 안 갔고, 나중에 비료를 줄 때도 비료만큼은 적십자를 통해서 무상으로 줬어요. 차관 형식을 택한 것은 김대중 정부 때 일이에요. 김대중 정부 들어와서 쌀을 30~40만 톤씩 북한에 보내는 과정에서 '퍼준다'는 이야기가 나오니까, 이건 퍼주는 게 아니고 차관 형식으로 주는 거라면서 대북 지원을 정당화한 거예요. 차관이라는 게 언젠가는 돌려받는다는 것 아닙니까.

1995년 6월 북으로 보내는 쌀의 양은 줄어들었지만, 지방선거를 앞둔 만큼 대대적으로 정치적 효과를 내려고 했어요. 그 첫 배가 6월

25일 동해에서 출발했어요. 처음에는 통일 부총리가 가서 '테이프 커팅'을 하려고 했어요. 그런데 갑자기 대통령께서 총리더러 가라고 해서, 이홍구 총리가 갔죠. 그날 비가 억수로 쏟아지는 와중에 출항식을 열고, 쌀을 실은 배가 불을 대낮같이 환하게 밝히고 떠났어요. 출항하는 장면이 TV로 중계됐는데, 먹구름이 하늘을 덮고 있는 가운데 장대 같은 소나기가 내리는데 떠나야 했던 상황이었어요. 청진항에 도착해야 하는 시간이 있으니까요. 출항일도 선거를 의식해서 잡았겠죠. 그러니 베이징에서 서둘러서 비공개로, 그것도 극소수 인원이 북한의 전금철(全今哲)과 만나 협상한 거죠.

그런데 사건이 일어난 거예요. 25일 저녁 동해항에서 출발한 배가 27일 청진항으로 들어가게 되어 있었어요. 직선으로 가면 그렇게 오래 걸리지 않을 텐데 일단 공해상으로 나갔다가 빙 돌아서 들어가야 하니까 그렇게 오래 걸리는 거예요. 배가 영해로 들어가면 도선사와 만나는 지점이 있습니다. 그 위치를 지시 받으면 거기에 닻을 내려놓고 기다려야 해요. 그러면 도선사가 나와서 줄을 타고 올라와서 배가 암초 같은 데 부딪히지 않는 곳으로 바닷길을 안내해줘요. 그런데 그 배로 도선사와 함께 군인들이 같이 올라와서 왜 인공기를 달지 않았느냐고 추궁한 거예요. 그 배가 '씨 아펙스호'였어요. 그 선장이 "우리는 정부로부터 피차 국기를 달지 않기로 했다는 지시를 받았다. 그래서 우리 국적기도 달지 않았다. 이는 베이징 합의에 의한 것이다"라고 말했죠. 그런데 북한 군인들이 총칼을 들이대면서 법대로 인공기를 달라고 하니까 달지 않을 수가 없었어요. 그런 상황에서 쌀을 내려놨는데, 남쪽에서 쌀이 왔다는 입소문이 날 수밖에 없었어요. 쌀 포대에 남쪽에서 왔다는 표시는 없고 적십자 마크만 찍혀 있었지만, 쌀을 가져간 사람들이 한국어로 말하니까 "남쪽에서 왔소?"하면서 정체가 드러났죠. 또 물건을 하역하는 데 1박 2일이 걸렸어요. 북한의 부두 하역 능력이 열악했거든요. 우리나라 같으면 컨테이너를 한꺼번에 들어서 내려놓고 인수증을 써주고 배는 보내면 되지만, 북에서는 전부 등짐을 져 날라야 했어요. 그러면서 말을 주거니 받거니 하니까 입소문이 퍼질 수밖에 없는 거죠.

씨 아펙스호가 하역을 끝내고는 북한 영해를 거쳐서 공해로 나와서 급하게 부산의 본사로 연락했어요. "죽을 뻔했습니다. 북쪽 사람들이 인공기 게양하지 않았다고 총칼 들이대면서 게양하라고 해서 인공기를 달았습니다" 하고요. 부산 본사는 생각 없이 기자들에게 그 얘기를 쫙 뿌렸고요. 그 이튿날 아침 『조선일보』 사설이 「퍼주고 뺨 맞기」였어요.

신났겠네요.(웃음) 최초의 대북 쌀 지원이 퍼주기 논란의 시작이 됐군요.

사실 6월 27일 밤에 부산에서 원산 쪽으로 떠난 두번째 배가 또 하나 있었어요. 그런데 『조선일보』에 관련 기사가 나오면서, 우리 국민들의 정서를 생각할 때 아무 일도 없었던 것처럼 지나칠 수는 없게 되었어요. 더구나 김영삼 대통령의 대북관에는 '그럼에도 불구하고'라는 게 없었어요. DJ는 '그럼에도 불구하고'였지만, YS는 그런 게 없었죠.

그날 저녁에 부산에서 두번째 배가 떠났는데 다음 날 조간신문의 가판(街版)이 배가 떠난 저녁 7시 반경에 나왔어요. 지금은 그렇지 않지만, 동아일보사 앞 지하도에 저녁 일곱시 반이면 다음 날 조간신문의 가판이 쫙 깔렸어요. 김영삼 정부 때 청와대 비서실은 가판 때문에 고생을 많이 했어요. 가판에 실린 기사가 정부에 불리한 거면 그걸 빼거나 완화시키거나, 하다못해 제목이라도 바꿔놓고서야 퇴근할 수 있었죠. 그런데 첫 배가 인공기 계양을 총칼로 강요받았다는 기사가 나오고, 거기에 자극적인 제목의 사설까지 나왔으니 북한으로부터 사과를 받기 전에는 쌀을 보낼 수 없게 된 거잖아요? 그래서 이미 부산항을 떠난 배가 북한 영해로 들어가버리기 전에 배를 돌려 나오도록 만들어야만 했어요.

그때 알았는데, 배들이 항해를 시작하면 본사하고 직통으로 교신하는 게 아니고 홍콩의 무선중개소와 교신 시간을 약속한다고 해요. "별일 없는가?" "별일 없다"라는 식의 소식을 주고받기 위한 시간 말이에요. 그 시간이 되기 전까지는 전원을 꺼놓는다고 해요. 배가 북한 영해로 들어가면 돌려올 수가 없잖아요. 연락이 안 된 채로 밤이 됐어요. 전날 밤에 배가 출발했으니 시간상으로는 북한 영해로 들어갔을 시각이에요. 홍콩 쪽 무선중개소를 통해 연락을 취해도 연결이 안 되니까 결국 해군에 지시를 내렸죠. 청와대 국방비서관실에 해군 대령이 파견을 나와 있으니까요. 해군 함정이 공해로 가서 계속 무전을 때리는 거죠. 원산항에 상당히 접근해 있는 상황에서야 드디어 무전을 받았어요. 불문곡직하고 돌아 나오라고 지시했고요. 우리 정부의 지시라고 하니까 돌아 나왔죠.

돌아 나오는데, 나중에 공해로 나와서야 안도의 한숨을 쉬었다는 거예요. 거꾸로 말해, 우리 배가 거기까지 들어갈 때까지 아무도 나타나지도 않고 근처에 배들이 오가는 게 보이지도 않았다는 건, 북한의 해양 경비 능력이 무척 열악하고 엉성하다는 증거이기도 했고요.

북한이 해상을 경계할 여유가 없었던 거군요.

그렇죠. 그런 상황이었지만 북한 영해로 들어갔다가 돌아서서 나오려니까 뒤에서 쫓아올까봐 걱정이 됐다는 거죠. 쫓아오면 다시 끌려갈 테니까요. 그렇게 공해상으로 간신히 나와서 돌아왔어요. 그러고는 북쪽에 항의하면서 사과를 요구한 거죠. 서로 국기를 걸지 않기로 한 베이징에서의 합의를 왜 어기느냐고요. 그랬더니 그쪽에서 바로 사과를 표하는 전통문이 판문점을 통해 왔어요. '씨 아펙스호에 피차 국기를 게양하지 않기로 한 합의를 현지에까지 전달하는 데 시간이 좀 걸렸다. 통신 상태가 좋지 않아 일어난 사고이고, 평양 측의 고의는 없다. 정중히 사과하고, 다시는 이런 일이 일어나지 않도록 노력하겠다'라는 내용이었어요. 재발 방지를 약속하는 전통문을 받고서야 두번째 배를 다시 보냈어요.

어쨌든 그렇게 쌀이 다시 가게 됐는데, 청진항에 입항했던 우리쪽 배가 인공기를 게양했다는 사실이 신문에 보도된 것은 6·27 지방선거가 끝난 뒤였어요. 지방선거 결과는 그것과 상관없이 여당의 참패였는데, 만약 투표 전에 그런 기사가 나갔더라면 당시 여당에게는 더욱 불리했겠죠. 지방선거 이틀 후에는 삼풍백화점이 무너졌고요.

그때 고난의 행군 시절이어서 북한의 국가 기능이 마비까지는 아니지만, 거의 그런 상황이었던 거죠?

1995년이면 고난의 행군 중이었고 탈북자가 나오기 시작한 시절이에요. 먹을 것이 없으니까 염치 불구하고 국제사회에 도와달라고 손을 내민 것이고, 거기에 일본이 먼저 50만 톤을 주겠다고 했어요. 그런데 우리의 분석으로는 일본의 그 제안은 1990년대 초, 전 주한 일본 대사였던 스노베 료조가 종합했던 북한 붕괴 시 대비책의 연장선상에서 나온 거였어요. 함경도나 강원도 쪽에서 보트피플이 나오면 해류의 흐름 때문에 니가타현 쪽으로 표류하게 되어 있고, 표류할수록 정확하게 일본 해안에 도착한다는 거예요. 고구려 유민들이 그래서 그쪽으로 들어갔죠. 서해 쪽으로 나오면 표류할수록 정확하게 규슈의 구마모토 쪽으로 들어가고요. 백제 유민들은 그리로 들어갔어요. 최인호(崔仁浩)의 『잃어버린 왕국』(2003)을 봐도 그런 내용이 나오죠. 참고로 구마모토의 한자가 '웅본(熊本)'인데, 옛날의 웅진(熊津) 즉 지금의 공주가 본향인 사람들이 살던 곳이라는 뜻이에요.

다시 말해, 일본에서는 북한 난민들이 일본으로 들어오지 않았으면 하는 바람으로 50만 톤을 보내주겠다고 한 거예요. 명분이야 인도주의를 표방했지만… 배가 고프면 처음에는 중국으로 가겠지만 거기서 틀림없이 막을 것이다, 그러면 바다로 나온다, 그러면 복잡해진다고 계산한 거예요.

당초 1차 회담 때 100만 톤을 줄 수 있다고 했던 게 약속처럼 되어서, 북한의 요청으로 2차 쌀회담이 베이징에서 열렸어요. 그 회담은 1차 때와는 달리 공개적으로 이뤄질 수밖에 없었어요. 1차 회담은 6월 중순쯤에 끝나서 25일에 배가 갔고, 2차 회담은 7월 중순쯤 이뤄졌어요. 그래서 제가 한승수 대통령 비서실장에게 가서 항의했죠. "이런 법이 어디 있습니까. 1차 때는 몰래 해서 지나갔다지만 2차 때에도 청와대 통일비서관을 참여시키지 않는 게 말이 됩니까?" "뭘 비서관까지

나서서 가려고 해, 이제 끝물인데." '퍼주고 뺨 맞기'라고 여론이 확 뒤집어졌고 선거는 졌기 때문에 더 이상 줄 수가 없게 됐어요. 6·27 지방선거에 이용하려고 했던 것은 '궐 밖의 정승' 격인 대통령의 최측근 참모가 낸 아이디어였을 거예요. 1차 쌀회담이 통일원은 물론 안기부도 모르게 철저한 보안 속에서 이뤄졌다는 건 기획 자체가 바깥쪽에서 나왔다는 증거죠.

남북 간의 긴장은 선거에 영향을 미치는데, 남북의 화해는 영향을 별로 주지 않는 것 같아요. 2000년 6·15 정상회담 때도 4·13 총선 사흘 전인 4월 10일에 개최 사실을 발표했지만 여당인 민주당이 졌잖아요.

남북 이슈가 좋은 일이고 나쁜 일이고 사실 선거에 별로 도움이 안 돼요. 우리 쪽이 남풍으로 북한을 어떻게 끌어들인다든지, 남북관계에 관한 보도가 대대적으로 나오든지 해도 선거에 도움이 안 돼요. 북쪽에서 총질을 했다고 해서 보수 진영에 도움이 되지도 않고요. 1996년 총선 무렵에 판문점에서 박격포 진지 구축 사건이 있었어요. 이것도 본래 작은 사건을 대통령이 크게 얘기하니까 대서특필됐는데, 그때 당시 여당이 총선에서 별로 도움을 못 받았어요. 하여간 북풍은 별로 도움이 안 돼요.

1995년 7월에 2차 쌀회담을 하러 가는데, 비서실장실의 보좌관으로 일했던 부이사관 한명을 대표단에 넣더라고요. 그러면서 저한테는 "비서관은 가지 말고 그 아래 과장더러 가라고 해요"라고 해서 조명균 (趙明均) 과장이 갔어요. 그렇게 해서 베이징에 갔는데 논의의 진도가 나가질 않더라고요. 그쪽은 100만 톤을 약속했으니 채워달라고 했고,

우리 쪽에서는 납치해간 우성호 선원들을 송환하라는 조건을 내걸었고요. 그전에 납치해갔거든요. 근데 사실은 쌀을 더 줄 수 있는 상황이 아니었기 때문에 그렇게 요구한 측면도 있어요.

우성호가 어선이었나요?

서해상에서 조업하던 어선이었죠. 북한 측 회담 대표는 우성호 사건에 대해서 군사 지역인 서해상에서 일어난 일은 국방위원회 소관이라 통일전선부가 감히 말을 꺼낼 수가 없다고 했어요. 결국 7월에는 이도 저도 아닌 상태로 회담이 끝나면서 쌀은 더 줄 수 없었죠. 그 뒤 9월에 제가 직접 베이징 3차 쌀회담에 갔을 때에도 그 일로 옥신각신했는데, 군부에서 답이 없다는 핑계만 대는 바람에 우성호 송환 문제가 미해결됨으로써 회담이 사실상 결렬된 상태로 돌아왔어요.

이 대목에서 꼭 기록으로 남길 얘기가 있어요. 3차 회담을 앞두고 한승수 비서실장이 저를 부르더라고요. "아무래도 이석채 차관이 북한과의 회담 경험이 없어서인지, 각하는 빨리 끊어버리라는데 끊지를 못하는 것 같다"라고 해요. 북풍으로 정치적인 이득을 보려던 꿈이 사라졌으니까 어서 마무리지으라고 했는데 그러질 못한 거죠. 어떻게 끊어야 하는지 경험이 없었으니까요. 회담에서는 우리가 박차고 나오면 안 돼요. 상대방이 지쳐서 일어나게 만들어야 하는 거죠.

회담 결렬이 누구 책임인가가 중요하죠.

"이번에는 정 비서관이 가서 끝내고 오시오"라고 하길래 "처음부터 보내시지, 좋은 일 할 때는 안 보내고 저한테는 회담 깨는 나쁜 일이나 시키고 말이에요"라고 투덜댔죠. "각하가 빨리 가서 끝내라고 하는데 이석채는 못 끝낼 것 같고, 정 비서관이 가서 해결하고 오시오." 내밀하게 악역을 맡으라는 명을 받고 간 거예요.

그때 통일원에서는 1차, 2차 때 못 갔던 구본태 정책실장이 대표로 갔어요. 사실 2차 회담이 열릴 때 비서실장에게 가서 "도대체 이게 어떻게 된 겁니까? 비밀리에 추진하다가 뒤늦게 들통이 나서 그럽니까?"하고 물었어요. "잘되어가고 있는데 중간에 베이징에 있던 사람들이 눈치를 채는 바람에 안기부가 올라탔지. 그 바람에 터진 거고." 베이징에서 남북이 비밀접촉 내지 비밀회담을 하고 있었다는 사실을 알아낸 안기부 직원이 바로 제가 대화사무국 운영부장으로 있던 시절 그 아래 협력과장으로 있던 김용환(金勇煥) 씨였어요. 그 사람이 중앙정보부 대화사무국이 통일원으로 넘어올 때 같이 왔다가 다시 안기부로 되돌아갔거든요. 안기부에서 힘을 좀 썼죠. 그 사람이 베이징을 뒤져서 알아낸 뒤에 자기 부장한테 "부장님, 비서실장이 이런 일을 하고 있습니다" 하고 보고한 거예요. 그때 안기부장은 권영해였고요.

대통령 특명 사안이었군요.

특명이어서 처음에는 안기부도 모르게 한 거죠. 두번째부터는 안기부도 끼어들어서 김용환 안기부장특보가 갔어요. 김용환 씨가 당시에 1급 특보를 맡고 있었는데, 회담 경험이 많았으니 이석채 차관한테 "회담 그렇게 하면 안 됩니다. 각하께서 끊으라고 하면 이리저리 해서 끊어야지 계속 만나서 술 먹고 밥 먹고 하면 안 됩니다"라고 조언했는데 듣질 않았다는 거예요. 이석채 차관이 김용환 특보가 직급이 낮고 안기부에 있다고는 하는데 본인이 모르는 사람이니 무시했겠지만, 저한테는 그럴 수가 없었어요.

사실 그때 나웅배 통일부총리는 재무부 장관을 지낸 후 통일부총리가 된 분인데, 기본적으로 보수 성향이었던 것 같아요. 그런데다가 1차 대북 협상 과정도 마음에 안 들고 하니까 쌀회담이 이어지는 것 자체를 못마땅해했어요. 그래도 그 지휘를 받는 구본태 실장은 '그럼에도 불구하고 쌀은 줘야 한다'는 입장이었어요. 상당히 진보적이었죠. 그래서 노태우 정부 말년에 통일원 차관을 지낸 임동원 장관이 구본태 실장을 무척 아꼈어요. 나중에 그 사람이 1996년 총선 때 신한국당 쪽에 가서 국회의원 출마했다가 낙선한 것은 정당 때문에 안 된 거지, 선거에 나가지 않고 계속 통일부에 있었더라면 김대중 정부에서 당연히 통일부 차관·장관을 맡을 사람이었어요. 실력도 있었고요. 나중에는 당 때문에 도리 없이 강경한 쪽으로 바뀌었는지 모르지만 대북관계에서 유화론을 펴던 사람이었어요.

여하튼 구본태 정책실장은 자기네 장관과는 달리 북한에 쌀을 더 주자는 쪽이었고, 저는 대통령의 지시로 회담을 끊어야만 하는 입장이었죠. 베이징에 갔더니 이석채 차관이 저를 만나자마자 연락관에게 "저쪽에 연락해서 저녁식사 같이하자고 하시오"라고 해요. 그래서 제가 "그게 무슨 소리요?"라고 했어요. 젊은 시절에 술자리 등에서 "어이, 이 과장" 부르면서 같이 어울리던, 친구의 친구니까요. 경복고등학교 1964년 졸업생으로 저랑 동갑이거든요. 그러니까 이석채 차관이 그동안 회담하기 전날 한잔하고 불고기도 사주고 했다고 말해요. 폭탄주를 깨끗하게 먹는다고 머리에다 털고 그랬다는 소문은 들었어요. 김용환 특보가 저한테 와서 귀띔해준 거예요.

너무 끈끈해졌군요.

그러니 회담이 끊어집니까. 그래서 제가 "하지 맙시다. 내일 아침에 기조발언 하는 것을 보고 사줄 만하면, 점심을 사든 저녁을 사든 해도 늦지 않습니다" 했죠. 내일 무슨 얘기가 나올지도 모르고, 각하께서 회담을 끝장내고 오라는데, 만나기만 하면 술을 마시느냐고 핀잔을 준 셈이죠. 이석채 차관이 입을 좀 삐죽대더라고요. 그런데 우리가 저녁을 먹으러 그동안 남북 대표단이 만났던 장소인 캠핀스키 호텔의 서라벌이라는 한식당에 가니까 이미 북쪽 대표단 사람들이 거기에 와 있었어요. '김유신의 말'처럼 말이죠.(웃음) 으레 연락이 올 것으로 기대했었고, 연락이 안 오더라도 틀림없이 느지막이라도 올 테니까 거기서 바로 방을 합치면 되는 것 아니냐고 생각했겠죠. 우리가 예약하고 가니까 북쪽 대표단은 방으로 못 들어가고 밖에서 서성대고 있더라고요. 우리는 방으로 그냥 들어가버렸어요.

무시하셨군요.(웃음)

거기서 아는 척을 하면 뭐합니까. 그래야 그 이튿날 아침에 야박하게 얘기할 수 있잖아요. 그렇게 해서 전날 술을 같이 안 먹고 다음 날 회담을 하는데, 북쪽에서 쌀 얘기는 꺼내지도 못하게 계속 우성호 얘기만 반복했어요. 그러면 북쪽 대표단이 내일 또 보자고 해요. 그러면 우리는 만나서 또 우성호 얘기를 꺼내고요. 나중에는 저쪽에서 지쳐서 기대를 접는 모양이더라고요. '고난의 행군' 중이던 북한에 좀 야박하게 대한 셈이어서 미안하기는 했지만, 대통령 비서관으로서는 대통령 지시를 어길 수가 없잖아요? 마음은 좀 짠했지만 어쩝니까.

"쌀을 줄 수 없으면 다른 건 줄 수 없겠소?" "뭐가 필요합니까?" "비료라든지, 영농 자재도 많은데." 무턱대고 안 된다고 할 수는 없잖아요. 그러면 적어 오라고 했죠. 그랬더니 그다음 날 적어왔는데, 제 기억에 비료, 농약, 농업용 비닐 박막 등이 쓰여 있었어요.

박막이라면 비닐하우스 만드는 것 말씀이시죠?

농업용 비닐에는 비닐하우스 만드는 것도 있고 잡초 못 나게 하는 멀칭용 비닐도 있어요. 고추나 감자를 그렇게 농사짓죠. 멀칭을 하면 잡초 없이 깨끗하게 자라요. 비가 오면 물은 들어가도록 해주면서도 증발은 안 되게 막아주고 햇빛은 흡수하고요. 멀칭이 등장하면서 수확량이 전에 비해 많이 올라갔죠. 일손도 많이 줄고요. 자연재해에 크게 영향을 받지 않게 된 거예요. 그뿐만 아니라 못자리 낼 때도 대나무 가지를 활처럼 휘게 해서 비닐 터널을 만들어주면 모가 빨리 올라오거든요. 북측에서 요구한 농업용 비닐은 온실 만들 것까지는 아니어도 멀칭 하는 박막 정도를 달라고 한 거예요. 그런데 북쪽에서는 통일원을 쌀을 더 이상 못 주게 하는 곳, 청와대는 주자고 하는 쪽으로 내부에서 분석한 모양이더군요.

그동안 그렇게 해왔으니까요.(웃음)

기관 서열이 높아서 제가 회담 때 차석이 됐어요. 수석대표가 있고, 청와대, 국정원, 통일원 순이었어요. 회담대표가 다섯명인가 됐을 거예요. 헤어지는데, 전금철 북측 단장이 "나는 청와대에서 정 선생이 나오길래 이번에는 해결이 될 줄 알았소. 실망이 크오"라고 서글프게 얘기하더군요. 그러면서 잡은 제 손을 놓지 않더라고요.

크게 낙담했군요. 청와대에서 나왔으니까 이번에는 될 거라고 생각했는데.

청와대에서 비서관급이 나오는 것을 보니까 이번에는 무언가 결심해서 밀어붙이려고 나오는 것 같았는데, 아니었던 거죠. 전금철 단장은 나중에 1998년 비료회담 때 북측 단장으로 또 만났어요. 그랬더니 이런 얘기를 꺼내는 거예요. 1995년에 쌀을 조금밖에 안 줬으니까 이번에는 비료를 많이 달라고요. 그때 쌀 지원은 외형은 그렇게 갖췄지만 순수한 인도주의적 측면이 아니라 일본보다 먼저 줘야 한다는 도리론도 있었고, 시기적으로도 6·27 지방선거에서 여당에 유리한 결과를 끌어내려고 한 것이라고 볼 수밖에 없습니다. 오비이락이라고 할 수도 있겠지만, 그렇지 않고서는 지방선거 이틀 전, 그것도 6·25전쟁 발발 50주년이 되는 6월 25일에, 또 아무리 언제까지 배를 보내겠다고 약속했다 하더라도 그렇게 폭우가 쏟아지는 밤에 쌀 수송선 첫 배를 출항시킬 수는 없지요. 출항을 연기하려고 했으면 얼마든지 했을 거예요. 정 안 되면 판문점에서 보내도 되고요. 판문점으로 나중에 사과 편지도 왔었거든요. 그럴 수 있었음에도 불구하고 25일에 출항을 강행했던 것은 선거에 영향을 주려고 했던 거죠. 그렇지만 「퍼주고 뺨 맞기」

사설이 결정타가 되어서 여론이 악화됐죠.

'어느 동맹국도 민족보다 나을 수 없다'면서 시작된 김영삼 정부의 대북정책은 김일성 사후에 조문을 못하게 하면서 꼬이기 시작했어요. 쌀 지원은 국내 정치에 이용해볼까 하는 마음을 갖고 있었기 때문에 시작했지만, 인공기 게양 사건으로 오락가락했고요. 그것도 불발되고 대북 지원은 더 이상 할 수 없게 되면서, 그 뒤로 탈북자들이 늘어나니까 소위 '컨틴전시 플랜'을 세우기도 했죠. 그 작업을 1995년 가을부터 초겨울까지 두어달 했어요. 그러면서 1996년에는 황장엽의 탈북 의지가 이쪽으로 전달되고요. 그러니 북한을 관리하는 차원에서 잘해주자거나 군사상 어떤 측면에서 안정시키자는 정책을 쓸 수도, 쓸 필요도 없게 되었어요. 경수로 사업은 1994년 타결이 된 뒤에 '코리안 스탠더드'를 납품하는 것으로 점점 굳어졌고, 미국이 KEDO를 주도하고 가니까 그대로 놔둔 거고요.

강릉 지역 무장공비 침투 사건과 차관 발령

앞에서 언급한 강릉 지역 잠수정 사건도 짚고 가야 해요. 1996년 9월 18일, 북한 측 잠수정이 우리 어민들이 쳐놓은 그물에 걸린 거예요. 뭔가에 걸렸으니 잠수정이 일단 올라오려고 했을 것이고, 그러면서 수면 위로 떠올랐을 것 아니에요? 그걸 강릉에서 동해 쪽으로 가던 택시 운전사가 발견하고 신고했어요. 그야말로 해프닝이었죠. 그물에 걸려서 떠오르니까 눈에 띈 데다 도망치지도 못하고 이쪽으로 끌려온 거죠.

　그때 제 기억으로는 남북관계가 하도 나빠서 사과를 받는 일에도 미국이 끼어들었던 것 같은데, 아닌가요?

　승조원들이 일부는 상륙해서 총을 갖고 있으니 전투가 벌어졌어요. 일부는 산을 잘 탔는지 산으로 올라갔고요. 그중 일부가 살아서 북으로 올라갔고 일부는 여기서 사살됐고요. '고난의 행군' 시절에 남쪽에서 자기들 상대로 군사적인 적대 행위를 벌이지 않을지 탐지하러 잠수정이 돌아다닌 거였겠죠. 그런데 잠수정에서 우리쪽 라면 봉지도 발견되고 해서 처음에는 북측이 발뺌하려고 했어요. 그런 건 재론할 필요가 없었고, 이 일을 사과하지 않으면 앞으로 우리는 상종도 하지 않겠다는 식으로 북한을 압박했어요.

　그 사건이 1996년 9월에 발생했고 그 뒤로 수색이 49일간 이어졌는데, 1996년이 사흘밖에 안 남은 12월 29일에, 남한 정부도 아닌 미국에 대고 북한이 공개적으로 사과를 표한 거예요. 심지어 미국은 크리스마스 무렵부터 연말 휴가 시즌이었는데 말이죠. 우리로서는 참 기분이 나빴죠. 작전통제권도 없는 우리를 무시한다는 뜻으로 북에서 그런 거니까요. 그런데 북한은 사과하면서도 꼭 양비론적으로 끝을 내거든요. 미국이나 우리가 잘못한 것도 없는데, '앞으로 이런 일이 재발하지 않도록 서로 함께 노력해나가자'라는 식으로요. 정부의 대북 기조가 우호적이면 그것도 사과했다고 치고 가지만, 대북 기조가 강경할 때는 주어를 분명히 하라면서 반박하는 경향이 있어요. 그때는 관계가 무척 나빴거든요. 탈북자가 계속 나오고 있던 때였고 이쪽에서는 탈북자가 몰려온다고 광고를 해대니까 북측이 속이 많이 상해 있던 상태에서 잠수정이 그물에 걸린 거죠. 간신히 살아 돌아간 승조원도 있지만 일부는 여기서 죽고 그걸로 여기서는 반북몰이를 한 상황이었어요. 그러니 북한은 이게 군사 문제라고 보고, 미국에 직접 사과해버린 거죠.

사과를 해도 남한한테는 못하겠다, 이거군요.

그러니 주어를 분명히 하라고 할 수도 없고, 됐다고 치고 1997년으로 넘어갔죠. 그때부터는 정권 말이 되니까 별 것 없었고요.

쌀 지원과 강릉 잠수정 침투 사건 등이 모두 남북관계를 악화시키는 요인으로 작용했군요.

쌀도 처음에는 좋은 뜻으로, 국내 정치에 유리한 효과를 가져오기 위해서 시도한 것인데 결과적으로 나쁘게 된 거였어요. 「퍼주고 뺨 맞기」라는 사설이 결정적으로 영향을 미쳤어요. 그 사설 쓴 사람은 남북 대결사에 있어서 불후의 명작을 남긴 거죠. 그리고 난 뒤에 1996년 9월 잠수정 사건이 터지면서 서로 죽이고 죽는 사고가 생겼음에도 북한이 사과를 미국에 해버리고요. 김영삼 정부 시절에 제가 청와대 비서관을 3년 8개월 가까이 했는데, 재미가 없었어요. 김일성 사망으로 남북 정상회담도 불발됐고, 남북관계에 아무런 성과가 없었으니까요.

북한의 NPT 탈퇴로 청와대에 발탁되어 들어간 정권 초기랑, 김일성 주석 생전의 정상회담 추진까지 좀 다이내믹했고 그다음부터는 밍밍했군요.

NPT 탈퇴 문제 때문에 비서관으로 갔지만, 정상회담이 합의되고 그걸 준비하면서 6월 16일부터 7월 9일 아침까지 스무사나흘 동안 집에도 못 가고 눈에서 열이 날 정도로 밤을 새우며 일할 때만 해도 '야, 난 정말 운 좋다'라고 생각했어요. 다들 행정부 부처인 줄도 모를 만큼 한미한 통일원에서 시작해서 남북 정상회담 준비까지 맡게 되다니, 이건 민족사에 남을 일이잖아요. 그런데 김일성 주석이 사망하고 조문 문제가 불거지면서 남북관계가 이전보다 더 나빠집니다. 그 뒤로는 말씀처럼 싱겁기만 했죠.

통일부 차관 낙마, 그리고 발탁

그러면 통일비서관이었다가 바로 민족통일연구원장으로 가신 건가요?

그렇죠. 인간적인 배신감을 뼈저리게 느낀 사건이 하나 있었어요. 1996년 8월 하순에 차관급 인사설이 나오던 때인데, 그동안 자기가 각하에게 말을 잘해줬으니까 이번에는 제가 틀림없이 통일원 차관으로 발령날 거라고 했던 사람이 의전수석 비서관이었던 김석우 씨였어요. 그래놓고는 자기가 그 자리로 갔어요. 발표하기 전날 저녁에 청와대에 들어간 SBS 전용학(田溶鶴) 기자와 『한겨레』 김종구 기자가 새벽 2시에 비서실장 공관에서 나온다고 하면서 전화를 줬어요. "정 선배, 이번에는 틀림없이 내려갑니다. 김광일(金光一) 비서실장 공관에서 내일 인사 때문에 여러 가지 백그라운드 브리핑도 받고 폭탄주도 몇잔 하고 내려가는 중인데, 내일 아침에 발표 날 겁니다." 제가 청와대 비서관을 1993년 4월 초부터 1996년 8월까지 3년 넘게 했으니 차관으로 옮겨 갈 때가 됐죠. 원래 대선 캠프 출신이거나 유력자와 줄만 닿아 있었다면 1년, 길어야 1년 반이면 승진해서 청와대를 나가는 거였어요. 그런데 저는 '빽' 없이 청와대에 간 사람 아니에요.

전용학이나 김종구 기자한테는 "인사야 발표가 나봐야 아는 거지"라고 말했지만 당일 아침에는 꿈에 부풀어 있었어요. 김광일 비서실장도 이번에는 확실하다고 했거든요. "정 비서관이 너무 고생을 많이 했다. 여기 와서 3년을 넘게 고생했는데, 비서실 역사상 이런 법이 없다. 이번에는 반드시 내려 보내야 한다"고요. 그런데 출근했더니 외교안보수석이 제 방으로 따라 들어오는 거예요. 그래서 저는 '뭔가 잘못됐구나'라고 생각했죠. 잘됐으면 자기 방으로 저를 불렀을 거예요. 비서실에 행정관들의 집무 공간을 지나면 비서관실로 들어가는 문이 하나 더 있고 제법 큰 공간이 있었어요. 유종하 외교안보수석이 거기로 들어와서 문을 딱 잠그더니 "이번 통일원 차관으로는 김석우가 가게 됐어요"라고 해요.

저는 '김석우'라고 생각도 못하고 '김서구'라고 듣고는 그런 이름을 가진 캠프 출신이 뛰어들 수도 있으니까 누구냐고 물어봤죠. 실력자에게 잘 보이고 일을 도와주고 했으면 통일원 차관 정도야 아무나 보내도 된다고 생각할 수가 있어요. "의전수석 비서관 말이야." "예? 아니,

이번에는 꼭 내려가라고 각하한테 정 비서관 얘기해놨다고 하던 사람이 어떻게 자기가 가요?" "그렇게 됐어." 원래는 일본 대사 자리를 달라고 하니까 외교부에서는 그 경력으로는 일본은 안 되고 인도 대사 자리를 줄 수 있다고 해서, 밤사이에 각하에게 전화를 걸었던 모양이에요. "제가 정치를 하고 싶은데 그러려면 최소한 차관은 하나 달고 나가야 하지 않겠습니까?" 김영삼 대통령은 자기가 의전수석으로 데리고 있었던 사람인데 외무부에서 안 된다고 하니 차관 자리 비슷한 걸 줄 요량으로 통일원으로 가라고 한 거겠죠.

신문이랑 방송에도 '통일원 차관 김석우'로 이미 발표가 났어요. 조금 있으니까 김석우 씨가 방으로 들어오더라고요. "정형, 미안합니다." 저는 조금 시니컬하게 "축하합니다"라고 했죠. 사람이 그러면 안 되지 않아요? 각하에게 말 잘해놨다고 꼭 내려가라고 했던 사람이 그 자리로 가버리다니요. "내가 6개월만 하면 되니까 나머지 1년은 정형이 하면 돼요." "그런 말씀 마세요. 인사 문제는 인사권자가 결정하는 거지, 본인이 나 6개월만 하겠다고 해서 되는 겁니까. 저는 이제 여기 더 이상 있을 수는 없고 어디론가 가긴 가야 할 텐데 그냥 갈 수도 없고…" 하고 중얼대고 있었죠. 김석우 씨는 계속 미안하다고 하다가 나갔어요. 단순히 고등학교 1년 선배가 아니라 이한기(李漢基) 교수의 국제법 강의도 같이 들었고 평소에 가까웠어요. 청와대에서 만나기 전에도 잘 아는 사이였죠. 그런 사람이 그렇게 뒤통수를 치나 싶어서 인간적인 배신감이 심하게 들었어요.

그날 마침 과학기술처 이부식(李富植) 차관이 선릉역 근처에서 전현직 청와대 비서실 근무자들끼리 술이나 한잔하자기에 거기 가서 폭음을 했어요. 인사불성이 되도록 마셨어요. 집까지 택시를 타기도 뭐한 가까운 거리였죠. 그래서 걸어가고 있는데, 실족을 해서 축대에서 떨어져버렸어요. 떨어지면서 발목은 접질리고 여기저기 긁혀서 얼굴은 피투성이가 된 채로 집에 들어갔어요. 집에서는 난리가 났죠. 차관 떨어진 것도 서러운데 피투성이가 돼서 들어오니까 어디서 집단 구타라도 당한 것 아닌가 걱정한 거예요. 일단은 대강 소독하고 반창고를 붙여두고 있었어요. 그러고는 아침에 외교안보수석에게 전화를 걸었죠. "제가 어제 술을 좀 마셨는데 돌아오는 길에 실족해서 축대에서 떨어지는 바람에, 온몸에 찰과상에 피멍이 들고 발목도 삐어서 출근을 못하겠습니다. 행정관들과 이야기해서 비서관이 결정해야 할 사항이 있으면 구두로 지시해서 수석님이 각하께 보고하는 데는 지장 없도록 하겠습니다." "그렇게 해, 그렇게 해." 내막을 모르면 무슨 소리냐고 할 법도 한 말이었어요. 서류상으로는 병가도 안 낸 거예요. 그렇게 일주일 정도 치료받고 있으니까 몇군데는 딱지가 앉고 약을 바르니까 가려지기도 하더라고요.

그런 뒤에 출근했는데, 일이 재미가 없더라고요. 공무원이라는 게 돈 벌자고 하는 게 아니라 명예 때문에 하는 건데, 승진에서 떨어졌으니까요. 귀를 추구하는 직업을 가진 사람이 부를 추구하자고 하면 반드시 사달이 납니다. 공무원은 돈과는 거리가 먼 직업이죠. 연말에 이병용 통일연구원 원장의 임기가 끝나갈 즈음이 되니, 비서실장이 통일원에 얘기해놨으니 원장으로 가서 열심히 하라고 말해주더라고요. 이미 1984년 2급으로 승진했고, 통일연구원 부원장을 하다가 1993년에 1급 비서관으로 청와대에 들어갔으니, 중간에 일해연구소에 나가 있었던 공백이 3년 정도 있지만 도합 9년이나 2급 공무원으로 일한 셈이었죠. 2급으로 승진할 때까지는 승진이 빨랐지만, 그 이후에는 승진이

늦은 셈이 되었어요. 세상에 공짜는 없다고, 플러스마이너스 따져보면 결국 그게 그거예요. 통일연구원 부원장은 1급 정도 되고, 원장은 잘해야 차관급이거든요. 그러나 가라고 하면 가야죠, 어쩌겠어요. 비서관으로 아무런 흥미 없는 사람을 더 데리고 있어봐야 청와대 비서실장입장에서는 생산성이 없겠다고 본 거죠. 자리를 만들어주니 갔어요. 그러고는 1년 2개월 정도 통일연구원장으로 일하고 정권이 바뀌면서 통일부 차관으로 발령이 난 거예요.

그때가 DJ 정부 첫 내각의 강인덕 장관 시절이었죠.

그렇죠. 통일부 장관 강인덕, 통일부 차관 정세현으로 발령이 난 거예요. 지나고 보니 팔자와 운명은 정해져 있는데 본인이 모르고 살 뿐인 것 같아요. 만약 그때 김석우 씨가 그 자리로 가지 않고 제가 그 자리로 갔더라면 1년 반 정도 아무런 일 없이 허송세월했을 거예요. 김영삼 정부 말년은 남북관계에서 아무 일도 일어나지 않았거든요. 아무일도 없을 때 차관을 하면 뭐합니까, 책상만 지키다 마는 거죠. 그래도 그때는 그렇게 되리라고 생각 못하고 아쉽고 섭섭하기만 했는데, 나중에 1998년 정권이 바뀌고 차관이 된 거예요. 전혀 예상도 못했던 일이에요. DJ와 YS는 정적이었잖아요. 어찌됐건 DJ에게 저는 정적의 비서관이었죠. 그런데다 일면식도 없던 사람이었는데 차관을 시키다니 특별한 용병술이었어요. 저로서는 하고 싶은 일을 할 수 있게 되었으니 그 자리에 있는 동안 의미 있는 일을 좀 해보자 마음먹었죠.

운 좋게도 김대중 정부 들어 얼마 지나지 않아 1998년 4월 11일부터 베이징에서 남북 비료회담이 시작됐어요. 강인덕 장관이 욕심이 있었으면 자기가 간다고 했을 거예요. 1970년대에 회담을 많이 해봤던 분이거든요. 그런데 1932년생이니까 1998년이면 67세예요. 일흔을 바라보는 나이였으니 회담장에 나가겠다고 할 군번은 아닌 거죠. 북에서 회담 하자고 하니 장관이 저를 부르시더라고요. "차관이 가. 내가 이 나이에 회담하러 가겠나." 그래서 그 회담이 차관급이 된 거예요. 그랬더니 북에서도 쌀회담 때 만났던 전금철 내각 책임참사를 수석대표로 내보냈어요. 전금철 단장이 사실 강인덕 장관과 동갑이에요. 다시 만났더니 그때(1995년) 쌀 안 줬으니까 이번에는 비료 많이 내놓으라고 농담 아닌 농담도 하고 그랬죠. 만약 김영삼 정부 때 차관이 됐으면 그 경력은 이어지지 않았을 거예요.

이전 정부 사람을 다음 정부에서는 잘 쓰지 않죠.

청와대의 비서관은 정치적으로 임명권자의 인맥으로 볼 수밖에 없으니 다음 정부에서 데려다 쓰기가 어렵죠. 경제부처의 장·차관들은 그 전문성 때문에, 바로 데려오지는 않더라도 한숨 돌린 다음에 그 사람을 쓰기는 해요. 쓸 만한 인재가 많지도 않고요. 그렇게 김대중 정부의 차관이 됐기 때문에 말년에 장관 발령을 받았고, 또 그것이 노무현 정부로 이어져서 남북대화 현장에서 1998년 2월부터 2004년 6월 30일 물러날 때까지 회담을 이어갔죠.

제가 통일부 장관으로 있었던 29개월 동안 장관이 책임을 지는 남북대화가 총 95회였습니다. 1년에 평균 38회 이상 회담을 치렀다는 얘기죠. 군사회담도 통일부 장관이 지휘해야 했어요. 회담 대표는 현역 군인을 앉히더라도 반드시 통일부 과장이든 국장이든 누군가는 대표단 일원으로 들어가야 했고, 경제회담이든 군사회담이든 최종 책임자는 통일부 장관이었죠. 95회 회담을 지휘했고, 장관급 회담에서는 수석대표를 8번 정도 했고요. 합의서를 73개인가 만들었어요. 1971년 남북 적십자회담이 시작된 뒤로 그때까지 34년간 만들어낸 남북 합의서가 190여 개였으니, 2년 5개월 만에 합의서 73개를 낸 거면 대단한 비율이었죠.

1996년 8월에 통일부로 돌아가지 못한 것이 결과적으로 잘 되었다 싶어요. 김석우 씨가 내 뒤통수를 때린 것이 얼마나 다행이냐 싶었어요. 인간사는 정말 새옹지마(塞翁之馬)인 것 같아요.

그런 걸 '저주를 가장한 축복'(blessing in disguise)이라고 하죠.(웃음) 차관 발탁된 뒷얘기는 들으신 게 있나요?

전혀 몰라요.

호남 출신이라는 게 작용하지 않았을까요?

그랬을지도 몰라요.

호남 출신 중에 그래도 남북관계에 정통한 사람이 있는지 찾아보지 않았을까요?

그렇게 찾아봤을지도 모르죠. 1971년 4월 18일 장충단 연설에서 당시 김대중 후보가 정말 대단하다고 감탄했고 그것 때문에 구체적으로 통일 문제에 관심을 갖기는 했지만, 저는 DJ와 일면식도 없었어요. 그로부터 27년 후에 대통령 선거 4수만에 대통령이 되어서 온 거예요. 통일연구원 원장을 맡고 있을 때 김대중 캠프 쪽에 가자, 또는 이회창 캠프 쪽에 가자고 권하는 사람들이 있었어요. 고등학교 동기들은 "너는 당연히 이회창 선배를 도와야지"라고 하고요. 이회창 후보의 동생인 이회성(李會晟) 박사가 제 고교 동기였거든요.

에너지 전문가죠.

"회성이가 이회창 캠프를 총괄 지휘하고 있는데, 네가 가서 통일 외교안보 문제는 도와줘야지." 당연하게 저는 거기로 갈 거라고 생각하고 얘기하는 친구들이 있었고, 김대중 후보 쪽에 줄이 닿는 사람들은 "이럴 때 김대중 선생님께 도움을 드려야 나중에 차관 자리라도 하나 얻는다"라며 가자고 하더라고요. 그때까지 그렇게 살아오질 않았고, 되려면 될 거고 안 되려면 죽었다 깨어나도 안 될 텐데 어디든 가서 기웃거리는 건 체질에 안 맞는다 싶어 어느 쪽으로도 안 갔어요. 그때 이회창 캠프에 가자고 했던 사람들 숫자가 훨씬 많았는데, 인정상 거절 못하고 끌려갔으면 안 되는 거였죠. 그렇게 중립을 지켰던 것도 발탁의 근거 중 하나였을 거예요. 1997년 선거에서 김대중 후보가 대통령이 될 거라고 생각한 사람은 많지 않았거든요.

나중에 그래도 제가 호남 출신이기 때문에 발탁됐다고 짐작하게 된 스토리가 있었어요. 박지원 의원이 얘기하더라고요. 김대중 대통령이 돌아가신 뒤에 한 말이에요. "정 장관, 통일부 차관 발령 낼 때 말이야, 뒤져보니까 호남 출신이고 조건도 맞는데 지역 안배 때문에 정 박사가 차관으로 들어가면 호남 비율이 확 올라가는 거야." 인구 대비 지역 출신 비율을 보지 않습니까. 전체 인구로 보면 경상도가 더 많은데 장·차관 숫자에서 '전라도가 감히' 머릿수가 경상도와 비슷하면 호남 편중이 되는 거죠. 그런데 제 출생지가 공식적으로는 만주잖아요.(웃음) 연합뉴스사가 연합연감을 만들 때 출신지와 출생지를 전부 쓰게 되어 있었어요. 저는 만주에서 태어났기 때문에 출생지를 만주로 썼고, 그게 지금도 포털사이트에 떠 있어요.

호남 출신 인사가 아니네요.

호남 출신이었던 것이 작용하긴 했던 거지만, 저는 동교동 가신들 가운데 아는 사람도 없었고요. 굳이 따지자면 한화갑(韓和甲) 씨가 외교학과 선배이기는 했죠. 그렇다고 해도 한화갑 씨와도 일면식도 없었어요. 제가 정치인들과 왕래해서 뭘 하겠어요.

8장

통일부 차관 시절

김대중 정부의 햇볕정책

김대중 정부에서 차관으로 발탁된 배경

장관님께서 1998년 3월부터 1999년 5월까지 차관을 하셨고 애석하게도 6·15 남북 정상회담 때는 통일부를 떠나 계셨다가, 2002년 1월 말에 통일부 장관을 맡으셨죠.*

6·15 정상회담 때는 끼지 못하고 서울에서 해설자 역할을 맡았죠.

DJ 정부 첫 통일부 차관으로 발탁된 배경에 대해서 짐작 가시는 일이 있나요.

그게 차관 임명에 영향을 주었는지는 알 수 없지만, 김대중 정부에서 차관으로 발탁되는 데 작용했다고 설명해야만 말이 되는 사건이

---

* 1969. 3. 국토통일원, 1990. 12. 27. 통일원-부총리 부서로 격상, 1998. 2. 28. 통일부로 개칭.

하나 있어요. 제가 DJ로서는 정적이었던 YS 정부를 위해서 일했던 비서관이었잖아요. 그런 사람을 자기 정부에서 차관으로 임명한다는 게 쉬운 일은 아니었으니까요.

1996년 말에 제가 통일연구원 원장으로 일하게 됐다고 말씀드렸죠. 1997년 대선에서 DJ가 승리하고 대통령직 인수위원회가 조직됐어요. 인수위원회에서 각 국책 연구기관에 새 정부의 분야별 정책에 대한 건의사항이 있으면 정리해서 보고해달라고 요청했어요. 당시 인수위원장은 이종찬(李鍾贊) 전 의원이었어요. 외교안보 분과는 임동원 전 통일원 차관이 맡았고요. 노태우 정부 말년에 차관을 지냈으니까 당시 호칭은 차관이었죠. 요청을 받고는 새 정부의 대북정책, 통일정책의 기본 방향 등을 정리했어요. 제가 원장이었기 때문에 직접 박사들과 토론하면서 「차기 정부 대북정책 추진 방향」이라는 제목의 보고서를 작성했죠. 그걸 인수위원장에게 직접 보고하겠다고 했더니, 인수위원장은 바쁘니 분과에 가서 이야기하라고 했어요. 그중에 임동원 차관도 있었을 거예요.

그때 제가 발표한 내용 중에 기억에 남는 게 있어요. "지금 김대중 대통령 당선자의 생각은 '햇볕정책'으로 규정할 수 있지만, 이를 위해서는 결국 남북한이 접점을 많이 만들어야 한다. 그러한 접점들을 화해 및 협력의 기반으로 삼으려면 점·선·면·공간 전략을 써야 한다." 그렇게 전제해놓고 예로 든 것이 중국이 처음에 개방할 때 도시 다섯 개만 개방했다는 사실이에요. 그것은 개방 '점'이죠. 생소한 실험이었던 그러한 형태의 개방으로 생기는 문제점과 이득을 정리해 계산한 뒤에, 그 주변 도시들을 연이어 개방해서 결국 선으로 이어지게 만들었어요. 개방 '선'이죠. 처음에는 해안 지역에서 개방했다가, 내륙 지방 도시를 몇개 찍어서 해안에서 내륙으로 이어지는 선을 또 만들었어요. 처음에는 도시에서 도시로 차량은 달릴 수 있었지만 중도에 내리지는 못했어요. 개방도시가 아니었기 때문에 쉴 수가 없었던 거죠. 한중 수교 전인 1989년 중국에 갈 때 체험했는데, 목표한 도시에 도달하기 전에는 화장실도 갈 수 없고 차를 세울 수도 없었어요. 그런 식으로 도시와 도시를 연결하고 해안과 내륙을 연결하다 보니, 개방 '면'이 생겼어요. 그 면 안에서는 전부 개방하는 식으로 됐죠. 개방 '면'들이 점점 늘어나면서 중국 자체가 개방 공간으로 바뀐 거예요.

"북한을 개방개혁으로 끌어내기 위해서는, 중국이 했던 대로 '개방점-개방 선-개방 면-개방 공간'의 확대 전략을 '접촉 점-접촉 선-접촉 면-접촉 공간 확대 전략'으로 변용할 필요가 있다. 처음에는 접촉점을 찍어야 한다. 거기서 선으로 발전시키고, 면으로 키워나감으로써 접촉 공간이 점점 넓어지다 보면 교류협력은 자연스럽게 활성화되지 않겠는가. 물이 높은 곳에서 낮은 곳으로 흐르듯이 문화도 낮은 쪽으로 흘러들어가도록 되어 있으므로, 그런 식으로 자연스럽게 북한도 당황하지 않고 서서히 변화될 수 있는 기회를 만드는 것이 좋다"라고 설명했죠. 자신 있는 내용이었기 때문에 줄도 그어서 내놨어요.

솔직히 캠프 쪽에 기웃거린 적도 없고 외교 분과의 분과위원장이었던 임동원 전 차관과도 같이 일했던 적이 없었어요. 제가 1991년 통일연구원 부원장을 맡았을 때 그분은 외교안보연구원장을 하다가 1992년 통일부 차관으로 갔거든요. 그러니 친분이랄 게 없었죠. 저는 또 성격상 센 사람에게 가서 잘 봐달라는 말도 못하고요. 더구나 김영삼 정부 때 임명된 통일연구원장이니까 이 일을 제대로 하고 물러나면 되겠다고 생각하던 중이었어요.

통일부 차관 임명 당시 언론에 공개된 정세현 프로필.

그런데 조각이 끝나고 차관을 임명하는데, DJ 정부 초대 비서실장인 김중권(金重權) 씨에게 통보를 받았어요. "대통령께서 정 박사님을 통일부 차관으로 발령 내실 겁니다." 당시엔 참 난데없다고 생각했죠.(웃음) 캠프 출신도 아니고, 인수위원회 사람들과 끈이 있는 것도 아니었고요. 이종찬 인수위원장도 고등학교 8년인가 선배였지만 잘 몰랐어요. 어떻게든 연줄을 갖고 얘기하면 장관으로 들어갈 수도 있었겠죠. 하지만 그런 일도 하지 않았고요. 그저 통일연구원장 3년 임기만 잘 채우고 나가자고 생각했었는데… 원장을 해보니 운전기사 딸린 큰 차 타는 것도 괜찮긴 하더라고요.(웃음) 아무튼 정권 출범이 2월 25일인데, 차관 임명은 3월 9일에 이뤄졌던 기억이에요.

그날 19개 부처 차관들이 전부 발령을 받았는데, 그다음 해인 1999년 5월 '옷 로비' 사건(신동아그룹 최순영崔淳永 회장의 부인 이형자李馨子가 남편의 구명을 위해 김태정金泰政 법무장관 등 고위층 인사에게 고가의 옷을 선물한 사건) 때문에 큰 폭으로 개각할 때 차관들도 대폭 교체됐어요. 다만 그때 검찰인사 사이클 때문에 법무부 차관은 안 나왔고, 외교부도 외교관들의 파견 스케줄 때문에 안 나왔어요. 중간에 또 두세명인가는 6개월 만에 그만뒀고요. 그전에 국장이나 차관보 시절에 여러 사건사고에 연루되었던 일 때문이었어요. 그런 사람들을 빼고 나니 갈 데 없이 하루아침에 들판으로 내쫓긴 사람이 열두명이었어요. 딱 골프 세 팀이죠.(웃음) 5월에 짤리고 6월부터 만나서 같이 밥도 먹고 그랬어요. 어느 날은 공무원 골프장인 천안 상록골프장에서 운동이나 하자고 하면서 모임에 이름을 붙이자고 했어요. "3월 9일에 우리가 임명됐으니 삼구회로 합시다." 그 삼구회 사람들과는 지금도 만납니다. 삼구회에서 장관까지 올라간 사람이 셋인데, 우선 보건복지부 차관을 하다가 노동부 장관 발령을 받고 일하다가 나중에 보건복지부 장관이 됐던 최선정(崔善政) 씨가 있어요. 암으로 별세했죠. 또 법무부 차관을 지냈던 최경원(崔慶元) 씨가 법무부 장관이 됐죠. 검찰총장을 하지 않고 법무부 차관에서 장관으로 직승해버렸어요. 그리고 제가 2002년 1월 마지막으로 장관이 됐고요.

나중에 김대중 대통령이 돌아가신 뒤에 당시 비서관이었던 최경환(崔敬煥) 씨가 보관하고 있던 수첩이 공개되어서, 『경향신문』 논설위원 출신의 김택근(金澤根) 씨가 이를 바탕으로 『새벽』(2012)이라는 김대중 평전을 썼죠. DJ가 수첩에 적어둔 인물평이 있는데, 그중에 저에 대한 평가는 "정세현: 대북 전문가는 많지만 전문성과 리더십을 겸비한 사람은 그 하나뿐이다"라고 적혀 있었다고 해요.

그게 현재(2019년) 국회의원인 최경환 전 비서관이 보관하던 수첩인가요?

대변인이었으니까 김대중 대통령께서 직접 메모해뒀던 수첩을 보관했던 거죠. 물론 이 수첩의 내용이 자서전의 참고자료가 됐는데, 김택근 씨에게도 넘어가서 『새벽』에 여러 인물평이 나옵니다. "한승헌 변호사는 대표적인 인권변호사"라든지 하는 구절 말이에요.

전체적으로 인물을 관찰해 기록을 남긴 거군요.

백학순(白鶴淳) 박사 이야기도 들어가 있어요. 점잖은 사람이라고 썼을 거예요. 임동원 장관에 대해서는 총평하는 정도가 아니고, 자서전의 한 챕터를 차지할 정도로 격찬을 해뒀어요.

거의 제갈공명이었죠.

그랬죠. 어쨌든 제가 어떤 연유로 발탁이 되었는지는 모르겠지만 DJ와 접촉이 있었던 것도 아니고, 통일연구원장 시절에 실력을 발휘한 것도 없었어요. 있다면 청와대 비서관 시절이던 1995년 쌀회담에 다녀온 것밖에 없는데 회담에서 발휘된 능력은 공개되지 않았기 때문에 그분이 알 수가 없었죠. 그래서 앞서 말한, 인수위에 제출했던 '점-선-면-공간 확대 전략' 보고서가 역할을 했던 건가 생각했어요. 그 내용이 DJ 눈에 들어서 그렇게 된 것이 아닐까 하고요.

그때까지는 DJ와 만난 적이 없으셨던 건가요?

일면식도 없었어요. 1971년 4월 18일 장충단공원에서 제7대 대통령 선거 야당 후보로 연설하는 장면을 멀리서 본 게 다예요. 그러니 대면은 못했죠.

그 당시에 강인덕 씨를 장관, 정 장관님을 차관으로 발탁했던 거죠?

차관을 임명하려면 장관과 함께 그 사람이 어떻겠느냐 하는 의견을 조율합니다. 여러 사람을 놓고 추천 받기도 하고요. 그런데 강인덕 장관은 1970년대에 중반 자유아카데미에서 인연을 맺었기 때문에, 저와 좋은 관계였어요. 당시에 헤어질 때에도 "이용희 선생님이 통일원으로 오라는데 강 원장님 허락을 받고 오라고 하십니다"라고 했더니 "동주 선생이 오라고 하면 당연히 미스터 정이 가야지. 어차피 연말쯤 나도 자리를 내놓게 될 거야"라고 하셨어요. 앞서 말씀드린 대로 1977년 말에 김재규 부장에 의해서 완전히 삭탈관직이 되었거든요. 그러고는 낭인 생활을 했어요.

그러자 이용희 장관이 "정군이 강군 밑에서 도움을 받았잖아. 강군이 요즘 어려울 거야, 갑자기 그만둬서. 내가 용역을 몇 개 묶어서 200만원짜리를 만들어줄 테니까 정군이 직접 가서 부탁해봐"라고 하셨어요. 통일원에서 가장 규모가 큰 용역이 50만원이던 시절이니 큰 액수였죠. 강인덕 장관은 당시에 원남동 로터리에서 동대문 광장시장으로 나오는 길의 왼쪽으로, 동대문 경찰서 좀 못 미친 곳에 있는 벽돌집 2층에 사단법인 극동문제연구소를 차려두셨더라고요. 그곳으로 찾아가서 장관님 지시를 그대로 전달했죠. "장관님께서 유럽 공산주의 변화 문제와 관련해서 정리해달라고 하십니다." 당시 '화이트 코뮤니즘'이라고, 폭력적 혁명이 아닌 제도권하의 선거제도를 통해 집권하겠다는 공산주의 정파 운동이 서유럽에서 한창 일어나던 중이었거든요. 쉽게 쓸 수 있는 걸 맡긴 거예요. "고맙게 받겠고, 이용희 장관님께안부 말씀 잘 전해"라고 하셨죠. 당시에는 할 일도 없으니 본인이 직접 그걸 쓰셨죠. 그때는 200자 원고지에 글을 쓰던 시절이었어요. 작업비를 계약금, 중도금, 잔금으로 나눠서 세번으로 치렀어요. 통장으로 송금하던 시절이 아니었으니 직접 가서 돈을 드리고 영수증을 받아야 했어요. 이용희 교수가 저에게 직접 그 일을 시켰고요. 인간사회에서 사람이 살아가는 방법을 가르친 거였죠. 논문으로 1등을 해서 뽑아줬을 망정 1976년부터 1977년 10월까지 월급을 받았으면 은혜를 크게 입은 셈이었잖아요. 그때 좋은 걸 배웠어요.

나중에 그 극동문제연구소가 신수동 출판단지로 들어갔어요. 현재는 출판단지가 파주에 있죠. 당시 신수동 출판단지 임대료가 싸니까 그리로 들어가셨던 것 같아요. 가보니 창고 같은 곳에 책을 잔뜩 쌓아놓고 앉아 계시더라고요. 중앙정보부 시절 대화사무국의 전신인 협의조정국, 북한국, 심리전국 세 부서의 국장을 맡으셨던 분인데 한편으론 처량해 보이더라고요. 중앙정보부 국장을 세번 한다는 게 쉬운 일이 아닙니다. 특히 심리전국장의 위세는 대단했어요. 청룡영화상 등은 다 그쪽에서 결정했거든요. "이번 남우주연상은 김진규로 해야 하는 것 아냐?" "여우주연상은 문희가 받을 때도 됐지?" 이런 식으로요.

DJ는 강인덕 씨에 대해 잘 알았던 겁니까?

그 둘의 인연이 어떻게 생긴 건지 물어봤더니 DJ가 아태평화재단을 만들어놓고 공부하고 있을 때 만났다고 해요. 임동원 당시 사무총장도 노태우 정부 말년에 총리급 회담의 대표를 맡았었지만 북한 공산주의에 대해서 체계적으로 연구했던 사람은 아니었으니까 강인덕 전 북한

국장을 뽑았던 모양이에요. 누구한테 소개를 받은 건지 직접 뽑은 건지는 모르겠지만요. 강인덕 장관은 중앙정보부 재직 중에 박사학위를 받았는데, 국제 공산주의 운동사부터 시작해 북한의 노동당사 등에 대해서는 전문가였으니까요. 외대 러시아어과 출신이에요. 러시아어 전공으로 중앙정보부에 뽑혀 들어갔죠.

고향이 이북이시죠?

고려대 철학과에서 가르치던 신일철(申一澈) 교수와 같이 손잡고 내려왔다고 해요. 평양고보 동기동창이에요. 아태평화재단에서 소련 공산주의와 유럽 공산주의의 변화에 대해 공부하게 됐는데, 그때 DJ가 강인덕 씨에 대해 깊은 인상을 받았다고 해요. 생각은 보수더라도 북한에 대해서 소상하게 알고 있으니까요. '지피지기면 백전불태'이니, 북한에 대해 잘 알고 있는 사람을 장관으로 앉히면 좋지 않겠나 생각하셨던 거겠죠. 또 하나는 DJ다운 용인술이라고 생각하는데, 강인덕 같은 경력의 소유자를, 그리고 체질적으로 보수인 사람을 장관으로 앉혀두면 이북 5도민들 입장에서는 '김대중이 사람을 제대로 골랐다. 북한을 제대로 다룰 수 있는 사람을 앉혔다'라고 생각하겠죠. 그래서 그쪽에서 무리한 수를 두지 않도록 계산했으리라고 봅니다. 워낙 그런 데 능한 분이었어요. 장관으로 앉혀놓고 실질적으로 외교안보수석 통해서 이렇게 저렇게 하자고 말하면 장관이 안 된다고 할 수가 없어요. 그런 식으로 끌고 가는 거죠. 차관은 함께 일하기 편한 사람으로 앉히고요. 그런데 저도 그런 경험이 있지만, 차관을 임명하려면 추천을 받습니다.

장관으로부터요?

그렇죠. 정권 초에는 미리 작성된 명단을 보고 이중에서 누가 좋다고 고르는 경우도 있고요. 제가 통일연구원장이었으니 그 명단에 들어갈 자격은 됐죠. 그런데 그중에서 강인덕 장관이 아는 사람이 저였을 것이고, 또 좋은 기억을 갖고 있었을 거예요. 그것이 여러 후보들 가운데서 저를 고르도록 한 요인이 아니었겠는가 짐작해요. DJ가 "전문성과 리더십을 겸비한 사람은 그뿐이다"라고 했던 건 그 이후였을 거예요. 차관으로 뽑을 때가 아니고요. 일하면서 보니 회담에 대해 잘 알고 진행을 잘할 뿐더러 조직 장악력도 있는 듯하고, 다른 부처들과 부딪칠 때 부딪치고, 다독여야 할 때는 다독이면서 끌고 가기도 하니까 그런 면모를 보고 퇴임 후에 그런 인물평을 쓰신 거겠죠.

대통령 취임 당시나 정부 출범 후에 대북정책이나 통일 문제에 대해서 DJ가 앞으로 어떻게 하겠다고 명시적으로 표명한 게 있나요?

아뇨. 공식적인 연설에서는 큰 틀의 방향만 제시하고 실제로 상세하게 추진하는 것은 외교안보수석을 통해 장관에게 지시하는 식으로 내려오죠.

금창리 지하동굴 사건과 페리 프로세스

그 차관 시절이 북한이 비밀리에 핵을 개발하고 있다는 이른바 금창리 사태가 터졌을 때 아닙니까? 그때가 1998년인가요?

금창리 지하동굴 사진이 언론에 나온 것이 1998년 8월 18일이에요.

그 일이 한반도 비핵화와 평화 정착을 위한 미국 측 구상인 '페리 프로세스'가 시작된 계기가 됐죠?

금창리 지하동굴 사진이 그날 『뉴욕타임즈』에 실리고, 1998년 8월 31일에는 북한이 일본 열도 상공을 가로질러서 태평양 쪽으로 대포동 미사일을 쐈죠. 이러면서 햇볕정책에 대한 지지가 미국 내에서도 식어버렸고, 클린턴 대통령이 DJ에게 "운전석에 앉아라. 나는 조수석에 앉겠다"라고 약속했지만 실제로는 그렇게 할 수 없다는 분위기가 조성됐죠. 그때 미국에 대북정책 조정관을 임명해서 햇볕정책에 대한 지지를 폐기하고 완전히 새로운 정책으로 나갈 것인지 아니면 약간 수정할 것인지를 관련국들과 협의해야 하지 않겠느냐고 제안한 아이디어는 한국 쪽에서 나왔다고 봐요.

1994년 제네바합의로 북한의 핵 개발을 동결시켜놓고 미사일 개발 문제를 처리하려던 때에 터진 것이 금창리 사건이잖아요.

영변의 핵발전소 가동은 중단했지만 금창리 지하동굴에서 별도로 핵무기를 만들 수 있는 물질을 생산하고 있다는 것이 1998년 8월 18일 『뉴욕타임즈』에서 불거졌어요. 저는 금창리 지하동굴 의혹이 터졌을 때부터 거기에는 어떤 의도가 담겼으리라 생각했어요. 그런 기사를 보면 정보의 출처를 확인해야 하는데, 그때의 정보원은 '익명을 요구한 미 국방부 당국자'였던 기억이에요. 클린턴 대통령이 김대중 대통령의 햇볕정책을 지지하는 것에 대한 불만을 가진 군부 쪽에서 방향을 돌리기 위해서 의도적으로 의혹을 제기한 거죠.

그 당시 『워싱턴타임즈』의 빌 거츠(Bill Gertz)라는 기자가 주로 북한을 비방하는 기사를 많이 썼는데, 그 건은 『워싱턴타임즈』로는 안 될 것 같으니까 『뉴욕타임즈』에 줬던 것 같아요.

『워싱턴타임즈』는 신뢰도가 좀 떨어지죠. 군산복합체 등 관련이 있는 곳에서 의혹을 제기하면서 그럴싸한 사진 한장 흘리는 것은 쉽게 할 수 있는 일이고요. 1994년 10월 21일 제네바 기본 합의를 맺어놓고, 이에 따라 북한이 영변의 핵 활동을 중단하면 3개월 이내에 수교 협상을 개시하기로 했어요. 이 같은 수교 협상 차원에서 서로 상대국으로 가서 연락사무소 부지를 탐색하고 다니는 와중에 1998년 12월 17일, 미군 정찰기가 북한 영공에서 격추되는 일이 있었어요. 군부 쪽에서 볼 때는 북을 공격하든지 핵을 갖고 있게 놔두든지 하면 남한의 무기 시장이 계속 유지될 수 있는데 뭐 하러 수교까지 해줘가면서 핵을 뺏으려는 건가 생각했겠죠. 미군에서는 정찰기가 한대 격추되고 이런 화해 무드가 깨지면 그들로서는 나쁘지 않다는 계산으로 일부러 벌인 사건이라고 봐요.*

의도적으로 미국이 도발했을 수도 있죠.

그렇지 않으면 군용 정찰기가 북한 영공으로 들어갈 이유가 없죠. 쏘라는 거였어요. 수교 협상은 그날로 멈춰버렸죠. 1998년 8월 18일에 금창리 지하동굴 사건 터졌지, 8월 31일에는 북한이 태평양 쪽으로 대포동 미사일을 쐈지, 12월 17일 미군 정찰기가 북한 영공에서 격추됐지, 그러니 햇볕정책이 끝나는구나 생각할 수밖에 없었어요. 그러나 다행히 청와대에서 손을 써서 클린턴 미 대통령이 대북정책 조정관을 임명하도록 하면서 페리 프로세스가 가동됐죠. 여기서도 절묘한 인사였던 것이, 클린턴 정부 1기의 국방장관 출신이었던 윌리엄 페리(William Perry)는 겉으로는 보수주의자로 보였지만 실제로는 대학교수 출신이었어요. 그 사람을 잘 설득해서 한반도 냉전 구조 해체를 위한 페리 프로세스를 가동하고 이에 북한도 합의하도록 만들죠. 한미의 작품인데 일본을 끌어들이고 중국과 러시아의 동의를 얻었어요. 한중 수교나 한소 수교는 이미 이뤄졌으니까 미국과 일본이 북한과 수교하고, 남북한 관계를 개선해 교류협력을 활성화한다는 내용이었죠. 그러면 북한은 확실하게 핵 활동을 중단하고요. 그러니 북한 쪽에 나

---

* 1994년 12월 17일 미군 준위 2명이 탄 비무장 헬기가 눈 덮인 지역을 비행하던 중 비무장지대를 넘어 북한 영공을 8킬로미터 침범해 들어갔다가 격추돼 한명은 죽고 한명은 북한에 체포됐다. 12월 28일 토머스 허바드(Thomas C. Hubbard) 국무부 부차관보가 비무장지대를 통해 평양을 방문, 북한 측과 협상한 끝에 '북한 영공을 불법 침범한 사실'에 대한 '심심한 유감의 뜻'이 담긴 성명을 발표하고 12월 30일 미군 유해와 생존 장교를 송환했다. 돈 오버도퍼, 로버트 칼린 『두 개의 한국』, 길산 2014, 522~25면.

뺄 것이 뭐 있었겠어요. 이를 논의하기 위해 페리 대북정책 조정관이 1999년 5월 25일 북한에 들어갔다가 28일에 나와요.

금창리 의혹을 페리 프로세스까지 이어지도록 만든 것은 널리 알려진 바대로 임동원 외교안보수석의 아이디어였나요? 청와대가 주도하고요.

그랬죠. 이름을 대외적으로는 페리 프로세스라고 붙였지만, 실제로는 임동원 프로세스입니다. 임동원 수석의 아이디어가 많이 들어갔다는 건 윌리엄 페리도 인정하는 바고요.

페리 프로세스가 있었기 때문에 남북 정상회담도 가능했던 것 아닌가요?

2000년 6·15 남북 정상회담이 가능했던 것은 페리 프로세스를 만들어내는 남한 정부의 역할과 능력을 북한이 인정했기 때문이라고 봐요. 그러나 그것 때문만은 아니고, 선민후관(先民後官) 방침에 따라서 민간인들의 북한 방문 승인을 대폭 완화하고 민간 기업의 대북투자 상한선을 1998년 4월에 철폐했던 덕택이기도 해요. 이 얘기를 하자면 1998년 4월에 열린 베이징 비료회담 얘기를 꺼내야 해요. 김대중 정부에서 제가 처음으로 맡았던 것이 베이징 비료회담인데, 1998년 3월 9일 차관 발령을 받아 일하고 있을 때 4월 초에 북쪽에서 정당·정부·사회단체 연석회의를 열어서 대화하자는 제안을 방송을 통해 우리 쪽에 보내왔습니다.

그전까지는 남북 간에 판문점에서 연락관끼리 전통문을 주고받을 수 있는 분위기가 아니었어요. 더구나 김영삼 정부 말에 쌀 지원 문제 때문에 섭섭하게 헤어진 일도 있었잖아요. 마침 새 정부가 들어선 상황에서 대화하자는 제안이 왔으니 김대중 정부는 긍정적인 입장을 내놨죠. 대변인이 발표하는 형식으로요. 그렇게 주거니 받거니 하면서 회담이 성사되는 방향으로 이어졌어요. 그런데 그전에 어떤 일이 있었느냐면, 김영삼 정부 말년에 남북관계가 경색되어 있었지만 그래도 홍콩의 적십자회담 자리에서 남북이 만나기는 했어요. 한국 측 대표는 통일원의 조명균 부국장이었어요. 그때 북측에서 비료 20만톤 정도를 줬으면 좋겠다는 말을 간절하게 하더라는 겁니다. "차관님, 사실은 북에서 비료 달라는 요청이 김영삼 정부 말에 있었습니다."

비료회담과 북측의 경계심

그게 1997년 대선 이후의 일인가요?

대선이 끝난 뒤였죠. 새 정부의 인수위원회가 준비되고 있었지만 그래도 정부는 정부니까 마지막까지 회담을 열 수 있으면 열어야 했죠. 당시 적십자회담이라는 게 이산가족 문제를 논의하는 자리였지 대북지원을 위한 회담은 아니었어요. 하지만 북측에서는 그런 루트로 사용하려고 했죠.

'고난의 행군' 시절이었으니까요.

그랬죠. 어쨌든 비료를 달라는 요청이 있었다는 사실을 알고 있었는데, 4월 초에 남북 정당·정부·사회단체 연석회의 개최라는 메시지를 띄우니까 강인덕 장관이 "회담하자는 얘기네" 하시더라고요.

선수네요.

그럼요. 단어 몇개만 보면 판단이 나왔으니까요. "우리도 그러면 회담을 열 것인가 말 것인가 정해서 답을 내놓자"라고 결정했죠. 당시 해당 반응의 주체나 형식에 대해서는 기억이 없지만, 조찬 축사 형식으로 얘길 했던 것 같아요. 조찬 등에 기자들이 와 있는 경우 바로 기사화되니 축사도 대북 메시지 전달의 중요한 수단이었죠.

직접 대놓고 이야기한 게 아니라 옆으로 메시지를 보낸 거군요.

'북한으로부터 회담 제안이 왔는데, 우리도 현 상황에서 대화가 필요하다고 생각한다'고 그 자리에서 말함으로써 우리의 반응을 전달한 거예요. 곧이어서 바로 판문점에서 연락관 접촉 등을 시작했어요. 회담을 4월부터 베이징에서 하는 것으로 굳어지고 있었는데, 장관님이 저를 부르셨어요. "내가 이 나이에 뭐… 이번 회담은 차관이 가." 제 생각에는 저에게 회담 대표를 맡으라고 말씀하신 뒤에 청와대에 보고했던 것 같아요. 강 장관님은 이미 1970년대에 남북대화를 해봤는데

1998년 비료회담 언론 브리핑을 진행 중인 당시 수석대표 정세현.

25~26년이 지나서 또 회담을 하러 간다는 게 좀 어색했을 거예요.

결국 가서 보니 북측의 비료회담 대표는 전금철이었는데, 1932년생이니 저보다 나이는 열세살 많아요. 강 장관과 같은 나이고요. 그런데 1970년대 남북조절위 회담을 치를 때 강 장관은 힘 있는 자리에 있었고, 전금철은 말석에 있다가 기껏해야 대변인이나 하던 사람이었으니 강 장관 입장에서 재미는 없죠. 어쨌든 그렇게 제가 비료회담 수석대표를 맡게 됐어요.

비료회담이 4월 11일부터 18일까지 베이징에서 열렸는데, 장관을 통해 청와대로부터 위임받은 사항은 '비료 20만 톤을 줄 수 있으나 반드시 이산가족 상봉 행사를 가을에 연다는 약속을 받아내야 한다'는 것이었어요. 가을에 이산가족 상봉 행사를 치른다는 합의서를 만들고 도장을 찍기만 하면 바로 다음 날이라도 비료는 보내줄 수 있다고요. 저쪽에서는 그렇게는 못하겠다고 하고, 비료만 달라고 했어요. 북측이 이산가족 상봉 행사를 매우 정치적인 사업으로 봤기 때문이죠. 우리는 이산가족 상봉을 인도주의적인 사업으로 봤지만, 북측에서는 비료 지원이 인도주의적인 사업이고 이산가족 상봉은 '남측 정부가 대내적으로 점수를 따려는 행위'이기 때문에 정치적인 사업이라고 주장했어요. 궤변이죠. 당시에는 왜 그렇게 북측에서 이산가족 상봉 행사를 치르지 않으려고 버텼는지 이해하지 못했는데, 나중에 2000년 이후 이산가족 상봉 행사가 거의 상례화되다시피 하니 알 것 같더라고요. 1998년은 고난의 행군이 끝나기 전이었어요. 야위디 야윈 사람들을 이산가족이라고 내놓을 체면이 없었던 거죠. 자신들의 처량한 모습을 보여주기 싫었던 거예요. 우리가 그 생각은 못했어요.

고난의 행군은 김일성이 사망한 다음 해인 1995년부터, 2000년 10월 김정일 위원장이 그것이 끝났다고 선언할 때까지 이어졌어요. 그런데 제가 2001년 1월 말부터 2월 초 민간인 신분으로 평양에 갔을 때 보니, 평양 시내가 암흑천지예요. 고려호텔에서 보면 초저녁에는 평양 역전이 내려다 보여요. 제가 아기 때 강보에 싸인 채로 이틀이나 노숙했다는 곳이니 눈여겨보게 되잖아요. 방도 마침 평양역이 보이는 곳이었고요. 그런데 아홉시 반쯤 되니 평양역을 밝히는 불도 꺼지는 거예요. 다른 곳은 불이 들어와 있지 않았고, 그나마 평양역 주변에만 불빛이 있었는데 그것마저 사라지더라고요. 그런 와중에도 사람들이 지나다니는데, 보따리 같은 것을 짊어지고 구부정한 모습으로 다녔어요. 그때는 정상회담 후였지만, 정상회담 때에도 북한 형편이 안 좋았다고 봐야죠. 200~300리 정도는 기본적으로 걸어 다닌다고 했으니까요.

200리면 꼬박 이틀을 걸어야 하는 거리네요.

다리가 아프게 쉬지 않고 걸어야 이틀이죠. 1998년 비료회담 때는 북한이 정말로 어려웠어요. 쌀 한톨, 비료 한움큼이 아쉬운 형편이었죠. 하지만 이걸 이산가족 상봉과 연결 짓겠다고 하니, 아사 직전인 사람들을 옷을 어떻게 해 입히며 어떻게 먹여서 상봉에 내보내야 할지 막막했던 거예요. 남쪽 사람들은 건강해 보이니까 더 비교가 됐겠죠.

이산가족 상봉 사업을 정치적이라고 하는 게 그때는 이해가 안 됐어요. 고난의 행군 중이라는 건 알고 있었지만, 그 시절 주민들의 행색이 너무나 초라해서 남쪽 친척들 앞에 내세울 수 없다고 하는 가슴 아픈 현실에 대해서는 눈 뜨지 못했던 거죠. 그런 점에서는 "대북 전문가는 많지만 전문성과 리더십을 겸비한 전문가는 그뿐이다"라고 한 김대중 대통령의 저에 대한 평가가 다 맞는 건 아니었던 거예요.

이산가족 상봉과 비료 지원 문제를 두고 오전 오후로 밀고 당기는 일이 계속됐어요. 회담은 11일부터 시작해 18일에 끝났지만 4월 15일에는 쉬어야 한다고 하더라고요.

김일성 생일인 태양절이죠.

1998년이니 김일성 사후지만 명절이에요. 우리도 그날은 쉴 수밖에 없었죠. 11일 오후에 시작해서 12일 내내 만나고, 13일과 14일에도 만난 뒤 15일 하루는 쉬고, 16일과 17일에 오전 오후로 만난 뒤 18일 오전으로 회담이 끝났어요. 그러는 동안 똑같은 말만 반복했어요. 18일 회담이 끝나고 돌아오는데, 일일 보고를 할 때에 보니 청와대에서는 '정부가 먼저 나서서 북한 사람들의 마음의 창을 열도록 하기에는 현실적으로 어려우니 민간인을 앞세우자'라는 '선민후관(先民後官)'이라는 원칙을 세워두고 있었어요.

비료 지원 문제는 결론이 안 났던 거군요.

당시에는 못 줬죠. 그래서 선민후관 원칙에 입각해서 1998년 4월 18일자로 나온 것이 '민간인의 북한 방문 승인 조건 대폭 완화'라는 정책이었어요. 30일에는 '민간 기업의 대북투자 상한선 철폐'라는 정책이 나왔고요. 전자의 정책이 제가 보고서를 냈던 것 그대로는 아니겠지만, 민간인의 방문을 늘려서 접촉점을 만들고 그것이 접촉선이 되고 접촉면이 되고 접촉공간이 될 수 있다는 전망에서 그런 조치를 취했던 것 아닐까 하고 해석했어요. 방문 시에 절대로 빈손으로 가지 말라는 권고도 있었고요. 남의 집에 갈 때 빈손으로 가지 않는 것이 우리의 미풍양속이잖아요.

이쯤에서 북한이 지닌 대남 경계심에 대해 한번 얘길 해야겠네요. 회담 도중에 12일쯤 됐을 거예요. "쉬었다 합시다"라고 하더라고요. 쉬는 시간에 대한 기록은 없어요, 한담이니까. 회담을 하면 모든 내용을 기록해야 하죠. "담배나 한대 피웁시다. 담배 있소?" 그래서 제가 말보로 한 보루를 시켰어요. 담배를 건네주자, 전금철이 하나를 뜯어서 피우면서 말하더라고요. "하나만 물어봅시다. 정 선생을 1995년 쌀 회담 때도 만났고 구면이어서 친근감을 갖고 묻는 건데, 진실을 얘기해주시오."

제가 약간 기분 나쁘게 놀리기도 했거든요. '전 선생은 언제부터 차관급인데 아직도 차관급이냐'고요. 쌀회담 때 이석채 재경부 차관과 회담을 치렀고, 그전에도 남북조절위원회 회담 때 대변인을 했었는데 그것도 대화사무국의 부국장 급이었어요. 국회회담 때 남측 대표는 박준규 국회의장과 채문식(蔡汶植) 국회의장이었는데, 그때도 북측 대표는 전금철이었고요. 그래서 "지난번에도 차관급이더니 이번에도 차관급입니까? 빨리 승진을 좀 하세요"라고 했더니 진지하게 나오더라고요. "나 승진 좀 시켜주시오." "뭘 어떻게 하면 승진이 됩니까?" "당신네 김대중 대통령이 들고 나온 햇볕론의 본심이 뭐요?" 그래서 순간적으로 "우리에게 경제적 여유가 생겼으니까 비료도 주겠다고 하는 것이고, 쌀도 준 적 있고, 우리가 먼저 줄 수 있다. 그걸 받은 뒤에 고마운 생각이 들면 이산가족 상봉 사업에 동의할 수 있는 것이 아니냐"라고 했어요. 말하자면 선공후득(先供後得) 원리로, '우리가 먼저 잘해주겠다. 당신들이 우리에게 잘하는 것은 그다음이다'라고요. 그랬더니 대번에 "어째 남조선이 우리에게 먼저 잘합니까? 믿어지지 않소"라고 해요.

그런 의심을 당연히 품을 수 있죠. 우리도 북쪽에서 대남 제의를 해오면 무조건 저의부터 캐고, 나쁜 시나리오로만 자꾸 해석하려 들었으니까요. 통일원에 맨 처음 들어가서 배운 것도 북한 대남 제안의 저의를 분석하는 일이었고요. 세월이 가면서는 나쁜 쪽으로가 아니라 '진짜 의도'가 무엇인지 파악하는 기술이 생겼죠. 어쨌든 북에서는 남쪽이 자신들에게 잘하는 것이 진정성이 있는 것이 아니라 무언가 노림수가 있다는 식으로 의심하는 거예요. "그거 우리를 녹여먹으려고 하는 것 아니오?" "녹여먹다니 그게 무슨 소립니까?" "당신네 외교안보수석이 방송에 나와서 우리의 외투를 벗기겠다는 말을 마구 하던데."
하긴, KBS 「심야토론」에서 그렇게 말했었지요.

임동원 외교안보수석이었나요?

네, 당시 임동원 수석이 김대중 정부 출범 초기 「심야토론」에서 이솝우화에 나오는 이야기의 예를 들어 그렇게 말했던 거예요. '강풍 정책으로는 나그네의 옷을 못 벗기고, 햇볕이 미치니 더워서 자동적으로 외투를 벗게 된다. 북한을 변화시키려면 우리가 햇볕을 쪼여주는 방식으로 가야 한다.' 그때는 이미 햇볕정책이라는 말이 생긴 뒤였어요. 그 말 때문에 "우리를 녹여먹으려는 것 아니오?"라고 말한 거죠. 그 순간 북측의 경계심이 대단하다는 걸 느꼈어요.

회담에 나가 있으면 그날의 신문 가판부터 팩스로 보내옵니다. YS 때는 거기에 너무 신경을 많이 써서, 대통령 마음에 안 들 것 같은 내용이 있으면 관련 부처에 지시해서 어떻게든 빼야 했어요. 어쨌든 그 신문 가판에서 햇볕정책은 곧 평화적 이행론, 즉 'peaceful transition'이라는 내용이 나왔어요. 북측에서 '녹여먹으려고 한다'고 한 말은 우리 쪽 전문가들이 그런 의심을 받을 만한 용어를 쓴 탓도 있습니다. 이솝우화 얘기를 꺼낸 것도 그렇고, 학자들이 평화적 이행론을 주장한 것도 그렇고요. 그러니 더더욱 이산가족 상봉은 안 된다고 하는 거죠. 체제 선전장이 되어버릴 수 있었으니까요.

햇볕정책이 북한의 평화적인 체제 전환을 노린 것이라고 생각했던 거군요.

그렇죠. 그러니 이산가족 상봉은 정치적인 것이고 비료 지원은 인도적인 것이라고 끝까지 강변해서 결론을 못 내고 헤어질 수밖에 없었죠. 그런데 뒤이은 18일에 남한 정부가 민간인 북한 방문 승인 요건을 대폭 완화하면서 선민후관 정책을 내놓았어요. 30일에는 민간 기업의 대북투자 상한선을 철폐했는데 이는 선경후정(先經後政) 원리에 의한 거죠. 그전에는 500만 달러라는 대북투자 상한선이 있었어요. 노태우 정부 시절에 남북 교류협력에 관한 법률도 만들었고, 총리급 회담도 열었잖아요. 그러면서 1989년부터는 OEM 방식, 즉 위탁가공 방식으로 평양 시내나 남포 등지의 재봉공장에 옷감이나 부자재 등을 가져다주고 와이셔츠 등을 생산케 했죠. 대우와 북한의 삼천리총공사가 합영한 민족산업총회사가 남포에 세워졌고요. 과거에 그런 사례가 있었지만 김영삼 정부는 보수적이었으니까 한없이 투자하도록 둘 수는 없다고 판단했죠. 상한선을 그어야 한다며 기업인 대상으로 조사했고요. 300만 달러, 500만 달러, 1000만 달러 등으로 나눠서 얼마까지 기업 책임하에 투자할 수 있는지를 물었어요. 대부분이 500만 달러까지는 날려도 좋다고 선택하는 것을 보고, 그 금액을 상한선으로 정한 거죠.

그런데 김대중 정부가 이 제한을 풀어버리자, 정주영 현대그룹 회장이 곧이어 5월 초에 금강산 관광사업을 하겠다고 나선 거예요. 사실은 1989년 정주영 회장이 김일성 주석을 만나서 금강산 사업에 대한 양해각서 비슷한 걸 미리 받아뒀어요. 그런데 1992년 대통령 선거에 나갔다는 죄 때문에 YS 때는 그걸 꺼내지 못한 거예요. 현대그룹과 대우그룹에 대한 YS의 보복이 대단했어요. 대우그룹의 김우중(金宇中) 회장이 자기가 대통령에 출마하겠다고 하다가, 잘 안 되니까 고등학교 동기인 이종찬에게 미뤘어요. 그래서 이종찬이 새한국당이라는 당의 대선 주자로 나왔단 말이에요. 그러니 YS가 볼 때는 괘씸한 거예요. 대우가 은행 대출로 규모가 커졌는데, 그때부터 그게 통제되기 시작하자 점차 세가 줄었죠. DJ 때 되어서는 IMF 체제에서 가장 먼저 해체할 수밖에 없게 된 거고요.

대우가 외채 비율이 너무나 높았잖아요. 규모는 참 컸어요. '세계는 넓고 할일은 많다'고 큰소리칠 만큼 전 세계에 광고가 이곳저곳 많이 퍼져 있었어요. 제가 1983년 제네바 적십자연맹 총회에 갔는데, 그때 파리에 국제선 공항인 드골 공항이 생겨서 그리로 가야 했어요. 드골 공항에서 내려서 짐을 찾아서 제네바 취항편이 있는 오를리 공항으로 가는데 길가에 '대우' '대우' 하고 광고판이 연이어 붙어 있었어요. 자랑스러웠죠. 김우중 회장이 그때 북한과 맨 먼저 합작해서 민족산업총회사를 운영하고 있었고, 1994년 김일성 사후에 평양에 다녀오면서 '북한이 큰일을 겪었지만 별다른 동요도 없고 크게 달라진 게 없다'라는 식으로 북한에 대해 좋게 말한 일이 있어요. 그 내용이 기사화됐죠. YS가 그 인터뷰 내용을 듣고 대번에 "장사꾼 놈이 뭘 안다고"라고 했대요. 그러고는 대우 관련된 일들이 다 끊어지기 시작하는 거예요.

북한도 싫고, 김우중도 싫은 마음이 다 결합했군요.

그에 반해 현대의 정주영 회장은 납작 엎드리더라고요. 더구나 거기는 14대 대선 때 통일국민당이라는 것을 만들어서 상당히 유력하게 YS를 위협했잖아요. 김영삼 정부 시절에는 조용히 지내느라 대북사업을 잇지 못하고 있다가, DJ 당선 이후 비료회담이 끝나고 정부에서 대북투자 상한선을 철폐하겠다고 하자 바로 5월 초에 소떼를 몰고 북한에 가겠다고 한 거죠. 아마도 정부가 햇볕정책을 추진하기 시작하고 민간인 방문 요건도 완화하니까 현대에서 청와대에 요청했을 거예요. 우리가 사업할 수 있게 도와달라고요. 일이 잘되면 자기들이 남북관계 개선에 물꼬를 틀 수 있을 거라고 장담했겠죠. 일리가 있었고, 어떻게 시작하겠느냐고 물으니 금강산 쪽에 배를 댈 부두부터 짓겠다고 했고, 그러려면 500만 달러 갖고는 안 되니까 상한선을 철폐해준 것 아닐까 생각이 돼요. 결국 나중에 보니 장전항 부두는 1억 5,000만 달러짜리 공사가 됐죠. 사실상 투자 상한선 철폐가 불가피했으리라고 봐요.

저는 당시 차관이었기 때문에 현대 정주영 회장과 청와대 사이에서 어떤 이야기가 오고 갔는지까지는 몰라요. 그런 이야기는 대통령, 정주영 회장, 외교안보수석 사이에서 논의되었을 거고 기껏해야 국정원장이 포함됐을 거예요. 통일부 장관도 빼놓을 순 없었겠지만, 대통령이 그쪽 방향으로 가는 게 좋겠다고 할 때 강 장관이 반대할 수는 없었겠죠. 어쨌든 청와대와 정주영 회장 사이에 교감이 일어나서 금강산 사업을 시작할 수 있는 법적·정치적 조건이 만들어졌어요. 그게 4월 30일 대북투자 상한선 철폐의 전말이라고 생각하고요. 그런 뒤 정주영 회장이 6월 16일에 소떼 500마리를 몰고 북한에 방문했죠. 현대로 하여금 금강산 사업을 할 수 있게 규제를 풀어준 것을 보면, 정주영 회장도 이미 북한과 이야기가 끝난 상황이었을 거예요. 요시다 다케시(吉田猛)라는 재일교포가 북측과 정주영 회장의 다리를 놔주었다고 해요.

당시 북한은 한국 정부가 금강산 사업을 결국은 승인해줄 것 같고, 금창리 동굴 사건이 발생하고 북한이 일본열도 상공을 가로지르는 미사일을 발사했는데도 미국의 대북정책이 유턴하지 않도록 페리 전 미국방장관을 내세워 대북정책을 잘 관리해가려고 준비하는 모습을 보고는 이번 정부를 믿을 만하다고 생각했을 거예요. 1999년 5월 25일부터 3박 4일간 윌리엄 페리가 북한을 방문한 뒤 보고서를 작성해 그해 10월 클린턴 대통령에게 제출했어요. 김대중 정부는 페리 프로세스를 배후 지원하고 민간인들을 대거 방북시키면서 빈손으로 가지 말라고 하며 인도적 차원의 대북지원을 활성화했고요.

1998년 5~7월 무렵이면 고난의 행군이 끝나기 전이에요. 2000년 정상회담 이후에도 실질적으로는 고난의 행군이 계속되었어요. 북한도 현대 정주영 회장의 대규모 대북투자 내지 현금이 들어오는 금강산 관광사업을 밀어줄 것 같은 정부라면 나쁘지 않다고 판단했을 거예요. 어떤 식으로든 공존해야겠다고 생각했으리라고 봐요. 그러한 준비작업을 다 마쳐놓은 뒤 2000년 3월 9일 DJ가 베를린에 가서 '베를린 선언'을 발표하는데, 그것도 판문점을 통해 이틀 전에 북측에 내용을 통보해줬다고 해요. 그랬으니 북측의 반응도 물밑으로 들어왔겠죠. 3월부터는 박지원 문화관광부 장관이 김보현(金保鉉) 국정원 국장, 서훈 단장과 싱가포르 등지를 다니면서 북측 외교부의 송호경(宋浩景)을 만났어요. 외교부 부부장(차관)까지 지낸 인물이에요. 저는 1986년에 도쿄 6국 회의에서 송호경을 만난 일이 있어요. 당시 미국 조지워싱턴대학의 김영진(金英鎭) 교수가 남북한, 미일중소 동포 학자들 가운데 한반도 전문가들을 모아서 도쿄, 워싱턴, 모스크바, 베이징 등지에서 회의를 열었어요. 도쿄 회의에 가서 보니 북한 측 수석대표가 송호경이었어요. 그때는 사회과학원 경제연구소 소장 자격으로 온 거였죠. 체구가 호리호리한 게 얼핏 보기에는 공산당 간부라기보다 대학교수 같아요. 아무튼 송호경과는 2000년 3월부터 접촉을 시작해서 4월 8일에 드디어 남북 정상회담을 6월 13일부터 15일까지 열기로 최종 결정했고, 그 발표가 4월 10일에 나왔죠.

4월 13일 총선을 사흘 앞두고 나온 발표였죠.(웃음)

그랬죠. 정치인들은 어쩔 수가 없어요.(웃음) 총선을 앞두고 발표하긴 했지만 득은 못 봤어요.

비료회담 그 이후

차관 되자마자 가장 먼저 맡으신 일이 비료회담이었고, 이산가족 상봉은 불발됐고요. 그걸 풀어가기 위해서 선민후관 정책으로 나아갔다는 것까지 말씀하셨죠.

재미있는 일화가 하나 있는데, 비료회담을 하고 왔더니 많은 사람들이 제가 북한 대표인 줄 알았다는 거예요. 회담 중에 제가 심각하게 인상을 쓰고 있는 모습이 화면에 비쳐서인 듯한데, 그렇게 된 계기가 있었어요. 첫날인 4월 11일 점심을 먹고 오후 두시부터 우리가 체류하고 있던 차이나월드호텔 회의실에서 회담을 진행하기로 해서 북한 대표단이 우리 호텔로 왔어요. 대개 회담에서는 차석 대표가 상대측 대표단을 영접하고 배웅하게 되어 있습니다. 당시 차석 대표가 나중에 노무현 정부 때 차관을 지낸 조건식(趙建植) 통일비서관이었어요. 조건식 비서관이 나가서 전금철 및 북한대표단 다섯명을 인도해서 들어오는데, 대개는 악수하는 장면을 위주로 사진을 찍잖아요. 그러니 겸연쩍은 웃음을 지었죠. 막상 만나면 인상을 쓰거나 무표정한 얼굴을 짓기가 어려워요.

조건식 비서관이 씩 웃는 모습이 모든 조간신문 1면 톱으로 나왔어요. 11일 오후에 회담을 진행하고, 12일 회담에 들어가려는 참인데 아침에 장관한테서 전화가 왔어요. "조건식 대표 웃지 말라고 해! 북쪽 사람들 만나면서 웃는 얼굴 사진에 나왔다고 장관실 전화통이 불나고 있어!" '빨갱이들과 회담하면서 뭐가 좋아서 히죽히죽 웃느냐'는 식의 전화가 쏟아졌다는 거예요. 조건식 비서관한테도 그 얘길 전했죠. 그러면서 저도 사진이 찍힌다 싶으면 얼굴이 자연스레 굳어졌던 거예요.

심지어 어떤 일까지 있었느냐면, 회담 끝나고 난 뒤에 당시 라종일(羅鍾一) 국정원 차장이 상세한 이야기를 듣고 싶다면서 강남에 어느 식당을 잡아두고 저를 초청했어요. 라종일 차장이 해외 및 대북 담당이었거든요. 물론 중국 주재원도 있으니 중간 중간 보고를 듣기는 했겠죠. 그 자리에서 아까 말했던 "녹여먹으려는 것 아니냐" 했던 이야기부터 회담 뒷이야기를 쭉 해줬어요. 술잔이 몇번 오고가는데, 음식점 주인이 다가와서는 나지막한 소리로 "질문이 있는데, 김일성 배지 어디 있어요?"라고 하는 거예요.(웃음) 회담 때 텔레비전에서 본 사람인데, 여기에 나타났단 말이에요. 그런데 저와 함께 온 사람들이 국정원 사람들이고 거기가 국정원 단골 식당이니까 틀림없이 북쪽 회담 대표가 몰래 와서 막후 협상을 하는 모양이라고 생각했던 거예요. "김

일성 배지는 왜 찾습니까?" "북쪽에서 오신 거 아니에요?" (웃음)

차관 시절에 북한 측과 협상한 것은 비료회담 이후에는 없었습니까?

비료회담 말고는 없었죠. 그러고는 바로 남북 정상회담으로 넘어갔으니까요.

비료회담이 불발되고 6·15 공동선언까지는 공식적인 남북 간의 회담이 없었군요.

6·15 정상회담을 준비하기 위한 실무접촉은 있었죠. 제 후임이었던 양영식(梁榮植) 차관이 판문점에 가서 실무회담을 했어요.

1998년 4월 베이징 차관 회담 불발 이후로는 민간 교류를 통해서 접촉을 넓히고, 윌리엄 페리가 이쪽저쪽을 오가면서 6·15 정상회담을 끌어낸 거군요.

페리가 그렇게 움직이도록 만든 한국 정부의 진정성에 대한 강한 신뢰가 결국 북한으로 하여금 정상회담을 받도록 만드는 결정적인 계기가 되지 않았나 생각해요. 그전에도 민간인들을 먼저 앞세우면서 어떻게든 북한의 어려운 점을 우리가 풀어주어야겠다고 했고요. 민간 차원에서 지원하는 것은 반대급부를 요구하지 않으니까요. 그야말로 인도주의적 지원이었어요. 정부가 나서면 비료 20만 톤 등을 주더라도 이산가족 상봉 등의 조건에 동의하라는 요구가 생길 수밖에 없으니 북측으로서는 부담이 되죠. 그런 식의 부담을 주지 않으려고 민간 차원으로 자잘하게 지원한 것이고, 티끌 모아 태산이라고 그것이 쌓이면 북으로서도 나쁠 게 전혀 없었어요.

이산가족 상봉도 6·15 이후에 이뤄진 건가요?

그렇죠. 6·15 이후 그해 광복절에 성사됐어요.

차관을 그만두게 되셨던 건 옷 로비 사건 때문인가요?

옷 로비 사건 때 대폭 개각했는데, 열아홉개 부처 가운데 차관 열두 명이 한꺼번에 해임됐어요. 우리는 죄목도 몰라요.

옷 로비가 큰 사건이었군요.

정권 초에 그 사건은 김대중 정부의 도덕성 문제로 바로 연결됐죠. 제가 나중에 DJ를 겪어본 바로는 소위 도덕성 문제 그리고 지역 안배에 신경을 많이 썼어요. TK나 PK 시절에는 같은 중고등학교 선후배끼리 장차관을 하는 경우가 많았어요. 마음 놓고 인사발령 낸 거죠.

아무도 신경 쓰지 않았고요.

그런데 DJ 때는 그런 부분을 무척 신경 썼어요. 인구 대비 호남 비율이 높으면 그 수를 줄이고, 차라리 영남 쪽에 자리를 많이 주고요. DJ의

장점은, YS 때는 신문에 안 좋은 이야기가 한줄이라도 오르내린다 싶으면 책임자도 바로 갈아치웠는데 DJ는 그렇진 않았다는 거예요. 어쨌건 옷 로비 사건으로 다른 데까지 불똥이 튀어서 대폭 개각했고 차관들은 이유도 모르고 열두명이 한꺼번에 나가서 골프팀 세개를 만들게 된 거죠.(웃음)

국가정보원장 특보 시절

차관 그만두고 2년 정도 야인으로 지내셨던 거네요.

정확하게는 1999년 5월 25일에 그만두고 2001년 5월 초에 국가정보원장 특보로 들어갔어요. 야인은 야인이었죠. 차관 그만두자마자 명지대학교 북한학과에서 객원교수로 초빙됐거든요.

통일 관련 강의는 어떻게 다니시게 된 건가요?

초청이 오더라고요. 아마도 1998년 4월 비료회담 때문에 이름이 많이 알려진 덕택일 거예요. 가령 "여기 광주인데 멀지만 좀 와주십시오"하면 KTX도 생기기 전이니까 고속버스 타고 가는 거죠. 딱히 할 일도 없으니까 왕복 열 시간 넘는 곳도 가서 강연하고 다시 돌아오는 거죠. 강사료도 준다고 하니까요.

말하자면 남북관계 전문 강사가 되신 것이 그때부터군요.

그렇죠. 차관 그만두고 바로 시작했어요. 그만둔 것이 1999년이었는데 제가 정부에 들어간 것이 1977년이지만 중간에 통일연구원이나 세종연구소 같은 민간연구소에 있었던 기간이 7년가량 되기 때문에 연금을 받을 수 있는 20년에서 모자랐어요. 그 뒤에 장관을 그만두고 나왔을 때에도 20년이 되려면 1년 6개월이 모자랐어요. 민간연구소에 있었던 것이 나중에 그런 타격을 주더라고요. 차관 때는 더 말할 것도 없죠. 일시불로 퇴직금을 받았지만 얼마 되지 않더라고요. 그건 집에 전부 줬죠. 그동안 박봉에 시달리면서 고생했으니까… 더구나 애들 대학교 가고 목돈이 필요할 때였는데 직장에서 잘리니 막막했어요.

그때가 50대 중반이셨죠?

1999년이니 우리 아들이 군대 다녀오고 유학을 간 때예요. 그때 등록금과 생활비는 학교로부터 받고 간 거였지만 초기에 정착하는 데도 돈이 들잖아요. 그런데 그 돈을 다 마련해주진 못했어요. 그렇게 어려울 때였어요. 그러니 강연료가 차비보다 좀 낫기만 하면 강연을 갔죠. 그렇게 햇볕정책에 대해서 일관되게 말하고 다닌 것이 보고가 들어갔던 것 같아요.

그때 경상도에 가서는 이런 얘길 했어요. '무턱대고 반대하지 마라. 내 얘기를 들어보고 반대하든 지지하든 하라.' 광주나 호남에 가서는 무턱대고 지지하지 말라고 했고요. 이쪽에서 무턱대고 지지하기 때문에 경상도에서 무턱대고 반대하기도 한다고요. 공정하게 이야기할 테니 일단 들어보라고 했죠. 강연하면서 보면 어떤 사람은 제 말에 설득되고 있는 듯한 반응을 보이고, 어떤 사람은 아예 듣기 싫다는 듯이 팔짱 끼고 천장만 쳐다보기도 하고 그래요.

주로 민주평화통일자문회의(평통) 등에서 주최했던 겁니까?

평통도 있었고 자유총연맹에서도 초청하고 그랬어요.

말하자면 북한 전문가로서 일반 시민들과 자주 접촉한 건 그때가 처음이었던 거잖아요.

통일원에 있을 때에도 강연을 많이 다녔어요. 평통이 1982년 출범하고서 그 지역협의회 초청 형식으로 강연을 주로 치렀거든요. 연단에 자주 서다 보니 강의 테크닉이 몸에 배더라고요. 강연 도입을 재미없게 시작하지 않고, 또 제 이야기를 무턱대고 지지하지 말라고 하면 사람들이 오히려 경청해주더라고요.

청중의 관심을 끌어내는 기술이 있으셨군요. 어쨌든 정부에서는 장관님의 강연 행보에 대해 햇볕정책을 열심히 홍보하고 있구나라고 생각했겠네요.

그렇죠. 버스 타고 다니면서요. 공직에서 물러나면 섭섭해서 뒤통수에 욕을 하는 게 일반적인데 그러지 않고 햇볕정책에 대해 설명하고 다닌 것이 점수가 되어서 국정원장 특보로 발령 받게 된 것이 아닌가 싶어요.

그때 국정원장이 누구였나요?

2001년 5월이었으니 신건(辛建) 원장 시절이죠. 전임 임동원 국정원 장은 2000년 6월 정상회담 뒤에 2001년 3월 통일부 장관으로 다시 돌 아왔어요.

강정구(姜禎求) 교수가 2001년 8월 평양의 민족통일대축전에 남측 대표단으로 참석해서 "만경대정신 이어받아 통일 위업 이룩하자"라 는 내용의 방명록을 써서 문제가 된 일이 있는데, 그때 임동원 장관 이 통일부 장관직에서 해임되신 건가요?

그랬죠.

임동원 장관은 그 뒤에 외교안보통일 특보가 되셨죠?

임동원 장관은 1999년 5월 통일부 장관으로 왔다가 그해 말에 정상 회담을 준비하기 위한 사전 포석이었는지는 모르지만 국정원장으로 가고, 후임으로 박재규(朴在圭) 경남대 총장이 왔다가, 정상회담이 끝 나고 나서 다시 2001년 3월에 임동원 장관이 다시 통일부 장관으로 왔 어요. 그 이후에 방명록 사건이 터져서 그만둔 건데, 그건 명분에 불과 했어요. 97년 대선 당시 내각책임제를 확실하게 보장한다고 약속하고

DJP 연합이 성사됐는데, 그 뒤로 청와대에서 내각제 협의조차 미루면서 헌법 개정도 하지 않으니까 '틀렸다, 철수하자' 마음먹고 임동원 통일부 장관 해임을 핑계로 삼아서 김종필 계열이 다 사퇴했거든요. 총리직을 그쪽에다 줬잖아요. JP가 하다가, 박태준(朴泰俊)과 이한동(李漢東)이 이어서 했죠. 즉 강정구 방명록 사건은 외형적인 명분에 불과하고, 사실은 내각제를 둘러싸고 DJP 연합이 깨지는 순간이었던 거예요.

2001년 3월 임동원 국정원장이 통일부 장관으로 다시 오면서 신건 전 국정원 차장이 국정원장으로 승진했어요. 그 분이 저에 대한 보고를 열심히 잘해줬던 것 같아요.

국정원장 통일정책 특별보좌역이라는 자리가 원래 있던 겁니까?

만든 자리예요. 청와대 안에 자리를 만들자면 시끄럽고, 행정부 안에 만들려면 더더욱 그랬지만 국정원은 가능했죠. 5월 초였는데 국정원장 비서실에서 연락이 왔어요. "청와대 지시로 정 차관님을 원장 특보로 모시게 됐습니다. 원장님께서 전화 한번 드리실 겁니다."

원래 알던 사이였군요.

알죠. 중학교 4년 선배였으니까요. 지역에서 '정세현이 다녀간 뒤 여론이 좋아졌다' '햇볕정책에 대한 지지가 늘어났다'는 식의 보고서가 올라오니 그걸 보고 있다가, '혼자 저렇게 버스 타고 다니는데 자동차라도 한대 붙여주자'고 된 거죠.

2년간 나 홀로 강연을 다니신 셈인데 국정원에 들어가신 이후에도 계속 강연을 다니셨던 건가요?

그렇죠. 제가 통일정책 특별보좌역이었는데, 들어가면서 선을 그었어요. 대북 담당 차장으로 김보현 씨가 자리에 있었는데, 제가 그 일에 간섭하기 시작하면 오랜 기간 그 사람과 맺어온 좋은 관계가 깨질 것 아닙니까. 저는 더구나 누구에게 줄 선 사람도 아닌데요. 수백명의 부하 직원을 통솔하는 사람과 단기필마와 붙어서 어떻게 이길 수 있겠어요.

안방에는 들어가지 않겠다고 선을 그으셨던 거군요.

제 직위가 원래는 외교 담당 특별보좌역으로 있던 라종일 씨의 자리였는데, 그분이 주영대사로 나가면서 분야를 바꿔서 저를 특보로 앉힌 거예요. 국정원장이 그러자고 대통령에게 얘기했겠죠. 그런데 라종일 특보가 쓰던 방이 외부에 있었어요. 현재 도곡동에 있는 국가안보전략연구원, 당시에는 국제문제조사연구소였던 건물에 방이 있었죠. 그분은 국정원 안으로 들어가고 싶어 했지만 안에서는 들어오지 말라고 했다고 해요. 라종일 씨의 후임이라는 것을 알고 국정원장과 통화했는데, "들어올 거야?"라고 묻길래, "제가 들어가면 피차 불편하지 않겠어요?"라고 했어요. 안에 들어가봤자 직급은 차관급이라지만 '개밥에 도토리' 신세일 수밖에 없죠. 거기에다 출입 시간까지 전부 체크해야 하고, 비서 한명과 운전사 한명과 사무실 지키는 직원 한명이 어차피 딸려오니 안에 들어갈 이유가 없었어요. 그랬더니 국정원장 하는 말이, "잘 생각한 거야"였어요.

그 편이 마음이 편하죠.

밖에 있으면 제가 일하는지 뭘 하는지 감시받지도 않고, 마음 놓고 자유롭게 강연을 다닐 수 있죠. 그런 상황이었는데 지침이 내려오더라고요. '임동원 장관이 그동안 군인들이 햇볕정책에 대해 잘못 생각하고 있는 점을 고치기 위해 강연을 다니다가 국정원장으로 발령을 받는 바람에 그 일을 그만뒀는데, 군대 내 햇볕정책에 대한 불신 내지는 반감을 누그러뜨리는 것이 중요하니 그쪽에 주력해달라.' 국방부로도 연락이 갔던지, 김동신(金東信) 장관한테서 연락이 왔어요. 일단 군단급 이상 부대, 육군사관학교·간호사관학교 등 각종 관련 학교까지 서른다섯 군데 리스트를 뽑아놨더라고요. 국정원에 파견 나와 있던 국방보좌관인 준장 한 사람을 붙여줬어요. 그 장군 안내로 군부대를 다녔죠. 군단급 이상 부대와 사관학교 등에만 갔고 사단까지는 안 갔어요.

군단급이면 대개 장교들만 상대하신 거네요.

대개 강의에 들어오는 게 소령 이상이었어요. 영관급 이상이었죠. 그래도 숫자가 많았어요. 사단까지는 못 가는 게, 숫자가 너무 많아서 감당을 못해요. 사관학교도 두루 다녔어요. 거길 가면 수강생들이 위관급들이죠. 본래의 리스트 서른다섯곳 가운데서 서른세곳을 끝내놓고 벽제에 있는 1군단 사령부와 태릉에 있는 육군사관학교만 남겨두고 2002년 1월 29일 통일부 장관 발령을 받았어요.

군인들에게는 이렇게 이야기했어요. "햇볕정책에 대해서 오해하지 마라. 밖에서는 퇴역 장성들이 햇볕정책은 북한에 대한 경계심을 늦추게 하고 북한이 총을 쏴도 쏘지 말라고 가르친다는 식으로 모략하지만 결코 그런 것이 아니다. 통일이 되는 날까지 평화 유지는 분명히 필요하다. 그런 점에서 국방부는 없앨 수 없고, 통일이 되어서 남북 간의 군사적 적대감이 사라진다고 한들 한중 간의 군사적 관계를 예측할 수 없고 또 일본이 어떻게 나올지 알 수 없는 상황이니 국방부는 영원히 존재할 수밖에 없다. 북한에는 두 얼굴이 있다. 한편으로는 군사적인 적이기 때문에 경계를 늦추지 말아야 하지만 한편으로는 동포이기 때문에 그것과는 별개로 화합도 이뤄가야 한다. 통일부는 'peace-making'을 해나갈 테니, 국방부는 'peace-keeping'을 하라. 통일부에서 사용하는 남북협력기금 5,000억원의 수십배를 여러분은 국방비로 사용하지 않느냐. 햇볕정책 때문에 국방예산이 줄어들 일도 없거니와, 햇볕정책은 튼튼한 안보 위에서 남북 간의 화해협력을 추구해간다는 것이 원칙이다. 제대로 알고, 절대로 오해하지 마라. 북이 철책을 넘어서 뛰어 들어오면 총을 쏘든 생포하든 해야지, 쏘지 말라고 했다니 무슨 말이냐. 통일부와 외교부는 평화를 만드는 일을 하는 부처이니 그 일은 그 일대로 하도록 두고, 국방부는 평화를 유지하는 사람들이니 철저하게 경계심을 갖고 통일이 되는 날까지 대비하면 된다."

서른세개 군 부대와 학교 등지에서 강연을 하시는 동안 반론이나 이의는 없었나요?

그런 건 없었는데, 세부적인 문제에 대한 질문은 나왔죠. 그 뿌리가 정책에 대한 저항이나 반박에 닿아 있는 질문도 있었지만, 그래도 민간인 강사가 아니고 국정원 특보라는 자격으로 간 것이기 때문에 쓸데없이 질문을 잘못했다가는 큰일이 날 수도 있다고 생각했을 거예요. 공개적인 자리였으니까요. 그때 강연을 다니느라고 강원도, 경기도의 경치 좋은 곳들을 많이 다녔어요.

8, 9개월간 서른세곳이니 일주일에 한곳 이상은 다니셨겠네요.

국방 보좌관이 일정표를 짜서 다녔어요. 구내식당에서 거하게 밥을 먹었고요. 산속으로 다니니까 더덕도 진짜고.(웃음) 공기 좋은 곳으로 다니면서, 경청하는 자세를 갖춘 군인들에게 강연하는 것은 참 좋았어요. 수강생으로서의 태도가 군인만큼 좋은 사람들은 없어요.

차관 그만두신 뒤에 2년은 대민 설득, 8개월은 대군 설득 작업을 하신 거군요.

1999년 5월에 차관 그만두고 두달간 놀다가 명지대학교 강의를 8월 말부터 시작했어요. 그렇게 학교 강의를 일정하게 맡으면서 여기저기서 강연 요청이 들어오면 고속터미널에서 버스를 타고 다녔어요. 그런 뒤 국정원 특보 일을 8개월 정도 한 다음에 장관 발령을 받은 거죠.

통일부 장관으로 발탁되다

장관 발탁 배경에 대해서는 들으신 바가 있나요? 전임이 누구였죠?

홍순영(洪淳瑛) 장관이었어요(2001년 9월 취임). 그분 후임이었다는 게 어떻게 보면 장관 발탁 배경이었을 거예요.

외교부 출신에 장관도 하셨죠?

외교부 장관을 하고 중국 대사를 갔다가 통일부 장관으로 오셨죠. 서울에서 열린 남북 장관급 회담에서 그분이 북한 사람들에게 익숙지 않은 스타일로 회담을 운영하는 바람에 북측의 원성을 샀어요.

예를 들어 어떤 건가요? 국제회의처럼, 북한을 외국 대하듯이 접근하신 건가요?

그런 거죠. "국제관례라는 게 있는데, 그런 것도 모르고"라면서 구박을 해대니까 북한 통전부나 보위부 인사들로서는 마음에 들지 않았던 거예요. 그 여파가 어떻게 미쳤느냐면, 서울에서 회담을 치렀으니 다음은 평양에서 회담을 열어야 하잖아요. 그런데 평양에 오지 말고, 굳이 북에서 만나야겠다면 금강산에서 만나자는 전갈이 왔어요. 북한 사람들이 일본식 표현으로 '곤조'가 있어요. 금강산으로 오라고 하니까 청와대에서는 '금강산으로 가라. 장관급 회담의 연속성이라는 것이 있고, 그 회담을 통해서 민간 차원이건 정부 차원이건 교류협력을 심화해야 하고 그것을 조정하기 위한 회의인데 그 자리에서 국제관례 같은 것을 들먹이지 말고 잘해봐라'라고 한 거죠. 그런데 금강산에서도 화풀이하듯이 북한을 가르치려는 식으로 했던 것 같아요. 그랬더니 본래 합의문에는 반드시 다음 회담 날짜를 잡아서 명시하도록 되어 있는데, 북측에서 그걸 해주지 않는 거예요.

북한에서는 민족 내부의 회담이라고 생각하는데 홍순영 장관은 국가 대 국가의 관계로 접근했군요.

그러니까 홍 장관을 거부하는 취지로, 북측이 해야 할 것들을 안 해주는 거였죠. 서울 회담에서도 애를 먹고 갔는데 자기 지역의 평양으로도 못 오게 하고 금강산으로 오라고 했으면 말귀를 알아듣고 부드럽게 나올 것이지, 더 뻣뻣하게 나오니까 평양에서 '합의문도 대충 만들고 다음 약속도 추후에 연락하자는 식으로 애를 먹이면서 끝내'라는 식으로 지시가 내려왔던 모양이에요. 그러니 청와대 쪽에서는 회담을 이어가야 하니까 판을 깨지 말고 날짜 같은 것은 판문점 전통문을 통해서 잡을 수 있으니까 북한을 너무 압박하지 말고 좋게 좋게 끝내라고 했대요. 그런데 홍 장관이 그런 법이 어디 있느냐며 회담 일정을 하루 연장해가면서 밀어붙였지만 북한이 끝까지 날짜를 잡지 않았죠. 별 수 없이 청와대에서는 그냥 돌아오라고 했고요. 그렇게 금강산 회담이 추후 회담 날짜도 잡지 못하고 결렬된 것이 2001년 11월쯤이었어요. 날짜를 잡지 못한 것에 대해 홍 장관은 자기는 전혀 잘못이 없다며 북한을 비난하니, 북에서도 가만히 있지 않고 대통령 입장에서도 골치가 아팠죠.

외교부 출신으로는 첫 통일부 장관이었던 건가요?

아니에요, 네번째였어요. 박정희 정부 때 국토통일원 장관 김용식(金溶植), 전두환 정부 때 박동진(朴東鎭), 노태우 정부 때 통일부총리 최호중(崔浩中)이 있었어요. 네 분 모두 외무부 장관까지 하고 통일부 장관으로 왔죠.

북한과 맞대면한 외교부 출신 장관은 처음이었던 것 아닌가요?

그렇죠. 1973년부터 1974년까지는 박정희 정권 시절이었으니 전혀 남북 간에 오갈 일이 없었고, 남북 간 대화도 통일원 소관이 아니고 중앙정보부 소관이었어요. 회담 관련 일도 못할 때였고, 그저 '대한민국 정부가 통일도 고려하고 있다'는 상징으로서만 존재했던 기관이었죠. 그런데 홍순영 장관의 경우는 장관급 회담에서 분위기가 나빠지니까 교체할 필요를 느낀 거죠. 비료회담에서 보니 정세현이 잘하고, 북한한테 화도 안 내고, 북한 사람 같기도 하고.(웃음) 홍순영 장관을 계속 기용할 수 없는 남북관계 상황이 저를 다시 통일부로 돌아가게 만든 결정적인 요소가 아니었나 생각해요. 나중에 세월이 지나서 얼마 전에 들은 이야기예요. 일괄 개각 때가 아니라 홍순영 장관 후임자로 들어간 거였잖아요.

어쨌거나 남북대화가 순조롭지 않은 상황에서 발탁되신 거군요.

남북관계를 순조롭게 풀어나가려면 북한도 잘 알고 북한을 다룰 줄 아는 사람, 또 북한이 말을 꺼내면 그 행간을 읽어내고 남북관계에서의 사례를 중심으로 생각할 줄 아는 사람, 북한과 말이 통하는 사람으로 앉혀야겠다고 생각했을 거예요. 제가 들은 얘기는 이거예요.

정상회담과 현대, 대북송금 특검

장관 임명되신 게 6·15 정상회담 후 1년 7개월이 지난 시점이었는데, 정상회담 당시에 야인이기는 했지만 그때 이야기를 해주셨으면 해요. 저는 2000년 3월 9일 DJ의 베를린 선언 때만 해도 정상회담이 과연 성사될까 했었는데 주변에서는 될 것 같다고 하더라고요. 당시에 해설도 하셨으니까 성사 과정이나 배경에 대해 들으신 바가 있었나요?

4월 10일에 정상회담 개최가 발표되기는 했는데 어차피 저도 청와대 비서실 출신이니까 풍문으로 들은 게 있었어요. 현대와 북한 사이에 다리를 놓은 것은 요시다 다케시였고, 그 인맥을 통해서 정상회담 의사도 북쪽에 전달했다고 해요. 현대가 중간에 섰던 거죠. 현대는 정상회담이 되고 나면 대북 사업을 확실하게 키울 수 있을 것이다, 중요한 사업을 선점하기 위해서는 돈을 좀 줘야 한다고 생각했겠죠. 북에서도 현대에 돈을 요구했을 것이고요. 정부 돈으로 주는 것이 아니라 현대 측에서 돈을 내는 거였는데, 외환 반출 상한선을 넘어서서 요구해왔던 거예요. 외국 현지 법인에서 돈을 만드는 등 이런저런 방법을 동원했음에도 외환 반출 상한선을 넘어선 액수를 북이 요구했던 것 같아요. 그러다 보니 현대로서는 상한선을 넘어선 액수의 대북송금 편의를 좀 봐달라고 국정원에 부탁한 거죠. 국정원에서 이근영(李瑾榮) 산업은행 총재에게 연락을 취해줬던 거 같고요. 그게 대북송금 사건의 실체예요.

북한에서 돈을 받는 댓가로 정상회담을 치렀던 건 아니에요. 정상회담을 하고 나면 틀림없이 대북 사업이 봇물 터질 것 같고, 북한으로서는 그게 나쁘지 않은 상황인데 현대가 중간에서 심부름을 맡았고요. 당시 남한 정부가 현대에 '당신네가 선점하고 싶으면 해봐'라고 했을 텐데, 그 송금의 편의를 봐준 것이 죄가 됐던 거예요. 돈을 주고 정상회담을 샀다고 말하는 것이 억측인 게, 남북관계에서 북한이 아무리 고집을 부리고 남한 정부가 도덕적으로 타락했다고 해도 돈으로 정상회담을 샀다면 그게 오래 가겠습니까? 바로 들통이 나지요.

그동안 양측에 다리를 놨던 현대가 자기 사업을 위해 정상회담 언저리에서 이를 성사시키기 위해 역할을 맡았고, 정상회담 이후에 대규모 프로젝트를 독점하려 먼저 움직인 거죠. 그 댓가로 개성공단 같은 것을 받아낸 거고요. 그게 정상회담 이후거든요. 청와대 측에서도 금강산 관광사업을 밀어붙이는 것을 보니 현대가 능력 있다고 판단했던 거예요. 그리고 김정일 위원장도 현대를 신뢰했고요. 이에 더해 정주영 회장도 사전에 선금 비슷하게 줄 필요가 있었던 것이, 통일교와 평화자동차의 통일그룹이 대북사업을 두고 현대와 경쟁을 하고 있었거든요.

아, 경쟁자가 있었군요.

그쪽에서도 금강산 관광사업 양해각서를 1989년에 받았더라고요. 나중에 보여주더라고요. 현대가 그 사업을 시작하겠다고 하니, 자기들 쪽에서 먼저 양해각서를 받았다는 식으로 언론에 흘려둔 뒤에 장관 면담을 신청했어요. 통일그룹의 박보희(朴普熙) 부총재가 면담하러 왔더라고요. 그때 강 장관이 저를 부르더니 딱 한마디 하셨어요. "정 차관, 나는 통일교 만나면 안 돼." 기독교 쪽에서는 통일교를 만나면 죄가 된다고 해요.

통일교는 기독교에서는 이단이잖아요.

"그러니 차관이 만나." 저야 기독교도가 아니었고 서류상으로는 원 불교로 되어 있기 때문에 문제가 없었죠. 그래서 박보희 부총재를 우리 방으로 오게 해서 만났어요. 합의서를 내놓더라고요. 재미 여성 사업가 박경윤 씨가 대신 받아온 거예요. 빨간색 스탬프도 찍혀 있으니 유효한 문서였어요. "이런 문서가 있으면 일찌감치 정부에 신고했어야 하는 것 아닙니까? 현대처럼 정부에 신고해놓고 법적으로 밀어줄 수밖에 없는 조건을 만들어둔 다음에야 속초에서 배가 떠나야 한다는 등 옥계항에서 떠나야 한다는 등 얘기해야 할 것 아닙니까." "그래도 현실적으로 우리가 먼저 받지 않았습니까?" "부총재님, 생각해보십시오. 그동안 숨겨놓고 있다가 현대가 다 일을 처리해둔 다음에 뒤늦게 이걸 들고 오면 정부가 밀어줄 수가 있겠어요? 법적으로 불가능합니다. 그리고 고성 통일전망대에 다녀오면서 보니 속초에서 금강산 관광선이 떠난다고 대대적으로 현수막을 붙여놨던데, 왜 그런 짓을 하십니까? 정부에 대해서 압박하시는 거죠? 그런 식으로 압박 받으면서 우리는 일 안 합니다. 죄송합니다." 그러고는 다른 일 해야 해서 나가봐야 한다고 말했죠.

정리하면, 현대가 금강산 관광사업을 끌어오면서 그때 다리를 놨던 요시다 다케시라는 사람의 인맥으로 정상회담을 사전에 조율하는 데 역할을 맡았고요. 그러면서 현대가 내막을 다 아니까 정상회담 후에 판이 크게 벌어질 거라면 다른 경쟁자들이 달려들기 전에 선점하자고 했던 거예요. 그러려면 돈을 좀 줘야 한다고 생각했던 거고요. 건설회사라서 돈을 잘 쓰기로 유명했죠.

대북송금 관련해서 노무현 정부에서 특검 거부권을 행사할 수 없었다고 보세요? 특검을 하지 않고 묻어두고 가는 게 국익을 위해 낫다는 논리가 있었죠. 노무현 정부의 대북송금 특검이 남북관계에 영향을 줬고 또 김대중 정부와 노무현 정부의 사이를 틀어지게 만드는 데 큰 역할을 하지 않았습니까?

그렇죠. 제가 노무현 정부에서도 계속 일하게 됐는데, 어떤 연유로 연이어 통일부 장관으로 일할 수 있었는지는 모르겠어요. 노무현(盧武鉉) 당선자와 일면식도 없었거든요. 어쨌건 현대가 정상회담을 조율하는 데 역할을 수행했지만 자기 사업을 위해서 돈을 쓴 건 사실인데, 노무현 대통령으로서는 특검해야 할 필요성을 느꼈을 수 있죠. 아마도 김대중 정부와의 차별화가 이유였으리라고 봅니다. 대북송금 특검 때문에 김대중 정부 사람들과 노무현 정부 사람들의 관계가 불편해진 건 사실이고요.

2003~04년 무렵에 이런 얘기를 들은 바가 있어요. 남북이 독자적으로 경협을 해나가는 게 국제 정세상 위험할 수 있다고요. 먼저 미국 자본이 들어간 뒤에 일본 자본이 들어가고, 그런 뒤에 한국 자본이 들어가야 안정적인데 너무 남한이 앞장서서 가면 분명히 문제가 생길 거다, 현대가 독주하는 게 좋지 않았다는 얘기였어요.

저는 그런 얘기가 국내에서 나왔다기보다는 미국 내의 보수 성향의 싱크탱크 쪽에서 먼저 제기됐을 거라고 봐요.

지금도 남북이 협력해나가려는데 미국에서 계속 발목을 잡고 있는 것 아닙니까.(웃음)

갖가지 명분으로 미국에서는 발목을 잡으려고 해요. 개성공단 시작할 때 자꾸 그런 이야기가 들려와서 생각을 해봤어요. 처음부터 소위 다국적 기업을 만들어서 들어가는 게 좋지 않겠는가 싶었죠.

컨소시엄 형식으로요?

네. 그런데 처음에는 현대가 정부의 자금 지원을 받아서 자기들이 공사하고 분양까지 해서 개성공단을 완전히 자기들 것으로 만들려고 50년 독점 개발권을 받아왔어요. 북측에 먼저 쥐어준 선급금이 있었으니까요. 현대는 애초에 정부의 협력기금을 생각했는데 실제로 일을 진행하려다 보니까 자기들 자본도 있어야겠더란 말이죠. 그런데 그때가 2002년 김대중 정부 말이었는데, 현대가 독점적 사업권은 받아왔지만 현대자동차와 쪼개지고 현대아산이 유동성 위기에 걸려서 돈이 없을 때였어요. 도리 없이 남북협력기금이 들어가야 했는데, 정부가 협력기금을 영리성이 강한 상업주의 민간 기업에 덜컥 줄 수는 없었어요. 대북 인도적 지원 단체들에게 매칭 펀드로 50퍼센트까지는 줄 수 있지만 전액을 줄 수도 없고요.

그때 거기에 끼워넣은 것이 토지공사입니다. 제가 정부에 있던 시절이었으니 현대에 지시했죠. "지금 당신들에게 돈을 줄 수 없다. 토지공사를 공동 개발자로 올려서 개발 약정서를 다시 받아와라." 그런 꾀는 교류협력국장이었던 조명균이 냈던 거예요. 그래서 현대가 다시 약정서를 받아왔어요. 돈을 토지공사 측에 주면서 "우리 중소기업을 돕자고 하는 일인데, 우리 기업들이 개성공단에 많이 진출하도록 하려면 평당 분양가가 낮아야 한다. 국내에서 평당 100~200만원하는 땅값이 부담되어서 공장도 못 짓고 중국이나 베트남을 떠도는 기업인들이 돌아와서 남북협력의 일선에서 기여하도록 하고 북한 경제에도 도움이 될 수 있도록 하려면 평당 가격을 낮춰야 한다"라고 했어요.

평당 분양가를 15만원 이상으로 하지 말라고 해서 초기 분양가를 14만 9,800원으로 맞췄어요. 그리고 토지공사에는 "당신들은 필요한 경비만 떼고 절대로 이익을 남기려고 하지 마라. 이것은 국가사업이다"라고 했어요. 필요하다면 건설 하청업자로 현대는 써도 좋다고 했고요. 그때 고등학교 후배인 권오규(權五奎) 조달청장에게도 부탁했어요. "현대가 지금 유동성 위기를 맞아서 여기서 직원들 인건비라도 건져야 한다. 사업권을 따온 기업인데 돈이 없어서 개발 사업자가 못 되는 형편이니 시공사라도 될 수 있도록 해달라." 공개 입찰 및 경쟁 형식으로 해야 했는데 조달청에서 적당히 모양새를 갖출 수 있으면 그렇게 해달라고 했어요.

나중에 국회에서 특혜 논란이 일었어요. 국회 상임위원회에 가서 이 모든 것을 대놓고 설명하니까 야당도 고개를 끄덕거리면서 빨리 끝내 더라고요. "사업 따온 곳이 현대입니다. 따오던 당시에는 괜찮았는데 현대아산이 유동성 위기에 걸려서 직원들 월급도 못 주는 판에, 그렇다고 정부가 협력기금을 현대에 줄 수는 없잖습니까. 그래서 토지공사를 끼워넣어 토지공사를 시행 주체로 만들고 그 밑에 시공사로 현대를 써서 직원들 월급이라도 챙길 수 있게 해달라고 했습니다. 그 정도는 봐줘야 하는 것 아닙니까?" 하니까 아무 말 안 하더라고요. 역시 정직이 최선의 정책이더군요.

솔까말, 솔직히 까놓고 말씀하셨군요. (웃음)

그랬죠. 제 성격이 원래 그래요. 그 정도도 못 봐주면 되겠느냐고 했어요. 이 사업 자체를 따온 사람들인데… 개성공단이 성사되면 중소기업들의 살길이 열리는 셈인데, 그 일을 위해서 그 정도는 해줄 수 있는 것 아니냐고 말했죠. "제가 조달청장에게 부탁도 했습니다." 그렇게 했더니 깨끗하게 끝났어요.

그런데 그렇게까지 만들어놓고도 밖에서 자꾸 위험성 얘기를 하니까 다국적 기업이 들어가야 하는 것 아닌가 고민했던 거예요. 하지만 세금으로 만든 남북협력기금을 토지공사에게 주어서 평당 14만

9,800원짜리 공장 부지를 만들어놓고는 외국 사람들에게 그 혜택을 준다는 건 잘못된 거죠. 그래서 그건 못하겠다고 판단했어요. 위험하기는 하지만 그 위험성을 줄이기 위해서 세금으로 하는 사업을 외국 사람들에게 혜택이 돌아가도록 하면 우리 기업 입주 비율은 적어지고 외국 기업이 들어와서 판을 치면 '죽 쒀서 개 주는 격'이 되는 거니까 곤란하다고, 우리 기업만 들어가는 것으로 결정한 거예요.

밖에서 온갖 얘기가 다 돌았어요. 안전성을 보장하기 위해서는 다국적 기업으로 들어가야 한다는 등 미국 등의 외국 기업과 함께 손잡고 들어가야 한다는 등. 그런데 이미 검토를 끝낸 거였어요. 개성공단에 들어가는 사업체들은 노동집약적인 산업일 수밖에 없는데, 북한을 꺼려 하는 미국이나 일본에는 이미 오래전에 노동집약적인 산업 비율이 낮아졌습니다. 또한 노동집약적인 제조업 업체들은 이미 외국 기업들도 중국이나 베트남에서 OEM 방식으로 제품을 생산하고 있는데 개성공단으로 유치하려 한들 들어오겠어요? 북한 인건비는 베트남보다는 비싸고 중국보다는 쌌으나 외국 기업들에게는 큰 매력은 없었어요. 외국 기업을 데리고 들어가려고 해도 따라 들어갈 기업이 없다고 판단했죠. 우리보다 경제력이 낮은 국가들에게 제안한다고 해도 그건 우리에게 부담이 되는 일이었죠. 가령 우리가 중국을 끌고 들어가겠어요?

금강산 관광 시작

말씀 나온 김에 금강산 관광에 대해 말씀해주세요. 그게 차관 시절에 시작된 거 아닙니까.

금강산 관광은 김대중 대통령의 결단이 아니었으면 1998년 11월 18일에 시작할 수 없었던 일이에요.

그게 정주영 회장의 소떼 방북 이후의 일인가요?

그렇죠. 소떼 방북은 6월과 10월에 있었고요. 금강산 관광에 대한 협조를 끌어내는 전략이었어요. 정주영 회장은 금강산 관광을 통해서 돈도 벌지만, 자신의 고향인 통천에다 공단을 만드는 게 꿈이었다고 해요.

고향에다가 말이죠.

강원도 고성에서 조금 더 올라가면 통천이에요. 총석정이 통천에 있어요. 해금강 쪽으로 나가면 고층빌딩처럼 직립해 있는 바위들이 보이죠. 삼일포가 해금강과 연결되어 있고요. 그런데 북한이 해금강을 열어주지 않으려고 했어요. 금강산 관광 중에 구룡연으로 올라가고, 만물상으로 올라가는 것은 산 속으로만 들어가는 거라서 괜찮지만 삼일포나 해금강으로 들어가자면 온정리의 금강산 관광 지구에서 동네 마을을 통과해야 해요. 군부대 앞으로도 지나가야 하고요.

처음에 삼일포를 열었을 때 가봤는데, 협동농장 농민들이 참 어렵게 살더라고요. 제가 봤던 장면이 잊히지를 않는데, 인민학교 수업이 끝난 모양이었어요. 제가 1950년대 한국전쟁 끝나고 나서 다녔던, 일제 때 지었던 초등학교보다도 더 낡은 건물이었어요. 운동장에 나와서 아이들이 노는데 여자아이들이 고무줄놀이를 하더라고요. 얼핏 남북이 다 똑같구나 싶었지만 요즘 한국에서는 그런 걸 안 하죠. 그리고 나서 다음 행선지로 가려면 군부대 철조망을 뚫고 들어가야 하더라고요. DMZ 내로 들어갔다가 다시 올라가야 삼일포와 해금강으로 갈 수 있거든요. 그때가 초겨울이었는데, 군인들이 빨래하고 말리느라고 널어놓은 군복이 보였어요. 뒤집어놓은 옷 속에 토끼털을 꿰매놓았더라고요. 겉으로는 훈장이나 계급장을 달아야 하니 안쪽으로 대놓았더라고요. 그리고 전봇대가 다 키가 작아요. 우리 같은 키 큰 전봇대나 시멘트 전봇대는 아예 없어요. 사는 형편이 정말 열악했어요.

금강산 관광을 1998년에 현대가 밀어붙이는데, 그해 8월 31일 북한이 일본 열도 상공으로 대포동 미사일을 쏘니까 여론이 확 뒤집어지고 햇볕정책에 대한 지지도 떨어졌어요. 그 열흘 전쯤인 8월 18일에는 『뉴욕타임즈』에서 금창리 지하동굴 의혹 사건을 터뜨렸고요. 북한이 핵을 개발하지 않겠다고 약속했음에도 불구하고, 미국 군부가 '이렇게 핵을 개발하는 북한한테 햇볕정책이랍시고 지원하는 김대중 정부가 잘못하는 거다'라는 여론을 일으킨 것 아닙니까. 나중에 식량 60만 톤을 관람료로 내고 직접 들어가봤더니 정작 아무것도 없었지만, 1998년 가을에는 금창리 지하동굴 사건과 대포동 미사일 발사 때문에 김대중 정부의 대북정책 환경이 아주 불리하게 조성됐어요.

정주영 회장은 그럼에도 밀어붙이는 식으로 나갔는데, 정부로서는 금강산 관광을 시작하면 햇볕정책을 추진할 때 북한의 동조를 끌어낼 수 있다고 봤어요. 제가 "금강산 관광은 햇볕정책의 옥동자"라는 말까지 했어요. 그런데 북한이 의심이 많았거든요. "흡수통일을 바라는 것 아니냐" "우리를 녹여먹으려는 것 아니냐"라는 말을 노골적으로 내뱉었으니까요. 그렇게 의심이 많았던 상황이었기 때문에 금강산 관광을 통해서 우리가 북한을 '녹여 먹는 것'이 아니라 어떻게든 도움을 주려고 하는 거라는 인식을 줄 수 있을 거라고 봤던 거예요. 저희가 댓가 없이 주는 것도 아니었으니까요.

북한이 미사일 발사 등으로 남북 협력 여건을 굉장히 어렵게 만들었지만, 그럼에도 중단할 수는 없다는 것이 DJ의 생각이었던 것 같아요. 한편 현대측은 11월 18일에는 첫 배를 띄운다, 소 500마리를 또 데리고 간다고 하면서 붐을 일으키고 금강산 관광이 조만간 성사될 거라고 큰소리를 치던 때예요. 정몽헌(鄭夢憲) 회장과 정주영 명예회장이, 부자 간에 평양만 다녀오면 판문점에서 기다리던 기자들한테 "금강산 관광 6월에 한다" "8월에 한다"고 호언장담했어요.

당시 강인덕 장관은 곤란한 일이 생기면 차관인 저를 시키니까, "현대 좀 불러서 너무 큰소리 좀 치지 말라고 해. 자기들 마음대로 되나"라고 했죠. 연세가 많았던 정주영 회장은 부르기가 어려웠지만, 젊은 정몽헌 회장까지는 부를 수 있었죠. 그러면 정몽헌, 이익치(李益治), 김윤규(金潤圭) 세 사람이 같이 와요. "날짜를 미리 예고하지 마십시오. 남북 협상에서 조심해야 할 것이 원칙의 굴레와 시한의 굴레입니다. 언제까지 뭘 하자고 약속해놓으면, 그 시한이 임박했을 때 국민들한테 성과를 내놓아야만 하는 우리를 밀어붙이는 게 북한의 협상 전술인데 뭘 그렇게 미리 언제 하겠다고 못을 박습니까. 원칙의 굴레라는 것도 북한의 수법이에요. '반드시 단일팀을 구성하는 것을 세계 만방에 과시합시다' 하는 식의 듣기 좋은 말로 합의하자고 해놓고는, 나중에는 단일팀이 구성되지 않았으니 남쪽 팀은 대회에 참석하지 않기로 했다고 밀어붙이려고 할 때 쓰는 수법이죠. 그래서 정부 차원에서는 원칙의 굴레와 시한의 굴레를 씌우지 않으려고 하는데, 기업에서 그렇게 나서면 안 됩니다. 도와줘야 하는 정부 입장에서는 곤혹스러우니까 그러지 마십시오."

그래도 말을 안 들어요. 11월 18일 첫 배가 떠난다고는 해놓았는데, 그때 여론이 무척 나쁠 때였어요. 클린턴 대통령도 그해 3월 김대중 당시 당선자를 만나서 "당신이 운전석에 앉으라"며 햇볕정책을 지지하겠다고 했지만, 클린턴 자신도 입장이 어려워지고 있었죠. 11월 16일 자카르타에서 전화가 왔어요. 임동원 외교안보수석이었어요. "웬일로 저한테 전화를 다 하십니까, 장관님한테 하시지." "지금 장관님이 출타 중이셔서 전화를 안 받으십니다. 그런데 이 건은 본국에다 빨리 입장을 전달해드려야 할 것 같아서 급히 전화를 드린 겁니다." 그런데 본론에 대해서는 "그거요… 금강산이요… 원래 계획대로"라면서 긴 얘길 안 해요. 도청 위험이 있어서 그런 거죠. 그래서 바로 알아듣고, "저질러버리자는 말씀이죠?" 했더니 "바로 그겁니다"라고 하세요.

그야말로 이심전심이군요.

장관님이 들어오셨길래 바로 보고하고 현대한테 통보했어요. 11월 18일 밤에 배가 떠났죠. 불야성이 되어서 떠나는 모습을 TV로 중계방송했었죠. 클린턴 대통령이 이틀 후인 20일 서울에 들어와서 한미 정상회담을 하게 되어 있었어요. 자카르타에서 일본을 들러서 서울에 왔죠. 청와대에 들어와서 김대중 대통령을 만나서 처음 한 말이 "18일 밤 금강산 관광선이 떠나는 걸 도쿄에서 텔레비전으로 봤습니다. 매우 아름다웠습니다. 축하합니다"였어요.

그때 만약 우리 외교부와 미국 국무부 간 실무 선에서 과장급, 국장급, 차관보급으로 올라가기 시작했더라면, 중간에 그 일은 증발해버렸을 거예요. 요즘도 금강산 관광이나 개성공단 문제를 그저 저질러버리면 끝나는 일인데, 괜히 애먼 데 가서 물어보니까 "그거 제재가 살아 있는데, 할 수 있겠습니까?" 하는 바람에 못하고 있는 것 아닙니까. 유엔 대북제재와 전혀 무관한 사업인데, 괜히 물어봐서 춘치자명(春雉自鳴, 스스로 자신의 무덤을 파는 모습. '봄철 꿩이 울어대면 그 방향을 향해 움직이는 사람들이 있으니 바로 꿩 사냥꾼'이라는 데서 유래된 말)이 된 거죠.

DJ는 하루빨리 금강산 관광이 시작되길 원했던 거군요.

도대체 어떤 식으로 18일에 배를 띄우도록 대통령이 결심했는가 하는 얘기를 나중에 확인했어요. 임동원 장관이 장관직에서 물러난 뒤에 얘기를 해주셨어요. 김대중 대통령이 해외순방 중이던 11월 16일에 자카르타에 계셨는데, 자신을 수행하고 있던 임 장관을 방으로 부르더니 "금강산을 어떻게 했으면 좋겠소?"라고 물으시더래요. 그래서 감을 잡았대요. '그대로 하고 싶으시구나' 하고요. "이럴 때는 모험을 좀 하시는 것도 좋을 것 같습니다." "그렇지! 그렇게 합시다. 바로 연락하세요." 그런 일을 한미 간에 실무 선에서 타진하다 보면, '일주일만 연기해봐라' 하다가 '좀 더 협의해봐야 한다' 하고 '국제 정세나 북한의 태도 변화가 전혀 감지되지 않으니까 연말까지 기다려보자' 하면서 해를 넘기기 십상이에요.

상황이 완전히 똑같지는 않지만 1998년 금강산 관광을 처음 시작할 때와 최근의 경우를 보면 실무진에서 알아서 밀어붙이는 게 좀 부족했던 것 아닌가요?

문재인 정부도 마찬가지예요. 문재인 대통령은 하고 싶었을지 몰라요. 통일부 장관이나 참모들이 "그게 행정명령에 불과한데, 유엔 대북 제재 신경 쓰면서 자꾸 미국한테 물어볼 필요가 있습니까? 밀어붙이겠습니다. 대통령님께서는 가만히 계십시오. 제가 책임지고, 미국에서 자꾸 시비를 걸고 대통령님 입장이 어려워지시면 제가 물러나겠습니다"라고 얘기하면 끝나는 문제예요. 금강산 관광 중단이나 개성공단 조업 중단은 행정명령에 불과하고 국무회의에서 결정된 거지, 유엔 제재와는 전혀 관계없어요.

당시 임동원 수석 같은 분이, 윗분의 뜻도 있었지만 필요한 일이라고 생각했기 때문에 밀어붙였고 지금은 그걸 못하고 있다는 말씀이신 거죠?

국가안보실이라는 것이 생기면서 예전 외교안보수석이 대통령을 보좌하면서 부처를 총괄하던 시절과는 상황이 좀 달라졌어요. 국가안보실장이 장관급이 되고 그 아래에 차관급이 둘이나 들어가면서 행정부에 있는 외교부, 국방부, 통일부 수장의 위상이 상대적으로 떨어졌어요.

책임이나 결정의 권한이 청와대로 집중된 거군요.

청와대로 권한이 넘어간 거죠. 미국의 백악관 안보보좌관보다도 권한이 센 것이 현재의 청와대 국가안보실이에요. 미국은 국무부가 힘이 더 세잖아요. 대통령과 같은 공간에 있다는 것뿐이지 별다른 건 없단 말이에요. 그런데 청와대 국가안보실은 완전히 옥상옥이에요. 위에 올라가 있는 집이 아래에 있는 집보다 무거운 지경이죠. 국가안보실장이나 남북관계 관련해서 대통령과 친밀도가 높은 2차장 정도, 또는 하다못해 비서실장이 "저질러버리시죠"라고 말하면 되는 문제인데 그걸 못하고 있으니…

9장

통일부 장관 시절 1

부시의 '악의 축' 발언

북한의 철도 실태에 대해 보고하다

제가 장관으로 발령받던 바로 그날, 부시 미 대통령이 의회 연설에서 '악의 축' 발언을 했어요. 이란, 이라크, 북한을 '악의 축'으로 규정한 거죠. 미국 시간으로 2002년 1월 29일 오전이었어요. 뉴스로 그 얘기를 듣고는 '앞으로 1년 동안 책상만 지키고 있다가 나가게 생겼구나' 생각했어요.

장관 사령장 받은 그날 저녁 때였나요?

그날 밤이었어요. 2002년 1월 29일 아침에 청와대에서 임명장 받고 취임식까지 마치고 난 그날 밤이니까 미국시간으로는 1월 29일 아침이었죠.

그전에 제가 통일부 장관에 임명된 배경을 얘기할게요. 김대중 대통령이 2002년 1월 15일 예정된 연두 기자회견을 준비하면서 1월 9일 통일 및 외교 안보 분야 전문가 열다섯명을 청와대로 불러서 자문을 구했어요. 경제 분야는 이미 자문회의를 한번 했고요. 연두 기자회견 때 어떤 이야기를 하면 좋겠는지 자문을 구하는 자리였는데 가보니 이홍구 전 총리부터 안병준(安秉俊), 장달중(張達重) 교수 등 석학들이 와 있었어요. 제가 나이순으로 끝에서 세번째였어요. 제 다음이 장달중, 문정인(文正仁) 교수였으니까요.

연두 메시지를 취합하는 거군요.

그렇죠. 2001년 9·11 테러가 일어났을 때 미국이 화가 나서 전 세계 국가를 상대로 줄 세우기를 했잖아요.

그때 부시가 "Are you with us, or against us?"(너는 우리 편이냐, 적이냐)라며 동맹국들에 대해 확실하게 줄을 서라고 을러댔죠.

그런 시절이었기 때문에 9월 11일로부터 머지않은 시기였던 그날 자문회의에서는 이홍구 전 총리부터 9·11 테러 이후 미국이 굉장히 공격적이 될 것이고, 동아시아 문제 관련해서도 강경하게 나올 것 같은데 이때 한미관계를 잘 조율해야지 미국 눈 밖에 나면 곤란하다는 말씀을 쭉 했어요. 제 차례가 왔어요. 저는 "9·11 테러 이후의 한미관계나 미국의 대외정책 등에서 대해서는 많은 분들이 말씀하셨기 때문에 저는 색다른 얘기를 하겠습니다"라고 서두를 꺼냈죠. 그러고 나서 한 얘기가 2000년 6·15 정상회담에서 합의됐던 철도 연결에 대한 것이었어요.

정상회담 후에 열린 1차 남북 장관급 회담 합의 결과로 2000년 9월 18일 경의선 철도 연결 착공식을 열었고, 우리는 그 이후에 꾸준히 공사를 진행해나갔는데, 북측 구간도 처음에는 공사를 하는 척하더니 초겨울이 되니 공사 인원이 아예 철수해버렸어요. 북한에서는 대개 군인들이 그런 작업을 맡아요. 별도의 임금 노동자가 없기 때문이죠. 협동농장의 농장원이나 공장기업소의 직원들 외에는 인력이 없어요. 그래서 힘든 건설 공사는 대개 군인들이 맡아서 합니다. 경의선 북측 구간 공사가 중단된 것이 알려지자 보수 언론에서 하나같이 들고 일어났어요. '그것 봐라, 북한이 약속을 지키리라고 생각했던 김대중 대통령이 얼마나 순진하냐. 북한이 그런 약속, 즉 철도를 연결하기로 합의했다는 것을 자랑 삼아서 이야기하고 착공식까지 했는데 불과 공사 두세 달 만에 초겨울이 되면서 사라졌다. 이런 식으로 착각하면서 남북관계를 끌고 가면 안 된다'라는 식으로 비판했죠. 저는 그건 약속을 어긴 것이라기보다는 철도를 연결하기 위해서는 레일이 필요하고, 침목이 필요하고, 또 작업 기계가 필요한데 북한에 그걸 만들 수 있는 여력이 없는 탓이라고 판단했어요.

안 하는 게 아니라 못하는 거다?

못하는 거죠. 제가 2001년 1월 말부터 2월 초까지 민간인 신분으로 평양에 갔다가 묘향산을 구경하러 간 일이 있어요. 가는 길에 도로 밑으로 기찻길이 지나가는 곳이 몇 군데 있어서 유심히 내려다봤어요. 북한 철도는 개성과 평양 간 거리가 약 160킬로미터밖에 안 되는데 어째서 네 시간씩이나 걸리는가 의아했는데, 침목이 굉장히 낡았더라고요. 그리고 침목과 침목 사이에 자갈이 별로 없어요. 제가 어릴 때 국민학교 바로 뒤로 전라선이 지나갔어요. 기차역이 있었고요. 애들이랑 같이 놀러가서 침목 사이에 깔린 돌멩이를 주워 놓고 그랬죠. 그때는 냇가 등에서 돌을 주워다가 철길 침목 사이를 메웠기 때문에 전부 조약돌이었어요. 그때가 휴전 직후니까 레일도 침목도 일제 때 깔아놓은 거예요.

그렇죠.

일제 때 깔아놓은 침목이기 때문에 제 어린 시절에 이미 낡아서 나무가 삭았어요. 그러다 보니 침목을 레일에 고정시키는, 어른 엄지손가락보다 굵은 쇠못들이 흔들리더라고요. 그걸 뽑을 수가 있었어요. 그걸 엿장수한테 갖다 주면 대단히 많은 엿을 먹을 수가 있었어요.(웃음) 시골에는 대장간도 있었기 때문에 그것들을 모아서 식칼도 만들고 호미, 괭이도 만들었고요. 레일을 침목에 고정시키는 고정핀과 침목, 자갈 등에 대해서는 어릴 때부터 눈여겨봐왔기 때문에 북한에서도 대번 눈에 띄었어요.

첫째로 침목이 삭았고, 둘째로는 침목과 침목 사이에 자갈이 많지 않았어요. 저 정도 되면 필시 고정핀도 몇개는 빠져 있겠다 싶었어요. 그러면 기차가 속도를 못 내요. 그랬다간 탈선하죠. 그런 현장을 목격했기 때문에 '그걸 못 고칠 정도라면 새 레일을 깔 수가 있겠는가. 새 침목을 어디서 구하겠는가' 생각했어요. 백두산 원시림도 이제 없고요. 우리는 이제 조약돌을 주워다가 메우는 것이 아니라 큰 돌산을 기계로 깨서 뾰족뾰족한 파편들을 쇠망치로 두들겨서 박아 넣는 식으로

2001년 방북 당시 고려항공 탑승권(좌)과 방문증(우).

채워요. 또 철길 가에 여분의 자갈들을 높게 담처럼 쌓아두었다가, 기차가 지나가면서 다져져서 본래의 자갈들이 아래로 내려가면 그걸로 보충하는 식이에요. 그런데 그런 것을 전혀 갖출 수 없는 상황에서 경의선 철도를 연결하자는 데 합의할 때, 아마도 북에서는 이쪽에서 자재를 주지 않겠는가 기대했으리라는 생각이 들더군요. 북한 철도의 현실을 보고 나니까.

그래서 2001년 평양을 다녀온 후에 북측 구간 공사가 중단된 이유에 대한 특별 보고서를 써서 청와대에 있는 직원을 통해 비서실장에게 보냈어요. 대통령에게 보고해달라고 부탁하면서요. "보수 언론에서 얘기하는 대로 북한이 약속을 지키지 않는 습성 때문에 공사를 중단한 게 아니고, 자재가 없어서 그런다고 생각합니다. 이것은 정부가 직접 나서서 자재를 주면서 연결하자는 여론을 조성하는 것이 좋겠습니다. 그런 것은 전문가들에게 칼럼을 써달라고 할 필요가 없고 장관이 직접 나서는 것이 좋겠습니다." 이런 보고서를 올렸는데 아무런 조치가 이어지지 않는 거예요. 비서실장한테서도 가타부타 연락이 안 왔고요.

2001년에 북한은 무슨 자격으로 가신 거예요?

그때는 민간인 자격으로 갔어요. 통일부 차관 끝나고 나서 경희대와 명지대에서 객원교수로 지내고 있을 때예요.

혼자 가신 건가요?

아니에요. 남원에 있는 국립국극단이 평양에 가서 춘향전 공연을 하기로 합의가 돼서 북한 아태평화위에 100만 달러(그중 40만 달러는 옷감으로 지급)를 주기로 하고 간 일이 있어요. 전라북도에 있는 돈 있는 사람들이 100만 달러를 모아서 북측에 주고 그 사람들과 같이 방북한 것인데 저는 통일부 사람들과 그분들을 연결해준 공로로 고문 자격으로 갔죠. 사실 그때 처음으로 평양에 간 겁니다. 그전에는 회담을 베이징이나 판문점에서 치렀기 때문에 평양에는 못 갔어요. 2000년 6·15 정상회담 때도 특별수행원에서 빠졌었고요.

그때 가서 북한의 철도 실태를 처음 보신 거군요.

유심히 본 거예요. 왜 개성에서 평양까지 가는 데에 네 시간씩이나 걸리는가. 평양에서 신의주 쪽으로 국제선 열차가 다녀요. 그게 묘향산 가는 길이니까 볼 수 있었죠. 평양에서 베이징으로 가는 국제선 열차는 매일 있었고 스물세 시간쯤 걸린다고 들었어요. 국제선 노선이 그 지경인데, 레일도 자갈도 없고 침목도 귀한 상황에서 공사가 되겠느냐 싶었죠. 그래서 자재를 주고 공사해야 한다고 주장했던 건데 피드백이 없었어요. 몇달 후에 또 보고서를 보냈어요. 그래도 전혀 반응이 없어요. 비서실장이 읽어보고는 '무슨 헛소리를 하고 있어'라며 전달을 안 했다는 소리밖에 안 돼요.

두번이나 건의했는데도 불구하고 아무런 움직임이 없던 차에 2002년 1월 9일 자문회의에 가게 된 겁니다. 그날 저보다 먼저 발언한 열두분이 9·11 테러 이후 미국의 대외정책이 굉장히 강경해질 것 같으니 한미 협조를 잘해야 한다고 말했어요. 이제 제 뒤에는 나이로 봐서는 장달중 교수와 문정인 교수밖에 없는 거예요. 저는 좀 다른 얘기를 해보겠다고 하면서 그 얘기를 꺼냈어요. 작년에 두번이나 보고했다는 얘기는 할 필요가 없었죠. "북한이 철도 연결 공사를 이미 작년 초겨울에 중단한 이후 여러 분석이 나오고 정부 비판도 많이 나왔지만 제가 보기에는 자재 부족이 원인입니다. 북한이 자존심 때문에 자재 달라는 말을 못해서 그렇지, 다른 뜻이 있는 건 아닐 겁니다. 정부가 직접 나서서 자재를 주고라도 연결하는 것이 좋겠습니다." 그랬더니 DJ가 저를 쳐다보시는데, 워낙 포커페이스여서 그 표정이 '신통한 소리를 하네'라는 뜻인지 '저 사람이 지금 무슨 헛소리를 하고 있어'라는 뜻인지 알 수가 없었어요.

속으로 '에이, 망했다' 하셨던 건가요?(웃음)

아니, 그럴 것도 없었던 게 2001년 5월 1일부로 국정원장 특보 발령을 받았으니 정부 당국자 중 한 사람이었는데 열다섯명 중 한 사람으로 들어간 거예요. 다른 사람들은 다들 공직자가 아닌 민간인이었고요. 저를 물끄러미 바라보던 DJ 표정이 무슨 뜻인지 몰랐는데, 그로부터 20일 후에 장관 발령을 받았어요. "대통령님께서 정 차관님을 통일부 장관으로 발령 내실 겁니다. 내일 발표가 나올 테니 그때까지는 보안을 유지해주십시오." 연락은 당시 이상주(李相周) 비서실장이 했어요.

이상주 비서실장이 경상남도 출신인데 DJ와 어떤 인연이 있어서 비서실장도 하고 교육부총리도 하게 되었는지 물어본 적이 있어요. 1950~60년대에는 웅변대회가 많았습니다. DJ가 국회의원 선거에서 떨어지고서는 웅변학원을 운영했는데 그때 서울대 사범대 학생이던 이상주 비서실장이 그 웅변학원의 학생이었다고 해요. 대학생 웅변대회에 나가려는데 DJ가 지도를 해줬대요. 대회 전날, 당시 이대 앞 하숙집까지 직접 와서 가르쳐줬던 인연이 있었다더라고요. 전두환 정부 시절에 교육문화수석비서관을 지냈고 강원대학교 등 여러 대학에서 총장을 지냈던 사람 아니에요. 그런데 DJ 정부에서도 중용된 건 결국 옛 인연 때문이더군요.

전두환 시절에 사단법인 『경향신문』 이사장도 했습니다.

그런 사람이 어떻게 김대중 정부에서 비서실장으로 들어가고 교육부총리로 들어갔는지 의아했어요.

언제 어디서 무엇이 되어 다시 만날지 모르는 일이네요.

인연이라는 게 그런 거예요. 발령이 나길래 '아, 그거(철도 연결 자재 제공 건의) 때문이구나' 생각했어요. 국정원장 특보로 발령을 낼 때는 통일정책 홍보를 하고 다니라는 거였는데, 특히 군부대에서 햇볕정책에 대한 오해가 있으니 그걸 제대로 알려야 한다는 취지로 강연하라는 지침이 별도로 내려왔어요. 그런 역할 말고도 저에게 일을 시키려고 하시는 걸 보면 1월 9일 분야별 전문가들의 의견을 수렴하는 과정에서 말씀드린 내용이 통했던 것 아닐까 싶어요. 유일하게 제가 철도 연결을 이야기했잖아요. 제 뒤의 장달중 교수와 문정인 교수도 미국과의 관계 얘기만 했거든요. 전부 다 미국 유학파 아니에요. 저만 국산이고요.(웃음)

다른 분들은 구름 위의 말씀을 하시고 정 장관님은 땅 위의 말씀을 하셨군요.

장관 발령 직후 터진 부시의 '악의 축' 발언

'그걸 네가 직접 해보라'는 뜻으로 생각하고 희망에 부풀어서 임명장을 받고 취임식도 치르고는, 이제 1년 1개월 남았지만 일을 좀 해봐야겠다고 생각했어요. 그랬는데 부시 미 대통령이 북한을 '악의 축'으로 찍어버렸으니 떡심이 풀어지죠.

한국 현실에서 미국을 '이끌고 간다'는 생각을 품기가 쉽지 않습니다. YS 정부 이전에 전두환-노태우 정부는 미국이 못하게 하는 일은 엄두도 못 냈죠. 노태우 정부에서 남북 총리급 회담을 치렀던 것은 탈냉전 분위기를 타고 할 수 있었던 것인데, 김영삼 대통령도 핵 문제 때문에 미국과 엇박자를 내다가 결국은 견제를 당했고요. 그뿐 아니라 본인의 대북관 때문에 특히 김일성 사후에 남북관계가 악화되면서 아무것도 못했잖아요. 그랬기 때문에 미국이 저렇게 9·11 테러 이후 '악의 축'이라고 북한을 지정해놓으면 정상회담 이후에 많은 일을 해온 김대중 정부도 결국 아무것도 못하게 되는 것이 아닐까 걱정했어요. 장관 발령 받아봐야 남북관계와 관련한 일을 하지 못하면 큰 의미가 없으니 낙심했죠. 별로 할 일이 없을 것 같다는 생각이 드니까 실제로도 그렇더라고요. 소위 통상적인 일밖에 없었어요. 국무회의에 가고, 직원 인사 문제가 올라오면 그걸 처리하는 정도의 업무밖에 없는 거예요.

얼마 뒤인 2월 20일에 한미 정상회담이 서울에서 열릴 예정이어서 2월 19일 부시 대통령이 한국에 들어왔어요. 20일 오전에 청와대에서 정상회담을 끝내고 나면 한미 정상이 도라산역에 가서 연설하기로 일정이 잡혀 있었어요. 당시 김대중 대통령은 도라산역에 가서 연설하기 전에 어떻게든 부시를 설득해서 남북관계만큼은 남북 정상회담 이후에 전개됐던 방향으로 끌고 가기 위해서 최소한 반승낙 내지는 동의를 받겠다는 계획을 갖고 있었던 것 같아요. 그래서 오전 오후에 걸친 그런 일정을 짰을 거예요.

정상회담에 배석하는 건 외교부 장관과 외교안보수석이니까, 저는 배석할 수 없었죠. 회담은 어떻게 됐는지 모르지만, 본래 지정된 시간까지 도라산역에 가야 했어요. 그 시간이 2시 30분이었던 것으로 기억해요. 점심을 일찌감치 먹고 서울역에 가서 대통령 전용 열차를 타고 철길로 도라산역까지 갔습니다. 이미 도라산역 홀에는 많은 사람들이 앉아 있더라고요. 대통령 연단도 가져다놨고요. 우리는 플랫폼에 시멘트 침목들을 쌓아놓고 유명인사들이 방문했을 때 그 침목들에 서명하도록 해놓은 곳에서 대기했어요. 보니까 이한동 총리도 다녀갔더라고요. 그 맨 위에 부시 대통령이 서명할 수 있도록 새 것 하나를 가져다뒀어요. 부시 대통령은 오전 정상회담을 끝내고 점심식사 후에 도라산 전망대에서 포대경으로 북한 지역을 바라보고 내려왔어요. 도라산 전망대에서 도라산역까지는 금방입니다.

부시 대통령이 도라산 전망대를 떠났다는 연락이 오니까 대통령 이하로는 전부 나가서 그 플랫폼에서 환영 대열로 서고, 침목에 사인을 하고 들어가도록 안내했죠. 대통령과 경호실장이 서 있고 미국 사람들도 줄줄이 따라오는 와중에도 명색이 통일부 장관이니 가장 가까이에서 볼 수 있었죠. 부시 대통령이 유성 마커를 들더니 'May'라고 쓰기 시작했어요. 대개 축복의 말을 그렇게 시작하죠. 뭐라고 썼는지 정확히 기억해요. "May this railroad unite the separated families of Korea. Feb. 20. 2002."(이 철도가 한반도의 헤어진 가족들을 합쳐주기를) 그걸 보고 무언가 심경의 변화가 일어난 모양이구나 싶었죠.

그런 뒤에 도라산역 안으로 들어갔습니다. 김대중 대통령과 부시 대통령이 맨 앞에 서고 우리는 따라 들어가서 앞줄에 앉아 연설을 기다리고 있는데, 부시 대통령이 먼저 연단에 섰어요. 그 첫 문장이 생생히 기억나요. "I have no intention to invade North Korea."(북한을 침공할 의도는 없다) 그때 부시 대통령의 어휘 선택이 적절치 않다고 생각했죠. 'invade'는 직접 군대를 끌고 침략한다는 의미거든요. 여러 경로의 추상적인 공격을 의미하는 'attack'이 여기서는 더 적절했죠. 워낙 부시 대통령의 영어 실력은 수준이 낮기로 유명했어요. 'broken English' 에 가깝다며 미국사람들도 놀렸다죠. 그래도 "I have no intention to invade North Korea"라니, 감개무량했죠.

그때는 통일부 장관 서열이 외교부 장관보다 위였어요. 경제 부처는 거기에 올 일이 없으니, 경제부총리 다음에 교육부총리가 있고 통일부, 외교부, 법무부, 국방부 장관 순으로 갔어요. 제 오른쪽에 외교부 장관이 있었죠. 저도 모르게 최성홍(崔成泓) 장관 손을 잡았더니 최 장관도 제 손을 꼭 잡더라고요. '이제 됐다'라는 거죠. 그다음으로 이어진 말은 이거였어요. "김대중 대통령이 나에게 로널드 레이건 대통령 얘기를 해줬다. 레이건 대통령이 소련을 악마의 제국이라고 규정해놓고도 악마의 제국이기 때문에 소련과 끊임없이 대화했다고 하면서, 악의 축이기는 하지만 바로 그렇기 때문에 북한과 대화해야 한다고 이야기했다. 김대중 대통령의 권고와 로널드 레이건의 성공 사례를 따라나도 북한과 대화하겠다. 인도적인 지원은 미국도 하겠다." 그다음 말은 귀에 들어오지도 않았어요. 그러면 된 거죠, 뭐. 솔직히 김대중 대통령 연설도 귀에 안 들어오더라고요. 그저 잘됐다 생각했죠.

부시 대통령이 차를 타고 떠나고, 김 대통령을 수행하는 사람들은 대통령 전용 열차를 타고 서울역으로 출발했어요. 수행원 칸에 앉아 있으려니까 경호원 둘이 들어오더니 "통일부 장관님 계시지요?"라고 하기에 "예, 있습니다" 했더니 "대통령께서 지금 계신 칸으로 오라고 하십니다"라고 해요. 갔더니 당시 통일외교안보 특보였던 임동원 전장관이 대통령 옆에 앉아 있었어요. 만경대 방명록 사건 때문에 국회에서 통일부 장관 해임 결의안이 채택되어 물러나고, 그 이틀 후에 통일외교안보 특보로 청와대에 다시 들어갔잖아요. 그 아래 수석은 임성

남북관계에 대해 의견을 나누고 있는 정세현(좌)과 김대중 대통령(우).

준(任晟準)으로 이후에 캐나다 대사가 됐죠. 대통령께서 저한테 "그쪽에 앉으시오"라고 하세요. 표준어를 쓰면서도 전라도 악센트는 쉽게 못 버리죠. "아까 부시 대통령 연설 들었소?" "예, 들었습니다." "내가 오늘 아침에 확대회담도 취소하고 단독 정상회담을 100분 동안 했소. 젖 먹던 힘까지 동원해서 부시를 설득해서 그런 연설을 하도록 만들었소. 나는 할 일을 다 했으니 앞으로는 통일부 장관이 알아서 해요." 드디어 역할을 할 수 있는 여지가 생겼다는 생각이 들었죠.

그때가 2월 20일이었는데, 3월 초에 대한상공회의소 초청 조찬 강연이 잡혀 있었어요. 거기서도 1월 9일 대통령 앞에서 했던 얘기를 꺼냈죠. "2000년 9월 18일에 착공식을 열었던 경의선 철도 연결 공사 중 북한 지역 공사가 중단된 이유는 사실 자재 부족 때문이었다고 봅니다.

제가 1977년부터 북한을 오랫동안 연구해온 사람으로서 보기에는, 지금 그곳은 무산철광이라는 아시아 최대의 노천 철광이 있음에도 불구하고 이를 제철해서 철을 생산해 팔지 못하고 원광으로 팔아야만 할 정도로 여러 가지가 부족합니다." 제철에 전기가 굉장히 많이 필요하거든요. 전기는 석탄을 많이 캐서 발전기를 돌려야 생산할 수 있고요. 전기가 있어야 제련소든 제철소든 운영할 수 있는데, 전부 순환이 안되기 때문에 레일을 만들 수가 없어요.

"1984년 수해물자를 받았던 경험으로 이야기하자면, 우리는 이미 침목을 시멘트로 만들고 있지만 북측은 침목을 만들 수 있는 시멘트가 없습니다. 그런가 하면 침목으로 쓸 수 있는 원시림도 없습니다." 일제 때 전부 백두산을 벌목해서 만들어뒀던 거니까요. "침목도 없고, 레일을 만들 수 있는 제철소도 없으니 철길을 어떻게 연결하겠습니까. 그런데 저쪽에서는 자존심상 자재를 달라고 할 수가 없기 때문에 그 만둬버린 겁니다. 따라서 우리가 자재를 주고라도 연결하는 것이 좋겠습니다." 6·25 때 폭격으로 끊어진 구간만 연결하면 되는 거니까요. 정확한 길이는 잊었는데, "비무장지대 중간선부터 끊어진 구간이 얼마나 되는지 측정해봤다"라고 했더니 상공회의소 사람들이라 계산이 빠르더라고요. "얼마나 들 것 같습니까?"라고 누군가가 물어요. "비료 20만 톤 정도 주는 가격, 즉 350억 원 정도면 될 것 같습니다." 그랬더니 "줄 만하네" "나쁘지 않은 조건이네" 하며 웅성웅성해요. 그 내용이 기사로 나왔고 반응이 나쁘지 않았어요.

2001년 11월 금강산에서 열린 6차 장관급 회담이 사실상 결렬된 후에 저로 통일부 장관이 교체된 거였잖아요. 뒤이은 7차부터 14차까지를 제가 총 여덟번 남북 장관급 회담을 진행했어요. 7차 장관급 회담이 바로 열리지는 못했고요. 3월 말에 대통령이 임동원 통일외교안보 특보를 북한에 특사로 보냅니다. 그래서 4월 초에 들어와요.

미국의 반응에 대해 설명해주러 갔던 건가요?

부시 대통령이 와서 "북한을 침공할 뜻이 없다"라고 연설한 뒤니, 이제는 남북관계를 복원해야 한다는 얘기를 전하러 간 거죠. 또한 1995년에 쌀회담도 갔고 1998년 비료회담도 진행해 북에서도 알고 있는, 대북접촉 경험이 많은 사람으로 장관을 바꿨으니까 잘해보자는 얘길 하러 간 거겠죠. 원래는 자재만 주기로 했었어요. 자재를 주고라도 경의선을 연결하자는 것이 정부 방침인 것으로 기사화되니까, 김정일 위원장이 "경의선만 연결하지 말고 동해선도 연결합시다"라고 하더라는 거예요. 임동원 특보는 "동해선은 현재 부산에서 강릉까지만 연결되어 있고, 강릉에서 군사분계선까지는 철길이 없습니다. 강릉에서부터 새로 개설해야 합니다"라고 했더니 김정일 위원장이 "그게 무슨 소리요? 리명수(李明秀) 작전국장 들어오라 그래" 했대요. 4성장군이에요. "지금 임동원 원장 선생 얘길 들어보니 강릉에서부터는 철길이 없다고 하는데 어떻게 된 건가?" "맞습니다. 없습니다." 사실 작전국장은 군사 비밀을 알고 있어야 할 것 아니에요. 언제든지 남침을 준비하고 있다고 봐야 하니까요.(웃음)

"어쨌건 좌우로 연결합시다. 남쪽 구간은 남쪽에서 알아서 하면 되는 거고." 금강산청년역이 북측의 동해선 마지막 역입니다. 그것도 원산에서부터 시작해서 금강산까지 철길을 놓은 것은 1990년대 중반 태창이라는 작은 봉제회사 사장을 동훈 전 차관이 설득해서 이뤄진 거예요. 그때 동훈 전 차관이 "러시아에서 쓰다 버린 노후 레일을 당신이 얻어다가 원산에서부터 금강산까지 철길을 연결하는 식으로 도움을 주면 금강산 생수 사업권을 따낼 수 있도록 해보겠다"라고 했대요. 나중에 그 회사는 결국 생수 사업권을 따냈어요.

그런데 금강산 지역의 온정리에 생수 공장을 세우고 페트병에 물을 담아 가져와야 하는데, 육로로 오지 못하고 배로 물건을 실어 나르니 물류비가 얼마나 들었겠어요. 물값이 비싸져서 경쟁력이 떨어질 수 있었죠. 그 대신 물값을 북한 측에서 톤당 1달러 정도로 굉장히 싸게 받았어요. 나중에는 갑자기 몇십 달러로 값을 올려서 결국 태창에서 손을 떼고 말았지만요. 어쨌든 그 덕분에 원산에서 금강산까지는 철길이 연결돼 있었어요. 동훈 전 차관이 제가 차관이던 시절에 와서 이렇게 말씀하시더군요. "내가 태창을 설득해서 원산에서 금강산까지 철길을 연결해놨으니까 나머지는 정형이 힘을 써서 남북 철길을 연결해놓으시오. 나중에 굉장히 큰 업적이 될 거요."

금강산에서 강릉까지 철길이라니, 그 당시에는 꿈도 못 꿨어요. 정상회담에서 나중에 철도를 연결하기로 합의했기 때문에 가능한 일이 됐던 거죠. 강릉에서부터 제진이라는 곳까지 철길이 없음에도 불구하고 제진이라는 역을 새로 만들어서 우리 측 분계선까지 연결하고 자재를 주고 착공식을 열기로 했어요. 2002년 9월 18일에 재착공식을 치렀어요. 동해선(제진-금강산)과 경의선(문산-개성)을 연결하는 착공식이었죠. 그 협상 과정에서 북측에서 장비까지 달라고 한 거예요. 그때 우리 협상 대표가 교류협력국장인 조명균이었죠. "장관님, 장비도 달랍니다." "맞아. 없을 거야." 삽도 우리 것은 손잡이가 역삼각형으로 되어 있어서 편하게 힘을 줄 수 있잖아요. 손잡이로 힘을 주면서 삽 끝부분을 발로 밟으면 땅으로 들어가는 식이죠. 그런데 북한의 삽은 그 끝에 막대기만 꽂아놔서 힘을 줄 수가 없어요. 곡괭이도 신통치 않았고요. "달라면 줘야지. 그래야 공사가 될 것 아닌가. 리스트를 내라고 해." 리스트를 주고받으려니 접촉이 잦았어요. 만나면 포클레인 달라, 불도저 달라, 덤프트럭 달라 하면서 완전히 한 살림 챙기려고 했어요.

그 와중에 재미있는 일이 있었어요. 갑자기 리스트에서 'KATO'라는 게 나오는 거예요. 조명균 국장에게 "KATO가 뭐야?"라고 물었더니 모르겠대요. 며칠 후에 와서는 "이게 지반 다질 때 쓰는 페이로더랍니다"라고 해요. 우리도 직접 만들지 못하고 일제를 들여다 썼는데, 장비에 KATO라고 적혀 있으니 그게 브랜드 이름인 줄은 모르고 장비 자체의 명칭이라고 생각한 거죠. 어쨌든 다 주기로 했어요.

협상하다 보니 도로도 연결하게 됐어요. 금강산 관광을 계속 배로 하는 것보다는 육로로 할 수 있도록 길을 터주는 것이 유리할 것 같았어요. 연결해야 할 시급성이 있었죠. 또 2002년 개성공단 사업을 본격적으로 추진하려던 상황이었기 때문에 공단 출퇴근을 위해서도 철길과 나란히 도로를 놓아야 했어요. 경의선 철도 연결 사업이 동해선 사업으로 확장되고, 철도만 연결하지 말고 도로도 연결하자는 북측의 제안으로 이제 도로까지 연결하게 된 거예요. 협상 과정에서는 자재만 주는 것이 아니라 장비까지 주게 되어서 결과적으로는 총 1700억원이 나갔을 거예요. 경의선 연결 때 자재를 주려고 했던 금액의 다섯배 정도였죠. 그래도 자재와 장비를 다 주니까 공사는 진행되더라고요. 주니까 착착 돌아가더라고요, 받는 재미로요.

이것도 여담이지만, 교통부에 자료가 있다 보니 협상에 교통부가 매번 들어왔어요. 통일부 내 철도·도로 담당자가 강연서 사무관이었어요. 교통부 사람들과 열심히 협의해가면서 회담을 준비했죠. 그런 회담은 남북 간 말싸움이 아니라 침목의 개수, 레일의 길이 등에 대해서 논의하는 자리예요.

우리는 레일 길이가 길어요. 일제 때 놓은 것은 당시 기술 수준 때문에 레일이 짧아서 연결 구간이 많아 덜컹거리면서 속도가 죽어요. 또 여름에는 레일이 팽창해서 연결부가 붙지만 겨울에는 수축하기 때문에 틈이 생기죠. 우리는 이런 문제를 해결하기 위해서 레일 자체를 직선으로 나가는 것은 길게 만들고, 곡선인 것은 이를 계산해서 적정한 숫자로 곡면을 만들었죠. 이런 기술 차이가 있어서 레일 개수가 차이가 났어요. 그래도 거리를 맞춰서 주면 됐죠. 그런데 북에서 요구하는 침목 개수가 너무 많았어요. "이걸 이렇게 많이 받아서 어디다 쓰려는지 물어봐." 우리는 침목을 25센티미터 간격으로 놓는데, 북에서는 20센티미터 간격으로 놓는다는 거예요. 일리가 있는 게, 지반이 약하고 자갈이 많지 않은 경우에는 침목과 침목 사이 거리가 짧아야 그나마 힘을 받습니다. 즉, 지반이 튼튼하면 침목 사이 거리가 좀 멀어도 괜찮은데 북한은 촘촘하게 놔야 안전하다는 거예요. 일리가 있으니 요구하는 개수대로 주라고 했죠. 그런 식으로 북쪽에 자재와 장비를 주고 공사를 해서 남북 철로의 분계선 부근 구간을 경의선과 동해선 양쪽에서 연결했어요.

나중에는 목장갑도 달라고 했어요. 일하는데 손이 아프다는 거예요. 몇개가 필요하냐고 물었더니 양쪽 다 400명씩 일하니까 800켤레가 필요하다는 거예요. 사실 그런 장갑이 얼마나 쌉니까. 고무 코팅이 돼 있어서 웬만큼 날카로운 칼이 지나가도 베이지 않는 등 손을 보호할 수 있는 장갑이죠. 중국 생산자에게 연락해 주문할 필요도 없이, 남대문

시장에만 가도 값싼 게 널려 있잖아요. 그렇게 목장갑을 보내줬더니 "남쪽은 비 오는 날에도 일하던데, 우리도 그런 것 좀 입고 일합시다"라고 해요. 비닐로 만든 비옷을 달라는 얘기입니다. 비 오는 날은 전원이 일하지는 않을 테니까 절반만 주라고 지시했어요. 그래서 200개씩해서 양쪽에 총 400개를 보내줬어요. 그런 일까지 있었죠.

2002년에서 2003년으로 넘어가는 시점에 김대중 대통령이, 공사 속도로 봐서는 당신 임기 내에는 철도·도로 연결을 완료하지는 못하지만 적어도 분계선에서 철도가 연결되는 세리머니 정도는 하고 떠났으면 하신다는 얘기가 내려왔어요. 대통령이 임동원 특보에게 얘기했겠죠. 자재를 준다고 해도 북쪽 사람들은 우리처럼 부지런하게 일하지 않아요. 북측 공사 시작점부터 분계선까지 공사가 마무리된 후 남북 철로를 연결하려면 시간이 걸리기 때문에 분계선에서 남북 철로를 먼저 연결하고 거꾸로 올라가는 식으로 해야 할 형편이었죠. 저쪽 공사 속도가 빠르지 않으니까요. 현대가 1998년 금강산 사업을 개시하기로 하고 배가 접안할 수 있는 부두를 건설하는데, 처음에는 그쪽 노동자를 임시로 고용했지만 본격적인 공사가 시작된 뒤로는 우리 쪽 노동자들이 동원됐어요. 우리는 습관처럼 날이 밝으면 일을 시작해서 어두워질 때까지 하는데, 그걸 감시하는 북측 군인들이 불평했다는 거예요. 해 뜨고 나서 9시부터 6시까지 일하면 되는 거지, 왜 이렇게 새벽부터 일어나서 일하느라 자기네 잠도 못 자게 하느냐고요.(웃음) 사회주의의 특징이죠.

아무튼 남북철도 연결공사를 시작한 대통령이 재임 중에 분계선 안에서 연결하는 행사라도 했으면 좋겠다고 생각하는 건 당연하잖아요? 분계선에서 레일을 끼우고 조이는 행사를 치를 때 대통령이 직접 가겠다는 건 아니었지만, 상징성이 크잖아요. 나머지 긴 구간은 차차 해나가면 되는 거고요. 우리는 이미 도라산까지 공사를 해놨어요.

공사 전반에 대해 남북이 합의하더라도 DMZ 내 우리 측 구간 출입에 대해서는 유엔사의 허락을 받아야 한다는 점은 고약했어요. 비무장지대를 통과해서 연결하는 공사를 처음 시작할 때 유엔사의 허락을 받았는데, 참 구차하더라고요. 군사 지역에 철로를 연결하고 도로를 깔려면 군인들이 철조망 안으로 들어가서 지뢰를 먼저 제거해야 하잖아요. 1차로 지뢰 제거 작업을 하기로 하고, 문을 열고 들어가서 작업하는 날을 번갈아 정했어요. 같은 날 들어가서 만나면 부딪힐 수도 있으니까요. 저쪽이 짝수 날 들어가면 우리는 홀수 날 들어가는 식이었죠. 문을 열고 들어가서 남측 구간의 지뢰를 제거하는 일, 또 레일을 까는 것까지는 전적인 권한을 위임받았어요. 전문적으로 말하자면 'administration', 즉 행정권 위임을 해준다고 했죠.

다만 지뢰를 제대로 제거했는지를 확인하기 위해 지뢰탐지기를 들고 북쪽이 남쪽으로 내려와야 하고 남쪽이 북쪽으로 넘어가봐야 하잖아요. 그래야 공사를 할 수 있으니까요. 그 대목에서 유엔사(주한미군)가 애를 먹이는데, 곤혹스럽더군요. "일단 분계선 남쪽의 지뢰를 제거하는 것은 행정권을 위임했으니 너희가 마음대로 출입할 수 있지만, 저쪽으로 넘어가는 것은 정전협정의 규정에 따라서 건당 법적 허락을 받아야 한다"라는 거예요. 'jurisdiction', 즉 법적 관할권을 분명하게 행사하겠다는 거죠. 그런 답을 국방부가 가져오니 어떻게 하겠어요. 하라는 대로 할 수밖에 없으니 건당 허락을 받고 지뢰를 완전히 제거했는지를 확인했어요. 처음에는 북쪽에서 지뢰 제거 장비도 달라고 했었어요. 결국 주지는 않았어요. 그것도 군사적 기술 이전이 될 수 있다고 해서 못 줬는데, 그걸 주고라도 빨리 빨리 공사를 하자고 이야기했지만 내부의 반대로 못 주게 됐고 그쪽에서도 알겠다고 했어요. 군사 기술이고 군사 장비이니까요.

김대중 대통령께서 퇴임 전에 철도 연결식이라도 했으면 하시니 북쪽 사람들을 만나야 하잖아요. 국방부에 유엔사의 허락을 받아오라고 했죠. 그런데 정권 말이 되니 움직이질 않는 거예요. 그때 이회창 후보가 대통령이 되는 걸로 다들 알고 있던 때였어요. 노무현 후보가 될 가능성은 하나도 없다고 했고, 정몽준(鄭夢準) 후보와 노무현 후보가 경합하는 상황이어서 이회창 후보가 어부지리로 되는 걸로 생각들을 했었죠. 군은 그쪽에 줄을 섰는지 움직이질 않았어요. 그것 때문에 국방부와 많이 싸웠어요.

국방부 장관에게도 전화했죠. 1990년 가을 남북 총리급 회담 때 생긴 전략기획단, 즉 통일부 차관이 의장으로 있는 유관 부처의 정책실장들이 모여서 대북정책을 논의하는 회의체가 그때까지 살아 있었습니다. 거기서 차영구(車榮九) 국방부 정책실장더러 허락을 받아오라고 했지만 꿈쩍도 안 했어요. 청와대에 보고를 했죠. 그때 비서실장이 박지원이었어요. 박지원 실장에게 전화했던 이유가, 임동원 특보는 본인에게는 육군사관학교 후배들이고 하니 한번 이야기해서 안 들으면 자존심 때문에 더 얘기를 안 하려고 하셨기 때문이에요. 새카만 후배들이거든요.

그렇죠. 새카만 후배가 말을 안 들으면 자기 체면이 안 서니까요.

거기에 얘기하는 것보다는 차라리 대통령의 최측근이라는 비서실장한테 얘기하자 싶어서 국방부 장관을 눌러달라고 말했어요. 당시 국방부 장관은 이준(李俊)이었어요. 그런데 박지원 실장이 얘기하기를, '말은 했는데 실무자들이 미국에서 자꾸 난색을 표한다는 말밖에 안 한다'라고 하는 거예요. 저도 직접 국방부 장관한테 얘기해서 안 되길래 비서실장에게 얘기했던 건데 똑같은 답이에요. 그래서 포기했어요. 그러고는 12월 19일 선거가 치러졌는데 전날 밤에 정몽준 후보가 단일화를 포기한다고 선언하고 노무현 후보가 정몽준 후보의 평창동 집 앞까지 찾아가는 일이 있었죠. 그런데 정몽준 후보가 노무현 후보를 만나주지 않은 모습이 방송됐어요. 제 기억으로는 오마이뉴스가 그 내용을 밤새도록 내보냈죠. 12월 19일 선거의 출구조사가 오후 5시쯤 나왔는데 MBC의 김현경 기자가 저에게 전화를 걸어서 출구조사 결과로는 노무현 후보가 된다고 알려줬어요. 그리고 다음 날 선거 결과가 발표됐죠. 그날부터 국방부가 움직이더라고요.

권력이 무서운 거예요.(웃음)

기록에 남겨야 해요.

개성공단 개발

개성공단 개발도 장관님 계실 때 시작된 거죠?

정주영 회장이 금강산 관광을 1998년에 시작했지만, 2000년 정상회담이 성사된 뒤에는 북쪽에 공단을 조성해서 사업하고 싶다는 바람을 갖고 있었고, 김정일 위원장을 만나서 해주를 공단으로 만드는 걸 합의하고 싶어 했어요. 그런데 김정일 위원장이 해주는 군사기지라서 안 되고, 하려면 신의주로 하라고 했어요. 그런데 현대 입장에서 해주는 자동차나 배로 금방 갈 수 있지만 신의주는 워낙 먼지라 물류 비용이 너무 많이 들어 경쟁력이 떨어졌어요. 멀어서 관리도 어렵고, 기술 지도도 할 수 없고, 출퇴근도 안 되고요. 고민하면서 밀고 당기다가 개성으로 낙점됐어요. 거기가 북한군 6사단, 64사단, 62포병여단 등 군 병력 2만 5,000명가량이 주둔하던 지역이에요. 남쪽을 겨냥한 장사정포와 방사포가 300~400문이 배치돼 있었고요. 그런 곳을 내놓으라고 하니 북한 군부가 이걸 어떻게 남쪽 기업한테 주느냐며 저항했대요.

　이건 정몽헌 회장 생전에 들은 얘기예요. 김정일 위원장이 군부에 무어라고 꾸짖었느냐면, "그러면 개성은 누가 먹여 살릴 건가? 군부가 먹여 살릴 건가"라고 했다고 해요. 그랬더니 찍소리 못하고 내놨다는 거예요. 그래서 2,000만평을 내놨는데 공단 지역이 800만평이고 1,200만평은 배후 도시예요. 800만평 공장을 지으면 거기서 최소한 노동자 35만명이 일해야 해요. 그런데 거기서 일하는 남측 간부들도 서울에서부터 출퇴근하기가 어려우니 집을 지어야 했고, 북쪽 사람들도 와서 협력해야 하니 그런 특별 지역이 필요했죠. 어쨌든 35만명의 노동자가 필요한데 그 인원을 어떻게 공급하겠느냐고 정몽헌 회장이 물었더니 김정일 위원장 왈, "회장 선생, 35만명이나 필요할 정도로 공장이 들어온다면 그때쯤 되면 북남 간의 관계는 지금처럼 갈 수가 없소.

제가 인민군 35만명을 제대시켜서 노동자로 공급할 테니 걱정 말고 공장이나 지으시오."

그렇게까지 나오니 빨리 해야 하는 것 아닙니까. 군사 기지를 공단으로 만들면 북한의 대남 공격 능력은 떨어지게 되는 거죠. 한국전쟁 때 남침 루트 1번이 개성공단 자리였거든요. 우리 국군이 9·28 서울 수복 후에 북진할 때에도 그 길로 올라갔고요. 어쨌든 기존의 인민군 부대들이 전부 철수해서 송악산 북쪽으로 15킬로미터 올라갔어요. 2004년 1월호 『신동아』에 황일도(黃一道)라는 기자가 「개성공단 개발로 휴전선 사실상 북상」이라는 제목으로, 북한군이 15킬로미터 북쪽으로 올라갔다는 장문의 기사를 쓰기도 했죠. 그런 효과가 나는 개성공단 사업을 2002년 김대중 정부 말년에 시행하기 위해서 법령도 만들고 그랬어요.

장관 되고 나서 처음으로 착수하신 주요 업무가 철도 및 도로 연결이고 그다음이 개성공단인데, 그 시작은 1998년부터인 건가요?

2000년 6·15 정상회담 이후죠. 현대가 4억 5,000만 달러나 가져다준 이유가 그런 사업권을 따내려고 한 거였다고 봐요.

그러면 개성공단이 착공된 것은 언제인가요?

법령을 마련하는 등의 준비 때문에 2004년 3월 초에 시범단지 1만평 착공식을 치렀어요.*

장관님 계실 때는 개성공단을 열기 위한 여러 사전 작업을 하신 거군요.

그 밖에도 시범단지 1만평의 착공식을 열었어요. 그것이 2004년 6월 30일 오전에 준공됐고요. 저는 그날 오후에 이임식을 치렀습니다. 마침 7월 1일자로 정동영(鄭東泳) 의원으로 후임 장관이 발표가 됐거든요.

개성공단과 관련해서 한 가지 더 기록해야 할 게 있어요. 앞서 대북 경협사업 당시에 민간기업에 직접 지원할 순 없어서 토지공사를 참여시켰다는 이야긴 했었죠. 그런데 정작 토지공사가 들어가지 않겠다는 거예요. '이회창 정권이 들어서면 멈춰버릴 사업인데 거기에 왜 들어가느냐'는 생각이었던 것 같아요.

김대중 정부 말년을 말씀하시는 거죠?

그렇죠. 관계부처 장관회의를 열고 토지공사 사장을 불러서 이야기를 나눴어요. 통일부와 몇군데 부처가 왔죠. 군사 지역이니까 국방부도 오고요. 그런데 토지공사가 요지부동이에요. 그래서 좀 센 사람을 불러야겠다고 생각해서 전윤철(田允喆) 경제부총리까지 참석하는 확대회의를 열었어요. 부총리가 하라고 하는데도 안 하겠다고 해요. 결

---

* 2000년 8월 9일 남측 현대아산과 북측 아태평화위, 민족경제협력연합회 간에 '개성공업지구 건설운영에 관한 합의서'가 체결되었고, 2002년 11월 27일 북측에서 '개성공업지구법'이 공포되었으며 12월에는 남측 한국토지공사, 현대아산과 북측 아태평화위, 민경련 간 '개발업자 지정합의서'가 체결됐다.

국 김대중 정부 임기 말에는 개성공단 첫 삽을 못 떴어요. 한쪽에서 국방부는 철도·도로를 연결하기 위해 비무장지대 들어가는 문제를 갖고 유엔사에서 난색을 표하기 때문에 연결식은 못하겠다고 하고, 토지공사는 개성공단에 공동사업자로 들어가지 않겠다고 하고요. 그런데 선거가 끝나니까 움직이더라고요.

제가 노무현 정부 들어서서도 통일부 일을 계속 했는데, 토지공사가 현대와 함께 공동사업자로 개성공단에 들어가기로 한 뒤에는 임금을 얼마로 시작할 것인가 하는 임금 규정, 노동자 관리 규정, 출퇴근 문제 등을 갖고 조명균 교류협력국장이 북측과 협상했어요. 우리가 북측에 무엇을 요구했느냐면 '그냥 합의서만으로는 안 되겠다. 남북이 합의하면 이 내용을 당신네 소위 "정령", 즉 법으로 만들라'는 거였어요. 북한 국내법의 성격을 부여해야 우리 기업들도 믿고 들어가지 하루아침에 깨버릴 수 있는 합의서만으로는 안 되겠다고 했더니 알겠다고 했어요.

지금도 기억에 남는 게 임금 협상이에요. 처음에 1인당 인건비를 300달러로 부르더라고요. "미쳤구먼. 중국이나 베트남에 다녀와서 거기에 진출한 우리 기업들이 노동자들에게 인건비를 얼마나 주는지 보고 와서 이야기하자고 해." 그전에 금호지구 경수로 원자력발전소를 건설할 때 100달러씩 받기로 약속하고 들어왔다가 남쪽 노동자들이 2,000~3,000달러를 받는다고 하자 "우리가 일을 얼마나 못하길래 10분의 1도 안 주느냐" 하면서 300달러 안 주면 일 안 하겠다며 철수하겠다고 했어요. 그래서 철수하려면 하라고 했어요. 그러고는 우즈베키스탄의 고려인 노동자들을 100달러 주고 데려왔더니, 얼마 지나지 않아 다시 자기들이 들어오면 안 되겠느냐고 했어요. 안 된다고 했죠. 약속했던 임금보다 올려 받겠다고 해서 우즈베키스탄 사람들에게 기회를 빼앗겼던 그 얘기를 해주고 중국이나 베트남 현지 임금이 어느 정도인지 보고 와서 다시 협상하자고 했어요. 그리고 중국이나 베트남에 진출했던 기업들이 공장 기계를 뜯어서 개성으로 들어오게 만들려면 북쪽에서 어떤 태도를 취해야 하는지 한번 생각해보라고도 했죠.

갔다 오라고 하니까 정말 다녀왔는지, 조명균 국장이 "저 사람들이 갑자기 65달러부터 시작하자고 합니다"라고 해요. 왜냐하면 중국이나 베트남에 가보니 65~70달러, 많아야 80달러 선이니까 세게 부르면 안 되겠다고 생각했던 거예요. "나쁘지 않네, 65달러로 해." 조 국장이 협상에 다녀오더니 "차라리 57.50달러부터 시작하자고 합니다"라고 해요. "그래? 정신 차렸네." 그 대신 조건이 있었어요. 57.50달러로 시작해서 3년 후부터는 연 5퍼센트씩 임금을 인상해달라는 거였어요. 3년 후에는 발생한 수익에 대해서 북쪽이 세금을 걷겠다고 했죠. 그리고 규정된 시간 외의 잔업 및 휴일근무 수당은 별도로 계산한다는 것도 있었고요. 나쁘지 않은 조건이었으니 그렇게 합의했어요.

300달러를 요구했다가 57.50달러로 내려간 것은 얘깃거리가 될 만하죠. 경수로 건설 공사장인 금호지구에서의 실패의 추억을 되새겨주고 중국 및 베트남에 다녀오라고 했더니 한달 후에 자진해서 57.50달러에서 시작하자고 하더라고요. 이 얘기를 왜 하느냐면, 북한 사람들도 말이 되는 얘기를 하면 설득된다는 거예요. '북한과는 협상이 안 된다'라고 하는 사람들도 있지만 적어도 경제 문제와 관련해서는 말이 통하더라고요. 이게 노무현 정부 들어서 있었던 내용이에요.

개성공단 낼 때, 정동영 장관 말로는 자기가 럼스펠드(D. Rumsfeld)

에게 가서 졸랐다고 하던데요.

미국에 가서 당시 국무부 장관인 라이스(C. Rice)와 사진도 찍고 얘기도 나누고 오긴 했죠. 그런데 제가 필요한 건 다 만들어놓고 떠났는데, 뭐가 더 필요했겠어요? 그리고 개성공단 일을 미 국방장관에게 졸라서 허락을 받았다는 건 또 무슨 소리죠?

정동영 장관이 2013년에 낸 『10년 후 통일』이라는 인터뷰 책자를 보면 2004년 8월 31일 럼스펠드 장관을 만나 기계 설비의 개성공단 반입에 대한 미국의 승인을 받아내는 데 상당히 역할을 수행했던 것처럼 쓰여 있더라고요.

정동영 장관과 공 싸움을 하려는 건 아닌데, 첫 삽도 제가 재임하던 중에 떴고 개성공단 내 노동자 임금이나 관리 규정 등은 전부 조명균 교류협력국장을 지휘해서 다 마련해놓고 나왔어요. 북한 측에서 2,000만평이라는 광활한 땅을 공단 부지로 내놨죠. 800만평이 공단 부지고, 1,200만평이 배후 도시예요. 800만평을 3단계로 나누어서 1단계 100만평, 2단계 400만평, 3단계 300만평 정도로 입주를 진행한다는 계획도 수립했어요. 100만평 부지 공사가 끝난 것은 정동영 장관 때예요. 그런데 그전인 2004년 3월 초에 1만평 시범단지를 착공해서 6월 30일에 바로 들어갈 수 있도록 했어요. 그리고 나서 100만평 공사를 진행할 수 있도록 문을 열어둔 거죠. 현재는 100만평 가운데서 40만평 정도에만 공장이 들어가 있어요. 124개 기업이 공장을 지었는데, 그 기업들이 차지한 평수가 40만평이에요. 나머지는 부지만 만들어났고요. 부지가 정비됐다는 얘기는 수도와 전기도 다 들어오게 해놨단 소리죠.

개성공단에 기업을 진출시키는 데서 핵심적인 사안은, 미국의 '대적성국 교역법'(Trading with the Enemy Act)을 우리도 준수하도록 되어 있다는 점이었어요. 그에 비하면 토지공사한테 남북협력기금을 줘서 개발하도록 만드는 것은 정부 내부적인 문제니까 어려운 점이 없었던 거죠. 아무튼 그 법에 따르면, 미국 기술 10퍼센트만 들어가 있어도 그 기계가 적성국으로 들어갈 때는 미국 상무부의 허락을 받아야 해요. 그런 것들이 숱해요. 첨단기술 기반의 기계들은 당연히 들어갈 수가 없고, 봉제 기계나 시계를 조립하는 장비 등에도 미국 기술 10퍼센트가 들어가지 않은 게 별로 없어요. 현실적으로 그러지 않은 기계가 없는 실정이었죠.

처음에 조명균 국장에게 "역시 대미 교섭은 외교부 소관이니까 외교부에 얘기해서 미국 상무부 허락을 좀 받아오라고 하시오"라고 지시했어요. 그랬더니 불과 며칠 사이에 답이 왔어요. "안 된답니다." 화가 났죠. 자기 부처 일이 아니라고 처삼촌 묘 벌초하듯이 한 거예요. 지나가는 말로 이야길 하면 그걸 해줄 사람이 어디 있겠어요?

성의 없이, 되느냐고 물어보면 당연히 안 된다고 하죠.(웃음)

그래서 조명균 국장에게 미국에 직접 가라고 했어요. 외교부에 부탁한 건 우리 도리를 다한 거고, 이제 미국 상무부에 가서 직접 말하라고 했죠. 조명균 국장이 자기 영어가 좀 부족하다고 우물쭈물하길래, "이 사람이 2년씩이나 돈 들여서 연수시켜줬더니 안 된다는 말이나 하고 말이야. 물어내"라고 다그치면서 그냥 가라고 했어요. 그리고 영어 통

역전문요원을 둘이나 뽑아뒀었거든요. 갔다 와서는 "길게 설명했는데
도 안 된답니다"라고 해요. "그래? 한 보름쯤 있다가 또 가시오. 세번
은 해보고 포기를 해도 합시다." 보름 있다가 또 다녀오더니 웃으면서
들어와요. "됐습니다." "거봐."

우리 중소기업들로서는 개성공단에 들어가야만 해요. 경제발전 과
정에서 인건비가 올라가는 건 어쩔 수 없는 현상이잖아요. 인건비가
상승하면 물가도 오르고, 또 물가를 반영해서 인건비가 올라가죠. '우
리 중소기업들이 인건비 압박과 공장부지 값이 올라서 동남아나 중국
으로 자꾸 나가는데 남 좋은 일만 계속 시킬 수가 없다. 북한으로 들
어가면 저임금 노동력을 이용해서 우리 중소기업들이 살아날 수 있게
되는데 그걸 미국이 도와줘야지 막아서면 어쩌느냐'라는 논리로 설명
하라고 했어요. 가서 그 얘길 했겠죠. 통일부 국장이 직접 간 것은 두
번이고, 미국 상무부로서는 한국정부로부터 세번 부탁을 받은 거예요.
세번 부탁하면 다 들어줍니다. 그걸 안 들어줬을 경우 무슨 원한을 살
까 걱정돼서 어지간하면 들어주게 되어 있어요. 삼고초려라는 고사성
어가 그냥 나오는 게 아니에요.(웃음) 그렇게 해서 기계를 들여갈 수 있
게 만들어놨고, 인건비도 처음에 300달러를 요구했던 것을 57.50달러
로 시작하기로 만들었죠.

우리가 하고자 하는 것을 미국 때문에 안 된다는 식으로 지레 포기
해서는 안 된다… 당시의 경험에 비추어보면 2018년 이후 외교부가
의지나 적극성이 부족하다고 보시는 것 아닌가요?

그렇죠. 바로 그겁니다.

장관 때의 남북협력 사업의 대표적인 것이 철도·도로 연결, 그리고 개성공단인데 그 밖의 남북 간 현안은 무엇이 있었나요? 어쨌든 김대중 정부부터 노무현 정부까지는 남북 교류협력이 굉장히 활발했던 시기잖아요.

　2002년 1월 29일 장관이 되자마자 '악의 축' 발언을 듣고는 좌절했다가, 20여일 후에 살아나서 열심히 일하고 있는데 3월 말에 임동원 특보가 대북특사로 갔다가 4월 초에 돌아왔어요. 육로로 가서 육로로 돌아왔기 때문에 판문점으로 영접을 나갔죠. 차로 모시러 갔더니 임동원 특보가 차에 타자마자 물어요. "전인화가 누구요?" "전인화는 요즘 SBS에서 방영하는 「여인천하」의 주인공 아닙니까." 당시 그 드라마의 엔딩 연출 기법이 특이했는데, 컬러로 장면이 이어지다가 끝부분에서 스틸로 멈추면서 흑백으로 끝나버려요. 그 엔딩을 보고 김정일 위원장이 대단한 기법이라며 감탄했다는 거예요. 자기 쪽 사람들에게 그 기법을 좀 배우라고 해도 말귀를 못 알아듣는다며 답답해했다는 말을 해주더라고요.(웃음) 김정일 위원장은 예술 쪽에 관심이 많았죠. 그가 최은희를 납치해서 남편인 신상옥이 따라간 건 유명한 사건이잖아요. 나중에는 같이 탈출했죠. 임동원 특보가 또 물어요. "조용필 노래 중에 「그 겨울의 찻집」이라는 노래가 있소?" "네, 있습니다." "가사까지 다 압디다."(웃음) '아, 웃고 있어도 눈물이 난다. 그대 나의 사랑아'라는 가사로 끝나죠.

　조용필 씨가 2018년에 평양에 가서 불렀죠.

김정일 위원장이 좋아하는 노래였대요. 마지막 대목, '아, 웃고 있어도 눈물이 난다'라는 대목은 김정일 위원장 본인 사연일 수도 있고요. 우리 짐작이지만요. 나훈아 노래 중에서는 「갈무리」가 좋다고 했대요. 그러면서도 "역시 노래는 김연자가 잘해"라고 했다는 거예요. 김연자는 재일교포이기 때문에 출입이 쉬워서 평양에 갔을 때 김정일 위원장이 함흥에 가 있다고 해서 함흥까지 가서 공연하기도 했답니다. 그러고는 청와대에 도착해 대통령 보고를 한 뒤 우리에게까지 공유해준 것이 바로 '동해선도 연결하자'는 제안이었어요. "우리가 자재를 준다고 하니 그러는 것 같더라."

우리가 강릉부터 군사 분계선까지 철로가 연결이 안 돼 있었어요. 원래 일제 때 계획은 되어 있었어요. 그런데 일본이 태평양전쟁을 벌이는 바람에 마무리를 못했고, 이승만 대통령은 그걸 완결할 형편이 못 됐죠. 박정희 대통령은 경제성이 없다는 판단에 연결해놓지 않았고요. 그걸 연결하자면 어쨌건 역을 새로 하나 만들어서, 군사분계선 철조망을 열고 들어가 우리는 올라가고 북에서는 내려오도록 해야 했죠. 그 연결 공사는 대선이 끝난 뒤에야 국방부가 뒤늦게 움직여서 할 수 있다고 하더라고요. 노무현 정부로 넘어가서야 비로소 개시했어요. 이렇게 된 바에야 천천히 하자 싶었어요. 차라리 6·15 기념으로 6월 14일에 연결식을 치르자는 생각이 들었죠. 철도·도로 연결 사업을 자재와 장비를 주면서도 해야 한다고 결심하도록 독려했던 대통령은 그 연결식을 못 보고 퇴임하셨어요. 그렇더라도 아무 날에나 할 수는 없고, 또 그렇다고 9월 18일(경의선 연결 착공식 기념일)까지 기다릴 건 아니고, 새 정부 들어서서 6월 15일에는 행사를 해야 하니 그 전날인 6월 14일에 치르기로 했죠. 2002년 9월 18일 재착공식에는 경의선 쪽으로는 총리가 갔어요. 북쪽에서는 철도성 부장인가가 오고요. 저는 동해선 쪽으로 갔는데, 북에서는 국장급이 나왔었죠.

그런 걸로라도 지고 싶지 않았던 거죠.

우리는 미국에서 차관보만 와도 장관이 영접하고 대통령까지 면담하지만 우리 미주 국장이나 차관보나 장관이 미국에 간다고 대통령을 만날 수 없잖아요? 어쨌든 철도 연결식을 2003년 6월 14일에 치렀고, 관련 규정과 법규를 다 만들어둔 다음에 2004년 3월 초에 개성공단 1단계 시범공단 착공식을 열었죠. 그때 2004년쯤 돼서는 총선 끝난 뒤에 장관직에서 물러나야겠다고 생각하고 있었어요. 개성공단 착공식에는 제가 갈까 하다가 조명균 국장을 보냈고, 준공식 때는 조건식 차관을 보냈어요. 제가 정치인이었으면 아마 개성공단 착공식이니 준공식이니 다 갔겠죠. 정치인들은 사진 찍기 좋아하던데, 저 같은 관료들이야 사진 찍는 데에 흥미가 없죠.

1·2차 연평해전

장관 하실 때 2차 연평해전이 있었죠. 연평해전이 이후 북방한계선 (NLL) 문제를 부각시키는 결정적 계기였는데, 당시 통일부에서 그

부분에 대해 논의가 있었습니까?

연평해전이 두차례였는데, 1999년에는 통일부 차관에서 물러난 뒤였고 그때 비료회담을 하는 도중에 사건이 터진 거였어요. 그래서 회담이 중단됐죠. 그때는 북한이 타격을 많이 받았어요.

첫번째에는 우리가 대승을 거뒀죠.

북한 배에 구멍이 뚫리고 그대로 물속으로 가라앉아버렸으니까요. 당시 조성태(趙成台) 국방부 장관이 밀쳐내기 전략을 썼다고 했죠. 어쨌든 개선장군이 됐어요. 북쪽 배가 구멍이 뚫리고 우리가 밀쳐내기로 북한을 참패시켰다고 한 사실 때문에 국민 여론은 괜찮은 상황이었어요. 북한은 여전히 '나쁜 존재'로 인식되니까요. 그런 상황에서 남북회담을 지속할 수는 없었죠. 그리고 나서 2000년 남북 정상회담이 잘 끝난 뒤에는 남북관계가 그런대로 돌아갔는데, 2002년 2차 연평해전으로 또 한 고비를 맞은 거예요.

2002년 한국의 월드컵 4강 진출이 목전에 있었기 때문에 장병들이 다들 TV 중계 보느라 정신이 없었어요. 6월 30일에는 도쿄에서 월드컵 결승 경기가 열리게 돼 있었죠. 그런 상황에서 2002년 6월 29일에 2차 연평해전이 터졌고요. 당시 저는 1999년 6월 1차 연평해전 당시 북측이 참패한 것과 이것이 무관하지 않다고 봤어요. 월드컵에 함몰돼 있는 우리의 허를 찌른 거라고요.

또 나중에 알았지만, DMZ 확성기 방송이 최전방 북한군과 주민들에게는 좀 성가신 일이었더군요. 2004년 6월 초에 열린 2차 남북 군사회담에서 확성기 방송 중단 문제를 논의할 때 북측에서 솔직하게 털어놓기를 '확성기 방송 때문에 못 살겠다'는 거예요. 그런데 2002년 6월 당시에는 월드컵 때문에 대형 확성기 소리뿐만 아니라 대형 텔레비전을 세워서 화면까지 보이면서 소리를 틀어대니까, 비무장지대로부터 20킬로미터 전방까지 소리가 들리는 바람에 주민들이 잠을 못 잔다는 거예요. 낮에도 울려대니까, 인민학교 어린아이들은 점심을 먹고 한숨 재워야 하는데 그러질 못하고요. 먹는 게 시원치 않으니까 잠을 좀 재워야 하는 거죠.

사상적 프로파간다가 아니라 물리적 소음이 문제가 됐군요.(웃음)

인민학교 저학년 어린이들이 점심 먹고 한숨 자야 하는데 못 자고 있다, 이런 짓을 해서 되겠느냐, 인도적 차원에서 중지해달라고 해서 그러면 NLL 선상에서의 남북 함정 간의 무선 교신에 동의하라는 조건으로 대북 확성기 방송을 중단하기로 합의했어요.

확성기 방송은 중단하고, 미연에 사고를 방지하기 위해 NLL 선상에서 무선 교신을 하자.

그렇죠. 그때 어떤 일이 후일담으로 나왔느냐면, 6월 29일 무렵 일입니다. 한국 선수들이 골을 넣거나 하면 '붉은악마'들이 "골!"이라거나 "대-한민국!" 하고 소리를 지르잖아요? 우리 장병들이라고 다르겠어요? 그런데 그 질러대는 소리가 남측 말고 북측 인민군 부대에서도 들리니까 서해안 전방의 북한 해군 사단장이나 함대장 입장에서 보면 한심스럽기도 하고 배도 아팠을 거예요. '이 새끼들 누구 약 올리는 거냐. 정신 좀 차리게 하라'고 하면서 쏜 거죠. 1999년 6월 15일 1차 연평해전은 우리의 승리였고, 2002년 6월 29일 2차 연평해전은 사실상 우리의 패배였는데 우리는 대비 부족이었고 북쪽은 악에 받쳐 있었죠.

설욕하고자 한 거였겠죠.

축제 분위기를 깨버리려는 심보에다, 1999년 참패당한 데 대한 설욕의 의지도 있었을 거예요. 그런데 바로 북쪽에서 청와대 쪽으로 연락이 왔다고 하더라고요. 직통전화로요. 외교안보수석과 저쪽의 통전부장이 대화한 거예요. 저쪽 얘기가 "절대로 이것은 평양의 지시가 아니다"라고 했대요.

현장 지휘관의 책임이라는 거군요.

"일선에서 일어난 사고일 뿐이니 확대하지 말아 달라. 내부적으로 수습 조치하고 곧 정식으로 사과 편지를 보낼 테니 그리 알고 이를 확대시키지 말아 달라"는 전화가 왔어요. 그래서 대통령은 본래 일정에 따라 다음 날인 30일에 일본으로 갈 수 있었어요. 일본 총리와의 회담 때문이기도 했고, 또 월드컵 공동 주최자였으니 거기서 결승전도 봐야 했죠. 그런 관계로 가야 했는데, 만약 북쪽에서 아무런 조치가 없었다면 못 갔을 거예요. 전사자 조문은 제가 갔어요. 분당 수도육군병원으로요. 국방부 장관은 거길 안 갔어요. 해군장이기 때문에 해군참모총장 이상의 직급은 조문을 갈 수 없다는 규정이 있다고 하더라고요.

거참, 이상한 규정이군요. 장관님은 가셨고요?

갔죠. 그랬더니 유족들이 저를 붙들고 난리가 났어요. "저놈들을 혼내줘야지!" 하면서요. 어머님들은 정신없이 울면서 저한테 항의하고 잡아 뜯으려고 했어요. 밀쳐낼 수도 없어서 듣고만 있는데, 옆에서 누군가가 "통일부 장관이 무슨 죄가 있어요. 국방부 장관이 와야 하고, 통일부 장관은 여기까지 와준 것만으로도 고마운데 그러지 마세요"라고 해줘서 풀려났어요.

그때 북한의 머릿속에는 월드컵 분위기를 타고 한국이 국제적으로 부상하는 것에 대한 경쟁심과, 1차 연평해전을 설욕하려는 마음이 같이 있었다고 봐요. 구체적으로는, 배가 아픈 것도 아픈 것이지만 인민군 장병들도 한국 축구를 보면서 환호하고 있으니까 거기 대좌니 중좌, 소좌 등 입장에서 볼 때는 한심하고 속상한 거죠. "저놈들 지금 넋 놓고 있으니까 한번 때려봐"라고 하면서 사건이 터진 것 같아요. 그래서 저쪽 평양에서는 대책회의를 열었겠죠. '수습해야 한다. 평양의 지시가 아니었음을 분명히 남측 최상부에 전달하고, 남쪽이 대북 조치를 취하기 전에 우리가 먼저 조치를 취해야 한다'고요.

발 빠른 해명으로 남북관계가 나빠지진 않았지만 장기적으로 그 두 번의 해전이 서해를 분쟁지역화하는 데 악영향을 미친 것 아닙니까?

그렇기는 한데, 운명이죠. 사람만 팔자가 있는 게 아니라, 땅도 바다도 팔자가 있어요.

박근혜 의원의 방북

박근혜 대통령이 야당 의원이던 시절에 북한에 가서 김정일 위원장을 만났잖아요. 그건 북한에서 평가해주지 않습니까?

2002년 5월 박근혜 당시 국회의원이 평양에 갔어요. 한나라당에서 나와서 한국미래연합이라는 1인 정당을 만들었을 때예요. 1인 당수와 1인 당원이었던 거죠. 제가 통일부 장관이 된 뒤에 석달쯤 지난 시점이었어요.

김대중 정부 말년이네요?

그렇죠. 임동원 특보를 만났을 텐데, 큰 방향은 그쪽과 얘기했고 임 특보께서 '세부적인 것은 현 통일부 장관이 대북 접촉 경험이 많으니 가서 얘기를 들어보는 게 좋을 겁니다'라고 했던 모양이에요.

방북은 프랑스 쪽 재단의 추진으로 이뤄졌다면서요?

프랑스 사람이 다리를 놔줬죠. 그래서 당시 사진을 보면 프랑스 사람들이 함께 찍혀 있어요.

김정일 위원장이 주로 프랑스 의사에 의존했다는 것 아닙니까?

맞아요. 그렇게 프랑스에서 다리를 놔서 박근혜 의원이 가게 됐는데, 연락이 와서 좀 만났으면 좋겠다고 해요. "그럽시다" 했죠. 지금은 문을 닫은 르네상스 호텔에서 만났어요. 회의할 수 있을 만한 방을 잡아놨기에 들어갔는데, 첫 질문을 듣고 그 사람의 수준에 대해 상당히 실망했어요. "제가 평양에 가게 된 건 아시죠?" "네, 알고 있습니다." "제가 어떻게 하면 실수를 안 하죠?"

그게 첫 질문이에요?

첫 질문이자 유일한 질문이었죠. 그 질문을 듣고 길게 얘기할 필요도 없구나 생각했어요. 이러저러한 것을 챙기라고 말할 것도 없었어요. 관심은 오직 사진이나 찍고 신문에 나오고 존재감 드러내고, 실수하지 않는 것뿐이에요. "북한 사람들과 이야기할 때 여러 요구가 나올 겁니다. 에둘러서도 얘기하고 직설적으로도 얘기할 텐데, '잘 알겠습니다' '연구해보겠습니다' '검토해보겠습니다'라는 말도 조심해야 합니다. 그 사람들 듣기에 '연구해보겠다'는 말은 도와주겠다는 식으로 해석할 가능성도 있으니까 그런 오해가 일어나지 않도록 조심해야 합니다." 알아들었는지는 모르겠어요. 북한 사람들과 대화할 때 지뢰밭을 피해가려면 어휘력이 탁월해야 해요. 희망적으로 얘기하면서도 빠져나갈 수 있는 길을 열어둬야 하는데, 어휘가 '이런' '저런' 정도밖에 안 되는 사람에게는 어렵죠.(웃음) 그렇게만 말했더니, "알겠습니다, 감사합니다"라고 하더라고요. 그리고는 끝났어요.

오래 안 만나셨겠네요.

그렇죠. 저런 사람이 어떻게 대통령까지 꿈을 꾸는 건가 싶었어요. 그때 김정일 위원장을 만나서 뭐라고 했는지는 모르지만, 김 위원장이 '김일성과 박정희는 앙숙이었지만 그래도 선대 지도자들의 자녀들이 만났으니 거기에 의의를 두면서 당신이 앞으로 역할을 크게 해달라'는 식으로 덕담을 해줬을 거예요.

방북하고 오면 신고하는 절차는 없습니까?

방북 결과보고서를 내면 되는데, 수행원들이 있으니까 제출했을 거예요. 미주알고주알 요구하지는 않아요. 가령 보고서에 나오지 않는 밀담으로 대화를 주고받았다면 그건 알 길이 없죠. 정치인이기 때문에 저쪽에서 나중에 협박할 수 있는 정도의 얘기는 되도록 꺼내지 말아야죠. 그런데 당시 사진을 보니 난데없이 신희석(申熙錫) 박사가 따라 갔더라고요. 도쿄대에서 박사를 하고 외교안보연구원 교수로 있다가 나와서 한일 관계를 주로 다루는 연구소를 운영해온 사람이에요. 어떤 인연으로 갔던 건지 방북 수행을 하고 있더라고요. 다녀와서 한때 언론의 조명을 받았는데, 그 과정에서 무슨 일이 있었는지 일체 발언을 안 해요. 그 사람이 입을 열면 많은 얘기가 나올 텐데…

박근혜 의원이 돌아와서는 갑자기 당대표가 됐잖아요. 저는 장관급 회담을 하면 정당 대표들을 순방하면서 회담 결과를 브리핑해줬어요. 당대표는 언론에 보도된 것보다는 상세한 것을 알아야 하는 거니까요. 맥락 없이 단어 몇개만 갖고 공격하지 말라고 하려면 적어도 당대표나 정책위원장 정도에게는 맥락을 알려줘야 할 것 아닙니까. '발표는 이것만 됐지만 그 이면에는 이런 얘기가 있었다. 이번에는 이 정도밖에 못 받았지만 그간 주고받은 이야기가 있으니 다음에는 이 단계까지 갈 수 있다'라는 식의 전망도 이야기해줘야 하는데 그걸 언론에 얘기할 수는 없는 노릇이죠. 그 자료가 북으로 넘어가서 그들이 대남 전략을 세우는 기초가 될 테니까요.

박근혜 의원이 당대표가 되기 전 한나라당 대표가 박희태(朴熺太) 의원이었어요. 박희태 대표 앞에서 설명을 하니까 "정 장관은 가만히 보니까 총리까지 하겠소. 그것 좀 하시오"라고 해요. 야당 정치인한테까지 와서 설명하는 장관은 처음 봤다 이거죠. 저를 상당히 정치력이 있는 사람으로 잘못 본 거죠. 별로 귀담아 듣지는 않았어요. 그전에 한나라당에 갔을 때는, 박희태 대표를 못 만나고 정책위원장 이상배(李相培) 의원을 만났어요. 상주 출신 국회의원이죠. YS 때 청와대 행정수석비서관도 했던 사람이에요. 고교 선후배니까 스스럼없이 이야기했고, 질문 자체가 북한을 의심하는, 다시 말해 저의 같은 것을 따지는 거였지만 어찌 되었든 경청해주고 질문도 했어요. 두번째 가서 만난 박희태 대표도 그랬고요. 심도 있는 코멘트는 아니더라도 "열심히 해서 좋은 성과를 내시오"라는 정도의 말은 했어요. 그런데 박근혜 대표는 "네, 알겠습니다"라고 하고는 일어서버려요. 대면 보고를 못 받더라고요. 그런 일 자체가 괴로운 거 같아요.

자신이 없는 거죠. 실수할까봐.

알아듣질 못한다는 거 아닐까요? 알아듣는다면 "그게 어떻게 되는 겁니까?"라는 질문이 나오죠.

그런 배경을 설명하는 브리핑을 박근혜 의원에게 얼마나 하셨나요?

2004년 6월 제가 장관직에서 물러날 때까지 한번 갔을 거예요. 천막 당사가 오래 가지 못했죠. 그러고 나서 당대표가 또 바뀌지 않았나요? 처음에 제가 장관이 됐을 때의 대표는 이회창 의원이었어요. 거기서 서청원(徐淸源), 박희태, 최병렬(崔秉烈)로 넘어가고, 그 뒤에 박근혜 의원이 이어받았죠.

이회창 대표는 어땠습니까?

이회창 대표에게 대표실로 가겠다고 했더니 김형오 사무총장이 당 대표실로 안내하지 않고, 당대표가 회의 도중에 잠깐 나와서 옆방에 서 만나는 걸로 하자고 하더라고요. 그러자고 했죠. 장관 취임 인사를 간 거였어요. 김형오 사무총장이 당대표를 보좌한답시고 "정 장관님 과 총재님 동생이 고교 동기이고…"라는 말을 쭉 해요. 이회창 총재가 "이미 알고 있습니다"라고 차갑게 말해요. 조사해보면 나오는 거니까 이미 알기는 했겠죠. 사실 저를 그렇게 대할 이유가 있기는 했어요. 저 는 1997년 대선 때 이미 이회창 캠프에 오라고 했는데 거절한 사람이 니까요.

그때는 이회창 대표가 대통령이 될 걸로 다들 생각했으니까요.

그때 캠프에 갔으면 잘해봐야 차관 하는 거였어요. 연구원장 시절이었으니까요. 어쨌든 이회창 대표는 그 뒤에도 긴 말이 없더라고요. "잘 하십시오" 하고 일어서더라고요. 매우 차갑더라고요. 정치인이 그러는 것은 처음 봤어요. '남북관계에서 너무 북한 편 들지 마십시오. 국민 여론도 있으니 적절하게 조정해서 하십시오'라는 얘기라도 할 법한데 일절 없었어요.

관심이 없다는 거네요.

그런 거죠. 무척 차가웠어요. 저도 유권잔데.(웃음)

통일부 장관이 야당 대표에게 브리핑을 한 것은 장관님 때가 처음인가요?

그렇죠. 그전에는 홍순영 장관이었는데 회담통이 아니었고, 박재규 장관 때도 그런 일까지 했다는 말은 못 들었어요. 권영길(權永吉) 의원이 민주노동당 당대표 할 때 민노당에 가서 보고했던 기억도 나네요.

10장

통일부 장관 시절 2

북핵 문제와 6자회담

이례적인 장관 연임

장관님께서는 김대중 정부의 마지막 통일부 장관이었고, 이어서 노무현 정부의 첫 통일부 장관을 지내기도 했습니다. 정권이 바뀌어도 연임한다는 게 굉장히 이례적인 경우잖아요.

이례적인 경우죠. 그렇게 된 이유나 배경을 재임 중에는 몰랐어요. 장관직에서 2004년 6월 30일 물러났고, 9월 초쯤 청와대 관저 만찬에 오라고 해서 갔어요. 같은 날 그만뒀던 김화중(金花中) 보건복지부 장관과 그다음 번에 물러난 강금실(康錦實) 법무부 장관, 조영길(曺永吉) 국방부 장관 네 사람을 초청했더라고요. 강금실 장관은 오지 않았고 나머지 세 사람과 대통령 내외가 만찬을 했어요. 저는 그때 술을 안 먹을 때지만 관저에서 대통령이 수고했다고 격려해주시니 술을 안 받을 수가 없어서 마시는 척만 하고 잔을 내려놓고 그랬어요.

당시 사모님께서 편찮으셔서 금주하셨던 거죠?

아내가 암 수술을 받고 나서, 재발을 방지하려고 채식하면서 노력하고 있는데, 민족 공조 전에 가족 공조부터 해야 하는 것 아닌가 싶었죠. 그래서 저도 채식을 시작하고 금주도 철저하게 했죠. 30년 넘게 피웠던 담배는 1993년 6월 끊었고요. 어쨌든 한 순배 돌고 노무현 대통령이 약간 취기가 도니까 "내가 당선자 시절에 보니까 우리나라 국무위원 중에도 미국에 대해서 막 뭐라고 하는 사람이 있습디다"라고 하세요. 그래서 저는 "누가 그런 짓을 합니까?"라고 물었죠. 그랬더니 저를 보면서 대통령이 빙긋이 웃으셨어요. 부처 순위가 통일부, 국방부 등으로 되어 있어서 마침 제가 노무현 대통령 맞은편에 앉아 있었어요. 대통령이 "자기가 그래놓고!"라면서 웃으시더라고요.(웃음)

이게 어떻게 된 사연이냐 하면, 2002년 10월 초 부시 정부의 국무부 동아태차관보를 단장으로 하는 일곱 명의 미 정부 대표단이 북한에 갔어요. 북한으로부터 고농축 우라늄 프로그램(HEUP)을 운용하고 있다는 자백을 받겠다며 말입니다. 그 사건을 빌미로 해서 클린턴 정부 시절인 1994년 10월 제네바 합의로 북한에 지어주기로 한 경수로 사업을 중단시키려 했던 거죠. 결국 그때 북한에 다녀와서 2003년부터는 미국이 더 이상 중유를 제공하지 않겠다고 했어요. 미국이 중유를 제공하지 않는다고 하면, 그때부턴 중유가 문제가 아니었어요. 그 공사를 위해 돈을 낸 한국, 일본, EU 등에서 미국과 무관하게 공사를 강행할 수도 없는 것이고, 그전에 북한이 반발할 게 뻔했죠. 사실상 공사를 중단시키기 위한 핑계를 잡으려는 조치였죠.

노무현 대통령이 12월 19일 선거에서 당선이 되고 해가 바뀌기 전이었을 거예요. 크리스마스 전후로 기억해요. 통일부 출신들의 친목 단체인 '통일동우회' 초청 간담회가 있었어요. 간담회지만 통일부 장관이 가서 정책 방향에 대해 보고하는 자리였는데, 여느 때처럼 기자들도 있고 하니까 공식적인 이야기만 했죠. 그런데 그 자리에 참석했던 저의 전전임 차관, 즉 김영삼 정부 때 차관을 지냈던 송영대 씨가 "미국이 지금 중유 제공을 중단한다는데 그걸 어떻게 생각하십니까?"라고 질문하더라고요. 그래서 대뜸 "중유가 제공되는 회계연도가 전년 3월부터 2월까지인데, 최소한 3월부터 중유 제공이 끊어진다고 얘기하고 2월까지는 제공해야지, 1월부터 이렇게 갑자기 끊어버리는 건 미국이 대국답지 못하게 처신하는 것입니다"라고 했죠. 틀린 말은 아니었어요. 중유 값이 얼마나 된다고요. 근데 그 얘기가 기사화됐어요. 그 말씀을 하셨던 것 같아요. '미국의 행동에 대해서 대한민국의 국무위원이 감히 "대국답지 못하다"든지 "쩨쩨하다"는 코멘트를 하다니, 그런 사람도 있네'라고 생각하셨던 모양이에요.

그런데다가 2003년 1월 17일부터 19일까지 김대중 대통령 임기 내 마지막 장관급 회담이 서울에서 열리게 되어 있었어요. 그때 북쪽 회담 대표단이 서울에 오면 퇴임하는 대통령에게 인사 드리면서 당선자도 만나는 게 좋지 않겠느냐 하는 신문 사설이 나왔어요. 그러자 당선자가 북측 대표단을 만나는 것이 좋으냐 아니냐 하는 문제가 보수와 진보 사이의 논쟁거리가 됐어요. 그런 상황에서 회담을 하고 있는데 급히 연락이 왔어요. "당선자께서 장관님을 모시고 오랍니다." 회담 도중에 자리를 비우려면 일단 북쪽에다가, 몇 시간 나갔다 와야 하니 그사이에 실무접촉을 제안하지도 말고 수석대표 접촉 등도 일체 요청하지 말라고 미리 얘길 해놓고 가야 할 것 아니에요. 그 말을 해놓고

서울에서 열린 남북 장관급 회담 현장. 정세현은 남북 장관급 회담에 7차부터 14차까지 대표로
참석했다.

부랴부랴 외교부 청사에 있던 당선자 사무실로 갔어요.

도착하니 옆방에서 윤영관(尹永寬) 교수, 서동만(徐東晩) 교수, 이
종석(李鐘奭) 박사 이렇게 셋이 나왔어요. 대통령직 인수위원들이었
죠. 나이순으로 나온 거예요. 그런 뒤에 당선자가 나왔어요. 인수위원
들이 제 맞은편에 앉고 당선자는 제 왼쪽 상석에 앉더라고요. 당선자
가 대뜸 질문하기를 "북쪽 회담 대표를 만나야 한다느니 만나면 안 된
다느니 논란거리가 되고 있는데 어떻게 해야 합니까?"라고 하시더라
고요. "만나지 마십시오. 안 만나시는 게 좋습니다." 의외의 답변이었
는지, "왜요?"라고 물으세요. "정식으로 취임하신 뒤에 만나도 늦지
않습니다. 지금 퇴임 대통령도 만나고 당선자도 만나고, 이쪽에서 만
나달라는 식으로 매달리는 모양새가 되면 앞으로 장관급 회담할 때

우리 쪽이 속되게 말해 '가오'가 안 섭니다." 당선자께서는 당연히 남북관계를 위해 미리 만나두는 게 좋다는 답변을 들으리라고 생각하셨던 모양이에요. 그런데 정반대의 의견이 나오니까 얘길 다 들었는지 "그래요? 알았어요" 하고는 들어가버리시더라고요. 전혀 예상치 못했던 답변을 들으셔서 당황하셨는지 황당하셨는지 그건 모르겠어요. 그러고는 저도 회담장으로 돌아갔죠.

아마 미국에 대해 고분고분하지 않고 할 말을 한다는 것과, 다들 북한에 대해 잘해줘야 한다고 말하는데 막상 북한을 최일선에서 상대하는 사람이 '북한의 버릇이 나빠진다. 취임 뒤에 정식으로 인사를 받아도 늦지 않다'고 얘기를 하니까 그게 아마도 '저 사람을 계속 그 자리에 놔두는 게 좋겠다'라고 생각하게 된 계기가 아니었을까 싶어요.

한마디로 마음에 드셨던 거군요.

그게 아니면 설명할 길이 없어요.

사실 그때 서동만 교수가 저더러 인수위에 자문하러 오라고 해서 서울대 교수 한분과 둘이 갔더니 차기 통일부 장관을 추천해보라고 하더라고요. 그래서 "김근태 의원은 어떻냐"라고 추천했는데 정 장관님이 되시더라고요. 굉장히 이례적이라고 생각했죠.

당시 선거에 공을 세운 정치인들이 문희상(文喜相), 임채정(林采正), 정대철(鄭大哲), 김경재(金景梓) 의원 등이었어요. 언론에서도 그분들의 하마평이 오르내렸고요. 그래서 넷 중에 누구 하나가 통일부 장관이 될 거라고 생각했어요. 그때가 장관급 회담이 자주 열렸고, 차관급 회담, 국장급 회담 등 중요한 회담 때마다 통일부 장관의 언론 노출이 많을 때였기 때문에 9시 TV 뉴스 첫머리에 통일부 장관의 모습이 자주 나오던 때예요. 회담 대표단을 배웅해주는 것만으로도 '뉴스거리'가 됐죠. 그래서 정치인들이 통일부 장관을 하고 싶어 했어요. 언론 노출 빈도가 높은 자리였으니까요. 그야말로 대선으로 직행할 수 있죠. 나는 꿈도 안 꿨고요.

그러더니 마지막에 가서 김대중 정부의 마지막 차관이었던 김형기(金炯基) 차관의 승진설도 나오면서 사진이 같이 실리더라고요. 제 생각에는 그쪽 정치인들보다는 김형기 차관이 승진을 하는 게 낫겠다 싶었어요. 현장 경험이 많은 실무자니까요. 그러다가 갑자기 저로 바뀐다고 하는 말이 나오더니, 바로 발표가 나버렸어요. 인수위에서 여러 안을 올렸는데, '다 아니고, 그냥 그대로 하라고 해'라고 하셨던 것 같아요. 그간 봐온 것으로 줏대가 있다고 판단해서 자리를 계속 지키게 하셨던 게 아닌가 싶어요.

고농축 우라늄 생산 의혹

2002년 2월 20일 DJ의 간곡한 설득으로 부시 대통령이 '북한을 침공 않겠다. 대화하겠다'라고 약속했지만 결국 그해 10월 켈리(J. Kelly) 특사의 방북 때 고농축 우라늄 의혹을 제기해 제네바 합의가 파기된 것 아닙니까. 그리고 이것이 북한의 핵무기 보유로 이어지고요. 그래서 2006년 10월 9일 북한의 첫 핵실험에 대해 미국의 핵전문가들이 이것은 '부시의 핵폭탄'(Bush's Bomb)이라고 비판했고요. 노무현 정부 출범 직전인 2003년 1월 북한은 다시 NPT 탈퇴를 선언했고 이후 노무현 정부는 북핵 문제 해결을 위해 6자회담을 추진하게 되죠.

사실 부시 정부 들어서 네오콘들이 여기저기 포진하면서 미국의 대북정책은 9·11 테러 이전에도 상당히 강경이랄까 보수 성향을 보이기 시작했어요. 무례해진 것은 말할 것도 없죠. 대표적인 것이 2001년 부시 취임 직후인 3월 워싱턴에서 열린 첫번째 한미 정상회담에서 부시 대통령이 김대중 대통령을 가리켜 "this man"이라고 부른 것이었어요. 'this guy'라고 하지 않은 것이 다행이었죠.(웃음) 그다음으로는 "김정일을 못 믿겠다"라고 하면서 남북관계의 속도를 조절하라는 식의 메시지를 보냈죠. 그전의 클린턴 대통령은 1998년 김대중 대통령을 만났을 때 '당신이 운전석에 앉으면 제가 돕겠다'라고까지 했는데, 부시 대통령은 내내 남북관계를 견제하려고 하면서 남북 교류협력이 활성화되는 것에 대해 불만을 표시했죠. 부시가 직접 그랬던 것은 아니지만 국무부 사람들이 외교부에 얘길 해왔어요. 그러더니 2001년 9·11 테러가 나면서 2002년 1월 29일에 '악의 축' 발언이 나왔죠. 흐름이 이랬어요.

부시 1기 내각에서 국무부 차관을 지냈던 존 볼턴(John Bolton)이라는 인물이 있습니다. 2002년 2월 20일 김대중 대통령이 한미 정상회담을 통해 부시로 하여금 '북한을 침공하지 않겠다. 북한과 대화하겠다. 인도적으로 지원하겠다'고 하며 "May this railroad"로 시작하는 축복의 메시지를 적도록 이끌었다고 말씀드렸죠. 그해 7월 볼턴이 서울에 왔어요. 통일부 장관은 만나지도 않아요. 당시 외교부 수장이 최성홍 장관이었는데, 예방은 했을지 몰라도 중요한 이야기는 아마 청와대에다 직접 꺼냈을 거예요. 청와대에 가서는 "북한이 클린턴 정부 시절에 체결한 제네바 합의는 이행하고 있는 듯하나, 고농축 우라늄 프로그램을 가동하고 있는 것 같다"라고 말했어요. 영변 원자로 가동이 중단됐다는 것은 플루토늄 생산이 중단됐다는 얘기예요. 그런데 볼턴이 HEU, 즉 'highly enriched uranium'(고농축 우라늄)을 북한이 만들어내고 있다는 의혹을 청와대에 가서 제기했다는 거예요.

이에 임동원 당시 통일외교안보 특보가 증거가 있느냐고 물었어요. 그러자 볼턴이 "없다"고 했대요. 물증이 없는데 뭘 어쩌겠다는 거냐고 물으니 "우리가 압박하면 자백할 거다"라고 대답했다고 해요. 임 특보가 그 내용을 다 같이 공유하긴 했지만, 저는 그럴 리 없다고 생각했어요. 그러고 있는데 10월 2일 제임스 켈리 국무부 동아시아태평양 담당 차관보를 단장으로 하는 일곱명의 특별 사절단이 갑자기 평양에 들어가겠다고 하는 거예요. 국방부 부차관보 중에 리처드 롤리스(Richard Lawless)라는 사람이 있어요. 이름 때문에 '무법자'라고 놀림을 받으니 "나는 법이 없어도 살 사람이다"라고 대꾸했다고 하죠. 그 사람이 최고 대북 강경파였어요.

일곱명이나 갔다는 건 백악관, 국방부, 국무부, CIA 등에서 다 갔다는 얘기죠. 당시에 북측에서는 김계관(金桂冠) 외무성 미국 담당 부부장이 나왔어요. 제네바회담 때 북한 담당 부상 자격으로 로버트 갈루치 동아태 차관보와 협상했던 강석주가 승진해서 제1부부장이 되어 있었고요. 김계관에게 고농축 우라늄을 만들고 있지 않느냐고 추궁하니 '그렇지 않다, 약속대로 하고 있다'고 부인했다고 해요. 미국 측에서는 세게 밀어붙이면 자백할 줄 알았는데 그러지 않으니까 당황했겠죠. 북측에서 전략을 세웠는지 이튿날 강석주 제1부부장이 미국 대표들을 불러서 이야기했대요. "우리는 주권 국가다. NPT도 탈퇴했다. NPT도 탈퇴한 주권 국가에 대해서 당신들이 무슨 권리로 시비를 거느냐. 우리는 당신네들이 문제 삼는 프로그램 말고 그 이상도 가질 권리가 있다. 그러면 어쩔 것이냐." 이것은 당시 미국 쪽 통역을 맡았던 Tong Kim 씨가 국무부 퇴임 후에 한 얘기예요. 그런데 이 말을 들은 미국 측 일곱 명이 서로를 돌아보더니 '오케이' 하며 일어서더라는 거예요.

북한이 자백했다고 생각했군요.

그랬던 거죠. 10월 2일 들어가서 추궁했더니 3일에 강석주 제1부부장이 "어쩔래?"라는 식으로 얘기한 거죠. 서울에 와서 그런 상황을 대충 얘기하고는 미국으로 4일에 돌아가면서는, 북으로부터 자백을 받았으니 이에 대한 전략을 수립할 때까지는 함구하라고 우리에게 요청했어요. 우리로서야 미국이 그러라고 하니 협조해줘야죠. 그런데 2002년 10월 19일 장관급 회담을 하기 위해서 평양에 가야 했어요. 그걸 준비하고 있는데 10월 16일 난데없이 『USA 투데이』라는 미국의 타블로이드판 신문에 "북한이 HEU 프로그램을 가동하고 있다"라는 익명의 당국자 제보가 기사화됐어요. 10월 19일 장관급 회담이 예정된 것을 알고 그 사흘 전에 때렸구나 싶었죠. 의도적인 누설이었어요. 그렇다고 평양에 가지 않을 수는 없고 직접 가서 확인해야 했어요. 미국으로서는 그렇게 해놓으면 남북 간에 말싸움을 하느라고 교류협력에 속도가 나지 않으리라고 생각했던 거겠죠.

미국의 의도성이 있다고 생각했기 때문에, 북한에 가서 따졌습니다. 어떻게 된 건지 김정일 위원장으로부터 직접 설명을 들어야겠다고 했어요. 그랬더니 "장군님이 지방에 계신다"고 해요. 그래서 제가 거기로 가겠다고 했죠. 박재규 장관 시절에도 철도·도로 연결 문제 관련해서 국방장관회담을 하기로 정상회담에서 약속해놓고 이행하지 않았어요. 그러는 바람에 박재규 장관이 합의를 끌어내기 위해서 김정일 위원장을 직접 만나려고 하니 지방에 갔다고 했대요. 그래서 회담도 안 하고 버티니까 도리 없이 박재규 장관을 기차에 태워서 김 위원장이 있는 데까지 데려갔대요. 거기서 박 장관이 김정일 위원장을 만나서 국방장관 회담 합의 이행을 약속 받은 일이 있어요. 김정일 위원장은 실제로 지방에 자주 갔어요.

똑같은 방식을 사용한다는 게 다소 내키지는 않았지만, 나도 가야겠다고 했더니 "우리 쪽 사정 알지 않습니까. 누구와 이야기하든 장군님 비준을 받아야 하니 김영남(金永南) 상임위원장을 만나십시오"라고 해요. 곧바로 위로 보고하겠다고요. 그래서 그러자고 하고, 19일 아침 회담 시작 전에 만수대 의사당으로 갔어요. 장관급 회담 개회식을 대개 9시에서 10시 사이에 열거든요. 서로 만나서 악수도 하고 덕담도 나누고, 기조연설도 하는 시간을 갖죠. 그걸 미루고 김영남 최고인민회의 상임위원장이 있는 만수대 의사당 집무실로 갔더니 15분밖에 내줄 수 없다고 해요. 대표단 다섯명이 다 같이 들어가서 인사하다 보니 15분이 지나갔어요. 김영남 상임위원장이 "장관 선생하고 별도로 할 얘기가 있으니 다른 분들은 나가주시라요"라고 해서 다 나갔어요. 대표단 네명은 나갔지만 기록 요원 두명은 옆에 남아 있어야 합니다. 그쪽도 마찬가지고요. 김영남 상임위원장 외에 김령성(金靈成) 장관급 회담 북측 단장이 옆에 남아 있더라고요.

제가 대뜸 "어떻게 해서 그런 얘기가 나오게 됐습니까. 귀측에서 뭐라고 했길래 미국에서 고농축 우라늄 프로그램을 갖고 있다고 자백했다는 식의 얘기가 나옵니까?" 물었더니 "그 사람들이 너무 심하게 나오지 않았소. 우리는 주권 국가고 NPT도 탈퇴했는데 난데없이 와서 자기들한테 무슨 권리가 있다고 이런 걸 자백하라느니 저런 걸 공개하라느니 압박한단 말입니까? 우리가 할 말을 하지 않았소?"라고 해요. 그런데 전략을 미리 세워둔 건지 종이에 적어둔 것을 보면서 말하더라고요. "위원장님, 『로동신문』에 나올 것 같은 말씀만 하지 마시고, 위원장님의 생각을 직접 말씀해주십시오." "아니, 아까 얘기하지 않았소? 그 이상도 그 이하도 아니오."

더 이야기해봤자 소용없겠더라고요. 당시의 8차 회담에서 무엇을 합의했었는지 특별한 기억은 없어요. 2002년 가을이 어떤 상황이었냐면, 그해 9월 고이즈미 준이치로(小泉純一郎) 총리가 평양에 가서 '조일평양선언'까지 합의하고 발표했어요. 존 볼턴 당시 미 국무부 차관이 7월 서울에 와서 HEU 프로그램 문제를 제기했으니 일본도 그걸 알고 있었을 텐데도 남북관계가 그대로이니 조일관계도 개선하는 것이 좋지 않겠느냐는 생각으로 조일평양선언을 만들었을 거예요. 그때 고이즈미를 수행했던 인물이 당시 관방부 부장관인 아베 신조(安倍晋三)입니다. 그 자리에서 김정일 위원장이 일제 식민지 36년에 대한 배상금을 100억 달러로 합의하고 그것을 받아내는 데 대한 답례로서 일

본인 납치 문제에 대해 시인했어요.

납치 문제에 대해 김정일 위원장은 자기는 몰랐다고 했죠.

맞아요. 자기는 모르는 상태로 밑에서 한 것이라고 했죠. 북한 특수
요원들에게 일본어를 가르칠 필요가 있어서 그랬다고요. 일본에서는
요코타 메구미(橫田めぐみ)라는 소녀가 죽었느냐 살았느냐, 죽었으면
유골이라도 돌려달라고 북한을 압박하던 시절이었기 때문에 그 사람
문제를 특별히 문제 삼았어요. 북한은 "메구미는 죽었다. 우리가 유골
이라도 찾아서 돌려보내겠다"라고 했어요. 나머지 다른 사람들도 그
가족이 방문할 수 있도록 하겠다는, 상당히 유연한 대응을 담아 조일
평양선언이 성립됩니다. 북한은 약속을 지키기 위해서 유골을 보냈지
만 검사를 해보니 가짜였대요. 요코타 메구미의 유골이 아니었던 거
죠. 그것을 즉각 언론에 터뜨린 것이 아베 신조였고요. 그것으로 인기
가 확 올라갔고, 북한 때리기가 그때부터 시작됐어요.

그 비슷한 사건이 북미 간에도 있었습니다. 1994년 제네바 기본합의
가 성사되고 난 뒤에 북미 간에도 6·25전쟁 중 북한 지역에서 전사한
미군 유해에 대한 송환 문제를 협의했죠. 그에 따라 유해를 발굴해서
보내기로 약속을 해서 보냈는데, 미국이 받아서 하와이에서 검사해보
니 미군의 유해가 아니었던 거예요.

당시에 동물 뼈도 나왔었죠.

미국은 일본의 아베 신조처럼 그 일을 대외에 터뜨리지 않고 덮었

어요. 덮고는 북한과 직접 협상했죠. 미국이 직접 북한으로 들어가서 발굴하겠다고요. "장비는 전부 챙겨가겠지만 인력은 데리고 갈 수 없으니 인력을 제공하라. 그 인건비는 우리 쪽에서 내겠다. 발굴된 유해에 대해서는 건당 2만 5,000달러씩 주겠다." 북한 입장에서는 나쁘지 않았죠. 더구나 일이 끝나면 장비를 놓고 나가겠다고 했으니까요. 그러면서 그 발굴 작업이 부시 정부 중반까지 계속됐습니다. 일본처럼 그 사실을 대외적으로 터뜨리지 않았기 때문에 가능했던 거죠.

이에 반해 일본은, 고이즈미 총리는 아직 모르고 있는 상황에서 북한이 보내온 유골이 가짜라는 사실이 확인되자마자 아베가 이를 언론에 터뜨린 거예요. 고이즈미만 해도 HEU 프로그램 문제가 별것 있겠느냐 생각하고 남북관계가 잘 나가면 그 흐름을 타고 조일 관계도 개선하는 것이 일본에 도움이 된다고 생각하고 북한에 갔던 거예요. 그런데 한쪽에서 아베가 사고를 쳤고, 미국은 고이즈미 정부가 북한에 호의적인 것을 보고 놀라서 일곱명의 특사단을 북한에 보냈다고 봐야할 것 같아요. 일본과 한국의 대북 교류협력 행보를 멈추도록 하려면 북한이 나쁜 짓을 하고 있음을 보여줘야 했으니까요. '이런 상황에서 천지분간 못하고 너희는 뭐하고 있느냐'는 의미로요. 미국이 그렇게 고농축 우라늄 프로그램 문제로 북한을 압박해 들어가면서 우리는 남북관계에서 속도를 조절해야 했고, 일본은 일본대로 아베 신조의 공로로 가짜 유골임이 밝혀져 북한과는 상종도 하지 말아야 한다는 분위기가 조성됐죠. 결국 미국이 하고 싶은 대로 상황이 풀려간 거예요. 경수로 공사에서 손을 떼기 위해서 미국이 2003년 1월부터는 중유 제공을 중단하겠다고 했고요.

경수로 공사가 중단되고 나니 북한이 세게 반발했어요. "핵 개발을 본격화하겠다. 영변 원자력 발전소도 재가동할 수밖에 없다." 영변에 있던 IAEA 사찰관도 추방했어요. 그러자 2003년 초 미국이 제안해서 남·북·미·중의 4자회담을 열기로 했어요. 그랬더니 북한이 "남한과 중국은 올 필요 없고, 북미 간 단독회담을 하자"고 했어요. 그런데 미국은 북한과 단독으로 만나는 건 두려워하거든요.

6자회담이 성사된 배경

당시 미 국무부 분석관이었고 미 정부 내 최고의 북한전문가라는 로버트 칼린(Robert Carlin)이 최근 연세대에서 강연했는데('Bad Decisions, Bad Consequences'), 제네바 합의 파기를 가장 아쉬워하더군요. 제네바 합의 기간(1994~2002년) 동안에는 북한의 핵 개발이 동결됐고 영변에 IAEA 사찰관이 상주하면서 북한의 핵 활동을 감시할 수 있었는데, 파기 후에는 감시도 파악도 할 수 없었다고요. 결국 북한 핵 보유를 막지 못했죠. 어쨌든 켈리 특사의 방북으로 제네바합의가 파기된 2003년 이후에는 6자회담으로 북핵 문제를 해결하려 했죠.

미국이 제안한 4자회담 대신, 중국에서 회담을 진행하고 중국 측에서 여러 물자를 대주는 조건으로 북미중 3자회담을 열기로 한 것이 노무현 정부가 출범한 직후인 2003년 3월이었어요. 그 베이징 3자회담이 열릴 즈음, 북한이 우리에게 어떤 제안을 내놨느냐면 6·15 남북 정

제1차 6자회담에 참석한 각국 대표. 왼쪽부터 일본 야부나카 미토리, 미국 제임스 켈리, 북한 김영일, 중국 왕 이, 러시아 알렉산드르 로슈코프, 한국 이수혁. ©연합뉴스

상회담 때 약속했던 서울 방문 및 2차 정상회담을 대신하여 제3국에서 남북 정상이 만나자는 거였어요. 당시 베이징 3자회담은 아무 성과 없이 깨졌어요. 듣자 하니, 3자회담임에도 불구하고 북한 대표 김계관 부상이 미국 대표 제임스 켈리 동아태차관보를 쉬는 시간에 따로 불러서 "우리한테 이미 핵이 있다. 어쩔래?"라고 협박했다는 거예요. 켈리가 덩치는 큰데 겁은 굉장히 많아요. 그렇게 밖으로 불러내서 협박하는 것에 너무 놀란 켈리가 그 뒤로는 회담을 양자가 아닌 다자회담으로 끌고 가려고 했어요.

제가 남북 장관급 회담을 재개하러 간 것이 2003년 4월인데, 한달 전 3자회담에서 그런 일을 당한 미국이 내놓은 방안이 5자회담이에요. 원래는 4월 초인 3~4일경에 제10차 장관급 회담을 하기로 했는데 당시 SARS(중증급성호흡기증후군) 때문에 회담 날짜가 연기되어서 27~29일에 열렸어요. 그 와중에 미국에서 공개적으로 5자회담을 제안해오니까 북에서 싫다고 했어요. 그랬더니 제임스 켈리 차관보가 직접 저를 찾아왔어요. 평양에 가기로 되어 있는 저를 보러 집무실로 찾아와서는 5자회담을 북측에서 수용할 수 있도록 설득해달라고 부탁하더군요. 미국이 그렇게 북한을 설득해달라고 통일부 장관을 찾아오게 된 것은, 김대중 정부 들어서서 일관되게 쌀과 비료를 지원한 덕분에 북한이 남한 말을 듣는다는 걸 그들이 확인했기 때문이라고 봐요.

남한에 대북 영향력이 있다고 본 거네요.

그렇죠. 본래대로 하면, 북을 압박하자는 소리나 하고 외교부 통해 통일부 장관한테 전해달라고 하면 끝이거든요. 그런데 켈리 차관보가 비행기 타고 와서 외무부 장관한테 얼굴만 비추고는 제가 있는 다른 건물까지 직접 찾아와 북한을 설득해달라고 한 거예요. 평양에 도착한 후 치러진 환영만찬이 끝나고 난 뒤에 제가 수석대표 단독 접촉을 요청해서 그 얘길 했어요. "미국에서 5자회담을 제안하는데 웬만하면 받아들이시오. 핵 개발한다고 해서 미국 견제를 받게 되면 남북관계는 한걸음도 못 나갑니다." 이때 5자회담은 러시아를 뺀 남·북·미·일·중 5개국 회담을 말하는 거였어요.

그 말을 듣던 김령성 북측 단장이 대뜸 "중국은 요즘 완전히 미국 편입니다. 우리가 볼 때는 그렇습니다. 남쪽과 일본도 미국 편일 거고, 4 대 1로 포위하자는 소린데 우리가 그런 회담에 왜 나갑니까?"라고 해요. 그래서 제가 그 자리에서 이렇게 조언해줬어요. "중국을 못 믿겠다고 하는데, 그런 소리 하지 마시오. 이 지구상에서 그래도 평양의 입

430

장을 가장 잘 이해하고 도와주는 나라는 중국뿐이오. 그런 중국을 미국 편이라고 해버리면 어떻게 합니까. 그러지 말고 중국이 미국 편이 될 수 있다는 생각이 들면 당신들 아이디어라고 하면서 러시아를 끼워 넣으시오." 그랬더니 김령성 단장과 함께 배석했던 세 사람이 전부 급히 그 말을 받아 적더라고요.

그다음 11차 남북 장관급 회담을 하러 북측 대표단이 서울에 왔어요. 7월 9일부터 12일까지였어요. 3개월마다 회담을 했거든요. 미국은 5자회담을 받아내라고 했고 제가 6자회담 아이디어를 준 터였으니, 북핵 문제를 다자회담으로 끌고 가려는 게 11차 장관급 회담의 골자였죠. 공동 보도문 1항, 즉 '핵 문제를 국제적인 대화 방식으로 풀어가도록 남북이 협력하기로 했다'라는 내용의 합의를 이끌어내기 위해서 협상 시간의 4분의 3을 썼어요. 그 밖에 인도적 차원에서 비료를 지원한다는 것 등은 미리 준비해놓은 부품을 끼워넣듯 문안을 넣으면 되는 것이었고요. 회담 막바지에 평양에서 지침이 내려왔는지, 회담이 끝나기 직전에 "남과 북은 최근 한반도에 조성된 정세에 우려를 표시하고, 한반도의 평화와 안전을 유지하기 위해 함께 노력하는 것이 필요하다는 데 인식을 같이하면서 핵 문제를 적절한 대화의 방법을 통해 평화적으로 해결해나가기로 했다. 문제를 국제적인 다자 대화 방식으로 풀기 위하여 남북이 협력하기로 했다"라는 공동 보도문 1항에 합의할 수 있었어요. 저는 당시 북한이 6자회담을 엮지 않을 수 없는 상태에서 남북 장관급 회담에 참석했다고 봐요. 그러더니 돌아가서는 6자회담을 하자고 제안하더라고요. "우리의 주동적 발기에 의하여"라고 방송도 내보내고요.

그래서 2003년 8월 27일 베이징에서 첫번째 6자회담이 열립니다. 그때 켈리 차관보가 직접 저를 찾아와서 5자회담 참여를 설득해달라고 했던 것이 인상 깊었어요. 그러고는 2004년에 또 와서는 북핵 문제를 리비아 방식으로, 즉 '선 핵 폐기, 후 지원 및 국교 수교' 방식으로 풀어나갈 수 있도록 해달라고 부탁하더라고요.

엿장수 마음대로네요.

그래서 제가 평양에 가서 그 이야기를 꺼냈더니 북측 반응이 이랬어요. "미국을 어떻게 믿습니까? 일단 우리 것을 다 빼앗아놓고 무슨 짓을 할 줄 압니까? 그건 말도 안 되는 소립니다." 리비아가 2003년 12월 핵을 포기하니 미국이 바로 경제 지원을 하고 2006년에 수교를 맺었죠. 그런 뒤에 리비아 국내에 반군이 생겼어요. 정부군과 반군이 계속 싸우고 있던 2011년, 카다피는 도피 중에 반군 총을 맞아 살해됐죠. 리비아 방식을 받지 않겠다는 이야기를 북에서는 이미 2004년에 분명히 했어요.

앞서 제가 2003년 6자회담의 시작은 미국이 우리에게 와서 5자회담을 설득해달라고 얘기한 것이라고 말씀드렸죠. 우리가 갖고 있는 대북 영향력에 대한 미국의 신뢰를 이용해서 북한을 설득한 끝에 5자가 불편하면 차라리 러시아를 끌어들여 6자회담을 만들라고 한 권고가 실행됐고요. "러시아와 중국 사이의 특수한 관계를 적절히 이용하는 당신들의 기술이 있지 않느냐. 과거에 중소 두 나라 사이에서 줄다리기 했던 실력을 다 알고 있다." 양다리 외교는 김일성 주석의 특기였어요. 요즘 미중 사이에서 김정은 위원장이 하는 걸 보면 할아버지의 그 기술을 배운 것 같아요. 김정일 위원장은 그걸 잘 못했고요.

2002년에 철도·도로를 연결할 때 자재와 장비를 지원하고, 그다음에 개성공단 개발을 준비하고 2004년에 첫 삽을 뜨고 그해 6월 30일에 1단계 시범단지 준공식을 끝내고 퇴임했어요.

퇴임 직전에 일이 두어 가지 있었어요. 하나는 김일성 주석 사망 10주기 조문 문제였습니다. 문익환 목사의 부인인 박용길(朴容吉) 장로 가족들이 문익환 목사가 소천했을 때 북한에서 조문단이 왔던 데 대한 답례로 10주기에 맞춰 방북을 추진하고 있었어요. 그로부터 10년 전인 1994년 7월 김영삼 정부 시절 김일성 주석이 사망했던 때 조문을 불허해서 남북관계가 험악해진 최일선 현장에 있었던 저로서는, 2004년 당시 잘나가던 남북관계가 다시 조문 문제로 지장을 받아서는 안되겠다 싶어서 담당 과장을 박용길 장로에게 보냈어요. 10주기가 돼 가서 정부도 성의 표시는 해야겠는데 공식적으로 하기는 어려우니, 박용길 장로 가족들이 10주기보다 좀 일찍 평양에 들어가서 10주기 지난 뒤에 돌아오는 식으로, '로 키'(low key)로 다녀 오시라고 부탁했죠. 그랬더니 그쪽에서도 그러겠다고 했어요. 그런데 이 소식을 들은 일부 단체에서 공식적으로 조문단을 꾸려서 가게 해달라고 청와대 민정 파트에 진정을 넣었어요. NSC에서 놀랐죠. 결국 박용길 장로 가족을 통해 간접적으로라도 10주기 조의를 표하면서 남북관계를 안정적으로 끌고 가려던 저의 구상은 없었던 일이 되고 말았습니다. 역시 과유불급은 만고불변의 진리예요.

또 하나는 베트남으로 들어간 탈북자 460명을 한국으로 입국시키는 문제였어요. 외교부 반기문(潘基文) 장관은 베트남 정부가 주 베트남 한국 대사관에 빨리 데려가라고 압박을 가한다면서 일거에 입국시키자고 하더라고요. 저는 460명을 한꺼번에 데려와서는 북한이 가만 있지 않을 테니 표가 안 나게 몇번으로 쪼개서 정기 항로를 통해 자연스럽게 데려와야 한다고 주장했어요. 탈북자들이 공항 나오면서 '만세!' 외치는 행사만 안 하면 북한의 자존심을 건드리지 않으면서 탈북자들의 입국 조치를 조용히 마무리할 수 있거든요. 베트남 정부 입장을 생각해서 북한 눈치 보지 말고 빨리 데려오자는 게 반기문 장관의 주장이었고, 앞으로의 남북관계를 생각해서 '로 키'로 데려오자는 게 저의 주장이었던 거죠. 제가 아직 정부에 있을 때는, 제가 워낙 강하게 주장하니까 외교부도 이를 강행하지 못했어요. 그런데 제가 6월 30일 통일부를 떠난 뒤에 결국 외교부가 단 두번으로 나눠서 전세기로 460명을 한꺼번에 데려왔어요.

김일성 주석 10주기 조문 문제와 탈북자 입국 문제를 잘못 처리하는 바람에 제 후임이었던 정동영 장관은 멋도 모르고 8개월 동안 아무 일도 못했어요. 남북관계를 다루는 데 있어서는 북쪽의 체면을 항상 생각해줘야 해요. 그러지 않고 '국제 관례'대로 해버리면 안돼요.

미국의 오판과 6자회담

사실 2005년까지는 북한이 핵실험을 벌일 거라고는 상상을 못했거든요. 2017년에도 북한이 대륙간탄도미사일 개발에 성공하리라고는 아무도 예상을 못했죠. 2005년까지만 해도 북한의 핵 개발은 일종의 협상용이다, 실제로 핵실험까지 벌이겠느냐고 여겼죠. 북한이 실제로 핵을 가지려고 한다는 얘기를 2004년쯤 들은 것 같은데, 그때까지는 그렇게 하리라고는 전혀 생각지 못했어요. 도널드 그레그 전 주한 미국대사도 자서전(『역사의 파편들』)에서 북한의 진로에 대한 미국의 예상은 항상 틀렸다, 미국의 가장 오래된 정보 실패의 사례가 바로 북한이다, 미국은 북한을 모른다, 북한의 입장과 행동을 항상 잘못 해석해왔다는 이야기를 썼어요.

그레그 대사의 말이 맞는데, 미국이 북한에 대해서만 그런 게 아니에요. 미국이 유럽 국가에 대해서는 문화가 비슷해서인지 그렇게까지 오인하는 것 같진 않아요. 그런데 문화가 다른 동양 문화권의 베트남, 북한 등의 국가에 대해서는 특히 그들의 민족주의적 특성, 즉 약소국으로 살아오며 만들어진 저항성에 대한 이해가 없는 것 같아요. 베트남도 유교 문화권이거든요. 북한도 마찬가지고요. 김일성 주체사상은 기독교 문화와 유교 문화의 합성이고요. 가부장적인 질서는 유교적인 전통이고, 지도자를 완전히 신격화하는 것은 기독교적인 것이죠. 김일성 주석의 외가가 기독교 집안 아닙니까. 호치민 주석은 집안이 기독교는 아니었기 때문에 우상화에까지 접근하지는 않았지만요. 베트남에 대해서도 미국의 판단이 틀려서 1964년 전쟁을 일으켰다가 1971년부터 서서히 철군할 수밖에 없었고 1973년 파리평화협정까지 체결했죠. 그 뒤로 베트남에 대한 접근에 실패했다는 사실을 주목했다면 북한에 대해서도 현실과의 편차가 큰 전략을 세우지 않았을 텐데 말이죠. 가만 보면 미국이 희망적 관측을 많이 해요. 자기네들이 하면 다 될 거라고 착각하는 거죠. 상대가 얼마나 질긴가에 대해서는 생각하지 않아요.

상대를 있는 그대로 보는 것이 아니라 자신의 생각을 투영해서 바라보는 거죠.

그레그 대사는 미국의 대북 판단에 대해서 그 편차가 컸고 실패했다고 하지만 그러기 전에 이미 베트남에서 크게 실패했어요. 베트남과 수교까지 맺은 마당이어서 그 얘기를 꺼내기는 어렵지만 말이에요. 지금 저는 아직도 진행 중인 북한과의 적대 관계가 잘못됐다는 얘기를 하는 거예요. 남북대화 경험이 있는 제가 미국 사람들의 대북 협상을 지켜보면 '저거, 저렇게 해서는 안 될 텐데'라고 자주 생각하게 돼요. 북미 협상 과정에는 통일부의 발언권이 없습니다. 우리 외교부가 허용하질 않아요. 끼어드는 것 자체를 못하게 해요. '북미 간의 대화는 우리가 할 것이고, 할 얘기 있으면 우리가 적절하게 대변해줄 테니 자료를 달라'는 태도예요. 북한에 대한 기초 지식이 없는 상황에서 몇자 적어준 것을 갖고는 이것이 어떤 맥락에서 나온 것인지 알 수가 없어요. 상대를 설득하려면 상대의 뿌리부터 알아야 할 것 아닙니까. 뿌리를 모르는 사람이 겉으로 드러난 장면 몇가지만 갖고 상대를 설득할 수가 있겠어요?

이제, 6자회담 얘기를 합시다. 그 얘기를 하고 넘어가야 할 것 같아요. 제가 현직에 있을 때 6자회담 얘기가 나오기 시작했으니까요.

2003년 4월 켈리 차관보가 와서 5자회담 개최에 대해 북한을 설득해달라고 요청했다고 말씀하셨죠. 그래서 북한을 설득해서 러시아까지 끌어들여 5자회담 대신 6자회담으로 제안해보라고 했다는 것까지

2002년 뉴욕 코리아소사이어티에서 만난 도널드 그레그 전 주한 미국대사(좌)와 정세현(중).

애기하셨어요.

사실 제가 미국의 제안인 5자회담 대신 6자회담 아이디어를 줬더니 북한이 제 애기는 빼고 '우리의 주동적 발기에 의하여' 6자회담을 하게 됐다는 식으로 말했죠.(웃음)

2003년 8월 27일 베이징에서 처음으로 6자회담이 열렸어요. 그전 7월에 신라호텔에서 장관급 회담을 치르고 나서 북쪽 대표에게 제가 이야기했어요. "혹시나 6자회담이 성사되면 한국 대표단과 자주 만나시오. 내가 당신네들과 미국 사이에서 성명전 하는 것을 한두번 본 것이 아니오. 1977년부터 북한을 연구해왔지만 미국이 한마디 하면 북한이 대꾸하는 게, 때로 미국의 진짜 의도를 잘못 해석해서 전혀 엉뚱한 트집을 쏟아내거나 거기에 대해 정곡을 찌르지 못하는 경우가 있더군요. 당신네가 우리를 흉보지만, 우리는 미국과 오랫동안 부대끼며 살다 보니 미국이 '쩝' 하면 그게 입맛을 다시는 것이라는 정도는 압니다. 실제로 핵 문제를 둘러싼 다자 방식의 대화가 열리면, 남북의 협상 대표단들이 수시로 만나서 의견을 교환하는 게 좋겠습니다." 이렇게 이야기했더니 상당히 경청하는 자세로 듣더라고요. 메모도 하고요. "당신네 외교부에 이 이야기를 전해주시오. 아니면 당신네 국방위원장에게 보고해서 거기서 지시가 내려가도록 하거나." 그랬더니 킥킥 웃어요. '무슨 그런 것까지 코치를 하느냐'는 거죠.

그렇게 얘기를 해뒀고 그런 권고가 받아들여지리라는 감이 있었기 때문에 2003년 8월 첫 6자회담을 앞두고 베이징에 가려고 하는 당시 외교부 차관보 이수혁(李秀赫) 수석대표를 불렀어요. "사실은 북한에게 이러저러한 얘기를 해뒀는데, 북측의 요청이 있으면 친절하게 만나서 미국의 기조 발언에 숨어 있는 진짜 의도나 궁극적인 목표나 중간 단계에 대해 해설을 해주시오." 그랬더니 회담에 다녀와서 이수혁 차관보가 제 방으로 왔어요. 각자 기조 발언을 하는 오전 회의가 끝나고, 점심식사 후에는 양자회담을 이어가면서 조율해서 결론을 내는 식으로 하도록 되어 있었어요. 그런데 오전 전체 회의가 끝나고 각자 방으로 가는 길에 김계관 북측 수석대표가 자기에게 다가오더니 옆구리를 슬슬 밀면서 문이 열려 있는 방으로 들어가자고 하더라는 거예요. "아까 그 미국 측의 발언에 숨은 뜻이 뭡니까? 한수 배워주라요."

당시 6자회담 전에 남북 장관급 회담이나 차관급 회담, 국장급 회담이 열리면 미국 측이 통일부를 직접 찾아 왔습니다. 관행대로 주한 미국대사를 보내서 외교부 장관에게 얘기해서 그 내용을 통일부 장관에게 전달하도록 하지 않고, 직접 와서 본부의 지시를 전달하는 식이었죠. 다음 번 회담 때 북쪽 사람들을 만나거든 이러이러한 사안들은 미리 오리엔테이션을 시켜서 차기 6자회담에서는 미국과 북한 사이에 이야기가 잘 되도록 정지작업을 해달라고 얘기하러 오는 거예요. 그걸 몇번 겪으면서, 미국이 저러는 건 '북쪽이 남쪽 말을 듣는다는 걸 확인했기 때문이다'라고 생각했죠. 또한 '남쪽 정부가 일정하게 쌀과 비료를 주기 때문에 북쪽이 남쪽 말을 듣는다는 사실을 미국이 인정한다는 것이다'라고 봤어요.

2005년 베이징 9·19 공동성명 당시의 통일부 장관은 정동영이었죠. NSC 상임위원장을 겸했고요. 저도 마찬가지였지만 그건 경력으로 안 써요. 통일부 장관이 되면 자동으로 되는 자리니까요.(웃음) 나중에 이명박 대통령 때는 그 자리를 외교부 장관에게 줬고, 지금은 국가안보실장을 둬서 그 사람이 위원장이 돼요. 어쨌든 청와대에 외교안보수석밖에 없던 시절에는 NSC 상임위원장은 상위 부서인 통일부가 맡았어요. 즉 통일부 장관인 정동영 NSC 상임위원장, 청와대의 이종석 NSC 사무처장, 6자회담 수석대표를 맡은 외무부의 송민순(宋旻淳) 차관보, 세 사람의 삼박자가 맞아서 9·19 공동성명을 끌어낼 수 있었던 거예요. 미국이 우리에게 와서 북한에 사전 오리엔테이션을 해주라고 했을 정도로 영향력이 있음을 인정했기 때문에 그걸 이용해서 우리가 북한을 설득할 수 있었던 거고요. '너무 터무니없는 요구를 내놓지 마라. 그러면 미국이 기가 질려서 오히려 다른 짓을 벌일 수 있으니까 합리적으로 해라.' 다른 한편, 북한이 조금이라도 우호적이고 긍정적인 반응을 보이면 그걸 갖고 미국이 북한을 너무 압박하지 않도록 설득하고요. 저는 정부에서 나온 뒤라 협상 실무자는 아니었지만, 도리 없이 삼자 간에 그런 전략을 세울 수밖에 없었으리라고 봐요. 그런 노력 덕택에 9·19 공동성명이 나올 수 있었던 거예요. 북한의 비핵화와 북미 수교, 북일 수교, 경제 지원과 평화체제 구축, 마지막으로 '이상 합의들은 말 대 말과 행동 대 행동'이라는 5개 항에 합의하게 된 거죠.

북한은 2005년에도 경제적으로 어려웠어요. 2002년부터 2004년 6월 초까지 제가 회담 하러 평양을 다녔는데 북한 사정이 참 열악했어요. 그런 상황이었으니까 남한에서 받는 쌀과 비료가 북한을 움직이게 만들고, 한국이 미국도 움직이도록 만들고, 그러고는 의장국인 중국에 '이 정도 선에서 결론을 내달라'고 설득해서 공동성명을 만들었을 거라고 생각해요.

그런데 이 일을 망친 게 미국 재무부예요. 당시에는 미국 재무부에 네오콘이 가장 많았어요. 국무부의 대표적인 네오콘이 존 볼턴이고, 국방부에는 럼스펠드가 있었죠. 부통령인 딕 체니도 있었고요. 그런데 재무부에는 훨씬 더 많은 숫자의 네오콘들이 자리 잡고 있었어요. 이들이 성명 발표일 바로 다음 날인 9월 20일에 마카오 방코델타아시아 은행(BDA)에 예금돼 있는 북한 계좌를 동결하는 제재조치를 취하면서 9·19 공동성명을 못 쓰게 만들어버린 거죠. 미국 국무부는 한국이 요구하는 대로 북한이 이전보다는 고분고분하게 나오는 걸 보고는, 저걸 구슬러서 합의서를 만든 뒤에 '합의했는데 왜 지키지 않느냐'는 식으로 밀어붙이면 상응조치를 많이 취하지 않고도 비핵화를 끌어낼 수 있다고 생각했을 거예요. 그에 반해 재무부는 국무부가 하려는 것보다 훨씬 싸게, 그리고 빨리 북한을 비핵화시킬 수 있다고 본 것 같아요. 북한에 경제적으로 제재를 가하면 '제까짓 것들이 굴복하지, 도리가 있겠나'라고 착각해서 북한으로 하여금 결과적으로 핵실험까지 감행하게 만든 거죠. 이건 북한의 속성을 모르고 저지른 중대 실수였어요.

미 재무부가 북한이 핵실험을 벌이도록 만든 셈이에요.

1994년 제네바 합의 때나, 2005년 9·19 공동성명 때나 그 합의의 이행에 관한 미국의 진정성이라는 게 그리 높지는 않았다고 볼 수 있을 것 같은데요.

1994년에는 북한붕괴론을 기반으로 해서, 미국이 우리에게 경수로 비용을 요구했잖아요. 우리가 못 내겠다고 하니까 북한이 붕괴할 거라고 해놓고 왜 돈을 안 내느냐고, 공사하다 말고 붕괴하면 너희 것 아니냐고 했을 정도로요. '곧 붕괴할 놈들과 무슨 약속을 못하겠는가' 했던 거겠죠. 그것도 '희망적 관측'의 연장선상에서 일어난 일이에요. 그다음에 9·19 공동성명도 다섯 나라가 북한을 상대로 해서 밀어붙여서 약속을 받아낸 건데, 미국 국무부는 제까짓 것들이 어떻게 이걸 깨고 나가겠는가, '북한은 독 안에 든 쥐다'라고 생각한 거예요. 이에 더해 재무부는 독 안에 든 쥐를 빨리 잡는 방법은 장독을 깨버리는 거라고 생각한 거고요.(웃음) 그렇게 하면 되리라고 생각했는데, 정확하게 일년 후에(2006년 10월 9일) 북한이 핵실험을 강행해버렸죠. 핵실험 전에는 그 핵무기를 실어나를 수 있는 능력이 있음을 과시하기 위해 2006년 7월 초 중거리 탄도 미사일인 대포동 2호를 발사했죠. 대포동 2호의 사정거리가 4,000킬로미터 안팎이에요. 그러면서 10월 3일부터 10일 사이에 핵실험을 벌이겠다고 예고하기까지 했죠.

제가 정부에서 나온 뒤에 북미 협상을 지켜보면서, 미국이 북한을 바라보는 시각이 변하지 않았음을 알 수 있었어요. '가난한 나라' '식민지 경험을 갖고 있어서 강한 나라에는 굴복하는 나라'에 그치더라고요. 식민지로서 시달렸던 경험이 있기 때문에 그 민족주의의 저변에는 무서운 저항성이 DNA로 도사리고 있다는 사실을 이해 못하는 거죠.

노무현 대통령의 햇볕정책 지속 불가 입장과 번복

북한의 첫 핵실험 당시 장관님은 야인이었죠. 당시 정부에서는 북한이 핵실험을 벌일 수도 있을 거라고 예측했을까요? 당시 노무현 대통령이 햇볕정책을 이대로 끌고 갈 수 없을 것 같다고 실망하는 것을 DJ가 한마디 해서 간신히 바꿔놓은 것 아닌가요? 그 당시에 우리 정부가 북한이 핵실험까지 가리라 예상했는지 궁금합니다. 2017년 북한의 대륙간탄도미사일 실험도 거의 모두 예상을 못하고 허를 찔린 거였잖아요.

1차 핵실험이 벌어진 2006년 10월 9일 상황을 얘기하는 게 좋겠네요. 노무현 대통령은 북한이 핵실험까지 감행하리라고는 생각하지 못했던 것 같아요. 핵실험을 보면서 '이렇게 되면 햇볕정책을 그대로 끌고 갈 수가 없지 않느냐' '이런 판국에 이종석 통일부 장관을 계속 데리고 있을 수가 없다'고 얘기했다는 것이 기사로 나왔어요. 그런데 핵실험 이틀 후인 10월 11일에 김대중 대통령이 전남대학교에서 명예박사학위를 받게 되어 있었어요. 그 전날 오후, DJ는 비서들이 KTX로 모시고 가고 저는 이화여대 북한학과 강의가 그날 6시에 끝났기 때문에 김포로 가서 비행기를 타고 광주로 갔어요. 그 사이에 노무현 대통령이 햇볕정책을 이대로 끌고 갈 수 없다고 했다는 이야기가 보도됐고, 그 뉴스를 보고는 DJ가 노발대발했다고 해요.

그날 늦게 도착해서 인사를 드리려고 DJ 방 앞으로 갔더니 밖에서 비서들이 초주검이 돼서 얼굴이 창백한 상태로 좌불안석이더라고요. "큰일 났습니다." "왜요?" "노무현 대통령이 햇볕정책을 더 이상 끌고 갈 수 없다고 해서 대통령께서 지금 화가 많이 나셨습니다. 어떻게든 가서 누그러뜨려주십시오." 그래서 들어갔어요. 제 기억에, 그날이 수요일이었어요. "제가 오늘 강의가 있어서 못 모시고 오고 이제서야 비행장에서 오는 길입니다." "왔소?" 아주 무덤덤하게 말씀하셨어요. 그런데 갑자기 저를 향해 "노 대통령은 왜 그래요?"라고 하세요.(웃음) 저는 무슨 뜻인지 알아들었어요. '왜 그런 소리를 하는 거냐' 이거죠. 길게 설명 안 했어요. "햇볕정책이 자기 것이 아니지 않습니까. 그러니까 그러죠." "그렇지?" 그러고는 풀리셨어요.

여기서는 DJ가 화를 내다가 제 말에 노여움을 풀었다는 것이 포인트가 아니에요. 중요한 건, 햇볕정책을 더 이상 끌고 갈 수 없다고 말한 것은 그 정책이 노 대통령 자기 것이 아니라는 측면도 있지만, 노 대통령이 그것이 진행되는 동안에는 북한이 핵실험을 하지 않으리라고 낙관적으로 쉽게 생각했다는 거예요. 노무현 대통령은 전 정권의 정책을 계승 발전시키겠다는 얘기를 취임사에서 밝히면서 그걸 이행하는 차원에서 저를 계속 중용했던 분이에요. 하지만 역시 그 정책에 대한 확신이 없었기 때문에, 즉 자기 것이 아니었기 때문에 북한에 대한 판단도 독자적으로 챙기지 못하지 않았나 싶어요. 가장 나쁜 상황에 대한 시나리오가 없었던 거죠. 노무현 대통령 본인도 그쪽에 대한 공부가 DJ에 비하면 약하고요. DJ와는 달랐죠. 참모들은 그러지 않고 가장 나쁜 상황에 대한 시나리오를 갖고 있었는지 모르지만, 참모가 항상 대통령 곁에서 실시간으로 이런 일이 있을 수도 있다, 저런 일이 있을 수 있다고 얘기해줄 수는 없잖아요.

대통령이 또 그 일만 하는 것이 아니고요.

김대중 대통령은, 비유적인 표현이기는 하지만 전두환 정부 시절 형무소에 있을 때 머릿속에서 김일성과 장기를 수백번 뒀다고 하잖아요. 그야말로 '워 게임'을 하는 거죠. 노 대통령에게는 그런 과정이 없었단 말이에요. 노무현 대통령은 북한에 대한 이해가 김대중 대통령만큼 깊지 않았기 때문에 그런 일이 일어나리라고는 생각 못했을 거예요. 햇볕정책을 계속 끌고 가면 최소한 나쁜 일은 일어나지 않을 거라고 생각했는데 북한이 핵실험을 강행하니까, "이렇게 되면 햇볕정책을 끌고 갈 수 없는 것 아니냐"라고 한 거예요. 한명숙(韓明淑) 총리가 10일 오후에 국회에 나가서 노무현 대통령의 말과 동일한 내용으로 답변했다는 보도가 나오니까 DJ가 노무현 대통령에게 직접 역정은 못 내고, 다만 비서를 시켜 한명숙 총리에게 당신의 심경을 전하라고 하시더군요. 그러니 바로 보고가 들어간 모양이에요.

그 이튿날, 10월 11일 아침에 광주 모 호텔에 있는 DJ에게로 노무현 대통령이 전화했대요. 우리는 그때 DJ를 전남대로 모시고 가려고 준비하고 있었고요. 당시 박지원 의원이 김대중 대통령 퇴임 후에 비서실장을 맡고 있었기 때문에 박 의원만 곁에 있었지 다른 사람들은 감히 방에 들어가지도 못했죠. 그런데 비서들이 그래요. 노 대통령이 전화한 뒤에 김대중 대통령이 표정이 좀 밝아지셨다고요. 내용은 잘 모르지만 그날 전남대학교 행사장으로 가기 전에 총장실 옆에서 차담을 나누는 자리가 있었어요. 김대중 대통령, 전남대학교 총장과 간부들, 이희호(李姬鎬) 여사와 김대중평화센터 측의 수행원들과 광주 언론사 사장들이 있었죠. 그 자리에서 누가 묻지도 않았는데 김대중 대통령이 "조금 전에 노무현 대통령에게서 전화가 왔어요. 참모들하고 잘 협의해가면서 원래 했던 대로 햇볕정책 방향으로 다시 일을 해나가겠다고요"라고 했어요. 그때 제일 먼저 뛰어나간 게 현재는 방송문화진흥회 이사장으로 있는 광주MBC 김상균(金相均) 사장이었어요. 후다닥 뛰어나가더라고요.

김상균 씨가 1994년 제네바 합의 당시 워싱턴 특파원이었을 거예요.

글쎄, 그런 감각이 있더라고요. '노무현 대통령이 전날까지는 햇볕정책을 그대로 끌고 갈 수 없다고 했는데, 김대중 대통령에게 오늘 아침에 다시 원위치로 돌아가겠다고 얘기했다'라는 내용을 특종으로 보도하려고 나간 거겠지요. 김상균 사장의 기민성 덕분에 광주MBC가 특종을 터뜨렸죠. 그러고 나서 김대중 대통령이 전남대에서 명예박사 학위를 받고 수락 연설을 하는데, 그 얘기를 또 하시더라고요. "노무현 대통령이 아침에 나에게 전화했다. 북한의 핵실험에도 불구하고 참모들과 잘 협의해서 햇볕정책은 그대로 끌고 나가기로 약속했다." 그걸 보면 노무현 대통령이 그런 일이 일어나리라고는 생각도 못했다는 건 맞는 얘기고요. 설사 참모들이 더욱 잘 알고 있었더라도 대통령이 그렇게까지 생각하지 않는데 뭐하러 기분 나쁘게 "당신 재임 중에 불상사가 일어날 수도 있다"라고 얘길 하겠어요.

저는 그 당시에 DJ가 공식적인 발언을 하고 나서 노무현 대통령이 생각을 바꾼 것으로 알고 있었는데 그게 아니네요?

그렇죠. DJ가 대노하셨다는 얘기를 한명숙 총리가 보고했겠죠. 노 대통령에게 직접 고함을 지를 수 있는 처지는 아니잖아요.

그러면 한명숙 총리에게는 DJ가 직접 전화를 걸었던 건가요?

최경환 당시 비서관한테 '한 총리에게 전화를 해서 그렇게 하는 것 아니라고 제대로 알아듣게 단단히 얘기하라'고 지시하셨으니까 최 비서관은 상세하게 브리핑하듯이 보고했겠죠. 대북송금 특검도 하기로 해놓고는, 햇볕정책을 포기한다는 얘기를 할 수가 있느냐고요. 그러니 한명숙 총리는 노 대통령에게 DJ가 지금 굉장히 역정을 내신다고 했을 거고요.

그러면 그 통화는 최경환 당시 비서관이 한 겁니까?

그랬을 거예요.

북한의 첫 핵실험

당시에 장관님께서는 북한이 핵실험을 강행할 수도 있겠다고 생각하셨나요?

2006년 7월 4일 미사일을 발사하더니 잠시 생각할 겨를도 없이 10월 3일부터 10일까지 핵실험을 하겠다고 예고했어요. 9·19 공동성명이 깨지면서, 북한이 핵실험을 한다고는 큰소리치지만 기술이 거기까지 닿았겠는가 생각했어요. 할 수도 있을 거라고 생각은 했지만 그렇게 빨리 하리라고는 예상 못했어요.

이제 와서 하는 얘기지만, 북한이 핵을 가져야겠다고 최종 결단을 내린 게, 2003년 3월 20일 미국이 이라크를 침공한 직후라고 합니다. 당시 『로동신문』에 그런 내용이 나갔다고 하더라고요.

글쎄, 이라크 침공도 침공이지만 부시 정부 네오콘들의 대북 압박 태도가 이미 바뀌었잖아요. 2002년 10월 2~3일에 고농축 우라늄 문제를 둘러싼 고강도 압박이 들어오자, '미국에 대해서는 무언가 필살기가 있지 않고서는 죽을 수 있겠구나' 싶었을 거예요. '사담 후세인이 뭘 얼마나 갖고 있는지는 모르지만 저렇게 누명을 씌워서 치고 들어간다면, 우리에게도 그런 짓을 할 가능성이 충분하다. 그렇다면 협상은 협상이고, 최악의 경우에 대비하기 위해 핵 보유 쪽으로 방향을 틀어야 하는 것 아니냐' 생각했겠죠. 2002년 말 미국이 경수로 건설 공사를 사실상 중단시켜서 제네바 기본 합의를 깨버리니까 2003년부터는 북한이 자신들도 핵 활동을 재개할 수밖에 없다는 것을 공개적으로 선언했어요. 클린턴 대통령 때의 합의를 부시 정부가 이행해주지 않는다면 북미 수교는 물 건너간 것이고, 경수로 발전소 건설 공사를 중단시킨다면 영변 핵 활동을 중단할 하등의 이유가 없다, 핵 활동을 재개해야 한다고 생각했을 거예요. 실제로 재개했고요. 그리고 나서 얼마 지나지 않아 미국의 이라크 침공이 2003년 3월 발생하니까 '우리가 선택 잘했구먼' 한 거고요.

베트남전 이래로 보면 미국은 상대의 처지 같은 것은 생각하지 않고 자기 입장을 강요하는 식으로 나가다가 결국엔 깨지지 않습니까? 1차 핵실험이 2006년 10월 9일이었으니 중간선거 한달 전이었단 말이에요. 그때 이라크전쟁이 수렁으로 들어가면서 2006년 11월 중간선거에서 공화당이 깨졌죠. 럼스펠드도 국방장관에서 사임하는 등 여러모로 궁지에 몰리니까 결국 2007년 2·13 합의로 북미 협상 궤도로 들어간 거잖아요.

10월 9일 북한이 핵실험을 벌이고, 11월 중간선거에서 공화당이 진 뒤에 미국에서 바로 북한을 불러냈죠. 거기서 논의해서 2007년 2·13 합의를 만들어낸 거예요. 북한 입장에서 보면 미국은 세게 나오는 것 같아도 결국은 '벼랑 끝 전술'을 써버리면 뒤로 와서 달래고 회담 하자고 하면서 북한이 해달라는 대로 해준다는 게 머릿속에 박혀 있어요.

북한 입장에서는 '우리가 세게 나가야 미국이 움직이는구나' 하는 성공의 추억을 남겨준 것 아닌가요?

그렇죠.

두번째 남북 정상회담이 늦춰진 이유

2000년 정상회담을 한 뒤, 원래는 김정일 위원장이 서울에 오기로 했는데 성사되지 않았고 2007년 10월 노무현 대통령 임기 말에나 가서 정상회담이 이뤄졌잖아요. 물론 이라크전쟁이 있었고 북핵 문제가 해결되지 못한 측면도 있긴 했지만, 예를 들면 임기 전반인 2004년쯤에 남북 정상회담이 불가능했을까요? 장관님 계실 때 2차 정상회담을 위한 논의는 없었나요?

2000년 6·15 남북 정상회담 때 김대중 대통령이 김정일 위원장과 5개 항에 합의하고 나서, '이렇게까지 했는데 당신도 서울에 와서 회담을 해야 하는 것 아니냐'고 그야말로 졸라서 김정일 위원장의 서울 답방 내용을 합의문 말미에 넣었어요. 그런데 번호가 없어요. 6번이 아니에요.

부록 비슷한 거였군요.

네. 합의문이 5번으로 끝나고 김정일 위원장의 서울 답방은 6번이 아니었어요. '적절한 시기에'라는 문구만 들어갔죠.

김대중 대통령이 졸라서 그 내용을 넣은 건가요?

"김해 김씨는 그렇게 고집이 셉니까?"라는 말까지 했다고 해요.(웃음) 김대중 대통령이 답방 얘기를 꺼내니까 김정일 위원장이 "내려가는 것은 김영남 위원장이 하도록 하면 어떻겠습니까?" 하고 역으로 제안했는데, 김 대통령이 그건 안 된다고 고집을 부린 거예요. '나이도 많은 내가 평양까지 왔는데, 당신이 답방을 직접 해야지 무슨 소리냐'고요. 그래서 알았다고 해놓고, '적절한 시기'라고 해서 도망갈 구멍을 열어놓은 거예요. 굉장히 편리한 표현이잖아요. 그래도 약속 이행 차원에서 후보지를 물색한다고 김용순 비서가 내려왔었어요. 제주도까지 가보고 그랬죠. 임동원 장관이 통일부에 있을 때의 일이고 나중에 그분에게 들은 얘기예요.

김용순 비서가 이렇게 말했대요. "우리 쪽은 위에서 결심하면 다 되지만, 남쪽은 솔직히 대통령이나 청와대라고 해서 국민들이 그 말을 들어주는 것이 아니지 않습니까. 남쪽에 오셔서 우리 장군님이 무슨 봉변을 당할지 모르는 일 아닙니까." 2009년 8월 18일 김대중 대통령이 돌아가셨을 때 북에서 조문을 오겠다고 하니까 이철승 전 의원이 상가에 와서 "북쪽에서 온다고? 그럼 6·25 사과부터 하라 그래!"라고 했던 일이 있었죠. 김정일 위원장이 서울에 정상회담을 하러 오면 '물러가라'고 하면서 인형 화형식 등을 벌이는 상황이 얼마든지 일어날 수 있는 것이 남한의 이념적 정치지형이잖아요. 약속으로부터 빠져

나가려는 명분이었겠지만, 김용순 비서는 남쪽에 와서 안전을 보장할 수 없고 무슨 봉변을 당할지 모르니 우리로서는 서울로 모시고 내려올 수가 없다고 말하고 갔어요. 그러니 2002년까지 그건 못하는 걸로 알고 있었죠. 나중에 북측의 역제안으로 제3국에서 하자고 해서 블라디보스토크 얘기가 나온 거예요. 그런데 임기 말에 제3국에 가서 억지로 회담을 여는 게 무슨 의미가 있겠어요? '회담을 하려면 서울로 와라' 하다 보니 성사되지 못했고, 북한은 그걸 그대로 노무현 정부로 넘겨서 제3국에서 회담을 하자고 고집했지만 노무현 정부에서도 곤란하다고 한 거죠.

제가 장관직에서 물러나던 2004년부터는 노무현 정부에서도 2차 정상회담을 정권 초에 빨리 치러야 한다는 얘기가 여러번 나왔어요. 장관직에서 물러난 뒤 여기저기 강연을 다니고 그 얘기가 기사로 나오고 하니까, 그걸 보시더니 김대중 전 대통령이 "정 장관도 기회가 있으면 노무현 정부가 2차 정상회담을 빨리 진행해야 한다는 얘기를 하고 다니시오"라고 했어요. "알겠습니다" 했죠. 2007년 봄에 민화협 대표 상임의장 자격으로 평양까지 가서도 정상회담 빨리 해야 한다는 얘기를 환영만찬 답사 때 꺼내려고 했더니 저쪽에서 빼라고 했어요. 미리 연설문을 보자고 하거든요. 자기들의 체제를 조롱하거나 훼손하는 내용이 있을지 모르니까 미리 검열하죠. 답사에서 이 부분을 빼라고 한다는 말을 이승환(李承煥) 민화협 집행위원장으로부터 들었지만 저는 원안대로 읽어버렸어요.

그게 2005년인가요?

제가 2005년 2월부터 2년 동안 민족화해협력범국민협의회(이하 민화협) 대표상임의장을 맡았고, 연임된 뒤 나무 심어주러 가서 그랬던 거니까 2007년 4월이었을 거예요. 평양상품박람회 때문에 갔던 것으로 기억해요.

답방이 필요하다, 2차 정상회담을 해야 한다는 말씀을 그때 하셨던 거군요.

그 방송을 KBS나 MBC가 그대로 내보내려고 하는데 송출하려면 조선중앙TV를 거쳐야 했어요. 그 부분이 나오긴 했는데 갑자기 지지직 하면서 소리가 잘 안 나왔다고 하더라고요. 북에서 그 나름 편집한 거예요. 저는 몰랐죠. 오히려 더 궁금하게 만든 거예요. 나중에 다녀오니까 그게 무슨 대목이냐고 묻기에 정상회담을 빨리 해야 한다는 얘기였다고 했죠. DJ는 늦어도 2005년 정도까지, 임기 중반을 넘기기 전에 빨리 2차 정상회담을 치러야 한다고 했지만 부시 정부가 대북 압박을 강화하려고 했기 때문에 잘 안 됐어요.

노무현 대통령의 의지가 부족해서는 아니었나요?

2003년 8월부터는 6자회담이 열렸고, 핵 문제가 불거진 상황에서는 정상회담보다는 핵 문제를 해결하는 게 급했던 거죠. 9·19 공동성명이 BDA 문제로 깨진 이후에는 회담을 열 분위기가 아니었고요. 타이밍을 놓친 거죠. 그러다가 2007년 정상회담을 하게 된 것은, 미국이 북한을 압박하다가 결과적으로 2006년 북한으로 하여금 핵실험을 하게 만든 이후의 일입니다. 북한이 실제로 핵실험을 해버리니까 압박만으로는 북핵 문제를 해결하지 못한다는 걸 비로소 깨달은 거예요. 그해 11월 하노이에서 열린 아시아태평양경제협력체(APEC) 정상회의를 계기로 부시 대통령이 노무현 대통령과 단독 한미 정상회담을 하면서 9·19 공동성명대로 해줘야겠다고 마음먹은 거죠. 9·19 공동성명의 4항을 보면 적절한 시점에 정전체제를 평화체제로 바꾼다는 얘기가 있거든요. 부시 대통령이 그랬다는 거예요. "당신과 내가 김정일을 만나서 한국전쟁을 공식적으로 종료하는 문제를 협의하자. 그걸 추진했으면 좋겠다." 그게 남북 정상회담을 해도 좋다는 사인이었던 거죠. 송민순 청와대 안보실장이 외교부 장관으로 간 뒤 그 자리에 백종천(白鐘天) 현 세종연구소 이사장이 후임으로 들어갔을 때의 일이에요.

2006년 10월 핵실험 뒤, 11월 미국이 북한과 협상해서 2007년 2·13 합의라는 것을 만들어놨어요. 그렇게 된 상황이니 한국에서는 남북 정상회담을 물밑으로 준비하며 조율했던 것 같아요. 2007년 10월 초에 만나기로 날짜까지 잡은 상황에서, 9월 호주 시드니에서 2006년 11월 하노이에서 했던 것과 같은 방식으로 한미 정상회담을 재차 치렀어요. 거기서 부시 대통령이 같은 얘기를 또 했다는 거죠. 김정일 위원장을 만나면 한국전쟁 종료를 선언하는 문제를 협의해보자고요. 그랬기 때문에 10·4회담 합의서에 "남과 북은 현 정전체제를 종식시키고 항구적인 평화체제를 구축해나가야 한다는 데 인식을 같이하고, 직접 관련된 3자 또는 4자 정상들이 한반도 지역에서 만나 종전을 선언하는 문제를 추진하기 위해 협력해나가기로 했다"라는 4항이 포함된 거죠.

한미 정상이 2006년 11월과 2007년 9월 두번이나 그런 얘기를 주고받았으니, 남북 정상회담 바로 전날인 2007년 10월 3일 베이징에서 끝난 6자회담에서도 그 문제가 논의됐겠죠. 6자회담을 마치고 막 돌아온 김계관 북한 외교부 부부장이 김정일 위원장의 지시로 남북 정상회담 중간에 들어와서 베이징회담 전후 사정을 보고했다는 거 아네요. 한국전쟁 당사국들이 한국전쟁을 공식적으로 종료시키는 문제를 협의하기로 했다는 조항은, 김계관 부부장으로부터 전날 끝난 베이징 6자회담 경위에 대해 설명을 듣고 10·4 선언에 넣자고 해서 들어간 겁니다. 훗날 2012년 대선 과정에서 당시 야당이 NLL 녹취록 파문을 일으켰는데, 그 과정에서 노무현 대통령이 김정일 위원장에게 "김계관 부부장으로부터 직접 설명도 듣게 해주셔서 감사합니다"라고 한 것을 갖고 노 대통령이 김 위원장에게 굴욕적으로 아부했다는 식의 공격도 나왔었지요.

즉 2003년에 시작된 6자회담이 옥신각신하면서도 그런대로 차수를 거듭하고 있던 상황이었기 때문에, 정권 초에 노무현 대통령이 남북 정상회담을 하겠다고 나서기가 어려웠던 거예요. 2005년 9·19 공동성명이 6자회담 6차 2기 회담에서 합의된 거거든요. 6월에 만나서 합의점에 이르려다 결론을 못 내고 몇달 쉬었다가 9월 19일에 만나서 결론을 냈다고 해서 차수를 그렇게 붙였죠. 그런 상황에선 남북 정상회담을 하기가 어려웠고, 부시 대통령으로서도 BDA 제재로 북한이 결과적으로 핵실험을 하게 만든 뒤에 북한이 진짜로 강행해버리니까 북한의 핵 개발을 막으려면, 한국전쟁을 끝내기로 한 9·19 공동성명으로 다시 돌아가야겠구나 싶었던 거죠. 정전체제를 평화체제로 바꾸는 방향으로 접근해야 핵 문제를 해결할 수 있다는 것을 부시 대통령이 비로소 깨달으면서 남북 정상회담을 허락해준 셈이에요. 그전에는 '잘못된 사인'이 된다고 해서 못하게 했고요.

서해평화협력특별지대

10·4 정상회담 합의 사항의 대부분이 이명박 정부 들어서면서 거의 이행되지 않았습니다. 하지만 서해평화협력특별지대를 설정한 건 굉장히 큰 성과 아니었습니까?

매우 큰 성과였죠. 제가 그때 특별 수행원으로 따라갔었는데, 서해평화협력특별지대는 개성과 강화도의 해역까지 묶어서 완전히 평화지대로 만들고자 했던 시도였어요. 그게 바로 NLL을 포기했다는 보수세력의 비판으로 연결이 되는데, 사실은 탁월한 발상이었어요. 한반도 평화를 가져오려면 북의 군부가 돈맛을 알도록 해줘야 합니다.

돈이 왔다갔다 하면 전쟁을 못하게 되어 있죠.

서해평화협력특별지대는 남북 간에 서로 함부로 못 들어가는 중간수역에 중국 어선들이 들어오는 것을 눈감아주면서 북측이 입어료 비슷한 것을 챙기는 지역이에요. 우리는 거기서 이익을 내는 활동을 전혀 하지 못하고요.

고난의 행군 이후 북한은 나라에서 돈을 주지 못하니까 각 기관이 알아서 돈을 벌어야 했죠.

각 단위별로 자기가 알아서 먹고살아야 해요. 그러니 해군에서 물고기를 잡아서 부대원들에게 단백질 공급원으로 쓰든지, 장마당에 팔아서 다른 비용을 충당하든지 해야 하는 상황이었어요. 그런 지역을 특별지대로 설정해서 군인들이 마음 놓고 돈을 벌 수 있도록 허용한 거예요. 그러면 그만큼 긴장이 완화되죠. 저는 그걸 보면서 쿠바를 떠올렸어요. 카스트로가 쿠바 경제를 발전시키기 위해서 비공식적으로 들어오는 미국 관광객들을 공식적으로 받아들이도록 허용하는 조치를 취하려 했어요. 그러니까 군부가 '미 제국주의자들이 여기에 들어와서 어떤 짓을 할 줄 아느냐'라며 반대했어요. 그러자 카스트로가 역발상으로 그 관광 사업권을 군부에 줘버렸어요. 그랬더니 군부가 돈을 버는 재미에 관광산업을 활성화시켰죠.

서해평화협력특별지대를 설정하기 전에 그 선례를 알아봤을 거예요. 거기가 예성강, 임진강, 한강 세 강이 만나는 곳이에요. 그러니 강하구에는 강모래가 무지막지하게 축적되는 거죠. 10·4 정상회담 하러 갈 때 경영인 여럿이 특별수행원으로 같이 갔었어요. 그중 박연차(朴淵次) 태광그룹 회장이 있었어요. 발렌타인 30년산을 여러병 갖고 가서 술을 돌리면서 "이 지역 강모래만 채취할 수 있도록 합의만 된다면 남쪽 토건 회사들은 환호할 겁니다" 했어요. 남한에 모래가 없어서 건축할 때 바닷모래를 써야 하는데 그러자면 염분을 빼느라 별도로 조치해야 해요. 그러니 강모래를 파다 쓰면 그것만 갖고도 국제 시장에서 돈을 어마하게 벌게 되어 있다는 거죠. 그런 희망에 부풀어 있었죠. 서해평화협력특별지대의 연장선상에서 예성강, 임진강, 한강 중류까지 골재를 채취하는 사업도 합의되었고요.

서해평화협력특별지대라는 구상은 어떻게 만들어진 건가요?

2007년 남북 정상회담 당시 특별수행원으로 방북한 정세현(맨 오른쪽). 동행한 현대 정몽구 회장(왼쪽 세번째), SK 최태원 회장(왼쪽 두번째) 등의 모습도 보인다. ⓒ사진합동취재단

저는 그때 특별 수행원이었지 내부 관료가 아니었기 때문에 누구 아이디어였는지는 모르겠어요. 특별 수행원은 2007년 정상회담 자문 단을 구성하고는 그 안에서 따로 뽑은 사람들이에요.

정상회담 때 자문단이 다 간 게 아니군요.

누구라고 얘긴 안 하겠지만 전임 장관들이 다 갈 수 있었던 건 아니 었어요.(웃음) 회담을 준비하기 위해 자문단 회의를 한다고 해서 청와 대에 들어갔어요. 청와대 본관 현관에 백종천 당시 안보실장이 서 있 더라고요. 그래서 제가 "수고하셨습니다. 정상회담 성사시키느라고."

그랬더니 백종천 실장이 "아직 반 정도밖에 안 돌아온 거예요"라고 해요. 노무현 대통령도 북한의 핵실험 전에는 우리가 한발짝 앞서가면서 북핵 6자회담도 선도하자는 입장이었지만, 막상 핵실험 뒤에는 미국이 노골적으로 우리더러 앞서가지 말라고 하는 바람에 공개적으로 '한발짝 후행론'을 거론한 적도 있었죠. 그러다가 부시의 '한국전쟁 공식 종료' 발언으로 남북 정상회담 추진 동력이 생기기 시작한 셈이었다고 할 수 있어요. 그러나 미국이 언제 또 북한의 움직임이나 언동을 이유로 딴소리를 할지 모르니까 노무현 대통령도 조심스러웠을 거예요.

노무현 정부 초, 어느 언론이 외교안보 라인 수장들을 '자주파'와 '동맹파'로 나누고, 사진이 들어간 도표까지 만들어서 보도한 적이 있어요. 그때 저는 자주파에 분류되었더라고요. 외교부나 국방부 쪽은 동맹파가 많고… 그날 백종천 실장이 "아직 반 정도밖에 안 돌아온 거예요"라고 한 건 자주파인 자기가 볼 때 노무현 대통령이 아직 동맹파의 프레임에서 완전히 벗어나지 않았다는 뜻이었을 거예요.

입력이 그렇게 되니까요. 대통령 본인에게 확고한 원칙이 없으면 끌려가겠죠.

현재 청와대 국가안보실 구성을 보면 주요 포스트에 외교관 출신이 많은 편이에요. 그러다 보면 자주파적 시각이나 해법보다는 동맹파 시각과 해법이 지금의 정부, 즉 문재인 대통령에게 많이 입력될 가능성이 크다고 볼 수 있겠죠. 문 대통령이 이전에 자서전에서 "미국에 노(NO)라고 말할 수 있어야 한다"라는 취지로 적은 걸 생각해보면, 그분의 고뇌가 클 것 같아요.

11장

천안함 사건과
김정일 위원장의 죽음

이명박 정부

이명박 정부의 비핵·개방·3000

2007년 10·4 정상회담도 치렀고, 6자회담에서 2·13 합의의 후속 조치까지 나왔으니 국제적으로는 북핵 문제가 진도가 나간 상태에서 2008년 이명박 정부가 들어섰던 것 아닙니까. 다음 해에는 미국 대통령도 '핵무기 없는 세상을 만들겠다'는 버락 오바마로 바뀌었으니, 북한 문제가 잘 풀리리라는 기대가 있었죠.

이명박 대통령의 평소 성향이 있기 때문에 나는 사실 기대하지 않았어요. 왜냐하면 그분이 기업인 출신인 데다 상당히 보수적인 기독교 교단의 장로를 맡고 있었죠. 남북관계를 갑을관계로 보기 쉬울 것 같더라고요. 인수위에서는 거창한 말을 많이 했죠. 그러더니 '비핵·개방·3000'을 대북정책이라고 내놓더라고요. 그걸 보고 '틀렸구나' 싶었어요. '비핵·개방·3000'이 뭐냐면, 북한이 확실히 비핵화 행동을 시작하고 자진해서 개방하면 한국이 국제사회와 협조해가면서 북한의 일인당 국민소득을 3000달러까지 올려주겠다는 거였어요.

그간 만들어온 프로세스와는 판이했어요. 그동안 저는 북한 국민소득이 어디까지 높아지든, 남북 경제협력을 심화시켜서 북한이 상호의존관계 때문에 우리 말을 들을 수밖에 없도록 틀을 짜고, 그걸 지렛대로 삼아 북한을 6자회담장으로 이끌고, 거기서 비핵화라는 출구로 나가도록 추동하면 된다고 생각했어요. 노무현 정부 때까지는 그런 식이었죠. 남북 교류협력을 입구로 삼아서 비핵화라는 출구로 나가는 방식 말이에요. 6자회담도 사실 한국 정부가 성사시킨 것 아닙니까. 9·19 공동성명도 그다음 날 미국 재무부가 BDA 제재로 그걸 깨는 포석을 뒀기 때문에 결국 흐지부지되었지만, 한국 정부가 밑돌과 디딤돌을 놔서 만들어둔 거였죠. 북한에 그 정도의 영향력을 발휘할 수 있었던 것은 우리가 북한에 정기적으로 보내는 쌀과 비료 덕분이었어요. 그 힘이 대단하더라고요. 말하자면 북한이 우리 말의 진정성, 즉 우리가 북한 자신을 어려움에 빠뜨리려고 하는 게 아니라 도와주려는 차원에서 얘기하는 것이라는 사실을 믿고 있다는 걸 체감할 수 있었죠.

비핵화라는 출구로 나가기 위해서는 협상 과정을 거쳐야 하고, 그러려면 남북 교류협력이라는 입구로 먼저 들어가야 하는데 '비핵·개방·3000'으로 순서를 잡길래, 출구에서 기다려야 하는 결과를 입구에다 가져다두는 격이니 이제 남북관계는 순서가 바뀌어서 아무것도 못하겠구나 생각했어요. 2008년에는 부시 정부 말년이 되어서 힘을 못 썼지만 2006년 10월 9일 1차 핵실험을 한 뒤에 11월에 바로 미국이 북한과 비공개로 접촉해서 2007년 2·13 합의라는 것을 만들어냅니다. 2·13 합의는 9·19 공동성명이 깨졌지만 미국이 다시 그걸 이행하겠다고 약속하는 조건에서, 그 공동성명 내용을 어떻게 이행해나갈 것인가를 보여주는 일종의 액션 플랜이었어요. 그런데 2007~08년 미국 대선 국면으로 넘어가면서 이행되지 못했죠.

2007년 체결된 2·13 합의가 있었기 때문에 그해 10월에 남북 정상회 담도 열 수 있었고, 정상회담 바로 전날 끝난 10·3 베이징 6자회담에서 도 한국전쟁의 공식적인 종료를 선언하는 문제를 적극 검토하기로 했 다는, 즉 정전체제를 평화체제로 전환하기로 했다는 합의를 내놓을 수 있었죠. 그 회의를 막 끝내고 돌아온 김계관 외교부 부부장이 남북 정 상이 회담하는 자리에 들어오도록 김정일 위원장이 배려해서 그 설명 을 듣고 두 정상이 "그러면 그렇게 합시다"라고 했던 것이고요. 물론 노무현 대통령은 2006년 11월 하노이에서 부시 미 대통령으로부터 그 런 제안을 받았기 때문에 그 내용을 집어넣으려고 했던 것이지만, 베 이징에서 이미 합의가 되었으니까 10·4 선언에 더 쉽게 넣게 되었죠.

그러고 난 뒤였으니까 아무리 정권 말의 일이더라도 그 정도까지 상황을 만들어놨으면, 이명박 정부가 "일단 한번 해보자"는 식으로 그걸 넘겨받아서 밀고 나가면 비핵화 프로세스가 시작될 수 있었어 요. 그런데 유감스럽게도 인수위에서 처음 내놓은 것부터가 '비핵·개 방·3000'이었어요. 그래서 '틀렸구나' 생각했죠. 이명박 대통령은 틀 림없이 북한을 하청업자 취급하면서 "시키는 대로 해. 태도가 올바르 면 먹고살게는 해줄게. 공사 한두개 줄게"라는 마인드일 것이다 싶더 라고요. 인수위에 북한 전문가도 있었지만 대통령 당선자가 지나가면 서 툭 한마디 던지는 거죠. "비핵화부터 확실하게 하는 걸로 합의하고, 개방하면 그때 가서 도와준다고 해도 늦지 않을 텐데 먼저 가서 무조 건 경제협력 해야 한다는 소리 하지 마시오." 이렇게 얘기하면 인수위 원들이야 거기에 맞춰서 안을 짤 수밖에 없어요.

이명박 정부가 남북관계를 갑을관계처럼 접근했다, 선 비핵화를
요구했다는 말씀이네요.

　'비핵·개방·3000' 정책이 나오니까 2008년부터 6자회담은 동력을
못 받는 거죠. 부시 정부도 임기 말이어서 밀어붙일 수 있는 힘이 없어
서 미적거린 거고, 이명박 정부가 "우리는 비핵화 안 하면 회담에 안
갈 거야"라는 식으로 버티니까 더 이상 회담이 열리지 못했죠. 2008년
12월 8일 베이징에서 6자회담도 아니고 '6자회담 수석대표 회의'라는
게 한번 열렸어요. 6자회담은 더 이상 못 열리게 된 거죠. 미국은 정권
이 막 교체된 때니까 새 대통령인 오바마가 밀어붙이면, 이명박 대통
령에게는 한미동맹이 먼저이기 때문에 그걸 강화한다는 측면에서 미
국의 말을 잘 듣지 않겠는가 생각했어요.

　오바마 대통령이 취임한 지 얼마 안 된 2009년 4월 5일 체코 프라하
에서 "핵 없는 세계를 건설하겠다"라는 요지로 연설해서 그해 연말에
는 노벨평화상을 받았죠. 한국정부의 대북정책이 비록 비핵화를 선행
해야 한다는 기조이지만, 오바마 정부가 저렇게 핵 없는 세계를 건설
하기 위해서 적극성을 발휘한다면 우리가 도리 없이 6자회담에 나가
야 할 수도 있겠다는 기대는 가졌어요. 더구나 그때 국무장관이었던
힐러리 클린턴(Hillary Clinton)이 2009년 2월 13일 아시아소사이어티
초청 연설에서 북핵 문제는 9·19 공동성명에서 합의한 북미관계 개선,
그리고 평화체제와 함께 패키지로 묶어서 해결해야 한다고 말했어요.
9·19 공동성명의 2항이 북미관계 개선이고 4항이 평화체제예요. 1항
은 북한의 비핵화고요. 그런데 순서를 바꿔서 2항과 4항을 앞에 내세

우고, 북한의 비핵화는 이 세가지를 묶어서 협상해야만 해결할 수 있다고 말한 거죠. 그런데 한국정부가 오히려 "우리는 '비핵·개방·3000'이다"라고 어깃장을 놓은 거예요. 북미관계 개선과 평화체제 그리고 비핵화, 이 순서는 2018년 6월 12일 북미공동선언의 순서이기도 합니다. 그런데 이명박 정부에서 북한이 비핵화에 확실한 의지가 있다는 것을 확인한 뒤에야 프로세스가 시작되어야 한다, 비핵화 의지가 확실해지지 않으면 회담에 나가지 않겠다고 하니까 힐러리 국무장관도 어쩌지 못하더라고요.

당사자가 안 하겠다고 하니까요.

그렇죠. 북핵의 최대 피해 당사자인 남한 정부가 안 하겠다는 거니까 미국도 어쩌지를 못하죠. 또 하나 특징적인 것은 2009년 5월 25일 북한이 2차 핵실험을 벌여요. 그 뒤에 2009년 6월 15일을 전후해서 유엔 대북제재 결의안이 통과됩니다. 2차 핵실험까지 해버렸으니까요. 그럼에도 불구하고 7월 태국 푸껫에서 열린 아세안 지역안보포럼에 참가한 힐러리 클린턴 미 국무장관이 2월 13일에 했던 얘기를 다시 꺼냈어요. 그런데 당시 7월의 상황이라는 게 어떤 거냐 하면, 5월 25일 북한이 2차 핵실험을 하고 6월 유엔의 대북제재안이 통과된 뒤이기 때문에 제재가 시행되고 있는 상황이었어요. 그러니 '북미 수교, 평화체제, 북한의 비핵화'를 한 덩어리로 묶어서 해결해야 한다는 입장에는 변함이 없다는 이야기가 나오기에는 적절치 않은 상황이었어요.

정리하면, 2008년 이명박 정권 초부터 '비핵·개방·3000' 정책이 일관되게 유지되고, 7월에는 금강산 관광이 중단되었죠. 12월 이후에는

6자회담마저 중단됩니다. 2009년 출범한 미국 오바마 행정부에서 대통령은 핵무기 없는 세계를 건설하겠다고 하고, 국무장관은 '북미 수교, 평화체제, 북한의 비핵화'를 패키지로 해결해야 한다는 말을 두번이나 했어요. 그럼에도 한국에서 싫다고 했단 말이에요. 그때 제가 정부 밖에 있으면서 '야, 한국 참 많이 컸다' 했죠. 미국 국무장관이 구체적으로 방법론까지 제시해가며 두번이나 얘기한 것, 그리고 미국 대통령까지 말한 걸 한국 정부가 우리 정책과는 맞지 않으니 안 하겠다고 말하는 게 대단한 것 아닙니까? 나쁜 쪽이기는 했지만 대단한 거예요. 한국이 많이 큰 거죠.

2007년 2·13 공동성명으로부터 진전된 북핵 협상의 모멘텀이 2008년 이명박 정부 들어서서 거의 죽었다는 말씀인데, 오바마 대통령이 체코 프라하에서 '핵 없는 세계' 연설을 하던 날(2009년 4월 5일) 북한이 장거리 로켓을 쏴서 오바마 대통령이 화가 났다는 얘기를 하는 분도 있더라고요. 또 '비핵·개방·3000' 정책으로 한국정부에서 문제에 접근하는 순서를 바꿨다는 거고요. 그렇게 따지면 2008년에서 2009년까지 미국이 북핵 문제 진전에서 가장 열심이었고, 남북은 아니었다는 거죠?

그렇죠.

송민순 장관의 경우는 2008년 이후 북핵 문제가 진전되지 않은 것은 검증 문제 때문이라고 말하기도 했는데, 2008년부터 북핵 협상의 진전이 죽어버리게 된 가장 큰 원인이 무엇이라고 보시나요?

검증 문제는 미국에서 핑계를 댈 수 있는 아주 좋은 건이죠. 미국에게는 '검증'이 언제든 '전가의 보도'잖아요. 또 우리 외교부는 미국 사람들과 사고방식이 비슷하니까요. 검증 문제가 있었다는 건 하나의 팩트이기는 하지만 근본 원인은 아니에요. 이명박 정부의 대북정책이 '비핵·개방·3000'으로 가버리니까 미국에서 속도를 낼 수가 없었고 그러니 검증 핑계를 대면서 자기들은 책임이 없다고 한 거죠. 그렇다고 이명박 정부가 자기들 말대로 안 하기 때문에 못하겠다고 할 수는 없는 거잖아요. 동맹국을 비난하는 게 되니까요. 큰 그림을 보면 이명박 정부의 책임이고, 작은 그림을 보면 검증 문제 때문이라고 볼 수 있습니다.

한편으로는 이명박 정부 들어서서 북핵 정책이 그렇게 나가게 된 데는 금강산 관광객이던 박왕자 씨 피격 사망 사건도 한몫했다고 봐요. 2008년 7월 11일 새벽에 일어난 일이었죠. 2007년 2·13 합의를 이행하는 과정에서 '비핵·개방·3000' 정책 때문에 미국도 진도를 못 내고 있는데, 불운하게도 그날 그런 일이 벌어진 거예요. 이명박 정부는 기다렸다는 듯이 바로 다음 날인 7월 12일부로 금강산 관광을 중단시켰죠. 금강산에 들어가 있던 사람들을 모두 불러들이고 전면 중단했어요.

바로 다음 날이었나요? 이명박 대통령이 국회에서 연설하다가 그런 사건이 일어났다는 얘기를 듣고 바로 지시를 내렸다고 하던데요.

새벽에 발생한 일이니까 사건 자체의 보고는 7월 11일 국회 연설 도중에 들어갔겠죠. 그러고는 12일에 바로 끊어버린 거예요.

2016년 2월 박근혜 정부가 북한의 핵실험을 이유로 개성공단을 폐쇄한 것과 비슷하게 즉각 대응했군요.

이명박 정부 당시 박왕자 씨 사건이 금강산 관광 중단을 불러왔고, 박근혜 정부 때는 북한의 5차 핵실험과 미사일 발사가 개성공단 폐쇄로 이어졌죠. 2008년 7월 금강산 사건이 터지면서 이명박 정부는 '비핵·개방·3000' 쪽으로 확실하게 방향을 잡았어요. 그러니 미국이 검증 평계를 댔지만 더 이상 어찌지 못하고 있는 상황이었고, 정권 말기였으니까 부시 정부가 6자회담을 밀어붙일 수도 없었죠. 결국 부시 정부 말년인 2008년 12월 8일 수석대표 접촉으로 6자회담이 끝난 겁니다. 오바마 정부 들어서서 힐러리 국무장관이 두번씩이나 패키지 딜 방식을 언급했는데도 이명박 정부는 관심이 없다고 빠져버렸고요. 2009년 11월 아프가니스탄 카불에서의 발언까지 계산하면 힐러리는 그 얘기를 세번이나 한 셈이에요.

오바마 대통령이 2009년 11월 18일 서울에서 한미 정상회담을 하고, 회담 후에 공동 기자회견을 하면서 "북핵 문제에 관해 드릴 말씀이 있다"고 했어요. 그러면서 "북핵 문제 해결을 위해서는 힐러리 클린턴 장관이 이야기했던 대로 해야 하고, 그것을 북한에 설득하기 위해서 우리가 대북 특사를 12월 초에 보내려고 한다"라고 했어요. 똑같은 이야기를 오바마 대통령은 서울에서 하고, 힐러리 국무장관은 아프가니스탄 카불에서 했어요. 오바마 대통령이 서울에 있던 그때에 힐러리 국무장관은 소리 소문 없이 아프가니스탄으로 들어갔어요. 들어갈 때엔 비밀리에 들어갔다가 나오면서는 아프가니스탄 문제를 잘 풀기 위해 왔다간다는 내용으로 기자회견을 했어요. 그러면서 북핵 문제에 관해서도 2월과 7월에 했던 이야기를 또 언급했어요. 그러고는 당시 6자회담의 대표이자 미국 대북정책의 특별 대표였던 스티븐 보즈워스(Stephen Bosworth)를 12월 8일 북한에 들여보냈죠.

북한으로서는 나쁘지 않은 정도가 아니라, 그렇게만 되면 무척 좋은 거였어요. 그런데 보즈워스가 북한에서 나오던 12월 10일 서울로 돌아와 한국 정부에 설명했음에도 불구하고 이명박 정부는 싫다고 거부한 거죠. 그 뒤로 한참 지나 2018년 6·12 북미 공동성명에서 북미 수교, 평화체제, 비핵화를 말한 것은 그 안이 이미 2009년 보즈워스가 들고 온 것이었고, 김정은 위원장도 이를 충분히 숙고하고 미국 측에 그렇게 던졌을 것이라고 봐요. 참고로 2005년 9·19 공동성명은 비핵화가 먼저고 그다음에 수교와 평화체제에 대해 언급했잖아요. 다만 그것이 깨지고 북한의 핵실험이 계속되고 미사일을 계속 쏴대는 것을 보면서 수교, 즉 체제 안전이 보장되지 않으면 이 사람들은 움직이지 않겠구나 생각했기 때문에 2009년 힐러리 클린턴의 '2·13 원칙'(비핵화-북미 수교-평화체제 패키지 딜)이 나온 거라고 봐요. 그게 10년이 지나서 김정은과 트럼프의 6·12 공동성명으로 이어진 거고요. 미국에서 나온 아이디어였으니까요.

오바마 대통령은 부시 정부에서 해결 못한 것이야 알 바 아니지만, 본인 스스로 핵무기 없는 세계를 건설하겠다고 했는데 한국 방식으로는 도저히 안 된다고 판단했을 겁니다. 그렇다면 우선은 북한이 절실히 필요로 하는 수교와 평화체제를 같이 묶어서 제안하고 북한이 거기에 동의하면 되는 것 아니냐고 생각했던 거죠. 한국정부가 자기들의 정책과 거리가 있다고 해서 비협조적이기는 하지만, 북한이 이를 수

락하고 중국 등 관련국들이 동조해주면 될 거라고 예상하면서 스티븐 보즈워스를 평양에 보냈던 거예요. 하지만 그걸 이명박 정부가 '비핵·개방·3000'이라는 원칙에 맞지 않는다며 거절하니 미국으로서는 이제 할 수 있는 일이 없었어요. 그때부터 미국은 이른바 북핵 문제와 관련된 '전략적 인내' 쪽으로 방향을 틀기 시작합니다.

'한국이 알아서 하라' 이거군요.(웃음)

미국의 입장에서 볼 때 '우리는 북핵 문제가 해결되지 않더라도 겁날 것 없어. 최대 피해 당사자인 너희가 순서를 이상하게 잡았잖아. 너희 말대로 북한이 먼저 손들고 나올 때까지, 또는 비핵화 의지를 행동으로 보여주기 전까지는 회담 안 나가겠다고 한다면, 그래 뭐, 알아서 해'라는 태도였죠. 북핵 문제에 대한 '전략적 인내'라는 건 그런 의미예요. 그리고 2010년 연말쯤에는 전략적 인내라는 게 대북정책으로 자리를 잡죠.

2008년 6월 27일 영변 냉각탑이 폭파되고, 2008년 10월 미국이 북한을 테러지원국 명단에서 삭제했죠. 그때까지는 북핵 협상의 모멘텀이 있었는데, '비핵·개방·3000'이 나오면서 틀어지다가 박왕자 씨 사건이 터지면서 완전히 멈춰버렸죠. 그래도 2009년 말까지는 미국에 북핵 협상에 관한 진정성이 있었던 거고요.

스티븐 보즈워스의 방북 때까지만 해도 힐러리 국무장관의 2·13 원칙으로 밀어붙이려고 했고 북한도 이에 동의했어요. 그런데 이명박 정부가 못하겠다고 하니까 2010년부터는 미국도 한국 마음대로 하라는 태도로 나온 거죠.

말하자면 2008년 이후 북핵 협상 교착의 책임을 따진다면 이명박 정부의 잘못이 가장 크다는 말씀이신 거죠?

그렇죠.

그때가 이명박 정부가 북측과 정상회담 교섭을 벌이던 시기 아니었나요?

2009년 8월 18일 김대중 대통령 서거로 북쪽에서 조문단을 보내겠다고 했잖아요. 처음 김대중평화센터 쪽으로 온 팩스 내용으로는 조문단이라고 했어요. 제가 김대중평화센터의 부이사장이었기 때문에 잘 알죠. 그런데 나중에는 슬그머니 '조문사절단'이 됐어요. 청와대에 가겠다는 의지가 담긴 표현이었죠.

사절이라는 건, 조문만 하지 않고 무언가를 더 하겠다는 거죠.

남북 정부 간에 접촉하고 싶다는 의사 표시였어요. 김대중 대통령이 돌아가셨다는 소식을 듣자마자 『프레시안』의 강이현 기자를 김대중평화센터로 불러서 '북한이 조문단을 보내야 한다'는 기사를 띄우자고 하고 짤막하게 인터뷰했죠. 조문단이 김포공항에 8월 23일에 도착했어요. 김기남(金己男), 김양건(金養建), 원동연(元東淵), 맹경일, 리훈 순서로 비행기에서 나왔어요. 김기남은 선동선전부 부장이었고, 김양건은 대남 비서였죠. 원동연은 말수가 적었고 맹경일은 장관급 회담의 수행원이어서 친숙했죠. 저를 보자마자 "우리도 다 생각하고 있는데, 언론에다가 조문단 보내야 한다고 지시하듯이 말씀하십니까?"라고 해요.(웃음)

다 보고 있군요.

전부 다 봐요. 강이현 기자가 쓴 기사가 그들로 하여금 '김대중평화센터 측에서 조문단 파견을 바라고 있구나. 그러면 가야지'라고 마음을 굳히게 만드는 데는 작용했을 거예요. 그런데 조문단 겸 사절단으로 왔는데 이명박 정부가 꼬박 하루를 호텔에서 대책 없이 기다리게 만들었던 거예요. 청와대에서는 '북한에서 돈을 달라는 거구나' '금강산 관광사업을 재개시켜달라는 말을 하고 싶어서 저러는 거니까 초조하게 만들어야겠다' 생각했겠죠. 기업인 출신이니, 그렇게 해놨다가 만나서 주도권을 갖고 이끌어가려고요. 자기 사업 경험으로 그렇게 했을 거예요. 하청업자들 애를 먹이고 문 앞에서 기다리게 하고는 나중에 나가면서 못 본 척하고, 쫓아오면 흘끔 보고 가버리는 식으로 하다가 나중에 슬그머니 사람을 보내서 '얼마 줄 건데?'라고 묻는 식으로요.

그때 제가 당국자가 아니어서 배석은 못했지만 결국 사절단이 청와대에 가서 정상회담 하자는 이야기를 꺼냈을 거예요. 그래서 임태희(任太熙)를 보내서 접촉했던 거예요. 그 자리에는 임태희 당시 고용노동부 장관, 홍양호(洪良浩) 통일부 차관, 김태효(金泰孝) 비서관 등이 있었고, 또 국정원에서 한 사람 갔겠죠. 그렇게 남북이 제3국에서 만나 협상하다가 돈봉투 사건이 터진 것 아닙니까. 그때 이명박 정부는 '저 사람들이 몸이 달았으니 우리가 버티고 무시하는 척할수록 시키는 대로 할 것이다'라고 생각했을 거예요. '돈이 아쉬워서 저런다면 회담 대표들이 가서 돈을 줘라.' 이명박 대통령의 지시가 있었던 건지, 김태효 비서관 혼자 생각했던 건지는 모르지만, 협상 경험이 많았던 통일부 및 국정원 직원들이 있었음에도 그런 일이 벌어졌다는 것은 청와대가 그 사람들 말을 안 들었다는 거죠. 분명 통일부와 국정원 직원들은 그러면 판이 깨진다고 말했을 거예요. 그러나 실세가 그렇게 나가면 말리는 데도 한계가 있죠.

김태효 비서관 눈에는 북한 인사들은 약간의 용돈으로 매수 가능한 자들로 보였던 거군요.

"우리가 시키는 대로 저쪽에 보고하도록 만들려면 매수해야 해!"라고 생각했겠죠. 2009년 김대중 대통령 서거와 관련된 조문사절단의 청와대 방문 이후 정상회담을 위한 비밀 접촉이 시작됐어요. 그런 것을 준비하고 있었으니, 힐러리 클린턴이 '2·13 원칙'으로 이 국면을 타개해보겠다고 하는 것이 이명박 정부에서 보기에는 같잖았던 거죠. '우리가 다 할 수 있는데, 너희가 무슨 주도권을 행사하려는 거냐. 힐러리 클린턴에게 이 공을 줄 수 없어'라는 생각이었을 거예요. 또 미국 측의 제안은 비핵·개방·3000에도 맞지도 않고, 이쪽에서 성과를 내면 언론을 지배할 수 있으니까요. 그런 생각으로 2009년을 보내지 않았나 싶어요. 그래서 스티븐 보즈워스가 12월 초에 다녀왔음에도 불구하고 미

국의 해법을 거절했던 거예요. 그러고 나서 2010년에 천안함 사건이
터졌죠.

천안함 사건

2010년 3월 천안함 사건으로 남북관계가 완전히 망가지기 시작했
죠. 도널드 그레그 전 주한 미 대사 같은 사람들은 천안함 침몰이 과
연 북한의 소행인지 의문이 있다고 했잖아요.

천안함 사건의 진실에 대해서는 앞으로도 과학적으로 규명해봐야
겠지만, 도널드 그레그 전 주한 미 대사는 1964년 존슨 정부 시절 통킹
만 사건의 선례를 들면서 이명박 정부의 조작설을 얘기했었죠. 1964년
8월 베트남 통킹만 해상에서 북베트남 해군 소속 어뢰정이 미 해군 구
축함을 공격한 사건이 있었어요. 그때 미국이 입은 피해는 경미했는
데, 그다음 날 미군이 재공격을 받았다면서 베트남을 향해 실질적인
선전포고를 하게 됩니다. 그런데 이 재공격 사건이 사실이 아니라는
논란이 있어요. 케네디 대통령 암살 후에 대통령직을 승계한 린든 B.
존슨이 베트남 전쟁을 일으킨 당시의 대통령이잖아요. 도널드 그레그
대사는 원래 미 중앙정보국(CIA) 출신이었으니까 통킹만 사건과 천
안함 사건에 유사성이 있다는 식으로 이야기했던 거고요. 그레그 대사
는 평생을 CIA에서 보낸 사람이고 김영삼 정부 후반에 주한 미 대사

를 지냈어요.

1973년 DJ가 일본에서 중앙정보부에 납치당했을 때 CIA 한국 지부장이었잖아요.

당시 그레그 씨가 한국 중앙정보부가 나쁜 짓을 꾸민다면서 미국에다 얘기해서, 한국 중앙정보부가 본래 도쿄의 한 호텔에서 DJ를 납치해 배에 태운 뒤 바다에 빠뜨리려고 했던 계획을 무산시켰죠. 그 배를 미군 헬기가 계속 쫓아갔어요. DJ를 살려낸 사람이에요.

천안함 사건이 2010년 3월 26일 터졌는데, 그때 한미 연합훈련 중이었어요. 사건이 터진 날 저는 춘천 한림대에 초청 강연을 가고 있었어요. 고속버스에서 내려서 택시를 타고 한림대로 가자고 하고는 라디오 뉴스를 듣고 있었어요. 그런데 방송에서 주한미군 사령관이 워싱턴 의회 청문회에 가 있는데, 천안함 사건 관련해서 현장에서 즉석 질문이 나오니까 "북한의 소행이라는 증거가 없다"라는 식으로 답변했다는 보도가 나오더라고요. 주한미군 사령관은 자기가 어디에 있건 자기 관할 구역 내에서 일어나고 있는 사건은 실시간으로 보고를 받는 자리죠. 주한미군이 초기에 그렇게 판단했으니 사령관에게 북한의 소행이라는 증거가 없다고 보고했겠죠. 미군이 그런 문제에서 근거 없이 판단하지 않아요.

그때가 한미 연합훈련 중이었던데다가, 미군이 기본적으로 북한 관련 군사정보를 우리보다 많이 갖고 있는 상황에서 주한미군 사령관이 근거 없이 무책임한 발언을 하지는 않을 거라고 생각했어요. 한미 연합훈련 기간 중에 북한이 감히 그런 일을 할 수 있다면, 그리고 미군이 그걸 잡아내지 못했다면 군사적으로 미군에 많은 걸 의존하고 있는 우리 군대와 국민은 뭐가 됩니까? 그런데 시간이 좀 흐르니까 그것이 '북한 소행'으로 바뀌어버리더라고요.

그렇게 된 데는 오키나와 미군 기지 문제를 둘러싼 미일 간 갈등이 영향을 미치지 않았나 싶습니다. 당시 일본 총리가 민주당의 하토야마 유키오(鳩山由紀夫)였는데, '동아시아 공동체'를 언급하면서 오키나와의 후텐마(普天間) 해병대 비행장을 오키나와현 바깥으로 옮기는 공사를 진행하려던 참이었어요. 하토야마는 "앞으로 일본은 미국과 거리를 두고 아시아로 돌아온다"라는 '동아시아 공동체론'을 운운하면서 일본 중심의 외교를 펴나가려고 했어요. 미국 중심 세계관에 젖어 있던 일본의 외교관들이 상당히 당황스러워 했죠.

그즈음에 제가 히로시마 평화연구소 초청으로 강연을 갔어요. 히로시마에서 2박 3일 정도 머물렀는데, 호텔 방으로 배달된 『재팬타임즈』라는 영자 신문을 보니 주일 미국대사가 하토야마 총리의 후텐마 기지 이전에 대해 상당히 강하게 비판했더라고요. 히로시마 평화연구소 연구원들에게서 들어보니, 당시 외무성 현직 및 퇴직 관료들이 미 국무부에다 대고 우리가 안에서 도울 테니 밖에서 밀어붙여라, 하토야마를 날려서 미일 동맹을 강화해야 한다는 분위기로 가고 있다고 하더라고요. 즉 천안함 사건이 미국의 입장에서 상당히 유용한, 즉 그때가 후텐마 기지 이전이 불가능하도록 여론을 일으키는 데 중요한 역할을 할 수 있는 타이밍이었어요. '북한이 이런 짓까지 하는데 어떻게 미군 기지를 이전할 수 있느냐'는 반박을 꺼내기 좋았던 거죠. 결국 후텐마 기지 이전은 없었던 일이 됐어요. 하토야마도 실각했고요. 미국의 지일파, 일본의 친미 외교 관료들, 외교 전문가 내지 싱크탱크에 있는 사람들이 천안함 사건을 전후해서 후텐마 기지 이전 문제를 유야무야 만들어버린 거예요. 북한의 소행이라고 해야만 후텐마 기지 이전 문제를 감히 거론할 엄두도 못 내게 할 수 있었던 거죠.

그 사건이 일어난 2010년 3월은 6자회담이 열리지 않은 지 오래된 때였고, 북한은 그동안 핵 능력을 강화하고 핵실험을 재개할 준비를 하고 있었죠. 2006년 10월 9일 1차 핵실험, 2009년 5월 25일 2차 핵실험, 2013년 2월 12일 3차 핵실험을 벌였어요. 이런 상황에서 2009년부터 이명박 정부는 힐러리 클린턴의 2·13 원칙을 발목 잡고, 또 한쪽에서는 비밀리에 남북 정상회담에 관해 협상하면서 우리가 주도권을 행사하겠다는 욕심을 부려서 결국 죽도 밥도 아닌 결과를 만들었죠. 6자회담에도 못 나가게 됐고, 남북관계도 정체 상태로 만들었고요.

천안함 사건이 발생한 뒤 그해 6월이 지방선거였는데, 바로 직전인 5월 24일 이명박 대통령이 용산 전쟁기념관에 가서 북한 소행이라고 발표했죠. 지방선거를 노리고 발언한 거였는데, 그럼에도 여당이 졌죠. 연평도 포격 사건이 11월에 터졌고요. 2010년이 말하자면 남북관계와 동아시아 지역의 긴장이 고조된 해였죠.

정치권 사람들이 어떤 착각을 하느냐면, 선거에 임박해서 북한이 사고를 쳐주면 보수 진영에 좋다고 생각해요. 보수 결집이 일어나니까요. 또는 북한한테 평계를 댈 수 있는 사건이 생기면 어차피 북한은 아무런 해명도 안 하니까 뭐든지 쏟아붓죠. 5·24 조치는 그런 식으로 써먹으려는 거였다고 봐요. 천안함 사건의 진실과는 무관하게, 오키나와를 중심으로 한 미국과 일본의 관계에 편승해서 이를 국내 정치에 유리하게 쓸 수 있다고 생각해서 그렇게 발표했을 거예요. 그런데 돌이켜보면 그게 그다지 도움이 안 돼요. 김영삼 정부 때 지방선거 앞두고 쌀을 보내서 정치적으로 득을 좀 보려다가 여론이 뒤집어져서 6·27 지방선거는 여당이 졌었죠. 6·15 정상회담을 개최한다는 내용도 4·13 총선을 앞두고 4월 10일에 발표한 것 아닙니까. 그때도 득을 못 보고 당시 여당이 졌어요. 확실하게 북한이 저지른 일이라고 할지라도 선거에서 보수 결집으로 바로 연결되지 않고, 더구나 그것을 이용해서 남한에서 만든 '남한제 북풍'은 선거에 이로울 게 없어요.

연평도 포격 사건과 NLL 논란

천안함 사건 8개월 후인 2010년 11월 연평도 포격 사건이 남북관계를 악화시킨 굉장히 중요한 사건이잖아요. 당시에 북한의 연평도 포격 소식을 듣고 임동원 전 장관과 인터뷰해보려고 했더니, 안 하려고 하시더라고요. 그래서 무작정 찾아갔는데, 그때 그분이 하신 말씀이 아직도 기억납니다. "지금까지는 남북관계가 후퇴하지 않을 거라고 생각했는데 처음으로 남북관계의 앞날에 대해 비관적으로 생각하게 된다. 심상치 않다"라고 하셨거든요. 그때 장관님은 어떠셨나요?

연평도 사건이 5·24 조치에 대한 보복으로 일어난 거잖아요. 연평도 사건을 보면서 저는, 북한이 자기들에게 천안함 사건의 책임을 떠넘기는 이명박 정부에 경고를 보낸답시고 그 일을 저질렀을 거라고 생각했어요. '왜 우리를 끌고 들어가느냐. 왜 반북 활동을 본격화하느냐'라는 의미로요. 반북 몰이가 시작되니까 북한으로서는 그걸 정면으로 돌파하기 위해서는 대화가 불가피한 상황으로 몰아가야겠다, 그러자면 '벼랑 끝 전술'을 써야 하고 남측을 위협하는 수밖에 없다는 계산이었을 거예요. 저는 정부 밖에 있었기 때문에 평가나 분석을 할 뿐이지 정책으로 얘기할 처지는 아니었죠.

연평도 사건이 나던 때 국방부 장관이 김태영(金泰榮)이었어요. 그때 김태영 장관이 "또 한번만 도발하면 원점을 때려버리겠다"라고 경고했던 것 기억하나요? 김영삼 정부 시절 제가 청와대 통일비서관을 하고 있을 때 국방비서관실에 파견 나와 있던 대령들, 국방비서관의 행정관들이 있었어요. 이상희 대령, 김관진(金寬鎭) 대령, 김태영 대령 순으로 머물다 갔어요. 이상희는 고등학교 동기, 김관진은 중학교 후배, 김태영은 고등학교 후배여서 다 친했어요. 김영삼 정부 때 북한이 도발 비슷한 사건들을 일으키면, 저한테 와서 "저 자식들 원점을 때려버려야 한다"라고 해요. 처음에는 굉장히 전문적인 용어를 쓰나보다 했는데, 알고 보니 군인들이 두루 쓰는 말이더라고요.

김관진 대령이 제 방에 와서 담배를 피우면서 "형님, 저놈들 원점을 때려봐야 하는 것 아닙니까?" "때려봐, 말만 그렇게 하지 말고. 작전통제권도 없는 군대에서 뭘 한다고 그래. 우리가 때리면 곧바로 전쟁인데, 작전통제권이 미군 손에 있는데 우리 군이 독자적으로 북한의 군사적인 도발에 대해서 응징할 수 있는 권한이 있어? 해봐!" 했더니 "에이씨!" 하고 나가더라고요.(웃음) 그후에 김관진 대령이 가고 김태영 대령이 청와대 비서실로 파견 나왔어요. "선배님, 저 자식들 원점을

2010년 11월 연평도 포격 사건 당시 연평도. ©대한민국 국방부

때려버려야 하는 것 아닙니까?" "때려봐, 때려버리면 좋겠다. 확 버르장머리를 고쳐야 하니까." "에이씨!"(웃음) 그러던 사람들이 장관이 되어서 원점을 때린다는 말을 또 하고 있길래 "아이고, 참" 했어요. 우리 국민들은 정말 할 수 있을 거라고 생각하고 시원하다고 했을 거예요. 그러나 우리 군이 북한의 대남 위협 내지 도발에 대해서 자주적, 독자적으로 응징할 수 있는 권한이 없잖아요.

물론 이명박 정부 시절 남북관계를 더욱 경색시킬 수밖에 없는 방향으로 몰고 간 원인은 북한이 제공한 측면이 없지 않아요. 하지만 자신들의 행동이 가져올 부작용까지 계산하고 행동한다면 그건 북한이 아니죠. 시각과 시야가 차이가 나니까, 그것이 가져올 부작용에 대해서 판단하는 바가 우리와는 완전히 달라요. 연평도 사건이 결국 이명박 정부로 하여금 남북관계를 불가역적인 적대관계로 끌고 갈 수 있도록 하는 명분을 준 것만은 틀림없어요. 이명박 정부로서는 '불감청인데 고

소원'이었을 거예요.

북한에 대한 여론이 굉장히 안 좋아졌죠?

그랬죠. 그 사건 때문에 보수 여론이 결집되어서 이명박 정부 지지율이 올라갔어요. 덕을 많이 봤죠.

그러고 나서 2012년 대선에서는 NLL 문제를 들고 나와서 득을 많이 본 것 아닙니까?

그 덕분에 박근혜 후보가 대통령에 당선됐던 거죠.

당시 밖에서는 그 문제에 대해서 문재인 후보 측에서 대응을 안 하는 건지, 못하는 건지 답답해하는 사람이 많았어요. 노무현 정부가 NLL을 포기했다는 야당의 공격에 대해 문재인 후보 쪽이 일방적으로 당한다는 느낌이었거든요.

그게 국정원에서 나온 자료로 되어 있었잖아요. 사실 대통령 회담 관련 기록물 같은 것은 국가기록보관소에 들어가야 하고, 대통령 임기가 끝나면 바로 대통령기록관으로 보내야 하는데, 국정원에서 요약본을 만들어놓은 것이 한나라당 쪽에 넘어갔다는 거예요. 국정원 쪽에서, 문재인 후보는 틀렸으니 박근혜 후보 쪽으로 줄을 서자고 했던 것 같아요. 그걸 보면서 '저게 박근혜 후보에게는 문재인 후보를 떨어뜨릴 수 있는 천군만마가 되겠구나' 싶었죠. 정상회담이 열린 2007년 당시에 비서실장이었다는 사실이 문재인 후보의 아킬레스건이었어요. 이를 갖다 뒤집어씌우면, 노무현 정부의 대북정책의 문제점을 고스란히 문재인 후보가 떠안아야 하죠. 만약 노무현 전 대통령이 2012년 대선 때 살아 있었다면 그분의 성격상 한나라당의 NLL 공세를 직접 나서서 막아냈을 거예요. 아무튼 남북 정상회담 자료가 편집이 가능한 요약본 형태로 한나라당 쪽으로 넘어간 걸 보고 자료와 관련된 보관 및 정리 책임자 가운데 누군가 협조했다고 봤어요. '줄을 서기 시작했구나.'

서해평화협력특별지대를 설정하는 데서 NLL을 포기한다는 조건은 없었죠. 하지만 NLL의 현재 조건을 유지하면서는 이 특별지대에 합의할 수가 없어요. NLL의 설정 배경이나 유래, NLL 문제를 둘러싼 남북 간 논란의 배경이나 뿌리를 아는 입장에서 볼 때는 이 특별지대가 NLL 포기를 전제로 한 것이 아니라는 걸 알 수 있지만, 그걸 모르는 사람들에게 계속 "서해평화협력특별지대는 NLL을 포기했기 때문에 나올 수 있는 것이다"라고 밀어붙이면 귀가 솔깃해지죠. 국경을 포기했다는 말이 되는 거니까. 그런데 정확하게 NLL은 국경이 아니라 경계선입니다. 남북간에는 국경이라는 말을 쓰지 않죠.

그것도 미국이 설정해둔 거죠.

1953년 7월 27일 휴전협정이 체결되는데 그때 유엔 측과 북한 측이 지상의 경계선만 그었어요. 그게 오늘날 MDL(군사분계선)이에요. 원래는 똑바른 38선이었는데, 전쟁 치르고 나서 현재와 같은 모양이 됐죠. 그때는 바다의 경계선에는 손을 못 댔어요. 한국전쟁 당시에는 신의주 앞바다에 있는 신도까지 미군이 장악하고 있었어요. 서해는 명목상 유엔군이, 실제로는 미군이 장악하고 있었으니 서해의 경계선은 굳이 그을 필요가 없다고 생각한 거예요. 그러나 저 먼 북쪽의 섬들을 관할하기가 실제적으로는 부담이 있으니까, 전략적으로 중요한 서해 5도까지만 확실히 지켜야겠다고 해서 유엔군 사령관이 독자적으로 그어놓은 것이 NLL이에요.

NLL의 의미는 '한국 해군은 이 북쪽으로는 넘어가지 마라. 그러면 충돌을 자초하는 거다'라는 거예요. Northern Limit Line, 즉 (해상) 북방 한계선이죠. 북한의 남침을 막기 위한 최전선이 아니라, 미군 사령관이 일방적으로 그으면서 이승만 대통령이 힘도 없으면서 북진 통일을 주장하고 있을 때니까 한국 해군이 혹시라도 밀고 올라갈까봐 '이 이상 올라가면 우리는 책임 못 져. 이 안에서 일어나는 충돌에 한해서는 우리가 조정할 수도 있고 북한을 응징할 수도 있지만 그 이상 올라가면 책임 못 진다'라는 의미로 그어둔 거예요.

1991년 12월 13일 체결된 남북 기본합의서 5항에 경계선에 관한 조항이 있어요. 남북 간의 경계선에 대해서는 별도의 합의가 나올 때까지는 기존 경계선을 존중한다는 조항이에요. 사실 그때 NLL을 북한이 인정한 셈인 거죠. 그전에는 남측으로 넘어와서 어선 끌어가는 일이 잦았어요. 한국 해군이 더 못 올라가게 하려던 것이 NLL의 본 목적이었기 때문에 북한이 내려와서 분탕질을 치는 것은 미국이 정전위원회를 소집해서 항의하는 정도에서 끝이에요. 그러다 북한이 힘이 약해지고 흡수통일이 될지 모른다는 불안감 때문에 나온 것이 기본합의서이기 때문에 우리 쪽에서 경계선 문제를 제기했을 때 북한도 이를 존중하겠다고 합의했던 거죠. 그런데 기본합의서로 위기를 넘기고 나서는, 북핵 문제가 터진 1993년에 김영삼 정부가 들어서서 북한과 회담을 여느니 마느니, 북한을 폭격하느니 마느니 그런 얘기들이 나오면서 남북관계가 점점 경색됐잖아요. 그러자 북측에서 다시 NLL을 넘어와서 어선을 납치해가고 그랬죠. 별도의 합의가 나올 때까지 기존의 경계선을 존중하겠다는 남북 기본합의서의 조항을 깬 거죠. 그에 반해 북한 어선들이 표류해서 넘어왔다는 걸 알고 북측에 어선을 돌려주려고 할 때는 북한 해군함정이 NLL 선상에 서서 기다립니다. 평상시에는 위반도 하고 넘어오지만 자기들이 아쉬울 때는 NLL 선상에서 인수해갔어요.

2007년 10·4 정상회담에서는 'NLL 때문에 경기도 쪽 어민들과 황해도 쪽 어민들 양쪽에 손해가 심하고 특히 꽃게 철에 분계선 넘나드는 문제 때문에 꽃게들을 놓쳐버리니 중간에서 중국 어선들이 다 쓸어가버린다. 이래서 되겠느냐. 어차피 바다에는 선을 그을 수 없으니까 공동으로 어로를 하면서 서로 경제적으로 도움이 되는 특별지대를 만들자' 하여 설정한 것이 서해평화협력특별지대예요. 서해의 공동 어로를 보장하자는 취지인데, NLL 유지에 관해 다시 약속하자면 이 특별지대가 없던 일이 될 수도 있기 때문에 NLL에 관한 기존 합의가 유효하다는 전제하에 논의한 거죠. 군사적으로 충돌이 일어나면 기존 선상에서 얼마나 내려오고 올라갔는지를 따지겠지만, 공동 어로를 하는 동안에는 따지지 말자고요.

즉 NLL은 피차 고기도 못 잡게 하는 경계선인데, 그 선이 없다고 전제하고 협력특별지대를 만드는 것이 아니라, 경계선은 있지만 그래도 공동 합의를 토대로 해서 남쪽 및 북쪽의 해군이 각자의 어민들이 고기를 잡을 수 있도록 보장해주자는 취지였어요. 또한 NLL을 유지하면서 남북 간에 선을 넘었느니 안 넘었느니 하는 게 서로 도움이 될 게 뭐가 있어요? 서해평화협력특별지대는 서해의 강화도나 연평도 어민들 입장에서 보면 하늘의 축복이었는데 정치적 목적을 위해 그걸 흔들어댄 거죠.

NLL이 미군이 그은 것이기 때문에 YS 땐가 북한이 넘어왔을 때 이양호 국방장관이 "우리가 (NLL 준수를 북한에) 강요할 수 없다"라고 말했던 것이『조선일보』에도 크게 보도됐죠. 그후 1999년과 2002년 서해교전이 두번이나 있었고요. 그런 NLL을 평화지대로 만든다는 상당히 큰 명분이 있었죠. 그뿐 아니라 당시에 의사록을 본 사람들이 "NLL 포기 안 했다"라고 확인했음에도 불구하고, 박근혜 후보 측의 비난에 대해 2012년 대선에서 민주당이 제대로 대응하지 못했어요. 김종대(金鍾大) 의원 같은 사람이 그 분야의 전문가인데, 굉장히 분노하더라고요. 왜 그 부분에 대해서 분명하게 얘기를 못했던 걸까요?

보수 쪽에서 말하듯 노무현 정부가 NLL을 양보했는데 그걸 인정할 수 없는 약점 때문에 그랬다기보다는, 한마디로 말하면 문재인 후보 캠프에 그 문제를 대차게 치고 나갈 이론가가 없었던 거죠.

장관님이 당시에 그쪽에 자문 역할을 하셨나요?

원광대학교 총장으로 있던 때였는데, 캠프에 '남북경제연합위원회'를 만들고, 위원장은 정동영 의원이 맡았어요. 저를 비롯하여 임동원, 이종석, 이재정(李在禎) 등 전직 통일부 장관들이 고문을 맡았고요.

자문단 외에 실무위원회도 있었죠. 서훈 국정원장, 조명균 전 장관 등
이 거기서 활동했어요.

그때 왜 그렇게 대응이 미약했던 걸까요?

사람의 성격 탓인데, 당시에 녹취록 및 메모 책임자가 조명균 전 청
와대 통일비서관이었어요. 조명균 비서관이 만약 불같은 성격이었다
면 세게 치고 나갔을 거예요. 그런데 제가 겪어본 바로는, 조명균이라
는 사람이 워낙에 조용하고, '진실이 아니면 되는 것 아닙니까?'라는
식의 태도가 있었어요. 얌전한 사람이죠.

너무 일방적으로 당했어요.

가장 화끈하게 얘기할 수 있는 자리에 있는 사람의 성격이 그렇지
가 못했기 때문에 그랬다고 봐요. 만약 화끈한 성격을 가진 사람이었
다면 그걸 갖고 거꾸로 역습할 수도 있었을 거예요. 그렇다고 조명균
장관에게 책임이 있다는 소리는 아니고요. 캠프 전체가 그랬던 것 같
아요. 공격하는 쪽은 정무적으로 판단하고 이쪽은 사무적으로 판단하
고요. 정치판에서, '팩트가 아니니까 언젠가 국민들이 진실을 알게 될
거다'라고 나이브하게 생각한 거예요. 그러니 대응이 약했죠.

당시에 문재인 후보가 이길 거라는 전망도 상당했고, 역사에 가정
은 없다고 하지만 그때 문재인 후보가 당선됐더라면 남북 문제도 더
빨리 풀리지 않았을까요?

이명박 정부라는 5년간의 휴지기를 건너뛰어서 노무현 정부를 이어 다시 진전시킬 수 있었죠. 새누리당 측이 NLL 문건을 갖고 흔들어댈 때, 가만 보니 그 논의를 자기들 유리한 쪽으로 가져올 수 있는 정도의 요약본이 만들어진 상태더라고요. 사실 글이라는 게, 문맥을 건너뛰어서 요약을 어떻게 하느냐에 따라서 달라지잖아요. 키워드 몇개를 갖고 NLL을 팔아먹었다고 갖다붙이는 거죠. 보수 신문들은 진보 성향의 대북 발언을 하는 사람들의 이야기를 가져올 때 논리나 맥락을 싹 무시하고 단어 몇개만 가져와서 편집하는 거고요. NLL에 대해서는 결사항전의 자세로 논리를 개발하고 팩트를 모아서 대응했어야 하는데, 그때 야무지게 맞서지 못한 것이 후회는 돼요. 하지만 어떻게 보면 그때의 대한민국 국운이 문재인 후보가 당선될 수 있는 그런 상황이 아니었던 것 같아요.

민화협 대표상임의장으로서의 활동

민화협이 DJ 정부 때 만들어진 건가요?

1998년 9월 3일 출범했어요. 제가 차관으로 있으면서 1998년 5월에 민간 통일운동가들과 협의를 시작하고 준비해서 9월에 출범했죠. 2005년 2월부터는 제가 대표상임의장으로 일했는데, 노무현 정부 때는 문제가 없었지만 이명박 정부 때는 상황이 달랐죠. 제가 2008년 5월 평양에 갔어요. 민화협이 2007년부터 북한에 나무 심어주는 일을 시작했습니다. '겨레의 숲'이라는 법인을 별도로 만들어서 민화협 대표상임의장이 그곳의 대표를 겸했어요. 전해에 이어서 2008년 5월에 두번째로 나무를 심어주러 북한에 갔는데, 정권교체 후에 남쪽에서 남북관계를 위해 일선에서 일했던 사람이 온다고 하니까 그쪽에서도 굉장히 관심을 갖고 비행장에서부터 극진히 대접하더라고요.

오는 사람을 누가 맞이하느냐에 그쪽의 정치적 의지가 표출되는 것 아닙니까. 남측 민화협은 대표상임의장이라고 하지만 북측 민화협은 '민족화해협력위원회'라고 해서 회장과 부회장 체제예요. 직책별로 노동당 몫이 있고 사민당 몫이 있는데, 노동당 측 부회장이 사민당 측 회장보다도 실세예요. 형식상으로 사민당 출신을 민화협 북측 회장으로 앉혀놓았어요. 김영대(金永大)였죠. 노동당 통전부나 보위부 사람들은 김영대를 잘 몰라요. 실권이 없다는 뜻이죠.

2008년 5월 제가 갔을 때에는 리충복(李忠馥) 북측 민화협 부회장이 비행장에 나와서 자기가 끝까지 안내하겠다고 하더라고요. 리충복은 남북관계 일선에서도 상당히 실세였어요. "영접에서 환송까지 책임지고, 중간에 묘향산에 가실 때에도 제가 직접 모시고 가겠습니다." 벤츠 승용차를 가져와서 저를 상석에 앉히고 계속 저한테 질문을 던지는 거예요. 이명박 정부 시기에 들어와서 남북관계가 어떻게 될 것인지가 궁금했던 거죠.

비핵·개방·3000 얘기가 나온 뒤였을 것 아닙니까.

그렇죠. 그 정책이 공표된 뒤였으니 진정성을 확인하고 싶었을 거예요. 자기들 나름대로 알아본 이명박 정부의 대북정책 방향이 일리가 있는지, 실행 가능성이 있는지 크로스 체크를 했을 거예요. '민화협에서 오는 정세현은 진실을 얘기해준다'는 평가가 있었는지 아주 성실하게 모시더라고요. 이런저런 얘기를 해줬더니 자기들도 바라는 바가 있었어요. "이명박 대통령 얘기는 이런데, 당의 유력자인 박근혜 의원 얘기는 좀 다르더군요. 이런 것은 어떻게 된 겁니까? 누구 말을 믿어야 됩니까?"라는 식의 질문이었죠. 저는 저대로 당시 신문에 나온 이야기들을 조금 깊이 있게 분석해서 말해줬더니, 열심히 경청하더라고요. 그쪽에서는 몇가지 한국 정부가 해줬으면 하는 것도 이야기했고요. 한마디로, 김만복 국정원장의 주선으로 김양건 비서가 이명박 당선자를 만난 자리에서 나왔던 이야기가 온전히 실현되기를 바랐던 거예요.

당시 제가 김대중평화센터 부이사장도 맡고 있었기 때문에, 다녀와서 김대중 대통령에게도 보고했어요. "정 장관이 북쪽에 해준 얘기도 중요하지만 북쪽에서 들은 얘기가 가감 없이 대통령에게 전달될 수 있도록 하는 것이 좋겠소. 김하중 통일부 장관에게 바로 공유해서 그게 이명박 대통령에게 전달되도록 하는 것이 우리가 해야 할 역할인 것 같소"라고 하셨어요. 외교부 출신으로 청와대 파견 나와 있는 국제담당 비서관이 있어서, 그에게 연락해서 날짜와 시간을 잡으라고 했어요. 아침식사를 하면서 설명했는데, 제 이야기가 받아들여지진 않았던 듯해요. 김하중 장관은 꼼꼼하게 적었어요. 서기관을 한명 데리고 나왔는데, 서기관도 녹취하다시피 열심히 적어 갔고요. 그 내용을 이명박 대통령에게 보고했는지 안 했는지는 모르겠어요. 김하중 장관이 북쪽의 얘기를 꼭 전달해야겠다고 고집할 수 있는 그런 성격은 또 아니에요. 김태효 비서관을 통해서는 보고했는지도 모르죠.

참고로 김하중 장관이 김대중 대통령 시절에 의전수석을 지냈고, 또 김대중 정부 말년에 주중 대사로 갔다가 노무현 정부 5년 동안 꼬박 주중 대사를 지냈던 사람이었는데, 그런 사람을 통일부 장관으로 썼으니까 마치 김대중 정부가 보수의 아이콘인 강인덕 중앙정보부 국장을 통일부 장관에 임명한 것과 같은 인사를 행한 셈이죠.

그 나름대로 연속성을 가져가겠다는 걸 보여주는 거군요.

'나도 김대중의 측근이었던 김하중을 통일부 장관으로 쓴다', 즉 착각하게 만든 거죠. 대북정책을 유지할 것처럼 말이죠. 그렇게 김대중 정부와 노무현 정부에서 일했던 사람을 통일부 장관으로 앉혔다는 건 북한에 굉장히 좋은 메시지가 될 수 있죠. 인사 차원에서 보면요. 그래서 기대를 갖고 있었던 것 같은데, 정작 이명박 대통령의 본심은 다른 데 있었던 거예요. 7월 11일 박왕자 씨 사건이 나자마자 기다렸다는 듯이 금강산 관광을 중단시킬 때, '너희하곤 안 놀아'라는 사인이 나간 거죠. 그래서 제가 그때 『프레시안』에서 '정세현의 정세토크'를 시작한 거고요. 이명박 정부 시기에 남북관계가 암울해질 텐데, 과연 뭐가 잘못된 일인지, 북핵 문제나 남북관계를 어떤 식으로 관리해나가야 할 것인지 제 나름의 의견을 제시해야겠다는 생각이었어요.

또 하나, 아마 2009년쯤이었을 거예요. 이명박 대통령이 동남아에서 열리는 국제회의에 참석했을 땐데, 아마 인도네시아 자카르타였을 거예요. 이 대통령이 교민들과 만나는 자리에서 난데없이 "통일은 도둑처럼 한밤중에 올 수 있다"고 했어요. 그러면서 "나는 여러분께 통일이 임박했다고 말씀드리고 싶습니다"라고 했다는 게 언론에 보도된 적이 있어요. 2011년 6월 21일 민주평통 수석부의장에게 임명장을 수여하는 자리에서도 '통일임박론'을 얘기했고요. 당시 이명박 대통령은 아마도 북한 붕괴를 확신하고 있었던 것 같아요.

통일 항아리 사건

이명박 대통령이 동남아에서 열리는 국제회의에 간 김에 교민들과 대화하는 자리에서 "주님의 날이 새벽에 도둑처럼 들어온다"라는 성경 구절을 살짝 바꿔서 "통일도 도둑처럼 다가올 수 있다"고 하면서 "저는 여러분에게 통일이 임박했다고 말씀드리고 싶습니다"라고 말했어요. 영어 번역문에 상당히 가깝게 말했죠.(웃음)

성경에 나오는 말이네요.

소망교회 장로잖아요. 성경 내용은 줄줄 외우고 있겠죠. 저는 그 기사 내용을 보고 나서 '아, 북한붕괴론자구나' 했어요.

'통일 항아리'는 그 뒤죠?

그 뒤예요. 통일 비용 관련해서 먼저 있었던 일이, 2008년 김정일 국방위원장이 뇌졸중으로 쓰러지니까 통일이 임박했다고 생각했는지 KDI에 지시해서 통일 비용을 계산했더라고요. 계산해보니, 상당한 시간을 두고 남북 교류협력이 활성화되는 연장선상에서 통일이 되면 돈이 얼마 안 들고, 갑자기 무너지면 통일 비용이 많이 든다고 했어요. 그런데 청와대는 많이 드는 쪽으로 발표했죠. 그러고는 정부 예산만 갖고는 안 되니까 국민들이 모금할 필요가 있다는 식으로 바람을 일으키고요. 게다가 2011년 12월에 김정일 위원장이 사망하잖아요.

2012년 6월 '통일 항아리 사건'은 류우익(柳佑益) 장관이 중국 대사를 마치고 통일부 장관이 된 뒤에 누군가의 유혹에 넘어갔는지, 느닷없이 백자 항아리에 "평화통일"이라고 글씨까지 써서 오동나무 상자에 담아갖고는 전임 통일부 장관들을 삼청각으로 초대해 저녁을 대접하면서 하나씩 가져가라고 했어요. 이런 통일 항아리를 만들었다고 하니까 가장 먼저 "왜 이런 짓을 하느냐"고 비판적으로 나온 사람이 이세기(李世基) 전 통일원 장관이었어요. 상당히 보수적인 분인데도 그러더라고요. 또 허문도(許文道) 전 장관도 "왜 이런 말도 안 되는 짓을 하는 거요"라고 따졌고요. 강인덕 장관도 그랬죠. 임동원 장관 같은 분들은 말할 필요도 없었어요.

통일 항아리라는 게 북한의 붕괴에 대비해서 돈을 모으자는 의미였던 건가요?

집에서도 돈을 거기에 넣으라는 거예요. 그날 비싼 밥 사고, 이세기·허문도·강인덕 세 장관한테 류우익 장관이 제대로 혼났어요. 우리가 나서서 이론적으로 설명하고 말 것도 없었어요. 물론 그 '통일 항아리'

를 가져간 사람도 전혀 없었죠.*

어이가 없네요. 같은 보수 측에서도 그렇게 거부할 정도였으니. 어쨌거나 MB도 제 나름대로 정보를 입수했으니까 북한 붕괴 임박을 얘기한 것 아닐까요?

그럴듯한 정보가 입수된 게 아니라, 잘못된 정보가 강하게 입력된 거죠. 북한에 대해 햇볕정책 마인드를 갖고 있지 않은 사람한테 북한의 여러 경제적인 어려움을 부각시키면서 오래 못 간다고 말하면, 더구나 모든 것이 경제 원리에 의해서 돌아간다고 보는 기업인 출신 정치가는 '세끼를 두끼로 줄이고, 두끼를 한끼로 줄이면 결국 굶어 죽는 거지 뭐'라는 생각밖에 못하는 거예요. 사람의 의지로 버틸 수 있다는 생각을, 모든 것을 돈으로만 생각하는 사람들은 인정하지 않습니다.

미국 대북정책의 큰 착오가 바로 그런 거예요. 자본주의 마인드로 판단하는 것 말이에요. 대외경제 의존도가 매우 낮은 북한이 경제적 압박으로 굴복하리라 생각하는 것은 착각 중에 착각이고요. 이명박 대통령도 모든 것을 경제에 맞춰 생각했고, 당선자 시절에 보니 '북에서 온 사람들의 눈초리가 간절하더라' 싶었겠죠. 쌀이나 비료 등의 대북 지원이 앞으로도 가능하겠느냐는 질문도 북측에서 당연히 했을 거고, 바로 그 대목을 이용하겠다고 계산했을 거예요. 그렇지만 북한으로서

---

* 2018년 더불어민주당 권칠승(權七勝) 의원이 발표한 보도자료 「MB정부 통일항아리 기부금 7년째 전혀 사용 안하고 있어」에 따르면, 이명박 정부는 통일항아리 사업을 위해 통일부 예산 10억원을 투입했지만 모집된 기부금 역시 10억원에 불과해 배보다 배꼽이 더 큰 대표적 사례로 꼽혔다.

는 그렇게 해서 '북남관계'가 최소한 노무현 정부 수준으로 이어진다면 좋은 것이고, 안 되더라도 결국 살 길을 찾으면 된다는 정도였어요. '되면 좋고 안 되면 그만이다'라는 거였지, 목을 매는 상황은 아니었는데 이명박 대통령은 '붕괴시키는 수준으로까지 목을 조르면 결국 손을 들 거다'라고 오판한 거죠.

북한과의 공존이나 상생보다는 굴복 아니면 붕괴 쪽으로 가닥을 잡은 거군요.

2008년 5월 평양에 다녀와서 정부에 얘기를 전해주고 뒤이어 7월 금강산 사건이 터졌어요. 그때부터는 북한이 아무리 기대를 걸어도 소용없는 상황에 빠져들어버렸죠. 위장된 화해협력도 할 수 없고, '저렇게 사람까지 죽이는 놈들과 무슨 이야기를 하느냐'라는 논리가 비핵·개방·3000을 더 세게 밀어붙일 수 있도록 힘을 몰아준 거죠. 그러면서 2008년 12월 마지막 6자 수석대표 회동을 끝으로 접촉이 끝나버려요. 2008년을 그렇게 보냈기 때문에 2009년에도 미국의 2·13 원칙이라는 것이 귓등으로도 안 들어오는 거예요. '북한은 곧 죽게 생겼는데 미국이 뭐하러 살려주느냐'라는 식으로 생각하는 거죠.

장관님께서 민화협 대표상임의장 자격으로 북한에 간 것이 2008년 5월이 마지막입니까?

네, 그때가 마지막이었고 10년 만인 2018년 10월 평양에 갔더니 십년 전에 봤던 평양이 없더라니까요. 매우 화려해졌어요. 북핵 문제를 계기로 해서, 미국이 주도하는 유엔 대북제재가 열개 이상 돌아가고 있어요. 그 10년 5개월 동안 사건도 많이 일어났고 제재도 많이 받았음에도 평양 거리가 이렇게 화려해지고 밝아졌다는 건 미국이 선도하는 대북제재가 소용이 없었다는 증거예요. 그래서 "평양이 이렇게 화려해졌다는 건 북한의 경제를 못살게 만들어서 굴복하기를 기다리는 정책이 틀렸다는 증거"라는 얘기를, 평양 공항에서 시내로 들어가는 버스 안에서 사람들에게 해줬어요.

평소 단체관광으로 사람들이 100~200명 정도가 방문하면 버스 한 대에 안내원이 앞뒤 한명씩밖에 타질 않습니다. 통전부와 보위부에서 한명씩 2인 1조가 되어서 오는 안내원 말이에요. 저는 그때 이해찬 당대표를 비롯해서 10·4 선언 기념행사를 위한 고위급 대표단 100명 중 하나였는데 버스 한대에 안내원이 다섯명이나 타더라고요. 그때 저 이야길 들려주니까 그 사람들이 뒤를 돌아봐요. 상부에 보고하기에 좋은 내용 아닙니까. 받아 적고 돌아보면서 "참으로 그렇게 생각하십니까?"라고 물어요.

안내원 다섯명이면 많이 탔네요.

100명이 갔는데 한 차에 25~30명씩만 태우니까 군데군데 북측 안내원들이 앉을 수 있었어요. 어쨌든 2008년 갔을 때와 2018년 갔을 때, 적어도 평양의 상황은 달랐어요. 밤에도 화려하고 휘황찬란했죠. 제가 또 그 얘기도 했어요. "폼페이오가 2018년 6·12 북미 정상회담 이후 7~8월까지 평양에 세번을 다녀갔다. 그가 만약 5년 전에도 와보고 금년에도 와보고, 아니면 더 멀게는 10년 전에도 와봤더라면 북한이 압박과 제재에 의한 어려움을 겪지 않았다는 것을 깨달았을 거다. 하지만 그전 평양의 모습을 본 적이 없는 사람이 단기간에 연달아서 세번씩이나 왔으니 전후 사정을 평가할 비교 기준이 없다. 비교 기준이 없기 때문에 과거에 비해서 지금 북한경제가 어려워졌다는 얘기를 설득력 있게 할 수 없음에도 불구하고 자기들은 그렇게 믿고 싶어서 믿는 것에 불과하다." 그러니 북한 측에서 듣기에는 얼마나 좋은 얘기예요. 그야말로 친북 발언을 한 거죠.(웃음) 그런데 그게 팩트예요. 북한에 대해 착각하지 말아야 해요. 보통 질긴 사람들이 아니에요. 경제가 오히려 더 좋아진 측면도 있다는 것 아닙니까. 쌀이 부족할 거라는 세계식량기구(WFP)의 얘기도, 자기들이 그 평계를 대면서 모금해야만 직원들 월급을 주고 행정비를 뗄 수 있기 때문에 그렇게 말한 점도 있다고 봐요. 선거 자금을 모으려면 출판기념회를 열듯이, 이 분야에서도 마찬가지예요.

정리하자면, DJ는 제가 2008년 평양에 가서 보고 들은 내용을 이명박 대통령에게까지 전달할 수 있길 바랐지요. 그 뒤에 저는 북한의 DJ 조문단이 이명박 대통령을 직접 만나서 이야기를 하라고 지면을 통해 조언했고요. 그런데 2009년 8월 조문사절단이 왔을 때 이명박 대통령은 오히려 그걸 '오, 이놈들이 반은 굽히고 들어왔구나' 한 거예요. 호텔방에 아무런 사전 연락도 없이 사절단이 이제나저제나 기다리는 것을 보고는 '됐다. 조금만 더 갈증 나게 해서 다음부터는 내가 휘둘러야겠다'라고 생각했을 거고요. 그러고는 임태희 장관을 보내서 정상회담을 위한 비밀 협상을 시작했던 거죠. 미국의 2·13 원칙을 비핵·개방·3000이라는 이름으로 거절하는 것을 보면, 대통령의 대북관이 어떤 것이냐에 따라서 한미관계까지 결정된다는 걸 알 수 있어요.

박근혜 대통령 때는 정상회담을 시도한 적이 없나요?

통일부 장관이 류길재(柳吉在)와 홍용표였으니, 아마도 없었을 거예요. 국정원장도 이병기(李丙琪)와 이병호(李丙昊) 등이어서 그런 발상을 할 수 있는 사람은 없었던 셈이죠.

민화협 의장으로 북한에 가신 것은 한번인가요?

공식적으로 간 건 두번이었어요. 2007년에는 평양상품박람회에 간 김에 나무를 심어준 거였고요. 2008년에는 아예 나무만 심어주러 간 거였고요. 2005년과 2006년에도 갔을 텐데, 자주 가다 보니 기억에 잘 안 남아 있네요. 어쩌다 가면 희귀한 곳에 간 것처럼 잊히지 않을 텐데, 예전에 회담 때도 많이 만났던 관계로 기억이 안 나는 부분이 있어요.

민화협을 만든 건, 앞으로 남북 교류협력이 늘어날 테니 그것을 지원하기 위해서였던 건가요?

이름에 그 취지가 그대로 들어 있어요. 햇볕정책이 결국 남북 화해협력을 추구하는 것 아닙니까. 김대중 대통령 취임사에도 나왔듯이 '북한은 무력을 우리에게 쓰려고 하지 마라. 그러면 우리도 북한을 흡수할 생각이 없다. 그 대신 남북 간에 교류협력을 활성화하자. 통일은 그다음이다'라는 것이 대북정책의 3대 원칙이었어요. 대남 무력 사용 반대, 대북 흡수통일 불허, 교류협력 활성화. 그렇게 정책을 선언해놓고 1998년 새 정부 들어서 5월이 됐어요. 제가 통일부 차관이던 시절이에요. 장관으로부터 지시가 내려왔죠. "대북정책을 지원할 수 있는 민간단체를 만드는 게 좋겠소. 남북이 화해협력으로 가자면 범국민적 동의가 필요한데, 그러자면 정부가 앞장설 수도 있겠지만 민간 차원에서 보수와 진보 사이에 여러 가지 연결고리 역할을 하고 대북 지원에 대해 성원을 끌어내는 조직을 만들어야 하는 것 아니냐는 청와대의 지시가 있었소. 차관이 통일운동을 하는 사람들과 협력해서 조직을 만드시오." 그래서 통일운동 하는 사람들을 불러 모았죠. 옛 한국일보 건물 꼭대기의 송현클럽으로 초대했어요. 조성우(曺誠宇), 설훈(薛勳), 이장희(李長熙), 이승환, 이런 분들이 왔어요. 통일부에서는 고경빈(高景彬) 정책총괄과장을 데리고 나갔어요.

백낙청(白樂晴) 선생이 강조하는 '시민참여형 통일운동'이군요.(웃음)

그래서 이름이 '민족화해협력범국민협의회'가 되었어요. '범국민'이라는 것은 보수와 진보를 다 아우르자는 의미죠. 합의를 이뤄내고자 하는 의지는 '협의'라는 말 속에 들어 있었고요. 9월 3일에 출범식을 했어요. 처음에는 대표가 '상임의장'이었고 나머지는 '공동의장'이었어요. 다수의 공동의장을 대표하는 상임의장 체제인 거죠. 나중에는 직명이 '인플레이션'되어서 공동의장들이 상임의장이 되고, 기존의 상임의장은 대표상임의장으로 이름이 바뀌었어요. 초대 상임의장으로는 한광옥(韓光玉) 씨를 영입하는 것이 좋겠다고 해서 영입을 해왔어요.

민화협은 회원이 단체로 들어갑니까?

자유총연맹부터 진보연대까지 200개 정도 되는 단체들이 다 들어왔었어요. 그러다 극진보와 극보수는 다 나가버리더라고요. 중도 내지는 온건 보수 또는 온건 진보 정도만 남았어요. 그래도 100개 이상은 남아 있죠. 처음에 사무실 얻는 것은 정부에서 도와줘서 해결됐죠.

정부에서 예산을 지원해줍니까?

예산이라는 게, 통일정책 홍보 관련된 사업비로 나왔어요. 해외 사업 관련된 예산도 있었어요. 그 정도면 사업에는 충분히 쓸 수 있는데 월급은 정부 예산으로 줄 수가 없어요. 통일부가 해야 할 일을 대행하는 차원에서 보조금 형식으로 예산을 주죠. 통일연구원이나 KDI처럼 처음부터 예산을 편성해서 주는 것이 아니고요. 인건비까지 전부 해결해주는 것이 아니라, 사업집행 예산만 줘요. 인건비는 상임의장이 책임지고 기업들에게 협찬을 받아서 직원들에게 줘야 해요.

그렇게 9월 3일 출범했고, 강인덕 장관님이 저에게 '차관이 가서 축사를 하라'고 하셔서서 직접 가서 축사도 했기 때문에 민화협에 대해서는 시작부터 출범식까지 관여했던 거예요. 한광옥 씨는 민화협에 있다가 청와대 비서실장을 거쳐 여당 당대표가 됐죠. 그러니 밖에서 볼 때는 민화협 상임의장이 엘리트 코스처럼 보이는 거예요. 청와대 비서실장이나 당대표가 얼마나 센 자리입니까. 그 뒤로는 한완상 전 통일부총리가 상임의장으로 있다가 교육부총리로 갔고, 그다음으로 이돈명(李敦明) 변호사가 왔고, 그 후임으로 이수성 전 국무총리가 왔어요.

그러고는 제가 후임으로 들어갔죠. 임기가 2년인데 그걸 두번 꼬박 하고 한달을 더 하고 있는데 정권이 바뀌었다며 나가라고 하더라고요. 2005년 2월에 들어가서 2009년 3월에 나왔어요.

그때쯤 되니까 이제 나가줬으면 좋겠다는 연락을 홍양호 통일부 차관이 해오더라고요. 제 죄를 알았죠. 2008년 박왕자 씨 사건 이후에 이명박 정부의 대북정책에 대해 '정세토크'에서 심하게 비판하기 시작했거든요. 다른 인터뷰에서도 이명박 정부가 통일부를 없애려 하는 데에 대해 거친 언사를 쏟아내고 하니까, 저대로 놔둬선 안 되겠다고 생각한 거죠. 대북사업도 어차피 없을 텐데 통일 문제 관련해서 민간의 의견을 조율하고 공론화하는 데에 저런 사람이 앉아 있으면, DJ나 노무현 스타일의 대북정책이 옳다는 얘기만 하고 이명박 정부에 대해서는 비판 여론을 일으키지 않겠나 생각했을 거예요.

사퇴 압박을 받은 얘길 〈프레시안〉과 인터뷰하면서 터뜨려버렸어요. 그랬더니 여기저기 신문사와 방송사에서도 연락이 와서 보도가 돼서 시끄러우니까, 곧장 김병국(金炳局) 외교안보수석이 급히 만나자고 해서 식당에서 만났어요. "절대로 청와대 아닙니다. 국정원 쪽도 아닙니다." "그러면 누구요? 김하중이구먼. 홍양호한테 지시할 수 있는 건 김하중밖에 없는데 김하중이 그럴 수 있어?" 제가 그런 식으로 불평하기는 했지만 이미 그렇게까지 판을 키워놓고 더 하겠다고 할 수는 없는 것 아닙니까. 제가 철면피도 아닌데.(웃음) 그래서 물러날 준비를 하고 있는데, 그때 후임자로 온 것이 김덕룡(金德龍) 전 의원이에요.

김덕룡 전 의원이 그전에는 신한국당 몫으로 상임고문을 맡고 있었고요. 그러다 이명박 정부 들어서고는 국민통합특보로 발령을 받았어요. 그런데 그 자리가 특별히 표가 나는 자리는 아니었는지, 상임의장을 하고 싶다고 한 모양이에요. 이미 민화협 경험도 있으니 어느정도 기여할 수 있겠다는 생각이었겠죠. 그래서 김덕룡 씨에게 민화협 의장 자리를 물려주고 나왔는데, 이번에는 제가 평통 수석부의장을 김덕룡 씨에게서 물려받았어요.

민화협이 현재 남북교류에서 하고 있는 역할이 있습니까?

정부 간에 사이가 좋을 때는 민화협이 역할을 잘 수행했어요. 말하자면 정부가 모두 처리할 수 없는 경우에는 민화협이 나서서 민간 차원으로 여러 물자 등을 지원해왔기 때문에 북한에도 도움이 됐고, 정부가 직접 나서서 정부 예산만으로 하기 어려운 사업 또한 민화협이 대행해줄 수 있었죠.

나무 심기 같은 게 그런 사업이었군요.

그렇죠. 협력기금 내에 매칭펀드 제도가 있어서 지원도 받을 수 있었고요. 그런 식으로 플러스 알파 역할을 할 수 있었는데, 몸통이 쉬어버리니까 플러스 알파가 작동을 못하더라고요. 사실 이명박 정부 들어서서 몸통이 쉬어버린 것 아닙니까. 제가 노무현 정부 때인 2005년 2월부터 2009년 3월까지 민화협에서 일했는데, 2007년 말까지는 괜찮았어요. 그런데 2008년 들어 비핵·개방·3000이 공표되고 몸통이 쉬니까 민화협이 움직일 틈이 없어지는데, 그래도 관성에 의해 그해 5월에 나무를 심어주러 갔던 거예요. 다녀와서 메시지를 전달했지만 반응이 없었고, 박왕자 씨 피격 사건이 일어나면서 금강산 관광도 끊어져버렸죠. 그러니 민화협이 할 일이 없어진 거죠.

남북관계를 교류협력 쪽으로 끌고 가려던 노무현 정부를 곤혹스럽게 한 북한의 행동이 임기 말 즈음에 여러번 있었어요. 미사일 쏘고 핵실험을 해버리는 등의 사건이었죠. 그렇게 일을 저지르면서도 큰비 한 번 왔다 하면 평양 시내가 물속에 잠겨버리는 모습을 『로동신문』에 사진까지 넣어서 대서특필을 해요. 방송을 쫘대고요. 남한의 지원을 바라는 거죠. 그러나 정부가 먼저 나설 수가 없잖아요. 그럴 때 민화협이 나서서 지원해야 한다고 여론을 조성하는 거죠.

'1984년 수도권에 수해가 났을 때 북쪽에서 수해물자를 보내왔던 선례도 있고, 현재 북한에서 미사일을 쏘는 등 하는 일이 곱지는 않지만 어려움에 처했을 때는 우리가 도와야 하는 것 아니냐'라는 여론을 일으키기 위해 언론간담회를 열어 기사화하고 정부에 들어가서도 건의하고요. 정부가 직접 나설 수 없는 고충을 통일부 출신으로서 짐작하니까요. 전전임 통일부 장관이 민화협 대표상임의장 자격으로 현임 통일부 장관에게 "민화협이 먼저 민간 차원에서 대북 지원을 시작할 테니 정부가 나중에 도와주었으면 좋겠습니다"라고 한 셈이죠. 시급한 구호식량이야 곧바로 보낼 수 있지만 수해복구를 위해서는 철근도 가고 시멘트도 가야 하니까, 그렇게 돈이 많이 드는 것은 정부에서 했으면 좋겠다고요. 역할을 분담하자고 제안하면서 바람을 일으키기도 했습니다. 노무현 정부까지는 남북관계를 단절하는 시기는 아니었기 때문에 어쨌거나 몸통은 움직이고 있었어요. 또 그때까지는 장관급 회담도 열렸고요.

민화협이 공식적으로는 시민운동단체들의 모임이잖아요. 정부가 상당한 예산을 지원하지만, 민화협 대표상임의장도 쉬운 역할은 아닐 것 같습니다. 대표상임의장을 시민단체들이 자율적으로 뽑은 적은 없었나요?

없었어요. 청와대의 의지가 많이 반영됐죠. 정부에서 애초에 만든 거니까, 그쪽에서 사인이 오죠.

12장

'통일은 대박'의 시대

박근혜 정부

최대석 교수의 낙마

박근혜 정부가 출범할 때 인수위원회 외교안보 분과위원장이었던 최대석(崔大錫) 교수가 상당히 중요한 역할을 수행했는데, 통일부 장관으로 내정돼 있었다가 낙마했어요. 제 기억으로 최대석 교수의 정치 성향이 중도이기도 하고, 또 북한을 잘 알기 때문에 박근혜 정부의 대북정책이 괜찮을 거라는 기대가 많았거든요. 그래서 낙마한 과정에 대해 상당히 말이 많았던 것 같아요.

사정은 잘 모르지만, 시간상으로는 저를 만난 직후에 인수위원 해임 통보를 받았대요. 그래서 그걸 인과관계로 설명하는 보도도 나왔지만, 그건 전혀 아닙니다.

그때 언론보도로는 최대석 교수가 통일부 장관이 되는 걸로 거의 확정되어 있었잖습니까?

그랬죠. 다 된다고 했죠. 최대석 교수가 인수위원에서 사퇴한 것이 2013년 1월 13일인데, 그 전주 금요일 오후엔가 제가 한반도평화포럼 일로 백낙청 교수 등을 만나러 창비 세교연구소에 갔었어요. 포럼 이사회를 하고 1층의 '문향'이라는 한식당에서 식사하는 중이었어요. 그런데 최 교수한테서 전화가 왔어요. "저 최대석입니다.""예. 웬일로 전화하셨어요?" 인수위 외교안보 쪽 좌장이라면서 이야기가 많이 오가던 땐데 축하한다는 말도 안 했어요. "장관님을 꼭 좀 뵈었으면 좋겠습니다.""언제 나를 보자는 건지 모르지만, 지금은 서울에 와 있는데 이번 주에 왔기 때문에 다음 주에 보려면 제가 일부러 원광대에서 서울로 올라와야 해요. 무슨 일로 그러시는데요?" 그렇게 말했는데도 저를 꼭 봐야겠다고 해요. 그래서 다가오는 일요일 세시에 보자고 했죠.

당일 세시에서 네시까지 얘기를 나눴는데, 나는 당연히 통일부 장관이 되는 걸로 알았기 때문에 '통일부 장관이 되면 이러이러하게 하면 좋습니다'라는 얘기를 한 시간가량 떠들었죠. 요지는 이거였어요. "통일부 장관은 '대가 세지' 않으면 정말로 존재감이 없는 자립니다. 장관 자신이 대가 세야 합니다. 외교부 말을 들으면 미국과 협의해야 한다고 해서 아무것도 못하고, 국방부 장관 말을 들으면 안보 상황 때문에 우리가 북한과 생각 없이 왕래만 할 상황이 아니라고 해서 아무것도 못하고, 국정원이 요행히 통일부 편을 들어주면 모르지만 그렇지 않고 외교부나 국방부의 중간 정도 선에서 얘기한다면 통일부는 나갈 구멍이 없습니다, 그게 현실입니다."

대통령의 귀를 누가 잡느냐가 중요한데, 김대중 대통령처럼 처음부터 확실한 통일철학을 갖고 있으면 통일부 장관에게 힘을 많이 실어주지만 그렇지 않다면 힘이 없는 자리죠. 김대중 대통령은 통일부 장관에게 힘을 많이 실어줬어요. 부총리 제도를 없애면서도 부처 서열을 재경부-통일부-외교부 순으로 정해준 덕택에 국회도 외무통일위원회의 이름을 통일외교통상위원회로 바꾸었죠. 노무현 대통령도 햇볕정책을 계승 및 발전시키겠다고 말했던 분이기 때문에 비교적 통일부에 힘을 많이 실어줬고요. 또 당시 청와대 안에 그나마 '자주파'라고 할 수 있는 이종석 박사가 NSC 사무차장을 하고 있었죠. 처장은 나종일 교수였지만 처장보다는 차장이 대통령 귀를 잡고 있었던 터라 통일부가 일하기가 쉬워졌죠. "통일부가 세게 밀어붙이면 대통령도 그렇게 하자고 도와주었기 때문에, 있는 동안은 그런대로 일을 하고 업적을 만들 수 있었다. 그런 용기가 있어야 한다"라고 조언했어요.

그러면서 사례까지 들어줬어요. 2003년 노무현 대통령이 취임한 뒤에 처음으로 4월에 장관급 회담을 하러 평양에 가면서 회담 전략을 보고하러 들어갔어요. 대통령이 보고를 듣더니 "회담이야 전문가니까 알아서 하실 거고, 대북 지원은 나는 인도주의도 아니고 동포애도 아니라고 생각합니다"라는 얘기를 꺼내셨어요. 그 얘기를 듣고 깜짝 놀랐죠. 인도주의도 아니고 동포애도 아니라면 주지 말라는 건가 생각하는 사이, 곧이어 "그건 우리의 도리라고 생각합니다"라고 하셨어요. 동포애는 동포 평계를 대고 주는 거고, 인도주의는 남의 나라도 할 수 있는 건데 우리가 북한을 돕는 것이 도리라고 한다면 그것은 이유가 없는 거예요. 당연하고, 무조건적인 일이 되는 거죠. 자식의 부모에 대한 도리, 부모의 자식에 대한 도리, 형제간의 도리처럼 조건이 없는 거죠. '대단하다' 생각하고 "알겠습니다. 북쪽에다 확실히 새 대통령은 이런 입장이라는 것을 인식시키고 잘하라고 하겠습니다"라고 대답했죠.

2003년 8월 27일, 6자회담이 어렵사리 이뤄지게 됐어요. 7월 서울에서 열린 장관급 회담에서 사실상 6자회담 수용을 약속하고 갔던 상황이었죠. 그런데 6자회담이 끝난 뒤에 무슨 일 때문이었는지 갑자기 북한이 핵 활동을 재개하겠다고 발표를 했어요. 그것에 대한 대책을 협의하자고 하면서 안보관계 장관 회의라는 것을 열었어요. 총리까지 참석했죠. 그런데 노무현 대통령이 가장 마지막에 들어와 착석하시면서 저를 째려보면서 "저 사람들, 뭐 맡겨놨어요?"라고 하시더라고요. 8월 하순에서 9월 초였으니까 쌀과 비료가 가던 때예요. 그 말을 듣는 순간 '아, 이거 주지 말라는 얘기구나' 싶었죠. 그러나 이미 보고서를 '북한의 핵 활동 재개 통보에도 불구하고 우리가 대북 지원을 계속 해나가야만 6자회담에서 우리의 입지를 확보·강화해갈 수 있고, 6자회담 내에서 우리의 입지가 있어야만 미국에 대해서나 북한에 대해 발언권을 가질 수 있으며, 그래야만 국민들에게 취임사로 약속했던 햇볕정책을 계승 발전하는 일이 가능하다'라는 논리로 준비해갔죠. 통일부 장관이 보고하고 토론하는 자리였어요. 다른 부처 장관들은 준비할 것이 없었고요.

최대석 교수에게 그런 표현을 썼어요. "만약 그때 제 보고를 듣고 난 후 노무현 대통령이 그래도 대북지원은 안 된다고 하면 그 자리에서 일어서면서 '그럼 저는 통일부 장관을 그만두겠습니다. 사표는 나중에 인편으로 비서실에 제출하겠습니다'라고 말할 각오로 그렇게 말했습니다. 그 보고가 끝나니 대통령 표정이 이상해지더라고요." 대통령께서 기분 나쁜 표정을 지으면서 반론을 제기하라는 투로 토론하라고 하니, 맨 끝에 있던 국방보좌관이 손을 들더라고요. 외교보좌관도 손

을 들고요. 당시 국방보좌관은 김희상(金熙相)이었고, 외교보좌관은
반기문(潘基文)이었어요. 국방보좌관이 "군의 여론이 무척 좋지 않고,
그동안 대북지원 했던 것을 여기서 중단해야지, 그렇지 않으면 어려워
질 수 있다"라면서 여론 평계를 댔어요. 그래서 비록 대통령이 주재하
는 '어전회의'였지만, 그렇게 발언한 김희상 안보보좌관한테 세게 반
박했어요. 개인적으로는 친구였기 때문에 "어이, 김 장군"이라고 부르
면서요.(웃음) 사실 공식적인 자리인데 반말을 썼으니 좀 무례하기는
했죠. "정부가 무슨 여론 평계를 대나? 여론에 휘둘리지 말고 끌고 나
가면서 정책을 추진해야 하지 않나. 국방부처럼 통일부를 운영할 거면
국방부만 남기고 통일부는 없애버려!"라는 식으로 반말로 반박했더
니 사람들이 놀라더라고요. 그랬더니 손을 들었던 반기문 보좌관이 발
언을 안 하더라고요. 그런 식으로 치고 나가니까 외교부 장관이나 국
방부 장관도 아무 말 못하는 거예요. 그러고 나서 국정원장이 "찬반 양
론이 있을 수 있는데, 국정원 입장에서도 지금 통일부 얘기가 맞는다
고 생각합니다"라고 손을 들어주니까 고건 총리가 최종적으로 "이번
에는 통일부 장관 손을 들어주시지요"라고 얘기하고 노무현 대통령이
매우 못마땅한 표정으로 "그렇게 하세요" 하고 나갔어요.

　"최 교수는 박근혜 대통령 당선자에게 8년 동안 공을 들였던 사람이
고 문고리 중의 문고리 아닙니까. 그러니 아마 다른 장관들이 조금 조
심할 거요. 그걸 활용해서 후배 장관으로서 통일부의 존재감을 세워주
시오. 예산 규모도 작고, 인원수도 적고, 북한은 도와주질 않고 미국은
발목을 잡는 악조건 속에서 통일부가 통일부답게 일하려면 치고 나가
는 수밖에 없습니다. 잘 부탁합니다." 여기까지 말하니 4시가 됐더라
고요. 그래서 집에 가겠다고 했더니 최 교수가 갑자기 "제가 안 할지

도 모릅니다"라고 해요. 그래서 속으로 '이 사람이 통일부 장관 대신 국정원장을 하려고 하는 건가?' 했어요. 아니면 외교안보수석이 되거나요. "제가 네시 반까지는 시청 앞에 빨리 가야 할 일이 생겼습니다." 이미 김용준(金容俊) 인수위원장으로부터 연락을 받았던 모양이에요. 그때 사퇴 종용을 받으러 가는 것은 모르고 '국정원장으로 가나? 청와대로 가나?'라고 생각했더니 다 그만뒀더라고요.

그러고 났더니 최대석 교수의 동선이나 스케줄을 다 조사해서 '정세현을 만났기 때문에 미운 털이 박혀서 짤렸다'라는 기사를 쓴 기자도 있어요. 또 저를 만나기 전에는 동국대학교 북한학과의 박순성(朴淳成) 교수와 식사를 했대요. 전형적인 진보인사죠. 나중에 민주당의 민주연구원장도 했으니까요. '박근혜 캠프 쪽에서 보면 종북 또는 좌빨만 만나고 다니는 거라고 생각했을 거다'라고 기자들은 본 거예요. 하지만 그건 원인이 아니었던 것 같고, 지금 와서 생각해보면 대통령 주변 북한붕괴론자들과의 불화가 결국 그 사람을 낙마시킨 게 아닌가 싶어요. 최순실이 붕괴론의 중간 숙주 역할을 했을 거고요. 그래도 최대석은 명색이 대학교수 출신이고 북한학 전문가인데 북한붕괴론을 믿었겠어요? "그럴 가능성은 없다"라고 얘기하며 박근혜 당선자 측 실세들과 불화를 일으켰을 거예요.

당시 언론 보도로는, 특히 『중앙일보』는 최 교수가 길정우(吉炡宇) 국회의원을 내세운 대북 접촉을 당선자의 사전 허락 없이 지휘했던 문제 때문이라고 하지 않았나요?

그건 핑계에 불과하고, 진짜 원인은 북한붕괴론자들과의 불화 때문이었을 거라고 봐요.

최대석 교수는 비교적 합리적이고 상식적인 대북정책을 추구한 반면, 박근혜 주변의 실세들은 붕괴론 쪽에 확 쏠려 있었을 거라고 추측한다는 말씀이시죠.

북한붕괴론 신자들이었죠. 종말론을 믿는 사람들처럼요. 북한학자인 최대석 교수가 볼 때는 북한에는 강점과 약점이 다 있단 말이에요. 우리는 독재, 개인우상화, 폭압정치 등을 약점이자 붕괴요인으로 꼽지만 북한 당국 입장에서 볼 때는 오히려 그런 요소들이 반체제 세력을 무자비하게 사전에 숙청할 수 있는 도구로 작용해 그 체제가 굴러갈 수 있게 하는 원동력이 될 수 있어요. 우리는 약점이라고 생각하지만 그쪽에서 보기에는 강점이 될 수 있는 거예요. 그런 생각을 북한학 교수라면 갖고 있어야죠.

최대석 교수가 통일부 장관에 내정됐다가 낙마했던 것이 박근혜 정부의 향후 대북정책을 가늠하는 굉장히 중요한 갈림길이 됐다고 볼 수 있는 거군요.

그렇죠. 한반도 신뢰 프로세스는 인수위원회의 학자들이 만들어둔 거였을 뿐, 결국 무용지물이 될 운명이었던 거죠.

그게 최대석 교수가 주도해서 만들었다고 보시나요?

네, 그의 작품이라고 봅니다.

그런데 이를 실천할 사람이 낙마해서, 공허한 말장난으로 끝나버린 거군요.

신뢰 프로세스가 인수위 대북정책의 기본 방향으로 정리되는 것을 보고, 붕괴론 쪽에 줄을 선 사람들 쪽에서는 '최대석이 이상한 짓을 하다 나갔다. 택도 없는 일이다. 붕괴한 뒤에 접수하면 되는데'라고 생각했을 거예요. 최대석 교수는 박근혜 대통령이 붕괴론으로 빠져 들어가는 입구에서 버림을 받은 거라고 생각합니다. '신뢰 프로세스론자'가 '붕괴론자'들에게 밀린 거죠. 거기서부터 박근혜 대통령이 남북관계를 망치는 줄도 모르면서 확신을 갖고 개성공단 중단까지 질주하기 시작한 거죠. 그 밖의 정책에 대해서는 얘기할 것이 없어요.

낙마 이후에 최대석 교수를 만난 적은 없으십니까?

만나봐야 그런 얘기를 진실되게 할 수는 없었을 거예요. 2013년 12월 초에 베를린자유대학교 이은정 교수 초청 프로그램에 같이 초대를 받았기 때문에 떠나오는 날 잠깐 얼굴을 봤는데, 그때에도 의례적인 이야기만 나눴어요. 자세히 얘기해봤자 속이나 상하죠. 박근혜 정부가 신뢰 프로세스라는 것을 취임 후에 공식적으로 발표하기는 했지만, 숨겨놓은 비장의 카드는 붕괴론이었던 거예요. 그쪽으로 박근혜 정부가 걸어가기 시작한 때가 최대석 교수가 낙마한 2013년 1월 13일이었던 거고요.

나중에 들으니까 그날 오전에 국정원 보고가 있었다고 하더라고요. 최대석 교수가 국정원을 대대적으로 개혁하려는 플랜을 갖고 있었다는 것을 국정원이 감지했대요. 기자들에게 들은 얘기예요. 팩트 체크는 안 됐지만, 충분히 가능성 있는 얘기죠. 국정원 사람들의 정보력은 대단하거든요. 자기들의 힘을 빼는 계획을 대통령 측근이 갖고 있다면 어떻게든 그를 낙마 시켜야죠. 문재인 정부에서 검찰개혁을 확실히 밀어붙일 것 같은 조국(曺國)을 검찰로서는 어떻게든 제거해야 하는 것처럼요.

관료들의 최고 목표는 자기 생존이죠. 생존을 위해서는 뭐든지 할 수 있죠.

그것 때문에 국정원 보고 때 상당히 고성이 오고 갔다고 하더라고요. 그러면서 전혀 근거 없이는 낙마시키지 못할 테니까 아마 국정원이 갖고 있는 정보를 갖고 평계를 만들지 않았겠느냐고 기자들은 추측하는 모양이에요. '처가 쪽에 돈이 많다'라는 게 이유였다는 얘기가 있었는데, 최대석 교수 아버지가 박정희 대통령 시절에 공화당 사무총장도 하고 나중에 부총재도 역임하고 경상남도 고성에서 국회의원을 오래 했던, 박정희 정부 시절의 실력자였어요. 박근혜가 대선에 출마하면서, 말하자면 대를 이어서 충성한 거예요. 결혼도 GS 그룹 가문과 할 만한 반열에 있었고요. 장관 청문회를 하는데, 처가 쪽에 돈이 많으면 죄가 되나요? 그걸로 평계를 대려고 했지만 그건 아니었을 거예요. 본인도 돈이 많았으니까 누구한테 돈을 받았을 리도 없고요. 대통령의 머리를 이미 장악한 사람들이 '그쪽은 아닙니다'라면서, 중간에 괜히

엇박자 낼 사람을 안고 가느니 처음부터 정리하자는 식으로 종용했을
거예요.

북한붕괴론과 2015년 자유민주주의 체제로의 통일론

박근혜 정부의 대북정책을 어떻게 보셨는지 궁금합니다.

'한반도 신뢰 프로세스'가 그의 인수위 대북정책이었죠. 인수위원
회에서 발표했을 때 햇볕정책만큼은 아니지만 80점 정도는 줄 수 있
다고 봤어요. 한반도 신뢰 프로세스라는 이름으로 공식 발표된 정책의
내용만으로 보면 햇볕정책의 80퍼센트 정도는 된다고 할 수 있었거든
요. 그러나 실제로 정책이 추진되는 과정을 보니까 말과 행동이 완전
히 다르더라고요.

'한반도 신뢰 프로세스'라는 게 말하자면 남북 간에 신뢰를 조금씩
쌓아가면서 비핵화를 시키겠다는 거죠. 그런데 박근혜 정부 출범을 열
이틀 앞둔 2월 13일, 북한이 3차 핵실험을 벌였어요. 그때 박근혜 정부
참모들은 과연 저런 북한과 신뢰를 구축할 수 있겠는가 하는 회의가
들었을 거예요. 그러나 정책을 일단 발표했으면, 실제로 실행해가면서
정책의 한계라든지 약점을 보완해나가야죠. 그런데 핵실험을 한 직후
에 출범했기 때문인지 "북한이 저런 식으로 막 나가는데 신뢰를 구축
할 수 있겠느냐"라는 이야기가 박근혜 대통령 입에서 나오더라고요.

신뢰 프로세스를 통해서 비핵화까지 시키겠다고 하더니, 그게 완전히 순서가 바뀌어서 핵 문제가 해결되기 전에는 신뢰 구축이 어렵지 않느냐는 얘기가 나오는 것을 보고, '결국은 "비핵·개방·3000"과 같은 길을 가는 거다'라고 생각했죠.

아무리 인수위에서 발표한 정책이지만 대통령 이름으로 발표한 것인데 그 내용을 읽어보고 본인 머릿속에 입력해둬야 하지 않습니까? 보좌진들이 연설문을 써오더라도 '이건 내가 취임사에서 한 얘기와는 좀 다르네요'라고 정정할 수 있을 정도는 되어야죠. 참모들한테 대면 보고를 받지 않으니… 그러니 이런 일이 일어날 수밖에 없지요. 최순실 씨 국정개입 사건이 터진 이후에 복기해보니까, 자기 이름으로 발표된 보고서 내용과 자기 입으로 나간 말이 상충된다는 걸 박근혜 대통령이 생각하지 못했던 것 같아요. 한반도 신뢰 프로세스가 상당히 오랫동안 간판으로 걸려 있었는데, 실제로는 비핵·개방·3000 논리로 슬슬 옮아갔거든요.

그때 원광대학교 총장으로 있느라 '정세토크'를 거의 못했었는데, 그래도 당시의 실망감을 지적해야 할 필요가 있어서 두어 달에 한번씩이라도 했었죠. 2014년 1월 6일 연두 기자회견에서 박근혜 대통령이 "통일은 대박이다"라고 말하면서 '통일준비위원회'를 출범시키겠다고 하는 모습을 봤어요. 그걸 보고는 '아, 큰일 났다. 신뢰 프로세스고 뭐고 지금 북한붕괴론에 빠졌구나' 생각하지 않을 수가 없었어요. 그때부터 박근혜 정부의 대북정책에 대한 비판의 날을 세우기 시작했죠.

더구나 대통령 기자회견 후인 1월 중순에 여러 신문에서 이런 보도가 나왔어요. 2013년 말 국정원 송년회에서 남재준(南在俊) 원장이 "2015년에는 자유 대한민국 체제로 조국이 통일돼 있을 것"이라면서

"자유민주주의 체제로 통일시키기 위해 다 같이 노력하자"라는 건배사를 했다는 내용이었죠. 송년회 자리에 국정원장과 건배사를 함께한 사람들이라면 굉장히 높은 자리에 있는 이들이라고 봐야 해요. 그걸 보고는 '아, 확실히 정권 고위층 사람들은 북한붕괴론에 빠졌구나' 싶었어요.

박근혜 정부가 북한 붕괴를 확신했다는 거군요.

대통령이 이미 그쪽으로 세뇌됐기 때문에 한반도 신뢰 프로세스 같은 것은 필요가 없는 거예요. 북한이 계속 존재해야만 신뢰를 계속 쌓아가면서 비핵화를 추진하겠다고 하는 당초의 정책 목표 내지 방향성이 정당성과 합리성을 갖는 건데, 붕괴론에 빠져버리니까 신뢰 프로세스는 폐기된 거나 다름없었죠.

2013년 12월 장성택(張成澤) 처형 때문에 그랬던 것 아닙니까?

이명박 대통령 때도 김정일 국방위원장이 심혈관 계통 질환으로 몇 번 쓰러지니까 북한 붕괴를 확신했었죠. 2011년 12월에는 쓰러져서 못 일어나고 결국 세상을 떴지만 그전에도 2008년쯤부터 두세번 정도 쓰러졌었어요. 김정일 국방위원장이 뇌졸중으로 쓰러져서 고생한다는 소식이 들려오면서부터 이명박 대통령은 북한 붕괴를 확신했던 거죠. 박근혜 정부 시절에도, 대통령이 그쪽으로 마음이 기울어서 "북한이 오래 버틸 수 있을까요?"라고 국정원에 물어본다고 치면 '대통령이 북한 붕괴 가능성을 염두에 두고 계시는구나'라는 걸 잡아내 거기에 맞춰서 보고서를 쓸 능력을 가진 게 공무원이에요. 맞춤형 보고서를 만들 수 있는 사람들이 있어요.

2013년 연말 국정원 송년회 관련 기사를 보고 생각나는 일이 하나 있었어요. 2013년 12월 초였어요. 제가 원광대학교 총장으로 있을 땐데, 독일 자유베를린대학교 한국학연구소의 초청으로 그곳에 강연하러 갔어요. 이은정 교수가 그 대학의 정교수로 있죠. 베를린에서 돌아오던 날 호텔에서 아침을 먹고 공항으로 가기 위해 로비 커피숍에서 기다리고 있었어요. 그런데 한국인 청년 하나가 다가와요. "장관님, 안녕하세요? 『조선일보』의 최○○ 기자입니다." "그래요? 웬일입니까? 언제 왔습니까?" "어제 비행기로 뮌헨에 도착해서 밤 기차를 타고 지금 막 베를린에 도착했습니다." 그래서 "웬일로 그렇게 힘들게 왔습니까?" 하고 물었더니, "동독이 붕괴할 당시에 동독 정부 쪽에서 일했던 사람을 인터뷰하러 왔습니다"라고 해요. 그래서 "무슨 용도입니까?" 하고 물으니, "북한이 곧 붕괴한다고 보고, 그럴 경우에 우리가 무엇을 준비해야 하는지에 관한 기획 기사를 쓰고 있습니다" 하더라고요.

그게 2013년 12월 초의 얘기예요. 그때는 대수롭지 않게 생각했어요. 아직 '통일은 대박이다'라는 얘기도 나오기 전이었고, 2015년에 자유민주주의로 통일되어 있을 테니 힘을 다하자는 국정원 건배사 얘기도 보도되기 전이었죠. '북한이 붕괴할 경우의 대비책을 왜 신문사가 세우지?'라고만 생각했어요. 그런 컨틴전시 플랜은 정부 차원에서 소리 없이 준비해야 하잖아요. 진보정권이 됐건, 보수정권이 됐건 언제든 가장 나쁜 케이스의 시나리오를 대비한 예비 대책은 있어야 해요. 그건 당연한 거예요. 다만 그런 게 있느냐고 질문하는 국회의원이 있다면, 그건 생각이 짧은 거고, 그게 있는 것처럼 말하는 장관도 문제가 있는 거죠. 거기에 대해서는 묻지도 말아야 하고 답하지도 말아야 해요. 그런데 일개 신문사가 그런 시나리오를 기사로 쓴다? 너무 앞서 나간다는 생각만 했었죠. 정부 사정은 모르고 그 당시에는…

그야말로 이심전심으로요.

그런 대비책이 있다고 하면, 그날로 그 기획은 무효가 되는 거잖아요. 2017년 송영무(宋永武) 국방부 장관이 국회에 나가서 북한 고위직 참수 작전을 위해 참수 부대를 운영해야 한다는 얘기까지 해버려서 참 난데없는 사람이라고 생각했어요. 2013년 연말 그때에도 『조선일보』의 기획 기사 이야기를 들었을 때 황당했는데, 나중에 박근혜 대통령의 '통일은 대박이다'라는 발언이 나오고 난 후에 『조선일보』에 시리즈 기사가 나오더라고요. 그러면서 '통일과나눔'이라는 재단을 만들고 돈도 좀 걷히기 시작했던 모양이에요.

통일준비위원회라는 헛발질

그 후에 통일준비위원회라는 걸 만들었죠.

그러니 박근혜 정부는 2014년 1월부터 북한 붕괴에 대비해서 통일준비위원회를 만들겠다고 얘기했고 그게 7월 14일 출범했어요. 그 위원장은 대통령이니, 누가 민간 측 부위원장인지 알고 싶었는데 텔레비전을 보니 대통령 오른쪽에는 고건 전 총리가 앉아 있고 왼쪽에는 난데없이 DJ 청와대에서 민정수석과 정책기획수석, 문화부 장관까지 했던 김성재(金聖在) 김대중평화센터 이사가 앉아 있는 거예요.

깜짝 놀랐죠. 솔직히 고건 총리는 박근혜 대통령과 특별한 인연이 있었으니 이해가 됐어요. 박정희 대통령 시절 30대 후반에 전남 지사를 하는 등 승승장구했고, 물러날 때는 정무수석 비서관도 했죠. 10·26 사건 후에 청와대 살림을 정리하는 책임자였기 때문에 그때 박근혜가 의지할 곳이 거기밖에 없었다고 해요. 그런 사연으로, 좀 도와달라고 하면 거절할 수 없는 인간관계가 있다고 알고 있어요. 그런데 김대중 대통령의 측근 중의 측근이라고 할 수 있는 김성재 전 문화부 장관이 그 자리에 앉아 있는 것을 보고는 깜짝 놀랐죠. DJ가 직접 발탁하고 후에 이희호 여사를 모시기도 했던 사람이 애먼 곳에 앉아 있으니까요. 그 건너편을 보니 YS 때의 한승주 전 외무부 장관도 앉아 있고, 한참 떨어진 자리에는 같은 시기에 대통령 외교안보수석을 지낸 정종욱 교수도 '통일준비위원회 부위원장' 자격으로 앉아 있더라고요.

김영삼 대통령이나 이명박 대통령도 북한붕괴론자였는데 다시 박근혜 대통령도 붕괴론에 빠져서 통일준비위원회를 본격적으로 만든다니… 곧장 정종욱 교수에게 연락해서 그런 자리 그만두시라고 했죠. "택도 없는 소립니다. 그만두십시오. 나중에 두고두고 망신당합니다." 저는 가까운 사이라고 생각했기 때문에 직언한 거죠. 벼슬이라는 게 그걸 해서 영광스러운 자리가 있고, 욕이 되는 자리가 있잖습니까. 그런데 어쨌든 통일준비위원회 부위원장이라는 자리가 오랜만의 벼슬자리니까 의욕적으로 일하고 싶은데 제가 계속 그만두라고 하니까 들리겠어요? 그만두지 않았죠. 그러다 결국은 사고가 났어요.

김대중평화센터가 서울시로부터 예산을 지원받아 2015년 3월 12일 연세대학교 기념관에서 국제 포럼을 열기로 되어 있었어요. 정부 측 인사로 통일준비위원회 부위원장인 정종욱 교수를 초청할 수밖에 없는 상황이었죠. 그런데 그 이틀 전인 3월 10일, ROTC중앙회 초청으로 ROTC 포럼 강연회가 있었대요. ROTC 출신 장교들은 직업군인이 아님에도 상당히 보수적이어서, 박근혜 대통령이 잘한다고 생각하고 있고 통일 준비를 얼마나 착실히 하고 있느냐는 얘기를 듣고 싶어 했던 거죠. 그런데 통일준비위원회 부위원장이 거기에 가서 난데없이 "우리가 열심히 하고 있다. 북한 붕괴 시 엘리트 처리 방안까지 연구하고 있다"라는 얘기까지 해버린 거예요. 공교롭게도 그 자리에 ROTC 출신 이영종 『중앙일보』 기자가 있었다고 해요. 지체 없이 그 자리에서 기사를 써버렸죠.

큰 기사네요.

대서특필됐어요. 기사가 보도된 다음 날이 연세대학교 기념관에서 열리는 김대중평화센터 국제 포럼 행사일이었어요. 정종욱 부위원장이 축사를 하러 와야 했고, 저는 주최 측이었기 때문에 현관 쪽에서 기다리고 있었죠. 대학 선배이자 상사였으니까요. 정종욱 부위원장이 들어올 때 기자들이 진을 치고 있다가 쭉 따라 들어왔어요. 프로그램을 보면 그분이 축사하는 것으로 나오니, 미리 와서 기다린 거죠. 외신 기자들까지 왔어요. 벌떼처럼 달려들어서 마이크를 들이대며 쫓아가잖아요. 앞으로 갈 수 없을 정도로 완전히 둘러싸인 채로 이리 밀리고 저리 밀리면서 간신히 행사장으로 들어갔죠. 참 어렵게 된 거예요.

그때 순발력 있게 "와전된 측면이 있다"라고 치고 나갔으면 좋았을 텐데, 이분이 학자 출신이고 고지식하니까 그러지 않았어요. 그러고는 내부적으로 대책을 세운 모양이에요. 나중에 입장문을 발표했는데 "용어 선택이 잘못됐다"라고 얘기한 거예요. 그것도 잘못된 거죠. 용어 선택이 잘못됐다면, 실제로 그 비슷한 것은 했느냐 하는 질문이 나올 수밖에 없잖아요. 그렇게 그분이 고생을 많이 했어요. 그래도 나중에 위원회가 해체할 때까지 그대로 갔습니다. 저는 세번인가 만났는데 볼 때마다 그만두시라는 얘기를 하니까 나중에는 만나자는 소리를 안 하더라고요. 임동원 장관께도 몇번 찾아가서 자문을 구했던 모양이에요. 임동원 장관은 그만두라고 얘기할 수 있는 관계는 아니었기 때문에 질문에 대한 답변만 해줬다고 해요.

어쨌든 정종욱 교수가 그 나름대로 북한에 대해 공부를 열심히 하긴 하셨을 텐데요.

그분도 『한국일보』 기자로 일하다가 미국으로 유학을 간 거였거든요. 취재 능력이 있어요. 작은 수첩에 굉장히 빨리 써요. 잠깐 정종욱 교수 얘기로 넘어갔지만, 박근혜 정부는 북한붕괴를 확신했어요. 그래서 나온 것이 '통일대박론'이고, 뒤이어 '2015년 자유민주주의 체제로의 통일론'도 나왔고, 2014년 1월 6일 기자회견 때 얘기했던 통일준비위원회는 그해 7월 14일 출범해서 그런 식으로 연구하다가 막을 내렸죠. 한반도 신뢰 프로세스로 시작해서 통일준비위원회로 넘어가는 과정에서 처음부터 아무런 철학도 없었다는 게 드러났던 거고요. 인수위원회에서 만든 것이 얼마나 중요한 것인지에 대한 인식도 없이 대통령 말 한마디에 춤을 추는 그런 식의 내각으로 바뀌었던 거예요.

박근혜 정부의 대북정책과 착각

그 뒤로 2016년 2월 10일 개성공단을 폐쇄할 때까지 박근혜 정부의 외교정책이 갈지자 행보를 하는 것처럼 보였어요. 2015년 9월에는 중국 전승절 기념행사에 참석해 톈안먼 성루에 올라가면서 미국을 발칵 뒤집어놓았었죠. 그때 사실 저도 이해가 안 갔는데, 제가 듣기로는 중국이 북한 붕괴 후 남한의 흡수통일에 대해 협조할 것이라는 생각으로 갔다는 얘기가 있었어요. 어쨌든 그것 때문에 미국이 완전히 뒤집어졌다고 들었어요. 그 뒤로 미국의 반발을 무마하려다 보니 연말에 '위안부' 문제 합의를 비롯해 사드(THAAD) 배치, 한일 지소미아(GSOMIA, 군사정보보호협정) 체결 등 미국의 세가지 핵심 요구를 받아들였죠.

비유가 적절한지 모르겠는데, DJ 정부 시절에 푸틴 러시아 대통령이 방한했을 때, 미국이 탈퇴하려는 탄도탄요격미사일조약(ABM)의 존속이 필요하다고 한러 공동성명에 명기했다가 미국으로부터 심한 수모를 당했잖아요. 박근혜 정부는 그 이상으로 강대국의 입장에 대해 정확한 인식이 부족했다는 생각이 들었어요.

한마디로 요약하면, 국제정치의 냉혹함 또는 자국 이익 추구의 무자비함에 대한 인식이 전혀 없이 그쪽에 우리가 잘해주면 그쪽도 우리에게 잘해주지 않겠는가 하고 생각한 거죠. 2015년 9월 3일 중국 전승절 행사에 미국이 못 가게 했잖아요. 그때 제가 『프레시안』 인터뷰에서 '미국이 못 가게 할수록 가야 한다'라는 논조로 말했어요. 우리가 미국 말만 듣는 것이 아니고 필요하면 중국과도 어느정도 가깝게 거리를 유지할 수 있다는 것을 미국에도 인식시켜줄 필요가 있다는 취지였죠. 문정인 교수도 가야 한다고 주장했고요. 그런데 그 뒤로 어떤 입장 표명 없이 갑자기 가더라고요. 저와 문정인 교수가 얘기해서 그랬던 건 아니었겠지만, 2015년이 되면 북한 붕괴가 임박했고 자유민주주의 체제로 통일이 된다던 바로 그해였으니까, 중국의 협조를 구하려면 중국의 요구에 부응해야 한다고 생각했을 수 있어요.

왜 그렇게 추론하는가 하면⋯ 우선은 통일 문제가 민족 내부의 구심력을 먼저 키우고 구심력이 외부 열강에 의한 원심력보다 더 커질 때 통일의 가능성이 높아진다는 데 대한 인식이 있어야 해요. 그 인식이 전혀 없으면 주변 국가들 또는 국제사회에 대고 우리나라 통일을 시켜달라는 얘기를 하게 됩니다. 일례로 통일 관련 강의를 하고 나면 질문 중에 이런 게 꼭 나와요. "주변 강대국들이 우리를 통일시켜줄까요?" 우리가 스스로 통일을 위해서 남북 화해협력을 활성화하고 교류를 심화해서 서로 의존성이 커지게 하고, 그러다 보면 도리 없이 살림을 하나로 합칠 수밖에 없게 되는 게 통일이거든요. 그런 건 생각하지 않고 주변 국가들이 통일을 허락하지 않으면 우리는 못한다는 일종의 민족패배주의, 즉 강대국 결정론에 빠진 사람이 많아요. '외국 사람들에게 통일을 도와달라고 해서 나쁠 건 없지 않느냐'라는 식으로 이야기하는 사람들도 있어요.

박근혜 대통령이 취임 초기부터 유럽 어느 나라에 가서든 "우리가 통일이 되면 이 나라에도 좋습니다. 그러니 우리 통일을 도와주십시오"라고 했어요. 신뢰 프로세스를 버리지 않았던 시절부터 그랬죠. 그걸 보면서 '신뢰 프로세스를 통해서 남북 간의 신뢰를 심화하면 자동적으로 구심력이 커지는 것이고, 그런 뒤에 통일을 방해할 만한 세력이나 내부의 분단 체제에서 기득권을 누리는 사람들의 통일 방해를 물리칠 생각을 해야지, 어떻게 난데없이 이해가 일치하지도 않고 한반도 문제에 큰 관심도 없는 먼 유럽 국가에 가서 통일을 도와달라고 하는가' 싶었어요. 분단국가의 정치인으로서 통일이 어떤 경로를 거쳐야 하는가에 대해 아무 생각도 없는 사람이라는 것을 깨달았어요.

2015년 9월 3일 중국에 갈 때는, 비록 국정원장은 '2015년 자유민주주의 통일론'을 외쳤던 남재준 원장이 경질되고 한참 지난 시점이었지만, 대통령 본인이 2015년에 자유민주주의 체제로 통일이 된다고 하는 확신에 차 있었을 거예요. 남재준 원장 후임인 이병기 국정원장도 붕괴론자였다고 보지는 않습니다. 외교부에서 경력을 시작한 사람이고요. 노태우 씨가 전두환 휘하에서 체육부 장관을 할 때 비서관으로 일했고, 노태우 정권 시절에도 힘을 썼던 사람이기 때문에 북방정책에 관여했던 사람이 북한붕괴론을 믿었다고 보지는 않아요. 어쩌면 그것 때문에 이병기 원장이 갑자기 국정원장을 하다가 비서실장으로 자리를 옮기고, 그 뒤로 대통령을 한번도 못 만났을지도 모르지만요.

그랬다고 하더라고요.

친구 중에 이병기 실장과 아주 가까운 사람이 있어요. 사실은 그 친구가 노태우 씨가 전두환 정부에서 체육부 장관 됐을 때 외교관으로 있던 이병기 서기관을 비서관으로 추천해서 그의 정치 경력이 시작됐던 거예요. 둘이서 아주 친해요. 그 친구 말에 따르면 청와대 비서실장쯤 됐으니 얘기 좀 들어보려고 만나서 밥이라도 먹자고 했는데, 이 실장 말이 "형, 내곡동에 있을 때는 자유로웠는데 여기에 와서는 나가지를 못해요. 대통령도 만나지도 못하고 건의드릴 것도 있는데 문고리들이 기회를 안 줘서 그만둬야 할 것 같아요"라고 말했다는 거예요. 북한붕괴론은 믿지 마시라고 말할라치면 문고리들이 '각하 기분 나쁘게 하지 말라'며 못 만나게 했겠죠.

그때만 해도 저는 미국과 일정한 거리를 두고 '등거리 외교'를 해야만 우리가 살길이 있다는 차원에서 중국에 가야 한다고 권고했던 거예요. 그런데 박근혜 본인은 어떤 취지로 갔는지 모르지만 다녀와서는 미국이 하라는 대로 하더라고요. 대중 압박 전략의 일환인 한미일 삼각동맹 쪽으로 가는 것이 지소미아와 사드거든요. 지소미아와 사드 전에는 '위안부'에 관한 합의가 2015년 12월 28일에 이를 서둘러서 봉합하는 식으로 도출됐죠. 그걸 보고 '아, 이 사람이 중국과 미국 사이를 왔다갔다 하면서 이쪽 말도 들어주고 저쪽 말도 들어주며 제 나름대로 우리의 국가 이익을 챙기려고 하는 사람은 못 되는구나' 생각했어요. 한미일 삼각동맹을 꾸리고 싶어 하는 미국의 국가 이익에 협조해주는 것이 결국 중국에 대해서도 일정한 정도의 발언권을 갖는 길이라는 고도의 계산에서 나온 것이 아니고, 뭔지도 모르고 시키는 대로 한 거예요. 왜 그렇게 볼 수밖에 없었는가 하면, '위안부' 문제는 한일 지소미아를 거쳐 한미일 삼각동맹으로 가는 입구였는데, 중국에 다녀오더니 '위안부' 문제를 덜컥 삼키더라고요.

10월 중하순에 당시 미 국무부의 동아태 차관보가 한국에 와서 '위안부' 문제를 해가 바뀌기 전에 해결하라고 했어요. 우리 국민들 자존심 상하게 하는 오만하고 무례한 얘기죠. 미국의 계산은 이런 거였어요. 한일관계가 좋아져야만 미일동맹과 한일동맹이 결국 한미일 삼각동맹 관계로 발전하고, 그렇게 해야 미국이 중국을 제압하거나, 동아시아 지역에서 중국이 패권을 확장하는 것을 막을 수 있다는 거죠. 이것은 신문에 난 얘기이고, 내부 정보는 아니에요. 그러더니 갑자기 12월 28일 '위안부' 문제가 타결됐다는 기사가 나고, 바로 오바마 대통령이 박근혜 대통령에게 전화를 걸었다는 기사도 떴어요. 축하한다고요. 반기문 유엔 사무총장도 박근혜 대통령에게 전화해서 잘하신 거라고 얘기했다는 기사가 났죠. 한미일 삼각동맹을 구축하기 위해서는 한미동맹과 미일동맹을 연결해야 하는데, 그동안은 이 둘을 연결할 다리가 끊어져 있었단 말이에요. 그 다리를 연결하는 데 가장 먼저 넘어야할 산이 '위안부' 문제였어요. 애초에 '위안부' 문제라는 산을 넘기가 어려울 것 같으니 '돌아가자, 덮어라'라는 식으로 되었던 거죠. 그리고 머리를 써서 1965년 한일협정을 맺을 때 그런 문제는 다 해결된 것으로 합의됐다고 유권해석을 내린 거예요.

이 얘기를 하고 넘어가야 하는데, 박정희 대통령 시절 한일협정을 서둘러 체결하게 된 배후에는 미국이 있었습니다. 미국이 우리의 경제개발 자금을 주기 싫으니까 일본한테서 받으라며 한일협정을 밀어붙인 거예요. 박정희로서는 군사 쿠데타의 정당성을 입증하기 위해 1차 경제개발 5개년 계획을 완수해서 국민들에게 약속한 대로 풍요로운 경제생활을 누리게 해줘야 하는데 그 마감일이 다가온단 말이에요. 그런데 미국이 일본에 가서 돈을 받아 쓰라고 하니 어쩌겠어요. 김종필 중앙정보부장이 오히라 마사요시(大平正芳) 외상을 만나서 밀약을 맺었죠. 무상 3억 달러와 유상 2억 차관을 받는 걸로 한일 간 과거사를 다 덮겠다고 한 거예요. '위안부' 문제도 그걸로 덮으려고 했죠.

그것으로는 돈이 모자라는데 미국은 돈을 줄 생각이 없어 보이니 서독에 또 손을 벌렸던 것 아닙니까. 서독은 당시에 파견 광부 및 간호사의 인건비를 담보로 해서 차관을 줬습니다. 그게 1964년 12월 7일의 일이에요. 당시 〈대한뉴스〉에서 보도하기를, 박정희 대통령이 서독에 가서 파견 노동자들의 앞에서 '당신들의 인건비를 담보로 우리가 차관을 받아가서 경제를 일으키려고 한다'라는 내용으로 연설했어요. 그 기사를 보며 많은 국민들이 눈물을 흘리지 않을 수가 없었어요. 베트남 파병도 미국에서 종용했고, 결국 달러로 받는 병사들의 월급이 경제 건설에 큰 역할을 한 게 사실 아닙니까? 그걸로도 모자라서 중동에 인력 수출도 했었잖아요. 기술은 전부 프랑스나 미국, 일본 기술이었고 우리는 몸만 가서 단순 노동으로 돈을 벌어서 눈물겹게 일으킨 경제였어요. 하지만 적어도 1965년 한일협정을 체결할 때 '위안부' 문제가 '해결됐다고 치고' 넘어가면서 일본이 요구하는 대로 들어줄 수밖에 없었던 것은 박정희 대통령의 과거와 관련이 있는 거라고 봐요.

박정희 대통령이 1961년 11월 5·16 쿠데타 후 처음 케네디 대통령을 만나러 미국에 갔을 때, 미국이 군사정부를 승인해주는 조건 중에 하나가 한일협정이었다고 하잖아요.

일본 입장에서 볼 때 박정희는 만주의 일본 군관학교 출신이고, 천황에게 충성을 서약하는 혈서까지 썼다는 기록이 있던 사람이니까 '우리 말을 듣겠구나' 싶었겠죠. 이승만 대통령은 처음부터 반공방일 (反共防日)이었고요. 공산주의를 반대하고 일본을 방어한다는 게 통치 원리여서, 자유당 때 제 기억에는 시골에도 도처 흙벽에 하얗게 한문으로 '반공방일'을 적어두고는 국민 정신교육의 핵심으로 삼았어요. 이승만 정부 때와는 달리 박정희 대통령의 집권을 보면서 일본 쪽에서는 '수하가 들어온' 걸로 생각한 거예요. 본인도 일본식 사고를 갖고 있었고, 그래서 새마을 노래도 일본 군가풍이라는 것 아닌가요? 1968년 제정된 국민교육헌장도 일본의 '교육칙어' 비슷한 거고요. 국기 게양식이나 하강식, 국기에 대한 맹세도 지금은 몇 단어가 바뀌었지만 일본 문화란 말이에요. 그전에는 없었어요. 4·19 이후 민주당 정부 때까지는 없었고 5·16 이후 군사 문화로서 도입됐고, 그게 일본 문화였다는 것은 나중에 알게 됐죠.

어쨌든 1965년 한일협정을 체결하는 배경에 '더 이상 ('위안부' 등) 민간인 피해 보상 문제는 거론하지 않는다'라는 약속이 있었기 때문에 일본은 50년이 지난 2015년 말에도 떳떳하게 밀어붙일 수 있었죠. 그 뒤로 미국은 한미일 삼각 동맹을 위해서 이명박 정부 때부터 지소미아를 밀어붙이려 했고, 박근혜 정부에서는 '당신 아버지가 이미 약속한 거다'라고 접근하면서 이를 종용했을 거예요. 박근혜 대통령은 어쩔 수 없었을 거예요. 아버지의 업적을 훼손할 수 없었던 거죠. 그렇게 '위안부' 문제를 덮고 가면, 이것이 지소미아로 연결될 수밖에 없었어요. 즉 '위안부' 문제가 미국 입장에서는 지소미아를 연결하기 위한 필요조건이었어요. 또 한미일 삼각동맹으로 넘어가기 위한 충분조건이었고요. 이것이 그 단계를 밟아가는 것이라고 생각할 식견이 대통령에게 없었던 거죠.

대통령은 식견이 없더라도, 중국 전승절에 톈안먼 성루에 올라 갔던 것이 일종의 자주 외교의 전형이었다면 이후 '위안부' 합의나 사드 배치, 지소미아 체결 등은 미국 쪽으로 확 치우친 거였는데, OECD에 들어갔다는 소위 선진국에서 이렇게 180도 왔다갔다 하는 외교 행태를 보인다는 것이 이해가 안 되더라고요.

그 당시 참모들이 제대로 못했다는 얘기죠. "지금 미국에서 지소미아, 사드 등 전방위 압박이 들어오고 있는데 한미동맹의 현실에서 볼 때 미국에서 못 가게 한다고 해서 전승절 행사에 참여 못하는 것은 모양새가 좋지 않습니다. 그래도 멀리 내다볼 때 갈팡질팡이라는 소리를 들을 수 있으니 가시지 않는 게 어떻겠습니까?"라든지 "전승절 기념행사에 다녀왔으니, 최소한 금년에는 '위안부' 문제를 이런 식으로 덮고 넘어가는 건 곤란합니다"라고 건의했어야죠. 당시 외교부 장관이 윤병세(尹炳世) 아닙니까.

윤병세 장관이 '열심히' 하기는 했죠.(웃음) 저는 이해가 안 가는 게, 중국이 6·25 때 극심한 인명 피해를 무릅쓰고 북한을 도운 나라인데 북한 붕괴를 전제로 한 남한의 흡수통일을 중국이 도와줄 거라고 생각했다는 것 아니에요. 도대체 이 사람들은 세계정세를 어떻게 인식하고 있었나 싶은 거죠.

그렇게 생각하고 싶은 사람들은, 한 국가의 이익이라는 것이 시대

상황에 따라 바뀌는 것이라고 보는 거죠.

하지만 바뀔 수 있는 한계가 있지, 중국이 북한의 붕괴를 용인하리라 생각한다는 건 이해가 안 되더라고요.

지정학적인 이유 때문에라도 중국이 북한의 붕괴를 눈감아주거나 촉진시키는 역할을 할 수 있다고 생각한다는 건 틀린 거예요. 그 점에서는 키신저(H. Kissinger)도 마찬가지고요. 북핵 위기가 고조됐던 2017년 7월 30일 JTBC 뉴스룸에 나갔을 때 제가 "연말이 되면 북한이 대화 쪽으로 나올 겁니다"라고 말했어요. 그러고는 2018년 초에 다시 나갔더니 손석희 앵커가 "그때 어떻게 알고 그렇게 말씀하셨던 겁니까?"라고 질문했었어요. 제가 점쟁이는 아니라면서 얼버무리고 말았는데, 그때 손석희 앵커가 이런 질문도 던졌어요. 그즈음에 키신저 전 국무 장관이 '중국이 북한을 비핵화하면 미국이 남한에 있는 미군을 철수해주겠다는 식으로 북핵 문제 해결을 추진하는 것도 방법이다'라고 말했는데 어떻게 생각하느냐고요. 그래서 "1970년대 초에는 키신저가 대단히 총명한 사람이었는데 이제는 총기가 흐려졌네요"라고 했죠. 손 앵커가 "그쪽에서 들으면 기분 나빠 하겠는데요"라고 해서 "기분 나빠 해도 도리 없죠. 키신저는 그게 말이 된다고 하는 얘기예요?"라고 받아쳤어요.

중국이라는 나라가 북한의 가치를 어떤 식으로 평가하고 있는데… 북한이 말을 듣질 않는다고 중국이 나서서 북한을 비핵화하는 것도 쉽지 않을 뿐만 아니라, 천하에 북한 비핵화를 위해 미군이 한반도에서 나갈 수 있다고 생각하는 바보가 어디 있습니까. 주한미군과 주일

미군은 입술과 이의 관계입니다. 순망치한인 거죠. 한반도 남쪽에 있는 주한미군이 나가면 주일미군이 입술이 되는데, 그러면 괌 등에 있는 미군이 힘을 못 쓰게 되고 서태평양을 자국의 바다처럼 누리던 시대는 끝나는 거잖아요. 더구나 2016년 6월에 시 진핑(習近平) 주석이 미국에 가서 오바마 대통령을 만나 "태평양은 미국과 중국이 나눠 써도 충분할 만큼 넓다"라는 말까지 한 상황에서 주한미군을 철수시켜줄 테니까 북한을 책임지고 비핵화시켜라? 주한미군이 나갈 거라고 믿을 중국도 아니지만 뭣 하러 그런 짓을 하겠습니까. 그런 식으로 중국이 나선들 북한이 말을 들을 것도 아니고요. 그래서 말도 안 되는 소리 하지 말라고 했죠. 다만, 키신저마저 그럴진대 박근혜 대통령은 더욱 그렇게 생각했을 수 있죠.

박근혜 정부가 흡수통일에 대한 중국의 협조를 얻었다고 착각한 이유가, 북한의 속성 그리고 중국과 북한 관계의 특질을 몰랐기 때문이라고 보시는 거죠.

그렇죠. 국제정치나 북한에 대해 공부를 조금이라도 한 사람은 1950년대 중반부터 60년대 후반까지 중소분쟁이 얼마나 심각했는지 알지 않습니까. 그때 중국과 소련이라는 거대 공산대국 틈바구니에 끼어 있던 북한이 큰 나라들에 휘둘리기는커녕 두 나라를 오히려 갖고 놀더라고요. 필요하면 중국의 압력을 약화하기 위해서 소련 편에 붙어서 중국을 견제하고, 소련이 그걸 도와준 걸 빌미로 해서 북한을 자기 휘하에 두고 좌지우지하려고 하면 중국 쪽에 서서 소련을 비판하면서 그들의 대북 압박을 약화시켰죠.

이른바 외교에서의 자주노선이었어요. 북한의 주체사상이라는 것이 워낙 엉성하니 택도 없는 소리처럼 들리죠. 하지만 중국과 소련 사이에서 휘둘리지 않고 살아남기 위해서 내놓은 것이 외교에서의 자주이고, 경제에서의 자립, 국방에서의 자위이고, 그 전체를 아우르는 것이 '주체'인 거예요. 북한의 주체사상, 자주외교, 자립경제, 자위국방이라는 개념에 대한 이해가 조금이라도 있으면 북한이라는 나라가 '간단한 존재가 아니다'라고 생각할 거예요. 지금 미국도 어쩌지를 못하고 있잖아요. 한국전쟁 때도 그랬듯이 필요할 때는 중국에 매달려서 살려달라고 하지만, 다 끝나고 나서는 언제 그랬느냐는 듯이 할 말 다하는 게 북한이에요. 그런데 중국은 강대국이니 우리가 중국에 잘하면 우리 편이 되어서 북한을 좌지우지할 수 있을 거라고 보는 건 정말로 순진한 거죠.

한미관계와 북중관계가 같다고 본 걸까요? 우리가 미국한테 꼼짝 못하니까, 북한도 중국한테 꼼짝 못할 거라고요.

한미관계와 북중관계는 전혀 다르죠. 기분 나쁜 얘기지만 한미관계는 상하관계, 주종관계, 갑을관계지만 북중관계는 절대로 그렇지 않아요. 완전히 일대일은 아니지만요.

형제관계로 봐야 할까요?

사이가 좋을 때나 형제고, 조금만 불편하면 대놓고 대들고 그러지 않습니까. 중국으로서는 북한이 불가근불가원이에요.

2015년 9월 박근혜가 중국 전승절에 갔다 오면서 남한의 흡수통일에 대한 중국의 협조를 얻었다고 확신했다는 언론보도를 보면서 이해가 안 되더라고요.

중국이 확답을 했을까요? 저는 중국 사람들이 그럴 리 없다고 봅니다. 그러나 북한 붕괴를 믿는 입장에서는 착각할 수도 있고, 그렇게 이해하면 중국으로부터 확답을 얻었으니 미국 편에 서서 밀어붙이자고 생각했는지도 모르죠.

아, 중국은 우리 편으로 들어왔고 미국이 원하는 걸 해줘서 통일을 한다?

한미일 삼각동맹으로 북한을 최대한 압박해 들어갈 때 우리가 중국한테 얘기해놨으니까 중국이 북한 편을 들지 않을 것이고, 그러면 통일이 되지 않겠느냐라고 생각했을 수 있어요. 한자리 숫자로 덧셈 뺄셈을 하고 있는 거죠.

개성공단 폐쇄와 외교정책 실수

지금 말씀하신 국제정세에 대한 잘못된 현실 인식이, 북한의 2016년

1월 6일 4차 핵실험과 2월 7일 장거리 로켓 발사에 대해 곧바로 2월 10일 개성공단을 폐쇄해버린 결정으로 이어진 거군요. 박근혜 대통령의 일방적 지시였죠.

그렇죠. 개성공단 문 닫을 때의 얘기도 해야 해요. 저는 '저 사람의 인식 수준이 저 정도구나' 생각했던 것이, 개성공단을 닫으면서 한다는 말이 "김영삼 정부 시절인 1995년부터 2015년 연말까지 남쪽에서 북쪽으로 간 돈이 30억 달러나 된다"였거든요. 북한이 그 돈으로 핵과 미사일을 개발했다고요. 따라서 북한에 돈을 주면 안 되니까 개성공단을 닫아야 한다는 논리였어요.

아마 현금과 현물을 합치면 그 정도 액수가 될 거예요. 20년 동안이니까 1년에 1억 5천만 달러 정도 준 셈이고요. 정확하게는 개성공단을 통해서 인건비, 즉 현금이 갔어요. 제일 많을 때가 문 닫기 직전이고 당시 한달에 540만 달러 수준이었어요. 5만 4,000명이 초과 근무하고 주말근무를 해서 월 평균 100달러 정도 받았거든요. 전부 다 100달러를 받았다는 건 아니고, 124개 기업이 5만 4,000명을 고용하고 있었는데 어떤 곳은 일거리가 없어서 기본급인 75~80달러 정도를 받아갔고 어떤 곳은 110~120달러 정도 받아가서 평균 100달러 정도 된 거예요. 한달에 540만 달러이니, 1년이면 6,480만 달러고요. 결국 개성공단이 가장 번성했을 때 연간 1억 달러가 안 되는 돈이 북한으로 들어간 거예요. 개성공단 노동자들이 아침부터 와서 죽어라고 일해서 번 돈인데, 북한 당국이 먹을 것도 안 주고 생활필수품도 안 주면서 달러를 모조리 빼앗아갈 수는 없는 것 아닙니까. 당시 배급은 우리 기업인들 중에 해외에서 장사하는 사람들에게 용역을 줘서, 그 사람들로부터 배급할 물자를 받아서 북측에 전달하는 식이었어요.

금강산 관광길은 닫힌 지 오래됐고. 처음에는 현대가 그 사업을 따기 위해서 첫 3년 동안은 관광객 수에 관계없이 매년 1억 5,000만 달러는 보장하겠다고 했었어요. 3년을 해보니 밑지거든요. 그래서 나중에는 한 사람당 100달러씩 입산료를 계산해주는 걸로 바꿨죠. 하루에 천 명 정도 갈까 말까예요. 그럼 일년에 3,000만 달러에서 4,000만 달러 정도 돈이 들어가는 거예요. 그렇게 두당 계산으로 바꾸면서 현대가 손해는 안 봤어요. 그쪽에서도 태도가 좋아졌고요. 기분 나쁘게 만들어서 관광객들 안 오게 만들면 곤란하겠다는 시장 마인드가 생긴 거죠. 웬만한 위반 사안도 못 본 척해주는 식으로 해줘서 관광하기가 한결 수월해졌죠. 처음에는 침 뱉었다고 100달러, 김일성 김정일 사적비에 걸터앉았다고 100달러씩 벌금을 매기고 그랬어요. 나중에는 슬그머니 외면해주면서 관광하기 편하게 해줬죠.

그러는 중에도 쌀과 비료는 갔고요. 박근혜 대통령이 말한 '20년 동안 총 30억 달러' 중에 70~80퍼센트를 현물이 차지하는데, 현물은 현금이 아닙니다. 그런데 북한을 미워하는 쪽으로 말을 맞추려다 보니까 그런 식으로 연설문을 쓴 거죠. '누가 연설문을 써줬는지, 갖다 붙이기도 잘한다' 싶었어요. 그야말로 혹세무민이거든요.

또한 개성공단 문을 닫을 때 보면, 북한 조선노동당 군수 담당 비서가 운영하는 군수공업위원회가 별도로 무기를 수출해서 벌어들이는 돈이 1년에 최대 10억 달러 정도나 되죠. 2006년 10월 9일 첫 핵실험을 치렀는데 그전 7월 4일에는 비거리가 최고 6,000킬로미터에 달하는 대포동 2호 미사일을 쐈잖아요. 중장거리 미사일이 등장하니까 미국이 놀라서 그런 미사일을 쏘지 말라고 요구하는 협상을 했어요. 그때

홍정 내용이, 미국이 미사일을 쏘지 말라고 하니까 북측에서 "우리에겐 이것이 수출용 판촉 행사다"라고 했어요. 성능이 좋다는 것이 입증되면 중동 국가에 수출해서 돈을 받을 수 있으니, 그걸 못 쏘게 하려면 돈을 물어달라고 한 거죠. 기회비용을 보상하라는 거예요.

북한에서 "당신네 2005년 의회조사국(CRS) 보고서에 이미 우리가 미사일 판매로 매년 10억 달러씩 벌어 쓴다는 걸 인정했는데 거기에 기초해서 돈을 내라"고 했더니 10억 달러는 너무 많고 반으로 깎자고 해서 5억 달러씩 쳐주는 협상을 한 적도 있어요. 그걸 돈으로 주는 게 아니고 식량으로 준다는 거였지만 결국 그 약속마저 이행되지 않았어요. 그랬지만 이행 여부를 떠나서 군수공업위원회가 별도로 돈을 벌어 쓰기 때문에 핵과 미사일은 군수경제 쪽에서 번 돈으로 만든다는 걸 미국도 인정한 셈이에요.

이런 내용이 있었는데, 박근혜 대통령이 남북 민간교류와 인도주의 지원 결과로 생긴 돈으로 핵과 미사일을 개발했다면서 개성공단을 폐쇄하라고 할 때 청와대 외교안보 쪽이나 통일부, 외교부, 국방부, 주미 대사관에 있던 사람들은 뭘 했느냐는 거죠. 주미 대사관에 의회 담당관도 있어요. 이런 중대한 의회조사국 보고가 있다고 상신해야 할 것 아니에요. 2005년이면 그때가 노무현 정부 때였는데요. 그리고 2006년 대포동 미사일 발사 이후에 미국이 10억 달러를 5억 달러로 깎는 등의 홍정 기록이 있는데, 그런 걸 알면 남쪽에서 보낸 현물과 현금, 쌀과 비료, 개성공단 인건비와 금강산 관광비가 핵과 미사일 개발에 들어갔다는 얘기는 견강부회라면 몰라도 성립이 안 되는 어불성설이라는 걸 알 수밖에 없죠.

제가 듣기로는 2016년 2월 개성공단을 폐쇄할 때까지 해외 투자가들이 한국의 지정학적 리스크를 판단할 때 가장 중요한 기준이 개성공단의 존속 여부였다고 해요. 개성공단이 돌아가면 남북관계가 안정적이고 닫히면 위험하다고요. 이처럼 다들 개성공단을 리스크 판단의 중요한 근거로 봤는데 북한이 핵실험, 장거리 로켓 발사를 벌였다고 해서 곧바로 아무런 논의나 여론 수렴 과정도 없이 박근혜 대통령의 독단적 판단으로 닫아버린 것은 굉장히 무리한 것 아닌가요? 그렇게 하면 북한이 무너진다고 생각했기 때문에 그랬던 걸까요?

바로 그거죠. 이명박 정부 때도 개성공단은 문을 닫지 않았습니다. 이명박 대통령도 붕괴론자였고 북한에 대해서 절대로 유연한 입장을 가진 사람은 아니었어요. 그럼에도 불구하고 개성공단이 갖고 있는 전진기지로서 내지는 북한의 대남 군사행동, 수도권 공격의 시간을 늦추는 완충 및 지연 장치로서의 가치 정도는 알았던 것 같아요. 그래서 곡절을 겪으면서도 공단을 가동시켰던 거고요. 2010년 11월 23일 연평도 포격 사건과 관련하여 11월 24일부터 개성공단 출입을 잠정 차단하고, 남쪽으로 귀환만 허용하는 조치를 단행했다가 11월 29일부터 다시 최소한의 출입을 허용하기 시작했거든요. 그런데 박근혜 대통령은 긴급명령으로 하루아침에 닫아버렸어요. 그걸 보면서 아버지가 대통령 하던 시절에 5년이나 퍼스트레이디로서 아버지를 따라다니면서 보고 들은 얘기도 있을 텐데, 어떻게 저러나 싶었죠. 아버지는 굉장히 전략적으로 계산하던 사람 아닙니까.

어찌 보면 박정희 대통령이 반미적인 측면도 있었죠. 1970년대에는 자주국방도 한다고 하고요.

그래서 마지막에 미국에 밉보인 것 아닙니까. 미사일 사거리 늘리는 실험도 독자적으로 벌이려 하고 핵무기를 가지려고 노력도 했죠.『무궁화꽃이 피었습니다』라는 소설에서도 이휘소(李輝昭) 박사를 가공해서 만든 이용후라는 인물을 내세워서, 박정희 대통령이 핵무기를 개발하려는 과정을 굉장히 드라마틱하게 보여줬잖아요. 물론 그것이 통속소설에 불과하지만 말이에요. 어쨌거나 자주국방이라는 개념을 내세운 것은 박정희 대통령입니다. 국방 예산을 전체 국가예산의 20퍼센트 이상 배정해가면서 투자했고요.

김영삼 정부 때는 국방예산을 늘려서 군인 복지를 증대하는 데 썼지만, 박정희 대통령 때는 무기 개발하는 데 썼어요. 국방과학연구원 등을 만드는 것을 보면서 미국은 아마 불편했을 거예요. 그 시기에 박근혜가 아버지를 그림자처럼 따라다녔는데, 아버지가 수행원들과 나누는 이야기를 들으면 자동적으로 공부가 되는 것 아닌가요? 서당개 3년이면 풍월을 읊는다는데, 박근혜 전 대통령을 보면서는 그가 퍼스트레이디 역할을 1974년부터 6년을 했는데 저렇게 국내 정치고 국제정치고 식견이 없나 싶더라고요. 권력을 유지하기 위한 전략가로서의 권모술수가 대단했던 아버지를 두고도 말이죠.

용인술이 대단했죠.

윗돌 빼서 아랫돌을 괴고, 윤필용(尹必鏞)을 이용해서 이후락(李厚洛)을 견제하고, 그걸 토대로 차지철(車智澈)을 견제하는 식이었죠. 이렇게 공깃돌 갖고 놀듯이 18년간 권력을 유지했죠. 저 같으면 그 근처에서 공기만 마셔도 배울 텐데, 그러질 못한 모양이에요. '중국을 다녀오니 중국은 확실히 우리 편이 됐고, 이제 미국편에 서서 밀어붙이면 내 임기 중에 통일이 될 수 있고, 중국에 부탁해두었으니 미국과 우리가 북한으로 치고 올라가도 중국이 도와줄 것이다. 내가 중국어로 연설까지 했으니까…' 이렇게 생각했던 것 같아요.

실제로 중국 인민들 사이에서는 박근혜 대통령이 아직 인기가 좋답니다. 문재인 대통령은 사드 때문에 인기가 별로고요.

사드 배치의 원인이 된 행위는 박근혜 정부 때 일어났지만 그에 대한 조치는 문재인 정부 때 이뤄졌으니까, 박근혜 정부가 저질러놓은 일이라는 걸 잘 모르는 중국 인민들 입장에서는 문재인 대통령에게 호감을 덜 느낄 수 있겠죠. 박근혜 대통령은 톈안먼 성루에도 올라갔잖아요. 극진하게 대우한 겁니다. 당시 시 진핑 주석의 왼쪽에 푸틴 러시아 대통령이 있었고, 오른쪽이 박근혜 대통령이었으니까 최고 대우를 받은 거죠. 원래 의전 서열에서 오른쪽이 일번이거든요.

북한 최룡해(崔龍海)는 경축 사절로 가서 박근혜 대통령이 서 있던 줄 맨 끝에서 보일 듯 말 듯하게 서 있었어요. 2015년이니 최룡해는 김정은 체제에서 노동당 비서였어요. 권력 서열상으로는 2인자였을 텐데, 당시 최룡해가 받은 대접과 박근혜 대통령이 받은 대접을 비교해보면서, 또 푸틴 대통령보다도 더 극진한 대접을 받는 것을 보면서 중국이 뭐에 홀렸나 했어요. 그런 대접을 받았을 때 박근혜 대통령은 확신했을 것 아닙니까. '내가 와줌으로써 시 진핑 주석은 크게 득을 봤으니까, 임박한 북한 붕괴 시에 우리를 도와줄 것이다'라고요.

박근혜 대통령의 머릿속에서는 중국을 다독이고, 미국의 요구를 들어주고, 개성공단을 닫으면서 이제 흡수통일 시기가 왔다는 식으로 이야기가 전개됐을 수 있다는 거군요.

박근혜 대통령의 머릿속에서 그랬는지, 배후의 조종자가 그런 수준의 생각을 품고 있었기 때문에 거기에 동조했는지는 모르죠. 최순실의 작품인지, 박근혜 대통령의 작품인지는 분명치 않지만 아마도 최순실의 것일 듯해요.

2016년 7~8월부터 언론에 최순실이 등장하고 10월에 촛불시위가 시작되면서 박근혜 정부가 무너지기 시작한 것 아닙니까. 그렇게 따지면 박근혜 대통령은 북한에 대한 인식도 잘못됐지만 나라 안의 현실에 대해서도 잘 몰랐던 것 아닐까요? 말하자면 실제 현실과는 전혀 다른, 자신만의 환상을 현실이라고 착각한 것은 아닌가 싶어요.

국내 정치에 대해서도 자기가 나타나기만 하면 들리는 함성만 기억했어요. 그 소리가 계속 환청으로 귀를 때리니까 자기는 가만히 있어도 나라는 굴러가는 걸로 생각했을 수 있죠. 그러니 집무실로 출근하지 않았던 거예요. 자기가 존재하는 것이 곧 통치하는 것이고, 국민들이 그렇게 나를 지지하기 때문에 정부 채널을 통해서 실시되는 정책은 국민들의 지지 속에서 좋은 성과를 낼 것이다, 나는 가끔 나타나기만 하면 된다고 생각했을 거예요.

지소미아, 사드, '위안부' 합의 등이 지금 와서는 우리 정부에 모조리 부담이 된 거잖아요. 현재 대중 관계와 대일 관계의 어려움 모두 그때 다 씨앗이 뿌려진 것 아닙니까.

문재인 정부는 완전히 빚더미를 물려받은 거예요. 2015년에는 '위안부', 2016년에는 사드 배치와 지소미아를 결정한 거잖아요. 미국은 자기들 시간표대로 그런 문제들을 다 밀어붙인 건데, 그때 주미 대사는 무얼 한 것이며 외교부는 무얼 했느냐는 말이에요. 민주주의 시대에 대통령은 능력으로 당선되는 것이 아니라 인기로 되는 경우가 많잖아요. 공약보다는 바람으로, 인물의 후광으로 당선되는 거예요. 그렇기 때문에 참모들이 잘해야 해요. 어떤 사안의 단계를 짚으면서 '너무 앞서서 비관적으로 전망하는 것인지는 모르지만 이 뒤에 여러 카드가 있습니다. 그러니 한가지를 선택할 때에도 그다음에 어떻게 대처할 것인지 복안을 갖고 대처하시는 게 좋겠습니다'라고 조언해야 하는 거죠.

국내 정치를 잘못하면 정권을 바꾸면 되지만 사드라든가 지소미아 등의 외교 문제에 대해 잘못된 결정을 할 경우 회복 불가능한 수준으로 외교 자체를 뒤흔들어버리는 것 아닙니까?

북한의 핵과 미사일 때문에 사드를 갖다놔야 한다고, 사드 배치 정당화 논리를 만들었던 것 아닙니까. 그런데 정작 북한은 사드 배치에 대해서 별로 반응하지 않았어요. 중국 동북 3성 쪽에 있는 미사일의 움직임을 사전 탐지해서 그걸 견제하기 위한 것이라는 걸 너무나 잘 아니까, '우리 평계를 대지만 저건 우리를 위협하고 우리를 견제하기 위한 것이 아니다'라는 판단으로 뒤로 빠진 거죠.

그때 '엑스밴드 레이더의 탐지 범위가 2,000킬로미터에 이르는데, 북한은 600킬로미터면 남을 정도로 가깝다. 그런데 무슨 범위가 그렇게 넓게 필요하냐'라는 반발이 일었어요. 김종대 의원이 레이더 범위를 하룻밤 사이에도 바꾸어 설정할 수 있다고 기술적으로 설명해주기도 했잖아요. 미국은 북한 평계를 댔지만 사드가 사실 중국 견제용이라는 것을 박근혜 대통령은 몰랐던 거죠. 국방부는 알았을 거예요. 그런데 권력자의 앞에서 '안 된다'는 말을 꺼내기 어려워요. 그게 심하면 지록위마가 되는 거죠. 박근혜 정부 때는 지록위마가 가능한 상황이어서 누군가 대통령의 눈과 귀를 잡고 있었던 거예요.

현실을 냉철하게 직시하지 못했다…

직시하고 자시고의 문제가 아니라, 현실을 아예 볼 수 없도록 만들어버린 거예요. 누군가 이미 대통령의 머리를 장악했기 때문이죠. 그야말로 대형 사고였어요.

남북 문제에서의 초당적 합의 가능성

우리나라의 큰 문제가 뭐냐면, 보통 외교정책은 초당적 합의라는 게 있잖습니까. 미국도 그렇고, 특히 독일의 경우는 사민당이 시작한 동방정책을 기민당이 유지해서 통일까지 간 것 아닙니까. 웬만한 나라는 적어도 대외정책에 관해서는 여야를 막론하고 큰 틀에서의 합의가 있는데, 우리의 경우 북한정책도 일종의 대외정책이라고 본다면, 북한에 대한 태도가 이른바 진보와 보수로 완전히 갈라져 있잖아요. 김대중-노무현 정부 때의 대북정책과 이명박-박근혜 정부 때의 대북정책이 완전히 상반됐던 것 아닙니까. 남북화해가 중요한 과제라고 할 때, 문재인 정부 이후 또 정권이 바뀐다면 어떻게 될 것이냐, 대체 이 부분을 어떻게 할 것이냐가 우려됩니다.

냉철하게 따져봐야 해요. 남북관계와 무관한 대외정책에 있어서는 국가 이익이라는 명분하에 초당적 협력도 가능합니다. 국가 이익을 극대화한다는 논리로 야당의 반대를 찍어누를 수가 있어요. 그런데 북한 또는 남북관계가 연결되는 외교정책이나 문제가 불거지면 완전히 둘로 쪼개져요. 우리가 동서독을 부러워하지만, 거기는 전쟁이 없었고 분단된 후에도 역간(域間) 교역을 했어요. 서독 지역과 동독 지역 간의 교역을 역간 교역이라고 합니다.

인적 교류, 정보 및 통신 교류도 있었고요.

친족 방문이라는 명분으로 부활절 때나 크리스마스에서 연초까지는 서쪽에서 동쪽으로 가는 사람들이 많이 있었어요. 서독은 라인강의 기적이라고 할 만큼 경제적으로 승승장구했고 동독은 사회주의를 고수하는 바람에 경제성장이 지체돼서 격차가 무척 컸기 때문에 동쪽에서 서쪽으로 오는 사람은 적었죠. 보수적인 기민당 정부 시절에도 서독 사람들이 동독을 찾아가는 게 일상화됐어요. 동독 사람들은 서쪽으로 가고 싶어도 돈이 없고요. 서독 측에서 길도 다 놔줬지만, 그 길을 따라 이동하려고 해도 기름은 사야 할 것 아니에요. 어쨌든 분단 직후부터 그런 관계가 지속됐고 서로 간에 분쟁이 일어나지 않았기 때문에 서로를 미워하는 감정이, 한국전쟁을 겪으면서 우리가 서로를 미워하는 감정과는 질적으로 달랐던 거죠.

어린 시절 한국전쟁을 직접 겪었던 제 입장에서는 그 감정의 골이 깊은 것이 이해가 돼요. 그때 인민군과 빨치산에게 부역했다는 이유로 거창에서 동네 전체 사람들을 학살하지 않았습니까. 충북 영동군 노근리를 미군 폭격기가 완전히 초토화했고요. 가난한 사람들 입장에서 볼 때는 인민의 편이라고 하는 인민군이 와서 완장을 채워주면서 위원장 직함을 주니까 나서고요. 당시에 저는 아버지 고향인 지리산 자락 밑으로 피난을 갔는데, 빨치산이 이틀에 한번씩은 내려왔대요. 보급투쟁 하려고. 남자들 가운데서 힘 좀 쓰게 생긴 사람들은 짐꾼으로라도 잡아갔어요. 빨치산을 돌려보내고 나서 아침이 되면 경찰과 군인이 다시 나타나서 '부역행위를 했다'면서 잡아다가 죽을 만큼 때리고요.

남자들은 그렇게 빨치산에게 끌려가지 않고 경찰 군인에게 매 맞지 않기 위해서라도 밤에는 산 속 굴로 피신해야 해요. 당시에는 소가 가장 큰 재산이었기 때문에 소리 안 나게 재갈을 물려서 소를 끌고 산속에 가서 밤을 새우고 빨치산이 물러간 뒤에 나오고 그랬죠. 그러니 밤에는 마을에 노인들과 어린이들, 여자들만 남는 거예요. 한편, 빨치산들에게 짐꾼으로 끌려갔다가 돌아온 사람도 있고 못 온 사람도 있고, 빨치산과 함께 월북한 사람도 있었어요. 그런 경우에는 적에 부역한

가족이 되는 거예요. 부역자나 월북자의 가족은 전쟁 직후에는 취직도 못했습니다. 그런 식의 세상이 전쟁 끝나고도 계속되었으니 월북한 사람은 월북한 대로, 부역한 사람은 부역한 대로 그 가족들이 피해를 봤죠. 피해를 본 정도가 아니라 아예 사회의 경계선 밖으로 밀려났어요. 사회에 진입할 수가 없었어요. 다른 한편으론, 인민군들이 왔을 때 완장 찼던 사람들이 '반동 계급'으로 몰아서 고초를 겪은 이들도 많았고요. 그런 과정을 겪었기 때문에 남북 문제에 있어서 두쪽으로 쪼개질 수밖에 없었던 거라고 봐요. 그 원한이 쌓여 있는 거죠.

반공 반북의 시대가 전쟁 후에 굉장히 오래 갔잖아요. 햇볕정책이 나오기 전까지는 무조건 반공과 반북에 줄을 서야만 그나마 피해를 덜 보고 국가보안법에 걸리지 않았던 거예요. 조금이라도 이상하게 행동하면 공안검사들에게 걸려서 통혁당이다 인혁당이다 해서 죽든지 고문을 당해서 폐인이 되든지 하는 역사가 있잖아요. 그런데 지금 남북 화해협력 시대가 되면서, 이승만 정부 때부터 시작해서 적어도 김대중 정부 출범 전까지 기본적으로 반북적이었던 정권하에서 권세를 누리고 호의호식했던 사람들이 자기 기득권을 빼앗기게 생겼단 말이에요. 그때 잘 먹고 잘살았던 것이 죄가 돼요. 당연히 그런 시대가 되는 것을 싫어하죠. 그리고 그 사람들에게 불이익을 받았던 사람들은 진보로 갈 수밖에 없었고요. 그 관계는 그야말로 적대적인 관계가 되죠.

이처럼 우리 내부의 이념대결은 50 대 50으로 시작했고, 지금도 다를 바 없어요. 대북정책이 국민들 90퍼센트, 100퍼센트 동의를 구하기는 어려워요. 51 대 49만 되어도 대북정책에서 추진력이 생길 수 있어요. 60 대 40 정도만 되면 순풍에 돛을 다는 거고요. 솔직히 말해 남북 문제에 관한 한 100퍼센트 초당적 협력은 기대할 수 없고, 다만 햇볕정책이나 남북 화해협력 정책으로 성과를 냄으로써 평화가 피부에 와닿게 인식시켜주면서, 이게 나쁘지 않다고 느끼는 사람을 늘리는 수밖에 없어요. 그런데 그렇게 되면 기득권이 무너지고 반북 시대에 잘 먹고 잘살던 사람들이 '적폐'가 되어서 이에 저항하겠죠. 이게 문제인데, 이걸 극복하기 위해서는 결국 외교로 풀어야 할 것 같아요. 요컨대 미국이 편들어주면 자연스럽게 진압되겠지요.

남북화해의 실제적 이익을 체감할 수 있을 때까지 빨리 나아가야 한다는 말씀이시죠.

빨리 나아가야 해요.

하지만 남북이 화해하기 전에 남남갈등부터 해결하라, 국민통합을 하라는 식의 얘기들이 있잖습니까.

그게 바로 발목 잡는 격인데, 남남갈등이라는 얘기가 YS 때부터 나왔어요. 박정희나 전두환 시절에 정부가 하는 대북정책에 대해 비판했다가는 바로 끌려가는 거였고, 노태우 정부 때도 정책 자체는 북방정책이다 남북 총리급 회담이다 하면서도, 기본적으로 여론은 군인들이 주도했죠. 군인 출신 간부들이 얼마나 많았습니까. 그런데 김영삼 정부 들어서는 취임사부터 시비에 걸렸어요. "어느 동맹국도 민족보다 나을 수는 없다"라는 취임사의 대목에 반발하는 목소리가 있었고요. 그 뒤로도 북한에 쌀을 보내기로 약조했는데 그 첫 배에 인공기를 게양하라고 북측이 총칼을 들이댔다는 이야기가 알려지자 「퍼주고 뺨맞기」라는 사설을 『조선일보』가 내놓았죠.

김영삼 대통령이 기본적으로는 보수 성향입니다. 반북 성향이 강해요. 북한을 미워해요. 북한과 협상한답시고 달래면 안 되고, 그들을 압박해서 대남정책을 바꾸도록 밀어붙여야 한다고 생각했죠. 1993년 3월 북핵 문제가 불거진 후에 미국이 북한과 협상을 시작할 때에도 그걸 못하게 하려 했잖아요. 그런 대통령임에도 북한이 굶어죽게 생겼다고 하니까 쌀을 줬단 말이에요. 그런데 쌀을 주는 것이 '퍼주고 뺨 맞기'라는 식으로 그 성격이 규정되면서 정부정책에 대한 비판이 나오기 시작한 거죠. 『조선일보』가 불을 지른 거예요. 그때부터 '남남갈등'이라는 단어가 나오기 시작하고 김대중 정부 들어서는 이 말이 공식화됐어요.

'남북화해 전에 남남갈등부터 극복하라'고 하는 것은 사실 남북 화해협력 정책에 대한 반대 논리예요. 민주사회에는 갈등이 상존하는 거 아네요? 그걸 최소화해나가는 것이 정치고요. 군사정권 시절에는 국민총화, 즉 영어로는 내셔널 컨센서스(national consensus)가 가능했죠. 정부 방침에 찍소리도 않는 것이 '내셔널 컨센서스'였어요. 이건 민주주의 사회에서는 불가능한데 여기서 국민총화를 추구한다는 건 군사독재로 간다는 소리죠. 남남갈등 극복? 이건 다시 독재로 돌아가자는 비현실적인 요구를 하는 거예요. 민주는 민주대로 외치면서 국민총화를 원하다니요. '뜨거운 얼음'을 만들라는 거죠.

남남갈등의 해소는 어려워요. 그걸 최소화하거나 줄여나가기 위해서, 즉 정부 정책에 대한 반대를 49퍼센트로, 40퍼센트로 줄여나가기 위해 국민들 속으로 들어가서 설명하는 것밖에 방법이 없어요. 분단체제에서 기득권을 누렸던 사람들은 끝까지 외로운 섬으로 남을망정, 반공의 고도에 남을망정 마음은 바꾸지 않습니다. 민주주의 원리가 다수결 아닙니까. 다수의 국민이 정책을 지지하는 정도가 대북정책에 있어서 기대할 수 있는 초당적 협력의 수준이 아닌가 싶어요. 100퍼센트 협력은 어렵고요.

결국 남북대결보다는 남북화해가 나의 삶에 도움이 된다는 것을 실감하게 만드는 수밖에 없군요.

실감나게 만들어야 하는데, 그 점에서는 북한이 협조해줘야 합니다.

13장

문재인 정부의 출범과
남북관계의 급진전

4·27 남북 정상회담과 이후의 전개

문재인 정부가 출범한 2017년, 북한은 미국을 타격할 수 있는 대륙 간탄도미사일을 완성했고 이 때문에 북미 간 군사 긴장이 최고조에 이르렀습니다. 다행히 2018년 평창 동계올림픽을 계기로 남북 정상 회담(4월 27일)과 싱가포르 북미 정상회담(6월 12일)이 잇따라 성사 되면서, 북핵 문제가 해결되고 동아시아와 한반도의 평화가 올 거라 는 기대가 대단히 높아졌죠. 하지만 2019년 2월 말 하노이 북미 정상 회담이 결렬된 이후 상황은 원점으로 돌아갔죠. 특히 6월 30일 남북 미 정상의 판문점 회동으로 돌파구가 열릴 것으로 기대됐으나 교착 상태는 아직까지 풀리지 않고 있습니다. 문재인 정부 출범 이후 남북 및 북미관계의 부침을 점검해봐야 할 것 같습니다.

2018년 2월 9일 김여정(金與正) 노동당 부부장이 서울에 왔을 때 그 에게 들려보낸 친서 속에 문재인 대통령을 평양으로 초청하는 내용이 들어 있었잖아요. 그건 사실상 김정은 위원장이 남북 정상회담을 제안한 거죠. 남북 정상회담을 제안했지만 문 대통령이 "우물가에서 숭늉 찾는 격"이라고, 북핵 문제가 어느 정도 해결되어가면 남북 정상회담을 하자는 식으로 한 템포 늦춰놓았었죠. 그러고는 바로 평양에 특사단을 보냈어요.

3월 5일이었죠.

정의용(鄭義溶) 청와대 국가안보실장, 서훈 국정원장을 공동 대표로 하고 천해성(千海成) 통일부 차관, 김상균(金相均) 국가정보원 2차장, 윤건영(尹建永) 청와대 국정기획상황실장까지 5명의 대표단이 김정은 위원장을 만났죠. 문 대통령이 어떤 친서나 구두 메시지를 보냈는지는 당시에 발표가 없었으니까 모르지만, 그보다 중요한 것은 김정은 위원장의 메시지죠. 대표단이 복귀하여 김정은 위원장으로부터 들은 이야기를 문 대통령에게 보고하고는, 곧바로 미국으로 건너가서 3월 8일(현지 시간) 트럼프 대통령에게 보고했어요. 그러자 트럼프가 45분 만에 김정은 위원장을 만나겠다고 결론을 내리더라는 거예요.

맥마스터(H. McMaster) 안보보좌관이나 틸러슨(R. Tillerson) 국무장관, 매티스(J. Mattis) 국방장관 같은 배석자들이 그런 문제를 그렇게 급하게 결정하면 되겠느냐고 문제제기를 하고, "유관 부처 간에 실무 협의를 거친 뒤에 거기에 기초해서 결론을 내리는 것이 좋겠다"라고 하니까 트럼프 대통령이 "지금까지 대통령 세 명이 8년씩 24년 동안 북핵 문제를 해결하지 못하고 북한이 워싱턴을 공격할 수 있는 대륙간탄도미사일까지 만들게 된 것은 전적으로 당신들 같은 실무 관료들

2018년 남북 정상회담 당시 김정은 북 국무위원장(좌)과 문재인 대통령(우) . ⓒ연합뉴스

말을 들었기 때문이다. 나는 내 방식으로 한다"라고 말했다는 거예요. 대통령 특보인 문정인 교수가 정의용 실장, 서훈 원장 등에게 들었다고 한 내용이니까 믿을 만한 거죠.

그래서 배석자들이 '압박과 제재를 미국 못지않게 선도해오고 고창했던 아베 일본 총리하고는 협의하셔야 하는 것 아니냐'고 하니까 아베에게 전화하라고 했대요. 곧이어 전화 연결이 되자 트럼프 대통령이 자기는 김정은 위원장과 만날 거라고 말하곤 끊어버리더라는 거예요. 그러면서 회담을 서둘러서 4월에라도 하겠다는 식으로 얘기했는데, 4월은 남북 정상회담이 예정되어 있으니까 5월에 하기로 했죠. 이렇게 트럼프 대통령이 움직이는 것을 보고 북에서는 문재인 대통령이 트럼프에 대한 영향력이 있구나 싶었던 거예요. 그래서 4·27 판문점 회담을 하러 내려오면서 북에서는 상당히 많은 기대를 걸었죠. 일이 잘 될 거라고 기대했다는 증거가 바로, 냉면을 평양에서부터 갖고 왔다는 겁니다.

2019년 2월 하노이에 갈 때에도 일이 잘 되는 걸로 예견해서 소풍 가는 기분으로 60여 시간 동안 기차를 타고 갔던 것 아닙니까. 회담이 끝나면 만찬을 여는데, 화합의 상징으로 냉면을 내놓겠다고 생각해서였는지 모두 발언에서도 냉면을 언급했죠. 그걸 보면 그때까지 문재인 대통령에 대한 기대, 즉 이 사람 등에 업히면 트럼프 대통령과 회담할 수 있겠구나 하는 생각을 가졌던 거예요. '남북 정상회담은 북미 정상회담의 길잡이'라는 말을 문 대통령이 공개적으로 꺼내면서, 남한 정부가 북미 정상회담을 성사시켜준 셈이었죠. 그런 과정에서 문 대통령에 대한 북한의 신뢰가 굉장히 높아졌고, 그런 것이 4·27 판문점 회담에서 합의문을 잘 만드는 토대가 됐다고 생각합니다.

그런데 합의문은 내용상 북한이 우리에게 해달라고 하는 내용이 주류를 이루었다고 봐야 해요. 예를 들면 남북 철도·도로 연결 및 현대화 같은 것은 돈이 많이 들어가는 사업이에요. 김여정 부부장이 와서 KTX를 타보고 돌아가서 제 오빠한테 '남쪽 철도가 무척 좋더라. 우리도 그렇게 했으면 좋겠다'라고 전하니까 4·27 회담 때 김정은 위원장이 철도 얘길 꺼냈을 거예요. 그 밖에는 북한이 남북 교류협력 분야, 군사 분야, 완전한 비핵화까지 합의해준 셈이었고요. 더구나 문재인 정부가 김대중 정부와 노무현 정부를 이은 3기 민주정부라고 스스로 표방하면서, 햇볕정책(김대중 정부)-평화번영정책(노무현 정부)을 부활하는 차원에서 4·27 합의서의 문항들이 정리됐을 거예요. 북한은 북한대로 이게 나쁘지 않다고 생각하면서 철도·도로 연결과 현대화, 즉 사실상의 고속철도화를 요구했을 거고요. 문 대통령에 대한 신뢰가 있었기 때문에 북쪽도 만족스럽고 남쪽도 만족스러운 합의문이 만들어질 수 있었어요.

문 대통령에 대한 신뢰가 한층 더 높아진 계기가 있었죠. 북미 정상 회담을 준비하는 과정에서 양국 간에 밀고 당기는 와중에 미국이 북한에 쉽게 끌려가지는 않았을 거예요. 북한이 그걸 비판하는 성명을 냈죠. 그랬더니 트럼프 대통령이 5월 24일 회담하지 않겠다는 편지를 공개해버렸어요. 그러자 문 대통령이 4·27 판문점 회담에서 합의한 정상 간 핫라인을 통해서 5월 26일 김정은 위원장을 판문점으로 불러내린 거예요. 거기서 나온 얘기를 워싱턴에 전달해서 자칫 꺼질 뻔했던 북미 정상회담의 불씨가 살아나고, 6월 12일 싱가포르에서 북미 정상이 만나기로 했죠. 6월 12일 만족스러운 합의서를 만들고 돌아가면서 북한에서는 확실히 문재인 대통령이 도움이 된다고 생각했을 거예요.

더욱 결정적인 것은 8·15 경축사였다고 봅니다. 경축사에서 문 대통령이 "남북관계 발전은 북미관계 개선의 종속 변수가 아닙니다"라고 했죠. 남북관계가 한발 앞서가면서 북미관계 및 북핵 문제 해결을 끌고 나간다고 하는, 남북관계 선행론을 선언한 거예요. 북한으로서는 매우 바람직한 내용이었죠. 그 8·15 경축사가 9월 19일의 평양 2차 정상회담을 이끌었던 거라고 봐요. 얼마나 믿었으면 능라도 경기장에서 15만 평양 인민들을 모아놓고 남쪽 대통령으로 하여금 아무런 사전 조율 없이 연설하도록 했겠어요. 대개 그러한 연설문은 사전에 보자고 해요. 심지어 민간 행사의 환영만찬 답사도 사전에 검열한 뒤 '일부 내용은 민감하니 발언하지 말아달라'고 부탁하는 경우가 왕왕 있어요.

능라도 연설 때는 그런 과정이 없었다는 말씀이시죠?

이번에는 그런 사전 검열 없이 바로 읽었대요. 그건 문 대통령을 믿는다는 얘기거든요. 정상회담에서 주고받은 얘기로 미루어서, 이 사람은 진실된 것 같다고 확신한 거죠. 이건 남북관계사에서 특별한 '사건'입니다.

9·19 정상회담이 성사된 것은 2018년 3월부터 6월 사이에 북미 정상회담이 준비되어 만족스럽게 끝났고 남북관계가 좋게 흘러갔고, 북한이 이를 토대로 문 대통령의 답방을 받아서 확실한 것을 끌어내려 했기 때문이에요. 군사 분야 합의서를 만들자고 제안한 건 북측이었을 거예요. 안 그래도 제재 때문에 경제가 어려운데 이쪽에서 대규모 군사훈련을 하면 거기에 전혀 대응하지 않을 수가 없고, 없는 살림에 거기에 대응하려다 보면 막대한 낭비가 되죠.

9·19 군사 분야 합의서는 기본적으로 긴장을 완화하기 위해 DMZ 주변과 위아래 지역에서 일체의 적대 행위를 전면 중지하기로 한 거예요. 땅에서는 군사분계선 5킬로미터 내에서 포병사격훈련 및 연대급 이상 야외기동훈련을 전면 중지하기로 했고, 군사분계선 상공에는 비행금지 구역을, 바다에는 평화 수역을 설정하기로 했죠. 유엔 대북 제재가 계속 이어지면서 경제가 어려웠던 북한으로서는 군사훈련 한 가지라도 중단시키는 것이 굉장히 중요했을 거예요. 그래서 본래 그즈음 물러날 예정이었던 송영무 국방부 장관이 군사 분야 합의서를 만들러 올라갔던 거죠. 군사합의서는 우리보다는 그쪽에서 먼저 희망했을 거예요.

9·19 공동선언문에 "남과 북은 동, 서해선 철도 및 도로 연결을 위한 착공식을 연내에 갖기로 했다"는 항목이 있어요. 그전에 4·27 판문점

선언에 "동해선 및 경의선 철도와 도로들을 연결하고 현대화하여 활용하기 위한 실천적 대책들을 취해나가기로 했다"는 항목이 있었고, 9·19 공동선언문은 그 착공식에 대한 사항을 언급한 것인데 이는 북한 측의 요구라고 봐야지 우리의 요구라고 볼 수가 없죠.

그렇게 9·19 군사 분야 합의서까지 만들어놓고 김정은 위원장이 2019년 1월 1일 신년사에서 '전제 조건과 댓가 없이 개성공단 조업과 금강산 관광을 재개하겠다'라는 얘기를 자신만만하게 했거든요. 그렇게 해놓고 그 연장선상에서 2019년 2월 27, 28일 하노이 북미 정상회담 전에 남북 간에 상당한 정도로 물밑 대화도 했다고 봐요. 우리 쪽에서 'good enough deal'이라는 말을 드러내놓고 썼거든요. 처음부터 서로가 크게 변화해야 하는 '빅딜'이 어렵다면 '충분히 괜찮은 딜'로 시작해서 단계적으로 올라가자는 뜻이죠. 북한도 여기에 상당히 동의했고, 미국도 동의했기 때문에 우리가 그런 말을 썼던 것이 아닐까 해요. 김정은 위원장은 제재만 해제할 수 있다면 좋겠다고 생각해서, 휘파람 불면서 기차 타고 하노이로 간 거죠. 그런데 미국 내의 정치상황 변화로 인한 트럼프 대통령의 변심 때문에 하룻밤 사이에 뒤집혀버렸죠. 하노이 회담이 '노 딜'로 끝난 뒤에 북한이 그 화풀이를 남쪽에다 대고 하는 경향이 있는 것 같아요. 우리에 대한 기대가 그만큼 컸다는 반증이겠죠.

미국에 대고 직접 화풀이는 못하고요.

2019년 4월 남측 정부에 대해 '어설픈 중재자 및 촉진자 역할을 하지 말라'고 한 걸 보면, 그 역할을 잘해주리라 믿고 하노이에 갔는데 노 딜로 끝난 것에 대한 원망이 서려 있는 거죠. 노 딜로 끝나도록 만든 것은 존 볼턴 국가안보보좌관이고, 그를 불러들여서 판을 뒤집도록 한 것은 트럼프 대통령이었지만, 북측에서는 그런 사정까지 전부 알아내서 미리 귀띔이라도 해주어야 하는 것 아니냐는 식으로 불평하는 거죠. 그해 봄부터 점점 남쪽에 대한 발언 수위가 험악해졌어요. 5월에는 방사포를 쏘면서 미국이 빨리 회담에 나서길 바라는 마음을 드러냈죠. 결국 문재인 대통령의 주선으로 6월 30일 판문점에서 트럼프-김정은 회동이 이뤄지고 2~3주 내에 북미 실무협상을 한다는 합의까지 나왔죠.

그러니까 김정은 위원장이 2019년 신년사에서 "아무런 전제 조건이나 댓가 없이 개성공업지구와 금강산 관광을 재개할 용의가 있습니다"라고 한 건 북한이 경제제재 완화에 대해 상당히 크게 기대했던 건데, 결과적으로 안 된 거네요.

신년사에 그런 내용이 들어갈 정도였다는 건, 우리가 약속해줬기 때문이라고 봐야죠. "미국이 막아서면 어떻게 하느냐?" "그러면 우리가 미국을 설득해서라도 한다"라는 식의 이야기가 오갔기 때문에 개성공단과 금강산 관광에 대해 자신만만하게 얘기할 수 있었을 거예요. 미국으로부터도 어느 정도 언질을 받은 것 같고요. 그랬다가 하노이 회담이 깨지고, 그런 뒤에 "남조선 당국은 오지랖 넓은 중재자, 촉진자 행세를 할 것이 아니라 민족의 일원으로서 민족의 이익을 옹호하는 당사자가 돼야 한다"라며 비난하기 시작했죠. 아마도 신년사에서 그렇게 말한 뒤에 남측이 북한에, 미국이 국내 사정상 개성공단 조업 및 금강산 관광 재개에 대해서 부담을 느끼는 것 같으니 조금만 기다려달라는 식으로 양해를 구했겠죠. 그런데 이제나저제나 기다려도 안 되니까 그다음부터는 빠지라고 말한 거죠. 그러다 결국 10월 23일에는 김정은 위원장이 직접 금강산까지 가서 '남쪽이 금강산에 만들어놓은 관광시설을 다 뜯어서 나가라'는 말을 내뱉기에 이르렀고요.

북한은 하노이 회담이 깨지는 과정에서 우리가 그런 사태를 예견하지 못하고 잘될 거라고 믿게 만들었던 것에 대한 불만도 갖고 있었어요. 그런데다, 물론 북한의 착각이었을 수도 있지만, 신년사에 그런 말을 하게 만들어놓고 미국 핑계를 대면서 우리가 지지부진한 모습을 보였잖아요. 더구나 2019년 봄에 '동맹 19-1'이라는 이름의 한미 연합 군사훈련을 치렀고, 8월에도 훈련을 벌였으니 북한 입장에서 볼 때는 9·19 군사 분야 합의서를 만들기 전과 다를 바 없어진 거죠. 그런 상황이 되니 남한을 믿을 수 없게 된 거예요.

2019년 6월 30일 남북미 정상의 판문점 회동으로 북미 협상의 돌파구가 열릴 것이라는 기대가 있었습니다. 그로부터 3개월 후 스톡홀름에서 북미 실무회담이 열렸지만 결국 합의점을 찾지 못했죠. 10월 4, 5일 북미 실무회담을 어떻게 평가하시나요?

미국에서는 창의적인 아이디어를 많이 가져간다고 하면서 '이 정도면 되겠지'라고 생각했는데, 석탄과 섬유 수출의 제재를 3년간 유예한다는 정도를 갖고 영변 핵시설을 모조리 폐기하라는 건 북한 측에서는 값이 안 맞는다고 본 거죠. 미국은 값이 맞는다고 생각한 것이고요.

미국은 싼값에 해결하려고 했던 거군요.

2·28 하노이회담에서도 북한이 영변 핵시설 폐기의 댓가로 다섯건의 제재 해제를 요구했는데, 미국이 영변 플러스 알파여야지 영변만으로 다섯개는 안 된다고 해서 깨진 것 아닙니까? 미국은 오히려 북한이 모든 걸 다 내놓으면 경제지원을 해주겠다는 식의 이야기만 하고 말았는데, 스톡홀름에서 만나서도 석탄과 섬유 수출 제재를 3년 정도 유예해준다는 것으로 북한을 설득했을 거예요. 김명길(金明吉) 순회대사는 현장에서 그보다 더 심도 있는 이야기가 나와서 만족했는지 모르지만, 평양에서 다 모니터링했을 거예요. 소리를 다 들리게 해놓고요. 그래서 저 정도로는 안 되니까 회담을 끝내라고 지시했겠죠.

북한은 미국이 상응 조치를 신통치 않게 한다고 생각했을 거예요. 북한이 저렇게 미사일을 쏴대는 것은 군사적으로 자신들을 압박하지 말라는 메시지를 미국에 보내는 거예요. 미국이 거기에 대해서는 일언반구 언급도 안 하면서 경제지원 차원에서 일부 제재를 완화한다며 섬유와 석탄 얘기나 하니까 평양 입장에서는 값이 안 맞는다고 생각했을 거 같아요. 그러면 회담 그만하고 돌아오라는 지시가 내려가죠. 방송을 보니 김명길 순회대사가 타자로 인쇄된 성명서를 읽으면서 결렬을 선언하던데, 그걸 보고 '성명서가 평양에서 날아온 거구나'라고 생각했어요. 즉 실무회담 이전에 이미 결렬을 예상했다는 얘기죠.

북한은 2019년 4월, 미국이 협상의 셈법을 바꾸지 않는다면 2020년부터는 '새로운 길'을 걷겠다고 공언했습니다. 2019년 12월 28일부터 31일까지 나흘간 노동당 중앙위원회 7기 5차 전원회의를 열어서 정면 돌파, 그리고 자력갱생을 그 주요 방침으로 선언했습니다. 매년 1월 1일 발표됐던 김정은 위원장의 신년사는 없었고요. 우려했던 ICBM 활동 재개 같은 도발적인 움직임은 일단 자제하는 모습인데요. 이러한 북한의 움직임을 어떻게 평가하시나요?

김정은 위원장이 그보다 먼저 2019년 신년사에서 이렇게 말했어요. "미국이 세계 앞에서 한 자기의 약속을 지키지 않고 우리 인민의 인내심을 오판하면서 일방적으로 그 모습을 강요하려 들고 의연히 공화국에 대한 제재와 압박으로 나간다면 우리로서도 어쩔 수 없이 부득불 나라의 자주권과 국가의 최고 이익을 수호하고 조선반도의 평화와 안정을 이룩하기 위한 새로운 길을 모색하지 않을 수 없게 될 수도 있다." 굉장히 돌려가며 조심스럽게 얘기했지만, 북한은 '새로운 길'이라는 말이 미국에게는 굉장히 자극적으로 들릴 수 있겠다고 생각하지 않았을까 싶어요. 바꿔 말해서, 그 말이 화근이 되어서 미국의 대북압박과 제재가 강화되는 것을 두려워하는 것일 수도 있겠고요. 그렇지 않고서야 말을 이렇게까지 돌려서 할 것까지야 없잖아요.

많은 사람들이 '새로운 길'을 생각하면 ICBM이나 핵실험을 떠올리는 것 같던데요.

네, 그런 식으로 생각하게 되죠. 그것은 기본이고 그에 더해 군사적인 도발행위를 서해와 동해에서 수시로 감행하고, 또 비무장지대에서도 위협적인 행동을 벌일 수도 있어요. 왜냐하면 남측 비무장지대 관할권이 유엔사령부에 있기 때문에 이건 사실상 미국을 상대하는 거거든요. 우리가 아니에요. 철조망 안으로 들어가면 우리의 영향을 벗어 납니다. 그뿐 아니라 2019년 4월 최고인민회의를 끝내면서 김정은 위 원장이 시정연설을 할 때, "연말까지 시한을 줄 테니 미국은 셈법을 바 꾸라"고 얘기했잖아요. 그걸 듣고 저는 '미국이 정말 생각을 안 바꾸 면 핵실험 계속하고, ICBM 쏴대고, 미국 상대로 서해, 동해상 도발을 통해서 군사적 긴장을 고조시키고, 사거리 400, 500킬로미터짜리 미사 일을 막 쏘아 올리고 할 수도 있겠다' 생각했어요.

그런데 막상 2019년 말 노동당 중앙위원회 전원회의 결정서에서는 '대내적 자력갱생'을 '새로운 길'로 제시하더군요. '새로운 길'의 성격 을 그렇게 규정할 줄은 꿈에도 생각지 못했습니다. 대외적으로 도발 적·위협적 행동을 마구 해대는 것이 그들이 말하는 '새로운 길' 아닌 가 생각했었는데 말이에요. 북한이 12월에 중앙위원회 전원회의를 소 집해놓고 그 날짜를 적시하지 않고 계속 미뤘어요. 아마 12월 27일까 지도 미국이 셈법을 좀 바꾸어주지 않으려나 하는 기대를 계속 갖고 있던 때문이 아닌가 싶어요. 그런데 미국이 안 해주니까 소집해놓은 전원회의는 열어야 하고, 거기서 나온 기조가 결국 '오래 버티기'가 된 거예요. 북한은 자체적으로 이런 결론을 내렸으리라고 봐요. '우리 나 름대로 장외 압박전술도 썼건만 셈법을 전혀 안 바꾸는 것을 보면 미 국이 셈법을 바꿀 생각이 없다는 증거다. 더구나 2020년은 미 대통령 선거 때문에라도 트럼프가 조심스러워져서 전향적으로 나올 수 없다. 트럼프가 아무리 예측 불가능한 인사라도 여론을 굉장히 의식하는 정 치인인 건 맞는데, 자칫 성과가 없으면 마이너스지 않은가. 그렇다면 2020년에는 북미 접촉이 사실상 없다고 봐야 한다.' 또 그 회의를 4일 이나 치른 것으로 보면, 북미 협상이 3~4년 이상 장기적으로 열리지 않을 수도 있다고 생각했으리라 봅니다.

　그 회의에서 나온 얘기가 보도되었는데, 가령 김정은 위원장이 7시간 동안 연설하고 보고했다는 내용을 보면, 미국에 대한 비난이나 책임 전가보다는 '우리가 국제적 압박과 제재 속에서도 살아남기 위해서는 자력갱생의 방향으로 가야 한다'라는 게 주예요. 또 하나 짚고 넘어갈 점이, 2019년 4월 인사 조치를 통해 기존의 박봉주(朴奉柱) 총리를 물러나게 하고 자강도 당위원장을 지냈던 김재룡(金才龍)을 총리로 임명했다는 점이에요. 자강도에 있을 때 악조건 속에서도 경제를 꾸리는 데 성공했다고 평가받았던 인물이었죠. 연말 북한의 결정을 보고 나니 사람을 그렇게 앉혀놓는 데에는 어떤 이유, 즉 자력갱생으로 버틴다는 방침이 이미 서 있었구나 싶더군요.

　한편 김정은 위원장이 자력갱생을 강조하면서 10월 중순과 12월 초에 백두산을 두번이나 다녀온 걸 보면, '항일 빨치산'의 투쟁정신으로 이 어려운 시기를 극복해야 한다는 메시지를 북한 인민들에게 내보내고 싶었던 것 같아요. 이 두번의 백두산 방문에서 수행원이 각각 다른데, 첫 방문에는 김여정 부부장, 현송월(玄松月) 부부장 등이 가고, 12월에 갔을 때에는 많은 군인들이 그를 수행했더군요. 그런데 12월 초 방문 때에는 백두밀영 앞에서 모닥불을 피워놓고는 김정은 위원장과 그 바로 옆에서 리설주가 불 쬐는 장면을 보도사진으로 내보냈어요. 그걸 보고는 '이건 과거 항일 빨치산 투쟁 시절 김일성과 김정숙의 모습을 재현한 거구나' 싶더라고요. 할아버지, 할머니가 백두밀영에서 항일 빨치산으로 동고동락했던 장면을 똑같이 연출하는 것을 보고는, 문 다 걸어 잠그고 '고슴도치 전략'으로 가는 것이 확실하구나 했어요. 그야말로 '우리는 우리 방식으로 살 거야' 하는 암시였다고 봐요. 그러더니 연말 4일 동안의 회의 내내 자력갱생을 강조하고, 연초부터 항일 빨치산 얘기가 계속 나오기 시작하더라고요.

예상을 깨고 '새로운 길'이 자력갱생을 통한 압박과 제재에 대한 정면돌파라는 것이 되면서, 제2의 '고난의 행군'을 각오했구나 하는 생각이 들었어요. 이 생각이 더 확실해진 것은, 전원회의 당시 단상 밑 첫줄에 그동안 보이지 않던 김기남 전 선전선동 비서가 복귀해서 앉아 있었기 때문이에요. 김여정 부부장과 같은 줄에요. 김기남 전 비서는 1995년에서 98년까지의 '고난의 행군' 시절에 북한 인민들에게 "가는 길 험난해도 웃으며 가자. 오늘을 위한 오늘에 살지 말고 래일을 위한 오늘을 살자"라는 구호로 대표되는 독려 메시지를 만들었던 '선전선동의 귀재'예요.

북한이 공식적으로는 1998년 '고난의 행군이 끝났다'라고 선언하고, 김대중 정부가 들어서면서 경제지원 받을 생각으로 비료회담 등에 나오기도 했지만, 2001년 평양에 가보니 긴 붉은 바탕에 흰색 글씨로 쓰인 그 구호가 여전히 도처에 걸려 있었어요. 그때 그런 구호를 만들어내면서 그 혹독한 가난과 추위 속에서 허덕이는 인민들에게 희망을 안겨주고, 지금 이 시기만 넘기면 살아남을 수 있다는 '혁명적 낙관주의'를 주입시킨 '언어의 마술사'가 바로 김기남입니다. 그가 노령에도 불구하고 복귀했다는 건 실질적으로 제2의 고난의 행군을 시작하겠다는 거라 봐야겠죠.

이게 북한 외부에서는 도저히 상상하기 힘든 방식입니다. 자본주의를 기반으로 생각하는 미국인들로서는 꿈도 꿀 수 없는 생존방식이죠. 결국 새로운 길은 군사적 도발이 아닌 것으로 판단되고, 자력갱생과 인민 총 단결을 목표로 하면서, 이 어려움을 극복해내는 방법으로 '항일 빨치산의 백두혁명 정신'을 제시하는 건데요. 아니나 다를까, 근래 들어 북한은 김일성 시대에 있었던 '배움의 천리길'이라는 행사를 재개하고 있어요. 이게 노동자들을 동원해서 백두산 순례를 다녀오는 국가 주도 사업인데, 신의주에서 평양까지 직선거리가 200킬로미터쯤 되니까 백두산까지는 400킬로미터가 조금 안 될 거예요. 왕복하면 800킬로미터, 그러니까 직선거리로만 해도 근 이천리길이죠. 이걸 버스나 기차를 통해서 다녀오는 건데, 요새는 학생들을 동원해 눈길을 걷게 하더라고요. 항일 빨치산이 눈 속에서 일본 제국주의와 맞서 싸웠다는 걸 강조하고 싶은 거죠. 물론 보천보전투(1937년 항일무장세력이 함경남도 보천보의 경찰주재소 등을 습격한 사건) 같은 경우는 갈수기에 이뤄진 전투고 하니 당시 항일 빨치산이 꼭 눈밭에서만 싸운 것은 아니지만요.(웃음) 어쨌든 가장 엄혹한 시기의 항일 빨치산 투쟁 모습을 인민들에게 주입하면서, 지금의 어려움을 참고 견디자고 끊임없이 독려하는 거예요. 교육을 통해 대내적 결속을 강화하는 방향으로 계속 가는 거죠.

북한이 2002년 7·1 경제관리 개선조치가 실시된 때부터 최근까지 박봉주 총리 내각 체제에서 중국이 초기 개방개혁 과정에서 썼던 시장경제 원리를 상당히 많이 받아들였어요. 그러면서 생산 측면에서 성장하고, 공급 또한 상당히 유연해졌죠. 내부적으로 기업소 자율 책임경영제, 농가 책임생산제 등을 시행하면서 생산능력이 상승했어요. 이로써 식량과 일용품이 증산되고, 보따리장수를 통해 중국으로부터 오는 물자들이 장마당에 풀리면서 거래되고, 이를 통해 인민들이 전보다는 불편하지 않게 물자를 공급받아 생활을 영위할 수 있었죠. 특히, 만 55세를 넘기면 정년이 되어 일거리와 수입이 끊길 것을 염려한 여성들이 미리 일을 그만두고는 '매대'라고 하는 좌판을 꾸리거나, 혹은 손수

레를 끌고 장마당에 나와 뭐라도 팔면서 돈을 벌어 살림을 꾸렸어요. 외제 물품의 경우는 월급만 갖고서는 사서 쓸 수가 없기도 했으니 더 더욱 매대를 통한 수익활동이 활성화되었죠.

2007년에 민화협 대표상임의장 자격으로 한겨레통일문화재단과 같이 평양에 갔어요. 당시 양각도호텔에서 묵었는데, 그 안에 노래방이 있더군요. 그런데 이게 우리나라처럼 작은 방으로 분리되어 있는 게 아니라, 큰 홀에서 부르는 식이에요. 거기서 접객원이 노래를 신청받아 틀어주는 식으로 운영하는 거죠. 그런데 당시 같이 갔던 북한 전문가 전현준(全賢俊) 박사가 벌써 접객원의 호구조사를 해서는, "저 사람이 김일성종합대학 수학과를 나와서 학교 선생님을 하는 사람인데, 아들을 김대에 보내기 위해 과외를 시키려고 아르바이트로 나와 돈을 버는 중이랍니다" 하는 거예요. 말 그대로 시장경제잖아요. 돈 벌어서 과외시키고, 그걸로 입시 잘 치러서 김일성종합대학 가면 일생이 보장되는 거 아녜요.

이렇듯 2019년 연말까지 해서 18년 동안 상당 정도 시장경제 시스템이 뿌리를 내리고 있었는데, 최근에 '새로운 길' 얘기가 나올 때 보니 '국가 상업체계를 확립한다'라는 것도 같이 언급되더라고요. 이건 장마당이 아닌 국영상점을 키우겠다는 얘기예요. 철저한 배급제로 회귀하는 겁니다. 물론 그렇다고 국영상점에서 공짜로 뭘 주는 건 아니고, 생필품 값을 싸게 매겨놓고서 물권을 통해 교환하는 형태로 재화 거래가 이뤄지는 거죠. 그런데 이렇게 되면 인민들 생활이 이전보다 팍팍해질 겁니다. 배급체계가 다시 확립되면 장마당이 줄어들 수밖에 없어요. 수요는 일정한데 공급이 부족하면 국가 차원에서 관리해야 한다는 거죠. 그러면 옛날로 돌아가는 거예요. 사회주의 원형으로요. 인민들이 겪는 고통이 매우 커질 겁니다. 이럴 경우에 인민들이 비협조적으로 나오면서 복지부동이 될 수 있겠죠. 먹고 입는 게 예전만 못해지면 그렇지 않겠어요?

요즘 북한 매체에서 나오는 표현 중 눈여겨봐야 할 것이 '월급쟁이'와 '응석받이'라는 단어예요. 먼저, 우리식으로 하면 공무원이라고 할 만한 '당료'와 '관료' 중에 책상머리에 앉아 입으로 일하는, 일선으로 나가지 않는 사람을 이르는 말이 '월급쟁이'예요. 이들을 비판하면서 '뒤에서 입으로 이래라저래라 하지 말고 앞으로 나가 이끌어라. 그렇지 않으면 인민이 움직이지 않는다' 하고 다그치는 모습이 떠올라요. 제2의 고난의 행군 체제로 접어들면서 높은 자리에 있는 사람들이 갈팡질팡하는 모습이 있는 것 같아요. 그런 사람들 보고 선봉에 서라고 요구하다 보니 '월급쟁이' 같은 단어가 나오는 거죠. 또 하나는 젊은 세대를 향해서 '언제까지 "응석받이"로 살 거냐' 하고 꾸짖고 있는 거고요. 이렇듯 복지부동의 행태가 벌써 드러나고 있는데, 이번의 '새로운 길'이 얼마나 가겠느냐 하는 생각이 들기도 해요.

대내적 자력갱생으로 미국을 견제하고 자기네 뜻대로 가겠다고 하지만, 이미 북한 인민들이 20년 가까이 장마당 경제에 길들었으니 쉽지 않을 것이다, 이 말씀인 거죠. 하기야 '시계를 뒤로 돌린다'라는 게 말이 안 되는 얘기죠.

그러니까, 쉽게 생각하면 이런 거예요. 산골짜기 화전민을 서울에 데려다놓고 변두리일망정 하루하루 잘 벌어 먹고살게끔 했는데, 다시 화전민 생활로 돌아가라고 하면 그게 되겠어요? 무척 고통스럽겠죠.

저도 집을 좁혀서 살아본 적이 있는데, 못 살겠더라고요.(웃음) 북한 인민들이 겪는 고초가 상당히 오래 갈 것 같아요. 아예 차라리 시장경제체제로 살아본 경험이 없다면 몰라도, 한때 그래도 제재가 심화되기 전 경험했던 물자들이 있고, 쌀값이 비싸기는 해도 변동이 크지 않았다고 하는 건 물가가 안정된 상황이었다는 거예요. 그런데 이게 바뀐다고 하니, 아무리 김기남 전 비서가 다시 선전선동을 한다고 해도 그게 얼마나 가슴에 와닿고, 어려운 시기를 이겨내겠다는 각오를 품을 수 있을지 모르겠어요.

한계가 있습니다. 그렇게 버티고 버티다가 안 되면 미국이 협상을 제의해올 수밖에 없도록 하는 상당히 강력한 장외압박 전술, 즉 군사행동을 벌이리라 봅니다. 한 1년 버티면서 금년 미국 대통령선거 결과를 지켜보겠죠. 트럼프가 재선되면 그나마 6·12 공동성명의 연장선상에서 뭘 더 해볼 수 있겠지만, 전혀 다른 사람이 대통령으로 당선되면 트럼프 정부의 정책은 무효가 될 수도 있고, 적어도 1~2년은 더 기다려야겠죠. 그걸 북한이 어떻게 버티느냐가 문제라고 봐요.

만약에 내부의 불만과 압력이 커지면 대외 긴장상태를 조성해서 그 불만을 돌리려고 할 것이다…

그렇죠. 이미 복지부동은 시작했고, 내부로부터 불만이 나오는 것이 심화되면 핑계를 밖으로 댈 수밖에 없겠지요. 심하면 준전시 상태까지 가겠죠. 미국의 대북 군사행동을 유도하면서 대내적 정치통합을 통해 위기를 극복하려고 하는 전통적 수법을 쓸 수밖에 없을 겁니다. 문제는, 그렇게 되면 우리 남한이 덩달아 어려워질 거라는 거예요. 이 위기가 문재인 정부 임기 만료 전에 올지, 후에 올지는 모르겠지만요.

대내적 버티기를 해나가겠지만, 이게 한계에 봉착하면 대외적 군사도발로 나갈 수 있다, 그러면 또 한번 위기가 고조될 것이다…

우리가 그간 보통 '북풍'을 선거에 써먹으려고 할 때의 논리가 '저들이 대내적으로 위기에 처하면 대남 군사행동을 통해 긴장을 고조시키니, 이에 대해 반격을 가하면서 그 평계로 국민통합을 꾀해야 한다'라는 식이었단 말이죠.

제일 쉽죠. 외부의 적을 통해 내부를 단단히 하는…

정부의 조치에 대해 군말 없이 복종하게 하는, 과거 군사정권이 많이 쓰던 방법이죠. 자력갱생을 천명한 북한도 결국 이러한 방법을 쓰리라 예상합니다.

또 2020년 1월에는 리용호 외무상이 물러나고 리선권이 외무상으로 기용됐습니다. 이게 남북관계를 중시한 인사라는 관측도 있었는데요. 이러한 외교라인 교체의 배경은 무엇이라고 보시나요?

일단 남북관계 중시는 전혀 아니에요. 미국통이라고 하는 리용호가 외무상으로 있었는데, 사실 '미국통'이라고 하는 사람이 택할 수 있는 정책의 범위가 그렇게 넓지 않습니다. 미국과 어떻게든 협상을 벌여서 상황을 악화하지 않도록 해야 한다는 것이 기본적인 전제죠. 최선희

제1부상도 마찬가지고요. 그런데 난데없이 리선권이라는 '탱크'가 그 자리로 왔어요.

9·19 남북 정상회담 당시 남측 인사들에게 '랭면이 목구멍으로 넘어갑니까?' 했다는 얘기가 기억나네요.(웃음)

2018년 9월 14일 개성 남북공동연락사무소 개소식을 열던 때에 환담장을 마련했는데, 가운데에 먼저 서 있던 조명균 통일부 장관을 늦게 들어온 리선권 조평통 위원장이 밀어내고는 그 가운데 자리에 떡하니 버티고 서더라고요. 나이도 한참 아래인 사람이 다짜고짜 밀고 들어오니 점잖은 조명균 장관이 완전 '꿀린' 모양새가 됐어요.(웃음)

리선권이 원래는 정찰총국에서 대좌까지 한 군인 출신입니다. 대좌로 있으면서 남북 군사실무회담의 수석대표도 몇번 했었어요. 그러다가 갑자기 군복을 벗고 통일전선부로 넘어와서 조국평화통일위원회 위원장을 맡더라고요. 대령이 장관급으로 수직 상승한 경우입니다. 실질적으로 통전부에서 조평통 위원장의 지위가 그렇게까지 높은 것은 아니지만, 그래도 장관급이죠. 과거 류길재 전 통일부 장관이 남북 장관급 회담을 하려는 때에 회담 상대로 조평통 서기국장이 나온다고 듣고는 북한 측에 '통전부장이 직접 나오라'고 한 적이 있는데, 북한 쪽에서 '통전부장은 장관급보다 높기 때문에 오히려 급이 안 맞는다'라며 거부했던 경우도 있어요. 통전부장은 당 비서급이기 때문에 그렇죠.

여하튼 리선권이 통전부에 오면서 '통일전선'을 배웠을 겁니다. '통일전선'은 적 하나만 고립시키고 나머지 모두와 동맹을 맺어서 적을 섬멸하고자 하는 방식이에요. '반미구국통일전선' '반제구국통일전선' 등의 예시가 있는데, 이 경우에는 반대하지 않는 세력을 모두 잠재적 동지로 간주해요. 그래서 동맹-준동맹으로 구분하죠. 과거 박정희 정부 당시 북한의 통일전선 전략이 바로 '남조선 혁명역량 강화 전략'이었어요.

이처럼 통전부 출신 리선권을 외무상에 앉히고, 또 외교담당 당부위원장 리수용을 내리고 그 자리에 주러시아 대사였던 김형준을 그 자리에 앉힌 인사를 보면, 이제 미국과 정면승부를 하겠다는 의지로 읽혀요. 미국이 압박을 지속하면 '고슴도치 전략'을 쓰면서 견뎌서 나중에 미국이 지치도록 하겠다는 거죠. 반미 성향으로 돌아설 수 있는 나라들과 통일전선을 구축하는 것이 '외무상 리선권'에게 주어진 책무가 아니겠는가 싶어요.

당분간 미국과의 협상보다는 기존의 우방인 중국과 러시아와의 협조를 강화하겠다는 전략이라는 거죠.

미국에 대한 경험이 전혀 없는 리선권이 외무상이 된 것은 그 자체로 '미국통 필요 없다. 우리는 이제 미국을 잊었다' 하는 메시지이기도 한 거예요. 이후 최선희 제1부상이 자리를 지킬지 아닐지는 아직 모르겠지만, 어쨌든 외무상이 '군인 출신 통전부 인사'로 교체되었다는 건 상징성이 있어요. 중국, 러시아를 좌청룡, 우백호로 붙들고 반미통일전선을 구축하겠다는 의지로 보여요.

그러면 '조평통 출신' 리선권이 외무상이 된 것을 남북관계를 고려한 것이라고 보는 시각은 우리의 희망사항에 가까운 건가요?

그렇죠. 외무성이 남북관계에까지 개입한다면 기존의 통전부는 무슨 일을 하나요? 그리고 조평통이 여전히 존재하기 때문에 후임 조평통 위원장으로 누가 오는지를 보는 게 더 합리적인 예측이 될 겁니다.

2020년 신년 기자회견에서 문재인 대통령이 남북관계 개선을 위한 실마리 차원에서 '북한 개별관광'을 가장 큰 카드로 제시했는데요. 북한이 보기에 이 카드가 구미가 당기는 아이템일까요?

물꼬를 트는 마중물로서야 좋은 일이기는 하죠. 그런데 며칠 전 (2020.2.10) 알렉스 웡(Alex Wong) 미국 대북 특별 부대표가 한국에 와서 이동렬(李東烈) 외교부 평화안보기획단장과 한미 워킹그룹 회의를 했잖아요? 결국 이전에 해리 해리스(Harry Harris) 주한 미국대사가 말한 대로 되는 거예요. 해리스 대사가 문 대통령이 언급한 북한 개별관광과 DMZ 평화지대 구축 등에 대해서 "그런 방안들이 유엔 대북제재에 저촉되지 않느냐는 오해를 받지 않기 위해서는 한미 워킹그룹에서 협의해야 한다"라고 말했었죠. 이에 대해 통일부에서는 '주권 침해'라고 하고, 청와대에서도 '부적절한 언행'이라고 호기롭게 질책했잖아요? 그걸 또 미국에서는 해리스 대사가 폼페이오 미 국무부 장관의 신임을 받는 사람이라고 하며 그를 감싸는 모습이 연출됐었고요.

결국 한미 워킹그룹 회의를 통해 개별관광에 대해서도 미국의 허락을 받는 모양새가 되었어요. 그래도 미국이 허락한다고 하면 작은 것이기는 해도 그 나름의 청신호가 될 수 있겠어요.

기분은 나쁘지만, 그건 그렇죠. 그런데 북한이 과연 이걸 받을 것인가 여부가 또 문제예요. 개별관광은 결국 금강산으로 가는 건데, 북한이 이전에 이미 금강산 시설 꼴 보기 싫다며 싹 다 뜯어가라고 한 마당이니 어떨는지 모르겠어요. 다만 한가지 희망을 품어볼 만한 것은, 북한이 최근 코로나19를 핑계로 금강산 관광 시설 문제에 대한 협의를 당분간 중지하자는 내용의 전통문을 판문점 라인을 통해 보내왔다는 거예요. 사실 지금도 북한에서 자체적으로 관련 시설을 임의 철거하고 그 폐기물을 비무장지대에 갖다놓으면 우리는 그걸 가져와야 하는 거예요. 이 철거 작업은 북한에서 인력 동원하면 금방 하는 작업이잖아요?

그러니까 북한에서도 뜯어가라고 얘기를 꺼내긴 했지만, 그래도 남북 간에 뭔가라도 일이 되었으면 하는 생각을 아직 품고 있다는 거죠?

그렇죠. 뜯어가라고 큰소리쳐놨지만 그렇다고 이에 대해서 회담을 안 할 수도 없고, 남한에서는 계속 만나서 얘기하자고 하는 중이었어요. 그런데 이 와중에 코로나19 사태가 터지고 나니 이를 계기로 슬쩍 운을 띄운 셈이고, 이에 대해 남한에서 '상황이 잠잠해지면 우리가 개별관광 추진하겠다. 리모델링 싹 하고 오래되고 보기 싫은 것들은 다 뜯어갈 테니까 얘기하자'라고 말해주기를 바라는 것일 수도 있겠다 싶어요. 한가지 아쉬운 것은 코로나19 때문에 뭘 해볼 수도 없이 묶인 상황이라는 거예요. 노무현 정부 출범 후 첫 회담을 2003년 4월 초에 하기로 합의했었는데 당시 사스(SARS) 유행 때문에 4월 말로 연기되었던 적도 있죠. 아무래도 북한이 방역체계가 열악하기 때문이에요. 개성도 지금 아예 폐쇄해놨잖아요.

지금 어떤 수를 쓰더라도 북한과 접점을 만들어서 뭔가 일을 시작하는 것이 우리로서는 가장 중요한 일이라고 보시는 거네요.

그럼요. 우리 정부가 일을 해야 해요. 문재인 대통령이 2020년 1월 2일 신년 하례회에서 "평화는 행동 없이 오지 않는다. 올해는 남북관계에서 운신의 폭을 넓혀 노력해나가겠다"라고 한 뒤, 1월 7일 신년사에서 구체적으로 사업 구상을 언급했잖아요. 이어서 치른, 1월 14일 신년 기자회견에서는 더욱 세부적인 답변을 내놓기도 했고요. 대통령이 연초에 그렇게까지 얘기했으면 북한으로서도 움직이고 싶었을 거예요. 사실 대통령의 제안을 북한이 못 이긴 척 슬그머니 받도록 유도하기 위해서는, 연례적으로 3월부터 시작하는 한미 연합훈련을 치르지 않기로 결정하면 됩니다. 그런데 지난 1월 21일에 이미 한미 연합훈련을 대대급으로 진행하기로 했어요.

대대급이면 규모를 줄여서 하는 건가요?

이전에는 사단 규모로 훈련을 진행했어요. 북한이 정말 오금 저릴 법한 규모였죠. 그런데 대대급이면 그래도 많이 줄인 형태예요. 그리고 9·19 군사 분야 합의서에서는 군사분계선 5킬로미터 이내 구간에서 포사격 훈련이나 연대급 이상 규모의 군사훈련을 안 하기로 했어요. 그러니 이번에 실시하는 대대급 훈련 갖고 북한이 또 다시 우리를 몰아붙일 명분은 없어요.

이렇게 하는 게 우리 나름의 성의를 보인 거지만, 북한 입장에서는 여전히 싫은 거고요.

빈총이어도 안 맞는 것보다는 맞는 게 당연히 아프다잖아요. 북한 입장에서는 자기들이 하지 말아 달라고 하는 한미 연합훈련을 그 규모와 상관없이 치른다는 사실 자체가 자기네 말이 먹히지 않는다는 증거니까, 자존심 문제가 되는 거예요. 어쨌든 한미 연합훈련을 하고 나서 시간이 지나고 나면 곧 개별관광이든 개성공단 재개 문제든 얘기할 기회가 생기는 '꽃피는 봄'이 올 거라고 기대해야겠죠.

사실 북한 비핵화라는 게, 미국의 안보위협을 해소하는 것도 있지만 NPT의 지도국가로서 미국이 응당 해결해야 하는 국제적 의무이기도 하잖아요? 그런데 2018년 6월 비핵화를 합의해놓고 2년이 다 되도록 아무런 진전이 없었어요. 미국이 북한을 제재해야 문제가 해결된다고 해서 그렇게 2년 가까이 진행했는데 이뤄진 것이 없는 거잖아요? 그러면 미국에 대해 "이른바 세계 지도국가로서 NPT 체제 유지와 핵 위협 없는 세계를 위해 제대로 일하라"고 국제사회가 요구할 수 있는 것 아닙니까? 우리나라, 중국, 러시아 등이 그런 식으로 요구할 수 있는 것 아닌가 싶은데요. 물론 이미 중국과 러시아가 유엔 안보리에서 북한에 대한 일부 제재 완화를 제안한 데에 대해 미국이 거부하기도 했습니다만, 미국의 완강한 제재 고수 방침을 변화시킬 방안이 있을까요?

리선권 조평통 위원장이 외무상이 된 것도 중국, 러시아로 하여금 미국을 향해 항변해달라는 메시지를 주기 위함이라고 봐요. '싱가포르에서 합의할 때는 새로운 북미관계 수립, 한반도 평화체제 구축, 한반도 비핵화를 합의해놓고, 어떻게 북의 비핵화만을 요구하면서 제재완화와 보상 등 상응 조치도 제대로 해주지 않느냐'라고요. '제재 완화'를 통해 북한부터라도 비핵화할 수 있게 해달라고 중국과 러시아가 얘기해주기를 바라고 있는 거죠. 그렇게 하기 위해서는 메시지를 직접적으로 강력하게 전달할 수 있는 리선권 같은 '탱크'가 필요하다고 본 거예요. 미국은 최근 트럼프부터 스티브 비건까지 하나같이 싱가포르 북미 정상회담에서 '북한이 비핵화를 약속했다'라고만 이야기를 하더라고요.

'새로운 북미관계'나 '한반도의 항구적인 평화체제 구축'에 대해서는 말을 안 한다는 거죠?

그렇죠. '새로운 북미관계 수립'이나 '한반도의 항구적인 평화체제 구축' 역시 약속사항이라고는 언급하지 않고, '북한이 비핵화하기로 한 약속을 지킬 것으로 본다. 북한이 핵실험과 ICBM 발사를 하지 않기로 한 약속을 지금까지 지켜온 것처럼 앞으로도 그리리라 생각한다'라고만 말하고 있어요. 그런데 북한이 패전국도 아닌데 절대로 그런 일방적인 약속을 하지 않죠. 외교나 국제 협상의 기본은 상호주의 아녜요? 그러니까 비핵화는 저 두 약속에 대한 일종의 상응조치로서 얘기한 거고요. 더욱 중요한 것은 6·12 싱가포르 북미 공동선언에서는 북한의 비핵화만이 아니고 '한반도 비핵화'를 약속했다는 사실입니다. 북한의 비핵화가 한반도 비핵화에 포함되지만, 북한은 자기네가 비핵화할 테니 미국도 북한에 대한 핵 위협이나 핵 공격을 하지 말아 달라는 거예요. 이건 북한이 1990년대 초부터 주장해온 겁니다.

문재인−트럼프 정부에 대한 북한의 기대와 실망

2018년 이후 현재까지의 상황을 전반적으로 짚어주셨는데, 거슬러 올라가 1993년부터의 북핵 협상 과정을 다시 짚어보았으면 합니다. 2017년에 북핵 위기가 굉장히 고조됐었잖아요. 저는 그것이 3차 북핵 위기라고 봅니다.

1993년 3월 북한의 NPT 탈퇴 선언으로 시작된 1차 위기는 1994년 10월 제네바 합의로 봉합됐어요. 그리고 2002년 10월 고농축 우라늄 의혹으로 2003년 1월 제네바 합의가 파기되면서 2차 위기가 시작됩니다. 2차 북핵 위기는 2005년 9·19 합의와 2007년의 2·13 합의 등 6자회담을 통해 일단 해결되는 것처럼 보였어요. 그러나 2008년 출범한 이명박 정부가 '비핵·개방·3000'으로 북한의 '선 비핵화'를 고집하고 오바마 정부는 '전략적 인내'라는 명분 아래 북핵 문제를 방치하는 동안 북한은 핵능력을 중단 없이 증강하면서 2017년 드디어 미국을 타격할 수 있는 ICBM 개발에 성공한 것을 3차 위기라고 할 수 있죠. 이명박−

박근혜 정부, 오바마 정부 이후 북한이 핵실험을 5번이나 더 할 수 있게 만든 책임은 따로 따져야 할 일이고, 트럼프 정부로서는 핵실험을 총 6번이나 한 북한이 태평양과 북미 대륙을 횡단해서 워싱턴이나 뉴욕을 때릴 수 있는 ICBM까지 가지게 된 건 사실 겁나는 일이에요.

정리하면 1차 위기 때에는 북미가 일대일 협상으로 제네바 기본합의라는 해결책을 도출해냈지만 남한은 협상에서 완전히 소외됐습니다. 2차 때는 6자회담을 통했고, 협상에 참여한 남한이 상당한 중재 역할을 맡았죠. 그리고 문재인 정부에서는 남한 단독으로 중재자 역할을 맡아서 북미 정상 간에 해결 방안이 도출됐죠. 저는 그 점이 중요했다고 보는데요. 남한의 주도적 중재 역할이요.

남한의 주도적 중재 역할, 이 문제를 먼저 정리하고 넘어가죠. 트럼프 대통령이 2018년 3월 미 정부 관리들에게 '그동안 오바마, 부시, 클린턴 세 대통령이 북핵 문제를 해결하지 못하고 지금까지 일을 복잡하게 끌고 온 것은 당신들 같은 실무자의 말을 들었기 때문이다'라고 하면서 '나는 내 방식대로 하겠다'라고 말했어요. 그 덕택에 '탑다운' 방식의 6·12 정상회담을 열 수 있었던 거라고 봐요. 그 이전까지 북핵 회담에서 북미 간 최종 합의 및 서명 당사자는 차관보 급이었거든요.

사실 그동안 북미 협상의 모멘텀을 만든 게 트럼프 대통령의 두가지 독단적 결정 때문이었죠. 2018년 3월 정의용 특사가 워싱턴에 갔을 때 일체의 관료적 논의 과정을 거치지 않고 즉각 북미 정상회담 개최를 결정해버린 것, 6·12 정상회담 직후 기자회견에서 매티스 국방장관과 상의 없이 한미 군사훈련 중단 결정을 발표한 것 말이죠. 이러한 트럼프의 독단적 결정이 북한한테는 굉장히 의미가 컸다고 보거든요.

그 후 문제가 이렇게 꼬인 것은 트럼프 대통령과 실무 관료집단의 시각과 입장 차 때문입니다. 트럼프 대통령이 '클린턴, 부시, 오바마 같은 전임 대통령들이 당신들 같은 실무관료들 말을 들었기 때문에 북핵 문제가 이렇게 복잡하게 된 것'이라고 한 데서 이미 트럼프 대통령의 관료들에 대한 불신이 드러났죠.

그렇게 해서 돌파구를 만들었지만 결국은 미국 실무 관료들의 벽에 다시 막혀 있는 게 아닌가 싶어요.

그게 문제인 거예요. 남한의 주도적 중재 역할을 통해서 북미 정상회담을 성사시키고, 훌륭한 정상 간 합의가 나온 것까지는 좋았어요. 그런데 탑다운 방식으로 정상들이 아무리 좋은 합의를 해도, 실제로 이행하려면 실무자들에게 넘겨야 하는데 그 사람들이 자기네 코드로 실무회담을 진행하려는 거예요. 그러면서 미국 실무관료들의 오랜 습관인 '선 비핵화' 요구를 들이밀면 북한은 이게 뭐냐고 반발하는 식이죠. 일단 최종목표(end state)를 규정해두고 그걸 단계적 동시행동으로 비핵화를 추구해나가는 것까지는 좋았어요. 그런데 목표지점도 정해두지 않고 야금야금 조금씩 비핵화를 완료하겠다는 걸 어떻게 믿느냐는 게 미국의 입장이죠.

다만 북한은 처음부터 핵시설, 핵물질, 핵무기, 핵 투발수단(미사일), 핵기술을 전부 내려놓겠다고 약속한다면 그 이행 과정에서 미국이 거의 습관적으로 '왜 약속을 안 지키느냐'라고 압박해올 테니, 처음부터 단계적·동시적으로 해나가자고 하는 거죠. 김정은 위원장이 2019년 12월 백두산에 다녀온 뒤에 외국 쪽 언론에서 나오는 얘기들을 보니까, 북한도 역시 공개적으로는 얘기하지 않지만 '미국은 우리가 영변 핵 시설을 완전히 폐기하는 댓가로 기껏해야 석탄 및 섬유 두 부문에 대해 3년간 수출을 허가하는 것 정도를 준비해오고는 그걸 "창의적인 아이디어"라며 스톡홀름에 왔었다'라며 투덜거리는 식이에요. 북한 입장에서 보면 완전히 셈법이 안 맞죠.

3차 북핵 위기가 1~2차 때와 다른 것이, 이번에는 남한이 적극적인 중재자 역할을 했다는 것과 탑다운 방식의 정상회담을 열었다는 것 두가지예요. 이렇게 발동이 걸린 계기에 대해, 많은 사람들이 2017년 12월 19일 문재인 대통령이 KTX를 타고 강릉으로 가면서 평창올림픽 기간 동안은 한미 군사훈련을 중단하는 걸 검토할 수 있다고 말한 것이라고 보더군요.
아무리 올림픽 기간이라고 한들 한국이 단독으로 한미 군사훈련 중단을 결정한다는 것은 쉬운 일이 아닌데, 문재인 대통령이 먼저 그런 제안을 내놓은 데 대해 북한이 기대를 가졌던 게 아니냐고 생각하는 전문가들이 많더라고요.

맞아요. 그때 기차 안에서 진행한 미국 NBC와의 인터뷰에서 문재인 대통령이 한미 군사훈련 중단 검토에 대해 한미 간에 협의하고 있다고 했지만, 북한으로서는 '사실상 이미 7부 능선은 넘은 거다. 저 정도 얘기할 정도면 한미 간에 상당한 정도로 합의가 이뤄진 거고, 돌발 상황만 없으면 그대로 가는 거다'라는 판단이 있었을 거예요. 그런 정황이 있었기 때문에 김정은 또한 그즈음인 2017년 12월 9일 백두산에 올라갔을 거고, 뒤이어 2018년 신년사에서 평창에 가겠다는 얘기도 한 거죠.

장관님께서는 '올림픽 기간 군사훈련 중단' 결정이 한미 간 조율을 거친 것으로 보시는군요. 2018년 당시 몇몇 전문가들은 문재인 대통령의 제안이 한국 정부의 독자적 결정인 것 같다고 보던데요.

2017년 8월 9일 북한이 ICBM 개발에 성공했다고 미국 정보당국이 인정하는 뉴스가 나왔잖아요. 그러고 나자 트럼프 대통령의 그 험한 입이 싹 닫혔죠. 11월 29일 북한이 화성 15호 ICBM을 발사하고 '국가핵무력 완성 선언'을 하고 나서자, 12월 5일부터 9일까지 4박 5일 동안 제프리 펠트먼(Jeffrey Feltman) 유엔 사무차장이 평양에 들어갔다 나왔어요. 미 국무부에서 쭉 크다가 유엔 사무차장으로 건너간 사람이에요. 다녀와서 하는 소리가 "오판에 의한 전쟁을 피하기 위해서는 협상이 반드시 필요하다"라는 거였어요. 그건 미국에서 시킨 거지, 구테흐스(A. Guterres) 유엔 사무총장이 자진해서 그런 심부름을 시킨 건 아니라고 봐요.

2017년 11월 29일의 ICBM 발사 성공을 보면서 미국에서도 무언가 협상해야 할 필요를 느꼈다는 말씀이시죠.

그렇죠. 트럼프 대통령 입장에서는 그동안 우습게 봤던 김정은 위원장에게 뺨 맞게 생긴 거였죠. 2017년 11월 29일, 북한이 미 동부 워싱턴을 직격할 수 있는 1만 3,000킬로미터짜리 ICBM의 시험발사를 성공합니다. 그런데 그로부터 불과 4개월여 전인 7월 4일에는 서부의 캘리포니아까지 닿는 1만킬로미터짜리 ICBM 개발에 성공했다고 선전하고, 이에 대해 미국 쪽에서도 '1만킬로미터 발사 성공은 가능한 이야기다'라고 했어요. 그러면서 동시에 미국 조야의 전문가들이 다 같이 한다는 말이 '1만킬로미터 개발한 것은 대단한데, 지금까지의 북한 미사일 기술 개발 속도를 생각했을 때 미국 동부까지 도달하는 사거리의 미사일이 나오려면 앞으로 2~3년은 더 걸릴 것이다'였어요. 그러니 2~3년 안에 압박과 제재를 극대화해서 상응 조치 없이 북핵 문제를 공짜로 해결할 수 있겠다고 생각할 수 있었죠. 미국이 갖고 있는 일종의 우월감, 미국 중심적 사고의 발로라고 생각해요. 그런데 이 관측이 무색하게 4개월여 만에 미국 동부를 직격할 수 있는 미사일이 나와버렸단 말이죠. 트럼프 대통령이 놀라는 게 당연했어요.

미국이 그런 식으로 움직이고 있다는 것에 대한 정보가 우리 쪽에도 있었을 거고요. 기왕 그렇게 나가려면 우리가 평창올림픽을 성공시켜야 하니까 내년 훈련을 치르지 않는 쪽으로 정리하자고 했을 거예요. 그 정도 얘기가 돼 있으니까, 미주알고주알 밝히진 못하지만 12월 19일에 한미 간에 군사훈련 중단 문제를 협의하겠다고 한 거죠. 나중에 정의용 실장을 통해서 물어보니 사실상 확정된 이야기였지만, 그렇게 바로 얘기할 수가 없어서 표현을 골랐다고 하더라고요. 북한이 제프리 펠트먼 인편에 훈련 여부에 따라 태도를 바꿀 것이라는 얘기를 전달했으리라고 봐요. 그 이야기가 맥마스터 미 국가안보보좌관과 정의용 안보실장 사이에서 공유가 되었겠죠. 또, 폼페이오 당시 CIA 국장과 서훈 국정원장 사이가 가까워요. 미 CIA가 본래는 일본 내각조사실의 북한 평가를 기초로 일해왔는데, 서훈 국정원장이 취임한 뒤로는 국정원과 CIA가 직접 정보를 소통하도록 만들었죠. 정보 공유 루트가 다양하고 직접적인 형태가 되었다는 얘기입니다. 이런 식으로 미국이 연합훈련 문제에 대해 상당 정도 유연한 자세로 돌아서고 있다는 것이 감지되니까 얘기가 시작되었던 거예요.

북미 협상을 시작하겠다는 첫 이니셔티브가 미국발이었던 거네요. 저는 당시에는 남한 쪽에서 먼저 시작한 거라고 생각했는데요. 일각에서도 남한 정부의 대북 이니셔티브를 실제보다 과도하게 크다고 본 것이 아닌가라는 얘기가 있어요. 사실은 우리 정부가 미국의 필요에 의해 대리해서 움직인 측면이 강하다는 거죠.

미국에서 먼저 보낸 것은 맞습니다. 미국도 바로 북한과 만나는 건 좀 그렇잖아요. 미사일을 쏘니까 겁나서 회담에 나가기 시작했다는 식으로 오해받을 수 있죠. 그런 비판이 나올 수도 있고요. 그러니까 남북회담을 징검다리 삼아 북미회담을 성사시키려고 한 거죠. 북한한테 그런 정도의 메시지까지 직접 보낼 수는 없으니까 남측에 "너희가 먼저 다리를 놔. 그러면 우리가 갈게. 북한이 ICBM을 또 쏘는 일은 막아야 할 테니까"라고 했을 거예요. 트럼프 입장에서는 북한이 미사일을 또 쏘면 곤란하잖아요. 그런 일은 막아야 하니까 넌지시 미국에서 말했겠죠. 이런 전후 사정이 합쳐져서 문 대통령 입에서 '길잡이'라는 말이 나온 거예요.

이처럼 미국에서 받을 준비가 되어 있었기 때문에, 김여정 부부장이 평창에 온 것에 대한 답방의 차원으로 3월 5일 서훈 국정원장과 정의용 안보실장이 평양에 갔어요. 그러고는 거기서 나온 얘기를 바로 트럼프 대통령에게 전달해서 북미 정상회담을 성사시켰죠. 남한이 중재자·촉진자 역할을 할 수 있었던 데에는 우리의 노력에 더해, 그 시기에 트럼프와 그 주변 참모들이 '이제 정말 망신당할 수 있으니 불은 끄자'라는 전략적 입장을 취하게 된 정황이 있었으리라 봅니다.

당시 미국이 얻은 것이 북한의 ICBM 활동 동결인데, 어쨌든 북의 핵능력은 계속 향상될 것이고, 이걸 두고만 볼 수는 없을 것 아닙니까? 누가 더 오래 버티느냐의 문제일 텐데요.

사실 발사 여부에 따른 차이가 없는 것이 어쨌거나 북한은 ICBM을 계속 연구할 것이고, 사거리는 이미 1만 3,000킬로미터가 되기 때문이에요. 지금 걱정하는 것은 '다탄두' 문제예요. 이걸 만들 수 있다고 보는 거예요. 옛날에 소련조차도 북한이 위험하다고 생각해서 미사일 기술을 제공하지 않았어요. 그런데 이집트에서 돈을 주고 사왔는지 소련제 200킬로미터짜리 스커드 미사일 개발 기술을 가져왔어요. 미사일을 분해해서 역설계한 뒤에 기술을 발전시켜서 지금에 이른 거거든요.

사실 세계는 북한이 ICBM이건 핵이건 만들 수 있을 것이라고 생각을 못했었잖아요. 만들고 나니까 모두가 놀랐었죠.

미국의 잘못이 뭐냐면, '돈이 없으면 아무것도 못한다'라고 착각한 거예요. 자본주의식으로만 생각했을 때는 가난하면 아무것도 못하는 게 맞지만, 북한은 물질자극적인 사회가 아닌 사상자극적인 사회입니다. 이게 무슨 얘기냐면, 김정은 위원장이 가령 ICBM 실험실, 연구소 등에 가서 과학자들을 모아놓고 밥상 한번 근사하게 차려놓고 대접하면서 '나는 동무들만 믿고 가겠소' 하면 연구진들의 사기가 치솟는 거예요. 애초에 자본주의 사회마냥 고용주랑 협상해서 월급 받고 일하는 사람들이 아니거든요. 성과가 나면 물론 아파트 평수가 늘어나고 배급이 좋아지지만, 그보다 중요한 건 명예나 대우가 달라진다는 거예요. 그러니 설계도를 훔치든 베끼든 해서라도 무조건 해내면 되는 거예요. 그런데 미국으로서는 아직도 이게 인정이 안 되는 거고요.

문재인 정부의 업적과 한계

9·19 군사 합의는 남북 간의 군사 긴장을 완화하는 중요한 합의였고, 그때가 남북관계 개선 및 북핵 해결에 대한 기대치가 가장 높았죠. 그런데 김동엽(金東燁) 교수 등 일부 전문가들은 9·19 공동성명의 5조 2항, 즉 '북측은 6·12 북미 공동선언의 정신에 따라 미국이 상응 조치를 취하면 영변 핵시설의 영구적 폐기 등의 추가적인 조치를 계속 취해나갈 용의가 있음을 표명했다'라는 북핵 관련 남북 합의가 너무 앞서 나간 것 아니냐는 의견이더군요. 미국의 확실한 사전 동의를 구하지 못한 것 아니냐는 거죠. 북한 핵 문제라는 게 결국 미국이 칼자루

를 쥐고 있는 건데, 미국의 사전 동의 없이 남북이 일방적으로 그 해법을 제시한 것부터가 무모했다고 지적하는데, 어떻게 보십니까?

폼페이오 미 국무장관이 9·19 공동성명에 대해서 즉각적으로 불쾌감을 표시했죠. 바로 그 부분이었을 거예요. '너희가 먼저 그걸 합의해서 우리한테 뒤집어씌우려고 해?'라는 생각이었겠죠. 폼페이오 장관이 화를 낸 걸 보면 한미 간에 사전에 조율했던 건 아닌 것 같아요. 하지만 8·15 경축사에서 말했듯이 그 정도는 우리가 한발 앞서가면서 미국을 설득해서 끌고 갈 수 있지 않겠는가 싶어요.

그에 상응하는 조치를 어차피 미국이 해줘야 하는 거라면 북한이 영변 핵시설을 폐기하는 것이 기본 아닙니까. 비핵화 프로세스의 입구가 영변 핵시설의 폐기거든요. 상응 조치를 끌어내야 한다는 것도 상식이고요. 그런 정도도 남북 간에 합의하지 못하면, 우린 도대체 뭘 하라는 거예요. 어떻게 보면 미국이 너무 심하게 한 거죠.

그렇게 지적하는 사람들은 그 정도의 북핵 문제 해법을 남북 간 합의서에 넣으려면 사전에 미국과 긴밀하게 협의했어야 하는데, 그게 부족했던 거 아니냐고 보는 거죠.

미국의 허락이 있어야만 한다는 철학을 가진 사람들은 뭐든지 미국과 협의해야 한다는 입장이죠. 일례로 2018년 5월 20일 윤영찬(尹永燦) 국민소통수석이 서울 동대문디자인플라자(DDP)에서 9·19 평양 남북 정상회담의 결과로 김정은 위원장의 남한 방문을 합의했다고 발표하자, 기독교방송(CBS) 기자가 "미국과 사전에 협의했느냐"라고 질문했어요. 그래서 제가 그날 저녁에 KBS 토론에 나가서 "사전에 협의했느냐는 질문은 '허락을 받았느냐'라고 묻는 건데, 요즈음 젊은 기자들이 어떻게 미국에 허락을 받고 합의해야 한다는 식으로 생각하느냐"고 호통을 쳤죠. 젊은 사람들조차 김정은 위원장의 답방을 미국과 사전에 협의해야만 한다고 생각하는 풍조가 있는 거예요. 서글픈 일입니다. 일종의 속국 근성이죠.

그건 남북 간의 문제지만, 핵 문제는 결국 미국이 칼자루를 쥐고 있는 것 아닙니까?

2018년 8·15 경축사에서 나온 '남북관계의 발전은 북미관계 개선의 종속 변수가 아니다'라는 말은 그 자체로 끝나는 것이 아닙니다. 더 나아가 남북관계 개선을 통해 북미관계 개선과 북핵 문제 협상의 속도를 내도록 한다는 의미였던 거예요. 그 경축사의 연장선상에서 보면 우리가 먼저 합의해서 미국이 상응 조치를 취할 수 있도록 해주면 되는 것 아니냐, 즉 우리가 미국의 상응 조치를 끌어낼 테니 북한은 영변 핵시설을 확실히 폐기할 준비를 하라는 뜻이 담겨 있는 거죠. 북한은 '남한이 미국으로부터 상응 조치만 받아준다면 핵시설 폐기는 못할 것 없지' 하고 9·19 평양 공동선언의 조항으로 그 내용을 넣은 거죠. 남북 간에 그런 정도 합의도 못한다면 대한민국은 미국의 주정부만도 못한 거예요.

하지만 그건 저희만의 문제가 아니라, 미국이 안 하겠다고 하면 할 수 없는 것 아닙니까.

기본적으로 6·12 싱가포르 북미 정상회담에서 이미 1) 새로운 북미 관계 수립 2) 한반도의 항구적 평화체제 구축 3) 한반도 비핵화 이렇게 세가지를 합의했잖아요. 네번째인 유골 발굴에 관한 건은 부록 정도에 불과했고요. 북핵 문제 해결을 위한 상응 조치가 결국 수교 및 평화체제 구축 아닙니까. 미국에서는 상응 조치를 전부 경제적 제재 해제로만 해석하지만, 북한이 바라는 상응 조치는 안전권과 발전권을 아우르거든요. 6·12 공동선언에서 거기까지 나왔으면, 북의 영변 핵시설 폐기 대 미국의 상응 조치라는 구도가 성립되고 이걸 당연히 남북이 합의문에 넣을 수 있죠. 합의문에 있기 때문에 미국에도 이것을 적극적으로 이행해달라고 요구할 수 있고요. 6·12 북미 정상회담 이후 미 정부 내의 실무자들이 선언문 이행 로드맵을 만들 때에도 이런 정황을 충분히 염두에 두지 않았겠느냐고 볼 수 있어요. 하노이 회담에서도 북한은 '영변 플러스 알파'에 '5개 민생 관련 경제제재 해제'라는 식으로 거래하려고 했잖아요.

미국이 너무하는 측면이 하나 있겠고요. 하노이 회담 이후에 남북 관계가 굉장히 나빠졌잖아요. 금강산 관광이나 개성공단 조업이 재개되지 않는 문제, 한미 군사훈련을 재개했을 뿐만 아니라 그 훈련에 '수복 지역의 안정화 작전'을 포함시킨 문제, F-35 등 미국의 첨단무기를 들여오고 국방비를 8퍼센트 늘리는 문제 등은 우리가 해결할 수 있는 것 아닙니까?

그게 지금 우리가 9·19 군사 분야 합의서상의 약속을 제대로 지키지 않고 있는 부분이죠.

보도를 보면 국방 중기 계획이라고 해서 막대한 예산을 쏟아부어 미제 신무기를 들여온다고 하잖아요. 국방예산을 8퍼센트나 늘린다고 하고요. 그 부분에 대해서는 우리 입장에서도 감축은 아니어도 동결까지는 할 수 있지 않을까 싶었지만 동결은커녕 역대 최고로 국방비가 올라가는 거네요.

국방비를 매년 8퍼센트씩 올린다고 하는 것도 북한으로서는 사실 걱정일 거예요. 자기들 경제로서는 도저히 따라갈 수가 없잖아요. 북한의 2018년 GDP 총액(36조원)이 우리 국방비 규모(2017년 40조) 정도밖에 안 되거든요. 그런데 그 예산이 매년 8퍼센트씩 늘어난다는 건 그야말로 복리로 늘어나는 셈인데, 이에 북한이 불안해하는 것은 당연한 일이에요. 그런데 북한은 남쪽에서 국방비를 8퍼센트씩이나 늘려야겠다고 생각하도록 만든 원인을 본인들이 제공했다고는 생각하지 않아요.

하노이 북미 정상회담이 결렬된 이후 '영변 플러스 알파'와 미국의 상응 조치를 어떻게 교환할 것인가 하는 상황에서 알파의 크기를 갖고 미국과 밀고 당기고 있는 것 아닙니까. 북한 입장에서는 알파에 대한 상응 조치를 키우기 위해서 영변의 원자로와 강선의 우라늄 비밀 농축 시설의 원심분리기를 돌리고 있는 거고요. 싱가포르 정상회담 때 약속했던 대로 핵실험은 안 하더라도 200킬로미터, 400킬로미터의 단거리 미사일을 계속 쏴대고, 핵폭탄을 만들 수 있는 무기급 핵 물질 생산활동을 계속 벌이고 있잖아요. 우리로서는 그걸 억지하기 위해서는 전략폭격기를 갖고 있어야 한다고 판단할 수밖에 없는 거죠. 그런데 북한은 자기들이 원인을 제공했다는 말은 꺼내지 않아요. 물론 우리도 우리가 원인을 제공해서 북한이 저렇게 방방 뜬다는 말은 안 하는 거 아닙니까.

우리의 군사훈련과 군비 증강도 방어적인 것이고, 저들의 핵 활동과 미사일 실험도 방어적인 것이고… 안보 딜레마죠.

자기들은 방어를 위해서 혹은 미국이 함부로 자기들을 찍어누를 수 없도록 하기 위해서도 무언가 협상 카드를 만들어야 하고, 필요 시에는 핵폭탄을 만들 수 있다고 겁도 줘야 하니까 핵 물질을 계속 만들어야 한다고 생각하겠죠. 그걸로 실험은 안 한다고 하더라도요. 한편 북한과 미국 가운데 끼어 있는 우리 입장에서는 북의 핵무기 개수가 늘어나면 전략폭격기라도 갖고 있어야 하는 것 아니냐, 원점을 때릴 수 있는 무언가가 있어야 하는 것 아니냐 생각할 수밖에 없죠. 더구나 이번 훈련이 전시작전통제권을 환수받기 위한 훈련이라면, 그것을 환수한 후에 북한의 군사도발 위협 징후가 보이면 그동안 역대 국방부 장관들이 입에 달고 살았듯이 '원점을 때리기' 위한 스텔스 전폭기가 필요하죠. 북한은 그걸 필요하게 만든 원인을 자기들이 제공했다는 얘기는 하지 않고 욕만 하는데, 사실 놀랄 것도 없어요. 기분 상할 것도 없고요. 북한에 이게 어떤 의미가 있는가. 전시작전통제권이 돌아오면 북한은 앞으로 군사적 측면에서 남한을 상대로 모험적 제스처조차 쓰기 어렵다는 뜻이거든요.

북한에게는 전시작전통제권을 가진 남한이 더 무서워질 수 있다는 거죠.

여차하면 바로 때려버리는 거죠. 그동안은 북한에서 위협을 가하더라도 미군이 작전통제권을 갖고 있기 때문에, 전 세계를 관리하는 입장에서 한반도에서 소규모 국지전이라도 벌어지는 게 미국에는 부담이죠. 그래서 '한방 맞고 끝내라'는 식으로 정리되곤 했어요. 그런데 전시작전통제권이 돌아오면 북의 군사행동에 대해 우리가 독자적으로 대응할 수 있게 돼요. 한미연합사 부사령관이 된 주한미군 사령관이 나중에 거기에 협조를 하건 안 하건 상관없이 '때려버릴' 수 있는 거예요. 북한 입장에서는 굉장히 겁나는 일일 겁니다. 그런데다가 국방비를 매년 8퍼센트씩 증액한다고 하니까 북한 입장에서는 뱁새가 황새를 따라가는 것보다 더 어려운 일이 되어버린 거예요. 여기서 더 진도가 나가지 못하게 하려면 남쪽을 향해서 겁을 줘야겠다고 생각했을 거고요.

그 말씀은 만약 북미가 수교한다 하더라도 남한의 군사력이 커지는 것은 북한으로서는 두려운 일이라는 거죠.

북미 간에 수교를 맺고 미군이 한국에 남아 있어도, 한국이 작전통제권을 찾아오면 주한미군 사령관의 허락 없이도 한국군이 북한을 공격할 수 있는 거예요. 저쪽은 병력만 많잖아요. 재래식 무기는 월등히 적고요. 물론 대량살상무기를 갖고 있고, 최악의 경우에는 핵무기나 생화학 무기를 쓸 수 있다고 하지만 그 살상력이 재래식 무기의 살상력에 비해 엄청나게 크기 때문에 도덕적으로 극심하게 비난을 받게 됩니다. 함부로 쓸 수 없는 무기예요. 재래식 장비만 갖고는 도저히 남쪽을 상대할 수 없는 시기가 올 텐데, 어떻게든 남쪽을 압박해서 그걸 막거나 속도를 늦추도록 해야겠다고 생각하고 있을 겁니다.

제가 보기에는 남한 정부가 오히려 남남갈등을 의식해서 국방비를 늘리고 있는 것 아닌가 싶어요. 희한하게 김대중, 노무현, 문재인 정부가 국방비를 많이 늘렸고 이명박, 박근혜 정부 때는 얼마 안 늘렸어요. 9·19 군사합의까지 해놓고 나서 국방비를 8퍼센트나 늘리고 F-35 들여오고 한미 군사훈련 강화하는 등의 일은 사실 북한 입장에서는 열 받는 일 아닙니까?

그걸 국방부 단독으로 했다고 볼 수 없고, 청와대의 허락이 떨어졌다고 봐야 해요. 미국이 워낙 세게 요구하고 있기 때문에 어쩔 수가 없을 겁니다. 미국을 불쾌하게 하면 아무것도 못할 것 같으니 여기까지는 들어주고, 그걸 기반으로 대미 영향력을 확보한 뒤에 북미 간의 중재자 및 촉진자로 가겠다는 생각이었던 거겠죠. 상충되는 일을 하면서 그게 가져올 결과를 깊이 생각하지 못했다는 지적은 감수해야 할 거예요.

그런 부분에 대해서 북한 쪽에 양해를 구하지 못한 것 아닙니까?

미국한테 양해를 구하는 일은 오히려 쉬워요. 하지만 북한한테 사전 양해는 안 되죠. 이게 도리가 없다, 어쩔 수 없다, 우리가 이렇게 해서라도 미국을 우리 손아귀에 넣어야 하고 그래야 너희에게도 유리하다고 말한다고 해도 그걸 북한이 믿지 않죠.

한국 정부가 6·12 북미 정상회담 이후에 북핵 문제에 대한 국제여론을 제대로 파악 못했던 것 아닌가 싶어요. 2018년 10월 문재인 대통령이 유럽을 순방하면서 대북 경제제재 완화 협조를 제안했다가 마크롱(E. Macron) 프랑스 대통령으로부터 거절을 당했잖습니까. 당시 유럽 국가들은 아직 제재 완화 시점이 아니라고 본 거죠. 그런데 대통령이 직접 그렇게 요청하려면 상대국의 입장이 어떤가를 사전에 파악해두는 것이 외교의 기본 아니겠어요. 그런 사전 정지작업도 해놓지 않은 채 대통령이 협력을 요청했다가 대놓고 거절당한 건 일종의 외교적 망신이라는 평가가 있었어요.

그건 국제정세를 못 읽었다기보다는, 문 대통령으로서는 본인이 나서서 대북제재 해제를 선도하는 모양새를 만들어야 북한을 우리 편으로 끌어들이고, 그걸 바탕으로 미국과의 접점을 만들 수 있다고 생각한 거죠. 그 정도 말도 못해서야 어디 주권 국가인가요? 거절은 당했지만, 그 너머의 메시지가 있다고 봅니다.

그렇게 말을 할 수는 있지만, 그들의 인식에서는 대북제재 완화가 아직 시기상조였다는 것, 즉 우리 힘으로는 실현시키기 어려운 것을 북한과 약속했다는 게 문제라는 거죠.

실현시키기 어려울 것도 없어요. 미국이 갖가지 핑계를 대면서 이행을 안 하니까 그렇죠. 하기로 마음을 먹으면 할 수 있는 게 상응 조치 아닙니까.

미국이 마음을 먹지 않고 있잖아요.

분위기를 그렇게 조성해야죠. 마크롱 대통령이 의외로 보수적이라
는 것 아닙니까.

저는 마크롱 대통령이 이상했다기보다, 북한을 바라보는 국제사회
의 시각이 그렇다고 봤어요. 즉 '북한은 뭘 해도 믿을 수 없는 나라'라
는 뿌리 깊은 편견이 사라지지 않고 있구나라는 생각이 들더라고요.

유럽연합 국가 중에서 아직도 북한과 수교를 맺지 않은 나라가 딱
하나, 프랑스예요. 2000년 6·15 정상회담을 하고 10월 서울에서 아시
아유럽정상회의(ASEM)가 열렸잖아요. 그때 김대중 대통령이 아셈
총회 연설에서 유럽 국가들에게 북한과의 수교를 요청했고, 그에 따
라 영국이 가장 먼저 북한과 수교했죠. 그 뒤에 다른 국가들도 연이어
수교를 맺었는데, 지금까지 프랑스는 수교하지 않고 있어요. 프랑스가
의외로 북쪽에 대해서 편견이라든가 고정관념을 버리지 못하고 있는
측면이 있는데, 그걸 간과한 측면은 있겠죠.

홍석현(洪錫炫) 회장은, 이번 북미 협상이 북한에는 굉장히 좋은
기회니까 북한이 조금 숙이더라도 반드시 성사시키는 게 중요하다고
말하거든요. 그런데 북한은 그렇게 하지 않겠다는 거 아니에요?

북한은 절대 숙이고 들어가지 않을 거예요. 왜냐하면 약자이기 때문이에요. 약자니까 숙이고 들어가면 짓밟힌다는 피해의식이 있어서, 그래서 매번 동시 행동이나 일대일 상호주의를 요구하는 거죠. 조금이라도 숙이고 들어가면 처음에는 상대방이 '잘한다'라고 나올지 몰라도 나중에는 자기들을 얕잡아볼 거라고 보는 거예요. '굶어 죽어도 민족자주는 안 버린다'고 하잖아요.

저는 북미의 대치를 '미국예외주의 대 북한예외주의의 대결'이라고 봐요. 둘 다 자신들은 특별한 나라라고 생각한다는 거죠. 즉 미국은 자기들이 세계를 지도하는 특별한 나라니까 모든 협상의 조건을 마음대로 결정할 수 있다고 생각하고, 북한은 자주를 최고로 내세우는 나라니까 강대국의 압력에 한치도 물러서려 하지 않으면서 부딪힐 수밖에 없다고요. 그런데 '강약(強弱)이 부동(不同)'이라고, 힘이 약한 북한이 미국의 반대에 맞서 과연 자신의 의지를 끝까지 관철할 수 있겠느냐는 거죠.

코드가 같은 나라끼리는 힘의 강약에 따라서 결정이 되죠. 그런데 이 둘은 완전히 다르잖아요. 미국은 제가 보기에는 상대에 대해 먼저 이해하려고 하질 않아요. 그렇기 때문에 북한과 일대일로는 협상을 못하는 거고요. 미국은 자본주의적으로 '경제제재를 계속할 건데 북한이 버틸 수 있겠어?'라고 생각해요. 그에 반해 러시아의 푸틴은 2017년 9월 동방경제포럼에서 문 대통령을 만나 "북한 사람들은 풀뿌리를 캐 먹으면서도 우리에게 손을 안 벌리더라. 무서운 사람들이다"라고 했어요. 그게 북한의 실제 모습이죠. 미국이 이해 못하는 대목인 거예요.

우리 경제학자들도 통계 수치만 갖고, 북중 무역량이 크게 줄어들었기 때문에 앞으로 2~3년을 버틸 수 없을 거라고 말하곤 해요. 대외 경제의존도가 높을 때에는 그 수치가 중요하지만 지금 북한의 대외 경제의존도가 10퍼센트 미만이니까 밖에서 좀 덜 들어오면 좀 덜 먹고사는 것뿐이에요. 지리산 산중에 사는 화전민은 한달 내내 장에 안 가도 살 수 있잖아요. 고사리니 더덕이니 두릅을 채취해서 먹고살면 되는 것 아니에요. 양식이야 까짓것 종자만 있으면 조악하더라도 작물을 길러서 얻으면 되고요.

그렇다면 장관님이 보시기에 북미 협상이 타결되려면 결국 북한의 주장대로 미국이 셈법을 바꾸는 것밖에는 길이 없다는 건가요?

사실 북한은 셈법을 바꿀 것이 없죠. 6·12 싱가포르 합의대로 하자는 것뿐이에요. 안 바꿀 겁니다. 그 사람들은 입장을 정립하는 데 시간이 걸려서 그렇지, 한번 정립이 되면 그것이 받아들여질 때까지 버티고 받아들여지지 않으면 '없었던 일로 하자'고 하면서 끝내버려요.

일각에서는 몸값을 올리기 위한 북한의 제스처라고 하는데, 그 말에 대해서는 어떻게 보십니까?

사회주의와 자본주의의 차이예요. 자본주의 체제에 젖어 있는 사람들은 북한이 계속 밀고 당기면서 흥정하려 한다고 생각해요. 그런데 저쪽은 입장이 결정되면 그것이 관철될 때까지 끌고 가는 사람들인 거예요. 공산주의 혁명 전략·전술 이론을 놓고 보면, 전략적 목표는 그것이 완수될 때까지 불변입니다. 다만 전술은 상황에 따라 수시로 바꿀 수가 있어요. 스탈린이 규정한 개념에 따르면 전략적 목표를 달성하기 위한 그때그때의 대응 방법이 전술이에요. 북한 입장에서 전략적 목표는 핵 카드를 이용해서 안전권과 발전권을 확보한다는 거죠. 안전권과 발전권에 대한 미국의 확실한 보장이 없으면 회담에 나갈 필요도 없다는 생각인 거고요.

지금 상황에서는 미국이 좀 더 내놓아야 협상이 이어질 수 있다는 건가요?

미국이 2019년 10월 5일 스톡홀름에서 제시했던 것처럼 석탄과 섬유 수출제재 해제 정도를 경제적 보상 내지 상응 조치라고 생각하는 게 문제예요. 북한은 그런 걸 해달라는 게 아니에요. 안전권과 발전권을 요구하는 거예요. 안전권은 군사적으로 북을 치지 않겠다는 약속이고 그 시작은 연합훈련 중단이 되는 거고요. 더 나아가서는 정전협정을 평화협정으로 바꾸는 작업을 시작해야 하는 거고요. 그리고 이것이 수교로 이어져야 하는데, 수교는 정치적인 안전을 보장하는 거죠. 군사적인 안전은 평화협정을 체결하는 거고요. 또한 발전권이란 완전 제재 해제를 의미하는 거죠. 전략적 목표가 달성될 때까지는 전술은 몰라도 그 목표 자체는 절대로 바꾸지 않을 거예요. 그런데 몇번 미국한테 끌려다니다 보니까 그 전술조차도 바꾸지 않고 있는 거죠.

칼자루는 미국이 쥐고 있지만, 협상의 동력을 되살리기 위해서 남한이 할 수 있는 게 뭐가 있을까요?

미국이 조금이라도 움직일 기미가 있으면 우리가 할 수 있는 일이 있겠죠. 하지만 그들이 요지부동으로 선 비핵화를 요구하고 북한이 거기에 대해 강하게 반발하면서 험악한 분위기가 조성되면, 우리가 미국에 조금만 움직여달라는 말을 통 못하게 되는 거죠. 미국이 요지부동이라 할지라도 북한이 남한에 계속 기대감을 비추고 요구해오면 도리상 미국에 한번 더 얘기해볼 수 있어요. 하지만 우리를 향해 계속 저렇게 험한 욕을 해대고 있으니 우리가 나설 체면도 없어요. 북측의 욕을 먹으면서 미국에 움직여달라고 말하기가 어려운 거예요.

평화협정의 다자간 협의 가능성

이란 핵 합의는 비록 트럼프 대통령이 깨긴 했지만, 안보리 5개국과 독일이 참여해서 다자간 협력으로 체결한 것 아닙니까. 한국에서도 6자회담의 전례가 있는데, 지금이라도 북핵 문제를 다자간 협상으로 해결할 가능성은 없습니까?

가능성이 전혀 없다고 말할 수는 없으나 그렇게 하기 전에 정전협정을 평화협정으로 바꿔야 해요. 당시 정전협정의 서명 당사자가 3국인데요. 유엔군 사령관인 미국인 마크 클라크(Mark Clark), 조선인민군 최고사령관 김일성, 중국인민지원군 사령관 펑 더화이(彭德懷), 이렇게 미·북·중만 이 협정에 서명했어요. 군 사령관끼리 체결하는 것이 정전협정이기 때문에 우리에게는 작전지휘권이 없어서 거기에 못 들어갔죠. 이것을 평화협정으로 바꾸자면, 이는 정치협정이기 때문에 우리가 들어가야 해요.

그동안은 우리가 정전협정의 당사자가 아니라는 이유로 북한이 우리를 제외하려고 했어요. 미국도 자기들이 다 하겠다는 식으로, 이를 당연한 걸로 받아들였고요. 미국은 평화협정 생각이 없었으니까요. 그런데 북핵 문제가 불거지고 북한이 핵실험까지 벌이고 나니까 부시 대통령이 이를 풀자면 한반도의 전쟁상태를 종식시키고 평화협정까지 가야겠다고 뒤늦게 깨달았던 거죠. 그래서 북한의 1차 핵실험 직후인 2006년 11월 하노이 한미 정상회담에서 노무현 대통령에게 "당신과 내가 김정일을 만나서 한국전쟁의 공식적인 종료를 선언하는 문제를 협의하자"라고 말했어요. 그 뒤에 남북 정상회담이 추진됐죠. 2007년 9월 시드니 APEC 정상회담에서 다시 만났을 때 부시 대통령이 노무현 대통령에게 그 얘길 또 꺼냈어요. 그러면서 10·4 선언 4항에 '남과 북은 현 정전체제를 종식시키고 항구적인 평화체제를 구축해나가야 한다는 데 인식을 같이하고 직접 관련된 3자 또는 4자 정상들이 한반도 지역에서 만나 종전을 선언하는 문제를 추진하기 위해 협력해 나가기로 했다'라는 내용이 들어갔어요. 바로 전날 베이징에서 타결된 6자회담 공동보도문에도 그와 비슷한 조항이 들어갔고요.

그때까지는 평화협정으로의 이행이 불가능하지만은 않았어요. 나중에 다른 여러 이유로 한국전쟁의 공식적인 종료를 선언하는 문제의 협의를 시작하지 못하고 말았지만, 김정은 위원장으로서는 선대에 이뤄놓은 합의사항이기 때문에 그걸 깨려고 하진 않을 거예요. 그걸 평계로 해서 우리가 평화협정에 들어가야 하는데, 그것의 체결은 남북과 미중이 하는 것 아닙니까. 여기에 일본과 러시아를 넣을 것이냐 마느냐 하는 것은 평화협정을 체결하는 4국이 결정할 문제지 우리가 먼저 6자회담 방식으로 시작하자고 하는 것은 의미가 없어요. 이건 정전협정을 평화협정으로 바꿔야 하는 문제이기 때문이에요. 2003년에 미국이 5자회담을 제안해서 북한이 역제안을 하는 바람에 6자회담이 되었는데, 그것은 북핵 문제를 풀기 위한 거지 평화협정 체결을 위한 건 아니었죠.

김대중 대통령이 퇴임 후인 2005년 중국에 가서 "지금 진행 중인 6자회담을 그것이 끝난다고 해서 해체하지 말고 동북아 평화회의 형태로 발전시키는 것도 나쁘지 않겠다"라고 얘기하셨죠. 그분은 정전협정을 평화협정으로 바꾸는 중간과정을 비켜가서 말씀하신 거예요. 그런데 현재는 6·12 북미 공동선언까지 있는 마당에 평화협정 체결 문제를 비켜갈 수는 없죠. 일본과 러시아를 처음부터 끼워넣는 것은 한반도 정전협정 서명 당사자나 평화협정 서명 당사자로 되어 있는 3국 또는 4국 정상들이 합의하기 전에는 어렵겠고요.

싱가포르 정상회담은 북미 수교와 한반도 평화협정이 거의 동시에 진행된다고 상정한 것 아닙니까?

거기에 더해 한반도 비핵화도요.

그러면 평화협정은 먼저 추진하기 어려운 것 아닌가요?

아니죠. 그래서 북한이 "단계적 동시행동"이라고 말하는 거잖아요. 그걸 '빅딜'이라는 이름으로 깨버린 것이 하노이 북미정상회담이었고요. 하노이 빅딜 안은 먼저 북한이 비핵화를 깨끗하게 처리하면 그 뒤에 북미 수교와 평화협정 문제를 논의하기 시작하겠다는 거였어요. 그게 미국식 셈법이에요. 북한의 입장은 미국이 그런 셈법을 바꿔야 한다는 거고요. 북한의 최선희 외무성 부장이 '미국이 북한의 안전권, 발전권을 보장하면 핵 문제를 논의하지만 그렇지 않으면 핵 문제는 회담 테이블에서 내려놓을 수밖에 없다'고 했죠. 북한식 셈법은 안건을 모두 올려놓고 논의하자는 건데, 미국은 북한더러 비핵화 먼저 하라고 하니까 그렇게 못하겠다는 거죠. 그러다 보니 논제가 '동시행동'에서 '선 안전, 후 비핵화'로 바뀌어버렸어요. 이것도 문제예요. 계속 이걸 갖고 말싸움을 이어가야 하니까요.

1960년대에 7년간 베트남전쟁을 끌고 갔던 맥나마라 전 국방장관이 1995년 회고록(*In Retrospect*)에서 "우리가 전쟁에서 진 것은 베트남을 몰랐기 때문이다. 그래서 고생만 하고 개망신 당했다"라고 썼죠. 그러고는 1997년 6월 20~23일, 베트남전 당시 미군 장교들과 외교관들을 데리고 하노이에 가서 응우옌 꼬 탁(Nguyen Co Thach) 전 외무장관 등 베트남 측과 '왜 그때 평화협상이 성사되지 못했는가'를 두고 이야길 나눴어요.

그 내용을 당시 일본 NHK의 PD였던 히가시 다이사쿠(東大作, 현 조치대 교수)가 1998년 8월 NHK 스페셜로 방영했고, 2년 후 『적과의 대화』(원제: '우리는 왜 전쟁을 벌였을까?: 미·베트남 적과의 대화')라는 책으로 엮어냈죠. 그때 미국은 자신들이 계속 폭격하면 북베트남이 못 견디고 협상에 응할 거라고 계산했어요. 게임 이론이었죠. 그걸 하노이에 가서 물어본 거예요. "그렇게까지 폭격을 당하면, 폭격을 멈추게 하기 위해서라도 협상에 나와야 했던 것 아니냐"라고요. 그랬더니 베트남 측에서는 "너희는 협상하자면서 어떻게 공격을 벌일 수 있느냐. 협상하려면 총을 내려놔야지, 계속 두들겨 패면서 협상을 하자고? 그래서 우리는 안 나갔다"라고 했대요.

지금 미국의 대북 경제제재에 대해서도 김동엽 교수나 정욱식(鄭旭湜) 평화네트워크 대표 등은 똑같이 지적해요. 미국이 강력한 경제제재를 유지하면서 협상의 성공을 바라는 것이 과연 현명한 생각이냐는 거죠. 즉 상대방에게 선의를 보여야 선의의 대응을 끌어낼 수 있고, 이런 방식이야말로 제대로 된 '적과의 대화'라는 겁니다.

협상이 진행되는 동안에는 위협적인 행동을 벌이지 말아야 하는 거죠. 협상하겠다면서 계속 위협하면 그건 결국 굴복시키겠다는 말밖에 안 되는 거잖아요. 소국이 쓰는 장외 압박전술은 북한이나 베트남 입장에서는 자위수단이고, 강국이 쓰는 장외 압박전술은 자위수단이 아니고 소위 양동작전을 통해 게임의 판을 엎으려는 수작이라고 생각할 수밖에 없죠. 그러니 북한으로서는 상호주의로 가자고 할 수밖에 없고, 협상 중에는 훈련도 하지 말아야 한다고 주장하는 거예요. '스냅백'(snap back), 즉 '안 되면 다시 돌아간다'(제재 완화의 조건을 지키지 않으면 제재를 재개한다)라는 것도 협상이 계속되는 동안에는 공격적인 행위를 중단한다는 것과 똑같은 원리 아닙니까.

14장

평화와 통일의 길

냉전 이후 동북아 기득권 유지를 위한 미국의 전략

그동안의 장관님의 삶을 돌이켜보면, 1975년부터 공산주의를 연구했고 1977년 통일원에 들어가면서 남북관계 일을 시작하셨어요. 1993년부터는 청와대 통일비서관으로 북핵 문제에 관여했고 1998년부터는 통일부 고위 관리로 남북 교류 및 화해·협력의 최일선에서 일하셨고요. 본인의 경험에 비추어 남북관계의 변천에 대해 정리하면서, 미래의 남북관계는 이랬으면 한다는 이야기를 들려주시면 어떨까 싶습니다.

우선 냉전이 종식되고 소련이 붕괴할 당시의 남북관계에 대해 혹시 나름의 생각이 있으셨는지… 1991년 남북이 함께 유엔에 가입하고 남북 기본합의서를 체결했음에도 불구하고 한반도 냉전체제는 깨지지 않았잖아요.

냉전체제가 유럽에서는 1980년대 말에서 1990년대 초에 와해되는

데, 동북아에서는 여전히 끝나지 않았죠. 그 이유는 미국 때문이에요. 노태우 대통령이 7·7 선언에서 요구한 북미 수교, 북일 수교에 미국과 일본이 응해주지 않았던 것 아니에요? 미국이 안 하면 일본은 못합니다. 우리는 중국과 소련이랑 수교를 맺을 테니, 미국과 일본도 북한과 수교해서 한반도 주변의 4국이 남북을 동시에 교차 승인함으로써 남북이 평화롭게 지내고 싶다는 게 7·7 선언이었죠. 우리는 꾸준히 노력해서 1990년 9월 소련과 수교했고요. 중국과는 1992년 8월 수교를 맺었지만 그 이전에도 양국 간 방침은 이미 정해놓은 상태였어요. 북한이 중국에 대고 항의하고 떼를 쓰니까 그 분이 수그러들 때까지 기다려준 거예요. 중국과 러시아의 스타일이 다르죠. 러시아는 밀어붙이는 스타일이고, 중국은 '기미부절(羈縻不絶)' 즉 전통적으로 고삐를 느슨하게 매놓아서 어느 정도까지는 마음대로 하도록 내버려두되 그걸 끊고 나가려고 하면 징벌을 가하는 식으로 주변 국가들을 관리해왔어요. 이이제이, 기미부절 외교 원칙에 입각해서 북한이 너무 튀지 않도록 기다려준 거죠. 그것 때문에 소련보다 2년 늦어진 거예요.

그사이에 어떤 일이 있었느냐 하면, 남한이 소련과 수교하고 중국과도 수교한다고 부지런히 움직이는 걸 북한이 다 알았던 거 아닙니까. 그러면서 1990년 가을에 시작된 남북 총리급 회담이 속도가 나기 시작했어요. 자기네 군사동맹국인 소련과 중국이 남조선과 수교하려고 하니, 자기들도 그에 상응하는 조치를 끌어내야 한다는 생각이 들었던 거죠. 즉 남한에 흡수통일 되는 것을 막는 합의서는 필요하다고 생각한 거예요. 그게 바로 '기본합의서'였어요.

1991년 12월 13일 남북 기본합의서가 서울에서 합의됐는데, 대표단이 움직일 때 보통 지원인력 등을 모두 합해서 50~60명 정도가 움직이지만 당시 북측 대표단 숫자는 일곱명이었어요. 그 일곱명을 개성에서 평양까지 헬기로 데려갔다고 하더라고요. 기차 타고는 네시간 정도 걸리니까요. 금수산 주석궁으로 대표단을 불러들여 끌어안으면서 "동무들 수고했소. 이 합의서로 적들의 발목을 잡았소. 이 문서는 천군만마보다 유력하오"라고 얘기했다는 거예요. 그러고는 파티를 열었겠죠.

현장에 있지도 않았던 제가 그 얘기를 어떻게 들었느냐면, 그때 '책임연락관'이라는 게 있었어요. 우리 쪽은 김용환(金勇煥)이라는 사람이 책임연락관이었고 북쪽에도 있었어요. 북쪽의 책임연락관은 보통의 연락관과는 다르고, 대표들을 지휘하는 위치에 있는 고위급이었어요. 우리 쪽에서 기자 등이 "연형묵(延亨默) 총리가 한 말이 북쪽의 입장이냐"라는 식으로 질문하면 책임연락관이 "총리가 뭘 알어?"라고 말했을 정도로 위세가 센 자리였죠. 북쪽의 그 책임연락관이 팁을 준답시고 우리 측 책임연락관에게 '사실 그날 이런 일이 있었다. 우리 수령님께서 기본 합의서에 대해서 대단히 만족해하셨다'라는 얘기를 들려준 거예요.

이처럼 북한은 흡수통일을 막은 것을 기뻐했고 미국 측의 수교 협상이 시작되길 기다리고 있는데, 그럴 조짐이 안 보이니까 1992년 1월 21일 노동당 국제비서 김용순을 뉴욕에 보내서 아놀드 캔터 미 국무부 차관을 만나게 했어요. 그 자리에서 김용순 비서가 '수교만 해주면 앞으로 주한미군의 철수를 요구하지 않겠다, 통일 후에도 비록 위상과 역할은 바뀌겠지만 미군은 조선반도에 남아 있어도 좋다'고 했어요. 그런데 아버지 부시가 거절했죠. 그때 부시 정부 입장에서는 노태우 정부가 얘기하는 '교차 승인'은 '웃기는 소리'였을 거예요. 그렇게 북한이라는 위험국가가 사라지면 무기시장이 사라지니까요. 무기시장의 유지 및 관리라는 측면에서 미국은 북한과 수교하는 것에 난색을 표한 거예요.

북한 붕괴에 대한 고려도 있었던 것 아닙니까?

그렇죠. 북한이 붕괴할 거라는 강한 신념을 갖고 있었기 때문에라도 수교하지 않은 측면이 있죠. 붕괴하더라도 바로 통일되는 것은 아니고, 그 안에서 권력을 잡겠다고 저희들끼리 내부 분쟁이 일어나면 도리 없이 국제 평화유지군이 들어가야 해요. 동유럽 체제전환 과정에서 구 유고 연방 내의 민족국가들 간에 인종분쟁이나 종교분쟁 등이 끊이지 않자, 결국에는 평화유지군이 들어갔었죠. 그런 식으로 무기시장을 유지했던 거고요. 미국은 그와 비슷한 생각을 품고 있었을 거예요. '수교를 해버리면 무기를 팔 수 있는 찬스가 줄어드는데, 그런 일을 왜 해?' 아버지 부시가 석유 재벌이라고 하지만 군산복합체와 밀접하게 연관된 집안 아닙니까.

할아버지 때부터 그랬죠.

북한과의 수교란 냉전체제하에서 구축된 동북아에서의 미국 기득권이 깨지는 문제였던 셈이에요. 그때 수교하지 않았던 건 그런 이유 때문이었어요. 이걸 길게 얘기할 필요는 없는데, 다만 이를 토대로 지금 이 시점에서 트럼프가 북한과 수교할 수 있는지 생각해볼 필요가 있어요. 수교하는 조건으로 미군 철수를 요구하지 않는다는 방침은 김일성-김정일 선대의 유훈이니까 김정은 위원장도 제시했을 것 같아요. 그러니 2018년 6·12 싱가포르 합의가 도출되어 나온 거죠. 그 이면에 주한미군 철수를 요구하지 않는다는 언질이 있었기 때문에 새로운 북미관계 수립, 한반도의 항구적인 평화체제 구축, 한반도 비핵화라는 합의가 가능했던 겁니다.

주한미군 주둔을 전제로 수교하는 경우에 1990년대의 동북아 국제정치 질서와 2019~2020년 무렵의 동북아 국제정치 질서에서의 미중관계는 차이가 큽니다. 1990년대에는 중국이 별 것 아니었기 때문에 미국이 중국을 압박할 필요가 없었어요. 중국이 개방개혁을 시작해서 경제가 조금씩 돌아가던 중이긴 했지만, 이렇게까지 클 줄은 몰랐죠. 북한만 없어지면, 또는 한반도 북부 지역에서 체제가 전환되는 과정에서 분쟁이 계속되면 무기시장은 유지가 된다는 생각 때문에 수교하지 않았던 것뿐이죠.

지금 트럼프의 전략이 거기까지 닿았는지는 모르겠지만 중국을 압박하기 위해서 인도-태평양 전략을 수립한 게 트럼프 정부 아닙니까. 오바마 때까지만 해도 '아시아로의 귀환'(Pivot to Asia), 즉 아시아 세력 재균형(rebalancing) 전략뿐이었거든요. 이 표현이 참 기가 막히죠. 미국 입장에서는 미중 간에 자신들이 압도적이어야 균형이 잡힌 건데, 중국이 치고 올라오니 찍어 눌러서 다시 미국 아래에 두겠다는 게 재균형 개념이에요.(웃음) 오바마 때는 중국이 미국보다 하위에 놓이는 상태로 복구하는 전략을 쓰다가, 본격적으로 남중국해 쪽으로부터 중국과 북한을 포위하기 위한 정책을 수립한 것이 트럼프 대통령의 인도-태평양 전략이죠. 여기에 더해 동중국해 내지 동북아에서 중국을 포위해 들어가는 전략이 한미동맹 및 미일동맹을 삼각동맹으로 발전시키는 것이었고요. 역으로 생각해보면 그만큼 중국이 성장한 거예요.

그런데 한미동맹과 미일동맹을 연결할 수 있는 연결고리가 지소미아였어요. 그래서 미국이 저렇게 몸이 달아 있는 거예요.

지금은 미국이 중국을 압박하기 위해서 한미일 삼각동맹도 만들어야 하지만 가능하다면 그걸 뛰어넘어 북한과도 수교를 맺어야 해요. 그리하여 평양에 미국대사관이 들어간다면, 그날은 중국 입장에서는 인중에 비수가 들어오는 격이에요. 남중국해 쪽에서 중국을 압박해 들어가는 것은 경제 및 군사적인 면에서 중국을 견제하는 의미가 있지만, 평양에 미국 대사관이 들어간다는 건 서울에 미국대사관이 있는 것과는 다르죠. 말하자면 북한이 친미국가로 되는 경우, 물론 북한은 중국과 미국 사이에서 등거리 외교를 벌이겠지만, 일단 북미 간 적대 관계가 해소되면 그만큼 중국은 동북아에서 힘을 잃게 됩니다. 완충 지대(buffer zone)로서 미중 간에 북한이 빠지게 되면 중국의 옆구리에 비수를 갖다 대는 셈이니까, 트럼프 대통령으로서는 그렇게 계산하리라고 봐요. 하지만 정작 어떨는지 모르겠어요. 트럼프 대통령이 전략가라면 이렇게 생각할 수 있을 텐데, 본업이 부동산 전문가이니까요.

그 말씀은 중국은 오히려 북한의 핵 문제 해결을 그렇게 바라지는 않을 것이라는 거죠? 오히려 북핵 문제가 해결돼 북미가 밀착하게 되면 미국에 전략적으로 유리하다는…

중국 입장에서 볼 때 북핵 문제가 완전하게 해결되어버리는 경우에는 북미 수교까지 갈 수밖에 없다는 점, 한반도에서 적어도 남북 간의 군사적 대결상태가 끝난다는 점에서 미국의 힘이 중국으로 몰린다고 생각하게 될 거예요.

북핵 문제의 해결이 북한을 친미국가로 만듦으로써 중국에 위협이 될 수도 있다는 말씀이신 거죠?

그렇죠.

그러나 북핵 문제가 해결되고 북미 수교가 이뤄지면 동북아의 전쟁 요인을 해소하는 것 아닙니까? 그런 측면에서는 중국에 좀 더 유리한 면이 있지 않을까요?

전쟁 가능성을 없애는 건 중국에도 득이 되지만, 정치적·외교적으로 북한이라는 완충지대가 없어지면 미국과 힘겨루기를 하는 데 있어서는 어려워지죠. 그야말로 순망치한의 상황이 되는 거예요. 입술이 깨지면 이가 시리듯 바로 그 피해가 동북3성으로 들어오고 그것이 만리장성을 넘어서 베이징으로 가니까요. 어쨌든 아버지 부시 때 수교를 해주지 않은 것과 트럼프 때 수교를 맺는 것은 국제정세의 차이 때문에, 그리고 미국의 동북아전략이 바뀐 데에서 연원하는 거죠.

미국의 전략가들 입장에서는 북미 수교를 통해 북한을 미국 진영으로 끌어들일 때의 이익과 북한을 위협요소로 남겨놓고 동북아의 긴장을 유지하면서 군산복합체를 끌고 나가는 이익 사이에서 굉장히 고민이 되겠어요.

그들끼리 논쟁하겠죠. 대통령이 어느 쪽 손을 들어주느냐에 따라서 결정이 나겠고요.

그런데 미사일 방어(MD)가 현재 미국 군산복합체의 가장 큰 돈벌이 항목 아닙니까?

북한의 대남 위협을 빙자한 남한의 무기시장화 이익보다 북한 및 한반도 전체의 친미지역화를 통한 대중 견제력 강화가 주는 이익이 클 수 있어요. 지금 성주에 있는 사드 부대를 북한 지역에 설치하지 말라는 법이 없죠. 또 수교까지 한 마당이니 항공모함이 동해 및 서해에서 나타나더라도 북한이 지금처럼 오금 저려하지는 않을 거고요. '이것은 너희를 겨냥한 것이 아니고, 동북아 전체 질서를 위해서 순찰을 도는 거니까 놀라지 마라.' 자기들이 타깃이 아니라는 걸 알면 북한도 조용히 있겠죠. 그러면 마음 놓고 한반도에서 미국 전략폭격기가 출격할 수도 있고, 항공모함이 동해상으로 한바퀴 돌면서 러시아까지 감시할 수도 있죠. 그렇게 되면 국방예산은 늘어날 수밖에 없어요. 미국 정부가 무기를 사서 동아시아 지역에 상시적으로 배치하면 군산복합체로서는 나쁠 것 없는 거예요. 태평양은 앞으로도 지금처럼 미국의 바다로 남는 거고요.

베트남의 경우가 이것과 비슷하지 않나 싶어요. 베트남전쟁 당시 중국이 베트남을 많이 도와줬지만, 1979년 중국-베트남 전쟁을 통해 양국관계가 좋지 않다는 것이 드러났고 결국 베트남이 중국보다는 미국 쪽에 가까워진 것 아닙니까? 장관님이 말씀하시는 북한의 친미

국가화에 따른 미국의 전략적 이득이라는 논리가 미국에서 실제로 논의되고 있는 건가요?

지금은 그런 논의가 이뤄지는 것 같지 않아요. 그러나 길게 볼 때 미국이 동북아 지역에서 지금까지 누려왔던 헤게모니를 유지하거나 강화하기 위해서는 북한을 미국으로 끌어들여야 됩니다.

그게 미국 입장에서 전략적으로 이익이 된다는 말씀이시죠.

그렇죠. 중국이 남중국해의 스프래틀리 제도(중국명 난사군도, 베트남명 쯔엉사 군도, 필리핀명 칼라얀 군도)에 시멘트를 들이부어서 섬을 만들고 비행장과 군사기지를 설치한 이유가 소위 인도-태평양 전략을 무력화시키려는 작전 아닙니까. 그뿐만 아니라 태평양으로 나가겠다는 생각으로 항공모함을 두대나 갖고 있고요. 소위 위협항해도 하고, 미국의 항공모함이 출몰하는 곳에 쓱 나타나기도 하고요. 이렇게 적극적으로 미국의 대중 견제를 역으로 활용하는 활동을 펼치려는 마당이기 때문에 미국 입장에서는 크게 볼 때 북한을 자기들 편으로 끌어들여야 할 거예요. 완전히 친미화한다기보다는 중국으로부터 어느정도 북한을 떼어내는 거죠.

미국 입장에서는 북한을 대중, 대미 등거리외교 정도로만 끌고 나와도 헤게모니를 유지할 수 있어요. 과거에 봐도 북한은 소련과 중국 사이에서 등거리외교를 펼치면서 양쪽으로부터 지원을 받아냈습니다. 북미관계가 개선되더라도 북한의 시선이 일방적으로 미국에 편중되지는 않을 거예요. 그게 북한 외교의 특성이에요. 양쪽으로부터 자신이 받아내려는 걸 다 받아내죠. 그럼에도 불구하고 미국으로서는 북한을 그런 정도로 중립화시키면 남는 장사죠.

미국은 인도-태평양 전략을 통해 석유수송로를 장악하려는 것인데, 석유수송로를 장악한다는 것은 곧 세계경제의 목줄을 쥐겠다는 거예요. 그래서 중동에서 미국이 떠나질 못하는 것이고요. 이라크, 이란이 문제를 일으키고 있기도 하지만요. 여기서 세계경제를 장악하려는 전략의 효용성을 높이기 위해서는 한미일 삼각동맹에 더해서 북미 수교가 필요해요. 한미일 삼각동맹은 그때가 되면 대북용이 아니라, 대중용이라고 봐야 하는 거죠. 제가 미국 정부 인사나 싱크탱크가 아니기 때문에 이 얘기가 공허하게 끝날 수 있지만, 만약에 제가 미국 대통령이라면 그렇게 하겠어요.

한미일 삼각동맹에 대해서는, 그것이 대등한 것이 아니라 한국이 미일동맹의 하위 파트너로 들어가는 것이기 때문에 오히려 미중 군사경쟁에서 우리가 원치 않는 데에 연루되어 좋지 않다는 말도 있지 않습니까?

지소미아가 계속 유지되어서 한일 간 군사동맹 형태의 협조관계가 수립되는 경우 미일동맹과 한미동맹은 격이 다르기 때문에 우리가 갑·을·병 중 병이 될 수밖에 없어요. 경우에 따라서는 지리적으로 우리가 중국과 가장 가깝기 때문에 첨병이 될 수밖에 없죠. 그래서 지소미아에 들어가는 문제를 조심스럽게 다뤄야 하는 거예요. 지소미아에 들어가면 우리는 그야말로 첨병이 되는 겁니다. 미국의 대중 압박전략에 우리가 일부러 차질을 주려는 것이 아니라, 그렇게 되는 경우에 중국으로부터 우리에게 돌아올 경제적 보복이 클 것이 너무 뻔하니까 들어가지 않아야 하는 거고, 들어가더라도 될 수 있으면 그 시기를 늦춰야 하고요.

　그만큼 우리가 미적거리고 미국에 저항하고 반대했다는 명분이 있어야 중국으로부터 보복이 올 때에도 '우리가 이 정도까지 노력했는데, 너희가 우리의 진정성을 알아주지 않고 이렇게 나오는 건 심하지 않느냐'고 따질 수 있죠. '지소미아에 들어가기는 들어가되, 중국에 대한 적대행위는 최소한에 그칠 것이다'라는 메시지를 공개적으로는 줄 수 없다 하더라도 이면의 민간차원 외교를 통해 전달할 수도 있고요. 공산권에서는 '인민 외교'(people's diplomacy)라는 걸 굉장히 잘해요. 당이나 정부 차원에서 공식적으로 할 수 없는 것을 민간 차원에서 다니면서 '공식적으로는 정부가 이렇게 말했지만 실제로는 다르다. 오해 없기를 바란다'라고 말하는 거예요. 요즈음 공공외교라는 말을 많이 하는데 중국을 꾸준히 설득할 수 있는 소위 '지중(知中) 카드'를 동원해서, 이 메시지를 전달하고 설득해야 해요. 그리고 나서 우리는 다소간 뒤로 빠지면서, 자위대의 해외출병을 감행하고 싶어서 몸이 달아 있는 아베 일본이 앞장서라고 하면 되는 거예요.

　하지만 일본은 앞장을 서지 않고 한국을 앞세우려 하겠죠.

　한미 외교를 그만큼 잘해야죠. 일본은 대중 경제의존도가 그렇게 크지 않아요. 우리는 절대적이고요. 일본은 중국을 상대로 압박을 가할 때 앞장을 서더라도 중국의 보복에 큰 타격을 입지 않지만 우리에게는 치명적일 수 있기 때문에 앞장설 수 없다는 것을 미국에 납득시켜야죠.

1991년에 한반도의 냉전구조가 해체되지 않은 데에는 아버지 부시의 판단착오와 더불어 '중국의 역량이 크지 않으니 일방적으로 밀어붙일 수 있다'라는 자신감이 작용했다고 봅니다. 북한과 굳이 수교를 맺으면서까지 중국을 압박할 필요까지는 없다는 계산이었던 거죠. 이후 27, 28년이 흘러 트럼프 시대에 와서는 중국이 빠르게 성장해서 경제부국이 되고 군사강국이 되었기 때문에 더 이상 미국이 중국을 그대로 놔둘 수가 없죠. 더구나 시 진핑이 2013년 3월 주석이 되자마자 6월에 미국에 가서 오바마 대통령에게 "태평양은 중국과 미국이 나눠 써도 충분할 만큼 넓다"라며 신형 대국관계를 맺자고 했잖아요. 그건 오바마 대통령에게 한 얘기가 아니라 미국에 한 얘기거든요. 공산당 창립 100주년이 되는 2021년에는 일인당 국민소득이 1만 달러가 되는 소강(小康)사회를 건설하고, 중화인민공화국 수립 100주년이 되는 2049년에는 중국이 최대 경제강국이 되어서 대동(大同)사회를 건설해서 미국을 압도할 것이라는 게 '양대 100년 구상'이죠. 그런 식으로 커나가는 중국이기 때문에, 미국이 자신들의 세계제패 대전략(grand strategy) 아래에서 이제 한반도 남반부의 무기시장 유지라는 자잘한 요소 때문에 북한과의 관계를 새롭게 발전시키지 못한다면, 즉 북핵문제를 해결할 것처럼 시간만 계속 끌고 북한이 핵보유국이 되도록 내버려두면서 남한의 무기시장을 유지한다는 전략을 지속하려 한다면 그건 소탐대실이 될 거예요.

미국의 전략가들이 정 장관님의 전략을 좀 받아들였으면 좋겠는데요.

618

미국 전략가들에게는 통하지 않을 거라는 말 같네요.(웃음)

관성이라는 게 있잖습니까.

관성이 있죠. 미국의 관성이 뭐냐면, 미국의 싱크탱크나 정부 관료들이 대개 로스쿨 출신이라는 점이에요. 북한 같은 나라는 '범법 국가'라고 생각해요. 범죄자에게는 벌을 줘야 하는 것이지, 보상은 안 된다는 거죠. 존 볼턴도 예일대 로스쿨 출신이잖아요.

대등한 국가끼리의 협상과 타협이라는 관점에서 접근하지 않는 거죠. 미국은 국제사회의 검사님이시니까.(웃음)

미소 대결 시기에는 소련이 공산권의 종주국처럼 되어 있어서 벌을 줄 수 있는 상대가 아니었어요. 군사적으로는 소련이 미국보다 앞서가는 측면도 있었고요. 최초의 인공위성, 유인 우주선을 출항하는 데서도 소련이 앞섰죠. 1957년 스푸트니크를 쏘아 올렸고 1961년에는 유리 가가린(Yuri Gagarin)을 먼저 보냈잖아요. 그런 정도였기 때문에 소련을 다루는 데서는 일대일 외교가 필요했지만, 북한 같이 작고 붕괴 가능성도 높다고 보는 국가를 대할 때에는 일대일로 상대할 필요가 없다는 것이 이른바 워싱턴 정가와 보수 언론의 기본적 시각인 거예요. 그걸 뛰어넘기는 어렵죠.

미국이 2차대전 이후에 수립한 소위 동북아 및 유럽 지역의 헤게모니에 대해서, 이제 동북아 지역에서는 중국이 치고 들어오고 있잖아요. 이를 '리밸런싱'하려면, 즉 찍어 누르려면 남한이라는 무기시장을 유지하고 관리한다는 기존의 관념에서 한 단계 뛰어넘는 발상을 할 필요가 있어요.

북핵 문제의 시작

유럽에서의 냉전 종식이 아시아에서의 냉전종식으로 이어지지 못한 가장 큰 이유가 미국이 북한과의 수교를 거부한 것에 있다고 말씀하셨는데, 사실 미국에서는 북한의 핵 문제를 내세웠잖아요. 저도 1993년 3월 북한이 NPT 탈퇴 선언을 할 때 대체 이게 뭔가 생각했다가, 동북아 냉전에서 북한이 결정적 중요성을 갖는다는 걸 처음으로 깨닫게 된 것이 제네바 합의를 보고난 뒤였어요. 우리 정부에서도 1991년 남북 기본합의서를 만들 때 북핵 문제에 대해서는 별 생각이 없었던 것 아닙니까. 비핵화 조항도 미국에서 요구한 것이었고요. 북핵이라는 문제에 대해 당시 우리 정치권에서 어떻게 생각했는지 궁금합니다.

중요한 얘기예요. 당시 총리급 회담을 통해 기본합의서를 만들겠다고 우리끼리 '짝짜꿍'하고 다니니까, 1991년 7월에 미국이 김종휘 청와대 외교안보수석을 하와이로 불러서 "지금 북한이 핵무기를 가지려고 하는데 너희 정신없는 짓 하지 마라. 북한의 체제를 보장해주는 것까지는 좋지만 북이 핵을 가질 수도 있는 상황을 그대로 방치해서는 안 되니까 책임지고 비핵 8원칙을 북한에 요구해라"라고 했어요. 그런데 이는 북한의 핵무장만 막으려 했던 것인가 하면, 그건 또 아니에요.

북한이 어차피 핵을 가질 수밖에 없다고 보고, 그러면 플랜 B 차원에서 남한이 핵을 가지려고 할 텐데 그걸 미리 차단하기 위해서도 비핵 8원칙이라는 원칙의 굴레를 남북 모두에게 씌워두는 것이 필요하다고 본 거죠. 기본합의서 속에 그 내용을 넣어서 남한의 발목도 잡으려고 했던 거예요. 박정희 정부 때 미국이 한번 당했거든요. 박정희 대통령이 미사일 사거리를 늘리려고 하고, 핵무기도 만들려고 했었잖아요. 제재를 각오하고 대들면 어떻게 하겠어요. 그렇게 핵 도미노가 일어나면, 즉 한반도 남북이 모두 핵을 갖게 되면 일본은 당연히 핵무기를 만들 것이고 그렇게 되면 일본도 통제가 안 되죠. 그러니 미국으로서는 바로 핵이라는 카드를 꺼내서 북한을 묶는 척하며 한국과 일본도 묶으려고 했던 거예요. 한일이 계속 미국의 핵우산에 의존할 수밖에 없는 상황을 만들려고 했던 것이 한반도 비핵화 공동선언이었다고 봅니다.

사실 그게 대북 수교를 거절하게 만든 배경이에요. 1991년 12월 31일에 한반도 비핵화 공동선언이 나왔는데, 북한 입장에서는 미국이 원하는 걸 다 해줬으니까 바로 직후인 1992년 1월에 김용순 비서를 뉴욕으로 보냈던 거란 말이에요. 하지만 미국의 셈법은 달랐던 거죠. '북한이 남측으로부터 기본합의서를 받아냈다. 남한이 우리가 시키는 대로 비핵화 공동선언을 만들었다. 북한이 핵을 개발하고 싶어도 완전한 핵보유국으로 가기까지 시간이 걸릴 것이다. 그때까지 밀고 당기는 과정에서 한반도 남쪽의 무기시장은 계속 유지될 수 있다. 그와 관련해서 북핵 정국을 우리가 적절히 조정 및 관리하면 남한은 겁에 질려서

우리 무기를 살 수밖에 없다. 일본도 마찬가지다.'

제가 궁금한 것은, 기본합의서와 한반도 비핵화 공동선언을 만들던 당시에 우리 학계나 정계에서 북한의 핵 개발이 앞으로 굉장히 중요한 쟁점이 되리라는 논의가 있었나 하는 것인데요.

그때는 제가 민족통일연구원 부원장을 하던 때였고, 연구원 박사들을 지휘해서 대책 보고서를 많이 써 내던 시절이라 언론 칼럼이나 학술 발표를 열심히 챙기던 시기였어요. 그런데 그렇게 기억에 남는 글이 발표된 적은 없었어요. 잘못 말하면 욕먹을 일이지만, 우리 학계 사람들은 대부분 미국 싱크탱크가 보여주는 범위까지만 봅니다.

과거와 현재의 국제 질서 속 한반도의 위상 및 통일 논의 변화

역사적·거시적으로 보면 한국이라는 나라가 19세기 말 세계 질서, 특히 동아시아 질서가 바뀌면서 제대로 대응하지 못하는 바람에 전쟁터가 되고 식민지가 됐죠. 해방 후에는 우리끼리 전쟁을 벌여서 분단이 되고요. 19세기 말에서 20세기 초, 20세기 중반에 그랬듯이, 지금 21세기 초에 와서 또 다시 국제질서가 요동치고 있어요. 19세기 말부터의 역사적 교훈을 보면 우리 민족이 분열하면 깨지더라는 결론을 내릴 수 있어요. 동학이 청일전쟁을 불러일으키고, 한국전쟁이 미군 개입을 불러 일으켜서 국토가 뭉개졌죠.

원인을 내부에서 찾는 것도 의미가 있겠지만, 조선 사람들이 대국이 가는 쪽으로 따라가는 성향이 있기 때문에 일어나는 사건도 많아요. 한국전쟁도 이를 일으킨 것은 김일성이고 그걸 허락한 것은 스탈린이지만, 전쟁이 일어나서 미국이 개입한 뒤에는 이승만 대통령이 우리 군대에 대한 작전지휘권까지 유엔군 사령관에게 넘겨버렸잖아요. 그때부터 모든 외교안보 사안은 미국이 시키는 대로, 미국이 하라는 대로 해야 한다는 생각으로 굳어져버렸어요. 지금까지도요. 지소미아 문제를 놓고도 시끄러운 게, 미국이 가는 대로 가야지 왜 독자적인 길을 가려고 하느냐는 저항이 만만찮게 일어나기 때문이에요.

조선조 말에도 자주적인 길을 가려고 하는 것을 외세를 끌어들여 막았던 사례가 많잖아요. 대표적인 것이 1884년의 갑신정변이죠. 물론 그 배후에는 일본이 있었지만요. 일단 일본의 힘을 빌리되 친청파를 제거하고 조선이 주인 노릇을 하는 정책을 통해 힘을 길러 독립정부를 만들겠다고 하는 게 갑신정변의 취지였다고 봐요. 그런데 너무 과격했던 바람에 반격을 불러와서 청나라군이 들어오고 정변 주요 인물들은 일본으로 도망을 가버렸죠. 그러다 보니 그 이후에 남은 세력들은 '자주적으로 나간다는 것은 자살골이나 다름없다'라는 잘못된 생각을 품게 되었어요. 계속 그들 나름대로는 머리를 쓴다고 하면서 러시아 힘을 빌리려고 했다가, 이게 아관파천이죠, 또 미국에게도 매달려봤다가…

그런 걸 지켜보면서 미국 또한, 1905년 러일전쟁이 끝나고 난 뒤에 조선은 결국 강국들이 결정하는 대로 따라갈 수밖에 없다고 보고 가쓰라-태프트 조약을 체결하고 말죠. 미·스페인 전쟁에서 이긴 미국이 필리핀을 차지할 테니까, 필리핀을 넘보지 않으면 러일전쟁 및 청일전쟁에서 이긴 일본의 조선반도에 대한 우월적 지배권을 인정하겠다는 것이 그 조약의 내용이에요. 그것이 체결된 뒤에 일본이 '을사보호조약'을 강제로 밀어붙여 조선의 외교권을 빼앗아버렸죠. 자주적으로 해나가려는 국내 정치세력들을 외세의 힘을 빌려와 꺾는 과정에서, 주변 국가들은 '조선은 항상 남의 힘을 빌리려고 하기 때문에 자기들의 운명을 스스로 결정하지 못한다. 우리가 마음대로 해도 된다'라는 생각을 갖게 됐죠. 해방 후에도 미국을 활용한다는, 즉 용미(用美)가 아니라 종미(從美)를 넘어 숭미(崇美)로까지 가는 대미의존의 전통이 지금까지 이어지면서 지소미아 문제를 놓고도 논란이 끊이지 않는 거죠. 주한미군 분담금 인상으로 압박하는 거야 장사꾼 논리라고 하지만, 지소미아 같은 것을 갖고 주한 미국대사가 스무번씩이나 우리 국회 정보위원장에게 똑같은 말을 던지면서 압박하는 건, 미국이 한국을 '호구'로 본다는 얘기예요. 그러나 한편으로는 그동안 우리가 미국을 그렇게 만든 것이라 볼 측면도 있어요.

장관님 표현에 따르면 '통일의 원심력과 구심력'이 있는데,『조선일보』에서는 지금이 구한말 비슷하다는 말을 한단 말이에요. 그때와는 국제사회에서의 상대적 위치가 훨씬 높기 때문에 완전히 맞는 말은 아니지만요.

『조선일보』가 구한말 비슷하게 만들어가고 있죠.(웃음) 국제사회에서의 위치는 지금이 훨씬 높지만 대외 의존도, 특히 대미 의존도가 유례없이 높잖아요. 구한말에도 이렇게 완전히 한쪽으로 편중되진 않았어요. 저희 나름대로 이 나라 저 나라를 활용한다는 생각이 있었죠. 당시 일본 주재 청나라 공사였던 황준헌(黃遵憲) 참사관의 『조선책략』에도 '친중, 연미, 결일, 항아(親中, 聯美, 結日, 抗俄)' 같은 표현이 나와요. 그 나름대로 다른 나라들을 활용해보려고 수를 썼지만 결국 실패했던 것이고, 지금이 구한말과 비슷하다면 미국 편에 섰다가 중국 편에도 설 것처럼 왔다갔다 한다는 측면에서 그렇죠.

박근혜 대통령 때는 톈안먼 성루에도 올라갔어요. 그렇게 해주면 북한이 붕괴한 뒤에 중국이 통일을 도와줄 거라는 환상 속에서 그랬던 것 같은데, 또 돌아와서는 미국이 시키는 대로 '위안부' 문제에 대한 '최종적이고 불가역적인 해결'을 감행했죠. 그가 중국에 다녀온 것이 2015년 9월 3일이었는데, 곧이어 10월 5일에 미 동아태 차관보가 한국에 와서는 '금년 안에 위안부 문제를 해결하라'고 지시하듯이 말해요. 그러고는 '위안부' 문제 해결을 위해서 한일 간에 서둘러 조율했는지 모르지만, "'위안부' 문제는 이것으로서 최종적이고 불가역적으로 해결됐다"라는 조항을 협상 내용 안에 집어넣었죠. 그게 2015년 12월 28일에 합의되었으니, '금년 안에 해결하라'던 미 국무부 동아태 차관보의 말대로 된 셈이에요. 당시 일본은 '1965년에 이미 불가역적인 해결이 됐는데 왜 이걸 들쑤셔서 다시 문제가 있는 것처럼 이야기하느냐'는 식으로 몰아붙였고요.

박근혜 대통령 입장에서는 아버지 얘기가 나오니까, '위안부' 문제에 관해 '그 훌륭하신 아버지'가 다 해놓은 깊은 뜻을 모르고 사람들이 문제를 일으켰다는 식으로 생각하면서 '아버지 시절로 돌아가자'

고 한 거예요. 박정희 대통령으로서는 '위안부' 문제를 꺼낼 수가 없는 것이, 본인이 일본 군관학교를 나오고 일본 군관의 계급을 달고 있었기 때문에 그것에 대해서는 독립운동가들처럼 문제를 제기할 수가 없었던 거예요. 분명한 오점이죠. 김구 선생 같으면 그걸 갖고 싸우든지 돌려보내든지 할 수 있었죠. 김일성만 됐어도 상황은 달랐을 거고요. 하지만 박정희로서는 만주군관학교에서 일본 천황에 충성을 서약하는 혈서까지 쓰고 일본군 장교가 된 것이니 할 말이 없지요.

장관님의 이력을 보면 원래의 생각은 '동양에서의 국제정치'를 공부하려는 것이었는데, 대북 분석가 겸 전문가로서 관련 부서의 장관까지 지내고 40년간 업무를 해오신 것 아닙니까. 1977년부터 통일원에 있었고, 북핵 문제가 불거졌을 때에는 청와대에, 남북 간의 화해 무드가 무르익었을 때엔 통일부 차관과 장관을 하셨잖아요. 이러한 대북 관련 업무를 하면서 한국 외부에서의 남북관계에 대한 정책의 변천이라든가, 한국 내부의 대북 인식의 변화라든가, 국제상황 속에서의 한반도의 위상 변화 같은 것을 체험하셨을 텐데 그 이야기를 들려주세요.

인터뷰 초입에서도 얘길 했었는데, 과거에는 '통일'이라는 말을 굉장히 쉽게 썼거든요. 1969년 3월 1일 국토통일원이 출범했고 저는 1977년 통일원에 들어갔어요. 그때는 그저 통일원인 줄 알았는데, 건물 외벽에 박정희 대통령이 크게 쓴 '국토통일'이라는 글씨가 대문짝보다도 크게 새겨져 있었어요. 국토통일은 수복 개념이잖아요. 북한은 완전히 점령 대상이고 제거 대상일 뿐이지, 대화나 협상의 대상으로 치지 않았단 말이에요. 그런데 국토통일원이 영어로는 'National Unification Board'였어요. 계획을 세우는 부서를 'Board'라고 하니, 한마디로 '민족통일'에 관해 계획을 수립하는 곳이라는 뜻이었죠. 다시 말해, 당시에는 국토통일과 민족통일 개념이 혼재되어 있었던 거예요. 그러면서도 통일보다는 사실상 북한에 대한 적대감을 고취시키는 안보교육이 통일교육의 너울을 쓰고 국책사업으로 추진되었죠. 스스로 혼란스러웠어요. 통일이라는 단어를 너무 방만하게 써대는 것 아닌가 싶었고요.

통일원에 가서는 공산권 연구관실에 배정됐어요. 공산권 연구관실에서는 북한을 제외한 공산국가 전부, 그 가운데서도 동서독 관계를 주로 연구했어요. 동서독 관계를 연구해보니까 그 나라 사람들은 통일이라는 단어를 쓰질 않더라고요. 독일어로 통일이 'vereinigung'이에요. ein이 하나라는 뜻이고, ~igung이 '~으로 만든다'라는 의미를 갖고 있죠. Ver는 동사형 접두사고요. 그런데 독일 사람들은 이 vereinigung을 안 써요. 'die Wiedervereinigung', 즉 재통일(reunification)이라는 말도 안 쓰죠. 오직 쓰는 말이 'Innerdeutsche Beziehungen'이에요. '내독관계'라는 뜻이죠. 내독관계와 통일에는 그 의미 면에서 엄청난 차이가 있어요.

통일보다는 동서 양독 관계의 안정을 중시하는 표현이군요.

그렇죠. 거기에는 전략적인 의미가 있어요. 독일이 다시 통일이 되는 경우 다시 전쟁을 일으키리라는 공포가 유럽 주변국가에 있었어요. 특히 영국과 프랑스가 그게 강했죠.

프랑스가 제일 많이 당했으니까요.

맞아요. 그 프랑스를 꼬드겨서 독일을 귀찮게 만드는 게 소위 영국의 '세력균형'(balance of power) 외교였던 거예요. 섬나라이기 때문에 항해술과 더불어 외교술이 빨리 발달한 게 아닐까 생각해요. 프랑스와 독일이 싸우게 만들어놓은 뒤에 자기들은 배를 타고 나가서 먼저 장사도 하고 식민지를 개척했죠. 프랑스가 힘이 약할 때는 러시아와 프랑스를 묶어주고 둘이서 독일을 협공하게 만들어서 유럽 대륙이 세력균형을 이루도록 만들어두고는 자기네는 또다른 대륙을 다니면서 식민지를 개척했고요.

이 같은 유럽의 세력균형 외교 속에서도 독일이 살아남은 역사가 있기 때문에 독일에서는 '통일'이라는 단어를 사용하면 오히려 주변국의 견제와 역공이 들어올 수 있다고 생각했던 것 같아요. '우리는 통일은 꿈도 안 꾼다. "내독관계"만 개선하면 된다'고 한 거죠. 우리 식으로 하면 '통일은 일단 잊어버리고 남북관계 개선만 하자'라는 얘기가 되겠죠. 우리도 한때 통일부라는 이름이 너무 거창하다, 이렇게 분단의 세월이 길어졌는데 어느 세월에 통일이 되겠느냐, '남북관계개선부'로 이름을 바꾸자는 학자들의 주장도 있었어요. 하지만 우리나라에서 '통일'이라는 단어가 가진 정치적 명분성이 너무 커요. 그걸 포기하는 순간 또 보수진영에서 비난하거든요.

대표적인 것이 김대중 정부 때 '햇볕정책'을 '대북정책'이라고 표현했다가 공격받은 일이에요. 정식명칭은 '남북 화해협력 정책'인데, 언론에서 그걸 '햇볕정책'이라는 별명으로 불렀을 뿐인 거죠. 미국에서

'Sunshine Policy'라고 하니까 그걸 번역해서 일본은 '태양정책', 중국은 '양광(陽光)정책'이라고 불렀고요. 그 와중에 김대중 정부가 '대북정책'이라는 말을 쓰니까 『조선일보』가 당장 "김대중 정부는 통일을 포기했다"라며 공격했어요. 그 정도로 통일이라는 단어가 정치 명분으로서의 힘을 너무나 많이 갖고 있어요. 그러니 가까운 시일 내에 실현 불가능한 목표임에도 불구하고 함부로 통일부의 이름을 바꾸지 못하는 거예요. 그걸 '남북관계개선부'라고 바꾸는 날 '이제 정부가 통일을 포기했다. 두개의 코리아로 가는 거냐'라는 비난을 받을 거예요. 실제로 두개의 코리아임에도 불구하고요. 또 극우 쪽에서는 북한을 붕괴시키는 식으로 통일해야 하는데, 그걸 포기했다는 식으로 비난할 거고요.

국토통일은 1950~60년대 우리 사회에서나 통할 수 있었던 개념입니다. 수복 개념이죠. 또 군인 대통령 시절에는 소위 '응전수복 계획'이라는 게 있었어요. 북한이 남침하면 거기에 응전해서 치고 올라가서 북한 전역을 대한민국의 영토로 삼는다는 거였죠. 1970년대 중반부터인가, 박정희 정부 시절부터 해마다 8·15 경축식이 끝나면 국토통일원 자체의 CPX 훈련을 응전수복 계획에 입각해서 치렀어요. '충무계획'이라고 불렀죠. 한편으론 국토통일이라는 이름에 걸맞은 전략 개념이었지만 점점 시간이 가면서 수복이 현실적으로 불가능한 일이 되어갔어요. 다른 한편으론 민족통일이라는 말을 북한이 선취해버렸어요. 냉전 시대의 미소 대결이 소련의 패배로 굳어지고 남북 체제 경쟁에서도 자기들이 현저히 뒤처지자, 북한이 체제 불안을 느끼면서 제도적 통일은 나중에 하고 민족통일부터 하자는 구호를 내걸었거든요.

민족통일도 말이 좋지, 통일 앞에다가 민족이라는 수식어를 굳이 붙일 필요가 없고 그저 '통일'로만 써도 무방해요. 오히려 그보다 선행해야 할 것은 남북연합(Korean Commonwealth)을 만드는 거예요. 남북연합은 1989년 '한민족공동체통일방안'에서 '교류협력-남북연합-통일'의 3단계에 포함되어 제시된 후 이미 오랫동안 얘기되어온 개념이에요. 그런데 남북연합으로 가는 데에는 시간이 굉장히 오래 걸릴 것 같아요. 구심력과 원심력이 충돌하는 남남갈등이 존재하잖아요. "북한과 연합을 맺는다고? 빨갱이들하고?" 보수 쪽에서 볼 때는 낮은 단계의 연방제고, 국가연합이고, 느슨한 형태의 연방제고 다 소용 없어요. 만약 북핵 문제가 해결돼서 북미 수교까지 가시권에 들어오면 남북연합을 만들기는 수월해질 것 같아요. 하지만 북핵 문제가 해결되지 않고 군사적으로 불안한 상태가 여전히 지속되면 이마저도 어렵죠.

1987년 민주화 전까지는 통일이라는 구호가 현실 가능성도 적었지만, 그것은 기본적으로 양측의 존재를 인정하지 않는, 즉 먹거나 먹히는 관계에 기반한 것이었어요. 냉전이 끝난 이후에는 서로 공존을 지향하게 됐잖아요. 유엔에도 따로 가입하고, 기본합의서도 발표하고요. 이미 1990년대 초에 제도적으로 상대를 인정하는 틀을 만들어놨는데, 그 이후의 관계가 내내 배가 출렁이듯이 오르락내리락 했잖아요?

명분과 현실 사이의 괴리가 드러나는 거죠. 통일을 논하다보면 자가당착에 빠지게 돼요. 그동안 우리가 말해온 통일은 수복이 됐건 흡수가 됐건 북한이 없어진 상태를 전제하기 때문이에요. 그런데 1991년 북한이 유엔에 가입함으로 인해서 두개의 코리아가 되어버렸잖아요.

두개의 한국이 국제법상 기정사실화되었기 때문에, '통일이 과연 현실적으로 군사행동을 제외하고 가능한 것인가. 경제 교류와 협력을 심화해서 "사실상의 통일"로 가는 것이 우리의 최종 상태(end state)가 될 수밖에 없지 않나' 생각하게 됐어요. 완전히 두개의 나라니까요. 북한의 붕괴를 전제로 통일하겠다든지 북한을 수복해서 통일하겠다든지 하는 생각은, 두 나라가 모두 유엔에 가입한 마당에는 불가능한 일이에요. 침략이 되어버리죠. 남북연합도 쓰기 조심스러운 단어예요. 남남갈등이 또 일어날 겁니다.

우리가 말로는 '통일' '통일' 하지만, 내다볼 수 있는 가까운 장래에 도달 가능한 목표는 상대방의 체제를 인정하면서 공존하는 남북연합 정도라는 말씀이시죠.

남북연합도 그저 쉽게 이뤄지지는 않죠. 그것도 단계를 밟아야 해요. 유럽의 경우를 보면, 유럽연합(EU, European Union)은 EEC(European Economic Community, 유럽경제공동체)가 그 모태예요. 그리고 EEC는 ECSC(유럽 석탄·철강공동체)로, ECSC는 또 독·불 석탄·철강공동체로 거슬러 올라가죠. 독·불 국경지역에 석탄 및 철강 산지가 있는데, 그걸 뺏고 빼앗기는 전쟁을 수없이 치렀어요. 그런 전쟁을 되풀이하지 않기 위해서, 둘다 욕심을 내는 이 지역의 석탄 및 철강을 공동으로 개발해서 나눠 쓰면 되지 않겠느냐는 아이디어가 나왔어요. 1950년 5월 런던에서 열린 영·독·불 3국 외상회의에서 프랑스의 슈망(M. Schumann) 외상이 그런 아이디어를 냈죠. 이걸 '슈망 선언'이라고 합니다. 이 선언이 토대가 되어 1951년 유럽 전체의 석탄·철강공동체인 ECSC가 발족됐고, ECSC는 EEC(1957.3)를 거쳐 마침내 EU(1994.1)로 발전했습니다.

유럽연합의 특징은 경제적·사회문화적으로는 '공동체'인데, 정치적으로는 각각 총리나 수상이 따로 있고 국기도 따로 있다는 점이에요. 정치공동체는 아닌 거예요. 경제공동체 및 사회문화공동체로 머물러 있으면서 군사적 충돌 없이 살고 있죠. 이처럼 정치적으로는 엄연히 별개이지만 경제적·사회문화적으로는 통일된 상태가, 우리가 기대할 수 있는 최선의 현실적 중간목표가 아닌가 싶어요. 문재인 대통령이 2018년 8·15 경축사에서 분단된 날로부터 100년이 되는 2045년에는 하나의 한국을 만들어야 한다고 했지만, 우리 국민들 머릿속에서 그려지는 단일한 모습을 그해에 만들 수 있을지는 의문입니다. 유럽연합도 그것을 만드는 데에 1950년부터 1994년까지 44년이나 걸렸잖아요?

2045년, 그때가 되면 이미 분단 상태가 100년이나 유지되어왔기 때문에 오히려 더 어려울 거 같아요. 경제력이나 사회문화적인 차이가 크잖아요. 독일을 보면 지금도 동서독 간 경제력 차이에서 비롯된, 또는 사회문화의 차이에 기인하는 갈등이 존재하죠. 하지만 독일은 선거로 통일을 결정했고, 또 일찍 이를 감행해버렸기 때문에 그게 가능할 수 있었어요. 전쟁에서 지고 나서 45년 만에, 두개의 정부가 들어선 지 41년 만에 통일했죠. 1949년에 서독 정부가 섰으니까요. 그런데 우리는 1948년에 양쪽 정부가 섰고, 그 뒤로 70년 이상 분단 상태를 유지하고 있죠. 여기서 갑자기 단일한 정부, 단일한 체제, 단일한 국기, 단일한 군대를 이룬다는 것은 현실적으로 어렵다고 봐야 하지 않겠어요?

단일한 민족 국가는 어려우리라는 것을 다들 인정하는데, 지금 장관님 말씀은 현실적으로 가능한 것은 각자가 자신의 제도를 유지하면서 평화롭게 공존하고 경쟁하자는 것이죠. 그것과 관련해서 백낙청 선생 같은 분은 '이미 우리가 남북연합 초기 단계에 들어섰고, 이를 완성시키는 것이 과제다'라고 말씀하세요. 남북 정상들이 정기적으로 만나고 조절위원회가 상설화되면 그게 남북연합 아니냐고요. 최장집(崔章集) 교수나 김상준 교수 같은 분들은 '통일'을 아예 잊어버리자고 하고요. 별도의 국가로, 양국체제로 살자고요. 어떻게 보시나요?

후자의 논의는 지나치게 비관론이고, 백낙청 선생은 너무 낙관론이네요.(웃음) 물론 2018년 4월 27일이나 9월 19일의 상황으로만 따지면, 남북연합 단계로 들어갈 수 있는 좋은 출발이었다고 볼 수 있죠. 하지만 미국이 견제하는 바람에 4·27 판문점선언의 합의사항과 9·19 평양공동선언의 합의사항을 이행하지 못하게 되면서, 북한이 2019년 11월 부산에서 열린 한-아세안 정상회의 초청을 거절했어요. 정상 간의 약속을 깨는 사람과 무슨 회의를 하느냐는 식으로까지 나오는 현재로서는 연합 단계로 나아갈 수가 없다고 봐야죠. 물론 정세 변화에 따라 남북관계가 2018년 수준으로 복원되면 또 얘기가 달라질 수 있겠지만…

장관님이 말씀하신 것처럼 단일한 국가체제로 통일하자는 것은 제가 보기에도 지금은 극단적 주사파라든가 과도한 수구세력이 아니면 요구하지 않는다고 보거든요. 현실적인 문제는 9·19 합의에도 불구하고 상대방의 무력 공격에 대한 의심이나 두려움이 아직도 상존하는 것이 아니냐 하는 점이에요. 남에서는 계속 북이 남쪽을 향해 핵무기를 쏠 거라고 믿는 식으로요. 군사관계의 안정화, 상대방의 공격 의도에 대한 보증 등이 안보 딜레마로 남아 있죠.

군사적으로 남북이 충돌할 가능성을 줄이는 확실한 방법은 경제적 상호의존성을 키우는 겁니다. 경제적 상호의존성을 키우면 군사력을 쓸 수 없게 돼요. 군사력을 쓰면 당장에 북한 입장에서 볼 때는 손해가 막심한 일인 거예요. 도움을 받고 있는 시스템 자체를 깨는 거니까요. 우리도 일단 서로 군사력을 후방으로 물리게 되면 미국이 아무리 사주를 해도 군사력을 쓸 수가 없죠. 우리의 기회비용이 커지기 때문이에요. 그렇기 때문에 경제적인 의존관계를 키워야 해요. 이처럼 상호의존성을 키우는 것으로 시작해서 연합의 형태로까지 발전시킨 유럽연합의 선례를 벤치마킹해야 해요.

혹자는 이와 같은 경제공동체 논의가 처음부터 북한을 식민지로 만들려는 의도를 담은 것 아니냐고 염려해요. 그건 아니에요. 어차피 어려운 쪽을 도와주는 것은 사람과 사람 사이에서 해야 할 일이고, 거기서 경제적인 상호의존성이 커지면 사회문화적 동질성도 커지면서 군사적인 행동 자체가 의미가 없는 일이 되죠. 군사적인 행동이 이러한 경제적·사회문화적 공동체를 깨버릴 수 있다는 불안감을 불러일으키기 때문에 서로가 지금 섣불리 움직일 수 없는 거거든요. 정치는 그다음이에요.

전쟁을 생각하지 못할 정도로 상호의존성을 높여야 한다…

그게 'peace making' 개념인데, 이를 반대하는 사람들이 있죠. 북한을 악마화하면서 누려왔던 기득권이라는 게 있잖아요. 백낙청 교수가 말한 '분단체제' 아래에서 구축된 기득권을 누린 사람들은 이 체제가 그대로 가길 바라는 거예요. 북한을 긍정적으로 평가할라치면 '나라를 들어다 바친다'라고 말하면서 여론을 몰아가죠. 하지만 실제로는 그렇게 되면 자신의 권익을 누리지 못하게 되는 걸 경계하는 거예요. 그걸 꺼리는 사람들이 '퍼주기'니 '끌려 다니기'라고 말하죠. 젊은 논객 중에는 '문재인이 한-아세안 회의에 김정은을 불러서 연방제를 합의하려고 작전을 짜고 있다'라고 말하는 사람도 있더라고요.

그게 먹히는 청자(聽者)가 있으니까 장사를 하려고 하는 말이죠.

연합과 연방을 구분하지 못하는 거예요. 그리고 연방제가 곧 공산주의도 아닙니다. 미국만 해도 50개 주가 모여 있는 연방국가입니다. 스위스와 독일도 연방국가죠. 다만 남북관계사에서 보면 북한이 연방제를 먼저 제안했기 때문에 공산화 통일방안으로 낙인 찍힌 측면이 있어요. 남한이 북한보다 훨씬 못 살 때인 1960년, 더구나 남한이 4·19 혁명 후 국내정치가 불안정할 때 김일성이 통일방안으로 남북연방을 제안한 적이 있기 때문에 그때부터 우리 국민들 사이에 연방제 공포증이 퍼졌다고 할 수 있죠.

그렇게 따지면, 금강산 관광 중단이나 개성공단 폐쇄 같은 것은 우리로서는 자충수이자 악수였네요.

개성공단 폐쇄는 자충수 정도가 아니죠. 악수 중의 악수였어요. 개성공단을 통해서 점점 북쪽으로 올라갔어야 해요. 해주공단, 남포공단, 신의주공단 식으로요. 그뿐 아니라 김정은 시대에 와서 개성 북쪽, 금강산 북쪽으로 서해안과 동해안을 따라서 두만강변·압록강변으로, 즉 해안선과 강변을 따라서 22개의 경제특구를 지정해놨는데 지금 그게 전혀 돌아가지 않고 있어요. 우리가 그리로 올라가야 하는데 국내 보수파들의 저항과 악의적인 프레임에 부딪혀 머뭇거리고 있는 거예요. 그사이에 북한이 조금이라도 개방개혁 쪽으로 문이 열리기 시작하면 중국이나 일본이 치고 들어갈 겁니다. 북한 지역에서 중·일 경제전쟁이 일어날 거예요.

중국은 중국대로 지리적으로 접하는 면이 길기 때문에 압록강과 두만강 건너로 진출하기 시작하다 보면 옆으로 해안선을 따라 내려갈 수 있고, 어차피 단둥에서 신의주 건너 개성과 평양까지 철길이 연결되어 있으니 자기들 돈 들여서 고속철을 깔면 북한의 서쪽, 즉 우리가 말하는 환서해 경제벨트는 중국 것이 되는 거예요. 이에 대한 대응 차원에서, 물론 이것은 확인해봐야 하는 문제지만, 일본에서 김정은이 중요시하는 원산부터 평양까지의 고속철을 놔주겠다고 했다더라고요. 일본이 평양-원산 간 고속철을 깔고, 중국이 신의주-평양-개성 고속철을 깔면 한국은 남북 경제공동체를 만들 수 있는 찬스를 잃어버리는 거예요. 그러면 사회문화공동체고 남북연합이고 전부 물 건너가는 거죠. 그러면 최장집 교수나 김상준 교수가 말하는 두개의 한국으로 가는 거예요.

물론 그분들의 말씀은 '언젠가는 통일을 하더라도 당분간은 잊자'는 얘기기는 한데요.

실선은 못되더라도 점선으로라도 가고 있어야죠. 통일이라는 게 남과 북에서 모두 다 설득력이 높고 대중동원 능력이 있는 무서운 정치 명분이에요. 이걸 현실적으로 당장 이루기 어렵기 때문에 안 하겠다고 하면 보수 진영도 가만히 있지 않는다니까요? 김대중 정부 때 '대북정책'이라는 말을 썼다가 얼마나 호되게 비난을 받았는데요.

냉전 이후에 남북관계가 안정되지 못한 이유는 미국 때문입니까, 북핵 때문입니까, 아니면 둘 모두 때문입니까?

기본적으로 미국의 무기시장으로서 남한이 지닌 가치가 운명적 원인이 되었다고 봐야죠. "보일 듯이 보일 듯이 보이지 않는"이라는 노랫말처럼, 미국은 북핵 문제를 빌미로 해서 '붙을 듯이 붙을 듯이 붙지 못하는' 관계로 남북관계를 관리해나가면서 재미를 보고 있어요. 우리 보수 진영의 동조가 미국에게는 큰 힘이 되고 있는 셈이에요.

북핵 문제를 구실로 해서 동아시아의 안정적 평화와 발전보다는 긴장관계를 유지하는 게 미국의 헤게모니 유지·강화에 유리하다고 판단한 거군요.

바로 그겁니다. 그래야만 미국의 헤게모니가 유지되니까요.

북미관계나 남북관계가 개선되면서 2018년에는 '세계에서 가장 오래된 전쟁'이 70년 만에 드디어 끝날 수 있겠구나 싶었는데, 최근 상황을 보면 또 그게 아니라는 생각이 들어요. 2018년 이후 교착상태에 다시 접어든 남북관계, 어떻게 해야 할까요?

이제 와서 하는 소리가 아니라, 실제로 그 당시에도 저는 '이 상태가 과연 얼마나 가겠는가' 하는 걱정 섞인 의심을 품고 있었어요. 왜냐하면 남북관계가 남북만의 문제가 아니기 때문이에요. 미국의 동아시아 정책의 차원에서 보면 절대 간단한 문제가 아니거든요.

이게 사실 남북의 대결이 아니라 미국과 소련, 중국의 대결이잖아요.

그럼요. 미국의 동아시아 정책 안에서 중국과 러시아, 북한이 어떤 의미가 있는가를 생각해봐야 해요. 국제정치학을 공부한 사람으로서, 2차대전 이후 미국 대외정책의 연장선상에서 볼 때 미국은 동아시아에서 분란의 소지를 깨끗하게 없애려고 하지 않으리라고 생각해요. 미국의 대외정책에서 주한미군이 갖는 가치, 또 한반도의 무기시장을 관리하는 전진기지로서의, 혹은 태평양을 미국의 앞바다로 만들기 위한 최전방 전초기지로서의 가치 때문에 북한이 웬만큼 미국이 시키는 대로 따라오기 전에는 이 문제를 쉽게 끝내려 하지 않을 겁니다. 그야말로 숙명처럼 안고 가야 하는 문제인 거죠.

결과적으로 북한의 핵보유 문제를 어떻게 할 것인가의 문제로 좁혀집니다. 핵을 갖고 있기 때문에 트럼프도 비핵화를 위해 덤벼든 거 아녜요. 그런데 북한 비핵화가 아니고 '한반도 비핵화'가 되니까 미국 관료들은 '트럼프가 북한에게 속았다'라고 얘기하죠. 한반도 비핵화가 되면 일단 미국의 핵항공모함이 동해에 접근할 수 없잖아요. 그런데 트럼프가 이러한 개념 없이 덥석 약속해버린 것이라고 생각하니까, 정상회담이 끝난 뒤 미국 관료들이 앞의 두 약속은 처음부터 없던 걸로 하고 북한에게 '비핵화를 약속했으니 선 비핵화 행동을 빨리 하라'며 반쪽짜리 약속에 대해서만 요구하는 거예요. 그러다 보니 영변 플러스 알파가 북한 비핵화와 같은 말이 되어버린 거죠. 북한이 걸려든 거예요.

좋은 분위기에 김새는 이야기일 듯해서 당시에는 이런 우려를 굳이 입 밖에 내지 않았지만, 이 화해 무드가 얼마나 갈까 걱정했는데, 아니나 다를까 만 2년을 채 못 가더라고요. 미국이 딴 소리를 하기 시작하면서 북한도 우리한테 화를 내고 결국 2019년은 남북관계가 최악의 상태로 간 거잖아요? 우리 정부가 2018년에 두번이나 정상회담을 하고, 4·27과 9·19 공동선언에서 합의한 것들에 대해서 미국의 눈치를 보지 않고 단 몇개라도 이행하려는 움직임이 있었다면 어땠을까 하는 아쉬움이 있어요. 우리한테도 어느정도 책임이 있다고 봐야 해요.

우리도 우리 숙제를 다 하지 못했다…

단적인 예로 금강산 관광과 개성공단은 9·19 공동선언에서 '조건이 갖추어지는 대로 재개하겠다'라고 되어 있었어요. 김정은 위원장도 2019년 신년사에서 '개성공단과 금강산 관광을 아무런 전제 조건과 댓가 없이 재개할 용의가 있다'라고 얘기했죠. 이건 시설 개선 및 보수 등 사람을 맞이할 준비를 마치면 북에서 재개하겠다는 뜻이었어요. 이게 '미국의 허락을 받는다'라는 뜻이 아닐 거란 말이에요. 신년사에서 그렇게 큰소리치게 만들어놓고는 남측이 일체 움직이지를 못하고 있었는데, 2·28 하노이회담마저도 '노딜'로 끝났어요. 김정은 위원장이 당시 노딜 이후에 "남조선 당국은 오지랖 넓은 중재자, 촉진자 행세를 할 것이 아니라 민족의 일원으로서 민족의 이익을 옹호하는 당사자가 되어야 한다"라고 말했잖아요. 사실 그때까지만 해도 우리가 중간에서 '촉진자, 중재자' 역할을 수행했다는 반증이 바로 그 말에 담겨 있긴 해요. 그 나름의 역할을 한 건 맞지만 결과적으로 잘 안되었으니까 북한도 이런 식으로 비난한 거죠.

뒤이어서 한미 워킹그룹이 11월에 열리고, 워킹그룹에 다녀온 이도훈 특별대표가 "개성공단 재가동은 한미 워킹그룹에서 합의하지 못했다"라고 발표까지 해버리니까 북한이 무척 실망한 거죠. 북한으로서는 남한을 더 이상 믿을 수 없게 된 거예요. '최고존엄'인 김정은 위원장이 졸지에 2500만 북한 인민들에게 헛소리를 한 셈이 되어버렸잖아요. 사실 하노이회담이 트럼프의 하룻밤 사이 변심에 의해서 그렇게 꼬여버릴 줄은 우리도 몰랐지만 그 책임을 또 북한이 우리한테 뒤집어씌우잖아요. 자기네가 뭘 어떻게 할 수가 없으니까요. 그렇게 되면서 2019년 한해 동안 남한 정부가 욕을 무척 많이 먹었죠. 그래도 그 와중에 하나씩이라도 돌파해나가면 좋은데, 그걸 못했어요.

이런 와중에 2020년 1월 2일 신년 합동인사회에서 문 대통령이 모두발언을 하면서 '남북관계에서 운신의 폭을 넓히겠다'라고 말했어요. 역지사지로 생각합시다. 북한 입장에서는 남한이 내내 미국 눈치 보느라고 아무것도 못해놓고 그런 말이 나오냐 생각하겠죠. 또, 1월 14일 신년기자회견에서 대통령이 북한 개별관광을 거론했던 것에 대해 해리스 미국대사가 한미 워킹그룹 운운하자 통일부와 청와대에서 바로 반박하고 견제했잖아요? 그걸 보고서 북한이 한번 더 기대했을 법해요. 그래 놓고는 한미 워킹그룹에서 논의 다 하고, 한미 연합훈련 다 하기로 했잖아요. 그러다 보니 북한한테 문재인 대통령의 말이 임팩트가 없어졌어요.

사실 6·12 싱가포르 북미 정상회담이 성과를 내고 끝나는 것을 보면서, 1992년 1월 북한이 미국에 수교를 요구하면서 '수교 맺으면 주한미군 철수를 요구하지 않겠다'라고 했던 것이 이제야 미국에서도 현실적으로 용납이 되었구나 생각했어요. 그렇다면 통일은 당장 어렵더라도 미군이 있는 조건에서 남북 왕래를 하고 연합의 형태까지는 갈 수 있겠다고도 생각했죠. 또 북미 수교가 이뤄지려면 북한의 핵무기를 미국이 들고 나갈 거거든요. 자기네가 해체한다고 하면서 가져갈 거란 말이에요. 미국이야 핵물질 보유에 제한이 없으니까요. 여하튼 핵무기를 없애는 조건으로 북미 수교가 이뤄지고 남북이 연합 단계까지는 갈 수 있겠다고 생각했는데, 요즘 미국의 흐름으로 봐서는 그 시간도 그렇게 빠르게 올 것 같지는 않아요. 미국의 정권을 어느 쪽이 잡든 간에 말이죠.

미국이 무기 수출해서 돈 벌어먹는 나라로 존재하는 한, 이는 더욱 어렵습니다. 사실 미국에서도 북한의 핵무기 생산 능력에 대해 의견이 나뉘어요. 미 CIA는 핵무기 하나에 플루토늄 6~8킬로그램, 미국방정보국(DIA)은 8~12킬로그램 든다고 하니까 핵무기 생산 능력 기준치에도 차이가 생기게 되죠. 어쨌든 이런 식으로 제한된 정보, 또는 가공된 정보를 제공하면서 북한의 위협을 강조해서 우리로 하여금 미국 무기를 많이 사도록, 또 '남한을 지켜주는' 미국을 군말 없이 따라오도록 하고 있는 거예요. 북한을 이용하고 있는 거죠.

결국 이는 미국의 동아시아 전략의 문제고, 또한 미국 세계전략의 일부고 하니, 아무리 '세계경찰'이라 불린다고는 하지만 그 경찰이 어쩌면 '범죄'가 어느정도는 존재해야 자신이 먹고산다고 생각하고 있다는 의심을 지울 수가 없어요. 안보 평계를 대며 무기를 팔고 정치적 헤게모니를 유지하려면 '악마 국가'가 몇개는 있어야 하는데, 그 필요를 북한이 충족시켜주고 있는 상황이거든요. 그 원리에 입각하면 북한이 완전히 굴복하지 않는 한 미국은 적대관계와 제재를 풀지 않을 것이고, 북한은 당연히 이에 굴복하지 않으려 할 것이고요.

　조선 사람들이 원래 독종입니다. 제가 미국에 당부하고 싶은 말이 이겁니다. 이번 한일관계(2019년 7월 아베 정부의 대한 수출 규제)만 봐도 그래요. 기술의존도가 높고 상호의존 관계인 일본과 한국이니, 일본이 이를 무기 삼아서 수출을 규제해버렸단 말이에요. 그런데 한국은 어떻게든 대처해버렸잖아요? 일본이 뒤늦게 후회하더라도 그들에겐 퇴로가 없고요. 한국 사람이 일본에 대해 보여준 결기가 북한한테도 똑같이 있어서 그게 미국을 상대로 발휘되고 있는 셈이에요. 식민지 피지배 경험을 갖고 있는 약소국가 국민들의 민족주의에 내재된 저항성에 대한 인식을 미국이 갖지 않으면 북한과 내내 평행선을 달릴 거예요. 적절히 풀어주면서 요구에 응하기도 해야 하는데, 그렇게 하면 미국은 수지가 안 맞는다고 생각한다는 거죠.

　문 대통령이 2018년 8·15 경축식 기념사에서 "남북관계는 북미관계의 종속변수가 아니다"라고 했고, 이 발언을 북한에서 매우 높게 평가했잖아요? 그런데 그 뒤의 실제 행보를 보면 '남북관계가 북미관계의 종속변수가 되었다'라고 평가하시는 거죠?

2019년 민주평화통일자문회의 수석부의장 취임 당시 정세현(좌)과 문재인 대통령(우).

제가 아니라 북한도 그렇게 봤겠죠. 실제로 말대로 못했잖아요. 당시 8·15 기념사를 보며 깜짝 놀랐었어요. 대통령이 정상회담을 치르더니 용기를 얻었구나 생각했어요. 문재인 대통령 자서전(『운명』)에 "미국에 'No'라고 말하는 대통령이 나와야 한다"라는 대목이 있어요. 역시 이런 생각을 가진 사람이라 그런가 했어요.

미국에 'No'라고 처음 말한 대통령은 김영삼 대통령이었어요. 긍정적이든 부정적이든 미국더러 북한과 회담하지 말라고 했었죠. DJ는 대놓고 거절하지는 않으면서 살살 미국을 설득해서 자기 페이스대로 끌고 갔고요. 그런데 사실 문 대통령 취임 초기에는 미국이 하자는 대로 다 따라갔잖아요? 단적으로 2017년 9월 6일 블라디보스토크 동방경제포럼에 가서 북한에 대한 송유를 금지해달라고 푸틴 러 대통령한테 요청했다는 기사를 보고 깜짝 놀랐어요. 물론 노무현 대통령도 미국한테 세게 나갈 것처럼 하더니 이라크 파병까지 했죠. 미국도 노 대통령의 대북정책을 어느 정도 도와주고 묵인해주었고요. 문 대통령의 임기 초 행동도 그런 외교전략 차원에서라고 생각했어요. 그 뒤로 2018 평창 동계올림픽에도 북한을 초청하는 메시지를 꾸준히 보내더니 북한에서 실제로 오고, 이후로는 장관급 회담도 열고, 특사를 보내서 북미 정상회담도 성사시키는 등 교류의 결과물을 꾸준히 내놓았어요. 자신감이 생길 만했죠. 이제 미국의 눈치 보지 않고 4·27 공동선언 합의 내용만 밀고 나가면 되겠다고 생각했어요. 개성공단과 금강산도 재개하고, 철도·도로도 연결하고요.

그런데 9·19 군사 분야 합의서가 채택되는 날에, 폼페이오 미 국무부 장관이 강경화(康京和) 외교부 장관에게 전화를 걸어서 노발대발했다는 거 아네요? 그러더니 11월에 한미 워킹그룹이 생기고 발이 묶이면서, 이건 틀렸다 싶더라고요. 아무리 대통령이라도 현장 외교 경험이 부족하니, 앞으로 한미 워킹그룹이 엄청난 원칙의 굴레가 될 것이라고 생각을 못하게 돼요. 사실 YS 때 '한미공조'라는 원칙의 굴레를 덮어쓴 비슷한 전례가 있었어요. 그런데 당시의 경험자들이 지금 정부에 조언해줄 처지에 있지를 않잖아요. 한미공조에 대해 당시 외무부 사람들은 자신들 잘못이니 그 불리함에 관해 떳떳이 얘기할 수가 없고, 저 같은 경우는 워킹그룹 구성이 처음 논의될 당시에는 알지도 못했지만, 알았다 하더라도 논객에 불과했기 때문에 제 의견이 청와대로 곧바로 들어가지는 않죠. 말하자면 미국이 만들어놓은 함정에 빠진 거예요. 사사건건 시키는 대로 해야 할 거예요.

　2018년 북미 협상이 잘될 거라는 희망에 부풀어 있을 때, 백낙청 선생이 '북미 협상이 성공한다면 북한이 자기 체제를 바꾸지 않으면서 국제사회의 인정을 받는 것이다'라고 표현했는데, 저는 이 지점이 매우 중요하다고 생각합니다. 냉전종식 후 프랜시스 후쿠야마가 '역사의 종언'을 선언했습니다. 미국식 자유민주주의가 인류가 택할 수 있는 최고의 생활양식인데, 공산주의 체제인 소련이 붕괴했으므로 이제 인류역사는 종착점에 이르렀다는 얘기였죠. 물론 지금은 당시의 주장을 철회했습니다만요. 또 9·11 테러 당시 부시 미 대통령이 '우리의 생활방식은 협상 불가'라고 했어요. 이슬람 테러리스트가 미국적 생활방식을 위협하고 있으며, 자신들의 생활방식을 지키기 위해서는 전쟁도 불사한다는 얘기였죠. 지키는 것까지는 좋은데, 문제는 '미국적 생활방식이 가장 좋은 것'이고, 이걸 채택하지 않는 곳은 악마라고 취급하고서 그들을 없애거나 굴복시키려 한다는 거죠.

　이 지점에서 미국과 충돌하는 나라가 이란, 이라크, 쿠바, 북한 등이고요. 그러니까 백낙청 선생의 얘기를 다시 풀면 북한이 자기네 생활방식을 지키면서 국제사회에 들어온다는 것이기 때문에 이 북미정상회담이 세계사적 사건이었던 거죠. 그런데 미국은 여전히 그걸 인정하고 싶지 않은 거예요. 지금 미국이 쿠바하고 수교했지만 여전히 삐걱대는 것이 미국이 쿠바에 자기네 생활방식을 강요하기 때문이잖아요. 중국이 그나마 지금 버티는 것도 미국의 생활방식을 일부 따라갔기 때문이 아닌가 싶기도 하고요. 이처럼 미국은 북한에도 자기네 생활방식의 수용을 바라고 있는 것일 텐데요.

북한이 미국식으로, 혹은 남한식으로 변하기를 바라는 건 이룰 수 없는 꿈을 꾸는 거예요. 남북한이 하나의 경제공동체를 만드는 건 비교적 빠르게 이뤄질 수 있고, 이를 통해 상호의존성을 강화하면서 사회문화공동체로 가야 해요. 물론 그 사회문화공동체로 가기까지는 무척 오래 걸리겠죠. 왜냐하면 첫째로는 서로 살던 '가락'이 있잖아요. 지금 탈북자들만 봐도 여기에 적응을 못하고 내내 바깥으로 도는 사람이 있잖아요. 물론 남한 사회가 이들을 따뜻하게 품어주지 못하고 있는 것도 큰 원인 중 하나지만요. 아무튼 남한 사회의 품으로 들어온 경우임에도 쉽게 적응하지 못하는 이 같은 사례만 봐도, 일대일의 자격으로 서로 대등하게 만나야 하는 남북이 하나의 사회문화공동체가 되기까지는 얼마나 오래 걸릴지를 가늠해볼 수 있죠.

다른 한가지 이유는 미국 내 정치 상황에 따른 변수입니다. 이번에 미 재무부가 북한을 언급하며 'bad behavior'라는 표현을 또 썼어요. 경제부처가 본래에는 보수적이기는 하지만… 2005년에도 국무부가 만들어놓은 9·19 공동성명을 바로 다음 날 재무부가 BDA 문제로 깨버렸잖아요. 아니, 오죽하면 'mofia'라는 얘기까지 나오겠어요. 이번에도 역시 견제에 들어간 걸 보면 트럼프 대통령의 재무부에 대한 장악력이 떨어진 것 같아요. 이렇듯 워낙 다른 체제와 생활방식을 강요하고 있는 상황에서 하나의 공동체를 이루는 과정이 쉬우리라고는 보기 어렵습니다.

이란, 쿠바와도 마찬가지죠. 다른 나라에 대해 그렇듯 북한에도 역시 같은 기준을 들이밀며 요구할 테니, 역시 쉽지는 않겠습니다.

어떻게 보면 미국과 북한이 적대적 공존이라고 할 수 있는 상황을 토대로 서로가 서로를 평계로 삼아 먹고사는 것 같아요.

여하튼 현행 미국의 세계전략, 동아시아 전략의 큰 틀에서 보면 남북관계 개선에는 분명한 한계가 있어요. 너무 욕심 부리지 말아야 해요. 연합도 사실 쉽지 않아요. 통일은 먼 훗날에 기대할 수 있는 거지, 지금 당장 될 것처럼 생각하는 것은 착각이고요. 제가 처음 공부를 시작할 적에는 솔직히 "우리나라 국제정치학의 기본 목적은 통일 문제를 해결하기 위한 전문가 양성이다"라는 교수님의 말씀이 멋있다고 생각해서 낭만적으로 통일 문제에 관심을 가진 거였어요. 그런데 40년 넘게 이 문제를 다루며 살다 보니까 사실 이게 무척 어려운 문제였던 거예요. 그야말로 '끝도 시작도 없이 아득한 통일의 미로' 아니에요?(웃음)

거창하게 얘기하면 현대 세계사의 문제가 모두 응축된 곳이 한반도 아닙니까. 그렇게 생각하면 통일이 정말 세계사적 과업이죠. 4·27 남북 정상회담 직전인 2018년 4월 10일, 모 신문사가 북핵 관련 포럼을 열었는데, 윌리엄 페리 전 미 국방장관도 참석했어요. 그때 이종석 전 통일부 장관이 발제하면서 "10월 중간선거 전에 (북핵 문제) 끝냅시다!"라고 얘기했어요. 그때는 그게 가능할 것도 같았고, 정말 들떠 있었죠. 북핵 문제 해결은 곧 북미 수교, 남북 평화 공존이니까요. 그런데 2019년 2월 하노이 북미 정상회담이 깨지면서 이제는 저도 오히려 '원상복귀 같다. 또 10년, 20년 걸리겠구나' 하는 생각이 들더라고요.

통일 문제에 처음부터 학문적으로 접근한 사람은 통일을 쉽게 생각할 수도 있고, 또 시민운동 하는 사람들 중에는 '미국만 한반도에서 나가면 된다. 언어와 풍습이 같은데 안 될 것이 무어냐'라며 단순하게 생각하는 사람도 있지만, 저는 남북관계의 현장에서 직접 부대끼면서 접근하고 이론화한 사람이잖아요. 통일이 구심력만 갖고 되는 게 아닙니다. 이론적으로는 통일의 구심력이 원심력보다 커져야 통일이 된다고 얘기하곤 하지만, 원심력이 너무 오랫동안 구심력을 구속해왔고, 아직도 그 구심력을 죽이려고 하는 쪽으로 영향력을 행사하고 있거든요.

문재인 정부가 통일 과정에서 큰 업적을 남길 수 있겠구나, 또 다음 정권이 이를 이어받아서 잘해나가면 통일은 몰라도 적어도 전쟁의 공포 없이 살 수 있는 나라는 될 수 있겠구나 하는 기대는 품었어요. 물론 통일이 바로 되겠구나 하는 기대는 못했습니다. 통일은 북한 민심이 남한으로 넘어와야 진정 가능한 것이지, 합의 방식의 결합으로는 안 되잖아요. 이전에 1960~80년대 북한이 주장했던 연방제가 바로 정치 협상에 의한 통일이었죠.

저는 어디 가서 '한반도 평화가 곧 세계 평화다'라고 얘기하는데, 이게 정말 그런 것이 한국전쟁의 전개 과정을 살펴보면 북한이 일으킨 전쟁에 미국이 즉각 개입했고, 38선 돌파 이후에는 중국이 참전하면서 국제전의 양상이 되었잖아요. 소련과 일본도 군수 물자를 지원하는 방식으로 참전했고요. 전투 공간만 한반도였을 뿐이에요. 다시 말하면 이 전쟁을 끝내는 것도 역시 전세계적인 문제라고 할 수 있고, 남북끼리만 해결할 수는 없는 문제라고 할 수 있는 거죠. 그래서 만약 이를 푼다고 하면 이어서 미중 간의 평화도 이뤄질 수 있다고 봅니다. 물론 그 역시 쉽지 않겠지만요.

이 책은 2019년 1월부터 2020년 3월까지 모두 열다섯차례에 걸친 정세현 전 통일부 장관과의 인터뷰를 바탕으로 만들어졌다. 인터뷰는 매달 한차례, 3~4시간 동안 진행됐으며, 각 편의 원고는 인터뷰이(정세현)와 인터뷰어(박인규)의 검토를 거쳐 완성됐다. 출생부터 현재까지 정세현 전 장관의 일생을 다루되, 북한 전문가이자 남북관계 전문 행정가인 정 전 장관의 삶을 통해 남북관계의 어제와 오늘을 살펴본다는 취지에서 원광대학교 총장 시절(2010~14년) 부분은 최종 단계에서 싣지 않기로 했다.

인터뷰 방식을 통해 정세현 전 장관의 회고록을 만들어보자는 창비 측의 제안을 받은 것은 2018년 가을 무렵이었다. 당시는 4·27 판문점 남북 정상회담, 6·12 싱가포르 북미 정상회담, 9·19 평양 남북 정상회담이 이어지면서 북핵 문제 해결과 북미 수교, 한반도 평화체제 정착 등 겨레의 해묵은 숙원이 일거에 해결될 듯 느껴지던 시점이었다. 고

조된 분위기에 따라 2020년 6월, 즉 한국전쟁 70주년이자 최초의 남북 정상회담 20주년에 맞추어 이 책을 내기로 했다.

인터뷰를 시작할 당시, 누구도 드러내놓고 말하지는 않았지만 2020년 6월 25일은 한국전쟁 70년의 지속을 곱씹기보다 한반도 평화의 시작을 축하하는 날이 될 것이라는 이심전심의 기대가 있었다. 한반도 비핵화와 북미관계 정상화, 남북 화해와 한반도 평화정착이 완료, 최소한 진전될 것이며 새로운 한반도는 동아시아 평화의 선도자가 될 것이라는 벅찬 기대를 품었다.

그러나 2019년 2월 말 하노이 북미 정상회담이 결렬되면서 이러한 기대는 조금씩 스러져갔다. 6월 30일 남북미 정상의 판문점 회동이 성사되면서 한반도 평화프로세스의 재가동이 기대됐지만 이 역시 10월 초 스톡홀름 북미 실무협상에서 무산됐다. 2020년 초 북한은 자력갱생의 '새로운 길'을 선언했고 북미 간의 교착과 대치는 1년 이상 지속되고 있다. 미국 대선이 있는 2020년 안에 북미 협상의 돌파구가 열릴 가능성은 거의 없다고 봐야 할 것이다.

지난 2월 인터뷰에서 정세현 전 장관은 자신이 북한 전문가로서의 공적 삶을 시작한 1975년 이후를 회고하면서 '통일의 미로'라는 말을 종종 꺼냈다. 1972년의 7·4 남북 공동성명을 시작으로 1991년의 남북 기본합의서, 수 차례에 걸친 남북 정상의 공동성명과 2018년 9·19 남북 군사합의에 이르기까지 지난 40여 년간 남과 북이 숱하게 공존과 상생을 다짐하고 약속했음에도 불구하고 실질적 평화가 정착되지 못한 데 대한 짙은 아쉬움의 표현이리라.

본래 정세현 전 장관의 꿈은 동아시아 국제정치를 전공하는 대학교수가 되는 것이었다. 그러나 오랜 노력과 시도에도 불구하고 이 꿈을 이루지는 못했다. 그 대신 북한 전문가, 남북관계 일선의 행정가가 되었다. 정 전 장관은 자신의 삶을 회고하면서 '원래 안 되는 일은 아무리 노력해도 안 되고, 하게 될 일은 아무리 벗어나려 발버둥쳐도 결국은 하게 되더라'고 말했다. 말하자면 사람에게는 타고난 팔자나 운명같은 게 있다는 얘기다. 해방 직전 북만주에서 태어나 해방 직후 백일을 갓 지난 어린아이로 평양역에서 노숙을 해가며 고향인 전북 오수로 내려오게 된 그의 유년 시절은 남북관계 전문가로서의 운명적 삶을 예고한 것인지도 모르겠다.

국가 차원에도 그런 팔자나 운명이 있는 것일까. 그렇다면 미국과 중국, 일본과 러시아 등 세계 최강대국들의 한복판에 자리 잡은 한반도의 지정학적 위치가 우리의 운명이라 할 수 있다. 이 때문인지는 몰라도, 이미 임진왜란 때 명나라와 일본이, 구한말에는 러시아와 일본이 한반도의 분단을 모의했고 결국 1945년 해방과 동시에 미국과 소련에 의해 분단이 현실화됐다. 한반도를 먹는 자가 동아시아의 패권을 차지할 것이라는 계산, 그러나 전면전이 아니고는 한반도를 독차지하기 어렵다는 현실이 어우러져 낳은 결과라 할 수 있다.

분단은 동족상잔의 전쟁으로 이어졌고 70년째 전쟁은 끝나지 않고 있다. 일찍이 단재 신채호는 '한국의 자주독립이 동아시아 평화의 요체'라고 역설했다. 이러한 명제는 한반도를 병합한 일본이 그 기세를 몰아 만주와 중국 침략, 그리고 태평양전쟁으로 치달은 과거의 역사에서 여실히 입증된다. 한국의 주권 상실이 이후 35년간 전쟁의 시대를 불러온 것이다.

즉 동아시아의 평화는 한국이 자주독립국가로 우뚝 서 이 지역의 균형추 역할을 하든가, 아니면 주변 강대국의 영향 아래 분단되든가 둘 중 하나에 의해 유지될 수밖에 없다. 해방 이후 한반도의 현재는 후자라 할 수 있다. 미국이든 중국이든 자신들이 통제하기 어려운 통일한국의 출현을 원할 가능성은 거의 없다.

하지만 주변 강대국의 국력이 월등하다고 해서 그들에 의한 한반도 분단이 절대로 피할 수 없는 숙명인 것은 아니다. 즉 한반도의 지정학적 운명이 무슨 수를 써도 극복할 수 없는 천형은 아니라는 얘기다. 예컨대 해방 직후 한반도의 미래에 대한 미국과 소련의 유일한 합의사항인 5년 신탁통치를 받아들였다면 분단을 피할 수도 있었을 것이다. 실제로 오스트리아는 10년 신탁통치를 감수하고 독립을 이뤄냈다.

물론 1945년 12월 모스크바 삼상회의에서 결정된 신탁통치를 우리가 받아들일 가능성은 애초부터 무산되고 말았다. 『동아일보』 등의 악의적 오보 때문이다. 당시 『동아일보』는 실제와는 반대로 '미국은 즉각 독립, 소련은 신탁통치 주장'이라고 보도했고 이 때문에 거국적인 반탁운동이 일어난 것이다. 해방 당시 한국의 지도자들은 한반도를 둘러싼 국제정세에 무지했고, 민족의 자주독립을 위해 이념적·정파적 차이를 극복할 생각을 갖지 못했다.

나아가 우리의 선택으로 한반도 비핵화와 평화체제 수립의 중대한 기회를 걷어찬 뼈아픈 전례도 있다. 2006년 10월 북한의 첫 핵실험 이후 미국의 부시 대통령이 기존 태도를 바꿔 한반도 정전체제 해소를 제안함으로써 한반도 비핵화의 실현 가능성을 열었지만, 이후 북한의 선 비핵화를 고집하는 이명박 정부의 '비핵·개방·3000' 정책에 의해 이 같은 기회가 무산된 것이다.

당시 부시 미 대통령이 노무현 대통령에게 한반도 평화체제 수립을 제안한 것은 예상치 못한 북한의 핵실험 성공과 함께 이라크전쟁 실패로 11월 중간선거에서 패배했기 때문이다. 북한을 '악의 축'으로 지목하며 2002년 말 제네바 합의를 파탄 냈던 부시 대통령의 태도 변화는 우리에게 천재일우의 호기였다. 2007년 북한 비핵화를 위한 2·13합의와 10·4 남북 정상회담이 성사된 것은 바로 이러한 미국의 정책변화 때문이었다. 뒤이은 오바마 정부도 한반도 평화체제 수립을 추진했다. 이를 가로막은 것은 이명박 정부의 대결적 대북정책이었다. 이는 한반도 평화의 실현이 우리의 능력 그 자체보다는 우리의 선택에 달려 있음을 말해주는 단적인 예다.

결국 우리의 운명은 우리가 개척해야 하고, 이제 우리에겐 그럴 능력이 있다. 문제는 선택이다. 남이 우리를 위해 뭔가 해주는 일은 결코 없다. 정세현 전 장관이 항상 가슴 속에 간직하고 하고 있다는 대학 은사 이용희 교수의 가르침, '국제정치에서 나 아니면 모두 남'이라는 명제는 아무리 강조해도 지나치지 않다. 그런데 작금의 북핵 협상에서 우리는 부지불식간에 이 핵심명제를 잊고 있는 것은 아닐까?

당장 북핵 협상부터 결국 미국이 해결해야 할 일이니 우리는 그저 '굿이나 보고 떡이나 먹자'는 심정으로 수수방관하고 있는 것은 아닐까? 물론 북핵 협상에서 한국의 역할은 지극히 적다. 하지만 북미가 대치하고 있는 중에도 경제, 안보 분야 등에서의 남북 간 교류 협력과 신뢰 증진은 우리가 할 수 있고, 해야 하는 일이다.

하지만 매년 국방비 8퍼센트 증액이라든가 F-35 등 전략무기 도입, 한미 합동 군사훈련 재개 등 2019년 이후 문재인 정부가 보인 행보는 북한의 반발을 초래할 수밖에 없다. 9·19 군사합의의 명백한 위반은 아니라 해도 '서로에 대한 안보 위협을 감소시킨다'는 합의 정신에 어긋나기 때문이다. 물론 북한의 단거리 미사일, 방사포 시험 발사에 대한 불가피한 대응이라고 강변할 수는 있겠으나 남북 간의 신뢰 조성에 마이너스임은 분명하다. 이 부분에 대한 진지한 논의의 부재가 아쉽다.

이 대목에서 정 전 장관이 자신의 통일부 장관 발탁 배경으로 짐작하는 남북 철도 연결 사례를 짚어보자. 2002년 1월 김대중 대통령의 연두 기자회견을 위해 모인 전문가 회의에서 다른 모든 전문가들은 9·11테러 이후 미국의 공격적 대외 행보에 대한 주의를 건의했다. 반면 정 전 장관은 자신의 방북 경험을 바탕으로 북한이 2000년 정상회담에서 약속한 경의선 철도 연결을 중단한 것은 '그럴 의도가 없어서 안 하는 것'이 아니라 '할 능력이 없어서 못하는 것'이며, 그러므로 남측에서 건설자재와 장비를 대주고서라도 이를 성사시키자고 제안했다. 이 같은 인상적인 발언 이후 그는 장관직에 발탁됐다.

여기서 우리가 주목해야 할 점은 외부 환경의 변화와 관계없이 또는 변화에도 불구하고, 민족 내부의 협력과 교류, 신뢰 증진을 위해 필요한 일이라면 하겠다는 그 자세다. 이 같은 태도와 행동이 쌓여갈 때 남북의 화해와 신뢰가 두터워지지 않을까?

'통일의 구심력이 통일에 대한 원심력을 압도할 때 통일은 이뤄진다', 이는 통일에 관한 정 전 장관의 평소 지론이다. 민족 내부의 단결이 강고해야 외부의 방해와 반대를 무릅쓰고 통일을 이룰 수 있다는 얘기다. 물론 한반도 분단이 국제정치적 요인에 의해 이뤄진 만큼 통일을 위해서는 외부적 요인을 면밀히 계산해야 하지만, 그럼에도 불구하고 민족 내부의 응집력이 강화되지 않는 한 통일은 불가능하다. '통일의 미로'를 벗어나는 유일한 방법은 민족이 단결하는 것이다.

정세현 전 장관은 1977년 국토통일원 연구관을 시작으로 1993년

3월 북핵 위기 당시 청와대 통일비서관을 거쳐 40여 년간 남북관계의 최전선에서 일했으며, 특히 남북교류가 가장 활발했던 2002~04년에는 통일부 장관으로서 역대 어느 장관보다도 자주 남북대화를 이끌어왔다. 한마디로 남한에서는 북한을 가장 잘 아는 사람이라 할 수 있다. 그것도 체험을 바탕으로 말이다. 이 책을 통해 정세현 전 장관의 대북 대화 및 협상의 경험을 공유함으로써 남북 화해와 한반도 평화의 날을 앞당길 수 있는 민족 내부의 집단지성이 모아지길 기대해본다.

끝으로 이 책의 집필을 제안하고 실무를 꼼꼼하게 처리해준 창비 편집부에 감사를 전한다.

2020년 6월

박인규

1945. 6. 16(1세)　만주국 쌴장성 자무쓰시(현 중국 헤이룽장성 자무쓰시)에서 출생. 생후 2개월 만에 광복을 맞아 아버지의 고향 전북 장수로 돌아옴. 아버지가 한의원 개업한 전북 오수에서 유년기를 보냄.

1957. 3(13세)　오수국민학교 졸업, 전주북중학교 입학.

1958. 2(14세)　중학교 1학년 말, 책거리를 겸해 담임 선생님 댁에 세배 갔다가 서울 유학을 권유 받음.

1961. 4(17세)　경기고등학교 입학.

1962. 10(18세)　고 2 재학 중 학교장 축출 시위를 모의했으나 사전 적발로 무위에 그침. 이 일로 무기정학을 받고 잠시 학업이 중단됨.

1964. 2(20세)　서울대학교 외교학과에 응시했으나 낙방.

1964. 6(20세)　대입 재수 중 대학생들의 한일협정 반대시위를 보고 조영래, 신동수 등 고교 1년 후배들과 모의, '이것이 민족적 민주주의이드냐' 플래카드로 유명해진 경기고의 한일협정 반대시위를 이끎.

1967. 3(23세)　사수 끝에 서울대학교 외교학과에 입학. 신입생 오리엔테이션에

서 이용희(李用熙) 교수의 학과 설명을 듣고 외교관이 아닌 국제정치학자로 진로를 바꿈.

1971. 2(27세) 서울대학교 외교학과 졸업. 동 대학원 외교학과 석사과정 입학.

1973. 2(29세) 「한비자(韓非子) 연구: 전국시대 말 정치명분의 몰락과 관련하여」 논문으로 서울대학교 대학원에서 정치학 석사학위 취득.

1973. 8. 26(29세) 서울 종로구 수운회관에서 대학 은사 이용희 교수 주례로 신부 김효선(金孝善)과 결혼.

1973. 9(29세) 중화민국(대만) 국립정치대학으로 유학.

1974. 3(30세) 유학의 목적인 중국 고대정치사상 관련 과목이 박사과정 커리큘럼에 없다는 것을 뒤늦게 알고 한 학기만 마치고 귀국.

1975. 3(31세) 서울대학교 대학원 외교학과 박사과정 입학.

1975. 6~8(31세) 은사 박준규(朴俊圭) 교수의 권유로, 공산주의 이론 비판 교육기관으로 설립된 자유아카데미 1기 수료.

1977. 11(33세) 국토통일원 공산권연구관실 보좌관(4급)으로 임용.

1979. 1(35세) 공산권연구관(3급)으로 승진.

1980. 8~9(36세) 공산권연구관으로 일하면서 이범석(李範錫) 통일원 장관 지시로 통일정책 자문기구인 '평화통일정책자문회의'(현 민주평화통일자문회의) 구성 및 운영방향 등 설계.

1981. 10~11(37세) 북한의 '고려민주연방공화국창립방안'(1980.10.10 발표)에 대응할 남한 최초의 통일방안인 '민족화합민주통일방안' 연구 작업 참여, 보고서 작성.

1982. 2(38세) 「모택동(毛澤東)의 대외관 전개에 관한 연구: 우적(友敵) 개념을 중심으로」 논문으로 서울대학교 대학원에서 정치학 박사학위 취득.

1982. 9(38세) 『모택동의 국제정치사상』(형성사) 출간.

1983. 7(39세) 통일원 남북대화사무국 대화운영부장(2급)으로 전보.

1984. 4~6(40세) 1984 LA올림픽 남북단일팀 구성을 위한 남북 체육회담(판문점) 실무 준비 및 운영.

1984. 8(40세) 통일원 조사연구실 북한 외교·군사연구관으로 통일원 본부 복귀.

1986. 3(42세) 국토통일원 연구관을 사직하고 일해연구소(현 세종연구소) 수석연구위원으로 옮김.

1991. 1(47세) 민족통일연구원 초대 부원장 취임.

1993. 5(49세) 김영삼 정부 대통령비서실 통일비서관(1급)으로 임명.

1994. 6. 16.~7. 9(50세) 분단사상 최초의 남북 정상회담(7. 25~27, 평양, 김영삼-김일성) 실무 준비 작업. 하지만 김일성 주석 사망으로 남북 정상회담이 무산됨.

1995. 9(51세) 통일비서관 재임 중 3차 남북 쌀회담(베이징)에 남측 대표단 차석 대표로 참석.

1996. 12. 19(52세) 민족통일연구원 원장 취임.

1998. 3. 9(54세) 김대중 정부 출범과 함께 제11대 통일부 차관 취임.

1998. 4. 11~18(54세) 남북 차관급 비료회담(베이징)에 남측 수석대표로 참석.

비료 20만 톤을 지원하는 대신 이산가족 상봉 사업을 합의하고자 했으나 북측의 이산가족 상봉 반대로 협상이 결렬됨.

1999. 5. 24(55세)   통일부 차관 퇴임.

1999. 9(55세)~2001. 4(57세)   명지대학교 북한학과, 경희대학교 아태국제대학원 객원교수로 활동.

2001. 1~2(57세)   민간 자격으로 평양을 최초 방문하여 북한의 철도·도로 등 북한 사회간접자본 실태 시찰.

2001. 5(57세)   국가정보원 원장특별보좌역에 임명. 주로 군단급 이상 군부대와 군 관련 각종 교육기관 강연을 통해 정부의 대북정책에 대한 군 장교들의 이해를 제고함.

2002. 1. 29(58세)   김대중 정부에서 제29대 통일부 장관 취임.

2002. 8. 12~14(58세)   제7차 남북 장관급 회담(서울)에 남측 수석대표로 참가. 이후 2004. 5. 4~7 제14차 남북 장관급 회담(평양)까지 총 8회에 걸쳐 남북 장관급회담 진행.

2002. 9. 18(58세)   남측이 자재·장비를 제공하는 조건으로 경의선 철도·도로와 동해선 철도·도로 연결공사 재착공식 거행.

2003. 2. 27(59세)   노무현 정부에서 제30대 통일부 장관 취임.

2003. 6. 14(59세)   경의선과 동해선 DMZ 내 구간 남북 철도의 궤도 연결식 거행.

2004. 3. 6(60세)   개성공단 시범단지 1만평 착공식 거행.

2004. 6. 30(60세)   개성공단 시범단지 1만평 준공식 거행. 준공식 후 당일 오후 통일부 장관 이임.

2004. 9(60세) 이화여자대학교 북한학과 석좌교수 취임.

2004. 10(60세) 평화협력원 이사장 취임.

2005. 2(61세) 민족화해협력범국민협의회 대표상임의장 취임.

2006. 6(62세) 김대중평화센터 부이사장 취임.

2007. 9(63세) 경남대학교 석좌교수 취임.

2007. 10.2~4(63세) 남북 정상회담(평양, 노무현-김정일) 특별수행원으로 방북.

2008. 7(64세) 『프레시안』에서 '정세현의 정세토크' 연재 시작.

2010. 11(66세) 『정세현의 정세토크: 60년 편견을 걷어내고 상식의 한반도로』
(황준호 정리, 서해문집) 출간.

2010. 12(66세) 제11대 원광대학교 총장 취임.

2013. 6(69세) 『정세현의 통일토크: 남북관계 현장 30년, 이론과 실제』(서해문
집) 출간.

2014. 12(70세) 원광대학교 총장 퇴임.

2016. 6(72세) 『정세현의 외교토크: 대한민국 외교의 자기중심성을 위하여』(이
재호 정리, 서해문집) 출간.

2017. 9(73세) 한반도평화포럼 이사장 취임.

2017. 9(73세) 한겨레통일문화재단 이사장 취임.

2018. 3(74세)   남북 정상회담(4. 27, 판문점, 문재인-김정은) 준비위원회 원로자문단 활동.

2018. 8(74세)   『담대한 여정: 판이 바뀐다, 세상이 바뀐다』(황방렬 대담, 메디치미디어) 출간.

2019. 9.1(75세)   제18대 민주평화통일자문회의 수석부의장 취임.

남북 사이의 화해와 불가침 및 교류·협력에 관한 합의서

1992년 2월 19일 발효

남과 북은 분단된 조국의 평화적 통일을 염원하는 온 겨레의 뜻에 따라, 7·4 남북 공동성명에서 천명된 조국통일 3대원칙을 재확인하고, 정치 군사적 대결상태를 해소하여 민족적 화해를 이룩하고, 무력에 의한 침략과 충돌을 막고 긴장 완화와 평화를 보장하며, 다각적인 교류·협력을 실현하여 민족공동의 이익과 번영을 도모하며, 쌍방 사이의 관계가 나라와 나라 사이의 관계가 아닌 통일을 지향하는 과정에서 잠정적으로 형성되는 특수관계라는 것을 인정하고, 평화 통일을 성취하기 위한 공동의 노력을 경주할 것을 다짐하면서, 다음과 같이 합의하였다.

제1장 남북화해

제1조 남과 북은 서로 상대방의 체제를 인정하고 존중한다.

제2조 남과 북은 상대방의 내부문제에 간섭하지 아니한다.

제3조 남과 북은 상대방에 대한 비방·중상을 하지 아니한다.

제4조 남과 북은 상대방을 파괴·전복하려는 일체 행위를 하지 아니한다.

제5조 남과 북은 현 정전상태를 남북 사이의 공고한 평화상태로 전환 시키기 위하여 공동으로 노력하며 이러한 평화상태가 이룩될 때까 지 현군사정전협정을 준수한다.

제6조 남과 북은 국제무대에서 대결과 경쟁을 중지하고 서로 협력하 며 민족의 존엄과 이익을 위하여 공동으로 노력한다.

제7조 남과 북은 서로의 긴밀한 연락과 협의를 위하여 이 합의서 발효 후 3개월 안에 판문점에 남북연락사무소를 설치·운영한다.

제8조 남과 북은 이 합의서 발효 후 1개월 안에 본회담 테두리 안에서 남북정치분과위원회를 구성하여 남북화해에 관한 합의의 이행과 준수를 위한 구체적 대책을 협의한다.

제2장 남북불가침

제9조 남과 북은 상대방에 대하여 무력을 사용하지 않으며 상대방을 무력으로 침략하지 아니한다.

제10조 남과 북은 의견대립과 분쟁문제들을 대화와 협상을 통하여 평 화적으로 해결한다.

제11조 남과 북의 불가침 경계선과 구역은 1953년 7월 27일자 군사정 전에 관한 협정에 규정된 군사분계선과 지금까지 쌍방이 관할하여 온 구역으로 한다.

제12조 남과 북은 불가침의 이행과 보장을 위하여 이 합의서 발효 후 3개월 안에 남북군사 공동위원회를 구성·운영한다. 남북군사공동 위원회에서는 대규모 부대이동과 군사연습의 통보 및 통제문제, 비 무장지대의 평화적 이용문제, 군 인사교류 및 정보교환 문제, 대량

살상무기와 공격능력의 제거를 비롯한 단계적 군축 실현문제, 검증 문제 등 군사적 신뢰조성과 군축을 실현하기 위한 문제를 협의·추진한다.

제13조 남과 북은 우발적인 무력충돌과 그 확대를 방지하기 위하여 쌍방 군사당국자 사이에 직통 전화를 설치·운영한다.

제14조 남과 북은 이 합의서 발효 후 1개월 안에 본회담 테두리 안에서 남북군사분과위원회를 구성하여 불가침에 관한 합의의 이행과 준수 및 군사적 대결상태를 해소하기 위한 구체적 대책을 협의한다.

제3장 남북교류·협력

제15조 남과 북은 민족경제의 통일적이며 균형적인 발전과 민족전체의 복리향상을 도모하기 위하여 자원의 공동개발, 민족 내부 교류로서의 물자교류, 합작투자 등 경제교류와 협력을 실시한다.

제16조 남과 북은 과학·기술, 교육, 문화·예술, 보건, 체육, 환경과 신문, 라디오, 텔레비전 및 출판물을 비롯한 출판·보도 등 여러 분야에서 교류와 협력을 실시한다.

제17조 남과 북은 민족구성원들의 자유로운 왕래와 접촉을 실현한다.

제18조 남과 북은 흩어진 가족·친척들의 자유로운 서신거래와 왕래와 상봉 및 방문을 실시하고 자유의사에 의한 재결합을 실현하며, 기타 인도적으로 해결할 문제에 대한 대책을 강구한다.

제19조 남과 북은 끊어진 철도와 도로를 연결하고 해로, 항로를 개설한다.

제20조 남과 북은 우편과 전기통신교류에 필요한 시설을 설치·연결하

며, 우편·전기통신 교류의 비밀을 보장한다.

제21조 남과 북은 국제무대에서 경제와 문화 등 여러 분야에서 서로 협력하며 대외에 공동으로 진출한다.

제22조 남과 북은 경제와 문화 등 각 분야의 교류와 협력을 실현하기 위한 합의의 이행을 위하여 이 합의서 발효 후 3개월 안에 남북경제 교류·협력공동위원회를 비롯한 부문별 공동위원회들을 구성·운영한다.

제23조 남과 북은 이 합의서 발효 후 1개월 안에 본회담 테두리 안에서 남북교류·협력분과 위원회를 구성하여 남북교류·협력에 관한 합의의 이행과 준수를 위한 구체적 대책을 협의한다.

제4장 수정 및 발효

제24조 이 합의서는 쌍방의 합의에 의하여 수정·보충할 수 있다.

제25조 이 합의서는 남과 북이 각기 발효에 필요한 절차를 거쳐 그 문본을 서로 교환한 날부터 효력을 발생한다.

1991년 12월 13일

<table>
<tr><td>남북 고위급 회담</td><td>북남 고위급 회담</td></tr>
<tr><td>남측대표단 수석대표</td><td>북측 대표단 단장</td></tr>
<tr><td>대 한 민 국</td><td>조선민주주의인민공화국</td></tr>
<tr><td>국 무 총 리 정 원 식</td><td>정 무 원 총 리 연 형 묵</td></tr>
</table>

한반도의 비핵화에 관한 공동선언

1992년 2월 19일 발효

남과 북은 한반도를 비핵화함으로써 핵전쟁 위험을 제거하고 우리 나라의 평화와 평화통일에 유리한 조건과 환경을 조성하며 아시아와 세계의 평화와 안전에 이바지하기 위하여 다음과 같이 선언한다.

1. 남과 북은 핵무기의 시험, 제조, 생산, 접수, 보유, 저장, 배비, 사용을 하지 아니한다.

2. 남과 북은 핵에너지를 오직 평화적 목적에만 이용한다.

3. 남과 북은 핵 재처리 시설과 우라늄농축시설을 보유하지 아니한다.

4. 남과 북은 한반도의 비핵화를 검증하기 위하여 상대측이 선정하고 쌍방이 합의하는 대상들에 대하여 남북 핵통제공동위원회가 규정 하는 절차와 방법으로 사찰을 실시한다.

5. 남과 북은 이 공동선언의 이행을 위하여 공동선언이 발효된 후 1개

월 동안 남북핵통제공동위원회를 구성·운영한다.

6. 이 공동선언은 남과 북이 각기 발효에 필요한 절차를 거쳐 그 문본을 교환한 날 부터 효력을 발생한다.

1992년 1월 20일

남북 고위급 회담	북남 고위급 회담
남측대표단 수석대표	북측대표단 단장
대 한 민 국	조선민주주의인민공화국
국무총리 정원식	정무원 총리 연형묵

북미 기본합의서

1994.10.21, 제네바

미합중국(이하 미국) 대표단과 조선민주주의인민공화국(이하 북한) 대표단은 1994년 9월 23일부터 10월 21일까지 제네바에서 한반도 핵 문제의 전반적 해결을 위한 협상을 가졌다. 양측은 비핵화 된 한반도의 평화와 안전을 확보하기 위해서는 1994년 8월 12일 미국과 북한 간의 합의 발표문에 포함된 목표의 달성과 1993년 6월 11일 미국과 북한 간 공동 발표문 상의 원칙과 준수가 중요함을 재확인하였다. 양측은 핵 문제 해결을 위해 다음과 같은 조치들을 취하기로 결정하였다.

1. 양측은 북한의 흑연감속 원자로 및 관련시설을 경수로 원자로발전소로 대체하기 위해 협력한다.

1) 미국 대통령의 1994년 7월 20일자 보장서한에 의거하여 미국은 2003년을 목표 시한으로 총 발전용량 약 2000MWe의 경수로를 북한에 제공하기 위한 조치를 주선할 책임을 진다.
- 미국은 북한에 제공할 경수로의 재정조달 및 공급을 담당할 국제컨

소시엄을 미국의 주도하에 구성한다. 미국은 동 국제컨소시엄을 대
표하여 경수로 사업을 위한 북한과의 주 접촉선 역할을 수행한다.

- 미국은 국제컨소시엄을 대표하여 본 합의문 서명 후 6개월 내에 북
한과 경수로 제공을 위한 공급 계약을 체결할 수 있도록 최선의 노
력을 경주한다. 계약 관련 협의는 본 합의문 서명 후 가능한 조속한
시일 내 개시한다.
- 필요한 경우 미국과 북한은 핵에너지의 평화적 이용 분야에 있어서
의 협력을 위한 양자협정을 체결한다.

2) 1994년 10월 20일자 대체에너지 제공 관련 미국의 보장서한에 의거
미국은 국제컨소시엄을 대표하여 북한의 흑연감속원자로 동결에
따라 상실될 에너지를 첫 번째 경수로 완공 시까지 보전하기 위한
조치를 주선한다.

- 대체에너지는 난방과 전력생산을 위해 중유로 공급된다.
- 중유의 공급은 본 합의문 서명 후 3개월 내 개시되고 양측 간 합의된
공급일정에 따라 연간 50만톤 규모까지 공급된다.

3) 경수로 및 대체에너지 제공에 대한 보장서한 접수 즉시 북한은 흑
연감속원자로 및 관련 시설을 동결하고 궁극적으로 이를 해체한다.

- 북한의 흑연감속원자로 및 관련 시설의 동결은 본 합의문서 후 1개
월 내 완전 이행된다. 동 1개월 동안 및 전체 동결기간 중 IAEA가 이
러한 동결 상태를 감시하는 것이 허용되며, 이를 위해 북한은 IAEA
에 대해 전적인 협력을 제공한다.
- 북한의 흑연감속원자로 및 관련 시설의 해체는 경수로 사업이 완료

될 때 완료된다.

- 미국과 북한은 5MWe 실험용 원자로에서 추출된 사용 후 연료봉을 경수로 건설기간 동안 안전하게 보관하고 북한 내에서 재처리하지 않는 안전한 방법으로 동 연료가 처리될 수 있는 방안을 강구하기 위해 상호 협력한다.

4) 본 합의 후 가능한 조속한 시일 내에 미국과 북한의 전문가들은 두 종류의 전문가 협의를 가진다.
- 한쪽의 협의에서 전문가들은 대체에너지와 흑연감속원자로의 경수로로의 대체와 관련된 문제를 협의한다.
- 다른 한쪽의 협의에서 전문가들은 사용 후 연료 보관·궁극적 처리를 위한 구체적 조치를 협의한다.

2. 양측은 정치적·경제적 관계의 완전 정상화를 추구한다.

1) 합의 후 3개월 내 양측은 통신 및 금융거래에 대한 제한을 포함한 무역 및 투자 제한을 완화시켜 나아간다.

2) 양측은 전문가급 협의를 통해 영사 및 여타 기술적 문제가 해결된 후에 쌍방의 수도에 연락 사무소를 개설한다.

3) 미국과 북한은 상호 관심사항에 대한 진전이 이뤄짐에 따라 양국관계를 대사급으로까지 격상시켜 나아간다.

3. 양측은 핵이 없는 한반도의 평화와 안전을 위해 함께 노력한다.

1) 미국은 북한에 대한 핵무기를 불위협 또는 불사용에 관한 공식 보장을 제공한다.

2) 북한은 한반도 비핵화 공동선언을 이행하기 위한 조치를 일관성 있게 취한다.

3) 본 합의문이 대화를 촉진하는 분위기를 조성해 나아가는 데 도움을 줄 것이기 때문에 북한은 남북대화에 착수한다.

4. 양측은 국제적 핵 비확산 체제 강화를 위해 함께 노력한다.

1) 북한은 핵 비확산조약 당사국으로 잔류하며 동 조약상의 안전조치 협정 이행을 허용한다.

2) 경수로 제공을 위한 계약 체결 즉시 동결 대상이 아닌 시설에 대하여 북한과 IAEA간 안전 조치 협정에 따라 임시 및 일반사찰이 재개된다. 경수로 공급계약 체결 시까지 안전조치의 연속성을 위해 IAEA가 요청하는 사찰은 동결 대상이 아닌 시설에서 계속된다.

3) 경수로 사업의 상당 부분이 완료될 때, 그러나 주요 핵심 부품의 인도 이전에 북한은 북한 내 모든 핵 물질에 관한 최초보고서의 정

확성과 완전성을 검증하는 것과 관련하여 IAEA와의 협의를 거쳐 IAEA가 필요하다고 판단하는 모든 조치를 취하는 것을 포함하여 IAEA 안전 조치협정을 완전히 이행한다.

미합중국 수석대표   조 선 민 주 주 의 인 민 공 화 국   수 석 대 표
미 합 중 국   대 사   조선민주주의인민공화국 외교부 제1부부장
로버트 L. 갈루치   강   석   주

6·15 남북 공동선언

조국의 평화적 통일을 염원하는 온 겨레의 숭고한 뜻에 따라 대한민국 김대중 대통령과 조선민주주의인민공화국 김정일 국방위원장은 2000년 6월 13일부터 6월 15일까지 평양에서 역사적인 상봉을 하였으며 정상회담을 가졌다.

남북 정상들은 분단 역사상 처음으로 열린 이번 상봉과 회담이 서로 이해를 증진시키고 남북관계를 발전시키며 평화통일을 실현하는 데 중대한 의의를 가진다고 평가하고 다음과 같이 선언한다.

1. 남과 북은 나라의 통일문제를 그 주인인 우리 민족끼리 서로 힘을 합쳐 자주적으로 해결해 나가기로 하였다.

2. 남과 북은 나라의 통일을 위한 남측의 연합 제안과 북측의 낮은 단계의 연방제안이 서로 공통성이 있다고 인정하고 앞으로 이 방향에서 통일을 지향시켜 나가기로 하였다.

3. 남과 북은 올해 8·15에 즈음하여 흩어진 가족, 친척 방문단을 교환
하며 비전향 장기수 문제를 해결하는 등 인도적 문제를 조속히 풀
어 나가기로 하였다.

4. 남과 북은 경제협력을 통하여 민족경제를 균형적으로 발전시키고
사회, 문화, 체육, 보건, 환경 등 제반 분야의 협력과 교류를 활성화
하여 서로의 신뢰를 다져 나가기로 하였다.

5. 남과 북은 이상과 같은 합의사항을 조속히 실천에 옮기기 위하여
빠른 시일 안에 당국 사이의 대화를 개최하기로 하였다.

김대중 대통령은 김정일 국방위원장이 서울을 방문하도록 정중히
초청하였으며 김정일 국방위원장은 앞으로 적절한 시기에 서울을 방
문하기로 하였다.

2000년 6월 15일

대 한 민 국   조선민주주의인민공화국
대 통 령   국 방 위 원 장
김 대 중   김 정 일

제4차 6자회담 공동성명

2005.9.19, 베이징

제4차 6자회담이 베이징에서 중화인민공화국, 조선민주주의인민공화국, 일본, 대한민국, 러시아연방, 미합중국이 참석한 가운데 2005년 7월 26일부터 8월 7일까지 그리고 9월 13일부터 19일까지 개최되었다.

우다웨이 중화인민공화국 외교부 부부장, 김계관 조선민주주의인민공화국 외무성 부상, 사사에 켄이치로 일본 외무성 아시아대양주 국장, 송민순 대한민국 외교통상부 차관보, 알렉세예프 러시아연방 외무부 차관, 그리고 크리스토퍼 힐 미합중국 국무부 동아태 차관보가 각 대표단의 수석대표로 동 회담에 참석하였다.

우다웨이 부부장은 동 회담의 의장을 맡았다.

한반도와 동북아시아 전반의 평화와 안정이라는 대의를 위해, 6자는 상호 존중과 평등의 정신하에, 지난 3회에 걸친 회담에서 이루어진 공동의 이해를 기반으로, 한반도의 비핵화에 대해 진지하면서도 실질적인 회담을 가졌으며, 이러한 맥락에서 다음과 같이 합의하였다.

1. 6자는 6자회담의 목표가 한반도의 검증가능한 비핵화를 평화적인

방법으로 달성하는 것임을 만장일치로 재확인하였다.

- 조선민주주의인민공화국은 모든 핵무기와 현존하는 핵계획을 포기할 것과, 조속한 시일 내에 핵확산금지조약(NPT)과 국제원자력기구(IAEA)의 안전조치에 복귀할 것을 공약하였다.

- 미합중국은 한반도에 핵무기를 갖고 있지 않으며, 핵무기 또는 재래식 무기로 조선민주주의인민공화국을 공격 또는 침공할 의사가 없다는 것을 확인하였다.

- 대한민국은 자국 영토 내에 핵무기가 존재하지 않는다는 것을 확인하면서, 1992년도 「한반도의 비핵화에 관한 남·북 공동선언」에 따라, 핵무기를 접수 또는 배비하지 않겠다는 공약을 재확인하였다.

- 1992년도 「한반도의 비핵화에 관한 남·북 공동선언」은 준수, 이행되어야 한다.

- 조선민주주의인민공화국은 핵에너지의 평화적 이용에 관한 권리를 가지고 있다고 밝혔다. 여타 당사국들은 이에 대한 존중을 표명하였고, 적절한 시기에 조선민주주의인민공화국에 대한 경수로 제공 문제에 대해 논의하는데 동의하였다.

2. 6자는 상호 관계에 있어 국제연합헌장의 목적과 원칙 및 국제관계에서 인정된 규범을 준수할 것을 약속하였다.

- 조선민주주의인민공화국과 미합중국은 상호 주권을 존중하고, 평화적으로 공존하며, 각자의 정책에 따라 관계정상화를 위한 조치를 취할 것을 약속하였다.

- 조선민주주의인민공화국과 일본은 평양선언에 따라, 불행했던 과거와 현안사항의 해결을 기초로 하여 관계정상화를 위한 조치를 취

할 것을 약속하였다.

3. 6자는 에너지, 교역 및 투자 분야에서의 경제협력을 양자 및 다자적으로 증진시킬 것을 약속하였다.
- 중화인민공화국, 일본, 대한민국, 러시아연방 및 미합중국은 조선민주주의인민공화국에 대해 에너지 지원을 제공할 용의를 표명하였다.
- 대한민국은 조선민주주의인민공화국에 대한 200만 킬로와트의 전력공급에 관한 2005.7.12자 제안을 재확인하였다.

4. 6자는 동북아시아의 항구적인 평화와 안정을 위해 공동 노력할 것을 공약하였다.
- 직접 관련 당사국들은 적절한 별도 포럼에서 한반도의 항구적 평화체제에 관한 협상을 가질 것이다.
- 6자는 동북아시아에서의 안보협력 증진을 위한 방안과 수단을 모색하기로 합의하였다.

5. 6자는 '공약 대 공약' '행동 대 행동' 원칙에 입각하여 단계적 방식으로 상기 합의의 이행을 위해 상호조율된 조치를 취할 것을 합의하였다.

6. 6자는 제5차 6자회담을 11월 초 베이징에서 협의를 통해 결정되는 일자에 개최하기로 합의하였다.

남북관계 발전과 평화번영을 위한 선언

　대한민국 노무현 대통령과 조선민주주의인민공화국 김정일 국방위원장 사이의 합의에 따라 노무현 대통령이 2007년 10월 2일부터 4일까지 평양을 방문하였다.

　방문기간 중 역사적인 상봉과 회담들이 있었다.

　상봉과 회담에서는 6·15 공동선언의 정신을 재확인하고 남북관계 발전과 한반도 평화, 민족공동의 번영과 통일을 실현하는데 따른 제반 문제들을 허심탄회하게 협의하였다.

　쌍방은 우리민족끼리 뜻과 힘을 합치면 민족번영의 시대, 자주통일의 새 시대를 열어 나갈 수 있다는 확신을 표명하면서 6.15 공동선언에 기초하여 남북관계를 확대·발전시켜 나가기 위하여 다음과 같이 선언한다.

1. 남과 북은 6·15 공동선언을 고수하고 적극 구현해 나간다.
- 남과 북은 우리민족끼리 정신에 따라 통일문제를 자주적으로 해결해 나가며 민족의 존엄과 이익을 중시하고 모든 것을 이에 지향시켜 나가기로 하였다.

- 남과 북은 6·15 공동선언을 변함없이 이행해 나가려는 의지를 반영하여 6월 15일을 기념하는 방안을 강구하기로 하였다.

2. 남과 북은 사상과 제도의 차이를 초월하여 남북관계를 상호존중과 신뢰 관계로 확고히 전환시켜 나가기로 하였다.

- 남과 북은 내부문제에 간섭하지 않으며 남북관계 문제들을 화해와 협력, 통일에 부합되게 해결해 나가기로 하였다.

- 남과 북은 남북관계를 통일 지향적으로 발전시켜 나가기 위하여 각기 법률적·제도적 장치들을 정비해 나가기로 하였다.

- 남과 북은 남북관계 확대와 발전을 위한 문제들을 민족의 염원에 맞게 해결하기 위해 양측 의회 등 각 분야의 대화와 접촉을 적극 추진해 나가기로 하였다.

3. 남과 북은 군사적 적대관계를 종식시키고 한반도에서 긴장완화와 평화를 보장하기 위해 긴밀히 협력하기로 하였다.

- 남과 북은 서로 적대시하지 않고 군사적 긴장을 완화하며 분쟁문제들을 대화와 협상을 통하여 해결하기로 하였다.

- 남과 북은 한반도에서 어떤 전쟁도 반대하며 불가침의무를 확고히 준수하기로 하였다.

- 남과 북은 서해에서의 우발적 충돌방지를 위해 공동어로수역을 지정하고 이 수역을 평화수역으로 만들기 위한 방안과 각종 협력사업에 대한 군사적 보장조치 문제 등 군사적 신뢰구축조치를 협의하기 위하여 남측 국방부 장관과 북측 인민무력부 부장간 회담을 금년 11월중에 평양에서 개최하기로 하였다.

4. 남과 북은 현 정전체제를 종식시키고 항구적인 평화체제를 구축해 나가야 한다는데 인식을 같이하고 직접 관련된 3자 또는 4자 정상들이 한반도지역에서 만나 종전을 선언하는 문제를 추진하기 위해 협력해 나가기로 하였다.

- 남과 북은 한반도 핵 문제 해결을 위해 6자회담 「9·19 공동성명」과 「2·13 합의」가 순조롭게 이행되도록 공동으로 노력하기로 하였다.

5. 남과 북은 민족경제의 균형적 발전과 공동의 번영을 위해 경제협력 사업을 공리공영과 유무상통의 원칙에서 적극 활성화하고 지속적으로 확대 발전시켜 나가기로 하였다.

- 남과 북은 경제협력을 위한 투자를 장려하고 기반시설 확충과 자원개발을 적극 추진하며 민족내부협력사업의 특수성에 맞게 각종 우대조건과 특혜를 우선적으로 부여하기로 하였다.

- 남과 북은 해주지역과 주변해역을 포괄하는 「서해평화협력특별지대」를 설치하고 공동어로구역과 평화수역 설정, 경제특구건설과 해주항 활용, 민간선박의 해주직항로 통과, 한강하구 공동이용 등을 적극 추진해 나가기로 하였다.

- 남과 북은 개성공업지구 1단계 건설을 빠른 시일 안에 완공하고 2단계 개발에 착수하며 문산-봉동간 철도화물수송을 시작하고, 통행·통신·통관 문제를 비롯한 제반 제도적 보장조치들을 조속히 완비해 나가기로 하였다.

- 남과 북은 개성-신의주 철도와 개성-평양 고속도로를 공동으로 이용하기 위해 개보수 문제를 협의·추진해 가기로 하였다.

- 남과 북은 안변과 남포에 조선협력단지를 건설하며 농업, 보건의료, 환경보호 등 여러 분야에서의 협력사업을 진행해 나가기로 하였다.
- 남과 북은 남북 경제협력사업의 원활한 추진을 위해 현재의「남북 경제협력추진위원회」를 부총리급「남북경제협력공동위원회」로 격상하기로 하였다.

6. 남과 북은 민족의 유구한 역사와 우수한 문화를 빛내기 위해 역사, 언어, 교육, 과학기술, 문화예술, 체육 등 사회문화 분야의 교류와 협력을 발전시켜 나가기로 하였다.
- 남과 북은 백두산관광을 실시하며 이를 위해 백두산-서울 직항로를 개설하기로 하였다.
- 남과 북은 2008년 북경 올림픽경기대회에 남북응원단이 경의선 열차를 처음으로 이용하여 참가하기로 하였다.

7. 남과 북은 인도주의 협력사업을 적극 추진해 나가기로 하였다.
- 남과 북은 흩어진 가족과 친척들의 상봉을 확대하며 영상편지 교환사업을 추진하기로 하였다.
- 이를 위해 금강산면회소가 완공되는데 따라 쌍방 대표를 상주시키고 흩어진 가족과 친척의 상봉을 상시적으로 진행하기로 하였다.
- 남과 북은 자연재해를 비롯하여 재난이 발생하는 경우 동포애와 인도주의, 상부상조의 원칙에 따라 적극 협력해 나가기로 하였다.

8. 남과 북은 국제무대에서 민족의 이익과 해외 동포들의 권리와 이익을 위한 협력을 강화해 나가기로 하였다.

- 남과 북은 이 선언의 이행을 위하여 남북총리회담을 개최하기로 하고, 제1차 회의를 금년 11월중 서울에서 갖기로 하였다.
- 남과 북은 남북관계 발전을 위해 정상들이 수시로 만나 현안 문제들을 협의하기로 하였다.

2007년 10월 4일

평양

대 한 민 국	조선민주주의인민공화국
대 통 령	국 방 위 원 장
노 무 현	김 정 일

한반도의 평화와 번영, 통일을 위한 판문점 선언

대한민국 문재인 대통령과 조선민주주의인민공화국 김정은 국무위원장은 평화와 번영, 통일을 염원하는 온 겨레의 한결같은 지향을 담아 한반도에서 역사적인 전환이 일어나고 있는 뜻깊은 시기에 2018년 4월 27일 판문점 평화의 집에서 남북정상회담을 진행하였다.

양 정상은 한반도에 더 이상 전쟁은 없을 것이며 새로운 평화의 시대가 열리었음을 8천만 우리 겨레와 전 세계에 엄숙히 천명하였다.

양 정상은 냉전의 산물인 오랜 분단과 대결을 하루 빨리 종식시키고 민족적 화해와 평화번영의 새로운 시대를 과감하게 열어나가며 남북관계를 보다 적극적으로 개선하고 발전시켜 나가야 한다는 확고한 의지를 담아 역사의 땅 판문점에서 다음과 같이 선언하였다.

1. 남과 북은 남북관계의 전면적이며 획기적인 개선과 발전을 이룩함으로써 끊어진 민족의 혈맥을 잇고 공동번영과 자주통일의 미래를 앞당겨 나갈 것이다.

   남북관계를 개선하고 발전시키는 것은 온 겨레의 한결같은 소망이며 더 이상 미룰 수 없는 시대의 절박한 요구이다.

① 남과 북은 우리 민족의 운명은 우리 스스로 결정한다는 민족 자주의 원칙을 확인하였으며 이미 채택된 남북 선언들과 모든 합의들을 철저히 이행함으로써 관계 개선과 발전의 전환적 국면을 열어나가기로 하였다.

② 남과 북은 고위급 회담을 비롯한 각 분야의 대화와 협상을 빠른 시일 안에 개최하여 정상회담에서 합의된 문제들을 실천하기 위한 적극적인 대책을 세워나가기로 하였다.

③ 남과 북은 당국 간 협의를 긴밀히 하고 민간교류와 협력을 원만히 보장하기 위하여 쌍방 당국자가 상주하는 남북공동연락사무소를 개성지역에 설치하기로 하였다.

④ 남과 북은 민족적 화해와 단합의 분위기를 고조시켜 나가기 위하여 각계각층의 다방면적인 협력과 교류 왕래와 접촉을 활성화하기로 하였다.

안으로는 6·15를 비롯하여 남과 북에 다같이 의의가 있는 날들을 계기로 당국과 국회, 정당, 지방자치단체, 민간단체 등 각계각층이 참가하는 민족공동행사를 적극 추진하여 화해와 협력의 분위기를 고조시키며, 밖으로는 2018년 아시아경기대회를 비롯한 국제경기들에 공동으로 진출하여 민족의 슬기와 재능, 단합된 모습을 전 세계에 과시하기로 하였다.

⑤ 남과 북은 민족 분단으로 발생된 인도적 문제를 시급히 해결하기 위하여 노력하며, 남북 적십자회담을 개최하여 이산가족·친척상봉을 비롯한 제반 문제들을 협의 해결해 나가기로 하였다.

당면하여 오는 8·15를 계기로 이산가족·친척 상봉을 진행하기로 하였다.

⑥ 남과 북은 민족경제의 균형적 발전과 공동번영을 이룩하기 위하여 10·4선언에서 합의된 사업들을 적극 추진해 나가며 1차적으로 동해선 및 경의선 철도와 도로들을 연결하고 현대화하여 활용하기 위한 실천적 대책들을 취해나가기로 하였다.

2. 남과 북은 한반도에서 첨예한 군사적 긴장상태를 완화하고 전쟁 위험을 실질적으로 해소하기 위하여 공동으로 노력해 나갈 것이다.
  한반도의 군사적 긴장상태를 완화하고 전쟁위험을 해소하는 것은 민족의 운명과 관련되는 매우 중대한 문제이며 우리 겨레의 평화롭고 안정된 삶을 보장하기 위한 관건적인 문제이다.
① 남과 북은 지상과 해상, 공중을 비롯한 모든 공간에서 군사적 긴장과 충돌의 근원이 되는 상대방에 대한 일체의 적대행위를 전면 중지하기로 하였다.
  당면하여 5월 1일부터 군사분계선 일대에서 확성기 방송과 전단살포를 비롯한 모든 적대 행위들을 중지하고 그 수단을 철폐하며 앞으로 비무장지대를 실질적인 평화지대로 만들어 나가기로 하였다.
② 남과 북은 서해 북방한계선 일대를 평화수역으로 만들어 우발적인 군사적 충돌을 방지하고 안전한 어로 활동을 보장하기 위한 실제적인 대책을 세워나가기로 하였다.
③ 남과 북은 상호협력과 교류, 왕래와 접촉이 활성화 되는 데 따른 여러 가지 군사적 보장대책을 취하기로 하였다.
  남과 북은 쌍방 사이에 제기되는 군사적 문제를 지체 없이 협의 해결하기 위하여 국방부장관회담을 비롯한 군사당국자회담을 자주개최하며 5월 중에 먼저 장성급 군사회담을 열기로 하였다.

3. 남과 북은 한반도의 항구적이며 공고한 평화체제 구축을 위하여 적
   극 협력해 나갈 것이다.

   한반도에서 비정상적인 현재의 정전상태를 종식시키고 확고한 평
   화체제를 수립하는 것은 더 이상 미룰 수 없는 역사적 과제이다.

① 남과 북은 그 어떤 형태의 무력도 서로 사용하지 않을 데 대한 불가
   침 합의를 재확인하고 엄격히 준수해 나가기로 하였다.

② 남과 북은 군사적 긴장이 해소되고 서로의 군사적 신뢰가 실질적
   으로 구축되는 데 따라 단계적으로 군축을 실현해 나가기로 하였다.

③ 남과 북은 정전협정체결 65년이 되는 올해에 종전을 선언하고 정전
   협정을 평화협정으로 전환하며 항구적이고 공고한 평화체제 구축
   을 위한 남·북·미 3자 또는 남·북·미·중 4자회담 개최를 적극 추진
   해 나가기로 하였다.

④ 남과 북은 완전한 비핵화를 통해 핵 없는 한반도를 실현한다는 공
   동의 목표를 확인하였다.

   남과 북은 북측이 취하고 있는 주동적인 조치들이 한반도 비핵화를
   위해 대단히 의의 있고 중대한 조치라는데 인식을 같이 하고 앞으
   로 각기 자기의 책임과 역할을 다하기로 하였다.

   남과 북은 한반도 비핵화를 위한 국제사회의 지지와 협력을 위해
   적극 노력하기로 하였다.

양 정상은 정기적인 회담과 직통전화를 통하여 민족의 중대사를 수
시로 진지하게 논의하고 신뢰를 굳건히 하며, 남북관계의 지속적인 발
전과 한반도의 평화와 번영, 통일을 향한 좋은 흐름을 더욱 확대해 나

가기 위하여 함께 노력하기로 하였다.

　당면하여 문재인 대통령은 올해 가을 평양을 방문하기로 하였다.

2018년 4월 27일

판문점

대 한 민 국	조선민주주의인민공화국
대 　 통 　 령	국 무 위 원 회 　 위 원 장
문 　 재 　 인	김 　 　 정 　 　 은

판문점의 협상가

정세현 회고록

초판 1쇄 발행 / 2020년 6월 5일
초판 6쇄 발행 / 2020년 9월 7일

지은이 / 정세현 박인규
펴낸이 / 강일우
책임편집 / 이하늘 박대우
조판 / 박아경
펴낸곳 / (주)창비
등록 / 1986년 8월 5일 제85호
주소 / 10881 경기도 파주시 회동길 184
전화 / 031-955-3333
팩시밀리 / 영업 031-955-3399 편집 031-955-3400
홈페이지 / www.changbi.com
전자우편 / nonfic@changbi.com

ⓒ 정세현 박인규 2020
ISBN 978-89-364-8660-0 03340